宁夏统计年鉴

NINGXIA STATISTICAL YEARBOOK 2021

宁夏回族自治区统计局
国家统计局宁夏调查总队 编

Compiled by Ningxia Hui Autonomous Region Bureau of Statistics
Survey Office of the National Bureau of Statistics in Ningxia

中国统计出版社
China Statistics Press

图书在版编目（C I P）数据

宁夏统计年鉴. 2021 = Ningxia Statistical Yearbook 2021 : 汉英对照 / 宁夏回族自治区统计局, 国家统计局宁夏调查总队编. -- 北京 : 中国统计出版社, 2021.12
ISBN 978-7-5037-9734-7

Ⅰ. ①宁… Ⅱ. ①宁… ②国… Ⅲ. ①统计资料－宁夏－2021－年鉴－汉、英 Ⅳ. ①C832.43-54

中国版本图书馆 CIP 数据核字(2021)第 251706 号

宁夏统计年鉴—2021

作　　者/ 宁夏回族自治区统计局　国家统计局宁夏调查总队
责任编辑/ 钟钰
装帧设计/ 郭俊
出版发行/ 中国统计出版社有限公司
地　　址/ 北京市丰台区西三环南路甲 6 号
邮政编码/ 100073
电　　话/ 邮购（010）63376909　书店（010）68783171
网　　址/ http://www.zgtjcbs.com
印　　刷/ 银川市光华印刷厂
经　　销/ 新华书店
开　　本/ 890mm×1240mm　1/16
字　　数/ 1800 千字
印　　张/ 48.75　　彩页 0.75
版　　别/ 2021 年 12 月第 1 版
版　　次/ 2021 年 12 月第 1 次印刷
定　　价/ 380.00 元　Price:380.00 yuan(RMB)

本书附同版本 CD-ROM 一张，光盘内容以书面文字为准。
如有印装差错，由本社发行部调换。

地区生产总值

单位:亿元

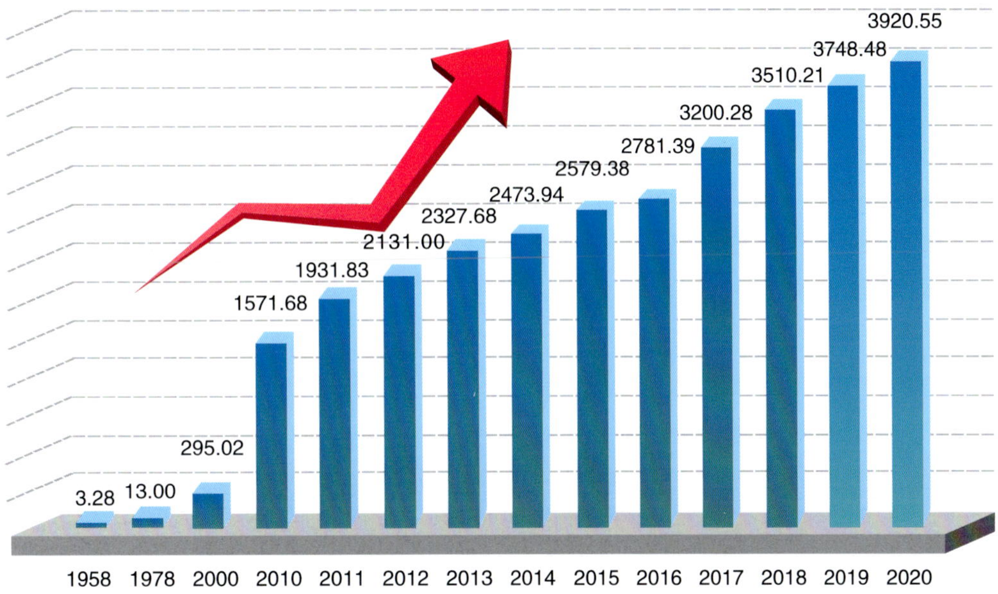

人均地区生产总值

单位:元

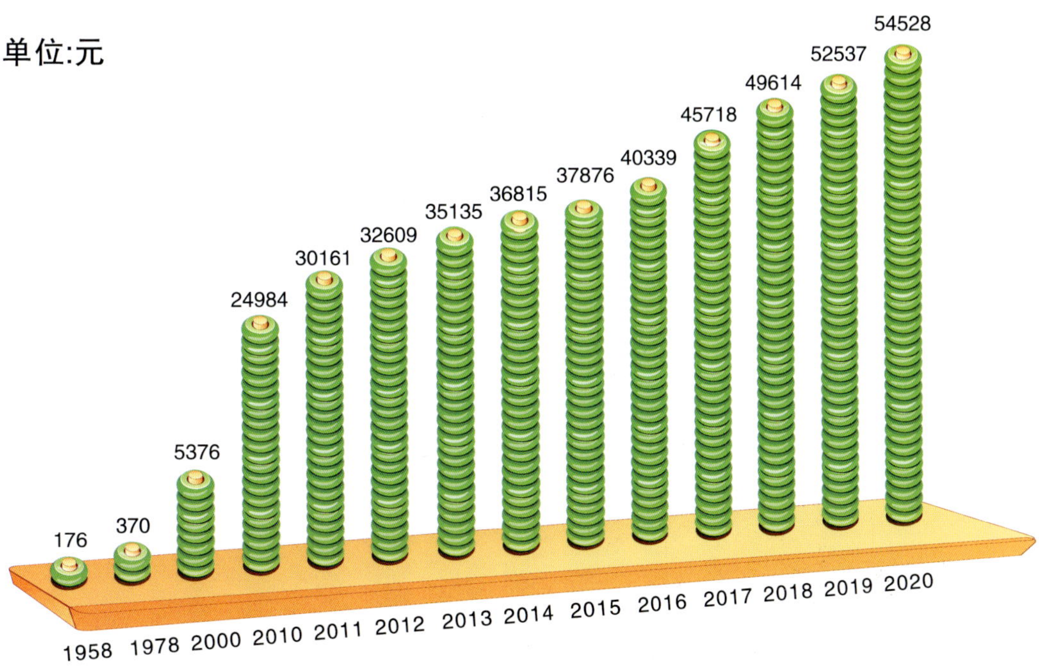

三次产业结构

单位:%

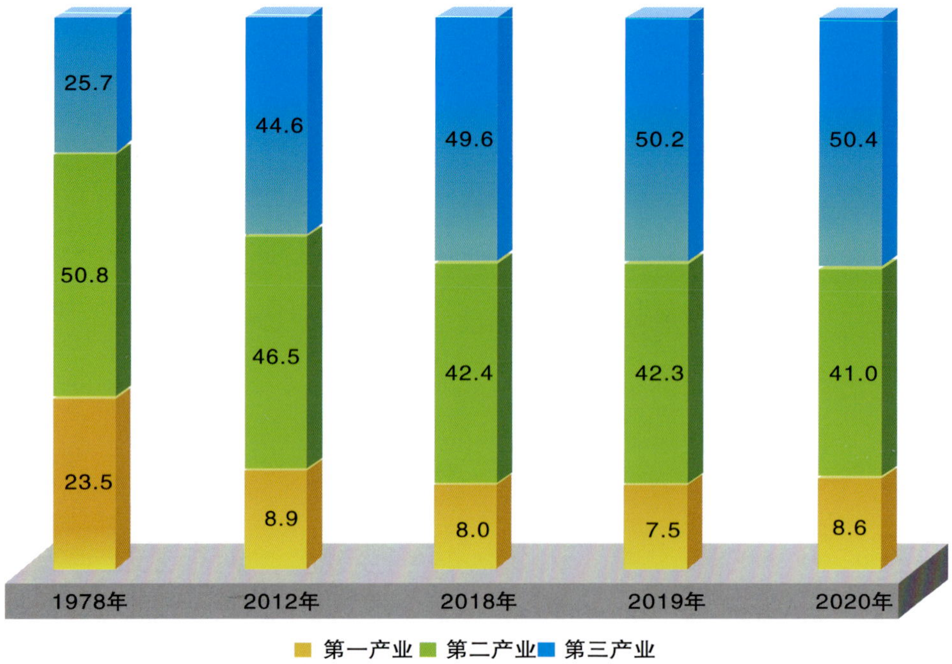

粮食产量

单位:万吨

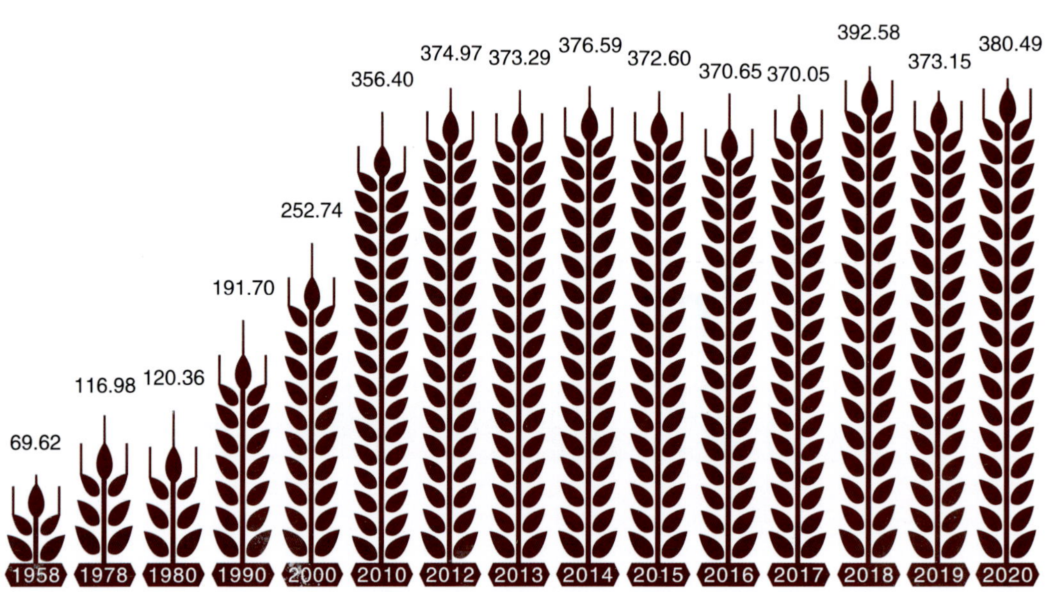

工业增加值

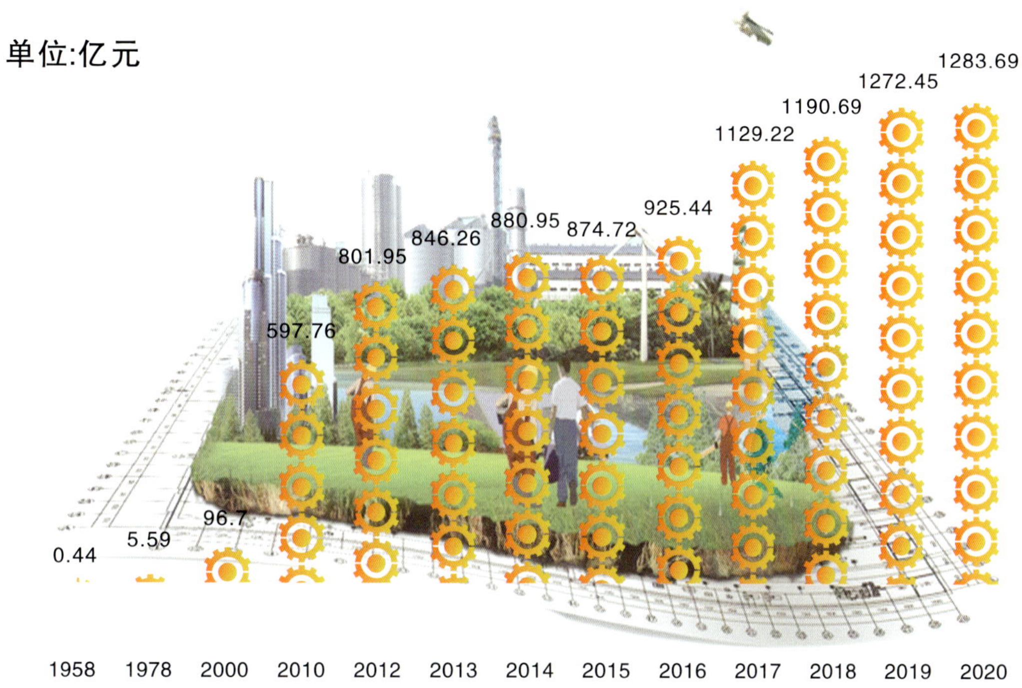

发电装机容量

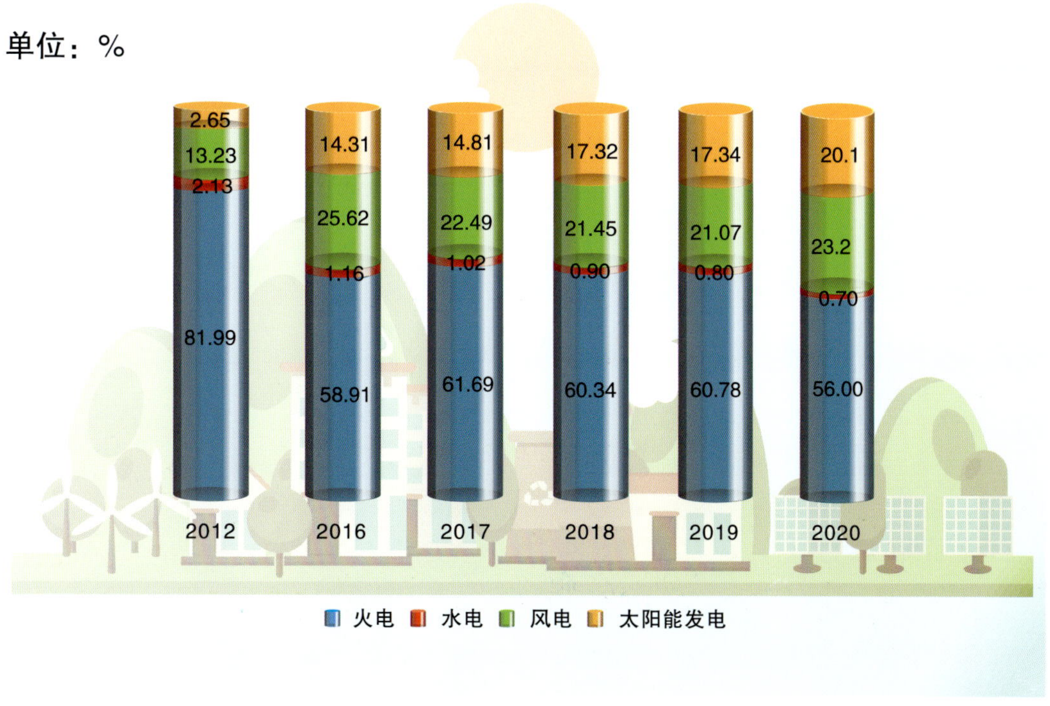

可再生能源发电量比重

申请专利量

地方一般公共预算收入

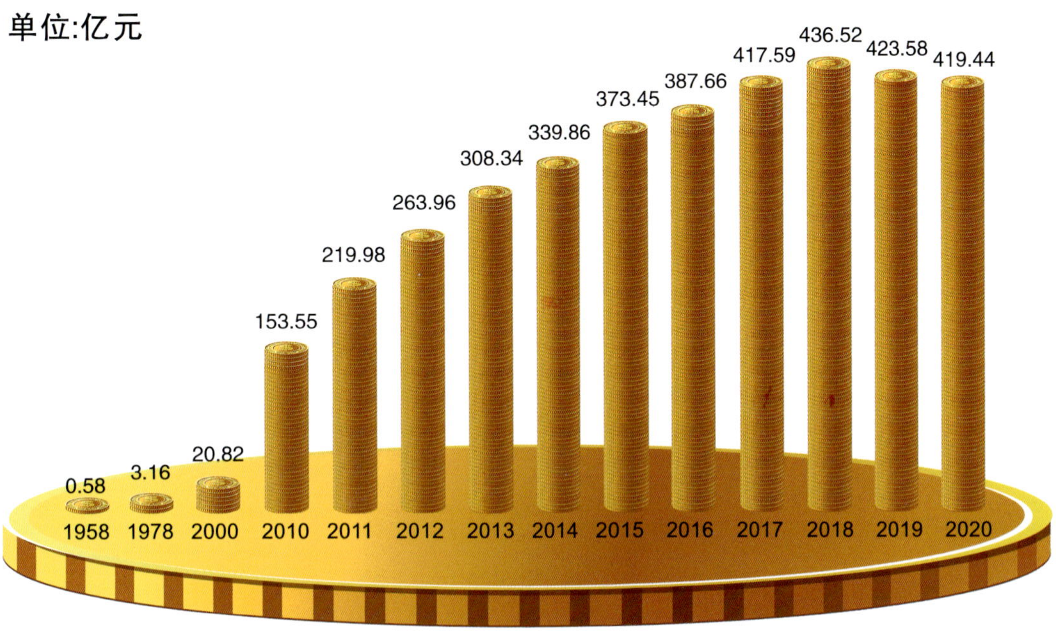

教育、医疗、社保、文化、一般公共服务等民生领域财政支出

研发经费投入

单位：亿元

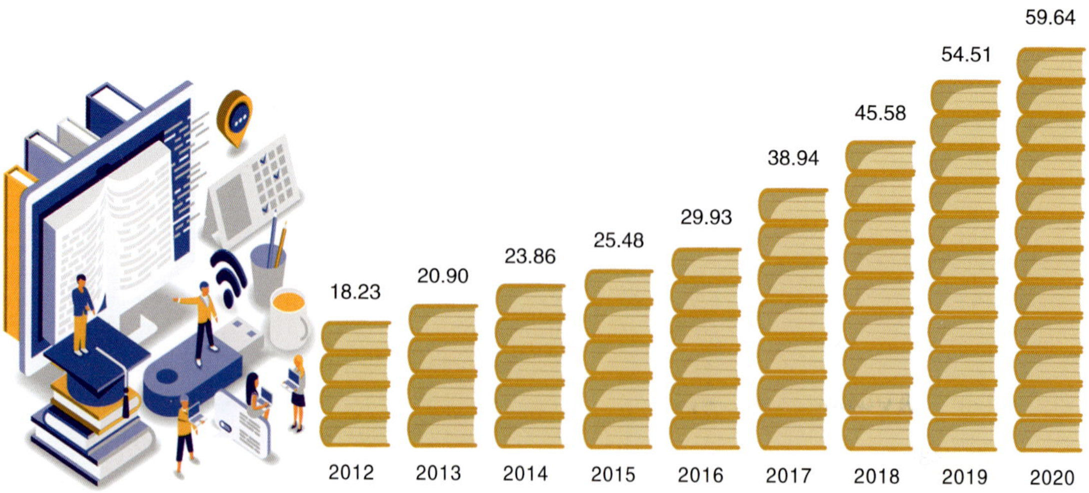

研发经费投入强度

单位：%

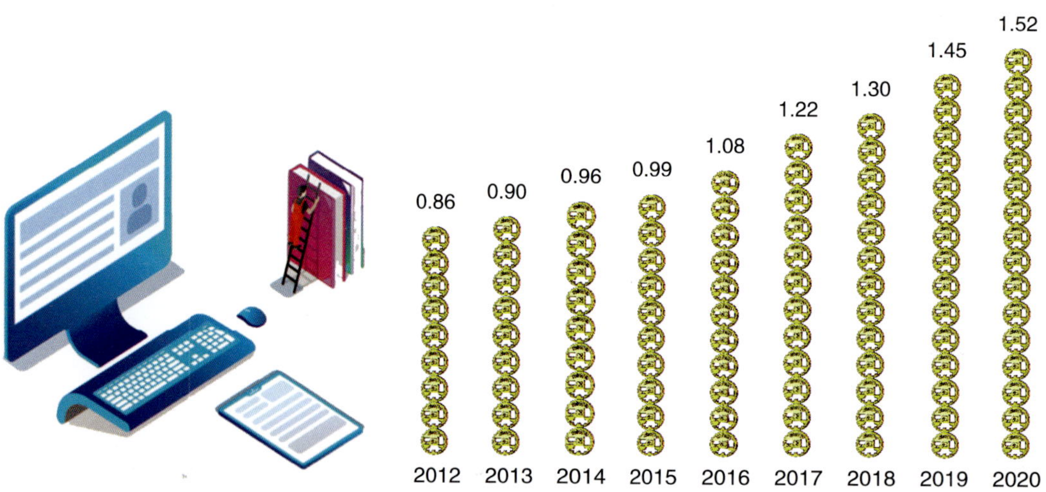

城镇居民人均可支配收入

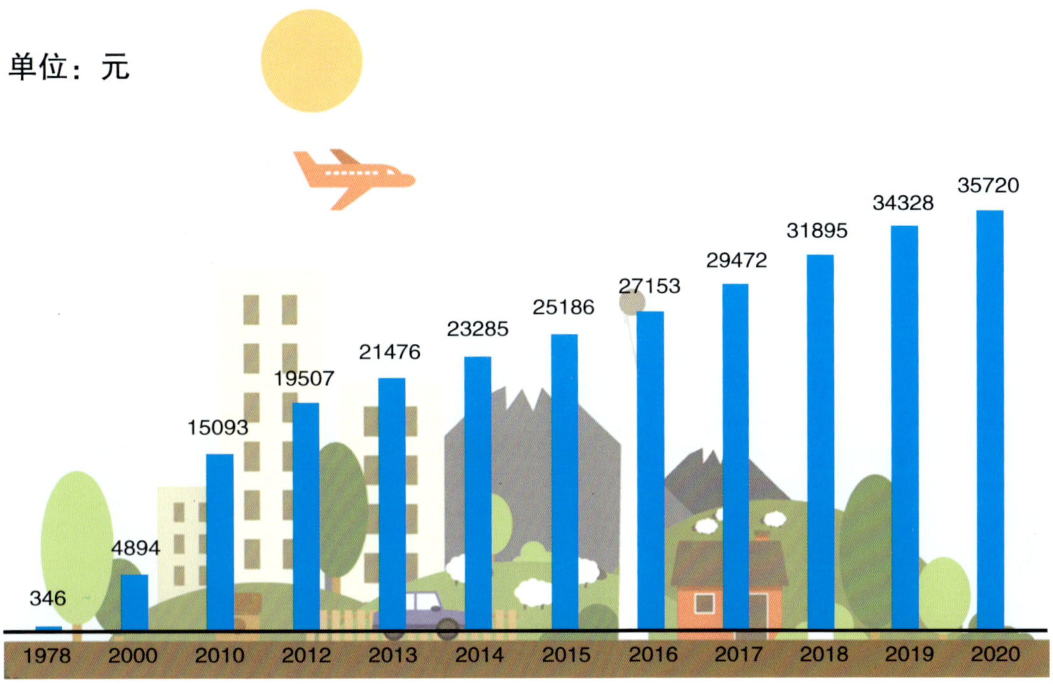

农村居民人均可支配收入

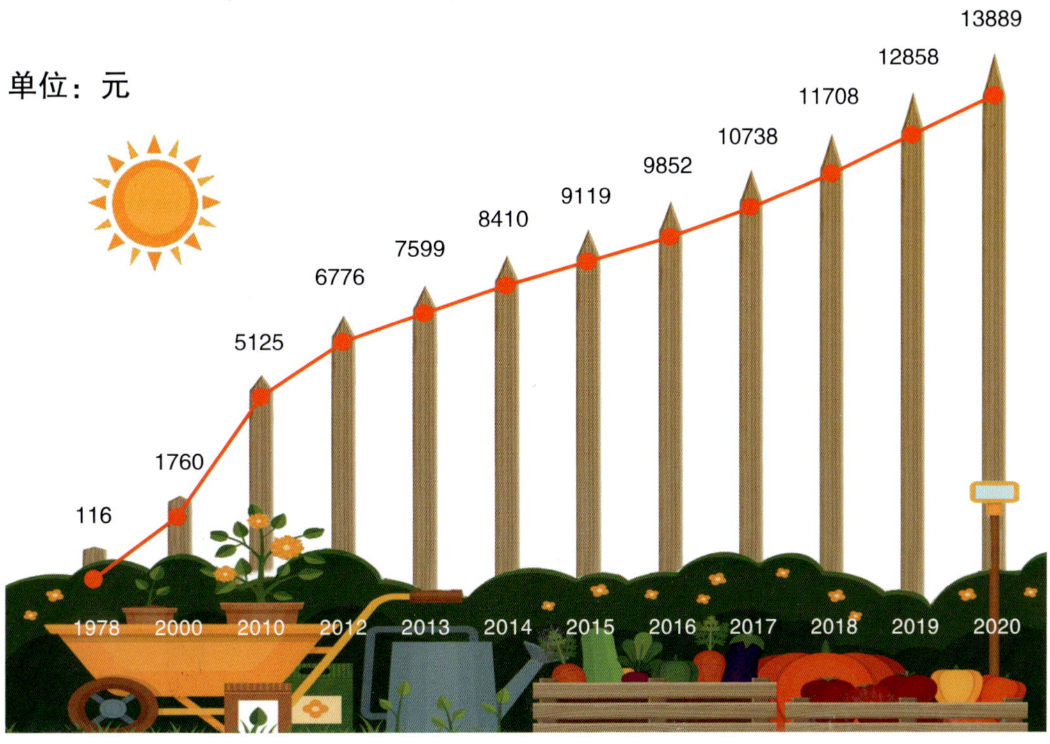

城镇化率

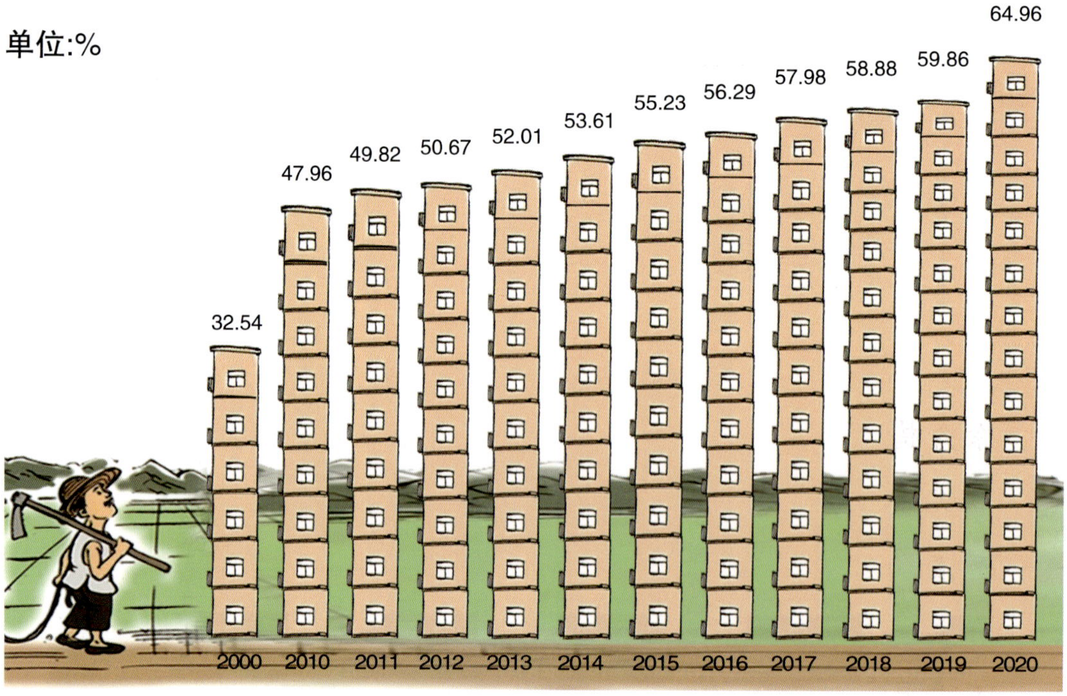
单位:%
32.54
47.96
49.82
50.67
52.01
53.61
55.23
56.29
57.98
58.88
59.86
64.96
2000
2010
2011
2012
2013
2014
2015
2016
2017
2018
2019
2020

森林覆盖率

14.6%
15.2%
15.8%
2018年
2019年
2020年

《宁夏统计年鉴—2021》

编辑委员会、编辑部

NINGXIA STATISTICAL YEARBOOK 2021

EDITORIAL BOARD AND EDITORIAL STAFF

Editorial Board

Editorial Staff

编辑说明

一、《宁夏统计年鉴—2021》是由宁夏回族自治区统计局、国家统计局宁夏调查总队联合编制，中国统计出版社公开出版发行的一部全面、系统、客观反映宁夏经济和社会发展的资料性年刊，是研究宁夏区情、交流社会信息、制定政策、指导工作不可缺少的重要工具，也是国内外各界认识宁夏的重要窗口。本年鉴收录了宁夏历史重要年份和2020年经济和社会各方面的统计数据，各市、县（区）主要统计数据，以及全国和各省（市、区）主要统计数据。

二、本年鉴内容分特载和统计资料两部分。特载包括政府工作报告和统计公报。统计资料共分为二十三篇：1. 行政区划与自然资源；2. 综合；3. 国民经济核算；4. 人口；5. 劳动力资源与工资；6. 固定资产投资；7. 能源；8. 财政金融保险；9. 物价指数；10. 居民生活；11. 农业；12. 工业；13. 建筑业；14. 运输邮电；15. 批发零售贸易和住宿餐饮业；16. 对外经济贸易和旅游业；17. 教育科技文化；18. 体育卫生民政司法；19. 生态环境；20. 规模以上服务业企业调查主要数据；21. 企业信息化与电子商务；22. 宁夏农垦经济社会发展主要指标；23. 各省市区主要经济指标。为便于读者使用，部分章节附有主要统计指标解释。

三、本年鉴统计资料大部分来源于统计年报，部分来源于抽样调查，全国各省市区主要经济指标资料来源于中国统计出版社编印的《中国统计年鉴—2021》和当年的《中国统计摘要》，除具体标明年份以外，表中数据皆指2020年度。

四、本年鉴涉及的历史数据，均以最新出版的本年鉴数据为准；本年鉴中部分数据合计数或相对数由于单位取舍不同而产生的误差，均未作机械调整。

五、与《宁夏统计年鉴—2020》相比，根据现行统计调查制度修订情况，有如下变化：对部分章节内容进行了调整。在行政区划与自然资源篇，取消了1－1全区行政区划表中“土地面积”指标；对1－4主要矿产资源储量作了全面调整；在人口篇，根据第七次全国人口普查结果，对2011年以来的人口数据作了全面调整；在劳动工资篇，删除了5－4，5－17，5－23表，对表格顺序作了调整，数据只能下分到市一级；在劳动工资篇，删除了18－11表，对表格顺序作了调整；在生态环境篇，对2015年至2019年历史数据进行了调整。

六、本年鉴出版发行工作，得到各级领导、有关部门和社会各界的大力支持，谨致谢意。由于我们编辑水平有限，虽竭尽所能却不足之处在所难免，诚恳期望各界读者提出宝贵意见，以便进一步改进和提高我们的工作水平。

Editor' s Notes

Ⅰ. *Ningxia Statistical Yearbook 2021* is a comprehensive, systematic and objective information yearbook reflecting the economic and social development of Ningxia, which is jointly prepared by the Statistics Bureau of Ningxia Hui Autonomous Region and the Ningxia investigation team of the National Bureau of statistics and published by China Statistics Press. It is an indispensable tool for studying the situation of Ningxia, exchanging social information, formulating policies and guiding work, It is also an important window for all circles at home and abroad to understand Ningxia. This yearbook contains the statistical data of economic and social aspects of Ningxia in important historical years and 2020, the main statistical data of cities and counties (districts), as well as the main statistical data of the whole country and provinces (cities and districts).

Ⅱ. The yearbook contains twenty - three chapters: 1. Administrative Divisions and Natural Resources ; 2. General Survey ; 3. National Accounts; 4. Population ; 5. Employment and Wages; 6. Investment in Fixed Assets; 7. Energy; 8. Government Finance , Financial Intermediation and Insurance; 9. Prices Indices; 10. People' s Living Conditions; 11. Agriculture; 12. Industry; 13. Construction; 14. Transport, Postal and Telecommunication Services; 15. Wholesale , Retail, Housing and Catering; 16. Foreign Trade Economic Cooperation and Tourism ; 17. Education , Science and Technology Culture ; 18. Sports , Public Health , Civil Administration and Judicature; 19. Ecological Environment; 20. Main Survey Information of Service Enterprise above Designated Size; 21. Enterprise Information and Electronic Commerce; 22. Economic and Social development of Agricultural Cultivation in Ningxia; 23. Main Economic Indicators by Region.

To facilitate readers, Some Chapters are accompanied by explanatory Notes on Main Statistical Indicators.

Ⅲ. Most of the statistical data in this yearbook come from the statistical annual report, and some come from the sample survey; Main Economic Indicators by Region are from *China Statistical Yearbook 2021* and *China Statistical Abstract* of that year. The data in this book refer to 2020, with the exception of the year specified.

Ⅳ. For updated historical data, please refer to the newly published version of the yearbook. Statistical discrepancies on totals and relative figures due to rounding are not adjusted in the yearbook.

Ⅴ. Compared with *Ningxia Statistical Yearbook 2020*, according to the revision of the current statistical survey system, there are the following changes: the contents of some chapters have been adjusted. In the chapter of administrative division and natural resources, the index of " land area" in 1 - 1 regional administrative division table is cancelled; The reserves of 1 - 4 main mineral resources have been comprehensively adjusted; In the population section, the population data since 2011 have been comprehensively adjusted according to the results of the seventh national census; In the chapter of labor and wages, tables 5 - 4, 5 - 17 and 5 - 23 are deleted and the order of the tables is adjusted. The data can only be distributed to the municipal level; In the labor and wages section, table 18 - 11 is deleted and the order of the table is adjusted ; In the chapter of ecological environment, the historical data from 2015 to 2019 are adjusted.

Ⅵ. Thank for the support in the publication and distribution of this yearbook. We sincerely hope that readers from all walks of life will give us their valuable comments with a view to further improving and enhancing our work.

目　　录

Contents

特　　载

Special Issue

统计资料

Statistics

第二篇　综合

Ceneral Survey

第三篇　国民经济核算

National Economic Accounting

第四篇 人口

Population

第五篇 劳动力资源与工资

Labor Force and Wages

第六篇　固定资产投资

Investment in Fixed Assets

第七篇　能源

Energy

第九篇 物价指数

Price Indices

第十篇 居民生活

People's Living Conditions

第十一篇　农业

Agriculture

第十二篇　工业

Industry

第十三篇　建筑业

Construction

第十四篇　运输邮电

Transport，Postal and Telecommunication Services

第十五篇　批发零售和住宿餐饮业

Wholesale, Retail, Housing and Catering

第十六篇　对外经济贸易和旅游业

Foreign Trade Economic Cooperation and Tourism

特载

Special Issue

宁夏回族自治区政府工作报告

——在宁夏回族自治区第十二届人民代表大会第四次会议上

宁夏回族自治区主席　咸辉

（2021年1月29日）

各位代表：

各位代表：

现在，我代表自治区人民政府，向大会报告工作，请予审议，并请各位政协委员和其他列席人员提出意见。

一、2020年和“十三五”工作回顾

2020年，是极不平凡的一年。在决战脱贫攻坚、决胜全面小康的关键时刻，习近平总书记再次亲临宁夏视察，亲自为我区发展把脉定向、擘画蓝图，明确继续建设经济繁荣民族团结环境优美人民富裕美丽新宁夏的奋斗目标，赋予努力建设黄河流域生态保护和高质量发展先行区的时代重任，全区上下倍受鼓舞、倍感振奋、倍增动力！

一年来，面对严峻复杂的国内外形势，特别是新冠肺炎疫情的严重冲击，在以习近平同志为核心的党中央坚强领导下，全区上下坚持以习近平新时代中国特色社会主义思想为指导，深入贯彻党的十九大和十九届二中、三中、四中、五中全会精神，全面落实习近平总书记视察宁夏重要讲话重要指示精神，按照自治区党委工作部署，坚持稳中求进工作总基调，坚持新发展理念，深化供给侧结构性改革，统筹推进疫情防控和经济社会发展，统筹做好“六稳”工作和落实“六保”任务，交出了一份全面好于预期、十分来之不易的答卷。全年实现地区生产总值3921亿元，增长3.9%，高于全国1.6个百分点，居全国第4位；地方一般公共预算收入419.4亿元，下降1%（扣除新增减税因素影响，增长5.6%），好于全国平均水平；全体居民人均可支配收入25735元、增长5.4%，其中城镇35720元、增长4.1%，农村13889元、增长8%，分别高于全国0.6和1.1个百分点。最后一个贫困县西吉县顺利摘帽，剩余1.88万贫困人口全部脱贫，全区历史性告别了绝对贫困、区域性整体贫困。

一年来的主要工作和成效是：

（一）*直面大战大考，疫情防控夺取重大成果。*坚决听从习近平总书记和党中央号令，把疫情防控作为最重要的政治任务、最紧迫的头等大事来抓。坚持人民至上、生命至上，在自治区党委领导下，第一时间组建专门机构，及时启动一级响应，动态调整防控策略，在全国率先实行发热门诊全免费，集中患者、集中专家、集中资源、集中免费救治，仅用41天就阻断了疫情传播，没有发生死亡病例，没有发生社区传染，没有发生医护人员感染。坚决响应国家号召，组织785名优秀医疗队员驰援湖北，尽全区所能捐赠抗疫物资，选派专家支援沙特、科威特抗疫，完成国外包机入境银川隔观疏散，为全国防控大局作出了宁夏贡献。及时制定恢复“六大秩序”实施方案，分区分类推进复工复产，推广使用防疫健康码，优化常态化防控机制，将疫情影响降到了最低。弘扬伟大抗疫精神，召开总结表彰大会，凝聚了团结抗疫、共克时艰的磅礴之力。

（二）*全力稳定增长，经济恢复取得显著成效。*针对经济一度“停摆”的严峻形势，强化运行监测调度，适时出台“六保36条”“工业稳增长24条”“服务业16条”“财政21条”等一揽子措施，投放纾困基金40亿元，清欠民营企业账款68亿元，新增贷款615亿元、减税降费130亿元，帮助企业渡过难关，力促经济逐季回升。围绕自治区党委确定的九大重点产业，制定实施方案，落实包抓机制，推动转型发展。紧盯农时抓生产，新建高标准农田108万亩，粮食生产实现“十七连丰”，总产达380.5万吨，特色优势产业占到了农业的88%。加快工业结构、绿色、智能、技术四大改造，外送电量创历史新高，战略性新兴产业占比达15%，规上工业增加值增长4.3%。举办“两晒一促”等系列活动，促进消费加速回升。开展关键技术攻关，研究与试验发展经费投入强度预计达1.54%，综合科技创新水平指数提升幅度居全国第1位。狠抓自治区80个重点项目建设，京藏高速改扩建、百川锂电材料、伊利乳业产业园等一批大项目加快建设或建成投运，带动固定资产投资增长4%，扭转了连续3年大幅下滑的局面。特别令人振奋的是，全区人民翘首以盼的银西高铁建成通车，宁夏全面融入国家高铁网！

（三）狠抓统筹协调，城乡面貌发生明显变化。制定先行区建设实施意见，采取针对性举措，持续打好蓝天碧水净土保卫战。深化中央环保督察及“回头看”反馈问题整改，编制“一河三山”生态保护修复规划，实现首轮省级生态环保督察全覆盖。从严落实五级河湖长制，黄河干流宁夏段连续4年保持Ⅱ类优水质，国控断面劣Ⅴ类水体和城市黑臭水体全面消除，全区优良天数311天、比例达85.1%，PM2.5平均浓度降到33微克/立方米。完成农村人居环境整治三年行动，建设卫生户厕10.5万户，改建乡村公路1200公里，建成特色小镇12个、美丽村庄100个。固原市、中卫市成功创建国家卫生城市，吴忠市获评生态文明建设示范城市。实施城镇供水、污水处理、海绵城市等项目，五市全部建成数字化城市管理平台，改造老旧小区5.2万户、棚户区6200套，城镇化率预计达61%。

（四）深化改革开放，动力活力得到持续增强。制定“优化营商环境148条”，“证照分离”改革实现全覆盖，企业开办时间压缩到1个工作日内，比全国少了3天。加快“数字政府”建设，“我的宁夏”App用户量超过全区人口的74%，1314个事项能够“指尖办”，3368个事项可以“掌上查”，营商环境综合评价连续3年居全国第11位。启动国企改革三年行动，退休人员全部移交社会管理。农村集体产权制度改革试点等全国推广。优化融资结构，扩大直接融资，晓鸣农牧、沃福百瑞通过上市审议，上市企业达15家。在全国率先建立政府债务监测平台，超额完成隐性债务年度化解任务。获批建设国家农业绿色发展先行区、中国（银川）跨境电子商务综合试验区、国家（中卫）新型互联网交换中心。全年招商引资实际到位资金1599亿元、增长11.3%。

（五）坚持民生优先，群众生活又有新的改善。在全年税收下降、收支矛盾加剧的情况下，仍将75%的财力用于民生事业，10个方面24项民生实事全面完成。实行区市县三级领导挂牌督战，安排扶贫资金103亿元，扎实开展“四查四补”，深化闽宁扶贫协作，决战脱贫攻坚取得决定性胜利。全国易地扶贫搬迁后续扶持工作现场会在我区召开，宁夏经验全国推广。制定稳就业保就业“13条”“18条”，城镇新增就业7.3万人，农村劳动力转移就业80.3万人，均超额完成年度任务。深化“互联网＋教育”示范区建设，基本消除义务教育大班额，普惠性幼儿园覆盖率达89.1%，教育信息化水平居全国第7位。加快“互联网＋医疗健康”示范区建设，县域医共体和城市医联体建设全覆盖，区市县三级医疗信息互联互通。建设智慧水利，成功获批“互联网＋城乡供水”示范区。深化社会主义核心价值观“六进”活动，启动新一轮“文化大篷车”基层百场巡演，创排《山海情》《塞上江南》等一批文艺精品，公共文化服务体系建设走在西部前列，全民健身蓬勃开展。哲学社会科学、决策咨询、参事文史、新闻出版、广播电视、文学艺术、统计档案等事业取得新进步。连续16年调增企业退休人员养老金标准，持续提高城乡居民基础养老金、医保、低保和残疾人补贴标准，为1.7万名优抚对象提高抚恤补助标准，健全养老服务体系获得国务院通报激励。累计发放价格临时补贴9650万元，困难群众生活得到基本保障。认真落实乡村、社区、宗教、校园、企业、社团治理任务，制定出台“五个清单指导目录”，为乡镇（街道）下放事权83项。纵深推进平安宁夏建设，扫黑除恶三年行动战果丰硕，安全生产国家考核连续4年优秀，以“四个最严”守好群众“舌尖上的安全”。全面贯彻党的民族政策和宗教工作基本方针，坚决整治宗教领域突出问题，五市和15个县（市区）成为全国民族团结进步示范市县（区）。第七次全国人口普查登记顺利完成。国防动员、双拥共建、人民防空、应急救援、地震、气象、红十字、慈善、老龄、工会、青年、妇女儿童等工作又有新发展。

（六）强化自身建设，政府效能实现更大提升。深入学习贯彻习近平总书记视察宁夏重要讲话重要指示精神，按照自治区党委全会决定，制定政府系统分工方案，广泛宣传宣讲，确保落实到各级政府具体工作中。全面加强政府党组建设，严格执行重大事项向党委请示报告、重大决策出台前向人大常委会报告制度，提请自治区党委研究重大事项56件，提请自治区人大常委会制定、修改地方性法规18件。办理人大代表建议207件、政协委员提案419件，办复率均为100%。建立重大行政决策咨询专家库，续聘法律咨询委员会成员和法律顾问，全面完成“七五”普法。注重源头化解矛盾纠纷，信访总量下降39.8%。从严执行中央八项规定及其实施细则精神，持之以恒纠治“四风”问题。认真落实“过紧日子”要求，自治区本级压减一般性支出14.2%、“三公”经费32.8%。持续为基层减负，自治区政府层面会议压缩20%、督查事项减少10%。全面履行党风廉政建设责任，加强财政、审计日常监督，对违纪违法案件零容忍。加大督查考核激励，奖优罚劣、奖勤罚懒，形成了干事创业的鲜明导向。

各位代表，盘点2020年，我们在极不寻常的年份取得了极不寻常的成就。回望过去五年，我们圆满完成“十三五”规划任务，全面建成小康社会胜利在望，经济社会发展实现重大跨越，美丽新宁夏建设迈出坚实步伐。

五年来，我们始终以政治建设为统领，把党的领导贯穿政府工作全过程各方面，政府执行力、落实力、公信力切实增强。深学笃行习近平新时代中国特色社会主义思想，巩固深化“不忘初心、牢记使命”主题教育成果，自觉把增强“四个意识”、坚定“四个自信”、做到“两个维护”落实到具体行动上。全面贯彻党中央、国务院各项决策部署，按照自治区党委安排要求，不折不扣抓好工作落实，保证了经济行稳致远、社会安定和谐。

五年来，我们始终贯彻新发展理念，大力稳增长、调结构、换动能，推动高质量发展，综合实力大幅跃升。地区生产总值比2010年翻了一番，年均增长6.4%，高于全国0.7个百分点。三次产业比重由9.2∶43.3∶47.5调整到8.6∶41.0∶50.4。综合科技创新水平指数由全国第22位上升到第18位。实施了一批打基础、利长远的重大项目，城镇化率年均提高1.2个百分点。

五年来，我们始终紧盯全面建成小康社会目标，精准施策、持续用力、久久为功，三大攻坚战夺取重大胜利。9个贫困县全部摘帽，1100个贫困村全部出列，现行标准下62.4万农村贫困人口全部脱贫。生态环境9项约束性指标超额完成，蓝天碧水净土保卫战成效显著，全区空气优良天数比2015年增加15天，森林覆盖率由11.9%提高到15.8%。处置化解一批风险隐患，守住了不发生系统性风险的底线。

五年来，我们始终把改革开放作为关键举措，向改革要动力，以开放增活力，发展潜能持续释放。完成800多项重点改革任务，“放管服”、空间规划、农业农村、工程项目审批等改革走在全国前列。中阿博览会成为共建“一带一路”重要平台，宁夏对外经贸“朋友圈”扩展到138个国家和地区。

五年来，我们始终坚持以人民为中心，围绕群众所急所愿所盼，逐年增加投入，民生水平不断提升。累计办成实事好事128项，投入民生资金5291亿元，是“十二五”的1.5倍。城乡居民人均可支配收入均比2010年翻了一番，年均分别增长7.2%和8.8%，分别高于全国0.2和0.4个百分点。建成了覆盖城乡的社会保障体系，解决了一批关系群众切身利益的就业、就学、就医、饮水、居住、出行等民生难题。

各位代表，艰难方显勇毅，磨砺始得玉成。五年征途充满艰辛，奋斗成果殊为不易。这是习近平总书记作为党中央的核心、全党的核心掌舵领航的结果，是习近平新时代中国特色社会主义思想科学指引的结果，是党中央坚强领导的结果，是自治区党委正确领导的结果，是自治区人大、政协大力支持的结果，是全区上下真抓实干的结果。在此，我代表自治区人民政府，向在各个岗位付出智慧、心血和汗水的全区各族人民，向人大代表、政协委员、各民主党派、工商联和各界人士，向中央驻宁单位、驻宁部队和武警官兵、公安民警致以崇高敬意！向关心支持宁夏改革发展稳定的国家部委、兄弟省区市、港澳台同胞、海外侨胞和国际友人表示衷心感谢！

回顾五年来的工作，我们也清醒看到，我区发展还存在一些困难和问题。主要有：一是疫情变化存在诸多不确定性，常态化防控任务依然艰巨；二是经济持续向好的基础还不稳固，企业生产经营存在许多困难，消费增长动能不足，一些领域风险隐患不容忽视；三是发展质量效益仍然不高，开放不足短板突出，创新驱动能力不强，资源环境约束趋紧，经济转型和结构调整任重道远；四是民生领域还有短板弱项，稳就业促增收压力较大；五是营商环境有待进一步改善，政府自身建设仍需加强。我们一定高度重视这些问题，采取有力措施，切实加以解决，决不辜负全区人民的重托和期望。

二、奋力开启全面建设社会主义现代化新征程

各位代表，“十四五”时期，是“两个一百年”奋斗目标的重要历史交汇期，是开启全面建设社会主义现代化国家新征程的重要战略机遇期，也是我区在新发展阶段实现追赶跨越的重要黄金窗口期。习近平总书记对宁夏发展极为关心、寄予厚望，过去五年内两次视察宁夏并发表重要讲话，为自治区成立60周年题写“建设美丽新宁夏，共圆伟大中国梦”贺匾，多次对我区工作作出重要指示批示，为新时代宁夏发展提供了科学指导、注入了强大动力。全区人民对美好生活的向往，更加坚定了我们推进高质量发展的信心和决心，极大增强了我们战胜困难挑战的勇气和底气。机遇承载使命，挑战考验担当。面对复杂多变的严峻形势，面对千帆竞发的发展态势，如何承担好党中央赋予的时代重任，如何实现好新一轮竞争的追赶跨越，是我们必须直面的重大问题。我们惟有咬定青山不放松，脚踏实地加油干，努力创造更加灿烂的辉煌！

根据自治区党委十二届十二次全会精神和《关于制定国民经济和社会发展第十四个五年规划和二〇三五年远景目标的建议》，自治区政府在广泛征求意见、凝聚各方智慧、充分研究论证的基础上，编制了《宁夏回族自治区国民经济和社会发展第十四个五年规划和二〇三五年远景目标纲要（草案）》，提交大会审查。

今后5年，全区经济社会发展的主要预期目标是：地区生产总值年均增长6%左右，人均地区生产总值超过1万美元，全员劳动生产率年均增长6%以上，研究与试验发展经费投入强度达到全国平均水平，居民人均可支配收入年均增长6%左右，城镇调查失业率控制在5.5%以内，节能降碳和主要污染物排放完成国家下达任务。实现经济实力明显提升、改革开放明显突破、社会文明明显进步、生态环境明显改善、民生水平明显提高、治理效能明显增强。在此基础上，经过持续努力，到2035年，经济繁荣实现大跨越，民族团结实现大进步，环境优美实现大改善，人民富裕实现大提升，确保与全国同步基本实现社会主义现代化。

实现上述目标，必须坚持党对一切工作的领导，紧密团结在以习近平同志为核心的党中央周围，在自治区党委领导下，以高度的思想自觉、政治自觉、行动自觉抓好工作落实。必须狠抓发展第一要务，立足新发展阶段，贯彻新发展理念，融入新发展格局，努力实现更高质量、更有效率、更加公平、更可持续、更为安全的发展。必须激发广大干部群众奋斗精神，充分调动各方面积极性、主动性、创造性，共同把战略部署变成实际行动，把规划蓝图化为发展现实，以奋斗创造历史，用实干成就未来！

今后5年，要在以下五个方面实现重大突破：

（一）坚定不移建设先行区，走好高质量发展新路子。统筹推进高水平保护与高质量发展，一体建设河段堤防安全标准区、生态保护修复示范区、环境污染防治率先区、经济转型发展创新区、黄河文化传承彰显区。优化国土空间布局，强化分类管控引导，建设黄河生态经济带、北部绿色发展区、中部封育保护区、南部水源涵养区。围绕重点领域率先突破，抓好用水权、土地权、山林权、排污权交易改革。健全生态文明体制机制，构建现代环境治理制度，促进经济社会发展全面绿色转型，确保先行区建设取得阶段性重要成果。

（二）坚定不移推进创新驱动，打造高质量发展新动能。坚持以创新促转型、以创新优动能、以创新求突破，推动产业迈向高端化、绿色化、智能化、融合化，构建以九大产业为重点的现代产业体系。实施科技强区行动，优化创新体制机制，强化企业主体地位，激发人才创新创造活力，突破一批关键核心技术，打造区域有影响力的创新中心。建立现代生产体系、经营体系、服务体系，实现产业体系升级、基础能力再造、新旧动能转换，培育一批产业集群、工业园区、企业集团，制造业和战略性新兴产业增加值占比分别达到25%和10%以上。发展高效种养业，建设国家农业绿色发展先行区，农业综合效益达到全国上游水平。推动生产性服务业向专业化和价值链高端延伸、生活性服务业向高品质和多样化升级，建成国家全域旅游示范区。加快产业数字化、数字产业化，建设数字宁夏。

（三）坚定不移实施扩大内需，拓展高质量发展新空间。立足扩大内需战略基点，主动服务全国大市场，全面融入新发展格局，努力实现供需动态平衡、经济循环畅通。促进消费扩容升级，推进现代物流体系建设、质量提升和品牌培育、城市特色街区改造、城乡消费服务体系建设四大工程，进一步拓展消费空间。扩大精准有效投资，实施“十大工程项目”，构建综合交通、现代水网、能源支撑和信息网络体系，持续提升投资质效。加快新型城镇化和乡村全面振兴，抓好城市更新、乡村建设行动，开创区域协调、城乡融合发展新局面，城镇化率达到65%以上。深化要素市场化配置改革，建设高标准市场体系，培育更多充满活力的市场主体。积极参与共建“一带一路”，深化区域务实合作，形成高水平开放新体制、全方位开放新格局。

（四）坚定不移改善生态环境，培育高质量发展新优势。深入贯彻习近平生态文明思想，巩固提升环境质量，加快建设天蓝地绿水美的美丽宁夏。坚持以绿色发展为导向，严守“三线一单”，推行重点行业和领域绿色化改造，开展绿色生活创建，提高能源资源利用效率，单位GDP用水量、煤炭消耗、电力消耗均下降15%。坚持以碳达峰、碳中和为引领，打好污染防治攻坚战，协同“四尘同治”“五水共治”“六废联治”，地级城市空气质量优良天数比例达到85%，黄河干流宁夏段水质保持Ⅱ类进Ⅱ类出，国考断面Ⅲ类以上水质优良比例达到80%。坚持以“一河三山”为主体，统筹山水林田湖草沙系统治理，抓好自然恢复、人工修复和综合康复，建设“七大生态系统”，森林覆盖率达到20%，让生态绿色成为宁夏发展的鲜明底色。

（五）坚定不移保障改善民生，共享高质量发展新成果。实施“四大提升行动”，扎实推进共同富裕。强化就业优先政策，健全就业服务体系，实现更加充分更高质量就业。增加低收入群体收入，扩大中等收入群体，居民人均可支配收入达到3.5万元以上。建设高质量教育体系，教育现代化进程居西部地区前列。推进文化事业繁荣发展，提高社会文明程度。加快健康宁夏建设，人均预期寿命达到78.2岁。健全多层次社会保障体系，满足群众多样化保障需求。完善基层治理体系，增强基层治理能力，建立人人有责、人人尽责、人人享有的社会治理共同体，让全区人民的获得感成色更足、幸福感更可持续、安全感更有保障。

各位代表，新征程催人奋进，新使命重任在肩。只要我们在自治区党委领导下，一张蓝图绘到底，一任接着一任干，“十四五”规划目标和2035年远景目标就一定能够实现，宁夏的明天一定更加美好！

三、努力实现“十四五”良好开局

2021年，是实施“十四五”规划的起步年，是开启全面建设社会主义现代化新征程的第一年，也是建党100周年。做好今年工作，具有特殊重要意义。

今年政府工作总体要求是：坚持以习近平新时代中国特色社会主义思想为指导，全面贯彻落实党的十九届五中全会、中央经济工作会议和习近平总书记视察宁夏重要讲话精神，认真落实自治区党委十二届十二次全会和经济工作会议安排部署，坚持稳中求进工作总基调，立足新发展阶段，贯彻新发展理念，融入新发展格局，以推动高质量发展为主题，以深化供给侧结构性改革为主线，以建设黄河流域生态保护和高质量发展先行区为时代使命，以改革创新为根本动力，以满足人民日益增长的美好生活需要为根本目的，巩固拓展疫情防控和经济社会发展成果，更好统筹发展和安全，扎实做好“六稳”工作，全面落实“六保”任务，坚决守好三条生命线，走出一条高质量发展的新路子，继续建设经济繁荣民族团结环境优美人民富裕的美丽新宁夏，确保“十四五”实现良好开局，以优异成绩庆祝建党100周年。

主要预期目标是：地区生产总值增长7%以上，地方一般公共预算收入增长3%以上，社会消费品零售总额增长8%左右，城乡居民人均可支配收入分别增长7%和8%，居民消费价格涨幅控制在3%左右。城镇调查失业率控制在5.5%以内。节能降碳和主要污染物排放完成国家下达任务。

各位代表，确定这样的目标，统筹考虑了发展需要、发展可能和发展预期，是科学合理的、可行可及的，但也面临不少困难和挑战。必须立足区情实际，把握发展大势，紧扣目标任务，全面推进先行区建设，扎实推动高质量发展，加快融入新发展格局，确保迈好第一步，见到新气象，取得新成效。

为此，要切实抓好以下重点工作：

（一）突出需求带动，切实推动经济稳定增长。把发展着力点放在实体经济上，注重供给需求两端发力、消费投资双轮驱动，巩固经济稳定恢复、持续向好态势。

促进消费全面复苏。顺应消费升级趋势，完善促消费政策措施，引导扩大居民消费，适度增加公共消费，更好发挥经济运行的“压舱石”作用。开展消费惠民行动，落实新一轮汽车下乡和以旧换新补贴政策，促进餐饮住宿、批发零售等加快回补，推动消费市场全面恢复。推进文旅深度融合，扩大外来消费，全年旅游收入和游客人数均增长20%以上。实施消费网络建设和融合升级工程，多渠道增加家政、养老、育幼等服务供给，促进线上线下融合发展，有效释放新的消费潜力。开拓城乡消费市场，完善电商服务，优化物流配送，降低物流成本，促进工业品下乡和农产品进城双向流通。

保持投资回稳向好。全年实施自治区重点项目90个、民间投资重点项目50个，完成投资530亿元以上，带动投资增速与经济增长基本同步。完善省级领导包抓机制，做好用地、用能、用工服务，启动“十大工程项目”，抓好宝丰煤制烯烃、韩国晓星氨纶、固海扩灌扬水等重大项目，力促早建设、早投用。抓住先行区建设重大机遇，聚焦国家政策导向，紧盯“两新一重”等重点方向，争取实施一批产业升级、基础设施、生态环保、民生保障项目，优化项目梯次结构，为高质量发展储能蓄势。加大产业链招商、集群化招商，鼓励引导更多企业把投资项目引进来，把生产经营布局好，把研发设计落实处，确保全年招商引资实际到位资金增长7%。

帮助企业稳定发展。着力优化政策体系，巩固提升“六稳”“六保”成果，动态调整，精准滴灌，形成最优组合，凝聚最大合力，更好引导预期、稳定预期。着力降低企业负担，发挥纾困基金、担保贴息作用，加强煤电油气等要素保障，帮助市场主体解难脱困，全年减免电费8亿元左右，降低实体经济成本100亿元以上。着力加强金融支持，注重银政企联动，鼓励发展普惠金融、绿色金融，全年新增贷款600亿元以上，再有2－3家企业上市。强化反垄断和防止资本无序扩张，依法打击非法金融活动，稳妥化解债务风险，坚决守好不发生系统性风险底线。

（二）突出创新引领，切实构建现代产业体系。精耕细作九大重点产业，推进创新驱动发展，深化供给侧结构性改革，不断提高经济发展质量效益。

增强科技创新力。加大政府科技投入力度，提高企业科研投入强度，力争研究与试验发展经费投入强度达到1.7%。用好部区合作、东西合作机制，加强创新人才引进培养，发挥国家重点实验室中试基地作用，围绕重点产业、重点领域组建创新平台，培育自治区级科技创新团队10个。启动创新型示范企业培育工程，开展大中小企业融通创新，推动“双创”全面升级，培育国家级高新技术企业50家、科技型中小企业100家。实行攻关任务“揭榜挂帅”，优化科研项目“前引导＋后支持”方式，落实股权激励、分类评价等政策，实施重点科技项目100个。争取突破一批关键共性技术，转化应用一批科技创新成果，为高质量发展注入新动能。

增强产业竞争力。加快产业布局区域化、产业基础高级化、产业发展现代化。实施产业基础再造工程，压减低端供给，增加高端供给，加快化工、冶金、纺织等调整转型，新认定制造业示范企业8家、绿色智能工厂和数字车间25个，新培育入库企业60家，规上工业增加值增长7%以上。做大做强清洁能源、新型材料、绿色食品、电子信息产业，发展壮大仪器仪表、数控机床等产业，培育“专精特新”企业100家，带动新兴产业两位数增长。拓展大数据、区块链、工业互联网等场景应用，数字经济增长20%以上。开展质量提升行动，加强标准体系建设，培育引进龙头企业，做优做强葡萄酒、枸杞、肉牛和滩羊、奶产业，把特色优势更好转化为竞争优势。

增强园区承载力。深化开发区体制机制改革，提升园区创新发展能力，创建自治区高质量发展示范园区3个。围绕产业链、供应链、创新链布局企业、建设项目，推进园区错位发展。特别要推动宁东基地与吴忠太阳山一体化发展，加快现代煤化工向下游精细化工延伸，争创国家现代能源经济示范区。加快闲置、低效用地清理，抓好“散乱污”企业整治，推动“僵尸企业”市场化出清，提高亩均投资强度、产出效益、税收比例，真正把园区打造成区域经济增长极、高质量发展主阵地。

（三）突出乡村振兴，切实推进农业农村现代化。坚持农业农村优先发展，有效衔接脱贫攻坚和乡村振兴，促进农业高质高效、乡村宜居宜业、农民富裕富足。

巩固拓展脱贫成果。落实“四个不摘”要求，工作不留空档，政策不留空白。健全防止返贫动态监测和帮扶机制，做到早发现、早干预、早帮扶，确保不出现规模性返贫。深化闽宁对口协作和定点帮扶，争取国家乡村振兴重点帮扶县5个。抓好脱贫县区产业提档升级，尽快补上技术、设施、营销等短板。聚焦产业、就业、社会融入3件事情，强化易地搬迁后续扶持，加强基础配套，完善公共服务，搞好社会管理，广辟就业渠道，确保移民群众稳得住、有就业、逐步能致富。

提升农业质量效益。健全现代农业产业、生产、经营体系，调整种养结构，推动品种培优、品质提升、品牌打造和标准化生产，农业增加值增长4.5%以上。实行最严格的耕地保护制度，坚决遏制耕地“非农化”“非粮化”，着力强化“米袋子”“菜篮子”负责制。建设良种繁育基地12个，新建高标准农田95万亩，粮食播种面积稳定在1019万亩、产量稳定在380.5万吨。加大种粮农民补贴，扩大农业保险范围，让农民种粮有钱挣。推进多种形式适度规模经营，完善利益联结机制，壮大农民合作社、家庭农场等新型经营主体，创建农业现代化示范区1－2个。健全专业化社会化服务体系，支持科技特派员创新创业，主要农作物机械化率、农产品加工转化率分别达到81%和70%。发展乡村旅游、休闲农业等新业态，促进农村一二三产业深度融合。

实施乡村建设行动。尊重群众意愿，因地制宜、分类推进村庄规划建设，加大“空心村”治理，建设美丽宜居村庄50个，把乡村振兴这盘大棋走好。改善村庄基础设施，建好“四好农村路”，新建抗震宜居农房7400户，改造卫生户厕3.5万个，农村生活垃圾处理率、污水治理率分别达到95%和26%。开展全省域乡村治理示范创建，建强基层组织，推进移风易俗，推动形成文明乡风、良好家风、淳朴民风。鼓励各类人才返乡创业，共同绘制乡村振兴的壮美画卷。

深化农村综合改革。探索农村土地征收、集体经营性建设用地入市改革，提高土地出让收入用于农业农村比例。用好承包地确权登记颁证成果，抓好第二轮土地承包到期后再延长30年试点，让农民吃上长效“定心丸”。深化农村集体产权制度改革，在有条件的县（区）开展闲置宅基地退出等改革试点，拓宽农村集体经济发展路径。推进供销社等改革，为乡村全面振兴提供强力支撑。

（四）突出区域协同，切实加强新型城镇化建设。强化全区一盘棋，推进以人为核心的新型城镇化，更好促进区域协调、山川共济、城乡融合。

推动全域一体化。高水平编制区市县三级国土空间规划，划定“三区三线”管控，优化空间布局和城镇体系，促进北部、中部、南部协调发展。发挥银川中心城市辐射作用，带动石嘴山、吴忠、宁东协同发展，推动生态环境、基础设施、公共服务共建共享。支持固原市建设区域中心城市、中卫市建设区域物流中心，不断增强整体竞争力。健全县城功能配套，促进县域内城乡融合，高标准建设重点小城镇5个，让农业人口就地就近城镇化。

推动城市品质化。启动城市更新三年行动，实施污水处理、排水防涝等市政工程，完善停车场、充电桩等公共设施，推进城市由外延扩张向内涵提升转变。支持有条件的小区加装电梯，新改造老旧小区300个、棚户区住房4000套。加大园林城市、卫生城市等创建，新建小微公园15个、城市绿道100公里，城市建成区绿地率达到38.5%。坚持“房住不炒”，租购并举，因城施策，发展公共租赁住房，促进房地产市场平稳健康发展。

推动治理精细化。强化全周期理念，分级分类建设智慧城市、数字城市。发展公共交通，倡导绿色出行，有效缓解交通拥堵。加快城市道路建管养无缝对接，切实减少“马路拉链”现象。规范农贸市场、临时摊位等经营，开展垃圾分类处理，长效治脏治乱治污。优化住宅物业管理，为广大住户提供优质服务。完善社区功能，打造“15分钟便民生活圈”，让城市生活更美好。

（五）突出保护优先，切实提升生态环境质量。践行绿水青山就是金山银山理念，把生态修复和环境保护作为先行区建设先手棋，守好改善生态环境生命线，筑牢祖国西北生态安全屏障。

推进黄河保护治理。落实黄河生态保护治理规划，实施两岸堤防、河道控导、滩区治理和城市防洪工程，整治乱占、乱采、乱堆、乱建问题，确保黄河安澜、惠泽人民。严格河湖长制，加强泾河、清水河、沿黄湿地湖泊协同治理，建设美丽河湖。统筹生产、生活、生态用水，以水定城、以水定地、以水定人、以水定产。实施分类分区管控，开展深度节水控水行动，建设“互联网＋城乡供水”示范区，提高水资源利用效率。

深化污染防治攻坚。巩固蓝天碧水净土保卫战成果，持续提高环境治理成效。完善区域联防联控机制，推进重点行业超低排放改造，加大老旧柴油货车淘汰，大幅减少重污染天气。加强集中式饮用水源地保护，推进城镇和工业园区污水稳定达标排放。严防农业面源污染，建设一批废弃物资源化利用设施，提高工业固废综合利用率。实行能源总量和强度“双控”，推广清洁生产和循环经济，推进煤炭减量替代，加大新能源开发利用，实现减污降碳协同效应最大化。

加强生态保护修复。实施重大生态保护和修复工程，建设绿色生态廊道。开展大规模国土绿化行动，完成营造林150万亩，治理荒漠化土地90万亩、水土流失面积800平方公里，森林覆盖率提高1.1个百分点。落实林长制，建立森林草原保护体系。开展黄河宁夏段上下游横向生态补偿试点，落实生态环境损害赔偿、环境信息依法披露等制度，让保护生态得到合理回报，让破坏环境付出沉重代价。

（六）突出市场导向，切实抓好更深层次改革。坚持有效市场和有为政府更好结合，坚定改革信心，汇聚改革合力，最大限度激发市场活力和社会创造力。

打造一流营商环境。聚焦利企便民，纵深推进“放管服”改革。坚决清理不必要审批、重复审批，推广电子证照应用，推开证明事项和涉企经营许可事项告知承诺制。推进政府项目招投标市场化改革，实现工程建设项目全流程在线审批。完善一体化政务服务平台，推行“不见面办事”“一件事一次办”“跨省通办”，政务服务事项网上可办率达到90%以上。加快数字政府建设，提升“我的宁夏”App应用水平。健全信用监管体系，加强“双随机、一公开”和“互联网+监管”，以公平监管促进公平竞争。强化营商环境监测评价，以评促改、以改促优，持续打造一流的市场化法治化国际化营商环境。

提高要素配置效率。实行统一的市场准入负面清单，推动“非禁即入”普遍落实。改革自然资源资产产权制度，扩大电力市场化交易。培育技术交易和数据市场，加强知识产权创造、保护、运用。深化财税改革，强化预算约束和绩效管理，加大财源培育，优化收支结构，最大限度提高财政资金使用效益。严格政府债务限额管理，加强“借用管还”各环节监管，稳妥化解债务存量，坚决遏制隐性债务增量。

激发市场主体活力。深化国企改革三年行动，实现党政机关和事业单位经营性国有资产统一监管。推进混合所有制改革，激发国有企业发展活力和内生动力。弘扬企业家精神和工匠精神，培育企业家队伍，提升亲清政商关系，让民营企业专心创业、放心经营、安心发展。

（七）突出内外联动，切实扩大更高水平开放。坚持对内开放与对外开放有机统一，加快补齐开放不足短板，重塑内陆开放新优势，更好服务“一带一路”建设。

建好开放平台。聚焦经贸合作，高水平办好第五届中阿博览会，力争签约项目落地率和资金到位率“双提高”。发挥各类口岸、开发区作用，加快中国（银川）跨境电子商务综合试验区、国家（中卫）新型互联网交换中心建设，提升银川综合保税区、石嘴山保税物流中心运营水平。推进外贸转型升级基地、贸易促进平台、国际营销体系建设，支持适销对路的出口产品转内销，进出口贸易总额增长8%左右。

拓展开放格局。加快包银等高铁建设，加密国内城市直达航线航班，打造区域性国际航空枢纽，构建立体化开放通道。稳定国际货运班列运行，发展公铁海多式联运，共建西部陆海新通道。加强与京津冀、长三角、粤港澳大湾区对接合作，推动与黄河“几”字弯城市群协作发展，探索跨区域共建园区、“飞地”经济等合作模式，增强引进来的吸引力和走出去的竞争力。

创优开放环境。健全开放体制机制，加快规则、标准等制度性开放，扩大教育、医疗、养老等服务业开放。拓展国际贸易“单一窗口”功能，建立“两段准入”监管清单，提高进出口通关效率和贸易便利化水平。落实外商投资法及配套法规，实施准入前国民待遇加负面清单管理，营造一视同仁、公平竞争的良好环境。鼓励区内有实力的企业参与国际产业链合作，促进投资、贸易融合发展，带动产品、技术、服务等在国内外市场抢占一席之地。

（八）突出民生改善，切实提高人民生活品质。启动“四大提升行动”，尽力而为、量力而行，办好民生实事，优化公共服务，让全区人民的生活更有品质。

让就业收入提起来。完善支持就业创业政策措施，城镇新增就业7.2万人，农村劳动力转移就业75万人。特别要抓好高校毕业生、农民工、退役军人等重点群体就业，帮扶残疾人、零就业家庭等困难人员就业，全年购买公益性岗位7000个，完成职业技能培训7万人次。调整最低工资标准和企业工资指导线，健全收入分配激励和约束机制，给予高校、科研院所、医疗机构等更多自主权。多渠道增加城乡居民经营性收入、财产性收入，千方百计帮助他们增收致富。

让教育质量强起来。加快“互联网+教育”示范区建设，建成一批示范县、示范校。深化教育评价改革，落实立德树人根本任务，促进学生德智体美劳全面发展。加快义务教育优质均衡发展，办好乡镇寄宿制学校和农村小规模学校，新建改建中小学校舍20万平方米。增加普惠性学前教育供给，新增幼儿园学位7200个。推进普通高中多样化发展，深化职业教育产教融合。提升高等教育质量，支持“双一流”建设，推动宁夏师范学院“升大创博”。规范民办教育、校外培训，办好特殊教育、继续教育。加强师德师风建设，打造新时代高素质教师队伍。

让健康服务优起来。深化“互联网+医疗健康”示范区建设，开展智慧医院试点，为13个县（区）全部配备智能辅助诊疗系统。健全疾病预防控制和公共卫生体系，提升县级医疗机构救治能力，建设自治区重大疫情救治基地。深化公立医院改革，推进区域医疗中心、医联体建设，实行药品、医用耗材集中带量采购。促进中医药传承创新发展。开展城镇低保和农村适龄妇女“两癌”免费筛查，每位患者补助1万元。加强生育服务、慢病防治和健康教育，全面筛查新生儿遗传代谢疾病。广泛开展爱国卫生运动，提高公众健康素养和全民健康水平。

让文化事业兴起来。坚持社会主义核心价值观引领，弘扬优秀传统文化，加强精神文明创建。隆重举办庆祝建党100周年系列活动，推出一批精品力作，讲好宁夏精彩故事，唱响时代主旋律。深化文化惠民工程，开展“送戏下乡”1600场，举办群众性文化活动1500场。加强文物保护利用和非遗传承保护，建设长城、长征、黄河国家文化公园。繁荣发展新闻出版、广播电视、文学艺术、哲学社会科学等事业。广泛开展全民健身活动，新建多功能运动场20个，让全民健身与全民健康成为新时尚。

让民生底线兜起来。继续提高退休人员基本养老金、城乡居民基础养老金最低标准。推进基本医保、失业保险、工伤保险全区统筹，实现门诊费用跨省直接结算。统筹社会救助、社会福利、慈善事业，加强城镇困难群体帮扶。发展普惠托育服务，构建居家社区机构相协调、医养康养相结合的养老服务体系。对0－6岁残疾儿童全部免费提供康复救助，实施困难残疾人家庭无障碍改造3000户，残疾人“两项补贴”标准分别提高10元和40元。做好居民生活必需品、重要农副产品保供稳价工作，兜好兜牢基本民生底线。

今年，自治区聚焦群众最急需、最盼望的热点难点问题，继续办好稳定就业、教育基础、扶困救助、人居环境、安全出行等10个方面的民生实事。我们必须一件一件盯着办、一项一项抓落实，真正把好事办好、实事办实，向全区人民兑现庄严承诺！

（九）突出基层治理，切实营造安全稳定环境。扎实落实“1＋6”基层治理文件，夯实基层治理基础，推进共建共治共享，切实保障群众安居乐业、社会安定和谐。

提升基层治理水平。抓好银川市、石嘴山市、吴忠市全国市域社会治理现代化试点，完成村（社区）两委换届工作。创新“互联网＋基层社会治理”，健全网格化管理服务机制，解决好基层治理“最后一公里”问题。发展社会组织和专业社工队伍，更好发挥工会、共青团、妇联等桥梁纽带作用。坚持和发展新时代“枫桥经验”，健全矛盾纠纷化解机制，努力把各类隐患消除在萌芽。启动“八五”普法，保证民法典有效实施。完善立体化信息化社会治安防控体系，推进扫黑除恶机制化常态化，依法打击各类违法犯罪，建设更高水平的平安宁夏。

守住安全发展底线。落实总体国家安全观，有效防范和化解各领域风险。推进安全生产专项整治三年行动，坚决遏止重特大事故发生。加强气象、地震、地质服务，强化自然灾害、公共安全预测预警预报，加强应急救援队伍建设，提高防灾减灾救灾能力。全域创建食品药品安全区，让群众吃得放心安心。支持国防和军队建设，做好国防动员、双拥共建、退役军人、人民防空工作，让军政军民团结始终坚如磐石。

做好民族宗教工作。全面贯彻党的民族政策，深化民族团结进步创建，铸牢中华民族共同体意识，让“三个离不开”“五个认同”思想扎根各族群众心中。全面贯彻党的宗教工作基本方针，坚持宗教中国化方向，依法管理宗教事务，巩固宗教领域突出问题整治成果，积极引导宗教与社会主义社会相适应。我们要坚持不懈开展马克思主义祖国观、民族观、文化观、历史观、宗教观宣传教育，促进各族群众共居共学共事共乐，交往交流交融，手足相亲、守望相助，共同团结奋斗、共同繁荣发展，坚决守好促进民族团结、维护政治安全生命线！

各位代表，新形势、新任务对政府工作提出了新要求。各级政府和广大公职人员要始终站位“两个大局”、心怀“国之大者”，牢记初心使命、接续拼搏奋斗，乘风破浪、坚毅前行，努力创造无愧于时代、无愧于人民、无愧于历史的新业绩。

强化政治建设，做到“两个维护”。落实新时代党的建设总要求，以政治建设为统领，切实加强政府系统党的建设。坚决贯彻习近平新时代中国特色社会主义思想，坚决落实习近平总书记视察宁夏重要讲话重要指示精神，增强“四个意识”，坚定“四个自信”，做到“两个维护”。任何时候、任何情况下，都坚定维护习近平总书记党中央的核心、全党的核心地位，坚定维护党中央权威和集中统一领导，不断提高政治判断力、政治领悟力、政治执行力。全面执行党中央、国务院决策部署，全面落实自治区党委工作安排，始终做到党委有部署、政府有行动、落实有成效。严守政治纪律和政治规矩，严格请示报告制度，坚持民主集中制，严肃党内政治生活，确保政府工作正确政治方向。

强化依法行政，提高治理效能。深入贯彻习近平法治思想，严格按照宪法法律履职尽责，在法治轨道上推进政府治理体系和治理能力现代化。自觉接受人大法律监督、政协民主监督和社会舆论监督，广泛听取民主党派、工商联、无党派人士和人民团体意见建议。深化综合行政执法改革，推进政务公开，加强政策解读，主动回应社会关切。规范重大行政决策程序，推进政府决策科学化、民主化、法治化。

强化担当作为，确保工作落实。树立正确的权力观、政绩观、事业观，当好为民服务孺子牛、创新发展拓荒牛、艰苦奋斗老黄牛。保持一往无前的奋斗姿态、风雨无阻的精神状态，锚定改革发展稳定任务，苦干实干加巧干，一丝不苟抓落实。增强补课充电的紧迫感，干什么学什么，缺什么补什么。大力精文减会，改进调查研究，统筹督查检查，让基层把更多精力用在抓工作、促发展上。完善考核体系，树立实干导向，加强正向激励，营造浓厚氛围。

强化人民至上，恪守清正廉洁。始终把人民利益放在最高位置，“身入”基层，“心到”群众，尽最大努力解决群众的急难愁盼问题。深入推进政府系统党风廉政建设，切实履行“一岗双责”。牢固树立“过紧日子”思想，坚决压缩一般性支出，确保有限的资金用在刀刃上。严格落实中央八项规定及其实施细则精神，坚决纠正脱离实际的官僚主义、空喊口号的形式主义。加强财政、审计、统计监督，开展工程建设、政府采购等重点领域突出问题专项治理，从严惩治各类腐败行为，永葆为民务实清廉政治本色。

各位代表，当前，新冠肺炎疫情尚未结束，国际仍在蔓延扩散，国内也呈多点散发。我们要时刻紧绷防控之弦不放松，坚决落实党中央、国务院部署，严格按照自治区党委应对疫情工作领导小组安排，外防输入、内防反弹，慎终如始精准科学做好常态化防控，着力提升应急处置能力，切实巩固拓展来之不易的疫情防控和经济社会发展成果。

各位代表，“十三五”圆满收官，“十四五”已经开启。征途漫漫，惟有奋斗。让我们更加紧密地团结在以习近平同志为核心的党中央周围，在自治区党委领导下，努力奋斗、同心奋斗、不懈奋斗，为加快建设黄河流域生态保护和高质量发展先行区，继续建设经济繁荣民族团结环境优美人民富裕的美丽新宁夏作出新的更大贡献，以优异成绩庆祝建党100周年！

宁夏回族自治区2020年国民经济和社会发展统计公报[1]

宁夏回族自治区统计局　国家统计局宁夏调查总队

2021年5月11日

2020年,面对复杂严峻的国内外环境特别是新冠肺炎疫情的严重冲击,在自治区党委和政府的坚强领导下,全区上下坚持以习近平新时代中国特色社会主义思想为指导,深入学习贯彻习近平总书记视察宁夏重要讲话精神,坚决落实党中央、国务院各项决策部署,扎实做好"六稳"工作,全面落实"六保"任务,统筹疫情防控和经济社会发展取得重大成果,经济运行稳步回升、持续向好,主要指标增长好于预期,发展动能不断增强,转型升级加快推进,质量效益明显改善,民生保障更加有力,高质量发展迈出新的步伐。

一、综合

初步核算,全年全区实现生产总值[2]3920.55亿元,按不变价格计算,比上年增长3.9%。其中,第一产业增加值338.01亿元,增长3.3%;第二产业增加值1608.96亿元,增长4.0%;第三产业增加值1973.58亿元,增长3.9%。第一产业增加值占地区生产总值的比重为8.6%,第二产业增加值比重为41.0%,第三产业增加值比重为50.4%,比上年提高0.2个百分点。

图1　2016－2020年全区生产总值及其增长速度

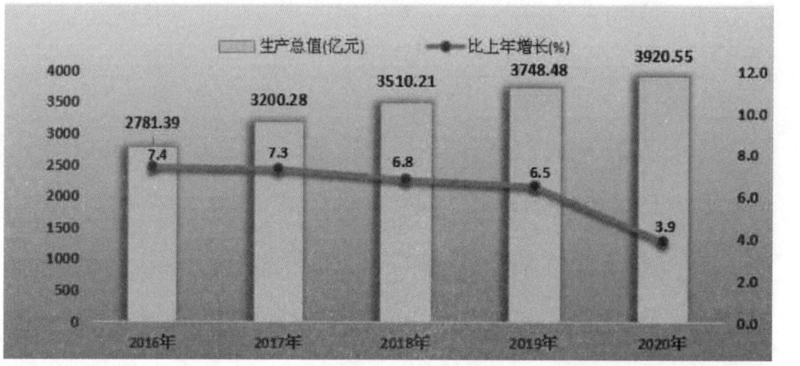

图2　2016－2020年全区三次产业增加值占地区生产总值比重

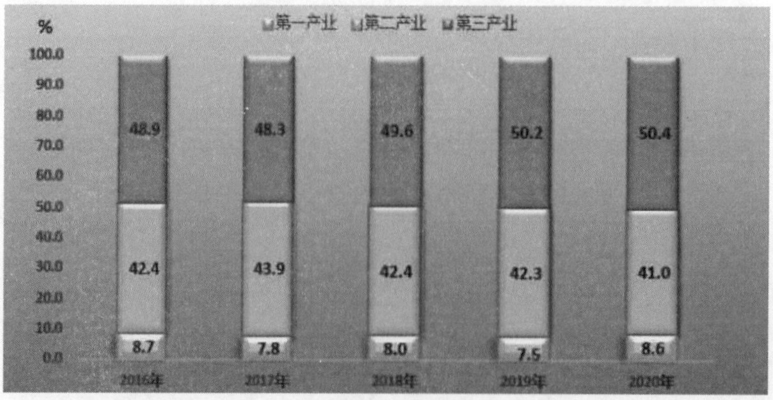

表 1　2020 年全区生产总值及其增长速度

指　　标	绝对值(亿元)	比上年增长(%)
全区生产总值	3920.55	3.9
农林牧渔业	356.18	3.2
工业	1283.69	4.2
建筑业	326.78	3.5
批发和零售业	194.34	-3.3
交通运输、仓储和邮政业	181.88	4.4
住宿和餐饮业	50.13	-9.7
金融业	321.07	3.4
房地产业	175.86	4.2
其他服务业	1030.63	6.4
第一产业	338.01	3.3
第二产业	1608.96	4.0
第三产业	1973.58	3.9

全年全区城镇新增就业人员 7.3 万人,农村劳动力转移就业 80.27 万人,年末全区城镇登记失业率为 3.92%。全年全区农民工[3]总量为 98.1 万人,比上年减少 8.0 万人,下降 7.5%。其中,外出农民工 76.9 万人,比上年减少 5.8 万人,下降 7.0%;本地农民工 21.2 万人,减少 2.2 万人,下降 9.4%。

图 3　2016－2020 年全区城镇新增就业人数

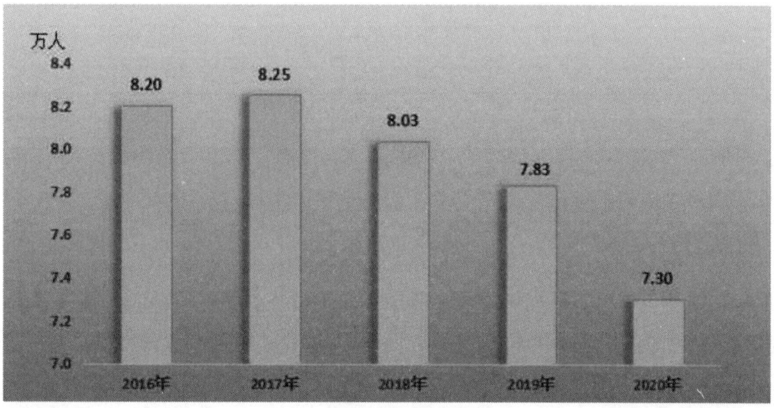

全年全区居民消费价格比上年上涨 1.5%,工业生产者出厂价格下降 3.1%,工业生产者购进价格下降 5.3%,农产品生产者价格[4]上涨 13.1%。

图 4　2020 年全区居民消费价格月度涨跌幅度

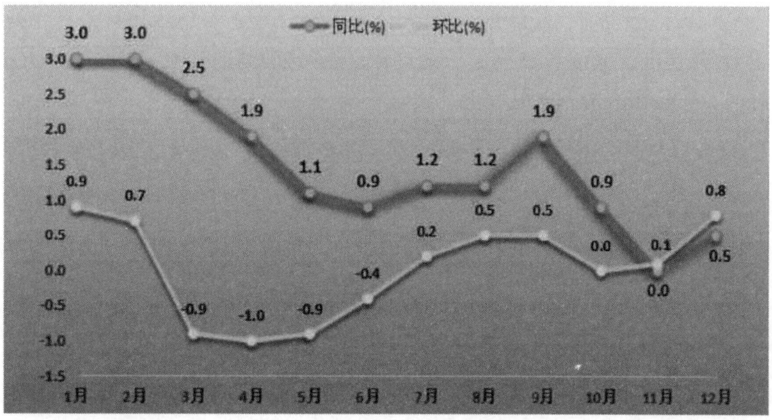

图5　2020 年全区工业生产者出厂价格和购进价格月度同比涨跌幅度

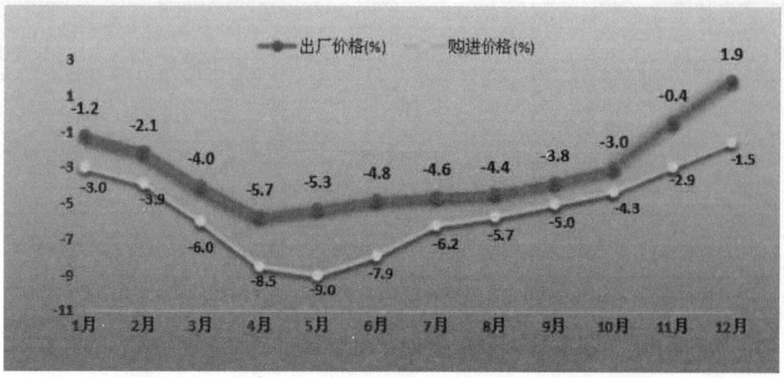

表2　2020 年 12 月份全区居民消费价格指数

指　　标	环比	同比	1－12 月累计比
居民消费价格总指数	100.8	100.5	101.5
其中:食品烟酒	102.5	102.9	105.4
衣着	100.1	96.8	98.9
居住	100.0	99.7	100.3
生活用品及服务	100.2	99.4	99.6
交通和通信	99.9	97.4	96.9
教育文化和娱乐	99.9	100.4	101.0
医疗保健	100.0	100.5	100.6
其他用品和服务	98.6	102.9	103.2

三大攻坚战夺取重大胜利。“十三五”末，全区 9 个贫困县全部摘帽，1100 个贫困村全部出列，现行标准下 62.4 万农村贫困人口全部脱贫。生态环境 9 项约束性指标超额完成，蓝天碧水净土保卫战成效显著，全区空气优良天数比 2015 年增加 15 天，森林覆盖率由 11.9% 提高到 15.8%。处置化解一批风险隐患，守住了不发生系统性风险的底线。

新产业新业态新模式加快成长。全年全区规模以上工业中，高技术制造业增加值比上年增长 9.9%。全年水电、风电、太阳能等可再生能源发电量 352.4 亿千瓦时，增长 9.4%。全年变压器产量增长 8.2%，数控金属切割机床产量增长 36.7%，工业机器人产量增长 26.5%。全年全区工业技术改造投资[5]增长 18.0%。全年全区网上零售额[6]按卖家所在地分，实现零售额 209.4 亿元，增长 10.3%，其中实物商品零售额 63.2 亿元，增长 39.5%。

二、农业

全年全区粮食种植面积 1018.75 万亩，比上年增加 2.70 万亩。其中，小麦种植面积 139.39 万亩，减少 22.27 万亩；水稻种植面积 91.22 万亩，减少 10.86 万亩；玉米种植面积 484.09 万亩，增加 34.42 万亩；薯类种植面积 142.66 万亩，增加 3.59 万亩。油料种植面积 49.92 万亩，减少 8.55 万亩。蔬菜种植面积 202.51 万亩，增加 5.72 万亩。瓜果种植面积 95.13 万亩，减少 3.47 万亩。园林水果种植面积 157.04 万亩，增加 2.58 万亩。

全年全区粮食总产量 380.49 万吨，比上年增产 7.34 万吨，增长 2.0%，连续十七年实现丰收。其中，夏粮产量 29.05 万吨，下降 19.7%；秋粮产量 351.45 万吨，增长 4.3%。全年全区小麦产量 27.79 万吨，下降 19.7%；水稻产量 49.39 万吨，下降 10.3%；玉米产量 249.07 万吨，增长 8.1%；马铃薯产量（折粮）41.54 万吨，增长 5.3%。

全年全区蔬菜产量 568.61 万吨，比上年增长 0.5%；红枣产量 8.20 万吨，增长 15.5%；枸杞产量 9.80 万吨，下降 4.0%；油料产量 6.73 万吨，下降 12.2%。

全年全区肉类总产量 33.77 万吨，比上年增长 0.7%。其中，猪肉产量 8.01 万吨，增长 2.5%；牛肉产量 11.44 万吨，下降 0.2%；羊肉产量 11.09 万吨，增长 6.6%；禽肉产量 2.89 万吨，下降 19.0%。禽蛋产量 13.86 万吨，与上年持平。

牛奶产量 215.34 万吨，增长 17.4%。水产品产量 16.16 万吨，增长 2.5%。年末全区生猪存栏 90.02 万头，增长 22.7%；肉牛存栏 120.65 万头，增长 24.2%；奶牛存栏 57.38 万头，增长 31.2%；羊存栏 596.11 万只，增长 4.9%；活家禽存栏 1181.82 万只，下降 8.0%。全年生猪出栏 98.60 万头，增长 2.1%；肉牛出栏 71.99 万头，增长 0.1%；羊出栏 625.13 万只，增长 7.8%；活家禽出栏 1386.70 万只，下降 19.6%。

图 6　2016－2020 年全区粮食产量

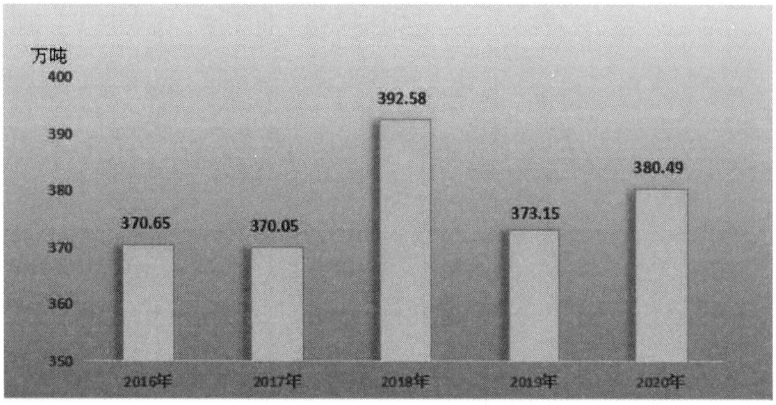

表 3　2020 年全区主要农林牧渔业产品产量及其增长速度

指　　标	产量(万吨)	比上年增长(%)
粮食	380.49	2.0
小麦	27.79	－19.7
水稻	49.39	－10.3
玉米	249.07	8.1
油料	6.73	－12.2
蔬菜	568.61	0.5
瓜果	157.18	－4.7
枸杞	9.80	－4.0
肉类总产量	33.77	0.7
其中:猪、牛、羊肉产量	30.54	2.9
禽蛋	13.86	0.0
牛奶	215.34	17.4
水产品	16.16	2.5

三、工业和建筑业

全年全区全部工业增加值 1283.69 亿元，比上年增长 4.2%。规模以上工业增加值增长 4.3%。在规模以上工业中，分轻重工业看，轻工业增加值下降 0.7%，重工业增长 5.0%。分经济类型看，国有控股企业增加值下降 1.0%；股份制企业增长 3.7%，外商及港澳台商投资企业增长 9.0%；非公有工业增长 10.1%，其中私营企业增长 10.5%。分门类看，采矿业增加值下降 1.9%，制造业增长 5.4%，电力、热力、燃气及水生产和供应业增长 6.0%。

全年全区规模以上工业中，电力行业增加值增长 4.6%、化工行业增长 1.5%、冶金行业增长 1.7%、有色行业增长 2.9%、轻纺行业下降 2.8%、机械行业增长 29.4%、建材行业下降 0.9%、医药行业增长 5.1%、其他行业增长 23.7%。工业产品销售率为 97.4%。

年末全区发电装机容量 5942.7 万千瓦，比上年末增长 12.2%。其中，火电装机容量 3326.4 万千瓦，增长 3.3%；水电装机容量 42.6 万千瓦，增长 0.1%；风电装机容量 1376.6 万千瓦，增长 23.3%；太阳能发电装机容量 1197.1 万千瓦，增长 30.4%。

全年全区规模以上工业企业利润 203.9 亿元，比上年下降 9.0%。分经济类型看，国有控股企业利润 37.6 亿元，下降

50.3%；股份制企业145.0亿元，下降19.1%；外商及港澳台商投资企业57.3亿元，增长35.4%。分门类看，采矿业亏损5.7亿元，同比盈转亏39.0亿元；制造业利润152.2亿元，增长16.9%；电力、热力、燃气及水生产和供应业57.4亿元，下降5.3%。

表4　2020年全区主要工业产品产量及其增长速度

指　　标	单位	产量	比上年增长(%)
原煤	万吨	8151.6	9.1
发电量	亿千瓦时	1882.4	6.6
焦炭	万吨	920.8	11.3
原铝(电解铝)	万吨	119.2	-4.9
农用化肥(折纯)	万吨	67.9	49.6
精甲醇	万吨	788.8	18.8
电石(碳化钙)	万吨	405.1	-0.9
水泥	万吨	1977.5	4.8
铁合金	万吨	322.6	-16.4
乳制品	万吨	147.0	12.9
金属切削机床	台	1932.0	31.5

全区具有资质的总承包和专业承包建筑业企业748家，全年完成建筑业总产值641.81亿元，比上年增长6.7%。建筑业企业房屋建筑施工面积2107.74万平方米，下降6.4%；房屋竣工面积756.98万平方米，增长11.5%；竣工产值320.07亿元，增长6.7%。按建筑业总产值计算的劳动生产率30.26万元/人，比上年增长3.0%。

四、固定资产投资

全年全区全社会固定资产投资比上年增长4.8%。其中，固定资产投资（不含农户）增长4.0%。

在固定资产投资（不含农户）中，第一产业投资比上年增长15.6%，第二产业投资增长15.6%，第三产业投资下降5.3%。工业投资增长15.7%，占固定资产投资（不含农户）的比重为45.5%。基础设施投资[7]下降15.3%，占固定资产投资（不含农户）的比重为17.4%。民间固定资产投资[8]增长7.8%，占固定资产投资（不含农户）的比重为56.9%。

全年全区房地产开发投资433.27亿元，比上年增长7.5%。其中，住宅投资308.59亿元，增长9.5%；办公楼投资4.08亿元，下降40.8%；商业营业用房投资61.87亿元，下降0.1%。

表5　2020年全区房地产开发和销售主要指标及其增长速度

指　　标	单位	绝对数	比上年增长(%)
房地产开发投资	亿元	433.27	7.5
房屋施工面积	万平方米	5562.65	-6.3
其中:住宅	万平方米	3633.11	-4.1
其中:本年新开工面积	万平方米	1039.16	-12.4
房屋竣工面积	万平方米	772.25	-23.6
其中:住宅	万平方米	513.53	-28.5
商品房销售面积	万平方米	1095.49	8.5
其中:住宅	万平方米	971.87	9.5
商品房待售面积	万平方米	993.05	3.7
其中:住宅	万平方米	330.83	-4.0
商品房销售额	亿元	698.39	21.7
其中:住宅	亿元	626.26	25.6
本年实际到位资金	亿元	708.28	21.7
其中:国内贷款	亿元	52.01	-19.4
自筹资金	亿元	114.99	-8.7
其他资金来源	亿元	541.28	38.3

五、国内贸易

全年全区实现社会消费品零售总额 1301.39 亿元，比上年下降 7.0%。按经营地统计，城镇消费品零售额 1123.81 亿元，下降 7.1%；乡村消费品零售额 177.58 亿元，下降 6.7%。按消费类型统计，商品零售额 1137.04 亿元，下降 7.0%；餐饮收入额 164.35 亿元，下降 7.2%。

图 7　2016—2020 年全区社会消费品零售总额及其增长速度

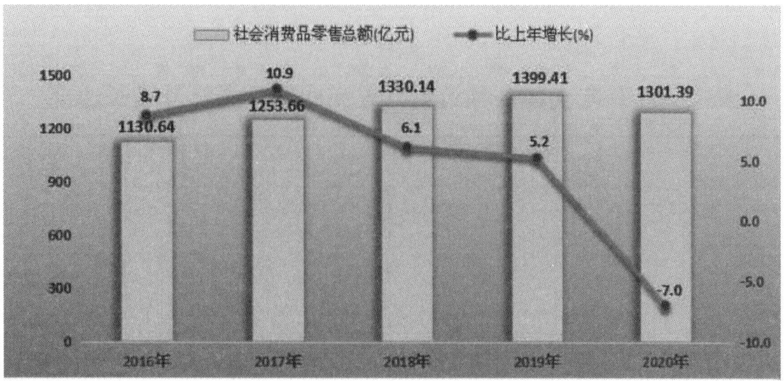

在限额以上单位商品零售额中，粮油、食品类零售额比上年增长 14.1%，饮料类增长 2.7%，烟酒类下降 2.7%，服装、鞋帽、针纺织品类下降 16.7%，化妆品类下降 10.8%，金银珠宝类下降 18.5%，日用品类下降 10.6%，家用电器和音像器材类下降 15.8%，中西药品类增长 10.8%，文化办公用品类下降 16.0%，通讯器材类下降 24.5%，石油及制品类下降 13.3%，汽车类下降 1.3%。

六、对外经济[9]

全年全区货物贸易进出口总额 123.17 亿元，比上年下降 48.8%。其中，出口 86.68 亿元，下降 41.8%；进口 36.49 亿元，下降 60.3%。货物贸易进出口差额（出口减进口）50.19 亿元。对“一带一路”沿线国家和地区进出口总额 39.06 亿元，下降 43.2%。其中，出口 35.02 亿元，下降 31.4%；进口 4.04 亿元，下降 77.3%。

图 8　2016 – 2020 年全区货物进出口总额

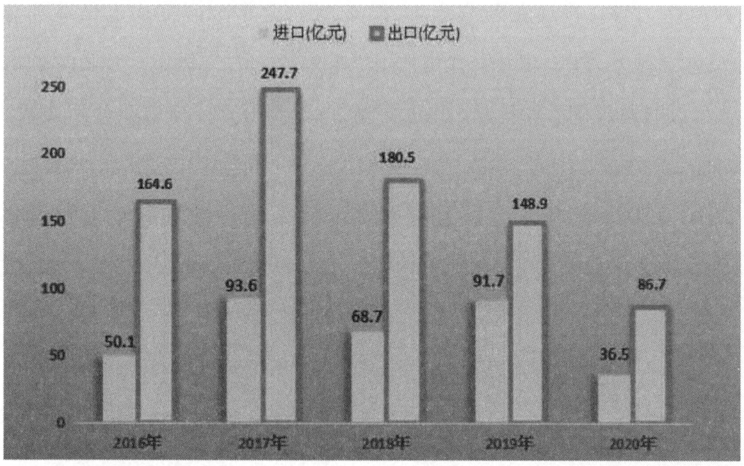

表 6　2020 年全区主要商品出口金额及其增长速度

商品名称	出口值(亿元)	比上年增长(%)
枸杞	2.7	21.0
泰乐菌素	6.4	41.4
维生素 C	2.0	16.0
双氰胺	7.0	10.3
金属锰	4.0	-22.4
钽铌铍制品	3.3	-9.7
机床及铸件	3.7	-21.1

全年全区实际使用外商直接投资2.72亿美元，比上年增长8.4%。全区新设外商投资企业22个，合同外资金额6.15亿美元，下降88.2%。其中，信息传输、软件和信息技术服务业签订利用外商直接投资合同额1.90亿美元，增长137.7%。

七、交通和邮电

全年全区货物运输总量4.40亿吨，比上年增长0.8%；货物运输周转量764.75亿吨公里，增长7.7%。全年全区旅客运输总量0.38亿人，下降37.5%；旅客运输周转量99.76亿人公里，下降37.1%。

表7　2020年全区各种运输方式完成运输量及其增长速度

运输方式	货物				旅客			
	运输总量		运输周转量		运输总量		运输周转量	
	绝对数（万吨）	比上年增长（%）	绝对数（亿吨公里）	比上年增长（%）	绝对数（万人次）	比上年增长（%）	绝对数（亿人公里）	比上年增长（%）
总计	44024.91	0.83	764.75	7.66	3807.64	-37.50	99.76	-37.09
铁路	8633.61	5.93	214.62	0.48	557.58	-16.33	24.23	-40.81
公路	34216.62	-0.42	483.67	10.58	2902.38	-40.83	28.22	-38.66
航空	2.97	-10.80	0.37	-8.49	347.68	-33.26	47.31	-33.95
管道	1171.71	2.08	66.09	12.18	-	-	-	-

年末全区民用汽车保有量171.50万辆，比上年末增长8.1%。其中，私人汽车保有量155.60万辆，增长8.2%。民用轿车保有量81.07万辆，增长6.4%。其中，私人轿车77.52万辆，增长6.9%。

全年全区完成邮政业务总量[10] 24.98亿元，比上年增长25.0%。邮政业完成邮政函件业务240.06万件；包裹业务8.82万件；快递业务量7317.77万件，快递业务收入11.83亿元。全年全区完成电信业务总量[11] 924.4亿元，增长24.2%。年末全区电话用户总数890.6万户，其中移动电话用户839.2万户。（固定）互联网宽带接入用户283.6万户，比上年增加24.5万户。移动互联网用户712.7万户，比上年增加26.8万户；移动互联网接入流量115767.2万GB，增长32.3%。

图9　2016－2020年年末全区互联网宽带接入用户数和移动互联网用户数

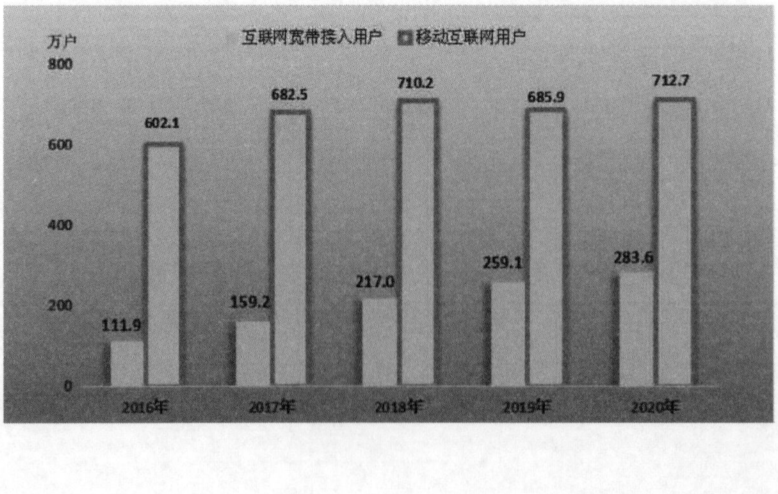

八、财政金融

全年全区一般公共预算总收入704.1亿元，比上年下降5.8%。其中，地方一般公共预算收入419.4亿元，下降1.0%。在地方一般公共预算收入中，税收收入263.8亿元，下降1.4%，占地方一般公共预算收入的62.9%。

图 10　2016 – 2020 年全区地方一般公共预算收入及其增长速度[12]

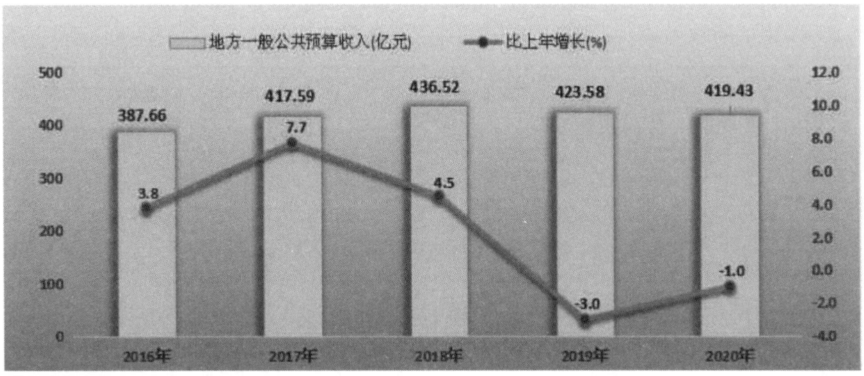

年末全区金融机构本外币各项存款余额 7136.24 亿元，比年初增加 675.82 亿元。其中，人民币各项存款余额 7121.31 亿元，比年初增加 677.89 亿元。金融机构本外币各项贷款余额 7981.87 亿元，比年初增加 656.00 亿元。其中，人民币各项贷款余额 7782.59 亿元，比年初增加 615.31 亿元。

表 8　2020 年年末全区金融机构存贷款余额及其增长速度

指　　标	年末数(亿元)	当年新增(亿元)	比上年末增长(%)
本外币各项存款余额	7136.24	675.82	10.5
人民币存款余额	7121.31	677.89	10.5
其中:住户存款	3943.84	497.70	14.4
非金融企业存款	1498.88	121.28	8.8
机关团体及财政性存款	1511.17	3.9	0.3
本外币各项贷款余额	7981.87	656.00	7.5
人民币贷款余额	7782.59	615.31	7.8
其中:短期贷款	2107.74	154.67	6.7
中长期贷款	4928.56	342.19	8.0
票据融资	731.69	69.40	10.5

年末全区上市公司 14 家，总股本 206.15 亿股，总市值 1357.41 亿元，比上年末增长 6.7%。其中，流通市值 723.20 亿元，增长 26.0%。全年证券交易额 12737.98 亿元，增长 46.0%。年末全区在全国中小企业股份转让系统[13]挂牌公司 48 家，比上年末下降 11.1%。

年末全区省级营业性保险分公司 23 家，全年实现保费收入 210.71 亿元，比上年增长 6.6%。其中，财产险收入 67.85 亿元，下降 0.5%；寿险收入 96.66 亿元，增长 10.2%；健康险收入 39.93 亿元，增长 10.2%；意外伤害险收入 6.27 亿元，增长 12.6%。支付各类赔款和给付 66.12 亿元，增长 4.0%。其中，财产险赔款 38.37 亿元，增长 3.4%；寿险业务给付 17.42 亿元，增长 6.3%；健康险给付 8.66 亿元，增长 3.5%；意外伤害险赔款 1.66 亿元，降低 1.8%。

九、居民收入消费和社会保障

全年全区全体居民人均可支配收入 25735 元，比上年增长 5.4%。按常住地分，城镇居民人均可支配收入 35720 元，增长 4.1%；农村居民人均可支配收入 13889 元，增长 8.0%。

图 11　2016－2020 年全区城镇居民人均可支配收入及其增长速度

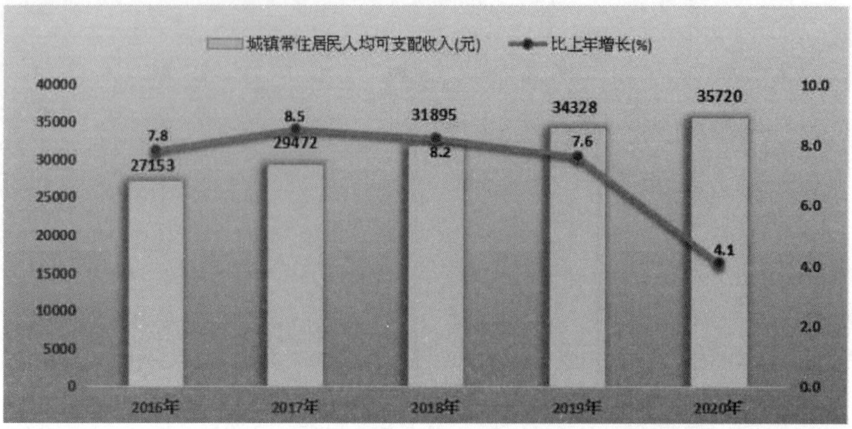

图 12　2016－2020 年全区农村居民人均可支配收入及其增长速度

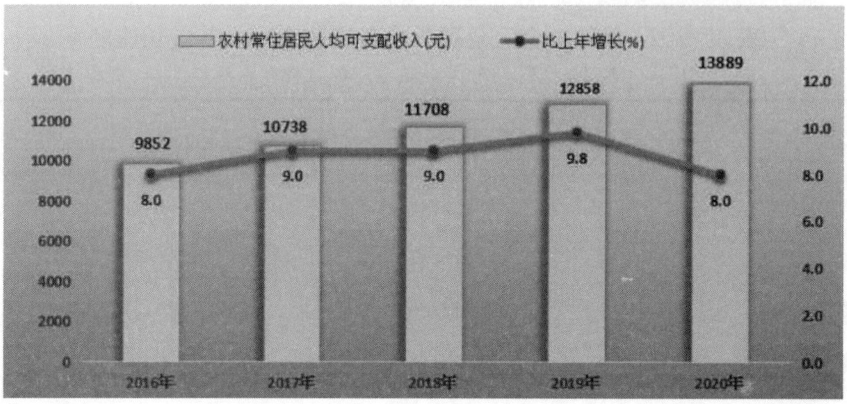

全年全区居民人均消费支出 17506 元，比上年下降 4.3%。按常住地分，城镇居民人均消费支出 22379 元，下降 7.4%；农村居民人均消费支出 11724 元，增长 2.3%。

图 13　2020 年全区城镇居民人均消费支出及其构成

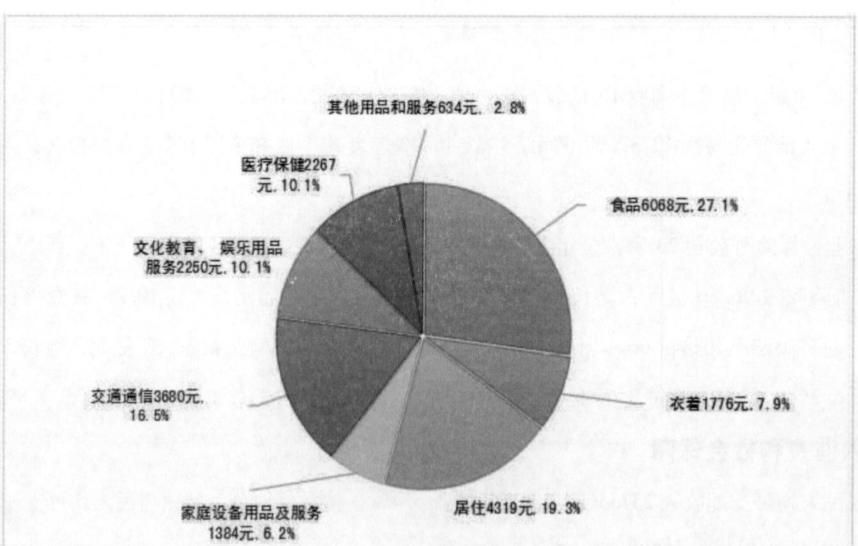

图 14　2020 年全区农村居民人均消费支出及其构成

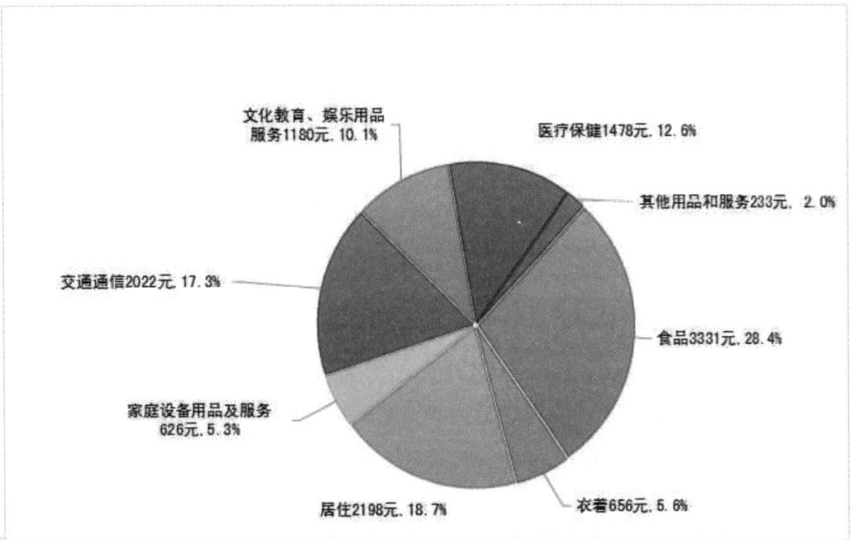

年末全区参加城镇职工基本养老保险人数 240.11 万人，比上年末增加 13.51 万人。参加城乡居民基本养老保险人数 238.65 万人，增加 43.99 万人。参加基本医疗保险人数 658.76 万人，增加 25.02 万人。其中，参加城镇职工基本医疗保险 152.95 万人，增加 11.84 万人；参加城乡居民基本医疗保险 505.81 万人，增加 13.18 万人。参加失业保险人数 102.73 万人，增加 5.37 万人。参加工伤保险人数 132.56 万人，增加 12.98 万人。参加生育保险人数 105.37 万人，增加 10.68 万人。

十、教育、科学技术和文化体育

年末全区各级各类学校 3476 所（含小学教学点 484 所），教职工 111351 人。全年全区学前教育毛入园率为 88.51%，小学学龄人口入学率为 100%，初中阶段毛入学率为 112.9%，高中阶段毛入学率为 93.0%，高等教育毛入学率为 54.7%，小学六年巩固率为 100.3%，初中三年巩固率为 99.6%。

表 9　2020 年全区各级教育招生、在校、毕业生人数

类　别	校数(所)	招生数(人)	在校学生数(人)	毕业学生数(人)
普通高等学校	20	51782	156142	36352
#研究生	4	4228	9463	2218
成人高等学校	1	10991	30811	12418
中等职业教育学校	29	26444	75524	22446
普通中学	314	149185	453421	146780
#高　中(含完全中学)	67	56778	160796	49120
初　中(含完全中学)	247	92407	292625	97660
普通小学(含教学点)	1633	100918	592434	93604
幼儿园	1464	130730	256213	115587
特殊教育学校	15	1319	7473	1125

全年全区登记自治区级科技成果 399 项，比上年增长 71.0%。其中，基础理论成果 54 项，应用技术成果 324 项，软科学成果 21 项。全年申请专利量 12924 件，增长 39.4%。其中，发明专利 3049 件，增长 20.8%。专利授权量 7709 件，增长 38.9%。其中，发明专利授权量 703 件，增长 17.6%。全年共签订技术合同 1874 项，技术合同成交金额 22.52 亿元。

年末全区拥有国家级工程技术研究中心3个，自治区级工程技术研究中心72个；国家级重点实验室3个，自治区级重点实验室38个（含省部共建国家重点实验室培育基地2个）；自治区级产业技术协同创新中心5个，自治区临床医学研究中心25个，自治区技术创新中心304个；国家级企业（集团）技术中心（含分中心）12个，自治区级企业（集团）技术中心86个；国家地方联合工程研究中心26个，自治区工程研究中心19个。

年末全区文化系统共有艺术表演团体11个，博物馆75个。全区共有公共图书馆27个，文化馆27个。预计[14]有线电视在册用户数128.04万户，其中，有线数字电视在册用户110.8万户。年末全区广播节目综合人口覆盖率为99.82％；电视节目综合人口覆盖率为99.94%。全区出版各类报纸13种，出版期刊35种，出版图书2855种。2019年，全区文化及相关产业增加值101.65亿元，比上年增长12.4%（未扣除价格因素）；占全区地区生产总值的比重为2.71%，比上年提高0.13个百分点。

全年我区运动员参加国际国内比赛共取得金牌5枚、银牌8枚、铜牌7枚。全年有139人达国家一级运动员等级标准，603人达国家二级运动员等级标准，84人获得国家一级裁判员等级称号。

十一、卫生和社会服务

年末全区共有医疗卫生机构4574个，其中医院218个；基层医疗卫生机构4247个，其中卫生院205个，城市社区卫生服务机构231个，村卫生室2172个；专业公共卫生机构94个，其中疾病预防控制中心25个，卫生监督机构24个。年末全区卫生技术人员58627人，其中执业医师和执业助理医师22240人，注册护士25972人。全区医疗卫生机构实有床位41261张，其中医院35565张，基层医疗卫生机构4094张。全年全区总诊疗人次[15]3969.83万人次，入院人数[16]106.89万人次。

图15　2016－2020年年末全区卫生技术人员人数

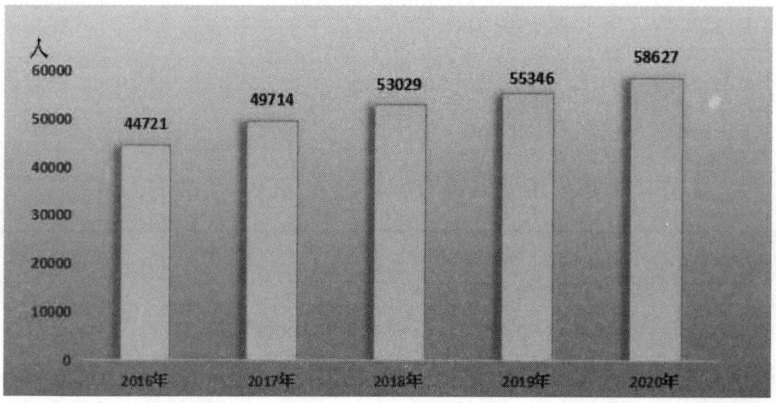

年末[17]全区共有各类提供住宿的社会服务机构132个，其中养老服务机构108个，儿童收养救助服务机构9个。社会服务床位[18]21429张（不包括社区床位数），其中养老机构床位18900张（不包括社区日间照料床位4765张、社区全托服务床位2197张），儿童福利和救助机构床位996张。年末全区共有社区服务机构和设施2787个，其中社区服务中心62个，社区服务站2047个。

十二、资源、环境和应急管理

全年全区水资源总量11.04亿立方米。平均降水量310毫米，比上年下降10.4%。总用水量70.20亿立方米，增长0.43%。其中，生活用水3.71亿立方米，增长8.6％；工业用水4.19亿立方米，下降5.3%；农业用水58.64亿立方米，下降1.7%。万元地区生产总值用水量[19]199.7立方米，下降3.33%；万元工业增加值用水量34.3立方米，下降9.12%。

全年全区完成营造林面积122.62万亩，其中人工营造林面积49.17万亩。森林抚育面积40.9万亩。年末全区自然保护区14个，其中国家级自然保护区9个，自治区级自然保护区5个。

预计[20]全年全区供水普及率为98.90%，比上年提高0.57个百分点；燃气普及率为91.54%，比上年提高0.64个百分点；建成区绿地率为38.69%，比上年提高0.65个百分点；生活垃圾处理率为99.86%，比上年提高0.26个百分点。

全年[21]黄河干流宁夏段入境至出境断面水质均为Ⅱ类优，地表水国控考核断面达到或好于Ⅲ类水质比例为93.3%。5个地级城市环境空气质量平均优良天数为311天，比例为85.1%，细微颗粒（PM2.5）平均浓度为33微克/立方米，比上年上升13.8%；可吸入颗粒物（PM10）平均浓度为65微克/立方米，下降1.5%。全区5地市城市区域昼间噪声等效声级为53.5分贝，与上年持平，昼间区域声环境质量等级为二级，总体水平评价为较好。

全年全区累计发生各类生产经营性事故196起，比上年下降11.3%，死亡168人，下降1.8%。亿元GDP生产安全事故死亡人数为0.043人，下降6.5%。道路交通万车死亡率为2.275，上升11.96%。煤矿百万吨死亡人数为0.111人，上升65.7%。

注释：

[1]本公报中数据均为初步统计数，正式数据以《宁夏统计年鉴—2021》为准。部分数据因四舍五入的原因，存在总计与分项合计不等的情况。

[2]地区生产总值、各产业增加值绝对数按现价计算，增长速度按不变价格计算。

[3]年度农民工数量包括年内在本乡镇以外从业6个月及以上的外出农民工和在本乡镇内从事非农产业6个月及以上的本地农民工两部分。

[4]农产品生产者价格是指农产品生产者直接出售其产品时的价格。

[5]工业技术改造投资是指工业企业利用新技术、新工艺、新设备、新材料对现有设施、工艺条件及生产服务等进行改造提升，实现内涵式发展的投资活动。

[6]网上零售额是指通过公共网络交易平台(主要从事实物商品交易的网上平台，包括自建网站和第三方平台)实现的商品和服务零售额。

[7]基础设施投资包括交通运输、邮政业，电信、广播电视和卫星传输服务业，互联网和相关服务业，水利、环境和公共设施管理业投资。

[8]民间固定资产投资是指具有集体、私营、个人性质的内资调查单位以及由其控股(包括绝对控股和相对控股)的调查单位在中华人民共和国境内建造或购置固定资产的投资。

[9]货物进出口采用人民币计价。实际使用外商直接投资由于技术原因仍主要沿用美元计价。

[10]邮政行业业务总量按2010年价格计算。

[11]电信业务总量按2015年价格计算。

[12]2020年数据为初步数，正式数据以自治区财政厅决算数据为准。

[13]全国中小企业股份转让系统又称“新三板”，是2012年经国务院批准设立的全国性证券交易场所。

[14]此数据为自治区广播电视局预计数，正式数据以自治区广播电视局正式公布数据为准。

[15]总诊疗人次指所有诊疗工作的总人次数，包括门诊、急诊、出诊、预约诊疗、单项健康检查、健康咨询指导(不含健康讲座)人次。

[16]入院人数指报告期内经门诊或急诊医生签发住院证并办理入院手续的住院病人。

[17]此部分数据为民政厅预计数，正式数据以民政厅公布数据为准。

[18]社会服务床位数除收养性机构外，还包括救助类机构、社区类机构以及军休所、军供站等机构的床位。

[19]万元地区生产总值用水量、万元工业增加值用水量按2015年价格计算。

[20]此数据为住房和城乡建设厅预计数，正式数据以2020年城乡建设统计年报数据为准。

[21]数据来源于《2020年宁夏环境质量状况》。地表水达到或好于Ⅲ类水体比例为15个国控断面监测统计结果；环境空气质量优良天数及比例为未剔除沙尘天气数据，PM_{10}、$PM_{2.5}$平均浓度均为剔除沙尘天气后数据。

资料来源：

本公报中城镇新增就业、登记失业率、社会保障数据来自自治区人力资源和社会保障厅；财政数据来自自治区财政厅；水资源数据来自自治区水利厅；林业数据来自自治区林业和草原局；发电装机容量数据来自国网宁夏电力公司；铁路运输数据来自中国铁路兰州局集团有限公司；公路运输数据来自自治区交通运输厅；民航数据来自西部机场集团宁夏机场有限公司；电信业务总量、电话用户、宽带用户、移动互联网接入流量、互联网普及率等数据来自宁夏通信管理局；供水普及率、燃气普及率、建成区绿地率、生活垃圾处理率等数据来自自治区住房和城乡建设厅；货物进出口数据来自银川海关；外商直接投资等数据来自自治区商务厅；民用汽车数据来自自治区公安厅；管道数据来自中石油管道长庆输油气分公司和中石油东部管道有限公司银川管理处；邮政业务数据来自宁夏邮政管理局；货币金融数据来自人民银行银川中心支行；上市公司数据来自宁夏证监局；保险业数据来自宁夏银保监局；社会服务数据来自自治区民政厅；教育数据来自自治区教育厅；国家工程研究中心、国家工程实验室、企业技术中心等数据来自自治区科技厅；专利数据来自自治区市场监管厅（自治区知识产权局）；艺术表演团体、博物馆、公共图书馆、文化馆数据来自自治区文化和旅游厅；报纸、期刊、图书数据来自自治区党委宣传部；广播电视数据来自自治区广播电视局；体育数据来自自治区体育局；卫生数据来自自治区卫生健康委员会；环境监测数据来自自治区生态环境厅；安全生产数据来自自治区应急管理厅；其他数据均来自自治区统计局和国家统计局宁夏调查总队。

第一篇 Chapter1

行政区划与自然资源

Administrative Division and Natural Resources

资料整理:李广东　崔琳　吴苏　王增沈　季翔　马福燕　焦霙　马维才　马兴明　寇洁琼　王蓉

Data Compilation:Li Guangdong　Cui Lin　Wu Su　Wang Zengshen　Ji Xiang　Ma Fuyan　Jiao Ying　Ma Weicai　Ma Xingming　Kou Jieqiong　Wang Rong

1-1 全区行政区划与村民自治组织

Administrative divisions and villagers´autonomous organizations

地　　区	Region	乡　数 （个） Townships （unit）	镇　数 （个） Town （unit）	街道办事处 （个） Urban Subdistrict Office （unit）	居委会 （个） Neighbourhood Committees （unit）	村委会 （个） Village Committees （unit）
总　　计	**Total**	**90**	**103**	**48**	**645**	**2233**
银 川 市	**Yinchuan**	**6**	**21**	**26**	**297**	**287**
兴 庆 区	Xingqing	2	2	11	105	43
西 夏 区	Xixia		2	7	64	18
金 凤 区	Jinfeng		2	5	63	20
永 宁 县	Yongning	1	5	1	29	66
贺 兰 县	Helan	1	4	1	17	65
灵 武 市	Lingwu	2	6	1	19	75
石嘴山市	**Shizuishan**	**9**	**11**	**16**	**122**	**195**
大武口区	Dawukou		1	10	53	12
惠 农 区	Huinong	3	3	6	40	39
平 罗 县	Pingluo	6	7		29	144
吴 忠 市	**Wuzhong**	**15**	**29**	**3**	**90**	**497**
利 通 区	Litong	4	8		28	104
红寺堡区	Hongsipu	3	2	1	8	65
盐 池 县	Yanchi	4	4	1	18	102
同 心 县	Tongxin	4	7		11	142
青铜峡市	Qingtongxia		8	1	25	84
固 原 市	**Guyuan**	**41**	**21**	**3**	**68**	**811**
原 州 区	Yuanzhou	4	7	3	41	150
西 吉 县	Xiji	15	4		8	295
隆 德 县	Longde	10	3		10	113
泾 源 县	Jingyuan	4	3		3	97
彭 阳 县	Pengyang	8	4		6	156
中 卫 市	**Zhongwei**	**19**	**21**		**68**	**443**
沙坡头区	Shapotou	1	10		36	162
中 宁 县	Zhongning	6	6		21	133
海 原 县	Haiyuan	12	5		11	148

注： 1. 本表数据来源于自治区民政厅。
2. 行政区划截止日期为 2020 年底。

Notes: a) Data in this table come from the Department of Civil Affairs.
b) Units of Administrative Divisions data are due by Dec 2020.

1－2 自然资源状况

Natural Resources

单位:公顷 (hectare)

指　　标	Item	2018
自然资源	**Natural Resources**	
耕 地	**Cultivated Area**	**1303427**
灌溉水田	Paddy Fields	185563
水浇地	Irrigable land	333369
旱地	Dry Fields	784495
园 地	**Area of Garden Plot**	**48119**
果园	Orchards	27187
其它园地	Others	20932
林 地	**Woodland Area**	**766442**
有林地	Woodland Area	164931
灌木林	Bushes	315278
其他林地	Others	286233
草地	**Area of Grassland**	**2080337**
天然草地	Native Grassland	1453518
人工草地	Artificial Grassland	34520
其他草地	Others	592299
交通运输用地	**Traffic Land**	**82935**
铁路	Railway	7802
公路	Highway	32402
农村道路	Rural Road	41653
管道运输用地	Land for pipeline transportation	96
机场	Civil Airport	983
城镇村及工矿用地	**Residential Settlements and Industry and Mining**	**276064**
城市	Cities	42325
建制镇	Organic Towns	51557
村庄	County Residential Areas	149834
采矿用地	Mining Sites	20929
风景名胜及特殊用地	Special Use Areas	11418
水域及水利设施用地	**Water Conservancy Facilities Land**	**174438**
河流水面	River	21523
湖泊水面	Lake	9300
水库水面	Reservoir	6133
坑塘水面	Swag Surface	29678
内陆滩涂	Inland Mudflat	32901
沟渠	Ditch	71579
水工建筑物	Hydraulic Structure	3325
另为其他土地	**Other Land**	

注：本表数据来源于自治区自然资源厅,此数据包含隆德飞地。

Note: Data in this table come from the Natural Resources Department, Including Longde Exclave.

1-3 分市县自然资源状况

Division of natural resources in cities and counties

单位:公顷　　　　(2018 年)　　　　(hectare)

地　区	Region	耕地 Cultivated Land	园地 Garden Land	林地 Woodland	草地 Grazing and Pasture Land	城镇村及工矿用地 Land for Inhabitation, Mining and Manufacturing	交通运输用地 Land for Transport Facilities	水域及水利设施用地 Water Conservancy Facilities Land
全区合计	**Total**	**1303427**	**48119**	**766442**	**2080337**	**276064**	**82935**	**174438**
银川市	**Yinchuan**	**142331**	**15958**	**61412**	**256801**	**72115**	**19434**	**60171**
兴庆区	Xingqing	13452	563	1536	17338	10804	2256	11009
金凤区	Jinfeng	8518	821	865	21127	9133	2590	6340
西夏区	Xixia	16847	4204	11390	1407	11812	1410	4143
永宁县	Yongning	35291	5210	2531	23916	10525	3417	10764
贺兰县	Helan	43784	969	19519	18316	10184	3012	18162
灵武市	Lingwu	24439	4192	25571	174697	19657	6750	9752
石嘴山市	**Shizuishan**	**91769**	**2574**	**25502**	**105777**	**41356**	**7633**	**46827**
大武口区	Dawukou	5376	783	1693	29992	12991	1806	4683
惠农区	Huinong	22714	1001	2170	46776	11185	2591	9493
平罗县	Pingluo	63679	790	21639	29009	17179	3235	32650
吴忠市	**Wuzhong**	**356376**	**12262**	**195524**	**856439**	**64778**	**22256**	**32590**
利通区	Litong	30762	1480	1335	44358	10976	3154	7365
红寺堡区	Hongsipu	41488	1814	42448	155250	11581	4308	4603
盐池县	Yanchi	104735	624	90841	381057	15627	6227	2443
同心县	Tongxin	140323	1704	57600	174823	15379	4596	3944
青铜峡市	Qingtongxia	39068	6640	3299	100950	11214	3972	14235
固原市	**Guyuan**	**407413**	**1843**	**380203**	**126411**	**48788**	**15889**	**8197**
原州区	Yuanzhou	103170	1307	65356	67738	15367	4666	2217
西吉县	Xiji	163360	14	69420	26413	13924	4650	2465
隆德县	Longde	36657	37	42231	2793	4262	1328	1060
(隆德飞地)	(Longde Exclave)	3294	48	1034	43	364	96	68
泾源县	Jingyuan	17411	41	79507	9045	3350	1403	378
彭阳县	Pengyang	83521	396	122655	20379	11522	3746	2009
中卫市	**Zhongwei**	**305537**	**15481**	**103802**	**734909**	**49028**	**17723**	**26653**
沙坡头区	Shapotou	73572	5377	26502	334181	17164	6680	10145
中宁县	Zhongning	69598	8914	6963	191289	15416	5935	12930
海原县	Haiyuan	162367	1190	70336	209440	16448	5108	3578

注： 本表数据来源于自治区自然资源厅。

Note: Data in this table come from the Natural Resources Department.

1-4 主要矿产资源储量

Reserves of Major Minerals

矿产名称	Item	单位	Unit	探明资源量 Measured resource	控制资源量 Control resources	推断资源量 Inferred resources
能源矿产	**Reserves of Energy**					
煤炭	Coal	亿吨	100 million tons	73.84	57.98	193.69
金属矿产	**Reserves of Metals**					
铁矿(矿石)	Iron(Ore)	万吨	10 000 tons		20.80	207.77
铜矿(铜)	Copper(Metal)	吨	ton		3442.86	37586.40
铅矿(铅)	Lead(Metal)	吨	ton			7943.02
锌矿(锌)	Zinc(Metal)	吨	ton			2352.13
镁矿(矿石)	Magnesium(Ore)	万吨	10 000 tons	1767.15	6142.74	141472.16
金矿(金)	Gold(Metal)	千克	kg		9.56	1175.44
银矿(银)	Silver(Metal)	吨	ton		0.94	55.87
冶金辅助原料非金属矿产	**Reserves of Non-metallic(Metallurgical Ancillary Materials)**					
熔剂用灰岩(矿石)	Solvent Limestone(Ore)	万吨	10 000 tons		1404.60	1025.80
冶金用白云岩(矿石)	Metallurgical Dolostone(Ore)	万吨	10 000 tons		13576.40	4840.81
冶金用石英岩(矿石)	Metallurgical Quartzite(Ore)	万吨	10 000 tons	217.44	18060.03	94996.82
冶金用砂岩(矿石)	Metallurgical Sandstone(Ore)	万吨	10 000 tons			362.87
铸型用砂(矿石)	Casting Sand(Ore)	万吨	10 000 tons			78.60
耐火粘土(矿石)	Chamotte(Ore)	万吨	10 000 tons		352.50	108.80
化工原料非金属矿	**Reserves of Non-metallic (Chemical Materials)**					
硫铁矿(矿石)	Sulfurous Iron Ore(Ore)	万吨	10 000 tons			15.58
芒硝(矿石)	Mirabilite(Ore)	万吨	10 000 tons		4800.00	8100.00
电石用灰岩(矿石)	Calcium Carbide Limestone(Ore)	万吨	10 000 tons		3642.44	16493.40
制碱用灰岩(矿石)	Limestone for Alkali Making(Ore)	万吨	10 000 tons		18864.49	30697.58
盐矿(矿石)	Sodium Salt NaCl(Ore)	万吨	10 000 tons		51144.30	74929.58
磷矿(矿石)	Phosphorite(Ore)	万吨	10 000 tons	21.76	272.23	974.13
建材和其它非金属矿产	**Building Materials and Other Non-metallic Minerals**					
石膏(矿石)	Plaster(Ore)	万吨	10 000 tons	65080.88	180181.29	262899.00
水泥用灰岩(矿石)	Cement Limestone(Ore)	万吨	10 000 tons	24913.55	118820.17	342024.04
玻璃用白云岩(矿石)	Glass Dolostone(Ore)	万吨	10 000 tons		46.00	70.00
玻璃用砂岩(矿石)	Glass Sandstone(Ore)	万吨	10 000 tons			933.20
水泥配料用砂岩(矿石)	Cement Batching Sandstone(Ore)	万吨	10 000 tons		334.80	340.00
玻璃用砂(矿石)	Glass Sand(Ore)	万吨	10 000 tons		17.70	63.00
陶瓷土(矿石)	Ceramic Clay(Ore)	万吨	10 000 tons		927.14	1864.24
砖瓦用粘土(矿石)	Tile Clay(Ore)	万立方米	10 000 cu. m		385.16	391.00
水泥配料用粘土(矿石)	Cement Batching Clay(Ore)	万吨	10 000 tons		1236.07	2069.00
建筑用辉绿岩(矿石)	Diabase for Building(Ore)	万立方米	10 000 cu. m		253.00	
饰面用大理岩(矿石)	Griotte for Veneer(Ore)	万立方米	10 000 cu. m		208.00	
水泥配料用板岩(矿石)	Cement Batching Slate(Ore)	万吨	10 000 tons	419.00	873.00	
砚石(矿石)	Inkstones(Ore)	万吨	10 000 tons			117.09

注： 本表数据来源于自治区自然资源厅。

Note: Data in this table come from the Natural Resources Department.

1-5 主要年份气象资料

Meteorology in Main Years

年份 Year	降水量(毫米) Precipitation(mm)		无霜期(天) Frost Free Period(day)		初霜日(日/月) Primary Frost Day(day/month)	
	引黄灌区 Yellow River Irrigation Areas	干旱山区 Arid Mountain Areas	引黄灌区 Yellow River Irrigation Areas	干旱山区 Arid Mountain Areas	引黄灌区 Yellow River Irrigation Areas	干旱山区 Arid Mountain Areas
1957	122.3	160.3	166	152	25/9	25/9
1965	115.9	178.7	123	189	6/9	14/10
1970	208.0	260.0	158	199	29/9	29/9
1975	172.4	188.6	166	177	4/10	29/10
1978	283.6	384.6	164	188	18/9	27/10
1985	252.5	477.8	180	208	1/10	20/10
1990	252.8	386.7	161	173	13/10	24/10
1995	203.7	317.8	142	212	24/9	25/9
2000	110.0	214.0	181	181	15/10	1/11
2001	202.1	298.0	165	180	4/10	9/10
2002	259.3	280.0	169	223	5/10	23/10
2003	203.0	281.7	197	185	14/10	5/10
2004	122.3	194.5	150	169	1/10	21/10
2005	83.4	119.4	207	226	8/10	14/10
2006	168.4	224.3	192	191	8/10	14/10
2007	207.9	307.2	193	207	14/10	19/10
2008	189.1	191.7	168	181	10/10	23/10
2009	181.5	176.9	196	216	17/10	17/10
2010	168.9	202.9	196	194	26/10	25/10
2011	188.7	218.0	236	208	14/10	15/10
2012	295.1	285.7	190	188	17/10	17/11
2013	148.3	248.6	189	187	16/10	16/10
2014	196.1	424.3	227	192	3/11	3/11
2015	195.5	238.3	200	198	29/10	28/10
2016	241.9	212.7	216	216	29/10	28/10
2017	205.3	346.8	218	212	30/10	30/10
2018	256.3	265.4	200	186	23/10	09/11
2019	177.2	291.4	207	207	25/10	25/10
2020	178.0	298.3	204	192	17/10	02/11

注： 1. 引黄灌区以永宁县为代表，干旱山区以同心县为代表。

2. 本表数据来源于自治区气象局。

Notes: a) Data of Yellow River Irrigation Areas refer to Yongning county, while Arid Mountain Areas refer to Tongxin county.

b) Data in this table come from the Meteorological Bureau.

1-6 各市县主要气象资料

Meteorology by City and County

地　　区	Region	气温(℃) Temperature(℃) 平均 Average	最高 Highest	最低 Lowest	降水量(毫米) Precipitation (mm)	日照时数(小时) Hours of Sunshine (hours)	风速(米/秒) Wind Speed (m/second) 平均 Average	最大 Maximum
银川市	**Yinchuan**	**10.6**	**37.4**	**-20.4**	**182.6**	**2633.3**	**15.0**	**83.0**
永宁县	Yongning	11.0	37.8	-20.3	178.0	2977.5	15.0	87.0
贺兰县	Helan	10.0	37.1	-20.1	200.5	2726.9	8.0	56.0
灵武市	Lingwu	9.5	35.9	-25.4	192.9	3094.9	22.0	113.0
石嘴山市	**Shizuishan**	**9.5**	**37.6**	**-24.7**	**160.7**	**2568.3**	**14.0**	**89.0**
惠农区	Huinong	10.4	35.8	-21.2	235.6	2849.3	21.0	126.0
平罗县	Pingluo	9.5	35.0	-22.4	187.9	2891.5	22.0	131.0
吴忠市	**Wuzhong**	**11.4**	**37.1**	**-19.2**	**230.7**	**2763.4**	**17.0**	**92.0**
盐池县	Yanchi	9.0	36.0	-25.2	205.2	3265.0	19.0	94.0
同心县	Tongxin	10.5	35.9	-18.2	298.3	2572.1	32.0	169.0
青铜峡市	Qingtongxia	10.1	34.7	-22.1	169.3	2556.9	14.0	76.0
固原市	**Guyuan**	**7.6**	**29.9**	**-19.9**	**488.2**	**2193.9**	**31.0**	**140.0**
西吉县	Xiji	6.6	29.8	-20.1	445.4	2088.3	14.0	87.0
隆德县	Longde	6.4	27.9	-18.0	648.3	2728.1	18.0	67.0
泾源县	Jingyuan	6.5	28.7	-19.2	890.8	2794.3	28.0	116.0
彭阳县	Pengyang	8.4	32.9	-17.4	561.5	1972.9	17.0	92.0
中卫市	**Zhongwei**	**10.2**	**36.1**	**-20.2**	**187.5**	**2679.2**	**23.0**	**123.0**
中宁县	Zhongning	11.4	36.8	-17.4	168.2	2572.4	19.0	114.0
海原县	Haiyuan	8.2	30.8	-19.4	424.1	2536.5	25.0	130.0

注：1. 本表数据来源于自治区气象局。
2. 银川市、石嘴山市、吴忠市、固原市和中卫市分别以政府所在地金凤区、大武口区、利通区、原州区和沙坡头区为代表。

Notes: a) Data in this table come from the Meteorological Bureau.
b) Yinchuan City, Shizuishan City, Wuzhong City, Guyuan City and Zhongwei City are represented by Jinfeng District, Dawukou District, Litong District, Yuanzhou District and Shapotou District, where the government is located.

1-7 各市县分月度平均气温

Monthly Average Temperature by City and County

单位:摄氏度 (℃)

地区 Region	1月 Jan.	2月 Feb.	3月 Mar.	4月 Apr.	5月 May.	6月 June.	7月 July.	8月 Aug.	9月 Sept.	10月 Oct.	11月 Nov.	12月 Dec.	年平均 Annual Average
银川市 Yinchuan	**-4.2**	**0.2**	**7.2**	**12.8**	**18.8**	**23.4**	**25.1**	**22.5**	**17.3**	**8.8**	**2.7**	**-7.0**	**10.6**
永宁县 Yongning	-4.2	0.8	7.5	13.1	19.5	23.9	25.3	22.6	17.7	9.5	2.7	-6.8	11.0
贺兰县 Helan	-5.1	-0.7	6.4	12.1	18.9	23.2	24.4	21.9	16.6	8.4	1.9	-7.6	10.0
灵武市 Lingwu	-5.4	-1.0	6.4	12.1	17.8	22.2	23.8	21.1	15.9	7.6	1.7	-7.8	9.5
石嘴山市 Shizuishan	**-6.7**	**-2.0**	**5.9**	**12.1**	**18.8**	**23.2**	**25.0**	**22.5**	**16.1**	**7.9**	**0.9**	**-9.7**	**9.5**
惠农区 Huinong	-5.6	-0.7	6.6	12.5	19.3	23.6	25.3	23.0	17.2	9.3	2.2	-8.0	10.4
平罗县 Pingluo	-6.3	-1.7	5.6	11.5	18.5	22.6	24.1	21.5	16.2	8.1	1.8	-8.5	9.5
吴忠市 Wuzhong	**-3.4**	**1.3**	**7.9**	**13.5**	**19.8**	**24.2**	**25.5**	**22.7**	**17.9**	**10.1**	**3.4**	**-5.8**	**11.4**
盐池县 Yanchi	-6.6	-1.1	5.4	11.0	17.9	22.3	23.9	20.8	15.4	7.7	1.0	-9.3	9.0
同心县 Tongxin	-4.2	0.7	6.9	12.6	19.0	22.7	23.8	21.3	16.6	9.8	3.5	-6.2	10.5
青铜峡市 Qingtongxia	-4.6	-0.1	6.8	12.1	18.4	22.3	23.7	21.1	16.3	8.7	2.7	-6.4	10.1
固原市 Guyuan	**-5.0**	**-0.3**	**4.3**	**9.0**	**14.8**	**17.6**	**18.8**	**17.5**	**13.4**	**6.6**	**1.2**	**-7.0**	**7.6**
西吉县 Xiji	-5.9	-3.4	2.9	7.4	13.6	17.1	18.4	17.2	12.5	6.3	1.0	-7.4	6.6
隆德县 Longde	-5.0	-2.5	2.8	7.1	12.7	16.0	17.4	16.4	12.2	5.8	1.0	-7.0	6.4
泾源县 Jingyuan	-5.0	-1.0	3.2	7.6	13.5	16.1	16.9	15.8	11.8	5.5	0.6	-6.7	6.5
彭阳县 Pengyang	-4.1	-1.0	5.0	9.5	15.7	18.7	19.8	18.5	14.3	7.6	2.1	-5.9	8.4
中卫市 Zhongwei	**-4.8**	**-0.4**	**7.2**	**12.3**	**18.7**	**22.7**	**23.8**	**21.5**	**16.5**	**9.3**	**2.5**	**-7.3**	**10.2**
中宁县 Zhongning	-3.5	1.4	7.9	13.4	19.9	23.8	25.2	22.4	17.6	10.3	3.6	-5.7	11.4
海原县 Haiyuan	-5.0	-0.5	4.4	9.7	15.8	19.2	20.6	18.6	13.9	7.3	1.7	-6.9	8.2

注: 1. 本表数据来源于自治区气象局。

2. 银川市、石嘴山市、吴忠市、固原市和中卫市分别以政府所在地金凤区、大武口区、利通区、原州区和沙坡头区为代表。

Notes: a) Data in this table come from the Meteorological Bureau.

b) Yinchuan City, Shizuishan City, Wuzhong City, Guyuan City and Zhongwei City are represented by Jinfeng District, Dawukou District, Litong District, Yuanzhou District and Shapotou District, where the government is located.

1-8 各市县分月度降水量

Monthly Precipitation by City and County

单位:毫米 (mm)

地　区	Region	1月 Jan.	2月 Feb.	3月 Mar.	4月 Apr.	5月 May.	6月 June.	7月 July.	8月 Aug.	9月 Sept.	10月 Oct.	11月 Nov.	12月 Dec.	全年 Annual Total
银川市	**Yinchuan**	**0.3**			**0.1**	**10.1**	**41.8**	**13.7**	**82.5**	**26.7**	**0.5**	**6.6**	**0.3**	**182.6**
永宁县	Yongning	1.2			0.6	8.6	42.1	17.6	71.3	27.7	0.9	7.0	1.0	178.0
贺兰县	Helan	0.6				9.6	50.3	18.5	86.9	28.8	0.8	4.7	0.3	200.5
灵武市	Lingwu	1.5			1.0	5.8	31.2	11.4	97.5	34.5	0.3	8.9	0.8	192.9
石嘴山市	**Shizuishan**	**1.1**		**1.3**	**0.5**	**10.5**	**30.0**	**24.1**	**53.9**	**38.0**		**0.5**	**0.8**	**160.7**
惠农区	Huinong	1.1	0.1	0.3	0.1	11.3	47.4	22.0	110.9	41.9		0.5		235.6
平罗县	Pingluo	1.3			0.3	8.5	42.4	8.1	105.6	21.4		0.3		187.9
吴忠市	**Wuzhong**	**1.5**			**0.4**	**8.6**	**25.7**	**40.6**	**91.8**	**54.3**		**5.7**	**2.1**	**230.7**
盐池县	Yanchi	7.3	0.3		1.8	12.0	10.8	15.7	98.7	37.3	0.3	17.3	3.7	205.2
同心县	Tongxin	6.5		15.3	4.8	5.0	28.2	40.0	145.1	45.4	0.6	3.0	4.4	298.3
青铜峡市	Qingtongxia	0.8			0.6	3.7	20.6	43.4	64.7	30.9		2.8	1.8	169.3
固原市	**Guyuan**	**11.6**	**12.3**	**5.0**	**25.2**	**35.5**	**81.3**	**59.8**	**159.2**	**52.0**	**27.0**	**13.7**	**5.6**	**488.2**
西吉县	Xiji	6.6	11.1	3.1	15.9	42.0	78.7	54.5	156.3	47.9	20.5	5.7	3.1	445.4
隆德县	Longde	7.1	8.1	9.6	11.3	53.1	130.8	101.8	229.3	48.3	34.4	10.1	4.4	648.3
泾源县	Jingyuan	12.8	10.4	12.0	20.6	54.7	147.8	157.8	282.3	111.9	56.5	18.5	5.5	890.8
彭阳县	Pengyang	7.1	11.7	2.7	23.3	34.0	88.4	82.0	213.2	63.2	24.2	9.7	2.0	561.5
中卫市	**Zhongwei**	**3.5**				**6.0**	**51.0**	**15.2**	**70.2**	**36.5**	**0.2**	**2.1**	**2.8**	**187.5**
中宁县	Zhongning	4.9			0.3	1.3	21.8	10.1	92.0	33.9	0.7	1.4	1.8	168.2
海原县	Haiyuan	9.4	1.5	23.7	9.9	14.9	69.7	71.6	169.5	23.6	18.4	6.8	5.1	424.1

注： 1. 本表数据来源于自治区气象局。
2. 银川市、石嘴山市、吴忠市、固原市和中卫市分别以政府所在地金凤区、大武口区、利通区、原州区和沙坡头区为代表。

Notes: a) Data in this table come from the Meteorological Bureau.
b) Yinchuan City, Shizuishan City, Wuzhong City, Guyuan City and Zhongwei City are represented by Jinfeng District, Dawukou District, Litong District, Yuanzhou District and Shapotou District, where the government is located.

1-9 各市县分月度日照时数

Monthly Sunshine Hours by City and County

单位:小时 (hour)

地　区	Region	1月 Jan.	2月 Feb.	3月 Mar.	4月 Apr.	5月 May.	6月 June.	7月 July.	8月 Aug.	9月 Sept.	10月 Oct.	11月 Nov.	12月 Dec.	全年 Annual Total
银川市	**Yinchuan**	**150.4**	**220.3**	**237.5**	**296.7**	**274.9**	**268.9**	**237.7**	**190.7**	**205.7**	**208.2**	**164.8**	**177.5**	**2633.3**
永宁县	Yongning	156.7	233.3	248.0	312.1	291.6	285.0	353.3	265.1	223.1	233.9	179.0	196.4	2977.5
贺兰县	Helan	147.9	222.4	240.2	300.9	289.1	280.0	245.0	204.1	219.9	231.6	167.6	178.2	2726.9
灵武市	Lingwu	145.3	218.5	297.1	345.2	364.7	360.3	365.5	225.2	191.5	213.4	173.5	194.7	3094.9
石嘴山市	**Shizuishan**	**131.8**	**219.7**	**251.5**	**283.0**	**278.1**	**287.2**	**223.3**	**182.6**	**200.6**	**226.4**	**139.9**	**144.2**	**2568.3**
惠农区	Huinong	151.6	222.5	248.1	300.4	295.1	287.7	239.0	207.2	231.0	243.9	195.9	226.9	2849.3
平罗县	Pingluo	152.4	229.0	259.0	313.0	304.8	304.8	255.1	219.7	226.9	245.1	180.3	201.4	2891.5
吴忠市	**Wuzhong**	**149.6**	**225.1**	**240.0**	**292.8**	**274.9**	**237.0**	**236.4**	**180.2**	**203.1**	**273.2**	**223.8**	**227.3**	**2763.4**
盐池县	Yanchi	130.1	238.8	310.4	335.7	362.4	359.8	355.3	282.0	283.7	236.5	174.3	196.0	3265.0
同心县	Tongxin	157.0	237.5	223.6	270.4	254.1	235.9	264.4	194.7	179.6	178.6	183.7	192.6	2572.1
青铜峡市	Qingtongxia	144.7	223.2	238.8	282.3	274.7	242.4	236.2	177.3	180.6	206.9	170.5	179.3	2556.9
固原市	**Guyuan**	**141.6**	**223.7**	**214.4**	**228.0**	**243.5**	**179.2**	**192.6**	**153.7**	**139.8**	**148.8**	**150.4**	**178.2**	**2193.9**
西吉县	Xiji	182.1	216.4	208.0	217.5	233.9	178.7	185.9	144.3	122.4	114.7	127.6	156.8	2088.3
隆德县	Longde	117.5	205.9	191.0	192.7	264.6	311.2	327.6	257.1	240.1	220.4	199.2	200.8	2728.1
泾源县	Jingyuan	205.9	251.5	281.0	307.4	323.8	289.0	285.1	217.3	214.3	169.8	124.5	124.7	2794.3
彭阳县	Pengyang	119.0	218.8	198.5	220.7	239.2	164.9	164.5	132.9	136.7	112.5	122.2	143.0	1972.9
中卫市	**Zhongwei**	**164.5**	**239.9**	**245.5**	**292.2**	**258.8**	**247.4**	**245.8**	**216.1**	**197.0**	**201.5**	**192.8**	**177.7**	**2679.2**
中宁县	Zhongning	158.6	233.7	227.6	283.0	259.5	240.0	250.5	193.6	177.1	186.6	188.6	173.6	2572.4
海原县	Haiyuan	164.0	234.4	257.4	333.6	249.0	207.4	224.6	180.1	156.8	167.7	175.9	185.6	2536.5

注：1. 本表数据来源于自治区气象局。

2. 银川市、石嘴山市、吴忠市、固原市和中卫市分别以政府所在地金凤区、大武口区、利通区、原州区和沙坡头区为代表。

Notes: a) Data in this table come from the Meteorological Bureau.

b) Yinchuan City, Shizuishan City, Wuzhong City, Guyuan City and Zhongwei City are represented by Jinfeng District, Dawukou District, Litong District, Yuanzhou District and Shapotou District, where the government is located.

第二篇 Chapter2

综合 General Survey

资料整理：李广东　王金贵　刘聚才　季翔　王爽　马福燕　焦霙　马维才　马兴明　周军锋

Data Compilation: Li Guangdong　Wang Jingui　Liu Jucai　Ji Xiang　Wang Shuang　Ma Fuyan　Jiao Ying　Ma Weicai　Ma Xingming　Zhon Junfeng

2-1 各部门机构单位数

单位:个

项目	Item	法人单位 Judicial Entities
合 计	**Total**	**133774**
按登记注册类型分组	**Grouped by Registration Status**	
内资企业	Domestic Funded Enterprises	133584
国有	State - owned	5758
集体	Collective - owned	1013
股份合作	Cooperative	44
联营企业	Joint Ownership	24
国有联营	State Joint Ownership	2
集体联营	Collective Joint Ownership	10
国有与集体联营	Joint State - Collective Ownership	
其他联营	Other Joint Ownership	12
有限责任公司	Limited Liability Corporations	2866
国有独资公司	State Sole Funded Corporations	522
其他有限责任公司	Other Limited Liability Corporations	2344
股份有限公司	Share - holding Corporations Ltd.	322
私营企业	Private Enterprises	100768
私营独资	Private - funded Enterprises	7037
私营合伙	Private Partnership Enterprises	552
私营有限责任公司	Private Limited Liability Corporations	92390
私营股份有限公司	Private Share - holding Corporations Ltd.	789
其他内资	Other Domestic Funded	22789
港、澳、台商投资企业	Enterprises with Funds from Hong Kong, Macao and Taiwan	82
与港澳台商合资经营	Joint - ventures with China	28
与港澳台商合作经营	Cooperative with China	2
港澳台商独资	Enterprises with Sole Investment	46
港澳台商投资股份有限公司	Share - holding Corporations Ltd.	3
其他港、澳、台商投资	Others	3
外商投资企业	Foreign Funded Enterprises	108
中外合资经营	Sino - foreign Joint - ventures	48
中外合作经营	Cooperation	1
外资企业	Foreign - funded Enterprises	49
外商投资股份有限公司	Foreign Share - holding Corporations Ltd.	2
其他外商投资	Other foreign investment	8

注： 本表资料根据基本单位名录库2020年年报结果加工整理。

Note: Data in this table has been arranged according to the basic units directory of 2020.

Grass – roots Units in Various Sectors

(unit)

企业法人 Enterprises	事业法人 Institutions	机关法人 Government Agencies and Organizations	社团法人 Mass Organizations	其他法人 Others	产业活动单位 Establish – ments
103540	**3440**	**1731**	**2281**	**22782**	**147008**
103350	3440	1731	2281	22782	146538
284	3359	1731	349	35	8173
268	32		354	359	1103
22	1		4	17	138
6	1		5	12	35
2					5
2	1		3	4	14
					3
2			2	8	13
2854			2	10	4425
521			1		946
2333			1	10	3479
319				3	2016
99542			52	1174	107693
6361			19	657	7142
421			13	118	570
91980			19	391	98937
780			1	8	1044
55	47		1515	21172	22955
82					194
28					32
2					2
46					131
3					20
3					9
108					276
48					71
1					1
49					164
2					27
8					13

2-1 续表1

单位:个

项目	Item	法人单位 Judicial Entities
按国民经济行业分组	**Grouped by Sector**	
农、林、牧、渔业	Agriculture, Forestry, Animal Husbandry and Fishery	20259
农 业	Agriculture	7862
林 业	Forestry	1453
畜牧业	Animal Husbandry	9326
渔 业	Fishery	333
农、林、牧、渔专业及辅助性活动	Agriculture, forestry, animal husbandry, fishery and auxiliary activities	1285
采矿业	Mining	728
煤炭开采和洗选业	Mining and Washing of Coal	454
石油和天然气开采业	Extraction of Petroleum and Natural Gas	9
黑色金属矿采选业	Mining and Processing of Ferrous Metal Ores	11
有色金属矿采选业	Mining and Processing of Non - ferrous Metal Ores	1
非金属矿采选业	Mining and Processing of Nonmetal Ores	218
开采专业及辅助性活动	Mining and auxiliary activities	29
其他采矿业	Mining of Other Ores	6
制造业	Manufacturing	9784
农副食品加工业	Processing of Food from Agricultural Products	1038
食品制造业	Manufacture of Foods	487
酒、饮料和精制茶制造业	Manufacture of Wine, Beverages and Refined Tea	351
烟草制品业	Manufacture of Tobacco	2
纺织业	Manufacture of Textile	286
纺织服装、服饰业	Manufacture of Textile Wearing Apparel	156
皮革、毛皮、羽毛及其制品和制鞋业	Manufacture of Leather, Fur, Feather with Related Products and Footware	84
木材加工及木、竹、藤、棕、草制品业	Processing of Timber, Manufacture of Wood, Bamboo, Rattan, Palm and Straw Products	244
家具制造业	Manufacture of Furniture	189
造纸及纸制品业	Manufacture of Paper and Paper Products	144
印刷和记录媒介复制业	Printing, Reproduction of Recording Media	270
文教、工美、体育和娱乐用品制造业	Manufacture of Articles For Culture, Education and Sport Activities	152
石油加工、炼焦和核燃料加工业	Processing of Petroleum, Coking and Nuclear Fuel	144
化学原料和化学制品制造业	Manufacture of Raw Chemical Materials and Chemical Products	797
医药制造业	Manufacture of Medicines	122
化学纤维制造业	Manufacture of Chemical Fibres	13
橡胶和塑料制品业	Manufacture of Rubber and Plastics	425
非金属矿物制品业	Manufacture of Non - metallic Mineral Products	1630
黑色金属冶炼和压延加工业	Smelting and Pressing of Ferrous Metals	174
有色金属冶炼和压延加工业	Smelting and Pressing of Non - ferrous Metals	111
金属制品业	Manufacture of Metal Products	1201
通用设备制造业	Manufacture of General Purpose Machinery	493
专用设备制造业	Manufacture of Special purpose Machinery	359

Continued

(unit)

企业法人 Enterprises	事业法人 Institutions	机关法人 Government Agencies and Organizations	社团法人 Mass Organizations	其他法人 Others	产业活动单位 Establish－ments
8355	73			11831	20363
2985	5			4872	7899
653	37			763	1462
3907	1			5418	9355
148				185	334
662	30			593	1313
728					778
454					495
9					10
11					11
1					1
218					221
29					34
6					6
9717				67	10005
1011				27	1065
483				4	506
350				1	360
2					2
284				2	288
156					156
80				4	86
227				17	245
189					190
144					145
270					278
144				8	155
144					150
797					812
120				2	128
13					13
425					428
1630					1680
174					179
111					117
1200				1	1212
493					501
359					364

2-1 续表2

单位:个

项目	Item	法人单位 Judicial Entities
汽车制造业	Manufacture of Automotive	65
铁路、船舶、航空航天和其他运输设备制造业	Manufacture of Railways, Shipbuilding, Aerospace and Other Transportation Equipment	15
电气机械和器材制造业	Manufacture of Electrical Machinery and Equipment	228
计算机、通信和其他电子设备制造业	Manufacture of Computers, Communication Equipment and Other Electronic Equipment	82
仪器仪表及文化、办公用机械制造业	Manufacture of Measuring Instruments and Machinery for Cultural Activity and Office Work	82
其他制造业	Other Manufacturing	92
废弃资源综合利用业	Recycling and Disposal of Waste	100
金属制品、机械和设备修理业	Repairing of Metal products, Machinery and Equipment	248
电力、煤气及水的生产和供应业	Production and Supply of Electricity, Gas and Water	718
电力、热力的生产和供应业	Production and Supply of Electric Power and Heat Power	554
燃气生产和供应业	Production and Supply of Gas	56
水的生产和供应业	Production and Supply of Water	108
建筑业	Construction	8913
房屋建筑业	Construction of Buildings	2253
土木工程建筑业	Consturction of Civil Engineering	2554
建筑安装业	Building Installation	1051
建筑装饰和其他建筑业	Building Decoration and Other Construction	3055
批发和零售业	Wholesale and Retail Trades	35298
批发业	Wholesale Trade	17306
零售业	Retail Trade	17992
交通运输、仓储和邮政业	Transport, Storage and Post	4398
铁路运输业	Railway Transport	15
道路运输业	Road Transport	3290
水上运输业	Water Transport	9
航空运输业	Air Transport	23
管道运输业	Transport Via Pipelines	
多式联运和运输代理业	Multimodal transport and transport agency	420
装卸搬运和仓储业	Handling and storage industry	352
邮政业	Post	289
住宿和餐饮业	Hotels and Catering Services	2084
住宿业	Hotels	653
餐饮业	Catering Services	1431
信息传输、软件和信息技术服务业	Information Transmission, Software and IT Services	3876
电信、广播电视和卫星传输服务	Telecommunications, Broadcasting and Transmission Services	127
互联网和相关服务	Internet and Related Services	629
软件和信息技术服务业	Software and IT Services	3120
金融业	Financial Intermediation	800
货币金融服务	Monetary and Financial Services	432
资本市场服务	Capital Services	191

Continued

(unit)

企业法人 Enterprises	事业法人 Institutions	机关法人 Government Agencies and Organizations	社团法人 Mass Organizations	其他法人 Others	产业活动单位 Establish - ments
65					66
15					15
228					236
82					86
82					86
91				1	94
100					102
248					260
716	2				842
553	1				637
56					78
107	1				127
8913					9592
2253					2579
2554					2717
1051					1152
3055					3144
34445				853	40034
16693				613	17931
17752				240	22103
4351	37			10	5141
15					31
3257	31			2	3515
9					10
21	1			1	32
					1
419				1	459
342	4			6	374
288	1				719
2079	2			3	2363
652	1				746
1427	1			3	1617
3852	15			9	4259
119	8				310
623	5			1	664
3110	2			8	3285
748	2	5		45	2409
382		5		45	1475
190	1				250

2-1 续表3

单位:个

项目	Item	法人单位 Judicial Entities
保险业	Insurance	98
其他金融业	Other Financial Activities	79
房地产业	Real Estate	3530
房地产业	Real Estate	3530
租赁和商务服务业	Leasing and Business Serveces	14308
租赁业	Leasing	2401
商务服务业	Business Services	11907
科学研究和技术服务业	Scientific Research and Technical Service	4815
研究与试验发展	Research and Experimental Development	259
专业技术服务业	Professional Technical Services	2603
科技推广和应用服务业	Services of Science and Technology Promotion and Applications	1953
水利、环境和公共设施管理业	Management of Water Conservancy, Environment and Public Facilities	1050
水利管理业	Management of Water Conservancy	104
生态保护和环境治理业	Ecological Protection and Environmental Management	165
公共设施管理业	Management of Public Facilities	588
土地管理业	Land management industry	193
居民服务、修理和其他服务业	Services to Households, Repair and Other Services	2784
居民服务业	Services to Households	1041
机动车、电子产品和日用产品修理业	Repairing of Motor Vehicles, Electronics and Households	1163
其他服务业	Others	580
教育	Education	4162
教育	Education	4162
卫生和社会工作	Health and Social Works	1037
卫生	Health	767
社会工作	Social Security	270
文化、体育和娱乐业	Culture, Sports and Entertainment	2472
新闻和出版业	Journalism and Publishing Activities	60
广播、电视、电影和影视录音制作业	Broadcasting, Movies, Television and Audiovisual Activities	455
文化艺术业	Cultural and Art Activities	685
体育	Sports Activities	291
娱乐业	Entertainment	981
公共管理、社会保障和社会组织	Public Management, Social Security and Social Organization	12755
中国共产党机关	Organs of Communist Party of China	232
国家机构	Government Agencies	2277
人民政协、民主党派	People's Political Consultative Conference and Democratic Parties	101
社会保障	Social Security	28
群众团体、社会团体和其他成员组织	Non-governmental Organizations, Social Organizations and Other Organizations	7353
基层群众自治组织及其他组织	Grassroots self-governing organizations and other organizations	2764

Continued

(unit)

企业法人 Enterprises	事业法人 Institutions	机关法人 Government Agencies and Organizations	社团法人 Mass Organizations	其他法人 Others	产业活动单位 Establish－ments
97	1				567
79					117
3517	6			7	4050
3517	6			7	4050
13839	101			368	15288
2378	1			22	2477
11461	100			346	12811
4274	411			130	5466
222	22			15	278
2312	249			42	3065
1740	140			73	2123
894	144		1	11	1175
37	65			2	157
133	28		1	3	183
537	45			6	626
187	6				209
2709	18			57	2903
985	13			43	1084
1163					1216
561	5			14	603
1881	1081			1200	4828
1881	1081			1200	4828
373	469		3	192	1168
304	407			56	879
69	62		3	136	289
2146	167		6	153	2596
45	14			1	66
447	6			2	486
454	133			98	738
238	9		6	38	301
962	5			14	1005
	912	1726	2271	7846	13746
	7	225			249
	879	1398			3225
	1	100			102
	25	3			38
			2271	5082	7355
				2764	2777

2-1 续表4

单位:个

项目	Item	法人单位 Judicial Entities
按地区分组	**Grouped by Region**	
银川市	**Yinchuan**	**63508**
兴庆区	Xingqing	23876
西夏区	Xiaxia	5968
金凤区	Jinfeng	15010
永宁县	Yongning	5576
贺兰县	Helan	6564
灵武市	Lingwu	6514
石嘴山市	**Shizuishan**	**12925**
大武口区	Dawukou	4675
惠农区	Huinong	3056
平罗县	Pingluo	5194
吴忠市	**Wuzhong**	**23411**
利通区	Litong	9248
红寺堡区	Hongsipu	1995
盐池县	Yanchi	3740
同心县	Tongxin	4480
青铜峡市	Qingtongxia	3948
固原市	**Guyuan**	**17666**
原州区	Yuanzhou	6883
西吉县	Xiji	4439
隆德县	Longde	1891
泾源县	Jingyuan	1496
彭阳县	Pengyang	2957
中卫市	**Zhongwei**	**16264**
沙坡头区	Shapotou	8126
中宁县	Zhongning	4793
海原县	Haiyuan	3345

Continued

(unit)

企业法人 Enterprises	事业法人 Institutions	机关法人 Government Agencies and Organizations	社团法人 Mass Organizations	其他法人 Others	产业活动单位 Establish - ments
56288	1029	481	800	4910	69220
22184	308	120	226	1038	25866
5223	141	59	84	461	6621
13911	266	143	158	532	16442
4478	92	52	93	861	5989
5410	76	47	136	895	7233
5082	146	60	103	1123	7069
10141	**449**	**269**	**147**	**1919**	**14401**
3956	187	136	89	307	5227
2415	124	68	31	418	3403
3770	138	65	27	1194	5771
16645	**656**	**367**	**672**	**5071**	**25949**
7546	235	139	197	1131	10100
1138	47	51	50	709	2243
2639	117	59	260	665	4121
2444	170	67	63	1736	5021
2878	87	51	102	830	4464
9996	**672**	**340**	**359**	**6299**	**19652**
4793	275	125	97	1593	7685
1735	118	56	70	2460	4635
1055	105	52	26	653	2174
731	92	48	39	586	1785
1682	82	59	127	1007	3373
10470	**634**	**274**	**303**	**4583**	**17786**
6076	252	135	170	1493	8852
2956	268	65	71	1433	5210
1438	114	74	62	1657	3724

2-2 主要年份平均每天主要社会经济活动

指　标	Item
每天创造的财富	**Daily Production**
地区生产总值(万元)	Gross Domestic Product(10 000 yuan)
第一产业	Primary Industry
第二产业	Secondary Industry
工业	Industry
建筑业	Construction
第三产业	Tertiary Industry
交通运输仓储和邮电业	Transport, Storage and Post Services
批发和零售业、住宿和餐饮业	Wholesale ,Retail Trades, Hoteling and Catering Services
地方公共财政收入(万元)	Local Government Revenue(10 000 yuan)
粮食(吨)	Grain(ton)
油料(吨)	Oil - bearing Crops(ton)
肉类(吨)	Meat(ton)
水产品(吨)	Aquatic Products(ton)
原煤(万吨)	Coal(10 000 tons)
发电量(万千瓦小时)	Electricity(10 000 kWh)
钢材	Rolled Steel(ton)
铝(吨)	Aluminum(ton)
水泥(吨)	Cement(ton)
每天消费量	**Daily Consumption**
最终消费(万元)	Final Consumption Expenditure(10 000 yuan)
居民消费	Household Consumption Expenditure
农村居民	Rural Household
城镇居民	Urban Household
政府消费	Government Consumption Expenditure
能源消耗量(万吨标准煤)	Energy Consumption (10 000 tons of SCE)
社会消费品零售总额(万元)	Total Retail Sales of Consumer Goods(10 000 yuan)
每天其他经济活动	**Other Daily Economic Activities**
资本形成总额(万元)	Gross Capital Formation (10 000 yuan)
固定资产形成	Gross Fixed Capital Formation
存货增加	Changes in Inventories
旅客周转量(万人公里)	Passenger - kilometers(10 000 passenger - km)
货物周转量(万吨公里)	Freight Ton - kilometers(10 000 ton - km)
邮电业务总量(万元)	Business Volume of Postal and Telecommunication Services (10 000 yuan)
进出口总额(万美元)	Total Value of Imports and Exports (USD 10 000)
出口总额	Total Export
进口总额	Total Import
实际利用外资(万美元)	Foreign Capital Actually Utilized (USD 10 000)
接待海外旅游人数(人次)	Number of Overseas Visitor Arrivals (person - time)
每天人口变动和婚姻	**Daily Population Changes and Marriages**
出生(人)	Births(person)
死亡(人)	Deaths(person)
结婚(对)	Marriages(couples)
离婚(对)	Divorces(couples)

注:本表价值指标除邮电业务总量按不变价格计算外,其余均按当年价格计算。

Selected Indicators on Average Daily Social and Economic Activities in Main Years

1952	1978	1990	2000	2010	2015	2016	2017	2018	2019	2020
47.54	356.16	1776.44	8060.66	43059.73	70667.95	75994.26	87678.90	96170.14	102698.08	107118.85
39.34	83.84	461.37	1257.65	4148.22	6488.22	6584.70	6866.30	7654.52	7670.14	9235.25
2.19	181.10	694.25	3317.76	20092.05	30596.71	32233.33	38520.27	40770.68	43481.64	43960.66
1.91	153.15	583.29	2642.08	16376.99	23964.93	25285.25	30937.53	32629.04	34861.64	35073.49
0.27	27.95	110.96	675.68	3715.07	6659.18	6977.32	7618.08	8179.18	8662.19	8928.28
6.01	91.23	620.82	3485.25	18819.45	33583.01	37176.23	42292.33	47744.93	51546.28	53922.95
1.09	18.08	95.62	807.38	3745.21	5013.70	5119.13	5007.67	4660.55	4868.40	4969.42
1.91	26.30	145.75	716.94	3250.14	5050.14	5381.97	6004.66	6563.01	7012.05	6679.78
	86.58	184.38	568.85	4206.85	10231.51	10591.80	11440.82	11959.45	11604.93	11460.10
1296.04	3204.96	5252.14	6905.52	9764.25	10208.26	10127.14	10138.36	10755.62	10223.36	10396.01
71.17	70.35	171.05	190.98	438.87	231.08	208.29	190.25	199.70	209.81	181.79
	33.57	185.18	519.17	720.55	827.40	877.05	916.78	935.29	918.55	922.63
	0.68	27.99	101.05	246.67	465.20	477.02	495.59	484.79	431.95	441.60
	2.74	3.95	4.32	18.12	21.85	19.32	20.94	21.48	20.48	22.27
	452.33	1533.15	3732.51	16049.86	31636.71	31267.23	37833.97	45551.78	48381.64	51430.62
	76.16	130.14	152.73	904.93	5523.29	4483.61	6076.71	7309.59	8389.04	13169.40
	50.14	164.66	319.40	2507.12	3287.67	2871.58	3150.68	3501.37	3432.88	3256.83
	757.81	2623.01	7657.10	37190.41	47739.73	53166.67	59663.01	47295.89	51742.47	54030.05
	270.41	1311.51	5297.54	21638.36	41726.30	45928.69	51116.71	56163.35	60804.11	
	208.49	928.22	3701.91	14843.29	26963.56	29484.43	33519.73	36973.49	40304.38	
	133.15	490.68	1440.98	3406.30	7022.74	7343.17	7904.11	8475.89	9193.42	
	75.34	437.53	2260.93	11436.99	19940.82	22141.26	25615.62	28497.60	31110.96	
	61.92	383.29	1595.63	6795.07	14762.74	16444.26	17596.99	19189.86	20499.73	
		1.94	4.15	10.08	15.65	15.81	18.63	20.63	22.37	23.45
	138.14	693.26	3022.47	14264.27	28487.17	30891.79	34346.92	36442.17	38340.08	35556.99
	247.67	1019.73	4766.94	31830.68	53142.19	56685.25	59967.40	53404.11	50632.60	
	217.81	697.81	4393.99	29822.47	50298.36	54074.59	57479.45	51205.48	48588.77	
	29.86	321.92	372.95	2008.22	2843.84	2610.66	2487.95	2198.63	2043.84	
4.05	121.16	526.12	1572.67	3188.54	4214.73	4181.27	4331.69	4148.85	4344.31	2725.65
10.40	1540.33	2049.02	6061.82	23175.31	23910.12	23872.02	22230.35	18979.77	19460.56	20894.82
0.21	3.19	11.94	391.81	4278.82	3713.44	6933.14				
	8.12	23.26	121.02	537.12	1038.53	887.02	1379.74	1035.85	955.63	486.08
	1.89	2.22	31.57	216.50	223.09	208.04	379.60	285.57	363.84	144.12
	6.22	21.04	89.44	320.62	815.44	678.97	1000.14	750.28	591.78	341.96
		2.95	24.84	63.49	60.51	69.30	85.32	58.75	68.83	74.43
		5.34	21.33	49.29	102.23	139.83	178.88	241.65	344.32	30.30
	273.95	310.88	247.27	243.78	235.40	257.75	257.70	258.12	268.10	227.66
	52.52	70.57	68.55	87.97	85.43	88.87	91.08	107.36	111.19	115.50
		100.39	97.57	165.01	166.85	169.48	165.26	168.83	161.08	134.87
		9.68	16.83	24.21	36.48	40.00	46.21	48.57	50.41	42.64

Note: Figures in value terms in this table are at current prices, except that on the business volume of postal and telecommunication services which is at constant prices.

2－3 国民经济与社会发展总量指标

指　标	Item	单位	Unit
人口与就业	**Population and Employment**		
人口	**Population**		
年末总人口	Population at Year－end	万人	10 000 persons
回族人口	Hui Ethnic	万人	10 000 persons
城镇人口	Urban	万人	10 000 persons
乡村人口	Rural	万人	10 000 persons
男性人口	Male	万人	10 000 persons
女性人口	Female	万人	10 000 persons
出生率	Birth Rate	‰	‰
死亡率	Death Rate	‰	‰
自然增长率	Natural Growth Rate	‰	‰
就 业	**Employment**		
年末就业人员数	Employment at Year－end	万人	10 000 persons
职工人数	Staff and Workers	万人	10 000 persons
城镇登记失业率	Registered Unemployment Rate in Urban Areas	%	%
宏观经济	**Macro Economy**		
国民经济核算	**National Accounting**		
地区生产总值	Gross Domestic Product	亿元	100 million yuan
第一产业	Primary Industry	亿元	100 million yuan
第二产业	Secondary Industry	亿元	100 million yuan
第三产业	Tertiary Industry	亿元	100 million yuan
人均生产总值	Per Capita GDP	元/人	yuan/person
固定资产投资	**Investment in Fixed Assets**		
全社会固定资产投资总额	Total Investment in Fixed Assets	亿元	100 million yuan
国有经济	State－owned Economy	亿元	100 million yuan
集体经济	Collective－owned Economy	亿元	100 million yuan
私营个体经济	Private Economy	亿元	100 million yuan
房地产开发投资	Investment in Real Estate Development	亿元	101 million yuan
全社会施工房屋面积	Floor Space of Buildings under Construction	万平方米	10 000 sq. m
全社会竣工房屋建筑面积	Floor Space of Buildings Completed	万平方米	10 000 sq. m
财政、金融	**Government Finance and Financial Intermediation**		
地方一般公共预算收入	General Pubulic Budget Revenue of the Local Governments	亿元	100 million yuan
地方一般公共预算支出	General Pubulic Budget Expenditure of the Local Governments	亿元	100 million yuan
金融机构人民币存款余额	Banlance of RMB Deposits of Financial Institutions	亿元	100 million yuan
金融机构人民币贷款余额	Banlance of RMB Loans of Financial Institutions	亿元	100 million yuan
保险公司保费	Insurance Premium of Insurance Companies	亿元	100 million yuan
保险公司赔款及给付	Indemnity Expenditure and Payment of Insurance Companies	亿元	100 million yuan

Principal Aggregate Indicators on National Economic and Social Development

1978	1985	1990	2000	2010	2015	2016	2017	2018	2019	2020
355.58	414.62	465.68	554.32	632.96	683.56	694.61	705.08	709.54	716.93	720.93
109.47	133.76	153.89	191.01	219.18	246.42	251.31	256.01	259.34	263.04	252.60
73.03	146.45	192.40	180.39	303.57	389.49	408.02	429.75	440.98	456.18	468.30
282.55	268.17	273.28	373.94	329.39	294.07	286.60	275.33	268.56	260.75	252.63
184.17	213.73	239.69	283.96	324.33	348.34	353.28	355.85	357.75	361.41	367.23
171.42	200.89	225.98	270.36	308.62	335.22	341.33	349.23	351.79	355.53	353.70
28.48	17.18	24.34	16.49	14.14	12.62	13.69	13.44	13.32	13.72	11.59
5.46	3.88	5.52	4.57	5.10	4.58	4.72	4.75	5.54	5.69	5.88
23.02	13.30	18.82	11.92	9.04	8.04	8.97	8.69	7.78	8.03	5.71
	177.4	211.1	275.5	342.0	343.0	343.0	344.0	345.0	343.0	344.0
43.3	55.8	67.4	63.8	54.7	68.5	66.2	66.9	63.4	65.2	64.9
	3.10	5.44	4.60	4.40	4.00	3.90	3.90	3.90	3.74	3.92
13.00	30.27	64.84	295.02	1571.68	2579.38	2781.39	3200.28	3510.21	3748.48	3920.55
3.06	8.90	16.84	46.03	151.41	236.82	241.00	250.62	279.39	279.96	338.01
6.61	12.12	25.34	121.43	733.36	1116.78	1179.74	1405.99	1488.13	1587.08	1608.96
3.33	9.25	22.66	127.56	686.91	1225.78	1360.65	1543.67	1742.69	1881.44	1973.58
370	737	1409	5376	24984	37876	40339	45718	49614	52537	54528
4.27	13.63	21.96	160.82	1464.70	3532.93	3835.46	3813.38			
4.22	11.29	17.51	101.17	610.18	1535.05	1444.54	1351.75			
0.05	1.00	1.26	5.70	3.40	4.53	1.68	6.39			
	1.34	3.19	22.63	373.07	1459.97	1434.17	1432.85			
			15.57	254.37	633.64	728.16	652.84	449.57	403.09	433.27
116	764	539	1019	4800	9200	9386	9112			
67	577	459	1069	1494	1962	2113	2192			
3.16	2.91	6.73	20.82	153.55	373.45	387.66	417.59	436.52	423.58	419.44
5.78	9.85	14.96	60.84	557.53	1138.49	1254.54	1372.78	1419.06	1438.29	1480.36
			396.49	2573.64	4805.15	5441.54	5748.45	6028.40	6443.43	7121.31
			383.23	2398.70	5117.82	5667.89	6332.61	6807.52	7216.79	7782.59
			5.06	52.75	103.31	133.90	165.21	182.83	197.67	210.71
				11.68	34.21	42.84	49.56	60.49	63.57	66.12

2－3 续表1

指　　标	Item	单位	Unit
物价总指数(以上年为100)	**Price Indices(preceding year＝100)**		
居民消费价格指数	Consumer Price Index	%	%
商品零售价格指数	Retail Price Index	%	%
农业生产资料价格指数	Agricultural Production Index	%	%
工业生产者出厂价格指数	Producer Price Indices for Industrial Products	%	%
固定资产投资价格指数	Price Index for Investment in Fixed Assets	%	%
能源生产与消耗	**Production and Consumption of Energy**		
一次能源生产量	Primary Energy Production	万吨标准煤	10 000 tons of SCE
能源消耗总量	Total Energy Consumption	万吨标准煤	10 000 tons of SCE
农　业	**Agriculture**		
耕地面积	Area of Cultivated Land	万公顷	10 000 hectares
乡村从业人员	Rural Employed Persons	万人	10 000 persons
农林牧渔业总产值	Gross Output Value of Agriculture, Forestry, Animal Husbandry and Fishery	亿元	100 million yuan
主要农产品产量	Output of Major Farm Products		
粮　食	Grain	万吨	10 000 tons
油　料	Oil－bearing Crops	万吨	10 000 tons
肉类总产量	Meat	万吨	10 000 tons
猪肉产量	Pork	万吨	10 000 tons
牛肉产量	Beef	万吨	10 000 tons
羊肉产量	Mutton	万吨	10 000 tons
山羊毛产量	Goat Wool	吨	ton
绵羊毛产量	Sheep Wool	吨	ton
羊　绒	Cashmere	吨	ton
水产品	Aquatic Products	万吨	10 000 tons
水　果	Fruits	万吨	10 000 tons
工　业	**Industry**		
主要工业产品产量	Output of Major Industrial Products		
原　煤	Coal	万吨	10 000 tons
发电量	Electricity	亿千瓦小时	10 000 million kWh
钢　材	Rolled Steel	万吨	10 000 tons
铝	Aluminum	万吨	10 000 tons
轮胎外胎	Tires	万条	10 000 tires
合成氨	Synthetic Ammonia	万吨	10 000 tons
农用化肥(折纯)	Chemical Fertilizers	万吨	10 000 tons
水　泥	Cement	万吨	10 000 tons
建筑业	**Construction**		
建筑业企业从业人员	Number of Employed Persons	人	person
建筑业总产值	Gross Output Value	亿元	100 million yuan

Continued

1978	1985	1990	2000	2010	2015	2016	2017	2018	2019	2020
100.6	108.6	107.1	99.6	104.1	101.1	101.5	101.6	102.3	102.1	101.5
100.0	107.8	104.2	97.6	103.2	100.1	100.7	101.8	102.9	101.2	100.6
99.7	103.8	105.6	96.0	104.4	98.7	98.3	103.1	105.6	104.0	103.8
			103.6	109.1	93.7	99.1	112.1	107.3	99.4	96.9
			104.5	104.2	97.5	99.6	105.9	103.5	102.0	
806.4	973.1	1115.2	1238.3	4503.3	5371.6	4838.5	5260.0	5469.8	5255.6	5745.6
	420.4	707.3	1518.6	3679.8	5711.9	5787.5	6798.2	7530.2	8166.7	8581.8
89.1	79.5	79.6	129.3	113.5	129.3	129.2	129.3	130.3		
92.36	120.48	140.93	197.91	218.03	215.76	214.73	210.74	206.46	202.93	198.04
4.81	12.02	24.69	77.75	306.44	484.46	496.27	517.42	575.77	584.85	703.07
116.98	139.53	191.70	252.74	356.39	372.60	370.65	370.05	392.58	373.15	380.49
2.57	5.34	6.24	6.99	16.02	8.43	7.62	6.94	7.29	7.66	6.65
1.23	3.49	6.76	19.00	26.30	30.20	32.10	33.46	34.14	33.53	33.77
0.96	2.43	4.08	9.34	8.53	7.90	8.56	8.91	8.84	7.82	8.01
0.03	0.11	0.54	3.31	7.49	9.75	10.42	10.92	11.52	11.46	11.44
0.24	0.81	1.65	3.30	7.35	9.29	9.46	9.91	9.90	10.41	11.09
318	212	290	715	535	853	784	835	786	718	877
1788	3231	3780	4703	6889	10048	10878	10898	9746	9981	8430
	435	517	807	826	1041	1018	1101	1149	1355	648
0.02	0.23	1.02	3.70	9.00	16.98	17.46	18.09	17.69	15.77	16.16
		5.52	19.32	53.64	61.12	68.89	68.13	197.21	258.64	204.50
999.00	1214.00	1443.10	1581.00	6613.61	7975.80	7069.32	7643.59	7840.09	7476.87	8151.60
16.51	24.14	55.96	136.61	585.82	1154.74	1144.38	1380.94	1662.64	1765.93	1882.36
2.78	3.88	4.75	5.59	33.03	201.60	164.10	221.80	266.80	306.20	482.00
1.83		6.01	11.69	91.51	120.00	105.10	115.00	127.80	125.30	119.20
30.09	34.34	63.50	193.32	210.44	192.30	396.10	304.20	327.80	237.30	101.80
6.77	9.20	34.32	73.49	100.74	64.70	71.50	63.90	40.50	43.40	66.20
5.30	6.71	27.74	59.52	95.17	82.40	54.70	46.10	39.00	45.40	67.90
27.66	61.62	95.74	280.25	1357.45	1742.50	1945.90	2177.70	1726.30	1888.60	1977.50
32090	53422	54064	83980	98258	126933	100540	124732	124732	101429	120596
0.13	0.39	7.16	56.24	343.37	525.02	511.74	549.26	565.04	601.41	641.81

2－3 续表2

指　　标	Item	单位	Unit
交通运输业	**Transportation**		
货物周转量	Freight Ton－kilometers	百万吨公里	million ton－km
铁 路	Railways	百万吨公里	million ton－km
公 路	Highways	百万吨公里	million ton－km
旅客周转量	Passenger－kilometers	万人公里	10 000 passenger－km
铁 路	Railways	万人公里	10 000 passenger－km
公 路	Highways	万人公里	10 000 passenger－km
邮电通讯业	**Postal and Telecommunication Services**		
邮电业务总量	Business Volume of Postal and Telecommunication Services	万元	10 000 yuan
函件	Number of Letters Delivered	万件	10 000 pcs
报刊期发数	Number of Newspapers and Magazines Distributed	万件	10 000 pcs
本地电话年末用户	Number of Telephone Subscribers at Year－end	万户	10 000 subscribers
移动电话用户	Mobile Telephone	万户	10 000 subscribers
国际互联网络用户	Number of Internet Subscribers	万户	10 000 subscribers
批发零售贸易餐饮业	**Wholesale and Retail Trade and Catering Services**		
社会消费品零售总额	Total Retail Sales of Consumer Goods	亿元	100 million yuan
对外贸易	**Foreign Trade**		
进出口总额	Total Value of Imports and Exports	万美元	USD 10 000
出口额	Exports	万美元	USD 10 000
进口额	Imports	万美元	USD 10 000
旅游业	**Tourism**		
接待海外旅游人数	Number of Oversea Visitors	人	person
旅游外汇总收入	Foreign Exchange Earnings from International Tourism	万元	10 000 yuan
利用外资	**Utilization of Foreign Capital**		
实际利用外资额	Foreign Investment Actually Utilized	万美元	USD 10 000
教 育	**Education**		
高等学校在校学生数	Students Enrollment of Higher Education	人	person
中等职业教育在校学生数	Students Enrollment of Specialized Secondary Schools	人	person
普通中学在校学生数	Students Enrollment of Regular Junior Secondary Schools	万人	10 000 persons
小学在校学生数	Students Enrollment of Primary Schools	万人	10 000 persons
科 技	**Science and Teconology**		
研究与试验发展人员全时当量	Number of Scientists and Engineers	人年	man－year
研究与试验发展经费内部支出	Expenditures on Research and Development	万元	10 000 yuan
文 化	**Culture**		
图书出版数量	Number of Books Published	万册	10 000 copies
报纸出版数	Number of Newspaper Published	万份	10 000 copies
卫 生	**Health Care**		
医疗卫生机构数	Number of Health Care Institutions	个	unit
医院病床数	Beds in Health Care Institutions	张	bed
卫生技术人员	Medical Technical Personnel	人	person

Continued

1978	1985	1990	2000	2010	2015	2016	2017	2018	2019	2020
5622	6197	7479	22186	84590	87272	87372	81141	69276	71031	76475
5349	5192	5980	15945	27664	24508	24238	25355	22949	21360	21462
273	796	1259	5686	53827	57185	57756	50018	39819	43739	48367
44223	121000	192033	575597	1163818	1538377	1530345	1581068	1514330	1585674	997588
23208	45392	46810	244662	330502	473709	452007	432617	407769	409294	242259
21015	75608	145223	313768	653115	68044	644214	558380	474610	460087	282229
1165	1908	4358	143401	1561770	1355404	2537529				
1168.7	1792.0	2054.3	2021.0	2087.6	574.8	484.5	365.7	297.4	272.0	240.1
45.0	125.1	85.4	61.7	54.9	57.3	44.5	44.7	47.8		7575.4
1.3	2.8	5.1	70.0	562.7	745.4	787.0	854.2	936.4	882.2	890.6
			20.44	450.80	661.00	716.43	791.98	881.03	828.30	839.20
			3.44	48.80	86.06	111.88	159.15	217.02	259.10	283.64
5.04	13.15	25.30	110.62	520.65	1039.78	1130.64	1253.66	1330.14	1399.41	1301.39
2962	5426	8491	44292	196049	379062	324648	503605	378086	348804	177906
2271	3416	7679	32736	117026	297635	248504	365050	273853	216001	125159
691	2010	812	11556	79023	81427	76144	138555	104233	132803	52747
		1950	7807	17990	37315	51177	65292	88204	125677	11089
		175	2252	4067	12865	19710	25018	37769	44708	2660
	99	1077	9091	23175	22085	25363	31140	21443	25123	27242
2890	6425	7992	17163	83415	119410	121799	126392	131682	142835	156142
5198	25574	33021	41719	101878	82117	78743	74742	72820	74640	75524
23.29	23.79	28.44	31.83	44.91	43.40	42.67	42.80	43.81	45.22	45.34
61.30	65.42	66.73	65.74	65.37	58.35	58.28	58.14	58.15	58.41	59.24
				6378.00	9247.00	9004.00	9859.00	11077.00	12016.00	12169.00
				115101	254842	299269	389357	455793	545051	596400
1136	2206	1890	1649	1906	4745	4549	5837	8070	8433	7949
	3855	4561	6136	10806	11108	10469	10524	10284	8878	8946
825	1057	1163	1361	1583	4289	4256	4272	4451	4395	4574
7517	9567	10556	13825	23659	33804	36313	39820	41005	40877	41261
10913	15538	19175	19171	29744	41505	44721	49714	53029	55346	58629

2－3 续表3

指　　标	Item	单位	Unit
家庭、生活、环境	**Family, People's Living Conditions and Environment**		
家 庭	**Family**		
家庭总户数	Number of Family Household	万户	household
平均每户家庭人口	Average Family Size	人	person
婚 姻	**Marriages and Divorces**		
结婚登记总数	Registered Number of Marriages	对	couple
离婚总数	Number of Divorces	对	couple
生 活	**People's Living Conditions**		
城镇非私营单位在岗职工工资总额	Total Wages Bill of Staff and Workers in Urban Area in Urban Non－Private Units	亿元	100 million yuan
城镇非私营单位在岗职工年平均工资	Annual Average Wage of Staff and Workers in Urban Non－Private Units	元	yuan
*城镇居民人均可支配收入	Annual Per Capita Disposable Income of Urban Households	元	yuan
城镇居民人均消费支出	Annual Per Capital Consumption Expenditure of Urban Households	元	yuan
*农村居民人均可支配收入	Annual Per Capita Disposable Income of Rural Households	元	yuan
农民人均生活消费支出	Annual Per Capita Living Expenditure of Rural Households	元	yuan
城乡居民储蓄存款余额	Per Capita Balance of Saving Deposit	亿元	100 million yuan
居 住	**Housing**		
*城镇人均建筑面积	Per Capita Gross Living Space in Urban Areas	平方米	sq. m
*农村人均居住面积	Per Capita Net Income of Rural Residents	平方米	sq. m
市政建设	**Municipal Works**		
自来水供应量(亿立方米)	Annual Supply of Tap Water	万吨	10 000 tons
排水管道长度	Length of Sewer Pipelines	公里	km
城市液化石油气供应量	Volume of Liquefied Gas Supply in Cities	万吨	10 000 tons
城市天然气供应量	Volume of Natural Gas Supply in Cities	万立方米	10 000 cu. m
年末公交车运营车数	Number of Public Vehicles under Operation at Year－end	标台	unit
出租车数	Number of Taxis	辆	unit
道路面积	Areas of Paved Roads	万平方米	10 000 sq. m
公园绿地面积	Areas of Green Land	公顷	hectare
环境、灾害	**Environment and Disaster**		
当年施工污染治理项目数	Number of Projects for Pollution Treatment	个	unit
治污项目本年完成投资额	Total Investment in the Treatment of Environmental Pollution	万元	10 000 yuan
火灾发生数	Number of Fire Disasters	起	unit
火灾损失	Fire Loss	万元	10 000 yuan
交通事故发生数	Number of Traffic Accidents	起	unit
交通事故损失	Loss of Traffic Accidents	万元	10 000 yuan

注：1. 市政建设部分统计数据来源于宁夏回族自治区住房和城乡建设厅。

2. 2013 年国家统计局实施了城乡一体化住户调查改革，本表带“*”指标 2010 年以前的数据为改革前旧口径数据，2010 年及以后为改革后新口径数据，“农村居民人均可支配收入”改革前为“农民人均纯收入”。

3. 2016 年起，公园绿地面积为绿化覆盖面积数据。

4. 医疗卫生机构数 2000 年数据不包括诊所、医务室、社区服务站，2011 年以后数据包括村卫生室。

Continued

1978	1985	1990	2000	2010	2015	2016	2017	2018	2019	2020
66.80	80.83	100.91	140.60	195.49	215.63	217.75	225.99	228.88	238.18	272.93
5.32	5.13	4.61	3.94	3.24	3.17	3.19	3.12	3.10	3.01	2.64
	34476	36644	35711	60229	60900	62028	60321	61622	58793	49361
	2166	3533	6161	8836	13315	14641	16866	17728	18401	15605
	6.56	14.66	56.33	216.50	434.70	454.83	494.53	536.50	573.59	680.43
	1206	2202	8681	39144	62482	67830	72779	78384	88153	101827
346	697	1421	4894	15093	25186	27153	29472	31895		35720
300	645	1212	4231	11694	18984	20364	20219	21977		22379
116	321	578	1760	5125	9119	9852	10738	11708		13889
91	265	484	1429	4168	8415	9138	9982	10790		11724
0.90	8.04	32.80	229.35	1170.25	2140.85	2228.34	2340.36	2698.07	3030.57	3601.47
					30.65	31.30	31.35		34.01	34.50
	11.83	13.62	17.98	24.89	30.15	32.09	32.70	29.23	30.40	32.30
							41047	36836	34735	38007
							3307	3964	4168	4061
							1.76	1.36	1.99	2.23
							216887	261683	256685	206257
							5215	4941	4715	4695
							16122	16233	16348	16611
							9295	9658	10420	10951
							7488	7679	7889	8306
				21	87	142	80	84	66	60
		1774	18541	40896	104318	242101	85551	79088	62335	60458
				3447	3148	4133	3284	2910	4652	5177
				1338	2691	2802	2234	5419	2745	6671
				2050	1693	1608	1570	1736	3209	3000
				659	804	749	927	681	1092	992

Notes: a) The data of "Communal Constraction" come from Department of Housing and urban – rural development of Ningxia Hui Autonomous Region.

b) In 2013, The NBS implemented the urban and rural integration household survey reform, In this table, data with " * " before 2010 refer to the scope that used before the reform, while since 2010, those refer to the new scope, "Annual Per Capita Disposable Income of Rural Households" refers to "Annual Per Capita Net Income of Rural Households" before the reform.

c) Since 2016, data of the park green area refer to data of the green coverage area.

d) Data of health care institutions in 2000 do not include clinics, health centers and community health service centers, while since 2011, data include village clinic.

2-4 国民经济与社会发展速度指标

指 标	Item
人口与就业	**Population and Employment**
人口	**Population**
年末总人口	Population at Year - end
回族人口	Hui Ethnic
就 业	**Employment**
年末就业人员数	Employment at Year - end
职工人数	Staff and Workers
地区生产总值	**Gross Domestic Product**
第一产业	Primary Industry
第二产业	Secondary Industry
第三产业	Tertiary Industry
人均生产总值	Per Capita GDP
固定资产投资	**Investment in Fixed Assets**
全社会固定资产投资总额	Total Investment in Fixed Assets
国有经济	State - owned Economy
房地产开发投资	Investment in Real Estate Development
财政、金融	**Government Finance and Financial Intermediation**
地方一般公共预算收入	General Pubulic Budget Revenue of the Local Governments
地方一般公共预算支出	General Pubulic Budget Expenditure of the Local Governments
金融机构人民币存款余额	Banlance of RMB Deposits of Financial Institutions
金融机构人民币贷款余额	Banlance of RMB Loans of Financial Institutions
农 业	**Agriculture**
主要农产品产量	Output of Major Farm Products
粮 食	Grain
油 料	Oil - bearing Crops
猪肉产量	Pork
牛肉产量	Beef
羊肉产量	Mutton
水产品	Aquatic Products
工 业	**Industry**
主要工业产品产量	Output of Major Industrial Products
原 煤	Coal
发电量	Electricity
钢 材	Rolled Steel
铝	Aluminum
水 泥	Cement

Growth Rate of Principal Aggregate Indicators on National Economic and Social Development

2020年为以下各年% 2020 as Percentage of the Following Years									平均每年增长% Average Annual Growth Rate	
1978	1990	2000	2010	2015	2016	2017	2018	2019	1979 - 2020	2001 - 2020
202.73	154.80	130.06	113.89	105.46	103.79	102.24	101.61	100.56	1.7	1.3
230.68	164.13	132.25	115.24	102.52	100.52	98.67	97.42	96.05	2.0	1.4
	162.96	124.86	100.58	100.29	100.29	100.00	99.71	100.29		1.1
149.88	96.29	101.72	118.65	94.74	98.04	97.01	102.37	99.54	1.0	0.1
4107.80	1427.31	616.05	216.04	136.18	126.80	118.17	110.65	103.89	9.2	9.5
926.40	398.62	265.82	154.22	120.96	115.74	110.87	106.61	103.30	5.4	5.0
5126.70	1997.16	763.92	219.83	134.67	126.45	118.51	110.97	104.00	9.8	10.7
6223.20	1571.52	605.66	226.08	140.68	129.19	119.18	110.97	103.90	10.3	9.4
2005.80	914.64	471.62	189.21	129.06	121.64	115.08	108.87	103.10	7.4	8.1
		2777.56	170.32	68.39	59.50	66.38	96.37	107.49		18.1
13106.25	6259.70	2016.35	273.05	112.29	108.18	100.43	96.08	99.01	12.3	16.2
25524.14	9869.33	2434.87	265.54	130.03	118.01	107.84	104.32	102.93	14.1	17.3
		1796.04	276.71	148.20	130.87	123.88	118.13	110.52		15.5
		2030.95	324.45	152.07	137.31	122.90	114.32	107.84		16.2
325.21	198.49	150.57	106.76	102.12	102.64	102.81	96.92	101.96	2.8	2.1
257.69	108.06	95.71	41.88	79.76	88.16	97.10	91.78	87.01	2.3	-0.2
800.00	195.12	86.02	94.12	101.27	93.02	89.89	90.91	102.56	5.1	-0.8
1140.00	2280.00	345.45	152.00	117.53	109.62	104.59	99.13	99.13		6.4
5550.00	652.94	336.36	152.05	119.35	116.84	112.12	112.12	106.73	10.0	6.3
1620.00	1620.00	437.84	180.00	95.29	92.57	89.50	91.53	102.53		7.7
815.98	564.87	515.60	123.26	102.20	115.31	106.65	103.97	109.02	5.1	8.5
11408.48	3361.43	1378.04	321.34	163.02	164.49	136.32	113.22	106.60	11.9	14.0
17214.29	10041.67	8607.14	1460.61	239.09	293.72	217.31	180.66	157.41	13.0	25.0
6622.22	1986.67	1018.80	130.27	99.33	113.42	103.65	93.27	95.13	10.5	12.3
7138.99	2066.35	705.49	145.67	113.49	101.62	90.81	114.55	104.71	10.7	10.3

2-4 续表

指　　标	Item
交通运输业	**Transportation**
货物周转量	Freight Ton - kilometers
铁 路	Railways
公 路	Highways
旅客周转量	Passenger - kilometers
铁 路	Railways
公 路	Highways
批发零售贸易餐饮业	**Wholesale and Retail Trade and Catering Services**
社会消费品零售总额	Total Retail Sales of Consumer Goods
对外贸易	**Foreign Trade**
进出口总额	Total Value of Imports and Exports
出口额	Exports
进口额	Imports
教 育	**Education**
高等学校在校学生数	Students Enrollment of Higher Education
中等职业教育在校学生数	Students Enrollment of Specialized Secondary Schools
普通中学在校学生数	Students Enrollment of Regular Junior Secondary Schools
小学在校学生数	Students Enrollment of Primary Schools
科 技	**Science and Teconology**
研究与试验发展人员全时当量	Number of Scientists and Engineers
研究与试验发展经费内部支出	Expenditures on Research and Development
文 化	**Culture**
图书出版数量	Number of Books Published
报纸出版数	Number of Newspaper Published
卫 生	**Health Care**
医疗卫生机构数	Number of Health Care Institutions
医院病床数	Beds in Health Care Institutions
卫生技术人员	Medical Technical Personnel
生 活	**People's Living Conditions**
城镇非私营单位在岗职工工资总额	Total Wages Bill of Staff and Workers in Urban Area in Urban Non - Private Units
城镇非私营单位在岗职工年平均工资	Annual Average Wage of Staff and Workers in Urban Non - Private Units
*城镇居民人均可支配收入	Annual Per Capita Disposable Income of Urban Households
城镇居民人均消费支出	Annual Per Capital Consumption Expenditure of Urban Households
*农村居民人均可支配收入	Annual Per Capita Disposable Income of Rural Households
农民人均生活消费支出	Annual Per Capita Living Expenditure of Rural Households
城乡居民储蓄存款余额	Per Capita Balance of Saving Deposit

Continued

2020年为以下各年% 2020 as Percentage of the Following Years									平均每年增长% Average Annual Growth Rate	
1978	1990	2000	2010	2015	2016	2017	2018	2019	1979－2020	2001－2020
1360.23	1022.54	344.70	90.41	87.63	87.53	94.25	110.39	107.66	6.4	6.4
401.23	358.88	134.60	77.58	87.57	88.55	84.65	93.52	100.48	3.4	1.5
17716.92	3841.72	850.64	89.86	84.58	83.74	96.70	121.47	110.58	13.1	11.3
2255.81	519.49	173.31	85.72	64.85	65.19	63.10	65.88	62.91	7.7	2.8
1043.86	517.54	99.02	73.30	51.14	53.60	56.00	59.41	59.19	5.7	0.0
1342.99	194.34	89.95	43.21	414.78	43.81	50.54	59.47	61.34	6.4	－0.5
26028.00	5143.87	1176.67	249.98	125.16	115.11	103.80	97.84	93.00	14.2	13.1
6006.28	2095.23	401.67	90.75	46.93	54.80	35.33	47.05	51.00	10.2	7.2
5511.18	1629.89	382.33	106.95	42.05	50.36	34.29	45.70	57.94	10.0	6.9
7633.43	6495.94	456.45	66.75	64.78	69.27	38.07	50.60	39.72	10.9	7.9
5402.84	1953.73	909.76	187.19	130.76	128.20	123.54	118.58	109.32	10.0	11.7
1452.94	228.72	181.03	74.13	91.97	95.91	101.05	103.71	101.18	6.6	3.0
194.42	159.51	142.45	100.89	104.38	106.09	105.84	103.42	100.22	1.6	1.8
96.57	88.76	90.11	90.52	101.37	101.54	101.89	101.89	101.37	－0.1	－0.5
			190.80	131.60	135.15	123.43	109.86	101.27		
			518.15	234.03	199.29	153.18	130.85	109.42		
699.74	420.58	482.05	417.05	167.52	174.74	136.18	98.50	94.26	4.7	8.2
	196.14	145.80	82.79	80.54	85.45	85.01	86.99	100.77		1.9
554.42	393.29	336.08	288.95	106.64	107.47	107.07	102.76	104.07	4.2	6.2
548.90	390.88	298.45	174.40	122.06	113.63	103.62	100.62	100.94	4.1	5.6
537.24	305.76	305.82	197.11	141.26	131.10	117.93	110.56	105.93	4.1	5.7
	4628.57	1208.53	314.27	156.52	149.60	137.59	126.82	118.62		13.3
	4624.28	1172.98	260.13	162.97	150.12	139.91	129.91	115.51		13.1
10320.72	2513.19	729.84	236.66	141.82	131.55	121.20	111.99	104.05	11.7	10.4
7459.67	1846.76	528.99	191.37	117.88	109.89	110.68	101.83	92.62	10.8	8.7
11983.61	2402.53	789.28	270.99	152.31	140.98	129.35	118.63	108.02	12.1	10.9
12926.13	2423.82	820.43	281.30	139.32	128.29	117.45	108.66	102.26	12.3	11.1
400166.67	10980.18	1569.97	307.74	168.22	161.63	153.88	133.48	118.84	21.8	14.8

2-5 国民经济主要比例关系

指　　标	Item
地区生产总值中三次产业比例	**Proportion of Three Industry on GDP**
第一产业	Primary Industry
第二产业	Secondary Industry
第三产业	Tertiary Industry
从业人员中三次产业比例	**Proportion of Three Industry on Employment**
第一产业	Primary Industry
第二产业	Secondary Industry
第三产业	Tertiary Industry
农业总产值中农、林、牧、渔业比例	**Proportion of Gross Output Value of Agriculture, Forestry, Animal Husbandary and Fishery**
农 业	Agriculture
林 业	Forestry
牧 业	Animal Husbandary
渔 业	Fishery
农、林、牧、渔专业及辅助性活动	Services for Agriculture, Forestry, Animal Husbandary and Fishery
财政收入占地区生产总值的比例	**Proportion of Government Revenue to GDP**
科教文卫支出占财政支出的比例	**Proportion of Science, Education, Culture and Health Care to Government Expenditure**

Major Indicators on Proportions in National Economic

1978	1980	1990	2000	2010	2015	2016	2017	2018	2019	2020
100.00	**100.00**	**100.00**	**100.00**	**100.00**	**100.00**	**100.00**	**100.00**	**100.00**	**100.00**	**100.00**
23.50	26.70	26.00	15.60	9.60	9.20	8.70	7.80	8.00	7.50	8.62
50.80	45.60	39.00	41.20	46.60	43.30	42.40	43.90	42.40	42.30	41.04
25.70	27.70	35.00	43.20	43.80	47.50	48.90	48.30	49.60	50.20	50.40
			100.00	**100.00**	**100.00**	**100.00**	**100.00**	**100.00**	**100.00**	**100.00**
			57.60	51.10	36.60	34.30	30.90	28.50	26.40	24.20
			18.10	18.70	23.50	23.10	24.50	23.70	23.70	23.80
			24.30	30.20	39.90	42.60	44.60	47.80	49.90	52.00
100.00	**100.00**	**100.00**	**100.00**	**100.00**	**100.00**	**100.00**	**100.00**	**100.00**	**100.00**	**100.00**
78.73	82.55	70.93	60.44	62.68	61.93	60.39	59.71	59.86	56.56	56.60
3.13	3.81	5.34	4.00	2.83	2.40	2.04	1.87	1.60	1.91	1.55
18.10	13.56	21.86	33.12	27.97	27.92	29.53	30.09	30.59	33.82	35.07
0.04	0.08	1.87	2.44	2.62	3.25	3.42	3.60	3.43	2.98	2.70
				3.90	4.49	4.62	4.73	4.53	4.73	4.08
24.62	**12.50**	**10.34**	**7.05**	**9.77**	**14.48**	**13.94**	**13.05**	**12.44**	**11.30**	**10.70**
13.10	**17.48**	**24.50**	**20.88**	**24.69**	**22.38**	**22.17**	**23.09**	**23.49**	**23.84**	**25.96**

2－6 按人口平均的主要经济指标

指　　标	Item	单位	Unit
地区生产总值	**Gross Domestic Product**	**元**	**yuan**
农 业	**Agriculture**		
农林牧渔业总产值	Gross Output Value of Agriculture, Forestry, Animal Husbandary and Fishery	元	yuan
耕地面积	Area of Cultivated Land	亩	mu
粮食产量	Output of Grain	千克	kg
油料产量	Output of Oil－bearing Crops	千克	kg
猪肉产量	Pork	千克	
牛肉产量	Beef	千克	
羊肉产量	Mutton	千克	kg
水产品产量	Output of Aquatic Products	千克	kg
工 业	**Industry**		
主要工业产品产量	Output of Major Industrial Products		
原 煤	Coal	千克	kg
发电量	Electricity	千瓦时	kWh
钢 材	Rolled Steel	千克	kg
铝	Aluminum	千克	kg
农用化肥	Chemical Fertilizer	千克	kg
水 泥	Cement	千克	kg
财 政	**Government Finance**		
地方财政收入	Local Financial Revenue	元	yuan
地方财政支出	Local Financial Expenditure	元	yuan
全社会固定资产投资	**Total Investment in Fixed Assets**	**元**	**yuan**
社会消费品零售额	**Total Retail Sales of Consumer Goods**	**元**	**yuan**
人民生活	**People's Living Conditions**		
城镇非私营单位在岗职工年平均工资	Annual Average Wages of Staff and Workers in Urban Non－Private Units	元	yuan
城镇居民人均可支配收入	Annual Per Capita Disposable Income of Urban Households	元	yuan
城镇居民人均消费支出	Annual Per Capita Consumption Expenditure of Urban Households	元	yuan
农村居民人均可支配收入	Annual Per Capita Disposable Income of Rural Households	元	yuan
农民人均生活消费支出	Annual Per Capita Living Expenditure of Rural Households	元	yuan

注:1. 本表价值指标均按当年价格计算。

2. 本表 2013 年以前的农村居民人均可支配收入为农民人均纯收入。

Per Capita Main Indicators on Economy

1978	1980	1990	2000	2010	2015	2016	2017	2018	2019	2020
370.22	**432.61**	**1392.78**	**5375.68**	**24983.84**	**37885.30**	**40363.35**	**45728.35**	**49627.81**	**52556.09**	**54532.95**
137.07	173.85	530.32	1416.76	4871.18	7115.60	7201.78	7393.30	8140.38	8199.93	9779.39
3.81	3.64	2.56	3.53	2.71	2.85	2.81	2.77	2.76		0.00
333.14	326.24	411.78	460.53	566.53	547.27	537.89	528.76	555.03	523.18	529.25
7.31	9.75	13.41	12.74	25.46	12.39	11.06	9.92	10.31	10.74	9.25
2.73	4.03	8.77	17.01	13.55	11.61	12.42	12.73	12.50	10.96	11.15
0.08	0.08	1.17	6.02	11.90	14.32	15.13	15.60	16.28	16.06	15.91
0.68	1.04	3.55	6.00	11.68	13.64	13.73	14.15	14.00	14.59	15.43
0.07	0.08	2.19	6.74	14.31	24.94	25.34	25.85	25.02	22.10	22.48
2844.98	2631.96	3099.81	2880.80	10513.17	11714.66	10258.95	10921.82	11084.42	10483.05	11338.48
470.18	526.66	1202.03	2489.23	9312.35	16960.54	16607.18	19732.06	23506.62	24759.47	26182.72
7.92	11.17	10.20	10.19	52.51	296.11	238.14	316.93	377.21	429.31	670.44
5.21		12.91	21.30	145.47	176.25	152.52	164.32	180.69	175.68	165.80
15.09	15.10	59.59	108.45	151.28	121.03	79.38	65.87	55.14	63.65	94.45
78.77	79.34	205.65	510.65	2157.84	2559.34	2823.88	3111.69	2440.67	2647.94	2750.61
89.99	55.30	144.56	379.37	2440.87	5485.14	5625.70	5966.88	6171.58	5938.86	5834.20
164.60	155.86	321.34	1108.59	8862.64	16721.86	18205.80	19615.46	20062.86	20165.75	20591.06
121.66	107.77	471.71	2930.37	23283.21	51890.77	55659.99	54488.84			0.00
143.59	182.81	543.53	2015.70	8276.32	15272.06	16407.76	17913.41	18805.68	19620.67	18101.64
	863.00	2202.00	8681.00	39144.00	62482.00	67830.00	72778.70	78384.00	88153.00	101826.73
346.00	464.00	1421.00	4894.00	15093.00	25186.00	27153.00	29472.28	31895.22	34328.00	35720.00
300.00	403.00	1212.00	4231.00	11694.00	18984.00	20364.00	20219.49	21976.69	24161.00	22379.00
116.00	175.00	578.00	1760.00	5125.00	9119.00	9852.00	10737.89	11707.64	12858.00	13889.00
91.00	136.00	484.00	1429.00	4168.00	8415.00	9138.00	9982.00	10790.00	11465.00	11724.00

Notes: a) Figures in value terms in this table are calculated at current prices.

b) before 2013, data of Annual Per Capita Disposable Income of Rural Households in this table refer to per capita net income of rural households .

2-7 各市县国民经济人均主要指标

Major Indicators on National Economic Per Captia Ranking by City and County

地 区	Region	年平均人口（人）Annual Average Population (person)	人口出生率（‰）Birth Rate (‰)	人口自然增长率（‰）Natural Growth Rate (‰)	地区生产总值比上年增长（%）Growth Rate of GDP (%)	人均地区生产总值比上年增长（%）Growth Rate of Per Capita GDP (%)
全区总计	**Total**	**7189323**	**11.59**	**5.71**	**3.90**	**3.10**
银川市	**Yinchuan**	**2835273**			**3.20**	**0.60**
兴庆区	Xingqing	806402			2.50	1.70
西夏区	Xixia	448804			1.90	0.60
金凤区	Jinfeng	626106			3.50	-4.30
永宁县	Yongning	320620			5.10	3.50
贺兰县	Helan	340068			1.00	-0.60
灵武市	Lingwu	293275			4.80	4.30
石嘴山市	**Shizuishan**	**753295**			**6.00**	**6.50**
大武口区	Dawukou	298772			5.90	6.10
惠农区	Huinong	179746			9.20	10.50
平罗县	Pingluo	274777			3.00	3.30
吴忠市	**Wuzhong**	**1382624**			**6.20**	**6.10**
利通区	Litong	459424			3.90	2.90
红寺堡区	Hongsipu	197122			10.30	9.70
盐池县	Yanchi	158795			10.10	9.50
同心县	Tongxin	320416			10.00	9.80
青铜峡市	Qingtongxia	246869			2.00	4.00
固原市	**Guyuan**	**1147370**			**5.60**	**6.20**
原州区	Yuanzhou	470102			5.30	4.50
西吉县	Xiji	317081			6.50	6.90
隆德县	Longde	112092			7.70	12.30
泾源县	Jingyuan	85810			3.20	4.90
彭阳县	Pengyang	162286			5.10	7.20
中卫市	**Zhongwei**	**1070761**			**0.30**	**0.80**
沙坡头区	Shapotou	399985			1.50	1.50
中宁县	Zhongning	334048			-3.00	-3.10
海原县	Haiyuan	336729			4.50	6.30

2-7 续表1 Continued

地　区	Region	人均农林牧渔业总产值(元) Per Capita of Gross Output Value of Agriculture,Forestry, Animal Husbandry and Fishery (yuan)	人均粮食产量(千克) Per Capita Output of Grain (kg)	人均油料产量(千克) Per Capita Oil-bearing Crops (kg)	人均猪肉产量(千克) Per Capita Output of Pork (kg)	人均牛肉产量(千克) Per Capita Output of Beef (kg)
全区总计	**Total**	**9779.39**	**529.25**	**9.25**	**11.15**	**15.91**
银川市	**Yinchuan**	**5354.57**	**244.18**	**0.22**	**5.56**	**6.74**
兴庆区	Xingqing		59.14		2.25	2.43
西夏区	Xixia		215.64	0.32	2.23	3.97
金凤区	Jinfeng		20.29	0.24	0.65	1.41
永宁县	Yongning	10924.79	692.05	0.18	5.44	17.76
贺兰县	Helan	12705.96	480.76	0.18	7.01	11.87
灵武市	Lingwu	9870.38	510.69	0.67	28.75	16.25
石嘴山市	**Shizuishan**	**9872.80**	**674.14**	**24.95**	**7.02**	**11.08**
大武口区	Dawukou	1164.89	54.48	0.03	1.26	0.83
惠农区	Huinong	8869.14	569.00	25.70	6.03	10.33
平罗县	Pingluo	19997.67	1416.69	51.56	13.92	22.71
吴忠市	**Wuzhong**	**12856.55**	**720.25**	**4.42**	**11.15**	**21.74**
利通区	Litong	11053.77	329.56		3.19	22.43
红寺堡区	Hongsipu	9025.19	778.20	3.10	3.29	33.19
盐池县	Yanchi	15003.09	499.88	8.03	29.02	3.55
同心县	Tongxin	11583.98	1034.23	13.18	1.28	26.41
青铜峡市	Qingtongxia	19541.68	1135.28		33.58	16.96
固原市	**Guyuan**	**13958.01**	**795.86**	**24.37**	**13.69**	**36.09**
原州区	Yuanzhou	10052.35	448.29	12.00	14.92	19.59
西吉县	Xiji	15769.96	1253.52	44.17	10.34	42.77
隆德县	Longde	15846.16	726.72	39.25	21.73	37.09
泾源县	Jingyuan	11569.81	32.87	1.35	1.57	50.51
彭阳县	Pengyang	21689.99	1359.69	23.42	17.56	62.51
中卫市	**Zhongwei**	**12979.18**	**649.83**	**12.19**	**26.10**	**14.42**
沙坡头区	Shapotou	14867.92	395.37	1.19	42.66	9.37
中宁县	Zhongning	13422.70	913.64	1.41	27.81	9.97
海原县	Haiyuan	10295.62	690.37	35.96	4.74	24.83

2-7 续表2 Continued

地 区	Region	人均羊肉产量（千克） Per Capita Output of Mutton (kg)	人均水产品产量（千克） Per Capita Output of Aquatic Products (kg)	人均耕地面积（亩） Per Capita Cultivated Land (mu)	人均地方一般公共预算收入（元） Per Capita General Pubulic Budget Revenue of the Local Governments (yuan)	人均地方一般公共预算支出（元） Per Capita General Pubulic Budget Expenditure of the Local Governments (yuan)	人均固定资产投资（元） Per Capita Investment in Fixed Assets (yuan)
全区总计	**Total**	**15.43**	**22.48**		**5834.20**	**20591.06**	
银川市	**Yinchuan**	**5.68**	**26.74**		**5546.55**	**11722.35**	
兴庆区	Xingqing	0.73	7.56		1058.28	3987.56	
西夏区	Xixia	0.75	4.94		1095.60	3957.34	
金凤区	Jinfeng	0.28	2.72		1228.16	3407.59	
永宁县	Yongning	9.20	17.28		2733.55	9186.98	
贺兰县	Helan	5.51	170.66		3704.11	10464.85	
灵武市	Lingwu	34.73	7.54		9949.13	22057.25	
石嘴山市	**Shizuishan**	**13.37**	**68.91**		**2890.39**	**16082.45**	
大武口区	Dawukou	0.79	50.06		799.87	5398.40	
惠农区	Huinong	16.86	32.85		1188.51	8806.26	
平罗县	Pingluo	24.76	112.98		2587.23	15816.17	
吴忠市	**Wuzhong**	**39.48**	**10.46**		**2576.69**	**16835.77**	
利通区	Litong	10.97	5.75		704.71	5163.03	
红寺堡区	Hongsipu	30.43			856.98	15555.34	
盐池县	Yanchi	143.20	0.37		5577.57	24797.95	
同心县	Tongxin	57.24			1026.85	18981.98	
青铜峡市	Qingtongxia	9.96	47.66		2993.61	14711.89	
固原市	**Guyuan**	**12.36**	**0.61**		**1262.64**	**22105.86**	
原州区	Yuanzhou	8.94	1.13		358.22	10323.19	
西吉县	Xiji	14.78	0.52		570.01	22066.51	
隆德县	Longde	4.59			794.08	28531.03	
泾源县	Jingyuan	1.63			1203.36	27137.28	
彭阳县	Pengyang	28.60			1523.42	24649.75	
中卫市	**Zhongwei**	**14.94**	**17.51**		**1947.73**	**16967.19**	
沙坡头区	Shapotou	8.91	37.88		647.82	6184.66	
中宁县	Zhongning	14.60	10.78		2429.62	15022.18	
海原县	Haiyuan	22.43			636.54	18812.49	

2－7 续表3 Continued

地 区	Region	人均社会消费品零售额（元）Per Capita Retail Sales of Consumer Goods（yuan）	城镇非私营单位在岗职工平均工资（元）Average Wage of Fully Employed Staff and Workers（yuan）	城镇常住居民人均可支配收入（元）Per Capita Disposable Income of Rural Residents（yuan）	城镇居民人均生活消费支出（元）Annual Per Capita Living Expenditure of Rural Households（yuan）	农村常住居民人均可支配收入（元）Per Capita Disposable Income of Rural Residents（yuan）	农村居民人均生活消费支出（元）Annual Per Capita Living Expenditure of Rural Households（yuan）
全区总计	**Total**	**18101.64**	**101827**	**35720**	**22379**	**13889**	**11724**
银 川 市	**Yinchuan**	**27188.55**	**105653**	**39416**	**26670**	**16428**	**13288**
兴 庆 区	Xingqing	42173.62		42364	30060	18354	13912
西 夏 区	Xixia	15007.95		32611	21264	13609	12767
金 凤 区	Jinfeng	25869.63		43578	29009	14602	13661
永 宁 县	Yongning	8177.19		33698	23114	16040	12657
贺 兰 县	Helan	41341.67		35195	22156	17249	15266
灵 武 市	Lingwu	11813.39		35887	21623	17312	11913
石嘴山市	**Shizuishan**	**13867.33**	**89342**	**34158**	**19079**	**16405**	**11595**
大武口区	Dawukou	16927.40		38270	22146	13936	11872
惠 农 区	Huinong	11981.79		30809	16529	16483	11337
平 罗 县	Pingluo	11773.46		29683	15802	16890	11624
吴 忠 市	**Wuzhong**	**12805.15**	**96178**	**31160**	**17496**	**14698**	**11025**
利 通 区	Litong	18593.09		33977	19698	17512	11851
红寺堡区	Hongsipu	8111.79		25468	18053	10925	10705
盐 池 县	Yanchi	15227.80		29831	15553	13922	10966
同 心 县	Tongxin	8616.95		27127	16781	11339	9614
青铜峡市	Qingtongxia	9658.90		31201	15180	16917	11545
固 原 市	**Guyuan**	**10530.46**	**105425**	**30052**	**21041**	**11951**	**9699**
原 州 区	Yuanzhou	14558.90		31972	24251	12563	9658
西 吉 县	Xiji	6158.78		28975	19013	11792	9581
隆 德 县	Longde	9165.94		25972	16162	11595	11851
泾 源 县	Jingyuan	9272.81		27651	16038	10707	7488
彭 阳 县	Pengyang	9010.04		28328	17143	12232	9599
中 卫 市	**Zhongwei**	**11971.26**	**98920**	**30479**	**18101**	**12123**	**10554**
沙坡头区	Shapotou	14309.76		31772	19068	14109	12606
中 宁 县	Zhongning	12635.32		30120	18107	14076	12044
海 原 县	Haiyuan	8534.66		27488	15241	10641	9230

第三篇

Chapter3

国民经济核算

National Economic Accounting

资料整理:杨如文　万自梅　杨柳　阎丽芬　侯娜　张倩　徐延龙

Data Compilation: Yang Ruwen　Wan Zimei　Yang Liu　Yan Lifen　Hou Na　Zhang Qian　Xu Yanlong

3-1　主要年份地区生产总值

Gross Domestic Product

单位:亿元　　（按当年价格计算 Caculated at constant prices）　　(100 million yuan)

年份 Year	地区生产总值 Gross Domestic Product	分产业增加值 Value added by sector			分行业增加值 Value - added by Sector and Composition		
		第一产业 Primary Industry	第二产业 Secondary Industry	第三产业 Tertiary Industry	农、林、牧、渔业 Agriculture, Forestry, Animal Husbandry and Fishery	工业 Industry	建筑业 Construction
1978	13.00	3.06	6.61	3.33	3.06	5.59	1.02
1979	14.36	3.41	7.36	3.59	3.41	6.37	0.99
1980	15.96	4.26	7.27	4.43	4.26	6.17	1.10
1981	17.42	5.47	6.97	4.98	5.47	5.64	1.33
1982	18.22	5.66	7.02	5.54	5.66	5.69	1.33
1983	20.78	6.62	7.87	6.29	6.62	6.35	1.52
1984	24.77	7.82	9.46	7.49	7.82	7.46	2.00
1985	30.27	8.90	12.12	9.25	8.90	9.32	2.80
1986	34.54	10.36	12.98	11.20	10.36	9.99	2.99
1987	39.63	10.44	15.77	13.42	10.44	12.45	3.32
1988	50.29	13.39	19.74	17.16	13.39	16.14	3.60
1989	59.21	14.80	24.39	20.02	14.80	20.91	3.48
1990	64.84	16.84	25.34	22.66	16.84	21.29	4.05
1991	71.78	17.90	27.77	26.11	17.90	23.12	4.65
1992	83.14	18.31	34.05	30.78	18.62	27.74	6.31
1993	104.49	20.84	45.61	38.04	21.26	37.34	8.27
1994	136.26	29.94	56.01	50.31	30.59	46.34	9.67
1995	175.19	35.41	74.67	65.11	36.28	63.37	11.30
1996	202.91	43.28	80.54	79.09	44.20	68.97	11.57
1997	224.59	44.87	88.67	91.05	45.88	74.99	13.68
1998	245.45	48.75	95.11	101.59	49.85	78.33	16.78
1999	264.58	48.08	103.83	112.67	49.45	83.51	20.32
2000	295.02	46.03	121.43	127.56	47.62	96.70	24.73
2001	337.44	49.67	135.88	151.89	51.47	106.82	29.06
2002	377.16	52.96	153.06	171.14	54.86	120.54	32.52
2003	442.61	55.63	191.75	195.23	57.62	150.20	41.55
2004	519.92	65.33	232.58	222.01	67.42	190.28	42.30
2005	579.89	69.81	259.79	250.29	72.07	214.40	45.39
2006	683.28	76.84	321.89	284.55	79.54	268.55	53.34
2007	877.59	92.89	422.01	362.69	97.89	357.57	64.44
2008	1139.16	112.94	558.06	468.16	119.04	476.51	81.55
2009	1266.66	120.44	592.98	553.24	127.25	484.75	108.23
2010	1571.68	151.41	733.36	686.91	159.07	597.76	135.60
2011	1931.83	175.00	919.84	836.99	183.91	751.18	168.66
2012	2131.00	189.03	992.46	949.51	199.16	801.95	190.51
2013	2327.68	210.72	1059.50	1057.46	222.18	846.26	214.21
2014	2473.94	216.92	1113.67	1143.35	229.57	880.95	233.73
2015	2579.38	236.82	1116.78	1225.78	250.73	874.72	243.06
2016	2781.39	241.00	1179.74	1360.65	255.67	925.44	255.37
2017	3200.28	250.62	1405.99	1543.67	266.27	1129.22	278.06
2018	3510.21	279.39	1488.13	1742.69	296.13	1190.96	298.54
2019	3748.48	279.96	1587.08	1881.44	297.66	1272.45	290.65
2020	3920.55	338.01	1608.96	1973.58	356.18	1283.69	326.78

3-1 续表 continued

单位:亿元　　（按当年价格计算 Caculated at constant prices）　　(100 million yuan)

年份 Year	分行业增加值 Value-added by Sector and Composition					人均地区生产总值（元/人） Per Capita Gross Domestic Product (yuan/person)
	交通运输、仓储和邮政业 Transport, Storage and Post Service	批发和零售业、住宿和餐饮业 Wholesale, Retail Trade, Hoteling and Catering Services	金融业 Finance and Insurance	房地产业 Real Estate	其他服务业 Other Services	
1978	0.66	0.96	0.43	0.08	1.20	370
1979	0.65	0.97	0.53	0.09	1.35	399
1980	0.82	1.12	0.73	0.10	1.66	433
1981	0.85	1.13	0.93	0.11	1.96	460
1982	1.05	1.19	1.05	0.12	2.13	469
1983	1.20	1.33	1.15	0.13	2.48	525
1984	1.38	1.61	1.52	0.15	2.83	615
1985	1.75	1.87	1.98	0.22	3.43	737
1986	1.96	2.22	2.55	0.27	4.20	823
1987	2.46	2.83	3.14	0.30	4.69	922
1988	2.65	4.41	4.02	0.36	5.72	1143
1989	3.33	4.90	4.80	0.43	6.56	1317
1990	3.49	5.32	5.57	0.50	7.78	1409
1991	4.20	6.45	6.04	0.54	8.88	1528
1992	4.76	7.60	7.08	0.79	10.24	1739
1993	5.47	9.68	10.59	1.01	10.87	2148
1994	6.83	12.30	14.54	1.39	14.60	2740
1995	9.84	15.36	19.32	2.15	17.57	3448
1996	14.46	18.77	20.76	2.82	21.36	3926
1997	18.69	20.87	21.96	3.94	24.58	4277
1998	22.17	22.72	21.18	5.15	29.27	4607
1999	26.16	24.33	20.47	7.01	33.33	4900
2000	29.55	26.24	21.57	8.86	39.75	5376
2001	37.04	29.18	21.37	13.19	49.31	6039
2002	43.54	32.25	21.45	13.46	58.54	6647
2003	49.76	36.62	24.56	16.97	65.33	7686
2004	38.98	43.64	26.74	20.58	89.98	8904
2005	44.97	50.30	30.03	22.48	100.25	9796
2006	53.07	55.28	34.16	25.20	114.14	11389
2007	64.94	71.05	47.78	30.00	143.92	14458
2008	89.07	91.83	59.89	39.68	181.59	18554
2009	108.90	98.75	69.00	48.81	220.97	20382
2010	136.70	118.63	88.25	62.35	273.32	24984
2011	162.49	144.56	119.26	81.58	320.19	30161
2012	182.21	164.25	147.11	90.79	355.02	32609
2013	183.17	175.25	179.48	108.70	398.43	35135
2014	183.59	184.75	199.04	120.69	441.62	36815
2015	183.00	184.33	217.89	102.40	523.25	37876
2016	187.36	196.98	239.79	109.30	611.48	40339
2017	182.78	219.17	266.03	131.15	727.60	45718
2018	170.11	239.55	285.87	145.66	883.39	49614
2019	177.70	255.94	305.85	160.63	962.08	52537
2020	181.88	244.48	321.07	175.86	1030.63	54528

3-2 地区生产总值构成

Composition of Gross Domestic Product

单位:% (%)

年份 Year	地区生产总值 Gross Domestic Product	分产业 by Sub-industry			分行业 by Sector and Composition	
		第一产业 Primary Industry	第二产业 Secondary Industry	第三产业 Tertiary Industry	农、林、牧、渔、业 Agriculture, Forestry, Animal Husbandry and Fishery	工业 Industry
1978	100.0	23.5	50.8	25.7	23.5	43.0
1979	100.0	23.7	51.3	25.0	23.7	44.4
1980	100.0	26.7	45.6	27.7	26.7	38.7
1981	100.0	31.4	40.0	28.6	31.4	32.4
1982	100.0	31.1	38.5	30.4	31.1	31.2
1983	100.0	31.9	37.9	30.2	31.9	30.6
1984	100.0	31.6	38.2	30.2	31.6	30.1
1985	100.0	29.4	40.1	30.5	29.4	30.8
1986	100.0	30.0	37.6	32.4	30.0	28.9
1987	100.0	26.3	39.8	33.9	26.3	31.4
1988	100.0	26.6	39.3	34.1	26.6	32.1
1989	100.0	25.0	41.2	33.8	25.0	35.3
1990	100.0	26.0	39.0	35.0	26.0	32.8
1991	100.0	24.9	38.7	36.4	24.9	32.2
1992	100.0	22.0	41.0	37.0	22.4	33.4
1993	100.0	19.9	43.6	36.5	20.3	35.7
1994	100.0	22.0	41.1	36.9	22.4	34.0
1995	100.0	20.2	42.7	37.1	20.7	36.2
1996	100.0	21.3	39.7	39.0	21.8	34.0
1997	100.0	20.0	39.5	40.5	20.4	33.4
1998	100.0	19.9	38.7	41.4	20.3	31.9
1999	100.0	18.2	39.3	42.5	18.7	31.6
2000	100.0	15.6	41.2	43.2	16.1	32.8
2001	100.0	14.7	40.3	45.0	15.3	31.7
2002	100.0	14.0	40.6	45.4	14.5	32.0
2003	100.0	12.6	43.3	44.1	13.0	33.9
2004	100.0	12.6	44.7	42.7	13.0	36.6
2005	100.0	12.0	44.8	43.2	12.4	37.0
2006	100.0	11.2	47.1	41.7	11.6	39.3
2007	100.0	10.6	48.0	41.4	11.2	40.7
2008	100.0	9.9	49.0	41.1	10.4	41.8
2009	100.0	9.5	46.8	43.7	10.0	38.3
2010	100.0	9.6	46.6	43.8	10.1	38.0
2011	100.0	9.1	47.6	43.3	9.5	38.9
2012	100.0	8.9	46.5	44.6	9.3	37.6
2013	100.0	9.1	45.5	45.4	9.5	36.4
2014	100.0	8.8	45.0	46.2	9.3	35.6
2015	100.0	9.2	43.3	47.5	9.7	33.9
2016	100.0	8.7	42.4	48.9	9.2	33.3
2017	100.0	7.8	43.9	48.3	8.3	35.3
2018	100.0	8.0	42.4	49.6	8.4	33.9
2019	100.0	7.5	42.3	50.2	7.9	33.9
2020	100.0	8.6	41.0	50.4	9.1	32.7

3-2 续表 continued

单位:% (%)

年份 Year	分行业 by Sector and Composition					
	建筑业 Construction	交通运输、仓储和邮政业 Transport, Storage and Post Service	批发和零售业、住宿和餐饮业 Wholesale, Retail Trade, Hoteling and Catering Services	金融业 Finance and Insurance	房地产业 Real Estate	其他服务业 Other Services
1978	7.8	5.1	7.4	3.3	0.6	9.3
1979	6.9	4.5	6.8	3.7	0.6	9.4
1980	6.9	5.1	7.0	4.6	0.6	10.4
1981	7.6	4.9	6.5	5.3	0.6	11.3
1982	7.3	5.8	6.5	5.8	0.7	11.6
1983	7.3	5.8	6.4	5.5	0.6	11.9
1984	8.1	5.6	6.5	6.1	0.6	11.4
1985	9.3	5.8	6.2	6.5	0.7	11.3
1986	8.7	5.7	6.4	7.4	0.8	12.1
1987	8.4	6.2	7.1	7.9	0.8	11.9
1988	7.2	5.3	8.8	8.0	0.7	11.3
1989	5.9	5.6	8.3	8.1	0.7	11.1
1990	6.2	5.4	8.2	8.6	0.8	12.0
1991	6.5	5.9	9.0	8.4	0.8	12.3
1992	7.6	5.7	9.1	8.5	1.0	12.3
1993	7.9	5.2	9.3	10.1	1.0	10.5
1994	7.1	5.0	9.0	10.7	1.0	10.8
1995	6.5	5.6	8.8	11.0	1.2	10.0
1996	5.7	7.1	9.3	10.2	1.4	10.5
1997	6.1	8.3	9.3	9.8	1.8	10.9
1998	6.8	9.0	9.3	8.6	2.1	12.0
1999	7.7	9.9	9.2	7.7	2.6	12.6
2000	8.4	10.0	8.9	7.3	3.0	13.5
2001	8.6	11.0	8.6	6.3	3.9	14.6
2002	8.6	11.5	8.6	5.7	3.6	15.5
2003	9.4	11.2	8.3	5.5	3.8	14.9
2004	8.1	7.5	8.4	5.1	4.0	17.3
2005	7.8	7.8	8.7	5.2	3.9	17.2
2006	7.8	7.8	8.1	5.0	3.7	16.7
2007	7.3	7.4	8.1	5.4	3.4	16.5
2008	7.2	7.8	8.1	5.3	3.5	15.9
2009	8.5	8.6	7.8	5.4	3.9	17.5
2010	8.6	8.7	7.5	5.6	4.0	17.5
2011	8.7	8.4	7.5	6.2	4.2	16.6
2012	8.9	8.6	7.7	6.9	4.3	16.7
2013	9.2	7.9	7.5	7.7	4.7	17.1
2014	9.4	7.4	7.5	8.0	4.9	17.9
2015	9.4	7.1	7.1	8.4	4.0	20.4
2016	9.2	6.7	7.1	8.6	3.9	22.0
2017	8.7	5.7	6.8	8.3	4.1	22.8
2018	8.5	4.8	6.8	8.1	4.1	25.4
2019	8.4	4.7	6.8	8.2	4.3	25.8
2020	8.3	4.6	6.2	8.2	4.5	26.4

3－3　地区生产总值指数

Indices of Gross Domestic Product

单位:%　　　　(1978 年 = 100)　　　　(%)

年份 Year	地区生产总值 Gross Domestic Product	分产业 by Sub－industry 第一产业 Primary Industry	第二产业 Secondary Industry	第三产业 Tertiary Industry	分行业 by Sector and Composition 农、林、牧、渔业 Agriculture, Forestry, Animal Husbandry and Fishery	工业 Industry	建筑业 Construction
1978	100.0	100.0	100.0	100.0	100.0	100.0	100.0
1979	106.4	91.3	112.8	105.4	91.3	115.3	98.9
1980	114.8	107.5	115.5	119.4	107.5	115.9	113.4
1981	117.1	132.0	102.7	123.6	132.0	98.3	126.9
1982	127.5	132.7	110.4	148.9	132.7	108.1	123.0
1983	147.1	159.0	123.0	173.0	159.0	117.3	154.2
1984	167.1	183.2	139.5	194.3	183.2	130.0	191.7
1985	196.8	197.9	171.0	236.7	197.9	155.5	256.5
1986	213.1	210.2	181.9	266.3	210.2	165.6	272.1
1987	229.9	194.2	198.1	319.0	194.2	184.8	271.8
1988	257.7	211.9	224.2	360.2	211.9	216.8	266.1
1989	277.5	224.8	250.4	376.4	224.8	254.1	231.8
1990	287.8	232.4	256.7	396.0	232.4	255.1	267.0
1991	301.6	238.7	264.9	428.1	238.7	261.0	288.4
1992	327.5	231.3	298.0	485.5	231.3	287.4	359.3
1993	361.2	246.3	337.9	530.2	246.3	327.3	400.6
1994	389.0	251.5	367.6	581.1	251.5	360.0	413.8
1995	426.0	254.3	416.5	638.6	254.3	411.8	448.6
1996	472.4	300.3	455.2	696.1	300.3	457.5	448.6
1997	509.7	310.2	493.4	765.0	310.2	493.2	500.2
1998	554.6	340.6	532.4	835.4	340.6	525.3	576.7
1999	605.1	355.2	584.6	924.8	355.2	568.9	675.3
2000	666.8	348.5	671.1	1027.5	348.5	650.8	786.0
2001	734.1	370.8	746.9	1133.3	370.8	717.2	905.5
2002	809.0	393.4	841.8	1238.7	393.4	814.0	992.4
2003	903.7	402.8	970.6	1376.2	402.8	928.8	1191.9
2004	995.9	418.1	1091.0	1513.8	418.1	1082.1	1162.1
2005	1094.5	431.5	1231.7	1647.0	431.5	1241.2	1220.2
2006	1222.6	457.8	1409.1	1816.6	459.1	1428.6	1355.6
2007	1365.6	487.1	1606.4	2011.0	488.9	1635.7	1511.5
2008	1524.0	522.2	1813.6	2240.3	525.1	1848.3	1698.9
2009	1690.1	559.3	2043.9	2462.1	563.4	2071.9	1967.3
2010	1901.4	600.7	2332.1	2752.6	605.1	2345.4	2325.3
2011	2131.5	630.1	2644.6	3088.4	636.0	2657.3	2650.8
2012	2355.3	665.4	2962.0	3397.2	673.5	2981.5	2937.1
2013	2586.1	694.0	3278.9	3733.5	704.5	3309.5	3227.9
2014	2793.0	732.2	3544.5	4043.4	744.7	3574.3	3502.3
2015	3016.4	765.9	3806.8	4423.5	780.4	3824.5	3814.0
2016	3239.6	800.4	4054.2	4817.2	815.5	4084.6	4027.6
2017	3476.1	835.6	4325.8	5221.8	851.4	4419.5	4075.9
2018	3712.5	869.0	4620.0	5608.2	885.5	4773.1	4177.8
2019	3953.8	896.8	4929.5	5989.6	913.8	5126.3	4340.7
2020	4107.8	926.4	5126.7	6223.2	943.1	5340.1	4492.3

注：　1978 年以后的数据根据全区第四次全国经济普查结果进行了修订。2020 年地区生产总值为初步核算数。

Note: The data after 1978 were revised according to the results of the fourth national economic census of the whole. The Gross Domestic Product in 2020 is the preliminary accounting figure.

3－3 续表1 continued

单位:% （1978年=100） (%)

年份 Year	分行业 by Sector and Composition					人均地区生产总值（元/人） Per Capita Gross Domestic Product (yuan/person)
	交通运输、仓储和邮政业 Transport, Storage and Post Service	批发和零售业、住宿和餐饮业 Wholesale, Retail Trade, Hoteling and Catering Services	金融业 Finance and Insurance	房地产业 Real Estate	其他服务业 Other Services	
1978	100.0	100.0	100.0	100.0	100.0	100.0
1979	104.5	102.2	123.2	115.6	104.7	103.8
1980	122.4	108.1	155.6	114.4	120.4	109.3
1981	126.6	110.0	187.0	119.1	117.1	108.5
1982	159.0	113.5	228.7	136.3	151.4	115.3
1983	181.1	124.5	258.0	155.8	186.2	130.4
1984	207.7	142.6	321.5	176.5	193.8	145.5
1985	263.4	158.9	361.4	212.3	252.7	168.2
1986	295.8	181.5	434.0	244.1	272.9	178.3
1987	370.3	220.7	531.7	276.1	313.8	187.6
1988	399.2	294.0	600.3	292.4	331.1	205.4
1989	394.4	326.6	640.5	309.1	337.4	216.5
1990	384.9	354.7	691.7	331.7	355.3	219.3
1991	435.7	430.3	705.5	339.0	361.0	225.0
1992	477.1	507.3	750.7	448.5	407.9	240.1
1993	532.9	571.2	815.3	518.9	428.7	260.3
1994	583.0	595.2	885.4	607.1	493.0	274.1
1995	673.4	629.7	979.3	751.6	537.4	293.8
1996	825.6	704.0	948.0	795.2	580.9	320.2
1997	977.5	755.4	946.1	1033.8	647.1	340.1
1998	1128.0	823.4	899.7	1258.1	723.5	364.6
1999	1338.9	881.9	854.7	1635.5	819.0	392.3
2000	1541.1	953.3	852.1	1910.3	936.1	425.3
2001	1713.7	1035.3	796.7	2584.6	1071.8	459.7
2002	1939.9	1132.6	767.2	2434.7	1246.5	499.2
2003	2151.3	1251.5	820.9	2812.1	1403.6	549.1
2004	2338.5	1362.9	850.5	3079.2	1600.1	596.9
2005	2546.6	1503.3	918.5	3297.8	1737.7	647.6
2006	2859.8	1620.6	1028.7	3640.8	1911.5	713.7
2007	3171.5	1758.4	1204.6	4095.9	2091.2	788.6
2008	3523.5	1897.3	1364.8	4550.5	2356.8	870.6
2009	3675.0	2066.2	1647.3	5328.6	2538.3	954.2
2010	4064.6	2268.7	1798.9	5541.7	2954.6	1060.1
2011	4483.3	2486.5	2119.1	6123.6	3332.8	1167.2
2012	4904.7	2752.6	2538.7	6601.2	3572.8	1264.0
2013	5169.6	2887.5	2962.7	7598.0	3937.2	1369.0
2014	5293.7	3040.5	3333.0	8373.0	4342.7	1457.9
2015	5161.4	3061.8	3786.3	7971.1	5193.9	1554.2
2016	5223.3	3239.4	4149.8	8537.0	5858.7	1649.0
2017	5212.9	3553.6	4440.3	9006.5	6561.7	1743.0
2018	4879.3	3791.7	4635.7	9501.9	7414.7	1842.3
2019	5137.9	3962.6	4923.1	9815.5	8053.1	1945.5
2020	5364.0	3776.3	5090.5	10227.7	8568.5	2005.8

3-3 续表2 continued

单位:%　　（上年=100）　　(%)

年份 Year	地区生产总值 Gross Domestic Product	分产业 by Sub-industry			分行业 by Sector and Composition		
		第一产业 Primary Industry	第二产业 Secondary Industry	第三产业 Tertiary Industry	农林牧渔业 Agriculture, Forestry, Animal Husbandry and Fishery	工业 Industry	建筑业 Construction
1978	108.9	106.0	110.1	108.9	106.0	108.8	117.9
1979	106.4	91.3	112.8	105.4	91.3	115.3	98.9
1980	107.9	117.7	102.4	113.3	117.7	100.5	114.7
1981	102.0	122.8	88.9	103.5	122.8	84.8	111.9
1982	108.9	100.5	107.5	120.5	100.5	110.0	96.9
1983	115.4	119.8	111.4	116.2	119.8	108.5	125.4
1984	113.6	115.2	113.4	112.3	115.2	110.8	124.3
1985	117.8	108.0	122.6	121.8	108.0	119.6	133.8
1986	108.3	106.2	106.4	112.5	106.2	106.5	106.1
1987	107.9	92.4	108.9	119.8	92.4	111.6	99.9
1988	112.1	109.1	113.2	112.9	109.1	117.3	97.9
1989	107.7	106.1	111.7	104.5	106.1	117.2	87.1
1990	103.7	103.4	102.5	105.2	103.4	100.4	115.2
1991	104.8	102.7	103.2	108.1	102.7	102.3	108.0
1992	108.6	96.9	112.5	113.4	96.9	110.1	124.6
1993	110.3	106.5	113.4	109.2	106.5	113.9	111.5
1994	107.7	102.1	108.8	109.6	102.1	110.0	103.3
1995	109.5	101.1	113.3	109.9	101.1	114.4	108.4
1996	110.9	118.1	109.3	109.0	118.1	111.1	100.0
1997	107.9	103.3	108.4	109.9	103.3	107.8	111.5
1998	108.8	109.8	107.9	109.2	109.8	106.5	115.3
1999	109.1	104.3	109.8	110.7	104.3	108.3	117.1
2000	110.2	98.1	114.8	111.1	98.1	114.4	116.4
2001	110.1	106.4	111.3	110.3	106.4	110.2	115.2
2002	110.2	106.1	112.7	109.3	106.1	113.5	109.6
2003	111.7	102.4	115.3	111.1	102.4	114.1	120.1
2004	110.2	103.8	112.4	110.0	103.8	116.5	97.5
2005	109.9	103.2	112.9	108.8	103.2	114.7	105.0
2006	111.7	106.1	114.4	110.3	106.4	115.1	111.1
2007	111.7	106.4	114.0	110.7	106.5	114.5	111.5
2008	111.6	107.2	112.9	111.4	107.4	113.0	112.4
2009	110.9	107.1	112.7	109.9	107.3	112.1	115.8
2010	112.5	107.4	114.1	111.8	107.4	113.2	118.2
2011	112.1	104.9	113.4	112.2	105.1	113.3	114.0
2012	110.5	105.6	112.0	110.0	105.9	112.2	110.8
2013	109.8	104.3	110.7	109.9	104.6	111.0	109.9
2014	108.0	105.5	108.1	108.3	105.7	108.0	108.5
2015	108.0	104.6	107.4	109.4	104.8	107.0	108.9
2016	107.4	104.5	106.5	108.9	104.5	106.8	105.6
2017	107.3	104.4	106.7	108.4	104.4	108.2	101.2
2018	106.8	104.0	106.8	107.4	104.0	108.0	102.5
2019	106.5	103.2	106.7	106.8	103.2	107.4	103.9
2020	103.9	103.3	104.0	103.9	103.2	104.2	103.5

3-3 续表3 continued

单位:% （上年=100） (%)

年份 Year	分行业 by Sector and Composition					人均地区生产总值(元/人) Per Capita Gross Domestic Product (yuan/person)
	交通运输、仓储和邮政业 Transport, Storage and Post Service	批发和零售业、住宿和餐饮业 Wholesale, Retail Trade, Hoteling and Catering Services	金融业 Finance and Insurance	房地产业 Real Estate	其他服务业 Other Services	
1978	109.3	103.1	106.6		107.3	106.2
1979	104.5	102.2	123.2	115.6	104.7	103.8
1980	117.1	105.8	126.3	99.0	115.0	105.3
1981	103.4	101.8	120.2	104.1	97.3	99.3
1982	125.6	103.2	122.3	114.4	129.3	106.3
1983	113.9	109.7	112.8	114.3	123.0	113.1
1984	114.7	114.5	124.6	113.3	104.1	111.6
1985	126.8	111.4	112.4	120.3	130.4	115.6
1986	112.3	114.2	120.1	115.0	108.0	106.0
1987	125.2	121.6	122.5	113.1	115.0	105.2
1988	107.8	133.2	112.9	105.9	105.5	109.5
1989	98.8	111.1	106.7	105.7	101.9	105.4
1990	97.6	108.6	108.0	107.3	105.3	101.3
1991	113.2	121.3	102.0	102.2	101.6	102.6
1992	109.5	117.9	106.4	132.3	113.0	106.7
1993	111.7	112.6	108.6	115.7	105.1	108.4
1994	109.4	104.2	108.6	117.0	115.0	105.3
1995	115.5	105.8	110.6	123.8	109.0	107.2
1996	122.6	111.8	96.8	105.8	108.1	109.0
1997	118.4	107.3	99.8	130.0	111.4	106.2
1998	115.4	109.0	95.1	121.7	111.8	107.2
1999	118.7	107.1	95.0	130.0	113.2	107.6
2000	115.1	108.1	99.7	116.8	114.3	108.4
2001	111.2	108.6	93.5	135.3	114.5	108.1
2002	113.2	109.4	96.3	94.2	116.3	108.6
2003	110.9	110.5	107.0	115.5	112.6	110.0
2004	108.7	108.9	103.6	109.5	114.0	108.7
2005	108.9	110.3	108.0	107.1	108.6	108.5
2006	112.3	107.8	112.0	110.4	110.0	110.2
2007	110.9	108.5	117.1	112.5	109.4	110.5
2008	111.1	107.9	113.3	111.1	112.7	110.4
2009	104.3	108.9	120.7	117.1	107.7	109.6
2010	110.6	109.8	109.2	104.0	116.4	111.1
2011	110.3	109.6	117.8	110.5	112.8	110.1
2012	109.4	110.7	119.8	107.8	107.2	108.3
2013	105.4	104.9	116.7	115.1	110.2	108.3
2014	102.4	105.3	112.5	110.2	110.3	106.5
2015	97.5	100.7	113.6	95.2	119.6	106.6
2016	101.2	105.8	109.6	107.1	112.8	106.1
2017	99.8	109.7	107.0	105.5	112.0	105.7
2018	93.6	106.7	104.4	105.5	113.0	105.7
2019	105.3	104.5	106.2	103.3	108.6	105.6
2020	104.4	95.3	103.4	104.2	106.4	103.1

3-4 分行业增加值及构成

行　　业	Sector
总计	**Total**
第一产业	**Primary Industry**
第二产业	**Secondary Industry**
第三产业	**Tertiary Industry**
农林牧渔业	Agriculture, Forestry, Animal Husbandry and Fishery
工业	Industry
采矿业	Mining
制造业	Manufacturing
电力、燃气及水的生产和供应业	Production and Supply of Electricity, Gas and Water
建筑业	Construction
批发和零售业	Wholesale and Retail Trades
交通运输、仓储和邮政业	Transport, Storage and Post
住宿和餐饮业	Hotels and Catering Services
信息传输、软件和信息技术服务业	Information Transmission, Software and IT Services
金融业	Financial Intermediation
房地产业	Real Estate
租赁和商务服务业	Leasing and Business Services
科学研究和技术服务业	Scientific Research and Technical Services
水利、环境和公共设施管理业	Management of Water Conservancy, Environment and Public Facilities
居民服务、修理和其他服务业	Services to Households, Repair and Other Services
教育	Education
卫生和社会工作	Health and Social Work
文化、体育和娱乐业	Culture, Sports and Entertainment
公共管理、社会保障和社会组织	Public Management, Social Securities and Organizations

注：本表按当年价格计算。2020 年为初步核算数。

Note: Data in this table are calculated at current prices. 2020 represents preliminary accounting.

Value - added by Sector and Composition

增加值(亿元) Added Valve(100 million yuan)						增加值构成(%) Composition(%)					
2015	2016	2017	2018	2019	2020	2015	2016	2017	2018	2019	2020
2579.38	**2781.39**	**3200.28**	**3510.21**	**3748.48**	**3920.55**	**100.0**	**100.0**	**100.0**	**100.0**	**100.0**	**100.0**
236.82	**241.00**	**250.62**	**279.39**	**279.96**	**338.01**	**9.2**	**8.7**	**7.8**	**8.0**	**7.5**	**8.6**
1116.78	**1179.74**	**1405.99**	**1488.13**	**1587.08**	**1608.96**	**43.3**	**42.4**	**43.9**	**42.4**	**42.3**	**41.0**
1225.78	**1360.65**	**1543.67**	**1742.69**	**1881.44**	**1973.58**	**47.5**	**48.9**	**48.3**	**49.6**	**50.2**	**50.4**
250.73	255.67	266.27	296.13	297.66	356.18	9.7	9.2	8.3	8.4	7.9	9.1
874.72	925.44	1129.22	1190.96	1272.45	1283.69	33.9	33.3	35.3	33.9	33.9	32.7
193.26	201.70	270.90	284.12	302.43	296.57	7.5	7.3	8.5	8.1	8.1	7.6
465.64	499.47	599.06	628.04	679.37	682.84	18.1	18.0	18.7	17.9	18.1	17.4
215.82	224.27	259.26	278.80	290.65	304.28	8.4	8.1	8.1	7.9	7.8	7.8
243.06	255.37	278.06	298.54	316.17	326.78	9.4	9.2	8.7	8.5	8.4	8.3
143.75	154.03	173.53	190.20	202.25	194.34	5.6	5.5	5.4	5.4	5.4	5.0
183.00	187.36	182.78	170.11	177.70	181.88	7.1	6.7	5.7	4.8	4.7	4.6
40.58	42.95	45.64	49.35	53.69	50.13	1.6	1.5	1.4	1.4	1.4	1.3
49.99	68.25	89.55	119.35	125.76	145.54	1.9	2.5	2.8	3.4	3.4	3.7
217.89	239.79	266.03	285.87	305.85	321.07	8.4	8.6	8.3	8.1	8.2	8.2
102.40	109.30	131.15	145.66	160.63	175.86	4.0	3.9	4.1	4.1	4.3	4.5
23.85	27.56	41.67	57.34	65.85	62.99	0.9	1.0	1.3	1.6	1.8	1.6
32.67	38.04	43.11	49.86	55.37	58.20	1.3	1.4	1.3	1.4	1.5	1.5
13.43	14.74	16.92	18.83	19.86	22.48	0.5	0.5	0.5	0.5	0.5	0.6
19.63	20.80	28.83	37.48	40.08	40.63	0.8	0.7	0.9	1.1	1.1	1.0
102.26	117.79	133.82	154.85	163.85	184.24	4.0	4.2	4.2	4.4	4.4	4.7
54.62	60.12	67.57	78.53	84.51	87.13	2.1	2.2	2.1	2.2	2.3	2.2
10.28	12.42	14.17	19.48	21.28	18.97	0.4	0.4	0.4	0.6	0.6	0.5
216.52	251.76	291.96	347.67	385.53	410.44	8.4	9.1	9.1	9.9	10.3	10.5

3－5　主要年份支出法地区生产总值

Gross Domestic Product by Expenditure Approach in Main Years

年份 Year	地区生产总值（亿元） Gross Demestic Product (100 million yuan)	最终消费支出 Final Consumption	资本形成总额 Gross Capital Formation	货物和服务净流出 Net Exports of Goods and Services	最终消费率（消费率）（%） Final Consumption Rate (%)	资本形成率（投资率）（%） Capital Formation Rate (%)
1978	13.00	9.87	9.04	－5.91	75.9	69.5
1979	14.36	10.90	9.37	－5.91	75.9	65.3
1980	15.96	12.81	8.07	－4.92	80.3	50.6
1985	30.27	25.72	19.12	－14.57	85.0	63.2
1990	64.84	47.87	37.22	－20.25	73.8	57.4
1995	175.19	114.82	86.16	－25.79	65.5	49.2
1996	202.90	126.78	105.07	－28.95	62.5	51.8
1997	224.59	133.78	112.61	－21.80	59.6	50.1
1998	245.44	145.54	140.56	－40.66	59.3	57.3
1999	264.58	159.16	152.37	－46.95	60.2	57.6
2000	295.02	193.89	174.47	－73.34	65.7	59.1
2001	337.44	231.00	184.08	－77.64	68.5	54.6
2002	377.16	258.14	247.71	－128.69	68.4	65.7
2003	442.61	287.94	295.01	－140.34	65.1	66.7
2004	519.92	332.88	366.67	－179.63	64.0	70.5
2005	579.89	392.56	436.53	－249.20	67.7	75.3
2006	683.28	448.54	488.76	－254.02	65.6	71.5
2007	877.59	522.50	558.15	－203.06	59.5	63.6
2008	1139.16	630.82	766.24	－257.90	55.4	67.3
2009	1266.66	631.09	951.27	－315.70	49.8	75.1
2010	1571.68	789.80	1161.82	－379.94	50.3	73.9
2011	1931.83	972.50	1272.56	－313.23	50.3	65.9
2012	2131.00	1123.90	1469.77	－462.67	52.7	69.0
2013	2327.68	1266.48	1588.87	－527.67	54.4	68.3
2014	2473.94	1381.59	1791.11	－698.76	55.8	72.4
2015	2579.38	1523.01	1939.69	－883.32	59.0	75.2
2016	2781.39	1680.99	2074.68	－974.28	60.4	74.6
2017	3200.28	1865.76	2188.81	－854.29	58.3	68.4
2018	3510.21	2049.96	1949.25	－489.00	58.4	55.5
2019	3748.48	2219.35	1848.09	－318.33	59.2	49.3

注：1. 本表按当年价格计算。

2. 2000年以后的数据根据全区第四次经济普查结果进行了修订。

3. 最终消费率是指最终消费支出占地区生产总值的比重；资本形成率是指资本形成总额占地区生产总值的比重。

Notes: a) Data in this table are calculated at current prices.

b) The data after 2000 were revised according to the results of the fourth economic census of the whole region.

c) The final consumption rate refers to the final consumption expenditure as a proportion of the region's GDP; The capital formation rate refers to the proportion of the total amount of capital formation in the GDP of a region.

3-6 主要年份最终消费及构成

Final Consumption Expenditure and Its Composition in Main Years

年份 Year	绝对数(亿元) Level(100 million yuan)					构成(%) Composition(%)			
	最终消费支出 Final Consumption	居民消费支出 Household Consumption	城镇居民 Urban Household	农村居民 Rural Household	政府消费支出 Government Consumption	最终消费支出=100 Final Consumption=100: 居民消费支出 Household Consumption	最终消费支出=100 Final Consumption=100: 政府消费支出 Government Consumption	居民消费支出=100 Household Consumption=100: 城镇居民 Urban Household	居民消费支出=100 Household Consumption=100: 农村居民 Rural Household
1978	9.87	7.61	2.75	4.86	2.26	77.1	22.9	36.1	63.9
1979	10.90	8.11	3.48	4.63	2.79	74.4	25.6	42.9	57.1
1980	12.81	9.78	4.34	5.44	3.03	76.3	23.7	44.4	55.6
1985	25.72	17.67	7.07	10.60	8.05	68.7	31.3	40.0	60.0
1990	47.87	33.88	15.97	17.91	13.99	70.8	29.2	47.1	52.9
1995	114.82	85.79	45.29	40.50	29.03	74.7	25.3	52.8	47.2
1996	126.78	95.51	49.87	45.64	31.27	75.3	24.7	52.2	47.8
1997	133.78	100.97	54.68	46.29	32.81	75.5	24.5	54.2	45.8
1998	145.54	109.00	60.80	48.20	36.54	74.9	25.1	55.8	44.2
1999	159.16	115.57	66.94	48.63	43.59	72.6	27.4	57.9	42.1
2000	193.89	135.49	82.75	52.74	58.40	69.9	30.1	61.1	38.9
2001	231.00	145.28	93.61	51.67	85.72	62.9	37.1	64.4	35.6
2002	258.14	161.62	108.09	53.53	96.52	62.6	37.4	66.9	33.1
2003	287.94	186.93	124.26	62.67	101.01	64.9	35.1	66.5	33.5
2004	332.88	222.31	150.71	71.60	110.57	66.8	33.2	67.8	32.2
2005	392.56	258.93	180.15	78.78	133.63	66.0	34.0	69.6	30.4
2006	448.54	296.33	213.60	82.73	152.21	66.1	33.9	72.1	27.9
2007	522.50	338.24	244.80	93.44	184.26	64.7	35.3	72.4	27.6
2008	630.82	421.64	312.86	108.78	209.18	66.8	33.2	74.2	25.8
2009	631.09	473.33	358.04	115.29	157.76	75.0	25.0	75.6	24.4
2010	789.80	541.78	417.45	124.33	248.02	68.6	31.4	77.1	22.9
2011	972.50	663.61	505.46	158.15	308.89	68.2	31.8	76.2	23.8
2012	1123.90	740.50	559.38	181.12	383.40	65.9	34.1	75.5	24.5
2013	1266.48	832.83	621.44	211.39	433.65	65.8	34.2	74.6	25.4
2014	1381.59	940.95	693.91	247.04	440.64	68.1	31.9	73.7	26.3
2015	1523.01	984.17	727.84	256.33	538.84	64.6	35.4	74.0	26.0
2016	1680.99	1079.13	810.37	268.76	601.86	64.2	35.8	75.1	24.9
2017	1865.76	1223.47	934.97	288.50	642.29	65.6	34.4	76.4	23.6
2018	2049.96	1349.53	1040.16	309.37	700.43	65.8	34.2	77.1	22.9
2019	2219.35	1471.11	1135.55	335.56	748.24	66.3	33.7	77.2	22.8

3-7 主要年份资本形成总额及构成

Gross Capital Formation and Its Composition in Main Years

年份 Year	资本形成总额 Gross Capital Formation				
	绝对数(亿元)			构成(%) Composition(%)	
	Level (100 million yuan)	固定资本形成总额 Gross Fixed Capital Formation	存货变动 Change in Inventories	固定资本形成总额 Gross Fixed Capital Formation	存货变动 Change in Inventories
1978	9.04	7.95	1.09	87.9	12.1
1979	9.37	8.78	0.59	93.7	6.3
1980	8.07	7.48	0.59	92.7	7.3
1985	19.12	17.05	2.07	89.2	10.8
1990	37.22	25.47	11.75	68.4	31.6
1995	86.16	70.12	16.04	81.4	18.6
1996	105.07	77.32	27.75	73.6	26.4
1997	112.61	88.10	24.51	78.2	21.8
1998	140.56	108.65	31.91	77.3	22.7
1999	152.37	130.61	21.76	85.7	14.3
2000	174.47	160.82	13.65	92.2	7.8
2001	184.08	189.67	-5.59	103.0	-3.0
2002	247.71	216.57	31.14	87.4	12.6
2003	295.01	289.19	5.82	98.0	2.0
2004	366.67	334.26	32.41	91.2	8.8
2005	436.53	400.42	36.11	91.7	8.3
2006	488.76	474.56	14.20	97.1	2.9
2007	558.15	521.75	36.40	93.5	6.5
2008	766.24	696.04	70.20	90.8	9.2
2009	951.27	827.79	123.48	87.0	13.0
2010	1161.82	1088.52	73.30	93.7	6.3
2011	1272.56	1171.17	101.39	92.0	8.0
2012	1469.77	1350.10	119.67	91.9	8.1
2013	1588.87	1477.65	111.22	93.0	7.0
2014	1791.11	1675.08	116.03	93.5	6.5
2015	1939.69	1835.89	103.80	94.7	5.4
2016	2074.68	1979.13	95.55	95.4	4.6
2017	2188.81	2098.00	90.81	95.9	4.2
2018	1949.25	1869.00	80.25	95.9	4.1
2019	1848.09	1773.49	74.60	96.0	4.0

3-8 按支出法计算的地区生产总值

Gross Domestic Product by Expenditure Approach

指 标	tem	绝对数(亿元) Level (100 million yuan)							
		2012	2013	2014	2015	2016	2017	2018	2019
地区生产总值	**Gross Demestic Product**	**2131.00**	**2327.68**	**2473.94**	**2579.38**	**2781.39**	**3200.28**	**3510.21**	**3748.48**
最终消费支出	**Final Consumption**	**1123.90**	**1266.48**	**1381.59**	**1523.01**	**1680.99**	**1865.76**	**2049.96**	**2219.35**
居民消费支出	Household Consumption	740.50	832.83	940.95	984.17	1079.13	1223.47	1349.53	1471.11
城镇居民	Urban Household	559.38	621.44	693.91	727.84	810.37	934.97	1040.16	1135.55
农村居民	Rural Household	181.12	211.39	247.04	256.33	268.76	288.50	309.37	335.56
政府消费支出	Government Consumption	383.40	433.65	440.64	538.84	601.86	642.29	700.43	748.24
资本形成总额	**Gross Capital Formation**	**1469.77**	**1588.87**	**1791.11**	**1939.69**	**2074.68**	**2188.81**	**1949.25**	**1848.09**
固定资本形成总额	Gross Fixed Capital	1350.10	1477.65	1675.08	1835.89	1979.13	2098.00	1869.00	1773.49
存货变动	Change in Inventories	119.67	111.22	116.03	103.80	95.55	90.81	80.25	74.60
货物和服务净流出	**Net Exports of Goods and Services**	**-462.67**	**-527.67**	**-698.76**	**-883.32**	**-974.28**	**-854.29**	**-489.00**	**-318.33**

3-8 续表 Continued

指 标	tem	构成(%) Composition(%)							
		2012	2013	2014	2015	2016	2017	2018	2019
地区生产总值	**Gross Demestic Product**	**100.0**	**100.0**	**100.0**	**100.0**	**100.0**	**100.0**	**100.0**	**100.0**
最终消费支出	**Final Consumption**	**52.7**	**54.4**	**55.9**	**59.1**	**60.4**	**58.3**	**58.4**	**59.2**
居民消费支出	Household Consumption	34.8	35.8	38.0	38.2	38.8	38.2	38.5	39.3
城镇居民	Urban Household	26.3	26.7	28.1	28.2	29.1	29.2	29.6	30.3
农村居民	Rural Household	8.5	9.1	10.0	9.9	9.7	9.0	8.8	9.0
政府消费支出	Government Consumption	18.0	18.6	17.8	20.9	21.6	20.1	20.0	20.0
资本形成总额	**Gross Capital Formation**	**69.0**	**68.3**	**72.4**	**75.2**	**74.6**	**68.4**	**55.5**	**49.3**
固定资本形成总额	Gross Fixed Capital	63.4	63.5	67.7	71.2	71.2	65.6	53.2	47.3
存货变动	Change in Inventories	5.6	4.8	4.7	4.0	3.4	2.8	2.3	2.0
货物和服务净流出	**Net Exports of Goods and Services**	**-21.7**	**-22.7**	**-28.2**	**-34.3**	**-35.0**	**-26.7**	**-13.9**	**-8.5**

注：本表按当年价格计算。

Note: Data in this table are calculated at current prices.

3-9 各市县地区生产总值

Gross Domestic Product by City and County

单位:万元　　　　(2020年)　　　　(10 000 yuan)

地 区	Region	地区生产总值 Gross Domestic Product	分产业增加值 by Sub-industry 第一产业 Primary Industry	第二产业 Secondary Industry	第三产业 Tertiary Industry	分行业增加值 by Sector and Composition 农、林、牧、渔业 Agriculture, Forestry, Animal Husbandry and Fishery	工业 Industry	建筑业 Construction
银川市	**Yinchuan**	**19643676**	**757220**	**8326161**	**10560295**	**813666**	**6557164**	**1772193**
兴庆区	Xingqing	5510465	88158	733321	4688986	101483	228720	504601
西夏区	Xixia	3249389	70620	1944511	1234259	81294	1755150	189361
金凤区	Jinfeng	3016647	53549	593449	2369650	61642	258465	334984
永宁县	Yongning	1101948	196398	265114	640436	203920	168622	96608
贺兰县	Helan	1432909	212907	375605	844397	220909	277374	99705
灵武市	Lingwu	5332318	135589	4414161	782568	144419	3868834	546935
石嘴山市	**Shizuishan**	**5416236**	**372703**	**2592109**	**2451424**	**386995**	**2176055**	**419913**
大武口区	Dawukou	1954188	13825	896997	1043366	16810	773907	123089
惠农区	Huinong	1687678	73438	877771	736469	76072	739401	142229
平罗县	Pingluo	1774370	285439	817341	671589	294113	662747	154595
吴忠市	**Wuzhong**	**6217735**	**851047**	**2730236**	**2636452**	**888804**	**2255412**	**482317**
利通区	Litong	2006517	245055	777218	984244	260843	602173	181299
红寺堡区	Hongsipu	712013	89180	344893	277941	91699	302754	42138
盐池县	Yanchi	1153974	99362	619926	434686	105417	504033	116617
同心县	Tongxin	1029989	169690	355861	504439	174904	295795	60140
青铜峡市	Qingtongxia	1315241	247761	632339	435142	255941	550657	82122
固原市	**Guyuan**	**3524627**	**719514**	**691299**	**2113814**	**767367**	**388349**	**302950**
原州区	Yuanzhou	1469179	212685	252648	1003846	227762	154145	98503
西吉县	Xiji	784640	228131	106889	449620	241290	38702	68187
隆德县	Longde	354755	77947	68167	208641	83109	13929	54238
泾源县	Jingyuan	219499	41436	36120	141943	49836	4258	31862
彭阳县	Pengyang	696554	159315	227475	309764	165370	177315	50160
中卫市	**Zhongwei**	**4403233**	**679617**	**1749844**	**1973772**	**704932**	**1459916**	**290380**
沙坡头区	Shapotou	1945195	295704	772281	877210	305441	625877	146469
中宁县	Zhongning	1643606	218470	826425	598712	227673	759106	67572
海原县	Haiyuan	814432	165444	151138	497850	171818	74933	76339

注:　本表数据为2020年初步核算数。

Note:The data in this table is the preliminary accounting data of 2020 years.

3-9 续表1 continued

单位:万元 (2020年) (10 000 yuan)

地区	Region	分行业增加值 by Sector and Composition 交通运输、仓储和邮政业 Transport, Storage and Post Service	批发和零售业、住宿和餐饮业 Wholesale, Retail Trade, Hoteling and Catering Services	金融业 Finance and Insurance	房地产业 Real Estate	其他服务业 Other Services	人均地区生产总值(元/人) Per Capita Gross Domestic Product (yuan/person)
银川市	**Yinchuan**	**850284**	**1198423**	**2181354**	**1124414**	**5146178**	**69283**
兴庆区	Xingqing	356020	571354	1436968	425611	1885709	68334
西夏区	Xixia	113029	176090	110620	78753	745093	72401
金凤区	Jinfeng	112748	100209	414325	402423	1331851	48181
永宁县	Yongning	82774	104776	60314	30423	354512	34369
贺兰县	Helan	60600	169266	78802	139027	387226	42136
灵武市	Lingwu	125114	76728	80325	48178	441787	181820
石嘴山市	**Shizuishan**	**259854**	**297762**	**298824**	**119266**	**1457567**	**71901**
大武口区	Dawukou	82222	151918	143780	52463	609998	65407
惠农区	Huinong	105946	69785	87715	22542	443988	93892
平罗县	Pingluo	71686	76059	67329	44260	403582	64575
吴忠市	**Wuzhong**	**237590**	**410278**	**314679**	**194501**	**1434155**	**44971**
利通区	Litong	71001	168303	138769	83221	500909	43675
红寺堡区	Hongsipu	7615	42390	18107	23067	184244	36120
盐池县	Yanchi	28667	69677	45067	17212	267285	72671
同心县	Tongxin	29909	74847	49321	47346	297727	32145
青铜峡市	Qingtongxia	100398	55062	63415	23655	183991	53277
固原市	**Guyuan**	**253219**	**278612**	**188570**	**152953**	**1192608**	**30719**
原州区	Yuanzhou	157358	131209	93916	73322	532963	31252
西吉县	Xiji	60756	64572	39463	30742	240929	24746
隆德县	Longde	7812	26691	19037	19354	130584	31649
泾源县	Jingyuan	2660	12718	11865	10526	95774	25580
彭阳县	Pengyang	24634	43421	24289	19008	192357	42921
中卫市	**Zhongwei**	**217863**	**259706**	**227236**	**167452**	**1075748**	**41122**
沙坡头区	Shapotou	76077	131249	111772	87495	460816	48632
中宁县	Zhongning	64831	50816	81864	48396	343348	49203
海原县	Haiyuan	76955	77641	33600	31561	271585	24187

3-9 续表2 continued

(2020 年)

地 区	Region	构成(%) Conposition(%)			指数(上年=100) Indices(preceding year=100)				
		第一产业 Primary Industry	第二产业 Secondary Industry	第三产业 Tertiary Industry	地区生产总值 Gross Domestic Product	第一产业 Primary Industry	第二产业 Secondary Industry	第三产业 Tertiary Industry	人均地区生产总值 Per Capita GDP
银川市	**Yinchuan**	**3.9**	**42.4**	**53.7**	**103.2**	**100.7**	**102.8**	**103.8**	**100.6**
兴庆区	Xingqing	1.6	13.3	85.1	102.5	100.2	102.2	102.6	101.7
西夏区	Xixia	2.2	59.8	38.0	101.9	100.2	101.1	103.4	100.6
金凤区	Jinfeng	1.8	19.7	78.5	103.5	100.2	106.6	102.7	95.7
永宁县	Yongning	17.8	24.1	58.1	105.1	99.4	102.0	108.6	103.5
贺兰县	Helan	14.9	26.2	58.9	101.0	102.0	84.5	110.8	99.4
灵武市	Lingwu	2.5	82.8	14.7	104.8	101.4	105.0	103.8	104.3
石嘴山市	**Shizuishan**	**6.9**	**47.9**	**45.2**	**106.0**	**102.5**	**107.1**	**105.2**	**106.5**
大武口区	Dawukou	0.7	45.9	53.4	105.9	104.2	106.8	105.1	106.1
惠农区	Huinong	4.4	52.0	43.6	109.2	102.1	112.1	106.4	110.5
平罗县	Pingluo	16.1	46.1	37.8	103.0	102.6	102.3	104.0	103.3
吴忠市	**Wuzhong**	**13.7**	**43.9**	**42.4**	**106.2**	**104.3**	**108.8**	**103.9**	**106.1**
利通区	Litong	12.2	38.7	49.1	103.9	103.7	106.3	101.9	102.9
红寺堡区	Hongsipu	12.5	48.5	39.0	110.3	105.1	115.9	103.8	109.7
盐池县	Yanchi	8.6	53.7	37.7	110.1	104.3	114.7	104.9	109.5
同心县	Tongxin	16.5	34.5	49.0	110.0	104.1	111.8	110.6	109.8
青铜峡市	Qingtongxia	18.8	48.1	33.1	102.0	104.9	102.2	100.2	104.0
固原市	**Guyuan**	**20.4**	**19.6**	**60.0**	**105.6**	**104.1**	**112.3**	**103.9**	**106.2**
原州区	Yuanzhou	14.5	17.2	68.3	105.3	105.2	114.5	102.9	104.5
西吉县	Xiji	29.1	13.6	57.3	106.5	105.2	107.8	106.7	106.9
隆德县	Longde	22.0	19.2	58.8	107.7	104.5	124.0	103.6	112.3
泾源县	Jingyuan	18.9	16.4	64.7	103.2	103.8	100.3	103.9	104.9
彭阳县	Pengyang	22.9	32.6	44.5	105.1	101.6	110.8	103.3	107.2
中卫市	**Zhongwei**	**15.4**	**39.8**	**44.8**	**100.3**	**104.6**	**95.9**	**102.9**	**100.8**
沙坡头区	Shapotou	15.2	39.7	45.1	101.5	104.9	100.3	101.4	101.5
中宁县	Zhongning	13.3	50.3	36.4	97.0	103.9	90.1	105.3	96.9
海原县	Haiyuan	20.3	18.6	61.1	104.5	104.9	109.0	103.0	106.3

主要统计指标解释

［**地区生产总值(地区GDP)**］　指按市场价格计算的一个地区所有常住单位在一定时期内生产活动的最终成果。地区生产总值有三种表现形态,即价值形态、收入形态和产品形态。从价值形态看,它是所有常住单位在一定时期内生产的全部货物和服务价值与同期投入的全部非固定资产货物和服务价值的差额,即所有常住单位的增加值之和;从收入形态看,它是所有常住单位在一定时期内创造并分配给常住单位和非常住单位的初次收入之和;从产品形态看,它是所有常住单位在一定时期内最终使用的货物和服务价值与货物和服务净流出价值之和。

［**三次产业**］　三次产业的划分是世界上较为常用的产业结构分类,但各国的划分不尽一致。根据国家统计局《三次产业划分规定》和《国民经济行业分类》(GB/T 4754－2017),我国的三次产业划分是:

第一产业是指农、林、牧、渔业(不含农、林、牧、渔专业及辅助性活动)。

第二产业是指采矿业(不含开采专业及辅助活动),制造业(不含金属制品、机械和设备修理业),电力、热力、燃气及水生产和供应业,建筑业。

第三产业即服务业,是指除第一、二产业以外的其他行业。

［**当年价格**］　指报告期的实际价格,如工厂的出厂价格,农产品的收购价格,商业的零售价格等。使用当年价格计算的数字,是为了使国民经济各项指标互相衔接,便于考察当年社会经济效益,便于对生产和流通、生产和分配、生产和消费进行经济核算和综合平衡。

按当年价格计算的价值指标,在不同年份之间进行对比时,因为包含有各年间价格变动的因素,不能确切地反映实物量的增减变动。必须消除价格变动因素后,才能真实反映经济发展动态。因此,在计算增长速度时都使用按可比价格计算。

［**可比价格**］　指在不同时期的价值指标对比时,扣除了价格变动的因素,以确切反映实物量的变化。按可比价格计算有两种方法:一种是直接用产品产量乘某一年的不变价格计算;另一种是用价格指数换算。

［**支出法地区生产总值**］　是从最终使用的角度反映一个地区一定时期内生产活动最终成果的一种方法,包括最终消费支出、资本形成总额及货物和服务净流出三部分。计算公式为:

支出法地区生产总值＝最终消费支出＋资本形成总额＋货物和服务净流出

［**最终消费支出**］　指常住单位为满足物质、文化和精神生活的需要,从本国经济领土和国外购买的货物和服务的支出。它不包括非常住单位在本国经济领土内的消费支出。最终消费支出分为居民消费支出和政府消费支出。

［**居民消费支出**］　指常住住户承担的个人消费性货物和服务支出。居民消费支出既包括直接以货币形式购买货物和服务的消费支出,也包括以其他方式获得的货物和服务消费价值,后者称为虚拟支出,主要包括:单位以实物报酬或实物转移的形式提供给员工的货物和服务;住户生产用于自身消费的货物(如自产自用的农产品),以及纳入生产核算范围并用于自身消费的服务(如住户的自有住房服务);金融机构提供的、隐含在利息中的金融中介服务;保险机构提供的、隐含在保费中的保险服务。

［**政府消费支出**］　指政府部门为全社会提供的公共服务支出和为居民(个人)提供的货物和服务支出。其中,公共服务支出包括国家安全和国防、行政管理、制定法律规章、维护社会秩序和环境保护等方面的支出,它等于政府服务的产出价值减去政府机构有偿提供服务所获收入的差额。为居民(个人)提供的货物和

服务支出等于政府部门免费或以没有显著经济意义的价格向居民提供的货物和服务的价值减去向居民收取的费用,主要包括政府针对医疗卫生、教育、文化娱乐和社会保障等方面的支出。

[**资本形成总额**] 指常住单位在一定时期内获得减去处置的固定资产和存货的净额,包括固定资本形成总额和存货变动两部分。

[**固定资本形成总额**] 指常住单位在一定时期内获得的固定资产减处置的固定资产的价值总额。固定资产是通过生产活动生产出来的,且其使用年限在一年以上的资产,不包括自然资产、耐用消费品、小型工器具。固定资本形成总额按购买者价格计算,并在所有权发生变化时记录。核算内容主要包括住宅,非住宅建筑物,机器和设备(包括武器系统),知识产权产品中的研发支出、计算机软件、矿藏勘探费、文学艺术品原件,新增役、种、奶、毛及娱乐用牲畜和新增经济林木价值等培育资产,住宅产权和非生产资产所有权转移费用等。目前由于数据资料来源困难,暂不对研发支出、文学艺术品原件、培育资产、住宅产权和非生产资产所有权转移费用进行核算。

[**存货变动**] 指常住单位按市场价格计算的存货变化的价值,即期末价值减期初价值的差额,其中不包括核算期内由于价格变动而产生的持有损益。存货的核算范围既包括生产单位购进的原材料、燃料和储备物资等存货,也包括生产单位生产的产成品、在制品和半成品等存货。存货变动可以是正值,也可以是负值,正值表示存货增加,负值表示存货减少。根据资料来源,存货变动按行业计算。

[**货物和服务净流出**] 指货物和服务流出减货物和服务流入的差额。流出包括常住单位向非常住单位出售或无偿转让的各种货物和服务的价值,流入包括常住单位从非常住单位购买或无偿得到的各种货物和服务的价值。

Explanatory Notes on Main Statistical Indicators

Gross Domestic Product (GDP) refers to the final products produced by all resident units in a region during a certain period of time. Gross domestic product is expressed in three different perspectives, namely value, income, and products respectively. GDP in its value perspective refers to the balance of total value of all goods and services produced by all resident units during a certain period of time, minus the total value of input of goods and services of the nature of non - fixed assets; in other words, it is the sum of the value - added of all resident units. GDP from the perspective of income refers to the sum of all kinds of revenue, including compensation of employees, net taxes on production, depreciation of fixed assets, and operating surplus. GDP from the perspective of products refers to the value of all goods and services for final demand by all resident units plus the net exports of goods and services during a given period of time.

Three Strata of Industry Classification of economic activities into three strata of industries is a common practice in the world, although the grouping varies to some extent from country to country. In China, according to Industrial Classification for National Economic Activities (GB/T 4754—2017) and Rules on Division of Three Strata of Industries, economic activities are categorized into the following three strata of industries:

Primary industry refers to agriculture, forestry, animal husbandry and fishery industries (not including services in support of agriculture, forestry, animal husbandry and fishery industries).

Secondary industry refers to mining and quarrying (not including support activities for mining), manufacturing (not including repair service of metal products, machinery and equipment), production and supply of electricity, heat, gas and water, and construction.

Tertiary industry refers to all other economic activities not included in the primary or secondary industries.

GDP by Expenditure Approach refers to the method of measuring the final results of production activities of a country (region) during a given period from the perspective of final uses. It includes final consumption expenditure, gross capital formation and net export of goods and services. The formula for computation is:

GDP by expenditure approach = final consumption expenditure + gross capital formation + net export of goods and services

Final Consumption Expenditure refers to the total expenditure of resident units for purchases of goods and services from both the domestic economic territory and abroad to meet the needs of material, cultural and spiritual life. It does not include the expenditure of non - resident units on consumption in the economic territory of the country. The final consumption expenditure is broken down into household consumption expenditure and government consumption expenditure.

Household Consumption Expenditure refers to the total expenditure of resident households on the final consumption of goods and services. In addition to the consumption of goods and services bought by the households directly with money, the household consumption expenditure also includes expenditure on goods and services obtained by the households in other ways, i. e. the so - called imputed consumption expenditure, which mainly includes: (a) the goods and services provided to households by employers in the form of payment in kind and transfer in kind; (b) goods and services produced and consumed by the households themselves (such as self - producing - and - self - consuming agricultural products); (c) financial intermediate services rovided by banking and insurance institutions.

Government Consumption Expenditure refers to the consumption expenditure spent for the provision of public services provided by the government to the whole country and the net expenditure on the goods and services provided by the government to households free of charge or at low prices. The former equals to the output value of the government services minus the value of operating income obtained by the government departments. The latter equals to the market value of the goods and services provided by the government free of charge or at low prices to the households minus the value received by the government from the households.

Gross Capital Formation refers to resident units' acquisitions less disposals of fixed assets and inventory during a given period, including gross fixed capital formation and changes in inventories.

Gross Fixed Capital Formation refers to the value of acquisitions less disposals of fixed assets during a given period. Fixed assets are the assets produced through production activities with unit value above a specified amount and which could be used for over one year. Natural assets, consumer durables, small instruments are not included. Gross fixed capital formation includes the value of housing, other buildings and structure, equipment and machinery, breeding biological resources, intellectual property right product (expenditure for R&D, the prospecting of minerals and the acquisition of computer software) minus the disposal of them.

Changes in Inventories refer to the market value of the change in the physical volume of inventory of resident units during a given period, i. e. the difference between the values at the beginning and at the end of the period minus the gains due to the change in prices. The changes in inventories can have a positive or a negative value. A positive value indicates an increase in inventory while a negative value indicates a decrease in inventory. The inventory includes raw materials, fuels and reserve materials purchased by the production units as well as the inventory of finished products, semi – finished products and work – in – progress.

Net Export of Goods and Services refers to the exports of goods and services subtracting the imports of goods and services. Exports include the value of various goods and services sold or gratuitously transferred by resident units to non – resident units. Imports include the value of various goods and services purchased or gratuitously acquired by resident units from non – resident units. The exports and imports of goods are calculated at FOB.

第四篇 人口

Chapter4 Population

资料整理:袁红　哈建国　冯海江　唐波　白晓明　汪蓉

Data Compilation: Yuan Hong　Ha JianGuo　Feng Haijiang　Tang Bo　Bai Xiaoming　Wang Rong

4-1 全区户数、人口数、户规模与性别比

Household, Population, Household Size and Sex Ratio

年份 Year	总户数（户） Number of Households (household)	总人口数（人）Population (person) 合计 Total	男 Male 人数 Population	男 Male 比重（%） Percentage (%)	女 Female 人数 Population	女 Female 比重（%） Percentage (%)	平均每户人数（人/户） Average Family Size (person/household)	性别比（女=100） Sex Ratio (Female=100)
1950	224904	1259619	663298	52.66	596321	47.34	5.60	111.23
1953	279719	1510483	802139	53.10	708344	46.90	5.40	113.24
1958	334349	1935163	1034493	53.46	900670	46.54	5.90	114.86
1960	399445	2130316	1153050	54.13	977266	45.87	5.33	117.99
1965	441086	2267851	1191628	52.54	1076223	47.46	5.14	110.72
1970	519067	2773480	1442033	51.99	1331447	48.01	5.34	108.31
1975	613969	3279228	1703021	51.93	1576207	48.07	5.34	108.05
1978	667996	3555828	1841668	51.79	1714160	48.21	5.32	107.44
1980	699614	3737169	1930280	51.65	1806889	48.35	5.33	106.83
1985	808315	4146215	2137278	51.55	2008937	48.45	5.13	106.39
1990	1009078	4656774	2396934	51.47	2259840	48.53	4.61	106.07
1995	1195094	5123845	2632599	51.38	2491246	48.62	4.29	105.67
1996	1235188	5212099	2679993	51.42	2532106	48.58	4.22	105.84
1997	1271075	5289401	2717756	51.38	2571645	48.62	4.16	105.68
1998	1320085	5365666	2754769	51.34	2610897	48.66	4.06	105.51
1999	1354786	5432891	2784706	51.26	2648185	48.74	4.01	105.16
2000	1406024	5543214	2839607	51.23	2703607	48.77	3.94	105.10
2001	1442585	5632211	2889481	51.30	2742730	48.70	3.90	105.35
2002	1474654	5715376	2928132	51.23	2787244	48.77	3.88	105.05
2003	1521845	5801912	2976411	51.30	2825501	48.70	3.81	105.34
2004	1571951	5877142	3018099	51.35	2859043	48.65	3.74	105.56
2005	1672299	5962029	3056766	51.27	2905263	48.73	3.57	105.21
2006	1661191	6037305	3090722	51.19	2946583	48.81	3.63	104.89
2007	1784141	6102518	3117717	51.09	2984801	48.91	3.42	104.45
2008	1828332	6176939	3153651	51.06	3023288	48.94	3.38	104.31
2009	1881371	6252023	3186039	50.96	3065984	49.04	3.32	103.92
2010	1954859	6329550	3243333	51.24	3086217	48.76	3.24	105.09
2011	1999845	6479497	3311671	51.11	3167826	48.89	3.24	104.54
2012	2003429	6591280	3346393	50.77	3244887	49.23	3.29	103.13
2013	2056710	6663740	3407170	51.13	3256570	48.87	3.24	104.62
2014	2152749	6781159	3465172	51.10	3315987	48.90	3.15	104.50
2015	2156349	6835625	3483435	50.96	3352190	49.04	3.17	103.92
2016	2177471	6946134	3532804	50.86	3413330	49.14	3.19	103.50
2017	2259867	7050784	3558531	50.47	3492253	49.53	3.12	101.90
2018	2288825	7095357	3577479	50.42	3517878	49.58	3.10	101.69
2019	2381836	7169326	3614057	50.41	3555269	49.59	3.01	101.65
2020	2729346	7209319	3672301	50.94	3537018	49.06	2.64	103.82

注：自2001年起，人口数据为常住人口，按年度人口变动情况抽样调查、1%人口抽样调查数据推算，人口普查年份以普查数据为准。

Note: From 2001, data in this table refer to resident population, which are estimated on the basis of annual national 1% population sample survey. In the census year Taking census data as the standard.

4-2 农业、非农业与市镇、乡村人口

Population of Agriculture and Non-Agriculture, Urban and Rural

单位:人 (person)

年份 Year	农业人口 Agriculture Population	非农业人口 Non-agriculture pulation	市、镇人口 Urban Population	乡村人口 Rural Population	城镇人口比重% Proportion of Urban Population
1950	1165106	94513	135145	1124474	
1953	1375430	135053	120385	1390098	
1958	1698952	236211	320635	1614528	
1960	1721839	408477	505202	1625114	
1965	1921985	345866	429425	1838426	
1970	2323964	449516	542348	2231132	
1975	2729220	550008	656452	2622776	
1978	2945095	610733	730332	2825496	
1980	3059028	678141	791835	2945334	
1985	3313764	832451	1464532	2681683	
1990	3542939	1113835	1923991	2732783	
1995	3744295	1379550	2516033	2607812	
1996	3804257	1407842	2698118	2513981	
1997	3822377	1467024	2777332	2512069	
1998	3843507	1522159	2823001	2542665	
1999	3878930	1553961	2854988	2577903	
2000	3950946	1592268	1803855	3739359	32.54
2001	3992902	1639309	1876653	3755558	33.32
2002	4027547	1687829	1954659	3760717	34.20
2003	3817164	1984748	2142337	3659575	36.92
2004	3799685	2077457	2386120	3491022	40.60
2005	3819228	2142801	2520746	3441283	42.28
2006	3839178	2198127	2593626	3443679	42.96
2007	3864589	2237929	2686553	3415965	44.02
2008	3887666	2289273	2778230	3398709	44.98
2009	3924177	2327846	2882093	3369930	46.10
2010	3972837	2356713	3035652	3293898	47.96
2011	4054221	2425276	3252707	3226790	50.20
2012	4103731	2487549	3371440	3219840	51.15
2013	4010905	2652835	3521120	3142620	52.84
2014	4065983	2715176	3717431	3063728	54.82
2015			3894939	2940686	56.98
2016			4080159	2865975	58.74
2017			4297453	2753331	60.95
2018			4409764	2685593	62.15
2019			4561842	2607484	63.63
2020			4683019	2526300	64.96

注: 2000年起城乡人口按人口变动情况抽样调查1%人口抽样调查及相关人口统计资料推算,人口普查年份以普查数据为准。

Note: Since 2000, the urban and rural population are estimated on the basis of annual national 1% population sample survey and related data, Census year is based on census data.

4-3 民族人口和构成

Nationality Population and Its Composition

年份 Year	汉族 Han		回族 Hui		其他少数民族 Others	
	人口数(人) Population (person)	比重(%) Percentage(%)	人口数(人) Population (person)	比重(%) Percentage(%)	人口数(人) Population (person)	比重(%) Percentage(%)
1950	876725	69.60	381806	30.31	1088	0.09
1953	1009963	66.86	498783	33.02	1737	0.12
1958	1303335	67.35	629797	32.54	2031	0.11
1960	1515958	71.16	612379	28.75	1979	0.09
1965	1569719	69.22	695061	30.65	3071	0.13
1970	1931177	69.63	839353	30.26	2950	0.11
1975	2280396	69.54	995202	30.35	3630	0.11
1978	2457551	69.11	1094660	30.78	3617	0.11
1980	2565593	68.65	1167257	31.23	4319	0.12
1985	2797427	67.47	1337561	32.26	11227	0.27
1990	3098093	66.53	1538925	33.05	19756	0.42
1995	3374813	65.86	1724148	33.65	24884	0.49
1996	3424762	65.71	1761876	33.80	25461	0.49
1997	3465287	65.51	1797247	33.98	26867	0.51
1998	3507446	65.37	1829700	34.10	28520	0.53
1999	3537134	65.11	1865903	34.34	29854	0.55
2000	3602104	64.98	1910101	34.46	31009	0.56
2001	3649994	64.81	1950424	34.63	31793	0.56
2002	3694928	64.65	1987129	34.77	33319	0.58
2003	3741161	64.48	2024723	34.90	36028	0.62
2004	3774150	64.22	2064854	35.13	38138	0.65
2005	3816891	64.02	2105192	35.31	39946	0.67
2006	3856020	63.87	2140903	35.46	40382	0.67
2007	3874218	63.49	2182260	35.76	46040	0.75
2008	3909502	63.29	2220417	35.95	47020	0.76
2009	3952260	63.22	2251503	36.01	48260	0.77
2010	4096692	64.72	2191810	34.63	41048	0.65
2011	4116424	63.53	2317068	35.76	46005	0.71
2012	4197327	63.68	2343859	35.56	50094	0.76
2013	4240804	63.64	2372291	35.60	50645	0.76
2014	4302645	63.45	2420874	35.70	57640	0.85
2015	4313963	63.11	2464243	36.05	57419	0.84
2016	4374675	62.98	2513111	36.18	58348	0.84
2017	4430713	62.84	2560140	36.31	59931	0.85
2018	4442403	62.61	2593353	36.55	59601	0.84
2019	4479395	62.48	2630426	36.69	59505	0.83
2020	4617207	64.04	2525952	35.04	66160	0.92

4－4 人口自然变动情况
Natural Change of Population

年份 Year	年平均人口（人）Annual Average Population (person)	出生 Birth 人数（人）Population (person)	出生率（‰）Birth Rate (‰)	死亡 Death 人数（人）Population (person)	死亡率（‰）Death Rate (‰)	自然增长 Natural Growth 人数（人）Population (person)	自然增长率（‰）Natural Growth Rate (‰)
1950	1228560	49536	40.32	25284	20.58	24252	19.74
1953	1467318	58707	40.01	28437	19.38	30270	20.63
1958	1864485	73316	39.32	27936	14.98	45380	24.34
1960	2109436	34970	16.58	29331	13.90	5639	2.68
1965	2208416	106191	48.08	20509	9.29	85682	38.79
1970	2711573	109191	40.27	17168	6.33	92023	33.94
1975	3225840	117747	36.50	25073	7.77	92674	28.73
1978	3511449	99991	28.48	19169	5.46	80822	23.02
1980	3689265	92069	24.96	17430	4.72	74639	20.24
1985	4107443	70552	17.18	15934	3.88	54618	13.30
1990	4655451	113470	24.34	25759	5.52	87711	18.82
1995	5081264	97967	19.28	27896	5.49	70071	13.79
1996	5167972	98347	19.03	27132	5.25	71215	13.78
1997	5250750	99239	18.90	28511	5.43	70728	13.47
1998	5327534	96908	18.19	27224	5.11	69684	13.08
1999	5399279	97025	17.97	30506	5.65	66519	12.32
2000	5488053	90501	16.49	25090	4.57	65411	11.92
2001	5587713	92477	16.55	27045	4.84	65432	11.71
2002	5673794	93164	16.42	27575	4.86	65589	11.56
2003	5758644	90296	15.68	27238	4.73	63057	10.95
2004	5839527	93257	15.97	27971	4.79	65286	11.18
2005	5919586	94299	15.93	29302	4.95	64997	10.98
2006	5999667	93175	15.53	29038	4.84	64137	10.69
2007	6069912	89835	14.80	30592	5.04	59243	9.76
2008	6139729	87860	14.31	28366	4.62	59494	9.69
2009	6214481	89364	14.38	29208	4.70	60156	9.68
2010	6290787	88981	14.14	32110	5.10	56871	9.04
2011	6404524	87422	13.65	29973	4.68	57449	8.97
2012	6535389	86659	13.26	28298	4.33	58361	8.93
2013	6627510	86953	13.12	29824	4.50	57129	8.62
2014	6722450	88064	13.10	30453	4.53	57611	8.57
2015	6808392	85922	12.62	31182	4.58	54740	8.04
2016	6890880	94336	13.69	32525	4.72	61811	8.97
2017	6998459	94059	13.44	33243	4.75	60816	8.69
2018	7073071	94213	13.32	39185	5.54	55028	7.78
2019	7132342	97856	13.72	40583	5.69	57273	8.03
2020	7189323	83324	11.59	42273	5.88	41051	5.71

4－5 七次人口普查人口基本情况

指　标	Item
总人口(万人)	**Total Population(10 000 persons)**
男	Male
女	Female
性别比（以女性为100）	Sex Ratio(female＝100)
家庭户规模(人/户)	**Average Family Household Size (person/household)**
各年龄组人口(万人)	**Population by Age Group(10 000 persons)**
0－14岁	0－14
15－64岁	15－64
65岁及以上	65 and Over
民族人口	**Population by Ethnicity**
汉族(万人)	Han(10 000 persons)
占总人口比重（%）	Percentage to Total Population (%)
回族(万人)	Hui (10 000 persons)
占总人口比重（%）	Percentage to Total Population (%)
其他少数民族（万人）	Other Ethnic Minorities(10 000 persons)
占总人口比重(%)	Percentage to Total Population (%)
每十万人拥有的各种受教育程度人口(人)	**Population with Various Education Attainments Per 100 000 Persons (Person)**
大专及以上	Junior College and Above
高中和中专	Senior Secondary School and Technical Secondary School
初中	Junior Secondary School
小学	Primary School
文盲人口及文盲率	**Illiterate Population and Illiterate Rate**
文盲人口(万人)	Illiterate Population (10 000 persons)
文盲率(%)	Illiterate Rate(%)
城乡人口(万人)	**Population by Residence (10 000 Persons)**
城镇人口	Urban Population
乡村人口	Rural Population

Basic Statistics on Population Census in 1953,1964, 1982,1990,2000,2010 and 2020

1953.7.1	1964.7.1	1982.7.1	1990.7.1	2000.11.1	2010.11.1	2020.11.1
150.62	**210.75**	**389.56**	**465.54**	**548.64**	**630.14**	**720.27**
80.74	110.84	200.68	238.95	281.35	322.74	366.89
69.88	99.91	188.87	226.60	267.29	307.40	353.37
115.55	110.95	106.25	105.45	105.26	104.99	103.83
5.10	**4.98**	**5.09**	**4.57**	**3.82**	**3.17**	**2.65**
61.27	91.39	160.71	157.07	155.67	134.80	146.80
84.84	114.56	216.39	292.13	368.42	455.05	504.18
4.51	4.80	12.45	16.34	24.55	40.29	69.28
100.07	145.71	265.13	310.74	359.06	408.64	461.30
66.43	69.14	68.06	66.75	65.45	64.85	64.05
50.37	64.70	123.52	152.44	186.24	217.38	252.36
33.44	30.70	31.71	32.75	33.95	34.50	35.04
0.17	0.34	0.91	2.36	3.34	4.12	6.61
0.13	0.16	0.23	0.50	0.60	0.65	0.91
	380	659	1610	3690	9316	17340
	1250	5294	8010	10934	12580	13432
	4080	15542	20272	27859	33813	29717
	18730	25686	29424	31845	29656	26111
		105.01	103.27	61.77	41.92	29.10
		45.89	33.48	15.72	6.65	4.04
	24.94	75.58	119.75	180.39	302.21	467.87
	185.81	313.98	345.79	368.25	327.93	252.40

4-6 各市县人口总数

Population by City and County in Main Years

单位：人 (person)

地 区	Region	1958	1978	1980	1990	2000	2010	2011	2012
全区总计	**Total**	**1935163**	**3555828**	**3737169**	**4656774**	**5543214**	**6329550**	**6479497**	**6591280**
银川市	**Yinchuan**	**401035**	**786743**	**822542**	**1034520**	**1264588**	**2004456**	**2133842**	**2218858**
银川市	District	148237	325177	344540	480184	641723	1299129	1391419	1450811
兴庆区	Xingqing						683009	700266	713930
西夏区	Xixia						331138	352633	366792
金凤区	Jinfeng						284982	338520	370089
永宁县	Yongning	81971	146243	149157	168325	185213	218719	236031	247502
贺兰县	Helan	96125	152140	154492	166423	182500	224062	241517	252898
灵武市	Lingwu	74702	163183	174353	219588	255152	262546	264875	267647
石嘴山市	**Shizuishan**	**220670**	**506569**	**529873**	**613753**	**691677**	**727005**	**728976**	**731289**
石嘴山市	District	67618	269636	286591	346755	399687	473756	475054	475979
大武口区	Dawukou						287719	289809	291818
惠农区	Huinong	45841	67409	66019	71734	71172	186037	185245	184161
平罗县	Pingluo	135562	219145	224699	245070	261481	253249	253922	255310
陶乐县	Taole	17490	17788	18583	21928	30509			
吴忠市	**Wuzhong**	**370840**	**660327**	**696769**	**892347**	**1067147**	**1282132**	**1294725**	**1309214**
利通区	Litong	115189	196266	205838	257959	306379	380278	392073	401830
红寺堡区	Hongsipu						166992	167927	169963
盐池县	Yanchi	52637	108157	114378	140038	152117	146786	147706	149372
同心县	Tongxin	88136	183156	197780	279103	363630	322841	324112	327228
青铜峡市	Qingtongxia	114878	172748	178773	215247	245021	265235	262907	260821
固原市	**Guyuan**	**588899**	**991027**	**1047927**	**1316834**	**1504288**	**1233200**	**1239686**	**1246216**
原州区	Yuanzhou	187682	328542	350155	442190	507874	412701	426388	436855
西吉县	Xiji	157564	274186	291842	377333	452477	357537	356844	357777
隆德县	Longde	104585	151025	155523	185327	216954	160986	157347	154111
泾源县	Jingyuan	46564	73414	77114	93538	81888	101279	100519	100232
彭阳县	Pengyang	92504	163860	173293	218446	245095	200697	198588	197241
中卫市	**Zhongwei**	**353719**	**611162**	**640058**	**799320**	**1015514**	**1082757**	**1082268**	**1085703**
沙坡头区	Shapotou	132403	234374	239966	289527	335374	379121	381554	384222
中宁县	Zhongning	111175	164986	172219	205960	315900	313619	313832	315674
海原县	Haiyuan	110141	211802	227873	303833	364240	390017	386882	385807

注：2003 年，由于行政区划调整，陶乐县建制被取消，更名为陶乐镇。

Note: In 2003, Taole County was renamed Taole town because of the adjustment of administrative divisions.

4－6 续表 Continued

单位:人 (person)

地 区	Region	2013	2014	2015	2016	2017	2018	2019	2020
全区总计	**Total**	**6663740**	**6781159**	**6835625**	**6946134**	**7050784**	**7095357**	**7169326**	**7209319**
银 川 市	**Yinchuan**	**2291713**	**2411593**	**2473435**	**2571767**	**2673925**	**2720413**	**2808826**	**2861720**
银 川 市	District	1493211	1574936	1607998	1674126	1748400	1785503	1859070	1903553
兴 庆 区	Xingqing	727473	752693	764839	777415	791067	796669	803774	809030
西 夏 区	Xixia	376893	397148	405395	421214	434246	438933	447633	449975
金 凤 区	Jinfeng	388845	425095	437764	475497	523087	549901	607663	644548
永 宁 县	Yongning	261724	273902	280086	296395	307601	312275	319323	321916
贺 兰 县	Helan	265715	288014	299675	312756	327556	331115	338312	341823
灵 武 市	Lingwu	271063	274741	285676	288490	290368	291520	292121	294428
石嘴山市	**Shizuishan**	**743397**	**751048**	**760275**	**761538**	**763156**	**758827**	**754505**	**752084**
石嘴山市	District	478397	478970	485132	484622	486373	482713	479411	477624
大武口区	Dawukou	293517	295271	299067	300172	300535	299506	298976	298568
惠 农 区	Huinong	184880	183699	186065	184450	185838	183207	180435	179056
平 罗 县	Pingluo	265000	272078	275143	276916	276783	276114	275094	274460
陶 乐 县	Taole								
吴 忠 市	**Wuzhong**	**1322265**	**1340526**	**1354117**	**1365808**	**1376490**	**1380594**	**1381256**	**1383992**
利 通 区	Litong	411008	419943	427715	438727	447763	452725	457631	461216
红寺堡区	Hongsipu	176846	185875	192473	194312	195495	195819	196456	197787
盐 池 县	Yanchi	150618	152136	153506	155145	156739	157742	158233	159356
同 心 县	Tongxin	319684	315952	315199	315607	317374	319875	319734	321098
青铜峡市	Qingtongxia	264109	266620	265224	262017	259119	254433	249202	244535
固 原 市	**Guyuan**	**1214009**	**1188127**	**1160967**	**1159873**	**1157197**	**1156821**	**1151541**	**1143199**
原 州 区	Yuanzhou	433882	435774	438025	448466	457880	464226	468439	471765
西 吉 县	Xiji	346037	334399	323139	321332	317817	318297	318042	316119
隆 德 县	Longde	148492	141268	134071	127140	123301	119223	114631	109552
泾 源 县	Jingyuan	96190	95435	90710	89950	88825	87942	86518	85102
彭 阳 县	Pengyang	189408	181251	175022	172985	169374	167133	163911	160661
中 卫 市	**Zhongwei**	**1092356**	**1089865**	**1086831**	**1087148**	**1080016**	**1078702**	**1073198**	**1068324**
沙坡头区	Shapotou	392975	394161	395382	396782	399510	399962	399804	400166
中 宁 县	Zhongning	327031	328826	330519	331719	332763	333529	333764	334331
海 原 县	Haiyuan	372350	366878	360930	358647	347743	345211	339630	333827

4-7 各市县户数、人口数和户规模

Household, Population, Household Size by City and County

地区	Region	总户数（户）Number of Households (household)	总人口（人）Population (person) 合计 Total	男性 Male	女性 Female	平均家庭人口数（人/户）Average Family Size (person/household)
全区总计	**Total**	**2729346**	**7209319**	**3672301**	**3537018**	**2.64**
银川市	**Yinchuan**	**1147120**	**2861720**	**1455212**	**1406508**	**2.49**
银川市	District	775921	1903553	954525	949028	2.45
兴庆区	Xingqing	335697	809030	405971	403059	2.41
西夏区	Xixia	179273	449975	228407	221568	2.51
金凤区	Jinfeng	260951	644548	320147	324401	2.47
永宁县	Yongning	124774	321916	165046	156870	2.58
贺兰县	Helan	134048	341823	174501	167322	2.55
灵武市	Lingwu	112377	294428	161140	133288	2.62
石嘴山市	**Shizuishan**	**315269**	**752084**	**384842**	**367242**	**2.39**
石嘴山市	District	204152	477624	245252	232372	2.34
大武口区	Dawukou	124924	298568	150478	148090	2.39
惠农区	Huinong	79228	179056	94774	84282	2.26
平罗县	Pingluo	111117	274460	139590	134870	2.47
吴忠市	**Wuzhong**	**496431**	**1383992**	**703486**	**680506**	**2.79**
利通区	Litong	172740	461216	230424	230792	2.67
红寺堡区	Hongsipu	59754	197787	101049	96738	3.31
盐池县	Yanchi	63998	159356	84395	74961	2.49
同心县	Tongxin	99720	321098	162636	158462	3.22
青铜峡市	Qingtongxia	100219	244535	124982	119553	2.44
固原市	**Guyuan**	**394077**	**1143199**	**581132**	**562067**	**2.90**
原州区	Yuanzhou	164953	471765	236071	235694	2.86
西吉县	Xiji	100038	316119	162770	153349	3.16
隆德县	Longde	40129	109552	55740	53812	2.73
泾源县	Jingyuan	28558	85102	43666	41436	2.98
彭阳县	Pengyang	60399	160661	82885	77776	2.66
中卫市	**Zhongwei**	**376449**	**1068324**	**547629**	**520695**	**2.84**
沙坡头区	Shapotou	151578	400166	205565	194601	2.64
中宁县	Zhongning	118557	334331	171311	163020	2.82
海原县	Haiyuan	106314	333827	170753	163074	3.14

注：表中数据根据2020年人口普查结果推算。

Note: The data in the table are calculated according to the results of the 2020 census.

4-8 各市县民族人口和构成
Nationality Population and Its Composition by City and County

地区	Region	汉族 Han		回族 Hui		其他少数民族 Others	
		人口数(人) Population (person)	比重(%) Percentage (%)	人口数(人) Population (person)	比重(%) Percentage (%)	人口数(人) Population (person)	比重(%) Percentage (%)
全区总计	**Total**	**4617207**	**64.04**	**2525952**	**35.04**	**66160**	**0.92**
银川市	**Yinchuan**	**2147841**	**75.05**	**668210**	**23.35**	**45669**	**1.60**
银川市	District	1479412	77.72	387277	20.34	36864	1.94
兴庆区	Xingqing	654748	80.93	142227	17.58	12055	1.49
西夏区	Xixia	336806	74.85	100929	22.43	12240	2.72
金凤区	Jinfeng	487858	75.69	144121	22.36	12569	1.95
永宁县	Yongning	237799	73.87	79835	24.80	4282	1.33
贺兰县	Helan	268194	78.46	70313	20.57	3316	0.97
灵武市	Lingwu	162436	55.17	130785	44.42	1207	0.41
石嘴山市	**Shizuishan**	**568752**	**75.62**	**176349**	**23.45**	**6983**	**0.93**
石嘴山市	District	396775	83.07	74909	15.68	5940	1.25
大武口区	Dawukou	260710	87.32	33350	11.17	4508	1.51
惠农区	Huinong	136065	75.99	41559	23.21	1432	0.80
平罗县	Pingluo	171977	62.66	101440	36.96	1043	0.38
吴忠市	**Wuzhong**	**619176**	**44.74**	**755826**	**54.61**	**8990**	**0.65**
利通区	Litong	176738	38.32	282172	61.18	2306	0.50
红寺堡区	Hongsipu	69562	35.17	127929	64.68	296	0.15
盐池县	Yanchi	153221	96.15	5801	3.64	334	0.21
同心县	Tongxin	30312	9.44	290626	90.51	160	0.05
青铜峡市	Qingtongxia	189343	77.43	49298	20.16	5894	2.41
固原市	**Guyuan**	**606427**	**53.05**	**535191**	**46.82**	**1581**	**0.13**
原州区	Yuanzhou	259848	55.08	210879	44.70	1038	0.22
西吉县	Xiji	130115	41.16	185783	58.77	221	0.07
隆德县	Longde	92736	84.65	16641	15.19	175	0.16
泾源县	Jingyuan	11940	14.03	73111	85.91	51	0.06
彭阳县	Pengyang	111788	69.58	48777	30.36	96	0.06
中卫市	**Zhongwei**	**675011**	**63.18**	**390376**	**36.54**	**2937**	**0.28**
沙坡头区	Shapotou	363231	90.77	35335	8.83	1600	0.40
中宁县	Zhongning	234466	70.13	99229	29.68	636	0.19
海原县	Haiyuan	77314	23.16	255812	76.63	701	0.21

4-9 各市县回族人口数

Hui Nationality Population by City and County in Main Years

单位:人 (person)

地　区	Region	1958	1978	1980	1990	2000	2010	2011	2012
全区总计	**Total**	**629797**	**1094660**	**1167257**	**1538925**	**1910101**	**2191810**	**2317068**	**2343859**
银川市	**Yinchuan**	**116123**	**191204**	**200710**	**253987**	**331708**	**462090**	**507428**	**525204**
银川市	District	32040	60144	63495	85885	137059	241464	267431	281457
兴庆区	Xingqing	16694	18484	18788	22343	24970	109555	116314	130792
西夏区	Xixia						60746	66683	63418
金凤区	Jinfeng						71163	87406	90376
永宁县	Yongning	16694	18484	18788	22343	24970	49755	54830	50589
贺兰县	Helan	22473	35614	36419	38351	45229	51072	56080	60063
灵武市	Lingwu	44916	76962	82008	107408	124450	119799	125206	126758
石嘴山市	**Shizuishan**	**46253**	**94450**	**99837**	**118499**	**139678**	**141704**	**147472**	**148159**
石嘴山市	District	23899	28423	30705	37767	47121	61338	63895	57546
大武口区	Dawukou						27293	28546	29123
惠农区	Huinong	21721	11487	11887	13346	14029	34045	35197	28287
平罗县	Pingluo	21362	64193	67293	78645	84633	80366	83617	90737
陶乐县	Taole	992	1834	1839	2087	7924			
吴忠市	**Wuzhong**	**149851**	**274030**	**293313**	**401384**	**501731**	**665371**	**692678**	**690218**
利通区	Litong	68593	106376	112225	141700	165635	225098	240929	245237
红寺堡区	Hongsipu						101469	104904	101536
盐池县	Yanchi	1348	2971	3170	3743	3825	4065	4018	3256
同心县	Tongxin	68964	142119	154163	225477	297440	286943	295623	295585
青铜峡市	Qingtongxia	10946	22564	23755	30464	34831	47796	48638	47391
固原市	**Guyuan**	**240744**	**388568**	**414006**	**547024**	**625774**	**547642**	**567776**	**569895**
原州区	Yuanzhou	76490	128357	138005	184838	215932	188608	200147	213010
西吉县	Xiji	84055	132627	141828	192304	239145	201244	206720	203110
隆德县	Longde	8314	11525	12057	15741	20015	17654	17953	17985
泾源县	Jingyuan	45243	70745	74451	90719	79461	81375	83793	78001
彭阳县	Pengyang	26642	45314	47665	63422	71221	58761	60391	60691
中卫市	**Zhongwei**	**76826**	**146408**	**159391**	**218031**	**311210**	**375003**	**388967**	**388899**
沙坡头区	Shapotou	1022	1681	1695	3492	4640	23182	23618	23975
中宁县	Zhongning	2635	4022	4281	4946	51588	77361	80215	76961
海原县	Haiyuan	73169	140705	153415	209593	254982	274460	283043	283877

注: 2003年,由于行政区划调整,陶乐县建制被取消,更名为陶乐镇。
Note: In 2003, Taole county was renamed Taole town because of the adjustment of administrative divisions.

4-9 续表 Continued

单位:人 (person)

地 区	Region	2013	2014	2015	2016	2017	2018	2019	2020
全区总计	**Total**	**2372291**	**2420874**	**2464243**	**2513111**	**2560140**	**2593353**	**2630426**	**2525952**
银川市	**Yinchuan**	**551386**	**604586**	**636662**	**661716**	**688803**	**704315**	**724396**	**668210**
银川市	District	299986	329634	342021	354245	369787	379955	394309	387277
兴庆区	Xingqing	140402	148055	152050	154783	157897	161883	163166	142227
西夏区	Xixia	65391	69620	72768	75145	78338	79315	81022	100929
金凤区	Jinfeng	97756	118729	124938	133187	143012	147538	158782	144121
永宁县	Yongning	53601	57026	58230	61976	64935	67139	69389	79835
贺兰县	Helan	61513	69498	71862	75906	80382	81223	84307	70313
灵武市	Lingwu	128809	137728	151123	152986	154389	155526	154649	130785
石嘴山市	**Shizuishan**	**157080**	**161250**	**166044**	**166777**	**170184**	**171798**	**175422**	**176349**
石嘴山市	District	59417	60829	61951	61789	65125	66663	70138	74909
大武口区	Dawukou	30584	28316	28561	28516	28551	28273	27297	33350
惠农区	Huinong	28638	32092	32803	32611	35625	37136	41103	41559
平罗县	Pingluo	97812	100669	104417	105339	105537	105669	105856	101440
陶乐县	Taole								
吴忠市	**Wuzhong**	**695644**	**696403**	**713213**	**721556**	**732568**	**738618**	**741320**	**755826**
利通区	Litong	252400	257887	263430	271177	279762	283723	287667	282172
红寺堡区	Hongsipu	108424	115744	120565	120027	121520	122641	123944	127929
盐池县	Yanchi	3283	3240	3300	3336	3386	3407	3418	5801
同心县	Tongxin	284135	270265	271260	271959	273894	276628	277081	290626
青铜峡市	Qingtongxia	51422	54790	60922	62465	62862	62031	60282	49298
固原市	**Guyuan**	**554802**	**548083**	**535206**	**538297**	**539601**	**542665**	**544679**	**535191**
原州区	Yuanzhou	207179	211612	212705	217865	222850	226867	229254	210879
西吉县	Xiji	198625	193249	187518	187497	187035	188368	189489	185783
隆德县	Longde	17774	17531	16813	16248	15943	15714	16610	16641
泾源县	Jingyuan	75778	75165	71117	70773	70030	69536	68583	73111
彭阳县	Pengyang	59095	55698	53294	53176	52252	51778	51140	48777
中卫市	**Zhongwei**	**387240**	**377529**	**377239**	**380393**	**376386**	**378840**	**378946**	**390376**
沙坡头区	Shapotou	24247	25896	26016	26386	26807	26957	27027	35335
中宁县	Zhongning	82804	85363	85671	86811	87583	87718	88247	99229
海原县	Haiyuan	273975	258539	255719	255249	247976	247827	245145	255812

4－10 各市县城乡人口情况

Urban and Rural Population By City and County

单位:人、%　　　　　　　　　　　　　　　　　　　　　　　　　　　　(person,%)

地　区	Region	常住人口 Resident Population	城镇人口 Urban Population	乡村人口 Rural Population	城镇人口比重 Proportion of Urban Population
全区总计	**Total**	**7209319**	**4683019**	**2526300**	**64.96**
银 川 市	**Yinchuan**	**2861720**	**2295808**	**565912**	**80.22**
银 川 市	District	1903553	1664546	239007	87.44
兴 庆 区	Xingqing	809030	727152	81878	89.88
西 夏 区	Xixia	449975	408933	41042	90.88
金 凤 区	Jinfeng	644548	528461	116087	81.99
永 宁 县	Yongning	321916	207889	114027	64.58
贺 兰 县	Helan	341823	222283	119540	65.03
灵 武 市	Lingwu	294428	201090	93338	68.30
石嘴山市	**Shizuishan**	**752084**	**586039**	**166045**	**77.92**
石嘴山市	District	477624	422433	55191	88.44
大武口区	Dawukou	298568	272563	26005	91.29
惠 农 区	Huinong	179056	149870	29186	83.70
平 罗 县	Pingluo	274460	163606	110854	59.61
吴 忠 市	**Wuzhong**	**1383992**	**771837**	**612155**	**55.77**
利 通 区	Litong	461216	321790	139426	69.77
红寺堡区	Hongsipu	197787	79273	118514	40.08
盐 池 县	Yanchi	159356	88092	71264	55.28
同 心 县	Tongxin	321098	140191	180907	43.66
青铜峡市	Qingtongxia	244535	142491	102044	58.27
固 原 市	**Guyuan**	**1143199**	**498361**	**644838**	**43.59**
原 州 区	Yuanzhou	471765	268057	203708	56.82
西 吉 县	Xiji	316119	96859	219260	30.64
隆 德 县	Longde	109552	41783	67769	38.14
泾 源 县	Jingyuan	85102	30032	55070	35.29
彭 阳 县	Pengyang	160661	61630	99031	38.36
中 卫 市	**Zhongwei**	**1068324**	**530974**	**537350**	**49.70**
沙坡头区	Shapotou	400166	249544	150622	62.36
中 宁 县	Zhongning	334331	163856	170475	49.01
海 原 县	Haiyuan	333827	117574	216253	35.22

主要统计指标解释

人口数 指一定时点、一定地区范围内有生命的个人总和。

城镇人口和乡村人口 城镇人口是指居住在城镇范围内的全部常住人口;乡村人口是除上述人口以外的全部人口。

出生率(又称粗出生率) 指在一定时期内(通常为一年)一定地区的出生人数与同期内平均人数(或期中人数)之比,用千分率表示。本资料中的出生率指年出生率,其计算公式为:

$$出生率=\frac{年出生人数}{年平均人数}\times 1000‰$$

死亡率(又称粗死亡率) 指在一定时期内(通常为一年)一定地区的死亡人数与同期内平均人数(或期中人数)之比,用千分率表示。本资料中的死亡率指年死亡率,其计算公式为:

$$死亡率=\frac{年死亡人数}{年平均人数}\times 1000‰$$

人口自然增长率 指在一定时期内(通常为一年)人口自然增加数(出生人数减死亡人数)与该时期内平均人数(或期中人数)之比,用千分率表示。计算公式为:

$$人口自然增长率=\frac{本年出生人数-本年死亡人数}{年平均人数}\times 1000‰$$

$$=人口出生率-人口死亡率$$

总抚养比 也称总负担系数。指人口总体中非劳动年龄人口数与劳动年龄人口数之比。通常用百分比表示。说明每100名劳动年龄人口大致要负担多少名非劳动年龄人口。计算公式为:

$$GDR=\frac{P_{0-14}+P_{65+}}{P_{0-14}}\times 1000‰$$

其中:GDR为总抚养比;

P0~14为0~14岁少年儿童人口数;

P65+为65岁及65岁以上的老年人口数;

P15~64为15~64岁劳动年龄人口数。

Explanatory Notes on Main Statistical Indicators

Total Population refers to the total number of people alive at a certain point of time within a given area.

Urban Population and Rural Population Urban population refers to all people residing in cities and towns, while rural population refers to population other than urban population.

Birth Rate (or Crude Birth Rate) refers to the ratio of the number of births to the average population (or mid – year population) during a certain period of time (usually a year), expressed in ‰. Birth rate in the chapter refers to annual birth rate. The following formula is used:

$$\text{Birth Rate} = \frac{\text{Number of births}}{\text{Annual average population}} \times 1000‰$$

Death Rate (or Crude Death Rate) refers to the ratio of the number of deaths to the average population (or mid – year population) during a certain period of time (usually a year), expressed in ‰. Death rate in the chapter refers to annual death rate. The following formula is used:

$$\text{Death Rate} = \frac{\text{Number of deaths}}{\text{Annual average population}} \times 1000‰$$

Natural Growth Rate of Population refers to the ratio of natural increase in population (number of births minus number of deaths) in a certain period of time (usually a year) to the average population (or mid – year population) of the same period, expressed in ‰. The following formula is applied:

$$\text{Natural Growth Rate of Population} = \frac{\text{Number of births} - \text{number of deaths}}{\text{Annual average population}} \times 1000‰$$

Gross Dependency Ratio also called gross dependency coefficient, refers to the ratio of non – working – age population to the working – age population, express in %. Describing in general the number of non – working – age population that every 100 people at working ages will take care of. The gross dependency ratio is calculated with the following formula:

$$GDR = \frac{P_{0-14} + P_{65+}}{P_{0-14}} \times 1000‰$$

Where: GDR is the gross dependency ratio,

P0 – 14 is the population of children aged 0 – 14,

P65 + is the elderly population aged 65 and over, and

P15 – 64 is the working – age population aged 15 – 64.

第五篇 Chapter5

劳动力资源与工资 Labor Force and Wages

资料整理:袁红　哈建国　冯海江　唐波　白晓明　汪蓉

Data Compilation: Yuan Hong　Ha JianGuo　Feng Haijiang　Tang Bo　Bai Xiaoming　Wang Rong

5-1 就业基本情况

指　　标	Item
就业人员合计(万人)	**Total Number of Employed persons(10000 persons)**
第一产业	Primary Industry
第二产业	Secondary Industry
第三产业	Tertiary Industry
就业人员构成(合计=100)	**Composition of Employed Persons(total=100)**
第一产业	Primary Industry
第二产业	Secondary Industry
第三产业	Tertiary Industry
城镇就业人员(万人)	**Urban Employed Persons (10000 persons)**
国有单位	State - owned Units
集体单位	Collective - owned Units
股份合作单位	Cooperative Units
联营单位	Joint Ownership Units
有限责任公司	Limited Liability Corporations
股份有限公司	Share - holding Corporations Ltd.
其他	Others
港澳台商投资单位	Units of Funds from Hong Kong, Macao & Taiwan
外商投资单位	Foreign Funded Units
私营及个体	Private and Self - employed Enterprises
在岗职工人数(万人)	**Number of Staff and Workers(10000 persons)**
国有单位	State - owned Units
城镇集体单位	Urban Collective - owned Units
其他单位	Units of Other Types of Ownership
城镇登记失业人数(万人)	**Number of Registered Umemployed Persons in Urban Areas (10000 persons)**
城镇登记失业率(%)	**Registered Unemployment Rate in Urban Areas (%)**

注：　2006年以后在岗职工为城镇非私营单位在岗职工。

Note: After 2006, the workers refer to Urban Non - private units workers.

Employment

2010	2011	2012	2013	2014	2015	2016	2017	2018	2019	2020
342.0	**347.0**	**344.0**	**345.0**	**344.0**	**343.0**	**343.0**	**344.0**	**345.0**	**343.0**	**344.0**
174.8	163.8	155.5	147.3	134.5	125.5	117.6	106.3	98.3	90.6	83.0
64.0	61.1	65.0	71.8	81.2	80.6	79.2	84.3	81.8	81.3	82.0
103.3	122.1	123.5	125.9	128.3	136.9	146.1	153.4	164.9	171.2	179.0
100.0	**100.0**	**100.0**	**100.0**	**100.0**	**100.0**	**100.0**	**100.0**	**100.0**	**100.0**	**100.0**
51.1	47.2	45.2	42.7	39.1	36.6	34.3	30.9	28.5	26.4	24.2
18.7	17.6	18.9	20.8	23.6	23.5	23.1	24.5	23.7	23.7	23.8
30.2	35.2	35.9	36.5	37.3	39.9	42.6	44.6	47.8	49.9	52.0
164.0	**174.2**	**175.9**	**182.3**	**188.6**	**195.4**	**201.5**	**209.7**	**214.4**	**218.3**	**220.0**
37.2	37.9	41.0	36.7	36.7	35.4	35.4	35.6	35.9	33.7	34.6
0.8	0.8	0.8	0.8	0.7	0.7	0.7	0.6	0.5	0.6	0.4
0.5	0.6	0.5	0.2	0.3	0.4	0.4	0.3	0.3	0.1	0.2
0.1	0.1	0.1	0.1							0.0
15.8	16.1	19.0	24.1	24.6	25.3	23.1	22.6	20.8	24.3	23.1
3.3	3.5	3.8	7.3	6.8	7.5	7.4	8.4	7.2	8.1	8.0
0.4	0.5	0.8	0.9	0.9	1.1	1.3	1.0	0.7	1.0	0.7
0.1	0.1	0.2	0.7	1.9	1.5	1.3	1.5	1.6	1.5	1.7
1.2	1.4	1.4	1.3	1.4	1.2	1.1	1.1	1.0	0.7	0.6
105.9	114.8	115.1	114.9	116.5	122.1	128.4	139.0	143.3	150.3	150.7
54.7	**56.6**	**62.9**	**67.3**	**68.4**	**68.5**	**66.2**	**66.9**	**63.4**	**65.2**	**64.9**
34.0	34.8	38.1	34.0	34.0	32.9	33.1	33.5	33.3	31.1	32.2
0.7	0.7	0.7	0.7	0.6	0.7	0.7	0.6	0.4	0.5	0.4
20.0	21.0	24.0	32.5	33.8	34.9	32.4	32.8	29.7	33.5	32.3
4.8	**5.2**	**4.6**	**4.7**	**5.0**	**4.9**	**5.1**	**5.1**	**5.4**	**5.0**	**5.6**
4.4	**4.2**	**4.2**	**4.1**	**4.0**	**4.0**	**3.9**	**3.9**	**3.9**	**3.7**	**3.9**

5-2 劳动力资源和就业人数

Labor Force and Number of Employed Persons

单位:万人、%　　　　(10 000 persons,%)

年份 Year	劳动力资源 Labor Force		就业人员 Employees		
	人　数 Population	占总人口比重 As Percentage of Total Population	人　数 Population	占总人口比重 As Percentage of Total Population	占劳动力资源比重 As Percentage of Labor Force
1950	57.6	45.71	47.2	37.50	82.07
1955	77.6	46.97	67.7	41.00	87.30
1960	99.5	46.77	96.6	45.32	94.17
1965	107.1	47.20	98.6	43.52	92.18
1970	130.2	46.94	112.5	40.56	86.43
1975	158.1	48.20	125.6	38.30	79.49
1980	194.3	51.20	146.5	39.20	75.40
1985	221.8	53.49	177.4	42.79	82.01
1990	259.6	55.73	211.1	45.35	81.36
1995	324.8	63.39	240.6	46.96	74.08
1996	337.4	64.74	245.4	47.08	72.73
1997	346.3	65.48	256.8	48.55	74.16
1998	355.5	66.25	254.8	49.49	71.69
1999	363.3	66.87	272.3	50.13	74.95
2000	380.9	68.71	275.5	49.70	72.13
2001	393.4	69.90	279.0	49.54	70.92
2002	399.9	70.00	282.4	49.40	70.62
2003	406.0	70.00	291.4	50.22	71.77
2004	411.7	70.10	298.8	50.84	72.58
2005	416.1	69.79	299.6	50.25	72.00
2006	422.6	70.00	308.1	51.00	72.90
2007	427.6	70.10	309.5	50.70	72.40
2008	432.3	69.99	303.9	49.20	70.30
2009	437.9	70.04	328.5	52.54	75.02
2010	473.6	74.84	342.0	54.03	72.21
2011	478.5	73.85	347.0	53.55	72.52
2012	487.9	75.39	344.0	52.19	70.51
2013	494.0	75.51	345.0	51.77	69.84
2014	499.2	75.45	344.0	50.73	68.92
2015	503.1	75.34	343.0	50.18	68.18
2016	509.4	75.48	343.0	49.38	67.33
2017	514.4	75.45	344.0	48.79	66.87
2018	518.4	75.33	345.0	48.62	66.56
2019	523.3	75.33	343.0	47.84	65.55
2020	553.3	76.75	344.0	47.72	62.17

5-3 全社会就业人数

Total Number of Employed Persons

单位:万人 (10 000 persons)

年份 Year	就业人员合计 Total Employed Persons	城镇非私营单位就业人员 Emoployed Persons in the Urban Non-private Enterprises	在岗职工 Staff and Workers	国有单位 State-owned Units	集体单位 Collective-owned Units	其他单位 Units of Other Types of Ownership	其他就业者 Other Emoloyed Persons	城镇私营企业及个体就业者 Urban Private and Individuals	乡村就业者 Rural Employed Persons
1950	47.2	0.8	0.8	0.8				3.7	42.7
1955	67.7	7.5	7.5	3.5	4.0			1.7	58.5
1960	96.5	28.0	28.0	25.7	2.3				68.5
1965	98.6	18.8	18.8	17.1	1.7				79.8
1970	112.5	26.6	26.6	24.5	2.1				85.9
1975	125.6	33.7	33.7	30.8	2.9				91.9
1980	146.5	47.6	47.6	41.3	6.3			0.1	98.8
1985	177.4	55.8	55.8	46.8	9.0			1.1	120.5
1990	211.1	67.4	67.4	56.4	10.9	0.1		2.8	140.9
1995	240.6	74.9	73.4	61.5	9.9	2.0	1.5	6.2	159.5
1996	245.4							7.2	163.9
1997	256.8							8.6	172.9
1998	254.8							9.9	176.6
1999	272.3							13.3	192.0
2000	275.5	65.2	63.8	51.0	4.8	8.0	1.4	12.5	197.9
2001	279.0	62.4	61.3	48.9	3.9	8.5	1.1	16.1	200.4
2002	282.4	61.8	60.6	44.1	3.3	13.2	1.2	17.4	203.2
2003	291.4	62.4	60.2	39.5	2.2	18.5	2.2	20.6	208.5
2004	298.1	60.4	58.5	37.2	1.8	19.5	1.9	27.7	209.9
2005	299.6	59.6	57.4	37.4	1.3	18.8	2.2	28.0	212.0
2006	308.1	58.6	56.7	35.5	1.1	20.1	1.9	37.4	212.0
2007	309.5	58.2	56.3	35.3	1.0	20.0	1.9	36.7	214.6
2008	303.9	57.1	54.7	34.3	0.8	19.6	2.4	28.1	218.7
2009	328.5	58.1	54.6	33.8	0.7	20.1	3.5	52.0	218.4
2010	342.0	58.1	54.6	33.8	0.7	20.1	3.5	105.9	178.0
2011	347.0	59.4	54.7	34.0	0.7	20.0	4.7	114.8	172.8
2012	344.0	60.8	56.6	34.8	0.7	21.0	4.2	115.1	168.1
2013	345.0	67.4	62.8	38.1	0.7	24.0	4.6	114.9	162.7
2014	344.0	72.1	67.2	34.0	0.7	32.5	4.9	116.5	155.4
2015	343.0	73.3	68.4	33.9	0.6	33.8	4.9	122.1	147.6
2016	343.0	73.1	68.5	32.9	0.7	34.9	4.6	128.4	141.5
2017	344.0	70.7	66.2	33.1	0.7	32.4	4.5	139.0	134.3
2018	345.0	71.1	66.9	33.5	0.6	32.8	4.2	143.3	130.6
2019	343.0	68.0	63.4	33.3	0.4	29.7	4.6	150.3	124.7
2020	344.0	69.1	64.9	32.2	0.4	32.3	5.0	150.9	124.0

注： 1.1998 年以后,在岗职工不再包括“离开本单位仍保留劳动关系”的职工。

2.2004 年以后数据不含长庆油田宁夏部分。

3.2010 年及以后就业人员合计数据为第七次人口普查修订数据。

Notes: a) From 1998, statistical criteria of employment has been adjusted, that data of “Staff and Workers Leaving, Their Working Units While Keeping Their Labour Contract” is not included in "staff and workers".

b) From 2004, data in this table excluding Changqing oil field in Ningxia.

c) The total data of employed persons in 2010 and beyond is the revised data of the seventh census.

5－4 城镇非私营国有单位就业人数

单位:人

指　标	Item
全区总计	**Total**
按执行会计标准类别分组	**Grouped by Enterprises, Institutions and Agencies**
企业	Enterprises
政府	Institutions
民间非营利组织	Agencies & Organizations
其他	Others
按国民经济行业分组	**Grouped by Sector**
农、林、牧、渔业	Agriculture, Forestry, Animal Husbandry and Fishery
采矿业	Mining
制造业	Manufacturing
电力、热力、燃气及水生产和供应业	Production and Distribution of Electricity, Heat, Gas and Water
建筑业	Construction
批发和零售业	Wholesale and Retail Trades
交通运输、仓储和邮政业	Transport, Storage and Post
住宿和餐饮业	Hotels and Catering Services
信息传输、软件和信息技术服务业	Information Transmission, Software and IT Services
金融业	Financial Intermediation
房地产业	Real Estate
租赁和商务服务业	Leasing and Business Services
科学研究和技术服务业	Scientific Research and Technical Services
水利、环境和公共设施管理业	Management of Water Conservancy, Environment and Public Facilities
居民服务、修理和其他服务业	Services to Households, Repair and Other Services
教育	Education
卫生和社会工作	Health and Social Work
文化、体育和娱乐业	Culture, Sports and Entertainment
公共管理、社会保障和社会组织	Public Management, Social Security and Organization
国际组织	International Organizations

Employed Persons in State - owned Units

(person)

单位数（个） Number of Unit (unit)	单位就业人员 Number of Engaged Persons	在岗职工 Staff and Workers	其他就业人员 Other Engaged Persons
4579	**345756**	**321851**	**23905**
257	48123	46949	1175
4280	295296	272711	22585
41	1747	1602	145
1	590	590	
43	3849	3782	67
5	14366	14284	82
8	678	667	11
33	13816	13654	162
20	1171	898	273
38	2245	2203	42
55	6156	6050	106
7	914	914	
13	903	832	71
35	5863	5570	293
10	271	197	74
87	2042	1882	160
300	9035	8867	168
105	12007	10447	1560
8	178	149	29
972	97018	88890	8128
424	51894	49277	2617
148	6440	6057	383
2268	116910	107230	9680

5-5 城镇非私营集体单位就业人数

单位:人

指　标	Item
全区总计	**Total**
按执行会计标准类别分组	**Grouped by Enterprises,Institutions and Agencies**
企业	Enterprises
政府	Institutions
民间非营利组织	Agencies & Organizations
其他	Others
按国民经济行业分组	**Grouped by Sector**
农、林、牧、渔业	Agriculture,Forestry,Animal Husbandry and Fishery
采矿业	Mining
制造业	Manufacturing
电力、热力、燃气及水生产和供应业	Production and Distribution of Electricity,Heat,Gas and Water
建筑业	Construction
批发和零售业	Wholesale and Retail Trades
交通运输、仓储和邮政业	Transport,Storage and Post
住宿和餐饮业	Hotels and Catering Services
信息传输、软件和信息技术服务业	Information Transmission,Software and IT Services
金融业	Financial Intermediation
房地产业	Real Estate
租赁和商务服务业	Leasing and Business Services
科学研究和技术服务业	Scientific Research and Technical Services
水利、环境和公共设施管理业	Management of Water Conservancy,Environment and Public Facilities
居民服务、修理和其他服务业	Services to Households,Repair and Other Services
教育	Education
卫生和社会工作	Health and Social Work
文化、体育和娱乐业	Culture,Sports and Entertainment
公共管理、社会保障和社会组织	Public Management,Social Security and Organization
国际组织	International Organization

Employed Persons in Urban Collective – owned Units

(person)

单位数（个） Number of Unit (unit)	单位就业人员 Number of Engaged Persons	在岗职工 Staff and Workers	其他就业人员 Other Engaged Persons
137	**3877**	**3601**	**276**
109	2351	2203	148
18	1450	1326	124
10	76	72	4
6	5	5	
19	243	233	10
1	36	21	15
12	617	614	3
13	502	499	3
1	5	5	
5	5	5	
3	272	272	
24	344	340	4
16	169	155	14
5	44	44	
3	8	8	
1	4	4	
9	986	880	106
10	573	458	115
4			
5	65	59	6

5－6　城镇非私营其他单位就业人数

单位：人

指　　标	Item
全区总计	**Total**
按登记注册类型分组	
内资	Domestic Funded Enterprises
港、澳、台商投资	Enterprises with Funds from Hong Kong, Macao and Taiwan
外商投资	Foreign Funded Enterprises
按执行会计标准类别分组	**Grouped by Enterprises, Institutions and Agencies**
企业	Enterprises
政府	Institutions
民间非营利组织	Agencies & Organizations
其他	Others
按国民经济行业分组	Grouped by Sector
农、林、牧、渔业	Agriculture, Forestry, Animal Husbandry and Fishery
采矿业	Mining
制造业	Manufacturing
电力、热力、燃气及水生产和供应业	Production and Distribution of Electricity, Heat, Gas and Water
建筑业	Construction
批发和零售业	Wholesale and Retail Trades
交通运输、仓储和邮政业	Transport, Storage and Post
住宿和餐饮业	Hotels and Catering Services
信息传输、软件和信息技术服务业	Information Transmission, Software and IT Services
金融业	Financial Intermediation
房地产业	Real Estate
租赁和商务服务业	Leasing and Business Services
科学研究和技术服务业	Scientific Research and Technical Services
水利、环境和公共设施管理业	Management of Water Conservancy, Environment and Public Facilities
居民服务、修理和其他服务业	Services to Households, Repair and Other Services
教育	Education
卫生和社会工作	Health and Social Work
文化、体育和娱乐业	Culture, Sports and Entertainment
公共管理、社会保障和社会组织	Public Management, Social Security and Organization
国际组织	International Organization

Employed Persons in Urban Collective - owned Units of Other Types of Ownership

(person)

单位数（个）Number of Unit (unit)	单位就业人员 Number of Engaged Persons	在岗职工 Staff and Workers	其他就业人员 Other Engaged Persons
2746	**341548**	**323239**	**18309**
2613	318925	300786	18138
56	16541	16425	116
77	6083	6028	55
2442	337380	319580	17800
35	1743	1374	370
255	2425	2285	139
14			
119	2014	1866	148
19	47106	47080	26
389	92120	91566	554
211	27842	27478	364
180	29880	27273	2607
316	20380	19955	425
87	31098	30783	315
55	2872	2856	16
76	6802	6661	141
169	35640	23315	12324
273	14758	14468	290
243	7330	7228	102
116	7561	7413	148
53	3852	3781	71
22	213	176	37
227	5243	4734	509
70	3129	2974	155
95	3482	3424	58
25	228	207	20

5-7 城镇非私营单位女性就业人数

单位:人

指　标	Item
全区总计	**Total**
按执行会计标准类别分组	**Grouped by Enterprises,Institutions and Agencies**
企业	Enterprises
政府	Institutions
民间非营利组织	Agencies & Organizations
其他	Others
按国民经济行业分组	**Grouped by Sector**
农、林、牧、渔业	Agriculture,Forestry,Animal Husbandry and Fishery
采矿业	Mining
制造业	Manufacturing
电力、热力、燃气及水生产和供应业	Production and Distribution of Electricity,Heat,Gas and Water
建筑业	Construction
批发和零售业	Wholesale and Retail Trades
交通运输、仓储和邮政业	Transport,Storage and Post
住宿和餐饮业	Hotels and Catering Services
信息传输、软件和信息技术服务业	Information Transmission,Software and IT Services
金融业	Financial Intermediation
房地产业	Real Estate
租赁和商务服务业	Leasing and Business Services
科学研究和技术服务业	Scientific Research and Technical Services
水利、环境和公共设施管理业	Management of Water Conservancy,Environment and Public Facilities
居民服务、修理和其他服务业	Services to Households,Repair and Other Services
教育	Education
卫生和社会工作	Health and Social Work
文化、体育和娱乐业	Culture,Sports and Entertainment
公共管理、社会保障和社会组织	Public Management,Social Security and Organization
国际组织	International Organization

Number of Female Employed Persons in Urban Non – Private Units

(person)

女性就业人员 Number of Female Employed Persons	国有单位 State – owned Units	集体单位 Collective – owned Units	其他单位 Other Units
289425	**176671**	**1889**	**110864**
126117	17305	908	107903
159972	157900	932	1140
2958	1087	50	1821
379	379		
1402	894	2	506
12210	4692		7518
22795	222	74	22499
11568	3765	5	7798
5044	241	126	4677
13800	721	302	12777
10213	2527		7686
2422	613	3	1806
3504	351		3153
25048	3093	92	21863
7223	108	135	6981
3301	959	50	2292
4856	3198	16	1641
7138	5177		1960
161	60		101
66140	61948	610	3582
40415	37681	448	2287
4970	3375		1596
47217	47047	27	143

5－8 全区城镇私营企业就业人数

Number of Engaged Persons in Urban Private Enterprises

单位:户、人 (household,person)

指　　标	Item	私营企业 Private Enterprises	
		户数 Number of Enterprises	就业人数 Number of Engaged Persons
全区总计	**Total**	**38957**	**455770**
农、林、牧、渔业	Agriculture, Forestry, Animal Husbandry and Fishery	2960	9548
采矿业	Mining	438	3411
制造业	Manufacturing	5030	143359
电力、热力、燃气及水生产和供应业	Production and Distribution of Electricity, Heat, Gas and Water	260	5680
建筑业	Construction	3356	61823
批发和零售业	Wholesale and Retail Trades	10537	55861
交通运输、仓储和邮政业	Transport, Storage and Post	1836	21969
住宿和餐饮业	Hotels and Catering Services	1248	11765
信息传输、软件和信息技术服务业	Information Transmission, Software and IT Services	1269	5114
金融业	Financial Intermediation	302	3224
房地产业	Real Estate	1871	32244
租赁和商务服务业	Leasing and Business Services	4155	39941
科学研究和技术服务业	Scientific Research and Technical Services	1616	16623
水利、环境和公共设施管理业	Management of Water Conservancy, Environment and Public Facilities	351	4795
居民服务、修理和其他服务业	Services to Households, Repair and Other Services	1066	7329
教育	Education	1614	21700
卫生和社会工作	Health and Social Work	285	8105
文化、体育和娱乐业	Culture, Sports and Entertainment	761	3279
公共管理、社会保障和社会组织	Public Management, Social Security and Organization	1	
国际组织	International Organization		

注: 自 2014 年起,私营企业户数和就业人数为劳动工资年报数据。

Note: Note: Since 2014 , data of Private Enterprises and Engaged Persons came from the annual statistics of Labor wage.

5-9 城镇登记失业人数及失业率

Registered Unemployed Persons and Unemployment Rate in Urban Area

单位:万人 (10 000 persons)

年份 Year	本年登记失业人员总数 Number of Registered Unemployed Persons This Year	本年登记失业人员就业人数 Employment among Registered Unemployed Persons This Year	年末尚有失业人数 Unemployed Persons among Registered at Year End	登记失业率(%) Registered Unemployment Rate (%)
1979	5.93	3.56	2.38	4.94
1980	4.83	3.02	1.80	3.64
1985	4.89	2.86	1.82	3.10
1990	7.29	2.96	4.04	5.44
1995	6.28	2.07	4.48	5.47
1996	6.12	1.99	3.42	4.35
1997	7.10	2.74	3.95	4.79
1998	7.60	3.65	3.91	4.71
1999	7.75	4.00	3.70	4.50
2000	7.37	3.64	3.80	4.60
2001	7.78	3.19	3.66	4.40
2002	7.19	3.65	3.54	4.40
2003	8.26	4.50	3.75	4.40
2004	8.92	4.85	4.07	4.51
2005	9.82	5.46	4.36	4.52
2006	10.50	6.28	4.22	4.31
2007	10.87	6.45	4.42	4.28
2008	11.36	6.59	4.77	4.35
2009	11.45	6.65	4.80	4.40
2010	11.65	6.90	4.80	4.40
2011	13.45	8.23	5.20	4.20
2012	16.11	11.50	4.60	4.20
2013	14.84	10.15	4.70	4.10
2014	15.24	10.24	5.00	4.00
2015	14.56	9.62	4.90	4.00
2016	15.67	10.57	5.10	3.90
2017	13.98	8.91	5.10	3.90
2018	13.08	7.69	5.39	3.90
2019	13.01	7.96	5.05	3.74
2020	14.19	8.59	5.60	3.92

注: 本表数据由自治区就业与创业服务局提供。

Note: Data in this table are provided by Ningxia Provinsial Services Bureau of the Employment and Entrepreneurship.

5-10 城镇非私营单位在岗职工工资总额及指数

Total Wages Bill of Staff and Workers and Related Indices in Urban Non-Private Units

年份 Year	绝对数(万元) Level (10 000 yuan)				指数(以上年为100) Indices (preceding year=100)			
	全部工资总额 Total Wages	国有单位 State-owned Units	集体单位 Collective-owned Units	其他单位 Other Units	全部工资总额 Total Wages	国有单位 State-owned Units	集体单位 Collective-owned Units	其他单位 Other Units
1950		237				549.4		
1955		1998				128.2		
1960		13031				137.8		
1965		10832				110.4		
1970		16284				109.0		
1975	23117	21651	1407	59		104.4		
1980	40350	36258	4092		117.0	114.8	140.0	
1985	65560	57210	8290	60	117.2	116.7	120.4	175.1
1990	146646	128898	17546	203	116.8	117.1	114.1	216.2
1995	371795	321097	38911	11787	121.2	119.9	121.5	166.8
1996	410323	357400	39093	13830	110.4	111.3	100.5	117.3
1997	449072	379508	44221	25343	109.4	106.2	113.1	183.2
1998	467399	378709	34207	54482	104.1	99.8	77.4	215.0
1999	502394	413666	31812	56916	107.5	109.2	92.9	104.5
2000	563327	463588	34907	64832	112.1	112.1	109.7	113.9
2001	657761	550967	32744	74050	116.8	118.8	93.8	114.2
2002	723503	555430	27774	140299	110.0	100.8	84.8	189.5
2003	808406	548730	20937	238738	111.7	98.8	75.4	170.2
2004	871455	566834	20918	283703	109.7	106.0	99.9	118.8
2005	1015505	668325	20337	326843	116.5	117.9	97.2	115.2
2006	1216119	749666	23001	443451	119.8	112.2	113.1	135.7
2007	1500243	931098	25973	543171	123.4	124.2	112.9	122.5
2008	1722131	1066226	28884	627022	114.8	114.5	111.2	115.4
2009	1891214	1149132	29296	712786	109.8	107.8	101.4	113.7
2010	2165027	1271875	33595	859558	114.5	110.7	114.7	120.6
2011	2580507	1515366	41869	1023271	119.2	119.1	124.6	119.0
2012	3359945	2004059	44017	1311868	130.2	132.2	105.1	128.2
2013	3740019	1933755	45478	1760786	111.3	96.5	103.3	134.2
2014	4088943	2027626	36139	2025178	109.3	104.9	79.5	115.0
2015	4347042	2177231	41410	2128401	106.3	107.4	114.6	105.1
2016	4548343	2403473	37288	2107582	104.6	110.4	90.0	99.0
2017	4945262	2639759	41773	2263730	108.7	109.8	112.0	107.4
2018	5365017	2956376	35879	2372762	108.5	112.0	85.9	104.8
2019	5735925	2805749	37466	2892709	109.8	97.4	108.7	125.3
2020	6804319	3554868	29055	3023025	118.6	126.7	77.6	104.5

注：1998年以后为在岗职工工资总额，2004年以后数据不含长庆油田宁夏部分，2006年以后在岗职工工资总额为城镇非私营单位在岗职工工资总额。

Note: From 1998, data in this table refers to total wages bill of staff and workers. from 2004, data of Changqing oil field in Ningxia is not included, After 2006, it refers to total wages bill of staff and workers in urban non-private units. besides.

5－11 城镇非私营单位在岗职工平均工资及指数

Average Wage of Staff and Workers and Related Indices in Urban Non－Private Units

年份 Year	平均工资(元) Average Wages(yuan)				指数(以上年为100) Indices(preceding year＝100)			
	全部职工 Total Employees	国有单位职工 State－owned Units	集体单位职工 Collective－owned Units	其他单位职工 Other Units	全部职工 Total Employees	国有单位职工 State－owned Units	集体单位职工 Collective－owned Units	其他单位职工 Other Units
1950		343				100.9		
1955		586				103.5		
1960		552				96.2		
1965		696				99.0		
1970		684				101.9		
1975	708	725	532			99.7		
1980	863	892	666		111.1	109.4	128.8	
1985	1206	1252	963	1152	112.5	112.7	112.6	120.0
1990	2202	2313	1631	1814	113.3	113.5	111.9	104.4
1995	5079	5273	3782	5832	118.9	117.8	123.5	130.6
1996	5635	5819	4320	5888	101.0	101.0	114.2	101.0
1997	6073	6206	4831	6962	118.2	106.7	111.8	118.2
1998	6822	7020	5373	6643	112.3	113.1	111.2	95.4
1999	7550	7847	5568	7018	110.7	111.8	103.6	105.6
2000	8681	9022	6538	7943	115.0	115.0	117.4	113.2
2001	10521	11198	7166	8464	121.2	124.1	109.6	106.6
2002	11723	12465	7572	10400	111.4	111.3	105.7	122.9
2003	13056	13825	8924	12009	111.4	110.9	117.9	115.5
2004	14620	15212	10613	13926	112.7	111.0	119.0	116.0
2005	17211	17634	13630	16668	117.7	115.9	128.4	119.7
2006	21239	21370	19427	21123	123.4	121.2	142.5	126.7
2007	26210	26687	25362	25470	123.4	124.9	130.6	120.6
2008	30719	31111	31155	30054	117.2	116.6	122.8	118.0
2009	34082	33841	35182	34432	110.9	108.8	112.9	114.6
2010	39144	37377	40815	42014	114.9	110.4	116.0	122.0
2011	44574	43325	38635	46870	113.9	115.9	94.7	111.6
2012	48961	48714	44929	49494	109.8	112.4	116.3	105.6
2013	52185	52130	50526	52289	106.6	107.0	112.5	105.6
2014	56811	56111	48419	57710	108.9	107.6	95.8	110.4
2015	62482	66444	50872	59137	110.0	118.4	105.1	102.5
2016	67830	72619	53307	63371	108.6	109.3	104.8	107.2
2017	72779	78904	66412	66846	107.3	108.7	124.6	105.5
2018	78384	82818	66295	73673	107.7	105.0	99.8	110.2
2019	88153	90536	71719	86207	107.6	104.0	104.8	112.6
2020	101827	111007	81890	93000	115.5	122.6	114.2	107.9

注：1998年以后职工平均工资为在岗职工平均工资，2004年以后数据不含长庆油田宁夏部分，2006年以后在岗职工平均工资为城镇非私营单位在岗职工平均工资。

Note：Since 1998，data in this table refer to average wages of staff and workers，since 2004，data of Changqing oil field in Ningxia is not included，since 2006，it refers to average wages of staff and workers in urban non－private units.

5-12 城镇非私营国有单位就业人员工资总额及平均工资

指　标	Item
全区总计	**Total**
按执行会计标准类别分组	**Grouped by Enterprises,Institutions and Agencies**
企业	Enterprises
政府	Institutions
民间非营利组织	Agencies & Organizations
其他	Others
按国民经济行业分组	**Grouped by Sector**
农、林、牧、渔业	Agriculture,Forestry,Animal Husbandry and Fishery
采矿业	Mining
制造业	Manufacturing
电力、热力、燃气及水生产和供应业	Production and Distribution of Electricity,Heat,Gas and Water
建筑业	Construction
批发和零售业	Wholesale and Retail Trades
交通运输、仓储和邮政业	Transport,Storage and Post
住宿和餐饮业	Hotels and Catering Services
信息传输、软件和信息技术服务业	Information Transmission,Software and IT Services
金融业	Financial Intermediation
房地产业	Real Estate
租赁和商务服务业	Leasing and Business Services
科学研究和技术服务业	Scientific Research and Technical Services
水利、环境和公共设施管理业	Management of Water Conservancy,Environment and Public Facilities
居民服务、修理和其他服务业	Services to Households,Repair and Other Services
教育	Education
卫生和社会工作	Health and Social Work
文化、体育和娱乐业	Culture,Sports and Entertainment
公共管理、社会保障和社会组织	Public Management,Social Security and Organization
国际组织	International Organization

Total Wages and Average Wage of Employed Persons in State – owned Units

就业人员 Employees		在岗职工 Staff and Workers		其他就业人员 Other Employees	
工资总额(万元) Total Wages (10 000 yuan)	平均工资(元) Average Wage (yuan)	工资总额(万元) Total Wages (10 000 yuan)	平均工资(元) Average Wage (yuan)	工资总额(万元) Total Wages (10 000 yuan)	平均工资(元) Average Wage (yuan)
3636072	**105813**	**3554868**	**111007**	**81204**	**34715**
571318	117674	566154	119630	5165	42148
3048430	104087	2972702	109762	75728	34360
9995	61729	9684	64888	311	24556
6328	107622	6328	107622		
21915	51364	21768	51638	147	28744
198186	136145	197946	136779	240	28200
9255	139597	9144	141108	112	74333
198643	146741	198328	147555	314	32750
5638	42875	4722	47556	916	28441
26708	118123	26485	119410	223	51744
55196	89021	54833	90032	364	33063
3992	44654	3992	44654		
9274	103268	8691	105599	583	77693
73042	125777	70868	129292	2173	66666
1547	56674	1364	74125	183	20596
16324	79022	15674	82066	650	41716
106508	116806	106018	118167	490	33448
84616	66979	78857	72611	5759	32478
1285	72599	1176	80017	109	36250
1014338	106739	996363	113893	17975	23816
603909	117719	583870	119859	20039	77435
69788	107961	69028	112894	760	21733
1135908	97781	1105739	103748	30168	31461

5-13 城镇非私营集体单位就业人员工资总额及平均工资

指 标	Item
全区总计	**Total**
按执行会计标准类别分组	**Grouped by Enterprises, Institutions and Agencies**
企业	Enterprises
政府	Institutions
民间非营利组织	Agencies & Organizations
其他	Others
按国民经济行业分组	**Grouped by Sector**
农、林、牧、渔业	Agriculture, Forestry, Animal Husbandry and Fishery
采矿业	Mining
制造业	Manufacturing
电力、热力、燃气及水生产和供应业	Production and Distribution of Electricity, Heat, Gas and Water
建筑业	Construction
批发和零售业	Wholesale and Retail Trades
交通运输、仓储和邮政业	Transport, Storage and Post
住宿和餐饮业	Hotels and Catering Services
信息传输、软件和信息技术服务业	Information Transmission, Software and IT Services
金融业	Financial Intermediation
房地产业	Real Estate
租赁和商务服务业	Leasing and Business Services
科学研究和技术服务业	Scientific Research and Technical Services
水利、环境和公共设施管理业	Management of Water Conservancy, Environment and Public Facilities
居民服务、修理和其他服务业	Services to Households, Repair and Other Services
教育	Education
卫生和社会工作	Health and Social Work
文化、体育和娱乐业	Culture, Sports and Entertainment
公共管理、社会保障和社会组织	Public Management, Social Security and Organization
国际组织	International Organization

Total Wages and Average Wage of Employed Persons in Urban Collective - owned Units

就业人员 Employees		在岗职工 Staff and Workers		其他就业人员 Other Employees	
工资总额(万元) Total Wages (10 000 yuan)	平均工资(元) Average Wage (yuan)	工资总额(万元) Total Wages (10 000 yuan)	平均工资(元) Average Wage (yuan)	工资总额(万元) Total Wages (10 000 yuan)	平均工资(元) Average Wage (yuan)
30512	**78082**	**29055**	**81890**	**1457**	**40512**
15312	65151	14198	67121	1114	47413
14955	101359	14619	108066	335	27359
245	29902	238	29750	7	36000
17	34200	17	34200		
1202	48680	1156	48789	46	46100
181	43000	121	52652	60	31316
3092	47419	2638	46696	453	52115
2329	50856	2323	50950	6	29500
36	71600	36	71600		
13	25400	13	25400		
5295	194669	5295	194669		
1292	37615	1284	37814	8	20750
577	34629	544	35176	33	27583
352	80023	352	80023		
19	24000	19	24000		
10	24000	10	24000		
10415	103483	10171	112911	244	23061
4883	84052	4285	92338	599	51188
799	117471	791	121646	8	27000

5－14 城镇非私营其他单位就业人员工资总额及平均工资

指　标	Item
全区总计	**Total**
农、林、牧、渔业	Agriculture, Forestry, Animal Husbandry and Fishery
采矿业	Mining
制造业	Manufacturing
电力、热力、燃气及水生产和供应业	Production and Distribution of Electricity, Heat, Gas and Water
建筑业	Construction
批发和零售业	Wholesale and Retail Trades
交通运输、仓储和邮政业	Transport, Storage and Post
住宿和餐饮业	Hotels and Catering Services
信息传输、软件和信息技术服务业	Information Transmission, Software and IT Services
金融业	Financial Intermediation
房地产业	Real Estate
租赁和商务服务业	Leasing and Business Services
科学研究和技术服务业	Scientific Research and Technical Services
水利、环境和公共设施管理业	Management of Water Conservancy, Environment and Public Facilities
居民服务、修理和其他服务业	Services to Households, Repair and Other Services
教育	Education
卫生和社会工作	Health and Social Work
文化、体育和娱乐业	Culture, Sports and Entertainment
公共管理、社会保障和社会组织	Public Management, Social Security and Organization
国际组织	International Organizations

Total Wages and Average Wage of Employed Persons in Units of Other Types of Ownership

就业人员 Employees		在岗职工 Staff and Workers		其他就业人员 Other Employees	
工资总额(万元) Total Wages (10 000 yuan)	平均工资(元) Average Wage (yuan)	工资总额(万元) Total Wages (10 000 yuan)	平均工资(元) Average Wage (yuan)	工资总额(万元) Total Wages (10 000 yuan)	平均工资(元) Average Wage (yuan)
3137735	**89449**	**2892709**	**93000**	**114710**	**44585**
10068	46901	9638	47884	431	32127
663650	139443	663501	139496	149	51483
712044	77983	709029	78220	3015	45477
315321	113126	314150	113878	1172	40836
225396	67450	208637	70261	16760	45029
110516	53715	109193	54323	1323	27916
290820	93729	289721	94261	1099	37680
11632	41365	11597	41493	34	20176
85262	124422	83762	124950	1500	100698
401851	96572	317664	137162	84187	45625
102267	68473	101158	69060	1109	38563
43261	58007	42732	58604	529	31821
72621	100353	71928	101563	693	44880
21363	55294	21162	55864	201	26679
1156	52790	842	50741	314	59208
29632	59789	28654	63837	977	20909
17536	56993	16635	56865	901	59460
21411	59674	21200	61380	210	15694
1928	82173	1823	85076	105	51575

5-15 各市县就业人数

Number of Employed Persons by City and County

单位:人 (person)

地区 Region	就业人员合计 Total Employment	城镇就业人员 Number of Employed Persons in Urban Units	乡村就业者 Rural Labor Force
全区总计 Total	**344.00**	**220.00**	**124.00**
银川市 Yinchuan	**138.35**	**109.99**	**28.36**
兴庆区 xingqing	39.03	34.93	4.10
西夏区 xixia	21.64	19.60	2.04
金凤区 jingfeng	31.18	25.36	5.82
永宁县 Yongning	15.63	9.91	5.72
贺兰县 Helan	16.60	10.61	6.00
灵武市 Lingwu	14.26	9.59	4.68
石嘴山市 Shizuishan	**34.49**	**26.59**	**7.90**
大武口区 dawukou	13.63	12.41	1.23
惠农区 huinong	8.16	6.78	1.38
平罗县 Pingluo	12.70	7.41	5.29
吴忠市 Wuzhong	**66.61**	**36.25**	**30.36**
利通区 Litong	22.14	15.22	6.92
红寺堡区 Hongsipu	9.55	3.68	5.88
盐池县 Yanchi	7.62	4.10	3.53
同心县 Tongxin	15.56	6.58	8.98
青铜峡市 Qingtongxia	11.74	6.69	5.06
固原市 Guyuan	**53.83**	**22.64**	**31.19**
原州区 Yuanzhou	22.21	12.35	9.86
西吉县 Xiji	15.02	4.40	10.62
隆德县 Longde	5.11	1.84	3.27
泾源县 Jingyuan	3.95	1.29	2.65
彭阳县 Pengyang	7.55	2.76	4.78
中卫市 Zhongwei	**50.72**	**24.53**	**26.19**
沙坡头区 Shapotou	18.91	11.57	7.34
中宁县 Zhongning	15.87	7.56	8.31
海原县 Haiyuan	15.94	5.40	10.54

注: 因铁路部门数据单列,故各市(县、区)数据加总不等于全区总计。

Note: Because this form does not contain the railway sector data, so the sum of cities and counties (districts) data is not equal to the total item.

5-16 各市城镇非私营单位在岗职工人数

Number of Fully Employed Staff and Workers in Urban Entities by City

单位:人 (person)

地　区 Region	总　计 Total	按经济类型分 Grouped by Economic Type			按三次产业分 Grouped Industry		
		国有单位 State - owned Units	集体单位 Urban Collective - owned Units	其他单位 Other Economic Type Units	第一产业 Primary Industry	第二产业 Secondary Industry	第三产业 Tertiary Industry
全区总计 Total	**648691**	**321851**	**3601**	**323239**	**5652**	**223768**	**419271**
银 川 市 Yinchuan	334360	-	-	-	1762	131840	200758
石嘴山市 Shizuishan	70910	-	-	-	162	27583	43165
吴 忠 市 Wuzhong	101693	-	-	-	942	40235	60517
固 原 市 Guyuan	66854	-	-	-	1416	13301	52137
中 卫 市 Zhongwei	56602	-	-	-	1369	10809	44423

注：因铁路部门数据单列，故各市数据加总不等于全区总计。

Note: Because this form does not contain the railway sector data, so the sum of cities data is not equal to the total item.

5-17 主要年份各市在岗职工人数

Number of Fully Employed Staff and Workers by City in Main Years

单位:人 (person)

地　区 Region	1978	1980	1990	2000	2010	2011	2012	2013
全区总计 Total	**432755**	**475706**	**674115**	**637611**	**546532**	**566217**	**628751**	**672524**
银 川 市 Yinchuan	135594	179562	273270	254215	281902	295085	331278	348633
石嘴山市 Shizuishan	123313	139606	171790	136141	82994	81598	89120	90243
吴 忠 市 Wuzhong	47013	59427	92679	100702	70749	76272	78455	97438
固 原 市 Guyuan	27674	33453	51812	61937	50803	51953	54163	58825
中 卫 市 Zhongwei	26971	36432	55432	54834	45418	46281	59444	60485

注：1. 1998年以后为在岗职工人数，不包括"离开本单位仍保留劳动关系的职工"，2006年以后为城镇非私营单位在岗职工。

2. 因铁路部门数据单列，故各市数据加总不等于全区总计。

Notes: a) Since 1998, data in this table refers to number of fully employed staff and workers. Number of "Staff and workers leaving their working units while keeping their labour contract" is not included. After 2006, data in this table refters to number of fully employed staff and workers in urban entities.

b) Because this form does not contain the railway sector data, so the sum of cities data is not equal to the total item.

5－17　续表　continued

单位:人　　　　　　　　　　　　　　　　　　　　　　　　　　　　(person)

地　区　Region	2014	2015	2016	2017	2018	2019	2020
全区总计　Total	**683505**	**684817**	**661932**	**669000**	**634187**	**651842**	**648691**
银 川 市　Yinchuan	361957	368307	344783	342710	336578	350205	334360
石嘴山市　Shizuishan	89536	88098	84461	88165	73163	68925	70910
吴 忠 市　Wuzhong	95972	90999	90884	94301	86494	92610	101693
固 原 市　Guyuan	57403	59832	61345	62057	61304	62323	66854
中 卫 市　Zhongwei	61785	59970	62448	63184	58051	59308	56602

5－18　各市城镇非私营单位分行业在岗职工人数

Number of Urban Entities Fully Employed Staff and Workers by Sector by City

单位:人　　　　　　　　　　　　　　　　　　　　　　　　　　　　(person)

地　区　Region	总计 Total	农、林、牧、渔业 Agriculture, Forestry, Animal Husbandry and Fishery	采矿业 Mining	制造业 Manufacturing	电力、热力、燃气及水生产和供应业 Production and Distribution of Electricity, Heat, Gas and Water	建筑业 Construction	批发和零售业 Wholesale and Retail Trades
全区总计　Total	**648691**	**5652**	**61364**	**92466**	**41153**	**28785**	**22657**
银 川 市　Yinchuan	334360	1762	43939	48925	22111	16865	17173
石嘴山市　Shizuishan	70910	162	149	17379	6288	3767	1313
吴 忠 市　Wuzhong	101693	942	13300	19156	4896	2883	1873
固 原 市　Guyuan	66854	1416	3976	383	5423	3520	1335
中 卫 市　Zhongwei	56602	1369		6625	2435	1750	963

注：　因铁路部门数据单列，故各市数据加总不等于全区总计。

Note: Because this form does not contain the railway sector data, so the sum of cities data is not equal to the total item.

5－18 续表1 continued

单位:人 (person)

地　区 Region	交通运输、仓储和邮政业 Transport, Storage and Post	住宿和餐饮业 Hotels and Catering Services	信息传输、软件和信息技术服务业 Information Transmission, Software and IT Services	金融业 Financial Intermediation	房地产业 Real Estate	租赁和商务服务业 Leasing and Business Services	科学研究和技术服务业 Scientific Research and Technical Services
全区总计 Total	**36838**	**3775**	**7493**	**29157**	**15005**	**9264**	**16324**
银 川 市 Yinchuan	12409	2530	3959	18877	13241	5674	11793
石嘴山市 Shizuishan	1608	389	1046	2427	719	636	798
吴 忠 市 Wuzhong	1659	611	876	2938	634	2316	1167
固 原 市 Guyuan	1700	219	805	2407	244	314	1531
中 卫 市 Zhongwei	1192	25	806	2507	166	324	1035

5－18 续表2 continued

单位:人 (person)

地　区 Region	水利、环境和公共设施管理业 Management of Water Conservancy, Environment and Public Facilities	居民服务、修理和其他服务业 Services to Households, Repair and Other Services	教育 Education	卫生和社会工作 Health and Social Work	文化、体育和娱乐业 Culture, Sports and Entertainment	公共管理、社会保障与社会组织 Public Management, Social Security and Organization
全区总计 Total	**14237**	**329**	**84504**	**52710**	**9481**	**107497**
银 川 市 Yinchuan	4383	288	34337	26251	6801	43041
石嘴山市 Shizuishan	3671		9657	5858	489	14553
吴 忠 市 Wuzhong	2354		16377	7495	1225	20989
固 原 市 Guyuan	853	41	19267	6490	504	16427
中 卫 市 Zhongwei	2975		14866	6615	462	12486

5－19 各市城镇非私营单位在岗职工工资总额和指数

Total Wages of Fully Employed Staff and Workers in Urbon Units by City and Related Indices

地　区 Region	工资总额(万元) Total Wages(10 000 yuan)				指数(以上年为100) Indices(preceding year＝100)			
	总　计 Total Wages	国有单位 State－owned Units	集体单位 Collective－owned Units	其他单位 Other Units	总　计 Total Wages	国有单位 State－owned Units	集体单位 Collective－owned Units	其他单位 Other Units
全区总计 Total	**6606948**	**2805749**	**37466**	**2892709**	**115.2**	**97.4**	**108.7**	**125.3**
银 川 市 Yinchuan	3530672	1319092	5174	1986469	106.6	103.1	50.3	119.0
石嘴山市 Shizuishan	646869	282600	1110	220448	128.3	105.0	167.9	102.1
吴 忠 市 Wuzhong	978499	427757	4281	275513	138.3	104.2	39.2	117.4
固 原 市 Guyuan	703423	423158	25580	111586	125.5	100.2	254.9	127.7
中 卫 市 Zhongwei	550529	353142	1321	116729	116.8	107.0	52.0	114.8

注：　因铁路部门数据单列，故各市数据加总不等于全区总计。

Note: Because this form does not contain the railway sector data, so the sum of cities data is not equal to the total item.

5－20 主要年份各市在岗职工工资总额

Total Wages of Fully Employed Staff and Workers by City in Main Years

单位：万元　　　　(10 000 yuan)

地　区	Region	1978	1980	1990	2000	2010	2011	2012	2013
全区总计	**Total**	**30826**	**40350**	**146646**	**563327**	**2165027**	**2580507**	**3359945**	**3740019**
银 川 市	Yinchuan	9714	14819	54493	227581	1237080	1473756	1978987	2124830
石嘴山市	Shizuishan	9804	12836	43283	124404	287719	331152	403714	423555
吴 忠 市	Wuzhong	2982	4426	18518	83103	240742	302426	361220	469946
固 原 市	Guyuan	1797	2577	10268	48462	187773	217809	269267	319832
中 卫 市	Zhongwei	1667	2596	10343	37742	142248	175140	244226	283654

注：　1. 1998年以后为在岗职工工资总额。

2. 2004年以后数据不含长庆油田宁夏部分。

3. 因铁路部门数据单列，故各市数据加总不等于全区总计。

Notes: a) Since 1998, data in this table refers to total wages of fully employed staff and workers.

b) From 2004, data in this table excluding Changqing oil field in Ningxia.

c) Because this form does not contain the railway sector data, so the sum of cities data is not equal to the total item.

5-20 续表 continued

单位:万元 (10 000 yuan)

地 区 Region	2014	2015	2016	2017	2018	2019	2020
全区总计 Total	**4088943**	**4347042**	**4548343**	**4945262**	**5224201**	**5735925**	**5735925**
银 川 市 Yinchuan	2348447	2482102	2543006	2752108	2958733	3310735	3530672
石嘴山市 Shizuishan	460261	474012	479437	526748	485647	504158	646869
吴 忠 市 Wuzhong	493536	514907	560402	621843	250237	707551	978499
固 原 市 Guyuan	345610	401950	438248	469943	226921	560323	703423
中 卫 市 Zhongwei	312755	339172	385574	420935	212286	471193	550529

5-21 各市城镇非私营单位分行业在岗职工工资总额

Total Wages of Fully Employed Staff and Workers in Urban Non-Private Units by Sector and by City

单位:万元 (10 000 yuan)

地 区 Region	总 计 Total	农、林、牧、渔业 Agriculture, Forestry, Animal Husbandry and Fishery	采矿业 Mining	制造业 Manufacturing	电力、热力、燃气及水生产和供应业 Production and Distribution of Electricity, Heat, Gas and Water	建筑业 Construction	批发和零售业 Wholesale and Retail Trades
全区总计 Total	**6606948**	**31423**	**861447**	**719329**	**512599**	**215997**	**138001**
银 川 市 Yinchuan	3530672	7269	634013	408702	314355	143100	104449
石嘴山市 Shizuishan	646869	951	863	131050	77578	25267	7559
吴 忠 市 Wuzhong	978499	3600	182482	129425	58199	16964	10687
固 原 市 Guyuan	703423	14472	44089	1441	41994	19197	9042
中 卫 市 Zhongwei	550529	5131		48711	20473	11469	6264

注: 因铁路部门数据单列,故各市数据加总不等于全区总计。

Note: Because this form does not contain the railway sector data, so the sum of cities data is not equal to the total item.

5-21 续表1 continued

单位:万元 (10 000 yuan)

地 区 Region	交通运输、仓储和邮政业 Transport, Storage and Post	住宿和餐饮业 Hotels and Catering Services	信息传输、软件和信息技术服务业 Information Transmission, Software and IT Services	金融业 Financial Intermediation	房地产业 Real Estate	租赁和商务服务业 Leasing and Business Services	科学研究和技术服务业 Scientific Research and Technical Services
全区总计 Total	**344589**	**15602**	**92453**	**393827**	**103806**	**58950**	**178298**
银川市 Yinchuan	97212	11631	46504	262767	95727	38108	131013
石嘴山市 Shizuishan	12487	1654	12268	32211	2757	4279	8565
吴忠市 Wuzhong	13959	1657	10216	32852	2931	11894	12315
固原市 Guyuan	13677	564	9697	29171	1083	2721	17807
中卫市 Zhongwei	10300	96	13768	36825	1308	1949	8598

5-21 续表2 continued

单位:万元 (10 000 yuan)

地 区 Region	水利、环境和公共设施管理业 Management of Water Conservancy, Environment and Public Facilities	居民服务、修理和其他服务业 Services to Households, Repair and Other Services	教育 Education	卫生和社会工作 Health and Social Work	文化、体育和娱乐业 Culture, Sports and Entertainment	公共管理、社会保障与社会组织 Public Management, Social Security and Organization
全区总计 Total	**100038**	**2028**	**1035188**	**604789**	**90229**	**1108353**
银川市 Yinchuan	35032	1912	360936	340213	66500	431229
石嘴山市 Shizuishan	15918		99954	61422	3089	148996
吴忠市 Wuzhong	18444		179236	72764	10375	210499
固原市 Guyuan	8104	116	232823	62705	5985	188734
中卫市 Zhongwei	22540		162240	67685	4279	128895

5－22 各市城镇非私营单位分行业在岗职工平均工资
Average Wage of Fully Employed Staff and Workers in Urban Non－private Units by Sector and by City

单位：元 (yuan)

地　区 Region	总计 Total	农、林、牧、渔业 Agriculture, Forestry, Animal Husbandry and Fishery	采矿业 Mining	制造业 Manufacturing	电力、热力、燃气及水生产和供应业 Production and Distribution of Electricity, Heat, Gas and Water	建筑业 Construction	批发和零售业 Wholesale and Retail Trades
全区总计 Total	**101827**	**50412**	**138862**	**78589**	**124870**	**69113**	**60594**
银 川 市 Yinchuan	105653	38114	143614	83628	142804	79371	60279
石嘴山市 Shizuishan	89342	29342	46553	74770	121246	54330	58681
吴 忠 市 Wuzhong	96178	36788	135630	70796	111324	46980	57217
固 原 市 Guyuan	105425	94957	103760	37078	79699	55399	67655
中 卫 市 Zhongwei	98920	34221		75386	95574	76633	65612

注：因铁路部门数据单列，故各市数据加总不等于全区总计。
Note: Because this form does not contain the railway sector data, so the sum of cities data is not equal to the total item.

5－22 续表1 continued

单位：元 (yuan)

地　区 Region	交通运输、仓储和邮政业 Transport, Storage and Post	住宿和餐饮业 Hotels and Catering Services	信息传输、软件和信息技术服务业 Information Transmission, Software and IT Services	金融业 Financial Intermediation	房地产业 Real Estate	租赁和商务服务业 Leasing and Business Services	科学研究和技术服务业 Scientific Research and Technical Services
全区总计 Total	**93559**	**42237**	**122834**	**136211**	**68422**	**63006**	**110758**
银 川 市 Yinchuan	77929	46811	117777	139436	71246	67497	113482
石嘴山市 Shizuishan	73780	42322	114622	135179	38747	65292	103003
吴 忠 市 Wuzhong	83718	27806	116331	114707	47751	49657	108925
固 原 市 Guyuan	82869	29032	119313	123002	44891	83853	115339
中 卫 市 Zhongwei	85859	34050	168527	150342	77566	58098	82111

5－22 续表 2 continued

单位:元 (yuan)

地　区　Region	水利、环境和公共设施管理业 Management of Water Conservancy, Environment and Public Facilities	居民服务、修理和其他服务业 Services to Households, Repair and Other Services	教育 Education	卫生和社会工作 Health and Social Work	文化、体育和娱乐业 Culture, Sports and Entertainment	公共管理、社会保障与社会组织 Public Management, Social Security and Organization
全区总计 Total	**68256**	**63979**	**111464**	**116077**	**94299**	**103722**
银 川 市 Yinchuan	79113	69008	107829	132090	97238	100923
石嘴山市 Shizuishan	39477		104257	105132	65233	103764
吴 忠 市 Wuzhong	77871		109447	98442	81839	101357
固 原 市 Guyuan	93966	29096	122205	98026	114822	114529
中 卫 市 Zhongwei	76023		112793	100789	91641	102923

5－23 各市分行业城镇私营单位就业人员平均工资
Average Wage of Employed Persons in Urban Private Units by Sector and Region

单位:元 (yuan)

地　区　Region	总计 Total	农、林、牧、渔业 Agriculture, Forestry, Animal Husbandry and Fishery	采矿业 Mining	制造业 Manufacturing	电力、热力、燃气及水生产和供应业 Production and Distribution of Electricity, Heat, Gas and Water	建筑业 Construction	批发和零售业 Wholesale and Retail Trades
全区总计 Total	**49928**	**42386**	**57950**	**55478**	**63891**	**52818**	**45438**
银 川 市 Yinchuan	51001	33701	77943	55127	63425	54465	48656
石嘴山市 Shizuishan	53216	39484	55674	56947	68916	51999	44444
吴 忠 市 Wuzhong	47621	48357	51206	50440	59199	51110	43103
固 原 市 Guyuan	37058	31379	31896	32960	44752	41359	31496
中 卫 市 Zhongwei	53319	46479		62817	62387	54639	43626

5－23 续表1 continued

单位:元 (yuan)

地 区 Region	交通运输、仓储和邮政业 Transport, Storage and Post	住宿和餐饮业 Hotels and Catering Services	信息传输、软件和信息技术服务业 Information Transmission, Software and IT Services	金融业 Financial Intermediation	房地产业 Real Estate	租赁和商务服务业 Leasing and Business Services	科学研究和技术服务业 Scientific Research and Technical Services
全区总计 Total	**53624**	**36772**	**56625**	**62158**	**42478**	**47675**	**55584**
银 川 市 Yinchuan	48642	38582	57501	63294	46035	54053	57301
石嘴山市 Shizuishan	59313	35000	46011	129919	29964	46416	62192
吴 忠 市 Wuzhong	52953	32955	48320	63291	41419	43375	48583
固 原 市 Guyuan	44540	36368	59270	59031	39372	41730	37385
中 卫 市 Zhongwei	65490	35799	58881	47745	35108	43836	46608

5－23 续表2 continued

单位:元 (yuan)

地 区 Region	水利、环境和公共设施管理业 Management of Water Conservancy, Environment and Public Facilities	居民服务、修理和其他服务业 Services to Households, Repair and Other Services	教育 Education	卫生和社会工作 Health and Social Work	文化、体育和娱乐业 Culture, Sports and Entertainment	公共管理、社会保障与社会组织 Public Management, Social Security and Organization
全区总计 Total	**37302**	**40810**	**33642**	**49005**	**37573**	
银 川 市 Yinchuan	32566	41561	38318	56684	42227	
石嘴山市 Shizuishan	52822		33504	36719	29998	
吴 忠 市 Wuzhong	41175		25138	42471	26531	
固 原 市 Guyuan	65495	41039	22815	42210	37081	
中 卫 市 Zhongwei	49632		28706	39666	31427	

主要统计指标解释

就业人员 指年满十六周岁，为取得报酬或经营利润，在调查周内从事了1小时（含1小时）以上劳动的人员；或由于在职学习、休假等原因在调查周内暂时未工作的人员；或由于停工、单位不景气等原因临时未工作的人员。

单位就业人员 指报告期末最后一日在本单位工作，并取得工资或其他形式劳动报酬的人员数。该指标为时点指标，不包括最后一日当天及以前已经与单位解除劳动合同关系的人员，是在岗职工、劳务派遣人员及其他就业人员之和。就业人员不包括：

（1）离开本单位仍保留劳动关系，并定期领取生活费的人员；

（2）在本单位实习的各类在校学生；

（3）本单位以劳务外包形式使用的人员，如：建筑业整建制使用的人员。

在岗职工 指在本单位工作且与本单位签订劳动合同，并由单位支付各项工资和社会保险、住房公积金的人员，以及上述人员中由于学习、病伤、产假等原因暂未工作仍由单位支付工资的人员。在岗职工还包括：

（1）应订立劳动合同而未订立劳动合同人员（如使用的农村户籍人员）；

（2）处于试用期人员；

（3）编制外招用的人员，如临时人员；

（4）派往外单位工作，但工资仍由本单位发放的人员（如挂职锻炼、外派工作等情况）。

工资总额 指根据《关于工资总额组成的规定》（1990年1月1日国家统计局发布的一号令）进行修订，本单位在报告期内（季度或年度）直接支付给本单位全部就业人员的劳动报酬总额。包括计时工资、计件工资、奖金、津贴和补贴、加班加点工资、特殊情况下支付的工资，是在岗职工工资总额、劳务派遣人员工资总额和其他就业人员工资总额之和。

工资总额是税前工资，包括单位从个人工资中直接为其代扣或代缴的房费、水费、电费、住房公积金和社会保险基金个人缴纳部分等。

工资总额不论是计入成本的还是不计入成本的，不论是以货币形式支付的还是以实物形式支付的，均应列入工资总额的计算范围。

平均工资 指单位就业人员在一定时期内平均每人所得的工资额。它表明一定时期工资收入的高低程度，是反映就业人员工资水平的主要指标。计算公式为：

$$平均工资=\frac{报告期实际支出的全部就业人员工资总额}{报告期全部就业人员平均人数}$$

城镇登记失业人员 劳动年龄（年满16周岁（含）至依法享受基本养老保险待遇）内，有劳动能力，有就业要求，处于无业状态，并在公共就业和人才服务机构进行失业登记的城镇常住人员。

城镇登记失业率　城镇登记失业人员与城镇单位就业人员（扣除使用的农村劳动力、聘用的离退休人员、港澳台及外方人员）、城镇单位中的不在岗职工、城镇私营业主、个体户主、城镇私营企业和个体就业人员、城镇登记失业人员之和的比。

城镇调查失业率　指城镇失业人口占城镇就业人口与失业人口之和的百分比，根据全国月度劳动力调查数据计算。

Explanatory Notes on Main Statistical Indicators

Employed Persons refer to persons, aged 16 and over, who performed some work for compensation or business gains for one hour or more during the reference period; or persons who do not work for the reasons of study or on holiday; or persons who are temporarily absent from a job for disorganization or suspension of work, recession, etc.

Persons Employed in Various Units refer to the total number of employees who work at his unit on the last day and obtain wages or other forms of payment at the end of the reporting period. This indicator is a kind of time point index and it equals to the sum of the number of employed staff and workers, labor dispatch personnel and other employed persons, excluding those who have terminated labor contracts with working unit on or before the last day of the reporting period. Employed persons do not include:

1) persons who have left their working units while keeping their labour contract (employment relation) unchanged and receiving regular alimony;

2) all kinds of enrolled students who do internship in various units;

3) persons employed due to labor outsourcing, for example, persons employed in the organizational system of construction industry.

Employed Staff and Workers refer to persons who signed labor contracts with working units and working units would pay wages, social insurance and housing funds for them. Persons who have their work posts but are temporarily absent from work for reasons of study or on sick, injury or maternal leave and still receive wages from their working units are also included. Employed staff and workers also include:

1) Persons who should have signed the labor contracts but not (like people with rural household registration);

2) Employees on probation;

3) Employees beyond the staffing quota, for example, temporary employees;

4) Employees who are sent to other working units but still obtain wages from their original units (situations like on – the – job placement, expatriated assignment, etc.)

Total Wage Bill It is revised according to the "Provision of Composition of Total Wages" (Order No. 1 by National Bureau of Statistics on January, 1st, 1990), total wage bill refers to the total remuneration payment to all employed persons in various units during the reporting period (by quarter or by year), including hourly – paid wages, piece – rate wages, bonuses, allowance and subsidies, overtime wages and wages paid under special circumstances. It equals to the sum of total wages of employed staff and workers, dispatch labors and other employed persons.

Total wage bill is pre – tax wages, including the room charges, utility bills, housing funds and social insurance paid or withheld by employee's units.

Total wage bill, whether or not included in cost, whether or not paid in money or in kind, shall be included in the calculation of total wage.

Average Wage refers to the average per capita wage during a certain period of time for employed persons. It shows the general level of wage income during a certain period of time and it's one major indicator to reflect the wage level. It is calculated as follows:

$$\text{Average Wage} = \frac{\text{Total wage bill of employed persons at reference time}}{\text{Average number of persons employed at reference time}}$$

Registered Unemployed Persons in Urban Areas refer to the persons residing in urban areas at certain working ages (16 years old to the age of enjoying primary endowment insurance benefits according to the law), who are capable of working, unemployed and willing to work, and have been registered at the public employment and talent service agencies to apply for a job.

Registered Unemployment Rate in Urban Areas refers to the ratio of the number of the registered unemployed persons to the sum of the number of persons employed in various urban units (minus the employed rural labour force, re-employed retirees, and Hong Kong, Macao, Taiwan or foreign employees), laid-off staff and workers in urban units, owners of private enterprises and self-employed individuals in urban areas, employees of private enterprises and individual businesses in urban areas, and the registered unemployed persons in urban areas.

Surveyed Urban Unemployment Rate refers to the ratio of the number of the unemployed persons in urban areas to the sum of the number of the employed persons and the unemployed persons in urban areas, calculated on the basis of the annual Labour Force Survey.

第六篇 Chapter6

固定资产投资

Investment in Fixed Assets

资料整理:蔡川生　殷荣玉　李小娜　杨凤花　杨瑞博　马晓昀　慕博

Data Compilation: Cai Chuansheng　Yin Rongyu　Li Xiaona　Yang Fenghua　Yang Ruibo　Ma Xiaoyun　MuBo

6-1 全社会固定资产投资基本情况

指 标	Item	1980	1990	2000	2010
投资总额(万元)	**Total Investment (10 000 yuan)**	**39758**	**219603**	**1608204**	**14646972**
按隶属关系分	**Grouped by Jurisdiction of Management**				
中 央	Central Investment	9104	78568	281567	3927196
地 方	Local Investment	30654	141035	1326637	10719776
按经济类型分	**Grouped by Economic Types**				
国有经济	State - owned	39312	175126	1011732	6101779
房地产	Real Estate		2834	47471	282063
集体经济	Collective - owned	446	12614	57002	33982
房地产	Real Estate			17348	6521
私营个体经济	Private		31863	226346	3730652
其他经济	Others			279970	4780559
本年资金来源小计	**Subtotal of Sources of Funds This Year**	**39758**	**219603**	**1608204**	**14643866**
国家预算内资金	State Budget	24497	40934	185722	890205
国内贷款	Demestic Loans	2080	52510	490678	4191316
利用外资	Foreign Investment		4697	22497	41294
自筹资金	Self - raising Funds			492953	7121225
其他资金	Others	13181	121422	416354	2399826
按构成分	**Grouped by Structure**				
建筑安装工程	Construction and Installation	30488	137381	1112301	9869490
设备、工器具购置	Purchase of Equipment and Instruments	7289	63526	309988	3380840
其他费用	Others	1981	18696	185915	1396642
新增固定资产(万元)	**Newly Increased Fixed Assets(10 000 yuan)**	**26258**	**193282**	**1357643**	**7046806**
本年施工房屋面积(万平方米)	**Floor Space under Construction This Year(10 000 sq. m)**	**212**	**539**	**1019**	**4800**
住 宅	Residential Buildings	49	381	689	2874
本年竣工房屋面积(万平方米)	**Floor Space Completed This Year(10 000 sq. m)**	**132**	**459**	**1069**	**1494**
施工项目(个)	**Number of Project under Construction (unit)**	**609**	**934**	**1069**	**2901**
新开工	Number of Project Started	263	499	774	2303
投 产	Number of Project Put into Use	301	576	688	1925

注: 2011 年起,除房地产投资、农户投资外,固定资产投资统计起点由50 万元提高到500 万元。

Note: Since 2011, the cut - off point of fixed assets investment has been increased from 500000 yuan to 5 million yuan, except real estate and rural households investment.

Total Investment in Fixed Assets in Whole Country

2011	2012	2013	2014	2015	2016	2017	2018 增速 (%)	2019 增速 (%)	2020 增速 (%)
16541517	**21095182**	**26811429**	**32009849**	**35329268**	**38354633**	**38133788**	**-18.2**	**-11.1**	**4.8**
3049816	2510472	3702227	3634621	4351953	3060619	2998250	-47.3	72.2	51.6
13491701	18584710	23109202	28375228	30977315	35294014	35135538	-14.6	-15.1	0.2
7185170	7165054	10002359	12799204	15350462	14445394	13517502	-17.7	-10.7	-2.0
362197	450138	477194	542091	577604	632502	461090	-35.2	-1.9	-53.3
23359	49131	225181	186530	45315	16753	63944	-4.6	49.3	-66.0
2810	14819	19318	25337						
5077707	8738842	11765382	13778299	14599730	14341710	14328528	-8.2	-29.3	10.7
4255281	5142155	4818507	5245816	5333761	9550776	10223814	-44.1	61.1	8.5
16650559	**20109351**	**26696873**	**29888983**	**31048221**	**29839279**	**29998024**	**-19.1**	**-4.3**	**20.0**
1327129	1769669	2405411	2373388	3088988	2563103	2547481	-19.0	-8.7	18.3
3576427	4658942	5692638	7462115	7226554	7590811	6295055	-34.3	-13.8	17.8
88561	50553	29320	28522	2915	41230	45932	-41.5	95.3	-61.7
8910642	10807214	14927947	16248594	17167205	15743961	15711529	-22.8	-12.7	18.8
2747800	2822973	3641557	3776364	3562559	3900174	5247929	4.5	14.4	21.5
11604204	14724992	18713430	23113286	25617926	26062036	26544267	-25.4	-14.5	-0.1
3563165	4602432	6040027	7013477	7542109	9194625	7704538	6.0	-4.6	12.0
1374148	1767758	2057972	1883086	2169233	3097972	3884983	-5.6	-4.0	16.0
14224782	**12795619**	**15600908**	**22772942**	**26648561**	**20946774**	**22939226**	**-41.6**	**-15.8**	**-12.6**
6323	**7544**	**10098**	**9495**	**9200**	**9386**	**9112**	**-19.6**	**-7.3**	**-10.7**
3750	4440	5090	5475	5282	5161	4951	-11.7	-9.2	-3.5
1658	**1780**	**1782**	**1903**	**1962**	**2113**	**2192**	**-15.2**	**-30.2**	**-16.5**
2499	2965	3857	4223	4256	4219	4771	-14.0	19.8	10.5
1674	**2120**	**2745**	**2787**	**3147**	**3145**	**3409**	**-19.6**	**-10.9**	**1.5**
1598	1919	2398	3036	3126	2944	3408	-65.4	34.8	15.1

6-2 按国民经济行业分的全社会固定资产投资增长速度

The growth rate of fixed asset investment of the whole society according to the industry of national economy

单位:% (%)

指　　标	Item	全社会固定资产投资 Total Investment in Fixed Assets in Whole County	农户 Farm Households Investment
农、林、牧、渔业	Agriculture, Forestry, Animal Husbandry and Fishery	13.7	10.4
采矿业	Mining	2.1	
制造业	Manufacturing	0.1	-100.0
电力、热力、燃气及水的生产和供应业	Production and Distribution of Electricity, Heat, Gas and Water	51.8	
建筑业	Construction	12.4	
批发和零售业	Wholesale and Retail Trades	31.5	282.7
交通运输、仓储和邮政业	Transport, Storage and Post	1.7	201.0
住宿和餐饮业	Hotels and Catering Services	-41.5	-50.3
信息传输、软件和信息技术服务业	Information Transmission, Software and IT Services	-10.5	
金融业	Financial Intermediation	2485.6	
房地产业	Real Estate	-1.3	18.0
租赁和商务服务业	Leasing and Business Services	100.2	
科学研究和技术服务业	Scientific Research and Technical Services	122.0	
水利、环境和公共设施管理业	Management of Water Conservancy, Environment and Public Facilities	-22.7	
居民服务、修理和其他服务业	Services to Households, Repair and Other Services	-49.3	-100.0
教育	Education	0.1	
卫生和社会工作	Health and Social Work	-16.1	
文化、体育和娱乐业	Culture, Sports and Entertainment	-22.7	
公共管理、社会保障和社会组织	Public Management, Social Securities and Organizations	53.7	
国际组织	International Organizations		

6－3 主要年份全社会固定资产投资

Total Investment in Fixed Assets in Main Years

单位：万元、%　　　　(10 000 yuan %)

年份 Year	全社会固定资产投资额 Total Investment in Fixed Assets	基本建设 Infrastructure	更新改造 Renovation and Reformation Investment	国有经济固定资产投资额 Investment in Fixed Assets of State－owned Economy	基本建设 Infrastructure	更新改造 Renovation and Reformation Investment
1952	502	502		502	502	
1955	1314	1314		1314	1314	
1957	1536	1536		1536	1536	
1958	9287	9287		9287	9287	
1960	24446	24446		24446	24446	
1965	14002	14002		14002	14002	
1970	24659	24659		24659	24659	
1975	24957	24957		24957	24957	
1978	42719	42246		42246	42246	
1980	39758	30409	8903	39312	30409	8903
1985	136346	79413	26493	112944	79413	26493
1990	219603	113336	52045	175126	113336	52045
1995	701237	336000	158960	514041	331107	149584
2000	1608204	888744	233621	1011732	805530	155822
2001	1958118	1053095	260815	1241374	1014378	167519
2002	2308269	1243615	263571	1335911	1160543	141495
2003	3182100	1646006	410646	1545791	1372117	141791
2004	3808465	1909048	531662	1513064	1168051	215759
2005	4448174	2355165	607118	2024100	1620235	349338
2006	5152753	2865707	768071	2657927	2069116	363814
2007	6218092	3459859	923769	3316282	2604356	300682
2008	8588368	5179075	1119381	5210136	4143600	397954
2009	11191392	6945483	1318126	6092634	4870545	466031
2010	14646972	8755326	1651175	6101779	4554443	490241
2011	16541517	10572647	1885913	7185170	6095485	658216
2012	21095182	13614930	2381825	7165054	6193674	481940
2013	26811429	17284012	3028610	10002359	8668189	770212
2014	32009849	20845959	3637982	12799204	11129311	1040700
2015	35329268	23935305	4082496	15350462	13002422	1648788
2016	38354633	25526457	4507581	14445394	11625338	2083836
2017	38133788	26185039	4332320	13517502	11840858	1067666
2018 增速	－18.2		15.6	－17.7		
2019 增速	－11.1		17.2	－10.7		
2020 增速	4.8		18.0	－2.0		

6-4 固定资产投资主要生产能力

指　　标	单位	Item
原煤开采	万吨/年	Coal Mining(10 000 tons/year)
焦炭	万吨/年	Coke (10 000 tons/year)
石油加工:蒸馏设备能力	处理万吨/年	Distillation Equipment Capacity(10 000 tons/year)
裂化设备能力	处理万吨/年	Cracking Equipment Capacity(10 000 tons/year)
生铁	万吨/年	Pig Iron(10 000 tons/year)
铅冶炼	吨/年	Lead Smelting(ton/year)
铝加工材	吨/年	Aluminum Material(ton/year)
火力发电	万千瓦	Fire Power(10 000 kW)
风力发电	万千瓦	Wind Power (10 000 kW)
太阳能发电	万千瓦	Solar Power (10 000 kW)
其他发电	万千瓦	Others(10 000 kW)
输电线路长度(110 千伏及以上)	公里	Length of Electric Transmission Line (km)
水泥	万吨/年	Cement(10 000 tons/year)
轮胎外胎	万条/年	Tire (Cover) (10 000 units/year)
新建公路	公里	New highways(km)
其中:高速公路	公里	Express way(km)
一级公路	公里	First Class(km)
二级公路	公里	Second Class(km)
改建公路	公里	rebuilt highways(km)
一级公路	公里	First Class(km)
二级公路	公里	Second Class(km)
新建独立公路桥梁	延长米	Independent Newly - built highways and bridges(linear meter)
新建独立公路桥梁	座	Independent Newly - built highways and bridges(unit)
新(扩)建公路客、货运站	个	Newly - built or Expanded passenger(freight) station (unit)
新(扩)建公路客、货运站	平方米	Newly - built or Expanded passenger(freight) station (m^2)
城市自来水供水能力	万吨/日	Tap Water Supply Capacity (10 000 tons/day)
城市污水处理能力	万吨/日	Sewage treatment Capacity (10 000 tons/day)

Production Capacity of Major Products

建设规模 Total Construction Size	本年施工规模 Under Construction This Year	本年新开工 Newly Commenced	累计生产能力（或效益） Cumulative production capacity	本年新增 Newly Increased
6580	150	150	5085	35
641	155	155	61	20
200	50	50	150	50
141	15	10	30	15
10				
200000				
3000	1200		1200	1200
136	134	2	132	
369	341	178	259	244
293	239	227	176	157
1	1	1		
1238	1170	529	339	288
350	350	263	65	65
200	200	200		
1508	678	316	995	253
681	424	237	444	188
76	23	23	22	6
93	50	11	67	11
2182	906	671	1953	480
35	22	14	32	
546	410	252	324	77
2040	1884	56	212	56
5	2	1	4	1
6	6	3	1	1
166377	166377	27422	2530	2530
37	18	10	3	3
95	30	11	24	17

6－5 房地产开发投资及财务主要指标

指　　标	Item	2000	2005
企业个数(个)	**Number of Enterprises(unit)**	**139**	**304**
内资	Domestic Funded	132	301
国 有	State－owned	33	17
集 体	Collective－owned	17	3
私营个体	Private and Self－employed Individual Units	17	167
联营	Joint	1	
股份制经济	Share Holding	64	114
港澳台投资	Hong Kong,Macao and Taiwan Funded	4	
外商投资	Foreign Funded	3	3
年末从业人数(人)	**Number of Employed Persons at the Year End(person)**	**5190**	**8263**
内资	Domestic Funded	4915	7991
国 有	State－owned	1714	437
集 体	Collective－owned	610	37
私营个体	Private and Self－employed Individual Units	484	4327
联营	Joint	21	
股份制经济	Share Holding	2086	3190
港澳台投资	Hong Kong,Macao and Taiwan Funded	100	
外商投资	Foreign Funded	175	272
土地购置	**Land Development**		
本年土地购置面积(万平方米)	Land Space Developed This Year(10 000 sq. m)	72	246
本年土地成交价款(万元)	Land transaction price of this year (10000 yuan)	–	80363
本年完成投资额(万元)	**Investment Completed This Year(10 000 yuan)**	**155691**	**747766**
住 宅	Residential Buildings	91735	475437
资金来源小计(万元)	**Sources of Funds (10 000 yuan)**	**158495**	**730428**
国内贷款	Domestic Loans	36332	104707
利用外资	Foreign Investment		
自筹资金	Self－raising Fund	42419	245388
定金和预收款	Down Payment	51761	326490

Investment in Real Estate Development and Its Main Financial Indicators

2010	2011	2012	2013	2014	2015	2016	2017	2018	2019	2020
360	**436**	**480**	**501**	**534**	**539**	**563**	**561**	**538**	**556**	**576**
357	432	476	497	530	535	558	556	533	550	570
12	12	15	13	13	13	15	15	19	17	16
3	3	4	3	2						
271	308	343	362	396	396	410	409	382	389	408
71	109	114	119	119	126	133	132	132	144	146
	1	1	1	1	2	3	3	2	2	2
3	3	3	3	3	2	2	2	3	4	4
10567	**15124**	**15951**	**17409**	**18317**	**17342**	**16551**	**15910**	**14405**	**15310**	**14804**
10477	14912	15743	17181	18058	17191	16413	15779	14165	14993	14480
738	1264	1075	1054	1117	1107	844	823	1003	1665	1623
38	29	53	43	30						
7785	10029	10845	11741	12784	11953	11561	11278	9495	8803	8639
1916	3590	3770	4343	4127	4131	4008	3678	3667	4525	4218
	100	120	112	114	117	110	110	159	178	183
90	112	88	116	145	34	28	21	81	139	141
549	521	426	438	333	231	159	165	145	221	173
245886	480076	317685	314054	349975	256985	246329	200424	161037	309132	492579
2543715	**3362289**	**4291529**	**5589682**	**6547995**	**6336378**	**7281647**	**6528429**	**4495685**	**4030911**	**4332733**
1872939	2395186	2794871	3402650	4115773	3966814	4354115	3877532	3004052	2817355	3085909
3591354	**4493133**	**4998029**	**6941494**	**7429055**	**7373923**	**6787373**	**6785046**	**5821625**	**5817643**	**7082780**
560709	519711	593984	1057417	1200423	965925	968024	701000	586883	645208	520060
2500										
1033182	1580144	1963181	2476903	2754745	3236750	2600276	2415706	1621174	1258871	1149949
1274481	1348144	1428385	2267718	2246624	1894142	1998915	2168887	2456416	2722260	3836063

6-5 续表

指　　标	Item	2000	2005
房屋建筑面积(万平方米)	**Floor Space of Buildings (10 000 sq. m)**		
施工面积	Floor Space under Construction	259	1049
竣工面积	Floor Space Completed	155	568
本年新开工面积	Floor Space Started This Year	172	581
竣工房屋价值(万元)	Value of Buildings Completed(10 000 yuan)	107651	590867
竣工房屋造价(元/平方米)	Cost of Buildings Completed (yuan/sq. m)	692	1040
商品房销售面积(万平方米)	**Floor Space of Commercialized Buildings Sold (10 000 sq. m)**	**104**	**378**
住 宅	Residential Buildings	91	319
商品房销售价格(元/平方米)	**Selling Price of Commercialized Buildings(yuan/sq. m)**	**1352**	**2235**
住 宅	Residential Buildings	1145	1765
实收资本合计(万元)	**Total Capital Held (10 000 yuan)**	**89467**	**424629**
年末资产负债情况(万元)	**Situation of Year-end Liabilities (10 000 yuan)**		
资产总计	Total Assets	448079	2091222
固定资产累计折旧	Accumulated Depreciation of Fixed Assets	7881	27246
本年折旧	Depreciation of the Current Year	2057	6271
负债总计	Total Liabilities	344569	1603373
所有者权益合计	Total Equity	103510	487849
损益情况(万元)	**Situation of Profit and Loss (10 000 yuan)**		
经营总收入	Total Revenue	143568	598769
土地转让收入	Land Transferred	250	2360
商品房屋销售收入	Sales Income of Commercial Flat	138608	592315
房屋出租收入	Income of Renting House	747	3018
其他收入	Other Income	3981	1076
经营成本	Cost of Business	114263	503687
销售费用	Expenses of Sales	1141	8860
经营税金及附加	Tax and Extra Charges on Business	7268	31532
其他业务利润	Other Business Profits	2112	2241
管理费用及财务费用	Expenses of both Management and Finance	14627	48510
投资收益及营业外收入	Income of Investment Earnings and Extra-business	-298	5211
营业外支出	Expenditure of Extra-business	1392	2647
利润总额	Total Profits	6709	10985

continued

2010	2011	2012	2013	2014	2015	2016	2017	2018	2019	2020
2941	4080	5033	6043	7019	7046	7110	6837	6048	5937	5563
937	967	1152	1104	1204	1169	1295	1329	1214	1011	772
1809	1989	1843	2163	2054	1391	1391	1188	995	1186	1039
1755147	2564285	2596364	3105009	2993267	2915993	3449417	3532018	3269167	2686685	2175840
1873	2651	2254	2811	2486	2494	2665	2658	2693	2657	2818
936	**846**	**804**	**1048**	**1129**	**839**	**966**	**1021**	**1026**	**1010**	**1095**
817	705	708	928	939	708	830	870	888	887	972
3304	**3732**	**3948**	**4232**	**4117**	**4413**	**4241**	**4544**	**5044**	**5685**	**6375**
3107	3389	3621	3917	3747	4010	3925	4243	4737	5618	6444
1101552	**1524516**	**1995678**	**2358257**	**2754496**	**3079790**	**3204608**	**3354322**	**3221171**	**3578310**	**3754405**
8370883	11783394	15614913	20195733	24136601	26237604	28989238	30143718	30379009	32565449	35096464
55908	103979	103991	144386	576270	213643	324862	292735	315007	379369	435878
13594	21217	29964	34084	182835	42385	65249	47816	52409	58619	61573
6854150	9489851	12723086	16366197	19665263	22012776	24153254	25634379	26112385	28148926	30584081
1516732	2293543	2891828	3829536	4471338	4224828	4835984	4509340	4266625	4416523	4512383
1783476	2611584	2776060	3526907	3440939	2918670	3685916	3354613	3300791	3938828	4884073
13426	7959	5013	2766	2952	51944	618	19876	49925	327	709
1748783	2577193	2661308	3485822	3367924	2793620	3548248	3252480	3162245	3782638	4617054
9450	21209	35066	28701	38212	35136	53092	50961	38789	65536	50321
11817	5222	74674	9617	31851	37971	83958	27561	45998	84589	68497
1407263	1990205	2175336	2744219	2695832	2314671	3124648	2783615	2747526	3492722	3962529
43498	72370	68900	100600	120627	112599	110918	108039	125833	142965	180577
120150	177468	174097	239076	229276	203919	202448	136767	133071	134313	171792
7836	11921	18708	23360	17180	28279	14829	8258	35559	23474	8590
136314	191816	226226	275044	321845	301969	335480	329872	310129	303790	303172
3622	26132	25633	39620	45581	61920	79281	95256	71784	80897	114730
14618	113006	17860	22957	23979	20612	61616	41698	31840	36130	161284
77405	182139	166268	220882	109367	36846	−52591	68009	96373	168600	224756

6-6 商品房竣工面积、价值及平均造价

指标	Item	2000	2005
房屋竣工面积(万平方米)	**Floor Space Completed(10 000 sq. m)**	**155**	**568**
住宅	Residential Buildings	123	421
办公楼	Office Buildings	8	19
商业营业用房	Houses for Business Use	22	110
其他	Others	3	18
房屋竣工价值(万元)	**Value of Buildings Completed(10 000 yuan)**	**107651**	**590867**
住宅	Residential Buildings	80314	391988
办公楼	Office Buildings	7122	29455
商业营业用房	Houses for Business Use	17362	147731
其他	Others	2853	21693
房屋竣工平均造价(元/平方米)	**Average Cost of Buildings Completed(yuan/sq. m)**	**694.52**	**1040.26**
住宅	Residential Buildings	652.96	931.09
办公楼	Office Buildings	890.25	1550.26
商业营业用房	Houses for Business Use	789.18	1343.01
其他	Others	951.00	1205.17

6-7 商品房销售面积、销售额及平均销售价格

指标	Item	2000	2005
商品房销售面积(万平方米)	**Floor Space of Commercialized Buildings Sold (10 000 sq. m)**	**104**	**378**
住宅	Residential Buildings	91	319
办公楼	Office Buildings	2	9
商业营业用房	Houses for Business Use	11	48
其他	Others	1	2
商品房销售额(万元)	**Total Sale of Commercialized Buildings (10 000 yuan)**	**141306**	**844726**
住宅	Residential Buildings	103746	563186
办公楼	Office Buildings	4357	29660
商业营业用房	Houses for Business Use	32626	247703
其他	Others	577	4177
商品房平均销售价格(元/平方米)	**Average Selling Price of Commercialized Buildings (yuan/sq. m)**	**1358.71**	**2234.72**
住宅	Residential Buildings	1140.07	1765.47
办公楼	Office Buildings	2178.50	3295.56
商业营业用房	Houses for Business Use	2966.00	5160.48
其他	Others	577.00	2088.50

Floor Space, Value and Average Cost of Commodity Buildings Completed

2010	2011	2012	2013	2014	2015	2016	2017	2018	2019	2020
937	**967**	**1152**	**1104**	**1204**	**1169**	**1295**	**1329**	**1214**	**1011**	**772**
746	785	922	861	819	747	931	884	844	718	514
17	23	10	10	28	27	29	64	41	31	19
123	115	131	134	215	231	171	235	196	153	114
51	44	89	100	142	165	164	146	133	109	126
1755147	**2564285**	**2596364**	**3105009**	**2993267**	**2915993**	**3449417**	**3532018**	**3269167**	**2686685**	**2175840**
1339116	2104787	2047874	2119701	1920676	1695246	2282834	2283797	2235682	1796688	1407854
48120	82784	35732	36497	94460	99303	98044	217376	119916	121665	45968
269011	284423	315240	701514	614382	776565	561548	652550	549663	474376	422996
98900	92291	197518	247297	363749	344879	506991	378295	363906	293956	299022
1873.16	**2651.79**	**2253.79**	**2812.51**	**2486.10**	**2494.43**	**2663.64**	**2657.65**	**2692.89**	**2657.45**	**2818.45**
1795.06	2681.26	2221.12	2461.91	2345.15	2269.41	2452.02	2583.48	2648.91	2502.35	2739.02
2830.59	3599.30	3573.20	3649.70	3373.57	3677.89	3380.83	3396.50	2924.78	3924.68	2419.37
2187.08	2473.24	2406.41	5235.18	2857.59	3361.75	3283.91	2776.81	2804.40	3100.50	3710.49
1939.22	2097.52	2219.30	2472.97	2561.61	2090.18	3091.41	2591.06	2736.14	2696.84	2373.19

Floor Space Sold, Total Sales and Average Selling Price of Commercial Houses

2010	2011	2012	2013	2014	2015	2016	2017	2018	2019	2020
936	**846**	**804**	**1048**	**1129**	**839**	**966**	**1021**	**1026**	**1010**	**1095**
817	705	708	928	939	708	830	870	888	887	972
15	9	7	6	9	13	7	16	19	13	12
90	115	83	103	132	102	105	104	93	74	64
14	17	7	12	49	16	24	31	26	36	47
3092169	**3159137**	**3175781**	**4436951**	**4649623**	**3702955**	**4097065**	**4641311**	**5177263**	**5738999**	**6983893**
2537646	2390002	2561936	3636024	3520283	2839806	3258909	3692975	4206254	4985123	6262629
81253	67252	34530	45690	64071	101788	57460	132285	157394	80834	75270
439656	646957	554355	706155	889894	701738	697537	706708	721768	556455	486278
33614	54926	24960	49082	175375	59623	83159	109343	91847	116587	159716
3303.60	**3734.20**	**3949.98**	**4233.73**	**4118.36**	**4413.53**	**4241.27**	**4545.85**	**5046.07**	**5682.18**	**6377.98**
3106.05	3390.07	3618.55	3918.13	3748.97	4011.03	3926.40	4244.80	4736.77	5620.21	6443.03
5416.87	7472.44	4932.86	7615.00	7119.00	7829.85	8208.57	8267.81	8283.89	6218.00	6272.50
4885.07	5625.71	6678.98	6855.87	6741.62	6879.78	6643.21	6795.27	7760.95	7519.66	7598.09
2401.00	3230.94	3565.71	4090.17	3579.08	3726.44	3464.96	3527.19	3532.58	3238.53	3398.21

6－8　商品房待售、出租面积

单位:平方米

指　标	Item	2000	2005
商品房待售面积	**Floor Space of Untapped Marketable Buildings**	**620209**	**3424795**
住宅	Residential Buildings	430438	2116731
别墅、高档公寓	Villas, High－grade Apartments	2537	119223
办公楼	Office Buildings	34636	113743
商业营业用房	Houses for Business Use	130838	1082818
其他	Others	24297	111503
商品房待售一年至三年面积	**Floor Space Untapped for One to Three Years of Commercialized Buildings**	**620209**	**1003079**
住宅	Residential Buildings	430438	524501
别墅、高档公寓	Villas, High－grade Apartments	2537	62553
办公楼	Office Buildings	34636	37544
商业营业用房	Houses for Business Use	130838	418633
其他	Others	24297	22401
商品房待售三年以上面积	**Floor Space Untapped above Three Years of Commercialized Buildings**		**57829**
住宅	Residential Buildings		4617
别墅、高档公寓	Villas, High－grade Apartments		
办公楼	Office Buildings		13477
商业营业用房	Houses for Business Use		29283
其他	Others		10452
商品房出租面积	**Floor Space of Leased Marketable Buildings**	**58330**	**217197**
住宅	Residential Buildings	12659	25467
办公楼	Office Buildings	5347	10564
商业营业用房	Houses for Business Use	39708	180391
其他	Others	616	775

Floor Space of Untapped and Rented Marketable Buildings

(sq. m)

2010	2011	2012	2013	2014	2015	2016	2017	2018	2019	2020
4015173	**6060537**	**7271830**	**8810522**	**9671627**	**12071509**	**12472888**	**10366776**	**9391487**	**9575703**	**9930521**
2457119	4231517	4904701	5854333	6270041	7334333	7155651	4822479	3846492	3445101	3308311
44803	184960	121855	182651	231017	281215	291568	368571	324606	279654	–
64019	118777	157227	196584	264641	284320	454494	713834	666779	770359	751363
1341438	1440821	1722298	1990996	2314454	3309819	3463458	3453965	3411100	3821675	3955317
152597	269422	487604	768609	822491	1143037	1399285	1376498	1467116	1538568	1915530
1764470	**2629789**	**3473533**	**3942502**	**4684275**	**5851305**	**5489708**	**4975673**	**3834377**	**2731601**	**2733370**
1026585	1710050	2303579	2633293	3018085	3428897	3003373	2430291	1518754	1147096	1113848
19962	50079	65218	110865	115123	187455	174127	169568	128391	83801	–
35934	101009	107640	95145	82669	89399	159537	354585	368380	321800	231417
642637	736642	891466	876981	1167106	1727292	1628433	1598569	1387371	858877	951919
59314	82088	170848	337083	416415	605717	698365	592228	559872	403828	436186
182221	**172140**	**191555**	**182740**	**359442**	**298231**	**770417**	**659526**	**2534734**	**4702236**	**4413847**
26096	23686	33084	27929	150437	122142	426097	293419	1101511	1596813	1281424
752	917	4227	2546	18662	1570	2586	8230	70925	109316	–
10076	8890	5781	7352	19204	18468	15108	11194	72872	328068	330466
145139	138985	142484	135776	176247	151132	279294	290433	925935	2004879	1956144
910	579	10206	11683	13554	6489	49918	64480	434416	772476	845813
413244	**280979**	**310557**	**389218**	**252987**	**281011**	**533451**	**570036**	**364112**	**448045**	**388848**
14909	4059	17610	19562	19573	19573	23572	111336	22438	20862	17200
44082	63756	21810	25983	15318	7800	12787	35682	20650	27075	60480
341310	189888	261584	324503	203446	253050	483677	407513	319470	383747	250884
12943	23276	9553	19170	14650	588	13415	15505	1554	16361	60284

6-9 各市县按产业划分的固定资产投资比重

Proportion of fixed assets investment by Sector by City and County

单位:% (%)

地区	Region	投资总计 Total	一产 Primary Industry	二产 Secondary Industry	工业 Industry	三产 Tertiary Industry	基础设施 Infrastructure
全区总计	**Total**	**100.0**	**4.1**	**45.5**	**45.5**	**50.4**	**17.4**
银川市	**Yinchuan**	**100.0**	**1.2**	**42.1**	**42.1**	**56.7**	**6.7**
银川市	District	100.0	0.3	25.4	25.4	74.3	7.1
兴庆区	Xingqing	100.0	0.8	9.3	9.3	89.9	3.6
西夏区	Xixia	100.0	0.3	56.5	56.5	43.2	12.0
金凤区	Jinfeng	100.0		11.6	11.6	88.4	5.5
永宁县	Yongning	100.0	11.4	17.4	17.4	71.2	1.9
贺兰县	Helan	100.0	2.3	14.6	14.6	83.1	7.1
灵武市	Lingwu	100.0	1.4	87.5	87.5	11.1	6.4
石嘴山市	**Shizuishan**	**100.0**	**5.6**	**72.5**	**72.5**	**21.9**	**11.9**
石嘴山市	District	100.0	1.7	73.7	73.7	24.6	13.7
大武口区	Dawukou	100.0	1.9	52.1	52.1	46.0	25.5
惠农区	Huinong	100.0	1.6	88.6	88.6	9.8	5.5
平罗县	Pingluo	100.0	10.9	70.9	70.9	18.2	9.6
吴忠市	**Wuzhong**	**100.0**	**9.1**	**57.0**	**57.0**	**33.9**	**10.8**
利通区	Litong	100.0	21.3	34.4	34.4	44.3	13.6
红寺堡区	Hongsipu	100.0	0.1	81.7	81.7	18.2	5.0
盐池县	Yanchi	100.0	5.9	70.3	70.3	23.8	7.8
同心县	Tongxin	100.0	2.3	41.7	41.7	56.0	16.7
青铜峡市	Qingtongxia	100.0	11.6	63.7	63.7	24.7	11.1
固原市	**Guyuan**	**100.0**	**9.3**	**9.9**	**9.9**	**80.8**	**36.5**
原州区	Yuanzhou	100.0	7.8	13.2	13.2	79.0	26.6
西吉县	Xiji	100.0	6.4	2.0	2.0	91.6	46.7
隆德县	Longde	100.0	17.4	6.0	6.0	76.6	44.0
泾源县	Jingyuan	100.0	12.4	10.1	10.1	77.5	36.9
彭阳县	Pengyang	100.0	8.0	23.1	23.1	68.9	33.2
中卫市	**Zhongwei**	**100.0**	**5.6**	**61.0**	**61.0**	**33.4**	**9.7**
沙坡头区	Shapotou	100.0	7.0	60.7	60.7	32.3	8.8
中宁县	Zhongning	100.0	4.2	65.4	65.4	30.4	8.0
海原县	Haiyuan	100.0	3.7	56.3	56.3	40.0	14.2

注：表内各分项比重为分项占投资总计的比重。
Note:the proportion of each item in the table is the proportion of each item in the total investment.

6－10 各市县按构成划分的固定资产投资比重

Proportion of fixed assets investment by composition by City and County

单位:%　　　　　　　　　　　　　　　　　　　　　　　　　　　　　　　　(%)

地　区　　Region	投资总计 Total Investment	建筑安装工程 Construction and Installation	设备工器具购置 Purchase of Equipment and Instruments	其他费用 Others
全区总计　Total	**100.0**	**61.3**	**25.3**	**13.4**
银川市　Yinchuan	**100.0**	**60.0**	**25.0**	**15.0**
银川市　**District**	100.0	65.3	16.3	18.4
兴庆区　Xingqing	100.0	77.8	6.1	16.1
西夏区　Xixia	100.0	50.8	39.6	9.6
金凤区　Jinfeng	100.0	69.0	4.9	26.1
永宁县　Yongning	100.0	64.3	10.2	25.5
贺兰县　Helan	100.0	79.8	9.7	10.5
灵武市　Lingwu	100.0	42.7	49.1	8.2
石嘴山市　Shizuishan	**100.0**	**58.5**	**31.6**	**9.9**
石嘴山市　District	100.0	57.7	35.5	6.8
大武口区　Dawukou	100.0	67.1	27.5	5.4
惠农区　Huinong	100.0	51.1	41.2	7.7
平罗县　Pingluo	100.0	59.7	26.2	14.1
吴忠市　Wuzhong	**100.0**	**60.7**	**28.8**	**10.5**
利通区　Litong	100.0	65.6	18.8	15.6
红寺堡区　Hongsipu	100.0	40.8	53.6	5.6
盐池县　Yanchi	100.0	58.1	28.5	13.4
同心县　Tongxin	100.0	76.1	15.9	8.0
青铜峡市　Qingtongxia	100.0	68.3	23.9	7.8
固原市　Guyuan	**100.0**	**80.8**	**6.3**	**12.9**
原州区　Yuanzhou	100.0	74.3	9.3	16.4
西吉县　Xiji	100.0	86.2	2.0	11.8
隆德县　Longde	100.0	87.8	3.2	9.0
泾源县　Jingyuan	100.0	79.6	5.5	14.9
彭阳县　Pengyang	100.0	80.5	11.6	7.9
中卫市　Zhongwei	**100.0**	**51.0**	**38.4**	**10.6**
沙坡头区　Shapotou	100.0	47.7	39.0	13.3
中宁县　Zhongning	100.0	54.4	38.6	7.0
海原县　Haiyuan	100.0	55.1	36.5	8.4

注： 表内各分项比重为分项占投资总计的比重。

Note:the proportion of each item in the table is the proportion of each item in the total investment.

6－11 各市县主要行业固定资产投资比重

Proportion of fixed assets investment by Sector by City and County

单位:% (%)

地区	Region	投资总计 Total Investment	按国民经济行业分 By Sector 农林牧渔业 Agriculture, Forestry, Animal Husbandry and Fishery	采矿业 Mining	制造业 Manufacturing	电力、燃气及水的生产和供应业 Production and Supply of Electricity, Gas and Water	建筑业 Construction	批发和零售业 Wholesale and Retail Trades
全区总计	**Total**	**100.00**	**4.14**	**3.41**	**24.33**	**17.73**		**0.36**
银川市	**Yinchuan**	**100.00**	**1.18**	**0.95**	**32.79**	**8.36**		**0.17**
银川市	District	100.00	0.29	0.47	20.25	4.68		
兴庆区	Xingqing	100.00	0.77	1.89	4.60	2.81		
西夏区	Xixia	100.00	0.31		54.51	1.96		
金凤区	Jinfeng	100.00			3.82	7.77		
永宁县	Yongning	100.00	11.37		7.82	9.59		
贺兰县	Helan	100.00	2.30		10.32	4.27		1.91
灵武市	Lingwu	100.00	1.38	2.33	68.20	16.95		
石嘴山市	**Shizuishan**	**100.00**	**5.64**	**2.30**	**46.39**	**23.82**		**0.44**
石嘴山市	District	100.00	1.73	3.57	52.02	18.11		0.27
大武口区	Dawukou	100.00	1.91	1.19	42.43	8.51		0.65
惠农区	Huinong	100.00	1.60	5.21	58.67	24.76		
平罗县	Pingluo	100.00	10.88	0.61	38.85	31.46		0.68
吴忠市	**Wuzhong**	**100.00**	**9.05**	**2.05**	**24.42**	**30.56**		**0.71**
利通区	Litong	100.00	21.25		12.30	22.12		
红寺堡区	Hongsipu	100.00	0.11	1.30	36.08	44.31		
盐池县	Yanchi	100.00	5.90	9.64	18.21	42.47		1.48
同心县	Tongxin	100.00	2.29		21.66	20.01		1.63
青铜峡市	Qingtongxia	100.00	11.59	0.07	41.32	22.32		1.17
固原市	**Guyuan**	**100.00**	**9.33**	**1.90**	**4.92**	**3.08**		**0.87**
原州区	Yuanzhou	100.00	7.79		7.00	6.22		1.40
西吉县	Xiji	100.00	6.40		0.89	1.12		0.05
隆德县	Longde	100.00	17.40		5.22	0.76		0.02
泾源县	Jingyuan	100.00	12.37		9.02	1.12		3.66
彭阳县	Pengyang	100.00	8.00	16.08	4.34	2.65		0.02
中卫市	**Zhongwei**	**100.00**	**5.57**	**0.04**	**10.75**	**50.20**		**0.55**
沙坡头区	Shapotou	100.00	6.98	0.07	14.47	46.13		0.17
中宁县	Zhongning	100.00	4.19		8.11	57.30		0.16
海原县	Haiyuan	100.00	3.69		4.58	51.71		2.02

注：表内各分项比重为分项占投资总计的比重。

Note: the proportion of each item in the table is the proportion of each item in the total investment.

6-11 续表1 continued

单位:% (%)

地区 Region	交通运输、仓储和邮政业 Transport, Storage and Post	住宿和餐饮业 Hotels and Catering Services	信息传输、软件和信息技术服务业 Information Transmission, Software and IT Services	金融业 Financial Intermedi-ation	房地产业 Real Estate	租赁和商务服务业 Leasing and Business Services	科学研究和技术服务业 Scientific Research and Technical Services
全区总计 Total	**8.51**	**0.07**	**1.63**	**0.02**	**24.80**	**1.54**	**0.43**
银川市 Yinchuan	**1.49**		**0.25**		**39.96**	**2.87**	**0.69**
银川市 District	0.94		0.43		53.68	4.42	0.61
兴庆区 Xingqing	1.28				66.01	1.61	1.47
西夏区 Xixia	1.25		0.77		17.14	9.51	0.55
金凤区 Jinfeng	0.52		0.42		73.70	2.26	0.15
永宁县 Yongning	7.86	0.02			51.90	4.74	0.64
贺兰县 Helan	4.41		0.03		66.99	1.03	0.04
灵武市 Lingwu	0.92				2.41	0.03	1.07
石嘴山市 Shizuishan	**3.21**	**0.02**	**0.17**	**0.22**	**2.06**	**0.88**	**0.41**
石嘴山市 District	3.13	0.04	0.30	0.39	0.98	1.53	0.70
大武口区 Dawukou	6.44		0.28		2.39	1.68	0.73
惠农区 Huinong	0.84	0.06	0.31	0.66		1.42	0.68
平罗县 Pingluo	3.31				3.51		0.03
吴忠市 Wuzhong	**3.75**	**0.10**	**0.16**		**16.91**	**0.89**	**0.32**
利通区 Litong	0.49	0.22	0.49		26.01		0.16
红寺堡区 Hongsipu	3.05				7.02	0.29	0.19
盐池县 Yanchi	5.47				7.67	2.37	0.52
同心县 Tongxin	10.36				32.15	2.11	0.64
青铜峡市 Qingtongxia	1.08	0.30	0.15		8.01	0.27	0.18
固原市 Guyuan	**19.31**	**0.15**		**0.05**	**31.20**	**0.45**	**0.34**
原州区 Yuanzhou	10.72	0.04			40.92	0.42	
西吉县 Xiji	37.07				31.83	0.37	
隆德县 Longde	11.70	0.76		0.30	23.43		0.36
泾源县 Jingyuan	12.32	0.18			10.58	2.12	3.06
彭阳县 Pengyang	19.35				26.59		
中卫市 Zhongwei	**4.49**	**0.38**	**4.01**		**14.53**	**0.02**	**0.05**
沙坡头区 Shapotou	3.84	0.71	7.25		12.54	0.04	
中宁县 Zhongning	3.54		0.62		14.21		
海原县 Haiyuan	7.34				20.00		0.26

6-11 续表2 continued

单位:% (%)

地区	Region	水利、环境和公共设施管理业 Management of Water Conservancy, Environment and Public Facilities	居民服务、修理和其他服务业 Services to Households, Repair and Other Services	教育 Education	卫生和社会工作 Health and Social Work	文化、体育和娱乐业 Culture, Sports and Entertainment	公共管理、社会保障和社会组织 Public Management, Social Securities and Organizations
全区总计	**Total**	**8.36**	**0.07**	**1.76**	**1.63**	**0.62**	**0.57**
银川市	**Yinchuan**	**5.75**	**0.09**	**1.35**	**2.97**	**0.61**	**0.51**
银川市	District	6.46	0.01	1.84	4.42	0.79	0.73
兴庆区	Xingqing	2.70		1.74	13.68	0.42	1.02
西夏区	Xixia	11.83		1.11	0.77	0.19	0.09
金凤区	Jinfeng	4.63	0.03	2.43	1.80	1.43	1.04
永宁县	Yongning	1.86		1.08	0.25	1.26	1.60
贺兰县	Helan	3.50	0.14	2.31	1.58	1.05	0.11
灵武市	Lingwu	5.48	0.23	0.11	0.78	0.04	0.07
石嘴山市	**Shizuishan**	**10.34**	**0.21**	**1.40**	**0.46**	**1.15**	**0.87**
石嘴山市	District	11.92	0.18	1.18	0.66	1.99	1.30
大武口区	Dawukou	21.74	0.45	2.36	1.62	4.79	2.82
惠农区	Huinong	5.12		0.36		0.05	0.26
平罗县	Pingluo	8.21	0.24	1.70	0.19	0.03	0.30
吴忠市	**Wuzhong**	**7.68**		**1.90**	**0.38**	**0.38**	**0.75**
利通区	Litong	12.96		1.69	0.54	0.81	0.97
红寺堡区	Hongsipu	3.62		1.73	0.22	0.06	2.02
盐池县	Yanchi	4.23		1.62	0.29	0.13	
同心县	Tongxin	6.33		2.59	0.07	0.16	
青铜峡市	Qingtongxia	9.90		2.12	0.82	0.61	0.07
固原市	**Guyuan**	**17.40**	**0.21**	**6.33**	**2.21**	**1.78**	**0.49**
原州区	Yuanzhou	15.86	0.37	4.65	3.28	0.91	0.44
西吉县	Xiji	9.73	0.11	7.75	1.74	2.31	0.63
隆德县	Longde	32.35		6.03	0.65	0.91	0.11
泾源县	Jingyuan	24.55	0.47	11.64	1.24	6.18	1.49
彭阳县	Pengyang	15.01		4.29	2.86	0.81	
中卫市	**Zhongwei**	**5.42**	**0.03**	**2.18**	**0.40**	**0.45**	**0.93**
沙坡头区	Shapotou	4.56		1.30	0.28	0.33	1.34
中宁县	Zhongning	5.59		4.42	0.23	0.79	0.84
海原县	Haiyuan	7.37	0.14	1.64	0.93	0.32	

6-12 各市县房地产开发企业(单位)土地开发及购置

Land Development and Purchase of Enterprises for Real Estate Development by City and County

地区	Region	土地购置费用(万元) Total Cost of Land Purchased (10 000 yuan)	本年土地购置面积(平方米) Land Space Purchased This Year (sq. m)	本年土地成交价款(万元) Land Transaction Price This Year (10 000 yuan)
全区总计	**Total**	**856172**	**1729434**	**492579**
银川市	**Yinchuan**	**693469**	**1028816**	**398854**
兴庆区	Xingqing	112934	273365	40466
西夏区	Xixia	61478		
金凤区	Jinfeng	444414	685692	352770
永宁县	Yongning	31855	8283	1243
贺兰县	Helan	42788	61476	4375
灵武市	Lingwu			
石嘴山市	**Shizuishan**	**2715**	**14828**	**1245**
大武口区	Dawukou			
惠农区	Huinong			
平罗县	Pingluo	2715	14828	1245
吴忠市	**Wuzhong**	**50583**	**388233**	**50368**
利通区	Litong	22849	72296	9486
红寺堡区	Hongsipu	5885		
盐池县	Yanchi	7080	91158	9292
同心县	Tongxin	14769	197690	27266
青铜峡市	Qingtongxia			
固原市	**Guyuan**	**85808**	**140224**	**32347**
原州区	Yuanzhou	52090	90743	27840
西吉县	Xiji	20667		
隆德县	Longde	3635	19161	2587
泾源县	Jingyuan	2860	30320	1920
彭阳县	Pengyang	6556		
中卫市	**Zhongwei**	**23597**	**157333**	**9765**
沙坡头区	Shapotou	17934	69999	5131
中宁县	Zhongning		20668	2114
海原县	Haiyuan	5663	66666	2520

6-13 各市县房地产开发企业(单位)投资完成情况

Investment Actually Completed by Enterprises for Real Estate Development by City and County

单位:万元　　(10 000 yuan)

地　区	Region	本年完成投资额 Investment Completed This Year	住宅 Residential Buildings	办公楼 Office Buildings	商业营业用房 Houses for Business Use	其他 Others
全区总计	**Total**	**4332733**	**3085909**	**40786**	**618723**	**587315**
银川市	**Yinchuan**	**3114257**	**2209883**	**36290**	**357203**	**510881**
兴庆区	Xingqing	754527	515926	7729	115649	115223
西夏区	Xixia	244859	164022	1235	13808	65794
金凤区	Jinfeng	1457168	1031089	22755	173054	230270
永宁县	Yongning	141648	119111	98	7836	14603
贺兰县	Helan	462155	343682	4223	44356	69894
灵武市	Lingwu	53900	36053	250	2500	15097
石嘴山市	**Shizuishan**	**31127**	**28500**		**1167**	**1460**
大武口区	Dawukou	8462	7276		447	739
惠农区	Huinong					
平罗县	Pingluo	22665	21224		720	721
吴忠市	**Wuzhong**	**531230**	**375954**	**540**	**118574**	**36162**
利通区	Litong	224286	176903	430	23162	23791
红寺堡区	Hongsipu	51783	37844		12493	1446
盐池县	Yanchi	43771	24911		16907	1953
同心县	Tongxin	176497	107190	110	60225	8972
青铜峡市	Qingtongxia	34893	29106		5787	
固原市	**Guyuan**	**408095**	**302174**	**2200**	**84709**	**19012**
原州区	Yuanzhou	197606	143670	200	47150	6586
西吉县	Xiji	117373	93608	2000	13077	8688
隆德县	Longde	37537	25189		10231	2117
泾源县	Jingyuan	13346	11679		746	921
彭阳县	Pengyang	42233	28028		13505	700
中卫市	**Zhongwei**	**244237**	**165661**	**1756**	**57070**	**19750**
沙坡头区	Shapotou	119956	89780	1336	18129	10711
中宁县	Zhongning	48261	33841	20	11363	3037
海原县	Haiyuan	76020	42040	400	27578	6002

6-14 各市县房地产开发经营情况

Operating Statistics for Real Estate Development by City and County

单位:千元 (1 000 yuan)

地区 Region		主营业务收入 Main business income	土地转让收入 Land Transferred	商品房屋销售收入 Commercialized Buildings Sold	房屋出租收入 House rental income	其他收入 Others	税金及附加 Tax and Extra Charges	利润总额 Total Profits
全区总计	**Total**	**48840729**	**7094**	**46170543**	**503209**	**684969**	**1717923**	**2247560**
银川市	**Yinchuan**	**38653949**	**1905**	**36576795**	**441979**	**619889**	**1465315**	**2018431**
兴庆区	Xingqing	7185196	1905	6556034	166867	68652	421831	406562
西夏区	Xixia	315813		286637	3051	30	18854	-1571
金凤区	Jinfeng	24739571		23620986	253514	349996	813518	1265419
永宁县	Yongning	1253213		1112864	6445	112300	38866	-95840
贺兰县	Helan	4433881		4294444	11746	88948	137915	503512
灵武市	Lingwu	726257		705830	356	-37	34331	-59651
石嘴山市	**Shizuishan**	**996619**		**854989**	**10905**	**47286**	**21376**	**-60827**
大武口区	Dawukou	324700		257615	10074	1375	7212	-40292
惠农区	Huinong	141859		96656	715	43773	956	-25129
平罗县	Pingluo	530060		500718	116	2138	13208	4594
吴忠市	**Wuzhong**	**3948661**		**3918351**	**17203**	**10995**	**102027**	**216266**
利通区	Litong	2360374		2334249	16938	7380	70288	57333
红寺堡区	Hongsipu	209632		209367	265		2850	-14258
盐池县	Yanchi	536750		536478		272	10424	159312
同心县	Tongxin	646660		646660			12619	-820
青铜峡市	Qingtongxia	195245		191597		3343	5846	14699
固原市	**Guyuan**	**2267390**	**216**	**2062379**	**198**	**470**	**41573**	**99008**
原州区	Yuanzhou	1728891		1649841	145	470	28767	160955
西吉县	Xiji	190969		189065			5408	10621
隆德县	Longde	91190		91190			2248	-48365
泾源县	Jingyuan	186323	216	62266	53		1504	-2179
彭阳县	Pengyang	70017		70017			3646	-22024
中卫市	**Zhongwei**	**2974110**	**4973**	**2758029**	**32924**	**6329**	**87632**	**-25318**
沙坡头区	Shapotou	2086709	4973	1896530	31338	4662	57880	87415
中宁县	Zhongning	797896		789962	1586	1498	23314	-64622
海原县	Haiyuan	89505		71537		169	6438	-48111

6－15 各市县商品房屋销售情况

Sale of Commercialized Buildings by City and County

地 区	Region	商品房屋销售面积（平方米）Floor Space of Commercialized Buildings Sold (sq. m)	住 宅 Residential Buildings	商品房屋销售额（万元）Total Sales of Commercialized Buildings (10 000 yuan)	住 宅 Residential Buildings
全区总计	**Total**	**10954861**	**9718748**	**6983893**	**6262629**
银 川 市	**Yinchuan**	**7517529**	**6742043**	**5441373**	**4957472**
兴 庆 区	Xingqing	1938128	1728316	1389426	1265176
西 夏 区	Xixia	402049	377420	244302	225510
金 凤 区	Jinfeng	3100075	2775843	2570679	2346328
永 宁 县	Yongning	474950	449810	225114	211727
贺 兰 县	Helan	1359224	1189806	907705	815648
灵 武 市	Lingwu	243103	220848	104147	93083
石嘴山市	**Shizuishan**	**319291**	**255855**	**93435**	**66904**
大武口区	Dawukou	146696	114071	37907	28275
惠 农 区	Huinong	4586	4256	1340	1139
平 罗 县	Pingluo	168009	137528	54188	37490
吴 忠 市	**Wuzhong**	**1451085**	**1286096**	**683906**	**602645**
利 通 区	Litong	750830	691712	403842	378414
红寺堡区	Hongsipu	122853	105945	41731	34062
盐 池 县	Yanchi	135309	102111	65099	42402
同 心 县	Tongxin	368962	327940	148846	128866
青铜峡市	Qingtongxia	73131	58388	24388	18901
固 原 市	**Guyuan**	**823469**	**681898**	**409511**	**325922**
原 州 区	Yuanzhou	575293	476039	297116	239350
西 吉 县	Xiji	122059	103304	59612	45652
隆 德 县	Longde	61912	60380	24508	23219
泾 源 县	Jingyuan	21687	18304	7473	6561
彭 阳 县	Pengyang	42518	23871	20802	11140
中 卫 市	**Zhongwei**	**836157**	**745526**	**353916**	**307934**
沙坡头区	Shapotou	481738	422355	219802	189685
中 宁 县	Zhongning	209796	184821	81749	68923
海 原 县	Haiyuan	144623	138350	52365	49326

主要统计指标解释

全社会固定资产投资 是以货币形式表现的在一定时期内全社会建造和购置固定资产的工作量以及与此有关费用的总称。该指标是反映固定资产投资规模、结构和发展速度的综合性指标。全社会固定资产投资按登记注册类型可分为国有、集体、联营、股份制、私营和个体、港澳台商、外商、其他等。

固定资产投资(不含农户) 指城镇和农村各种登记注册类型的企业、事业、行政单位及城镇个体户进行的计划总投资500万元及以上的建设项目投资和房地产开发投资,包括原口径的城镇固定资产投资加上农村企事业组织项目投资,该口径自2011年起开始使用。

民间固定资产投资 指具有集体、私营、个人性质的内资企事业单位以及由其控股(包括绝对控股和相对控股)的企业单位在中华人民共和国境内建造或购置固定资产的投资。

基础设施投资 指为社会生产和生活提供基础性、大众性服务的工程和设施,是社会赖以生存和发展的基本条件。包括以下行业投资:铁路运输业、道路运输业、水上运输业、航空运输业、管道运输业、多式联运和运输代理业、装卸搬运业、邮政业、电信广播电视和卫星传输服务业、互联网和相关服务业、水利管理业、生态保护和环境治理业、公共设施管理业。

固定资产投资按国民经济行业分 指根据其从事的社会经济活动性质对各类单位进行的分类。应根据建设项目建成投产后的主要产品种类或主要用途及社会经济活动种类来划分,不能根据项目单位本身的行业类别来划分。如果项目投产后有几种产品,应根据主要产品来确定行业类别。一般情况下,一个建设项目只能属于一种国民经济行业。

固定资产投资按隶属关系分 是按建设单位或企业、事业、行政单位的主管上级机关确定的。

(1)中央 是指中共中央、人大常委会和国务院各部、委、局、总公司以及直属机构直接领导的建设项目和企业、事业、行政单位。这些单位的固定资产投资计划由国务院各部门直接编制和下达,统一组织或委托下级实施。包括有中央垂直管理的部门(如国家统计局各级调查队)和中央直属企业、事业单位(如工商银行、中国电信、中国石油)等。

(2)地方 是由省(自治区、直辖市)、地(区、市、州、盟)、县(区、市、旗)三级政府及业务主管部门直接领导和管理的建设项目、企业、事业、行政单位。地方项目还包括不隶属以上各级政府及主管部门的建设项目和企业、事业单位,如外商投资企业和无主管部门的企业等。

固定资产投资按建设性质分 按整个建设项目情况来确定。建设项目的性质一般分为新建、扩建、改建和技术改造、单纯建造生活设施、迁建、恢复、单纯购置。农户投资不划分建设性质。

(1)新建 指从无到有"平地起家"开始建设的项目。现有企业、事业、行政单位投资的项目一般不属于新建。但如有的单位原有基础很小,经过建设后新增的固定资产价值超过该企业、事业、行政单位原有固定资产价值(原值)三倍以上的,也应作为新建。

(2)扩建 指在厂内或其他地点,为扩大原有产品的生产能力(或效益)或增加新的产品生产能力,而增建的生产车间(或主要工程)、分厂、独立的生产线等项目。行政、事业单位在原单位增建业务性用房(如学校增建教学用房、医院增建门诊部、病房等)也作为扩建。

现有企、事业单位为扩大原有主要产品生产能力或增加新的产品生产能力，增建一个或几个主要生产车间（或主要工程）、分厂，同时进行一些更新改造工程的，也应作为扩建。

（3）改建和技术改造　指现有企业、事业单位对原有设施进行技术改造或更新（包括相应配套的辅助性生产、生活福利设施）的建设项目。改建项目包括企业、事业单位为适应市场变化的需要，而改变企业的主要产品种类（如军工企业转民用产品等）的建设项目；原有产品生产作业线由于各工序（车间）之间能力不平衡，为填平补齐充分发挥原有生产能力而增建但不增加主要产品生产能力的建设项目。技术改造是指企业、事业单位在现有基础上用先进的技术代替落后的技术，用先进的工艺和装备代替落后的工艺和装备，以改变企业落后的技术经济面貌，实现以内涵为主的扩大再生产，达到提高产品质量、促进产品更新换代、节约能源、降低消耗、扩大生产规模、全面提高社会经效益的目的。技术改造具体包括以下内容：机器设备和工具的更新改造；生产工艺改革、节约能源和原材料的改造；厂房建筑和公共设施的改造；保护环境进行的“三废”治理改造；劳动条件和生产环境的改造等。

固定资产投资按构成分

（1）建筑工程　指各种房屋、建筑物的建造工程。这部分投资额必须兴工动料，通过施工活动才能实现，是固定资产投资额的重要组成部分。

（2）安装工程　指各种设备、装置的安装工程。

在安装工程中，不包括被安装设备本身价值。

（3）设备工器具购置　指报告期内购置或自制的，达到固定资产标准的设备、工具、器具的价值。新建单位及扩建单位的新建车间，按照设计或计划要求购置或自制的全部设备、工具、器具，不论是否达到固定资产标准均计入“设备工器具购置”中。

（4）其他费用　指在固定资产建造和购置过程中发生的，除建筑安装工程和设备、工器具购置投资完成额以外的应当分摊计入固定资产投资的费用，不指经营中财务上的其他费用。

本年新增生产能力（或工程效益）　指在本年度内按照新增生产能力（或工程效益）的计算条件和标准，实际建成投入生产或交付使用的生产能力（或工程效益）。

房地产开发投资　指房地产开发企业本年完成的全部用于房屋建设工程、土地开发工程的投资额以及公益性建筑和土地购置费等的投资。

房屋施工面积　指房地产开发企业本年施工的全部房屋建筑面积。包括本年新开工的房屋建筑面积、上年跨入本年继续施工的房屋建筑面积、上年停缓建在本年恢复施工的房屋建筑面积、本年竣工的房屋建筑面积以及本年施工后又停缓建的房屋建筑面积。多层建筑应填各层建筑面积之和。

房屋新开工面积　指房地产开发企业本年新开工建设的房屋建筑面积，以单位工程为核算对象。不包括在上年开工跨入本年继续施工的房屋建筑面积和上年停缓建而在本年恢复施工的房屋建筑面积。房屋的开工应以房屋正式开始破土刨槽（地基处理或打永久桩）的日期为准。房屋新开工面积指整栋房屋的全部建筑面积，不能分割计算。

房屋竣工面积　指房地产开发企业本年按照设计要求已全部完工，达到住人和使用条件，经验收鉴定合格或达到竣工验收标准，可正式移交使用的各栋房屋建筑面积的总和。

商品房销售面积　指房地产开发企业本年出售商品房屋的合同总面积（即双方签署的正式买卖合同中所确定的建筑面积）。

商品房销售额　指房地产开发企业本年出售商品房屋的合同总价款（即双方签署的正式买卖合同中所确定的合同总价）。该指标与商品房销售面积同口径。

Explanatory Notes on Main Statistical Indicators

Total Investment in Fixed Assets in the Whole Country refers to the volume of activities in construction and purchases of fixed assets of the whole country and related fees, expressed in monetary terms during the reference period. It is a comprehensive indicator which shows the size, structure and growth of the investment in fixed assets, providing a basis for observing the progress of construction projects and evaluating results of investment. Total investment in fixed assets in the whole country by registration status includes: the investment by state – owned units, collective – owned units, joint ownership units, share – holding units, private units, individuals as well as investments by entrepreneurs from Hong Kong, Macao and Taiwan, foreign investors and others.

Investment in Fixed Assets (Excluding Rural Households) refers to the investment in construction projects with a total planned investment of 5 million yuan and above, carried out by enterprises of various ownerships, institutions, administrative units in both urban and rural areas, urban self – employed individuals, as well as investment in real estate development. Since 2011, it covers the urban investment in fixed assets under the previous statistical coverage and the investments by rural enterprises and institutions.

Non – governmental Investment in Fixed Assets refers to the investment in the construction or purchase of fixed assets in the territory of the People's Republic of China by domestic – funded enterprises and institutions with an ownership of collective, private and personal nature and by enterprises and institutions controlled by them (including absolute and relative holding).

Infrastructure Investment refers to projects and facilities that provide basic and public services for social production and life, which constitute the basic condition for the survival and development of society. It includes: railway transport, road transport, water transport, air transport, pipeline transport, multimodal transport and transport agents, loading and unloading, posts, telecommunications, radio and television and satellite transmission services, internet and related services, management of water conservancy, ecological protection and environmental governance, public facilities management.

Investment in Fixed Assets by Sector refers to the classification of investment by the nature of social economic activities where the investing units are engaged in. The classification of construction projects by sector is determined by the major products or the purpose of the projects when they are put into production or use, and by the nature of their social economic activities, instead of being determined by industrial classification of the investing enterprises. The project will be classified according to the major product in case there are several categories of products after the project in completed and put into operation. In general, one project can only be classified into one sector.

Investment in Fixed Assets by Jurisdiction of Management refers to the classification of investment by the competent authorities under which investment is made by construction units, enterprises, institutions or administrative units.

(1) Central government projects refer to the investment in projects or by enterprises, institutions or administrative units which are under the direct leadership and management of the Central Committee of the CPC, the Standing Committee of the National People's Congress, the State Council and of the national commissions, ministries,

agencies and state – owned large corporations. Various ministries and departments of the State Council prepare and implement plans through unified organization or lower – level commissions, which include departments direct under central government (i. e. survey offices at all level of the National Bureau of Statistics) and enterprises and institutions directly under central government (like the Industrial and Commercial Bank of China, China Telecom, China National Petroleum Corporation, etc.).

(2) Local projects refer to the investment in projects or by enterprises, institutions or administrative units which are under the direct leadership and management of competent departments and governments at the level of province (autonomous regions and municipalities directly under the Central Government), prefecture (prefectures, cities and leagues) and county (districts, cities and banners). Also included are projects or enterprises, institutions or administrative units which are not under the jurisdiction of any of the above – mentioned authorities, such as enterprises invested by foreign enterprises or enterprises without competent managing authorities.

Investment in Fixed Assets by Type of Construction Construction projects in general can be classified, by the type of construction, into new construction, expansion, reconstruction and technical transformation, construction only for living facilities, moving, restoration and pure purchases. However, investment by rural households is not classified by type of construction.

(1) New construction in general refers to construction projects which start from scratch. The projects invested by existing enterprises, institutions and administrative agencies cannot be classified as new construction. In case the size of the existing unit is quite small, and the value of newly added fixed assets is more than three times of the original value, the investment will be classified as new construction.

(2) Expansion refers to projects of construction of new production workshop, branch factory or independent production line within a factory or in other locations, for the purpose of increasing the production capacity (or improving efficiency) or adding new production capacity. Newly constructed accommodation for the operation of institutions and administrative organizations (such as newly constructed buildings for teaching in schools, buildings for clinics or wards in hospitals, etc.) are also classified as expansion.

Also classified as expansion are investments by existing enterprises or institutions in building major production line(s) or branch factory (ies) along with some work on innovation, for the purpose of expanding the production capacity of original products or producing new products.

(3) Reconstruction and technical transformation refers to construction projects by existing enterprises or institutions in innovation or technical transformation of the old facilities (including auxiliary production equipment and welfare facilities). Considered as reconstruction is the construction of new workshops by the existing enterprises or institutions to change the variety of products to meet the market demand (such as the production of civil products by defence industries), or to bring the designed production capacity into full play through a more balanced production process on production lines. Technical transformation refers to replacement of old technology or equipment by new technology or equipment, in order to expand the reproduction through improvement of technology contents in production, to improve product quality, to promote new products, to save energy, to reduce consumption, to expand the production scale and to improve overall social – economic efficiency. Contents of technical transformation include: updating of machinery, equipment and tools; reforming production process by using energy or materials saving technology; construction of factory workshops and transformation of public facilities; treatment of "three wastes" (waste gas, waste water and industrial residue) aiming at environmental protection; improvement of working conditions and environment, etc.

Investment in Fixed Assets by Composition of Funds

(1) Construction refers to the construction of houses and buildings. This part of investment can only be achieved through construction activities using labour force and materials, and it is the major component of the total investment in fixed assets.

(2) Installation refers to the installation of various kinds of equipment and instruments, also known as work volume of installation.

The value of equipment installed itself is not included in the value of installation projects.

(3) Purchase of equipment and instruments refers to the total value of equipment, tools, and instruments purchased or self – produced which come up to the standards for fixed assets during the reference period. Equipment, tools and instruments purchased or self – produced for new workshops by newly established or expanded units are categorized as "purchase of equipment and instruments" no matter whether they come up to the standards for fixed assets.

(4) Other expenses refer to expenses arising during the construction or purchase of fixed assets other than those expenses on construction, installation and purchase of equipment and instruments. Other financial expenses arising in operation are not included.

Newly Increased Production Capacity (project efficiency) of Current Year refers to the production capacity (project efficiency) that has been completed and put into operation in current year that meet the calculation criteria and standards on newly increased production capacity (project efficiency).

Investment in Real Estate Development refers to the investment made by real estate development enterprises in the construction of buildings, development of land, nonprofit buildings and value of land purchased.

Floor Space of Buildings under Construction refers to the total space area of the buildings under construction in the year by real estate development enterprises. It includes buildings started in the year, continued from the previous year, suspended in earlier years but restarted in the year, completed in the year, and buildings under construction but suspended in the year. The floor space of a multi – storied building should be the sum of floor space of all the stories.

Floor Space of Buildings Started in the Year refers to the total floor space area of the buildings started in the year by real estate development enterprises. It excludes the buildings started in previous years and continued in the year, and the buildings suspended in previous years but restarted in the year. The start of a construction is defined by the date of ground breaking or pile driving. The floor space of the buildings started in the year includes that of the entire building.

Floor Space of Buildings Completed refers to the total floor space area of each building completed in the year by real estate development enterprises, which meet the requirements as designed, up to the standard for being resided in and put into use, has been checked and accepted by departments concerned as qualified or up to the standard of buildings completed and can be handed over for putting into use.

Floor Space of Commercial Buildings Sold refers to total contracted area of commercial buildings (i. e. area of floor space as designated in the formal contracts signed by both sides) sold by real estate development enterprises in the year.

Sales of Commercial Buildings refers to the total contracted value (i. e. value of sales/purchase for selling/ purchase of commercial buildings as designated in the contract signed by both sides) received from the sales of the buildings by real estate development enterprises in the year. This indicator has the same statistical coverage as the area of commercial buildings sold.

第七篇 能源

Chapter7 Energy

资料整理:崔琳　王增沈　王伟　马春艳　舍媛　杨则南　程朵

Data Compilation: Cui Lin　Wang Zengshen　Wangwei　Ma Chunyan　SheYuan　Yang Zenan　Cheng Duo

7-1 主要年份一次能源生产量和构成

Production of Primary Energy and Its Composition in Main Years

年份 Year	电热当量计算法(Calorific Value Calculation) 一次能源生产量(万吨标准煤) Primary Energy Production (10 000 tons of SCE)	占能源生产总量的比重(%) As percentage of Primary Energy Production(%) 原煤 Raw Coal	原油 Crude Oil	天然气 Natural Gas	一次电力及其他能源 Primary Electricity and Other Energy	发电煤耗计算法(Coal Equivalent Calculation) 一次能源生产量(万吨标准煤) Primary Energy Production (10 000 tons of SCE)	占能源生产总量的比重(%) As percentage of Primary Energy Production(%) 原煤 Raw Coal	原油 Crude Oil	天然气 Natural Gas	一次电力及其他能源 Primary Electricity and Other Energy
1958	86.4	100.0								
1965	219.9	100.0								
1970	348.3	97.0			3.0					
1975	580.4	92.1	1.3		6.6					
1978	806.4	88.5	7.0		4.5					
1980	810.8	85.5	10.0		4.5					
1985	973.1	89.6	5.9		4.5					
1990	1115.2	92.4	3.3	0.1	4.2					
1995	1132.1	93.4	4.9	0.7	1.0					
1996	1251.6	92.2	6.4	0.6	0.8					
1997	1319.0	90.4	8.7	0.2	0.7					
1998	1300.5	86.9	12.2	0.1	0.8					
1999	1221.4	83.9	15.0	0.1	1.0					
2000	1238.3	83.0	16.0	0.2	0.8	1261.3	81.5	15.7	0.2	2.6
2001	1311.9	81.0	18.2	0.1	0.7	1333.2	79.7	17.9	0.1	2.3
2002	1477.9	80.0	19.1	0.3	0.6	1499.8	78.8	18.8	0.3	2.1
2003	1762.8	80.9	17.9	0.7	0.5	1783.2	80.0	17.7	0.6	1.7
2004	1598.5	98.9	0.4		0.7	1621.7	97.5	0.4		2.1
2005	1756.8	98.4	0.3		1.3	1800.5	96.0	0.3		3.7
2006	2159.6	98.6	0.3		1.1	2205.3	96.5	0.4		3.1
2007	2573.7	98.6	0.4		1.0	2616.5	97.0	0.4		2.6
2008	2899.1	98.5	0.5		1.0	2947.0	96.9	0.5		2.6
2009	3731.1	98.8	0.4		0.8	3782.0	97.4	0.4		2.2
2010	4503.3	98.9	0.3		0.8	4564.1	97.6	0.3		2.1
2011	5339.2	99.0	0.2		0.8	5408.4	97.7	0.2		2.1
2012	5680.3	98.3	0.3		1.4	5803.1	96.3	0.2		3.5
2013	5839.9	97.8	0.2		2.0	6014.7	95.0	0.2		4.8
2014	5717.7	97.3	0.2		2.5	5926.8	93.9	0.2		5.9
2015	5371.6	96.5	0.4		3.1	5620.1	92.3	0.3		7.4
2016	4838.5	95.0	0.2		4.8	5180.2	88.7	0.2		11.1
2017	5260.0	94.5			5.5	5681.3	87.5			12.5
2018	5469.8	93.2			6.8	6001.9	84.9			15.1
2019	5255.6	92.5			7.5	5817.9	83.5			16.5
2020	5745.6	92.2			7.8	6352.1	83.4			16.6

注：1. 电热当量计算方法是指电力按自身的热功当量换算成标准煤，采用的折标系数为1万千瓦时=1.229吨标准煤。

2. 发电煤耗计算方法是指电力按当年平均火力发电煤耗换算成标准煤。

3. 2004-2020年不包括长庆油田宁夏分部数据。

4. 2014-2018年数据按照宁夏第四次全国经济普查结果进行了修订。

Notes: a) Electricity is converted to TCE by 10^4kWh = 1.229TCE.

b) Electricity is converted to TCE by average quantity of fuel used for power generation.

c) The data for 2014-2020 were in this table excluding Changqing oil field in Ningxia.

d) The data for 2014-2018 were revised according to the results of the fourth national economic census of Ningxia.

7-2 主要年份能源消费总量和构成

Total Consumption of Energy and Its Composition in Main Years

年份 Year	电热当量计算法(Calorific Value Calculation)				
	能源消费总量(万吨标准煤) Total Energy Consumption (10 000 tons of SCE)	占能源消费总量的比重(%) As Percentage of Total Energy Consumption(%)			
		煤炭 Coal	石油 Petroleum	天然气 Natural Gas	一次电力及其他能源 Primary Electricity and Other Energy
1958					
1970					
1975					
1978					
1980	320.0	73.4	3.8		22.8
1985	420.4	65.7	7.6	0.3	26.4
1990	707.3	57.6	9.2	0.1	33.1
1995	775.2	75.0	10.2	0.2	14.6
1996	808.8	74.8	9.7	0.2	15.3
1997	814.0	73.9	10.5	0.1	15.5
1998	816.9	70.9	12.8	0.2	16.1
1999	823.1	69.6	13.0	0.2	17.2
2000	1518.6	89.0	6.7	3.4	0.9
2001	1578.8	89.1	6.7	3.4	0.8
2002	1771.1	89.2	6.6	3.5	0.7
2003	1986.5	87.8	8.1	3.6	0.5
2004	2249.9	87.3	8.6	3.6	0.5
2005	2470.4	87.1	8.4	3.6	0.9
2006	2762.7	87.5	7.9	3.8	0.8
2007	3014.7	87.3	7.9	4.0	0.8
2008	3183.3	86.6	7.9	4.6	0.9
2009	3307.2	86.3	8.0	4.8	0.9
2010	3679.8	87.0	7.1	4.9	1.0
2011	4719.9	88.4	5.6	5.1	0.9
2012	4895.2	86.4	6.5	5.5	1.6
2013	5186.8	86.4	6.6	4.8	2.2
2014	5336.2	87.6	5.6	4.2	2.6
2015	5711.9	86.5	6.1	4.5	2.9
2016	5787.5	85.3	5.9	4.8	4.0
2017	6798.2	87.8	4.5	3.6	4.1
2018	7530.2	89.2	3.1	3.3	4.4
2019	8166.7	88.6	3.5	3.7	4.2
2020	8581.8	88.6	3.4	4.0	4.1

注：1.电热当量计算方法是指电力按自身的热功当量换算成标准煤，采用的折标系数为1万千瓦时=1.229吨标准煤。
2.发电煤耗计算方法是指电力按当年平均火力发电煤耗换算成标准煤。
3.2004-2020年及以后不包括长庆油田宁夏分部数据。
4.2014-2018年数据按照宁夏第四次全国经济普查结果进行了修订。

7－2 续表 Continued

年份 Year	发电煤耗计算法(Coal Equivalent Calculation)				
	能源消费总量(万吨标准煤) Total Energy Consumption (10 000 tons of SCE)	占能源消费总量的比重(%) As Percentage of Total Energy Consumption(%)			
		煤炭 Coal	石油 Petroleum	天然气 Natural Gas	一次电力及其他能源 Primary Electricity and Other Energy
1958					
1970					
1975					
1978					
1980					
1985					
1990					
1995					
1996					
1997					
1998					
1999					
2000	1541.6	87.3	6.5	3.4	2.8
2001	1605.6	87.6	6.5	3.4	2.5
2002	1801.7	87.8	6.4	3.5	2.3
2003	2020.9	86.9	8.1	3.6	1.4
2004	2288.8	86.2	8.4	3.9	1.5
2005	2499.6	85.6	8.3	3.5	2.6
2006	2789.1	86.0	7.8	3.7	2.5
2007	3033.0	86.0	7.8	4.0	2.2
2008	3182.8	85.1	7.9	4.6	2.4
2009	3338.9	84.9	7.9	4.8	2.4
2010	3628.1	85.2	7.1	5.0	2.7
2011	4254.1	85.5	6.2	5.6	2.7
2012	4496.7	82.4	7.1	6.0	4.5
2013	4780.5	81.6	7.1	5.2	6.1
2014	4962.7	82.4	6.0	4.5	7.1
2015	5437.9	81.2	6.4	4.7	7.7
2016	5591.3	78.8	6.1	5.0	10.1
2017	6460.8	80.9	4.8	3.8	10.5
2018	7100.0	81.9	3.3	3.5	11.3
2019	7648.0	81.3	3.8	4.0	10.9
2020	7933.0	81.7	3.6	4.3	10.4

Notes: a) Electricity is converted to TCE by 10^4kWh = 1.229TCE.

b) Electricity is converted to TCE by average quantity of fuel used for power generation.

c) The data for 2014－2020 were in this table excluding Changqing oil field in Ningxia.

d) The data for 2014－2018 were revised according to the results of the fourth national economic census of Ningxia.

7-3 主要年份能源产品产量

Output of Energy Products in Main Years

年份 Year	原煤（万吨） Raw Coal (10 000 tons)	无烟煤（万吨） Anthracite (10 000 tons)	炼焦烟煤（万吨） Coking Bituminous Coal (10 000 tons)	一般烟煤（万吨） General Bituminous (10 000 tons)	洗煤（万吨） Washed Coal (10 000 tons)	原油加工量（万吨） Crude Oil Pocessing (10 000 tons)	汽油（万吨） Gasoline (10 000 tons)	煤油（万吨） Kerosene (10 000 tons)
1978	999.00							
1980	971.00							
1985	1214.00							
1990	1443.10							
1995	1480.30							
2000	1581.00							
2001	1635.70							
2002	1818.19							
2003	2194.80							
2004	2354.59							
2005	2589.77							
2006	3153.68							
2007	3729.90							
2008	4234.71					190.61		
2009	5509.53					192.54		
2010	6613.61					220.37		
2011	7932.29	692.01	1328.27	5912.01	2094.58	127.49	46.47	
2012	8597.66	721.13	1406.94	6469.58	2355.01	448.70	174.03	
2013	8800.00	651.28	1010.45	7136.95	3177.36	463.31	205.35	7.04
2014	8563.47	660.39	1058.93	6844.14	2849.73	426.15	193.54	8.65
2015	7975.80	662.58	857.42	6455.80	2375.71	477.12	219.53	14.22
2016	7069.32	531.13	357.54	6180.65	5512.07	576.35	259.01	19.64
2017	7643.59	379.90	300.23	6963.46	3819.16	591.37	247.59	18.70
2018	7840.09	216.80	397.30	7225.99	1076.22	448.70	195.42	24.11
2019	7476.87	243.70	376.06	6857.10	920.21	459.61	205.81	25.00
2020	8151.60	190.00	335.00	7626.60	946.39	380.97	168.64	14.44

注：2013 年以前为规模以上口径，2013 年（含）后为全部工业口径。

Note: Before 2013, data were above designated size. Since 2013 (include 2013), industrial enterprises refer to total.

7-3 续表 Continued

年份 Year	柴油（万吨） Diesel Oil (10 000 tons)	燃料油（万吨） Fuel Oil (10 000 tons)	焦炭（万吨） Coke (10 000 tons)	发电量（亿千瓦时） Power Generation (100millionkWh)	火力发电量（亿千瓦时） Thermal Power Generation (100millionkWh)	水力发电量（亿千瓦时） Hydro Power Generation (100millionkWh)	风力发电量（亿千瓦时） Wind Power Generation (100millionkWh)	太阳能发电量（亿千瓦时） Photovoltaic Power Generation (100millionkWh)
1978				16.51				
1980				19.43				
1985				24.14				
1990				55.96				
1995				107.77				
2000				136.61				
2001				150.30				
2002				171.02				
2003				206.13				
2004				260.05				
2005				312.87				
2006				388.42				
2007				451.16				
2008				462.56	439.84			
2009				478.96	454.60			
2010			426.70	585.82	550.09			
2011	53.26	1.68	437.54	937.03	908.33	16.68	6.90	5.12
2012	182.00	9.88	492.58	1005.91	954.70	19.01	26.51	5.69
2013	197.66	7.51	704.94	1104.76	1011.60	18.76	65.23	9.17
2014	193.11	7.67	783.70	1156.57	1041.60	17.46	70.87	26.64
2015	205.31	25.64	756.57	1154.74	1017.94	15.52	80.50	40.77
2016	237.21	19.95	768.42	1144.38	953.56	14.02	125.47	51.34
2017	302.22	25.92	754.74	1380.94	1144.39	15.45	149.32	71.79
2018	250.88	38.42	736.88	1662.64	1367.77	19.76	180.55	94.57
2019	237.44	61.85	790.75	1765.93	1443.87	21.87	185.50	114.70
2020	200.89	25.57	920.81	1882.36	1529.99	22.50	194.20	135.67

7－4 规模以上工业企业能源购进、消费与库存情况

能源名称	Energy	计量单位	Unit
原煤	Coal	吨	ton
无烟煤	Anthracite	吨	ton
炼焦烟煤	Coking Bituminous Coal	吨	ton
一般烟煤	General Bituminous	吨	ton
褐煤	Lignite	吨	ton
洗精煤(用于炼焦)	Clean Coal(used as coking)	吨	ton
其他洗煤	Other Washing Coal	吨	ton
煤制品	Coal Products	吨	ton
焦炭	Coke	吨	ton
其他焦化产品	Other Coking Products	吨	ton
焦炉煤气	Coking Gas	万立方米	10 000 cu. m
高炉煤气	Blast Furnace Gas	万立方米	10 000 cu. m
转炉煤气	Converter Gas	万立方米	10 000 cu. m
其他煤气	Other gas	万立方米	10 000 cu. m
天然气	Natural Gas	万立方米	10 000 cu. m
液化天然气	Liquefied Natural Gas	吨	ton
氢气	Hydrogen	万立方米	10 000 cu. m
原油	Crude Oil	吨	ton
汽油	Gasoline	吨	ton
煤油	Kerosene	吨	ton
柴油	Diesel Oil	吨	ton
燃料油	Fuel Oil	吨	ton
液化石油气	Liquefied Petroleum Gas	吨	ton
炼厂干气	Net Gas of Plant	吨	ton
石脑油	Naphtha	吨	ton
润滑油	Lubricating Oil	吨	ton
石蜡	Paraffin	吨	ton
溶剂油	Solvent Oil	吨	ton
石油焦	Petroleum Coke	吨	ton
石油沥青	Petroleum Pitch	吨	ton
其他石油制品	Other Petroleum Products	吨	ton
热力	Heat	百万千焦	million kilo－joule
电力	Electricity	万千瓦时	10 000 kWh
煤矸石(用于燃料)	Coal Gangue (used as Fuel)	吨	ton
城市垃圾(用于燃料)	municipal waste (used as Fuel)	吨	ton
生物燃料	Biofuel	吨	ton
余热余压	Waste Heat and Excess Pressure	百万千焦	million kilo－joule
工业废料(用于燃料)	Industrial Waste(used as Fuel)	吨	ton
其他燃料	Other Feul	吨标准煤	tons of SCE
能源合计	Total Energy	吨标准煤	tons of SCE

Energy Purchase, Consumption and Inventory of Industrial Enterprises above Designated Size

年初库存量 Inventory at the Beginning of the Year	购进实物量 Physical Quantity Purchased	工业生产消费 Industry	年末库存量 Inventory at the Year End	加工转换投入合计 Input in Processing	火力发电 Thermal Power	供热 Heating Supply
6412070	107536168	138708514	5682739	113202889	74500191	9597314
200641	5590627	7304683	294480	2037685		
118986	2732933	2367231	145709	828146		82144
6092443	99089412	128920175	5235778	110268295	74500191	9515170
	123197	116425	6772	68764		
369444	9449397	11665345	548521	11665345		
308499	4291283	4308532	512822	1246620	627840	545810
417	44352	44285	484	43552		43552
447338	7953739	7647940	683747			
13854	149627	147460	16057			
	158603	178199		24680	8340	15689
	307919	687264		284630	284009	621
	20242	44336		13655	13655	
		22528				
7	306002	302321	1	203225	39171	12112
68	39346	5757	43	441	441	
		88				
122963	3832060	3809705	128140	3809705		
9786	98907	5433	9843	21	15	6
3	67	64	4			
5387	124706	53603	6426	3321	2814	508
8109	1568970	1559774	14274	1557851	733	41
7643	685794	945711	11902	561065		
	3243	1305976	110			
24	1673	1675	18			
1			1			
45710	541696	536700	50699			
2003	44689	40516	4637			
68279	702845	757619	6542	754685		
	28220785	74918164		308721	308721	
	6915977	9646095				
	688068	688068		662277	637466	24811
6000	242752	813084		813084	813084	
58	796	782	74			
		19123319		5818676	5818676	
45	209077	208572	550	208572	188619	19953
5	218	205				
		141238214		93599482	45014968	6457317

7－4 续表

能源名称	Energy	计量单位	Unit
原煤	Coal	吨	ton
无烟煤	Anthracite	吨	ton
炼焦烟煤	Coking Bituminous Coal	吨	ton
一般烟煤	General Bituminous	吨	ton
褐煤	Lignite	吨	ton
洗精煤(用于炼焦)	Clean Coal(used as coking)	吨	ton
其他洗煤	Other Washing Coal	吨	ton
煤制品	Coal Products	吨	ton
焦炭	Coke	吨	ton
其他焦化产品	Other Coking Products	吨	ton
焦炉煤气	Coking Gas	万立方米	10 000 cu. m
高炉煤气	Blast Furnace Gas	万立方米	10 000 cu. m
转炉煤气	Converter Gas	万立方米	10 000 cu. m
其他煤气	Other gas	万立方米	10 000 cu. m
天然气	Natural Gas	万立方米	10 000 cu. m
液化天然气	Liquefied Natural Gas	吨	ton
氢气	Hydrogen	万立方米	10 000 cu. m
原油	Crude Oil	吨	ton
汽油	Gasoline	吨	ton
煤油	Kerosene	吨	ton
柴油	Diesel Oil	吨	ton
燃料油	Fuel Oil	吨	ton
液化石油气	Liquefied Petroleum Gas	吨	ton
炼厂干气	Net Gas of Plant	吨	ton
石脑油	Naphtha	吨	ton
润滑油	Lubricating Oil	吨	ton
石蜡	Paraffin	吨	ton
溶剂油	Solvent Oil	吨	ton
石油焦	Petroleum Coke	吨	ton
石油沥青	Petroleum Pitch	吨	ton
其他石油制品	Other Petroleum Products	吨	ton
热力	Heat	百万千焦	million kilo－joule
电力	Electricity	万千瓦时	10 000 kWh
煤矸石(用于燃料)	Coal Gangue (used as Fuel)	吨	ton
城市垃圾(用于燃料)	municipal waste (used as Fuel)	吨	ton
生物燃料	Biofuel	吨	ton
余热余压	Waste Heat and Excess Pressure	百万千焦	million kilo－joule
工业废料(用于燃料)	Industrial Waste(used as Fuel)	吨	ton
其他燃料	Other Feul	吨标准煤	tons of SCE
能源合计	Total Energy	吨标准煤	tons of SCE

continued

原煤入洗 Washing - dressing Coal	炼焦 Coking	炼油及煤制油 Petroleum Refining	制气 Gas Production	天然气液化 Natural Gas Liquefying	煤制品加工 Processed coal products	能源加工转换产出 Output in Processing	回收利用 Recycling
11683775	904702	16509096	7811				
2029874			7811				
18668	727334						
9566470	177368	16509096					
68764							
	11665345					3221276	
			72970			6242671	
						9208103	
						592302	
			650			190788	
							881347
							44762
						22528	
			14	151928		108	
						1034859	
						30	
		3809705					
						1686400	
						144353	
						2008884	
		1557077				255660	
		561065				1112126	
						1399471	
						127204	
						304609	
						209308	
		754685				2674821	
						154515816	
						15292531	
						1076619	
							22073101
7918445	11150775	21149587	56210	1852179		58252247	2169247

7－5 主要能源品种按工业行业分组消费量

指　标	tem
总　计	**Total**
采矿业	**Mining**
煤炭开采和洗选业	Mining and Washing of Coal
石油和天然气开采业	Extraction of Petroleum and Natural Gas
黑色金属矿采选业	Mining and Processing of Ferrous Metal Ores
有色金属矿采选业	Mining and Processing of Non－ferrous Metal Ores
非金属矿采选业	Mining and Processing of Non－metal Ores
开采专业及辅助性活动	Non－mining Activities
其他采矿业	Mining of Other Ores
制造业	**Manufacturing**
农副食品加工业	Processing of Food from Agricultural Products
食品制造业	Manufacture of Foods
酒、饮料和精制茶制造业	Manufacture of Wine，Beverages and Refined Tea
烟草制造业	Manufacture of Tobacco
纺织业	Manufacture of Textile
纺织服装、服饰业	Manufacture of Textile Wearing Apparel
皮革、毛皮、羽毛及其制品和制鞋业	Manufacture of Leather，Fur，Feather with Related Products and Footware
木材加工及木、竹、藤、棕、草制品业	Processing of Timber，Manufacture of Wood，Bamboo，Rattan，Palm and Straw Products
家具制造业	Manufacture of Furniture
造纸及纸制品业	Manufacture of Paper and Paper Products
印刷和记录媒介复制业	Printing，Reproduction of Recording Media
文教、工美、体育和娱乐用品制造业	Manufacture of Articles For Culture，Education ，Sport and Recreation Activities
石油、煤炭及其他燃料加工业	Petroleum，coal，and other fuel processing industries
化学原料和化学制品制造业	Manufacture of Raw Chemical Materials and Chemical Products
医药制造业	Manufacture of Medicines
化学纤维制造业	Manufacture of Chemical Fibres
橡胶和塑料制品业	Manufacture of Rubber and Plastics
非金属矿物制品业	Manufacture of Non－metallic Mineral Products
黑色金属冶炼和压延加工业	Smelting and Pressing of Ferrous Metals
有色金属冶炼和压延加工业	Smelting and Pressing of Non－ferrous Metals
金属制品业	Manufacture of Metal Products
通用设备制造业	Manufacture of General Purpose Machinery
专用设备制造业	Manufacture of Special purpose Machinery
汽车制造业	Manufacture of Automotive
铁路、船舶、航空航天和其他运输设备制造业	Manufacture of Railways，Shipbuilding，Aerospace and Other Transportation Equipment
电气机械和器材制造业	Manufacture of Electrical Machinery and Equipment
计算机、通信和其他电子设备制造业	Manufacture of Computers，Communication Equipment and Other Electronic Equipment
仪器仪表及文化、办公用机械制造业	Manufacture of Measuring Instruments and Machinery for Cultural Activity and Office Work
其他制造业	Other Manufacturing
废弃资源综合利用业	Recycling and Disposal of Waste
金属制品、机械和设备修理业	Repairing of Metal products，Machinery and Equipment
电力、热力、燃气及水生产和供应业	**Electric Power，Heat Power，Gas and Water Production and Supply**
电力、热力生产和供应业	Production and Supply of Electric Power and Heat Power
燃气生产和供应业	Production and Supply of Gas
水的生产和供应业	Production and Supply of Water

Major Consumption of Energy by Industries

综合能源消费量(吨标准煤) Comprehensive Energy Consumption (tons of SCE)		原　煤(吨) Raw Coal (ton)					洗精煤(用于炼焦)(吨) Clean Coal (used as Coking) (ton)
当量值 Current Value	等价值 Equivalent Value		无烟煤 Anthracite	炼焦烟煤 Coking Bituminous Coal	一般烟煤 General Bituminous	褐　煤 Lignite	
80816720	**71376073**	**138708514**	**7304683**	**2367231**	**128920175**	**116425**	**11665345**
985688	**1227236**	**6131229**	**2042080**	**16420**	**4003965**	**68764**	
628217	847352	5799730	2042080	16420	3672466	68764	
200199	220817						
157272	159067	331499			331499		
53407910	**64992955**	**56645633**	**5262603**	**2350811**	**48984558**	**47661**	**11665345**
43732	68610	5589	197		5392		
869191	998834	1010057	359		1009697		
20478	29321	796			796		
2399	3283						
68061	148836	34048	4058		29990		
1304	1863	2			2		
1559	2211	775			775		
12849	17948	9709	9709				
268	643						
119101	128164	158357			158357		
10347	16514	275			275		
289	458						
11221236	10496412	24074041	41178	444309	23588554		11580570
26587241	31063162	26514580	4878637	1822526	19765756	47661	84775
460429	564770	498410	713		497697		
38793	53772	39277			39277		
37591	60247						
3115180	3576835	2818157	13275	83976	2720905		
7417834	10787156	1386972	313726		1073246		
2758391	5694946	93689			93689		
55998	104076	150			150		
79616	104217						
12262	22113						
6455	9918						
35	60						
77198	159256						
342036	817433						
6237	10193						
41589	51298	750	750				
211	406						
26423122	**5155883**	**75931652**			**75931652**		
26200820	4752826	75931652			75931652		
170662	281319						
51640	121738						

7－5 续表 1

指 标	tem
总 计	**Total**
采矿业	**Mining**
煤炭开采和洗选业	Mining and Washing of Coal
石油和天然气开采业	Extraction of Petroleum and Natural Gas
黑色金属矿采选业	Mining and Processing of Ferrous Metal Ores
有色金属矿采选业	Mining and Processing of Non－ferrous Metal Ores
非金属矿采选业	Mining and Processing of Non－metal Ores
开采专业及辅助性活动	Non－mining Activities
其他采矿业	Mining of Other Ores
制造业	**Manufacturing**
农副食品加工业	Processing of Food from Agricultural Products
食品制造业	Manufacture of Foods
酒、饮料和精制茶制造业	Manufacture of Wine，Beverages and Refined Tea
烟草制造业	Manufacture of Tobacco
纺织业	Manufacture of Textile
纺织服装、服饰业	Manufacture of Textile Wearing Apparel
皮革、毛皮、羽毛及其制品和制鞋业	Manufacture of Leather，Fur，Feather with Related Products and Footware
木材加工及木、竹、藤、棕、草制品业	Processing of Timber，Manufacture of Wood，Bamboo，Rattan，Palm and Straw Products
家具制造业	Manufacture of Furniture
造纸及纸制品业	Manufacture of Paper and Paper Products
印刷和记录媒介复制业	Printing，Reproduction of Recording Media
文教、工美、体育和娱乐用品制造业	Manufacture of Articles For Culture，Education ，Sport and Recreation Activities
石油、煤炭及其他燃料加工业	Petroleum，coal，and other fuel processing industries
化学原料和化学制品制造业	Manufacture of Raw Chemical Materials and Chemical Products
医药制造业	Manufacture of Medicines
化学纤维制造业	Manufacture of Chemical Fibres
橡胶和塑料制品业	Manufacture of Rubber and Plastics
非金属矿物制品业	Manufacture of Non－metallic Mineral Products
黑色金属冶炼和压延加工业	Smelting and Pressing of Ferrous Metals
有色金属冶炼和压延加工业	Smelting and Pressing of Non－ferrous Metals
金属制品业	Manufacture of Metal Products
通用设备制造业	Manufacture of General Purpose Machinery
专用设备制造业	Manufacture of Special purpose Machinery
汽车制造业	Manufacture of Automotive
铁路、船舶、航空航天和其他运输设备制造业	Manufacture of Railways，Shipbuilding，Aerospace and Other Transportation Equipment
电气机械和器材制造业	Manufacture of Electrical Machinery and Equipment
计算机、通信和其他电子设备制造业	Manufacture of Computers，Communication Equipment and Other Electronic Equipment
仪器仪表及文化、办公用机械制造业	Manufacture of Measuring Instruments and Machinery for Cultural Activity and Office Work
其他制造业	Other Manufacturing
废弃资源综合利用业	Recycling and Disposal of Waste
金属制品、机械和设备修理业	Repairing of Metal products，Machinery and Equipment
电力、热力、燃气及水生产和供应业	**Electric Power，Heat Power，Gas and Water Production and Supply**
电力、热力生产和供应业	Production and Supply of Electric Power and Heat Power
燃气生产和供应业	Production and Supply of Gas
水的生产和供应业	Production and Supply of Water

continued

其他洗煤（吨）Other Washing Coal (ton)	煤制品（吨）Coal Products (ton)	焦炭（吨）Coke (ton)	其他焦化产品（吨）Other Coking Products (ton)	焦炉煤气（万立方米）Coking Gas (10 000 cu. m)	高炉煤气（万立方米）Blast Furnace Gas (10 000 cu. m)	转炉煤气（万立方米）Converter Gas (10 000 cu. m)	其他煤气（万立方米）Other Gas (10 000 cu. m)
4308532	**44285**	**7647940**	**147460**	**178199**	**687264**	**44336**	**22528**
72247		**187346**	**8361**		**25574**		
72247		1212	8361				
		186134			25574		
4005458	**733**	**7460595**	**139099**	**154169**	**625628**	**44336**	**22528**
13513	733	982	7647	15330	16000		
2861796		2797070	112272	137139	86232		781
1644							
848608		2159	19181	1700	1205		21747
276152		4588664			522021	44336	
		14243					
3745							
		57476			170		
230828	**43552**			**24030**	**36061**		
230828	43552			24030	36061		

7-5 续表2

指标	Item
总计	**Total**
采矿业	**Mining**
煤炭开采和洗选业	Mining and Washing of Coal
石油和天然气开采业	Extraction of Petroleum and Natural Gas
黑色金属矿采选业	Mining and Processing of Ferrous Metal Ores
有色金属矿采选业	Mining and Processing of Non - ferrous Metal Ores
非金属矿采选业	Mining and Processing of Non - metal Ores
开采专业及辅助性活动	Non - mining Activities
其他采矿业	Mining of Other Ores
制造业	**Manufacturing**
农副食品加工业	Processing of Food from Agricultural Products
食品制造业	Manufacture of Foods
酒、饮料和精制茶制造业	Manufacture of Wine, Beverages and Refined Tea
烟草制造业	Manufacture of Tobacco
纺织业	Manufacture of Textile
纺织服装、服饰业	Manufacture of Textile Wearing Apparel
皮革、毛皮、羽毛及其制品和制鞋业	Manufacture of Leather, Fur, Feather with Related Products and Footware
木材加工及木、竹、藤、棕、草制品业	Processing of Timber, Manufacture of Wood, Bamboo, Rattan, Palm and Straw Products
家具制造业	Manufacture of Furniture
造纸及纸制品业	Manufacture of Paper and Paper Products
印刷和记录媒介复制业	Printing, Reproduction of Recording Media
文教、工美、体育和娱乐用品制造业	Manufacture of Articles For Culture, Education , Sport and Recreation Activities
石油、煤炭及其他燃料加工业	Petroleum, coal, and other fuel processing industries
化学原料和化学制品制造业	Manufacture of Raw Chemical Materials and Chemical Products
医药制造业	Manufacture of Medicines
化学纤维制造业	Manufacture of Chemical Fibres
橡胶和塑料制品业	Manufacture of Rubber and Plastics
非金属矿物制品业	Manufacture of Non - metallic Mineral Products
黑色金属冶炼和压延加工业	Smelting and Pressing of Ferrous Metals
有色金属冶炼和压延加工业	Smelting and Pressing of Non - ferrous Metals
金属制品业	Manufacture of Metal Products
通用设备制造业	Manufacture of General Purpose Machinery
专用设备制造业	Manufacture of Special purpose Machinery
汽车制造业	Manufacture of Automotive
铁路、船舶、航空航天和其他运输设备制造业	Manufacture of Railways, Shipbuilding, Aerospace and Other Transportation Equipment
电气机械和器材制造业	Manufacture of Electrical Machinery and Equipment
计算机、通信和其他电子设备制造业	Manufacture of Computers, Communication Equipment and Other Electronic Equipment
仪器仪表及文化、办公用机械制造业	Manufacture of Measuring Instruments and Machinery for Cultural Activity and Office Work
其他制造业	Other Manufacturing
废弃资源综合利用业	Recycling and Disposal of Waste
金属制品、机械和设备修理业	Repairing of Metal products, Machinery and Equipment
电力、热力、燃气及水生产和供应业	**Electric Power, Heat Power, Gas and Water Production and Supply**
电力、热力生产和供应业	Production and Supply of Electric Power and Heat Power
燃气生产和供应业	Production and Supply of Gas
水的生产和供应业	Production and Supply of Water

continued

天然气（万立方米） Natural Gas（10 000 cu. m）	液化天然气（吨） Liquefied Natural Gas（ton）	氢气（万立方米） Hydrogen（10 000 cu. m）	原　油（吨） Crude Oil（ton）	汽　油（吨） Gasoline（ton）	煤　油（吨） Kerosene（ton）	柴　油（吨） Diesel Oil（ton）
302321	**5757**	**88**	**3809705**	**5433**	**64**	**53603**
4323	**342**			**295**		**9622**
4323	342			295		8588
						1035
95368	**4973**	**88**	**3809705**	**4288**	**64**	**39456**
1109	29			217	2	262
8305				124		149
1014	606			22		17
145						1
176				57		93
75				21		1
48				5		
				6		22
334				44		52
171				66		246
15				2		
989	37		3809705	2366		4598
66052	1335			493		8147
308		88		37		6
78				13		110
2489	1129			288		19160
2296				79		4296
7765				4		1177
1559	31			88		358
370	13			161	46	167
390	6			63	15	171
331						
				11		
687				46	2	40
102				15		1
277				21		
281	1787			15		355
				24		26
202629	**441**			**850**		**4524**
50495	441			544		4432
152043				124		6
91				182		87

7－5 续表3

指　　标	tem
总　　计	**Total**
采矿业	**Mining**
煤炭开采和洗选业	Mining and Washing of Coal
石油和天然气开采业	Extraction of Petroleum and Natural Gas
黑色金属矿采选业	Mining and Processing of Ferrous Metal Ores
有色金属矿采选业	Mining and Processing of Non－ferrous Metal Ores
非金属矿采选业	Mining and Processing of Non－metal Ores
开采专业及辅助性活动	Non－mining Activities
其他采矿业	Mining of Other Ores
制造业	**Manufacturing**
农副食品加工业	Processing of Food from Agricultural Products
食品制造业	Manufacture of Foods
酒、饮料和精制茶制造业	Manufacture of Wine, Beverages and Refined Tea
烟草制造业	Manufacture of Tobacco
纺织业	Manufacture of Textile
纺织服装、服饰业	Manufacture of Textile Wearing Apparel
皮革、毛皮、羽毛及其制品和制鞋业	Manufacture of Leather, Fur, Feather with Related Products and Footware
木材加工及木、竹、藤、棕、草制品业	Processing of Timber, Manufacture of Wood, Bamboo, Rattan, Palm and Straw Products
家具制造业	Manufacture of Furniture
造纸及纸制品业	Manufacture of Paper and Paper Products
印刷和记录媒介复制业	Printing, Reproduction of Recording Media
文教、工美、体育和娱乐用品制造业	Manufacture of Articles For Culture, Education , Sport and Recreation Activities
石油、煤炭及其他燃料加工业	Petroleum, coal, and other fuel processing industries
化学原料和化学制品制造业	Manufacture of Raw Chemical Materials and Chemical Products
医药制造业	Manufacture of Medicines
化学纤维制造业	Manufacture of Chemical Fibres
橡胶和塑料制品业	Manufacture of Rubber and Plastics
非金属矿物制品业	Manufacture of Non－metallic Mineral Products
黑色金属冶炼和压延加工业	Smelting and Pressing of Ferrous Metals
有色金属冶炼和压延加工业	Smelting and Pressing of Non－ferrous Metals
金属制品业	Manufacture of Metal Products
通用设备制造业	Manufacture of General Purpose Machinery
专用设备制造业	Manufacture of Special purpose Machinery
汽车制造业	Manufacture of Automotive
铁路、船舶、航空航天和其他运输设备制造业	Manufacture of Railways, Shipbuilding, Aerospace and Other Transportation Equipment
电气机械和器材制造业	Manufacture of Electrical Machinery and Equipment
计算机、通信和其他电子设备制造业	Manufacture of Computers, Communication Equipment and Other Electronic Equipment
仪器仪表及文化、办公用机械制造业	Manufacture of Measuring Instruments and Machinery for Cultural Activity and Office Work
其他制造业	Other Manufacturing
废弃资源综合利用业	Recycling and Disposal of Waste
金属制品、机械和设备修理业	Repairing of Metal products, Machinery and Equipment
电力、热力、燃气及水生产和供应业	**Electric Power, Heat Power, Gas and Water Production and Supply**
电力、热力生产和供应业	Production and Supply of Electric Power and Heat Power
燃气生产和供应业	Production and Supply of Gas
水的生产和供应业	Production and Supply of Water

continued

燃料油（吨） Fuel Oil（ton）	液化石油气（吨） Lequefied Petroleum Gas（ton）	石脑油（吨） naphtha（ton）	润滑油（吨） Lubricating Oil（ton）	石蜡（吨） Paraffin Waxes（ton）	石油焦（吨） Petroleum Coke（ton）	石油沥青（吨） Petroleum Pitch（ton）	其他石油制品（吨） Other Petroleum Products（ton）
1559774	**945711**	**1305976**	**1675**		**536700**	**40516**	**757619**
274			**1521**			**3586**	**2740**
			1521			3586	2740
274							
1558726	**945711**	**1305976**	**154**		**536700**	**36930**	**754879**
	784						
1557081	575212				6327		754685
	369619	1305976	28			14133	
1644	95		22		70939	22797	98
					459434		
			9				97
			93				
	2		1				
			2				
774							
774							

7-5 续表4

指　标	tem
总　计	**Total**
采矿业	**Mining**
煤炭开采和洗选业	Mining and Washing of Coal
石油和天然气开采业	Extraction of Petroleum and Natural Gas
黑色金属矿采选业	Mining and Processing of Ferrous Metal Ores
有色金属矿采选业	Mining and Processing of Non - ferrous Metal Ores
非金属矿采选业	Mining and Processing of Non - metal Ores
开采专业及辅助性活动	Non - mining Activities
其他采矿业	Mining of Other Ores
制造业	**Manufacturing**
农副食品加工业	Processing of Food from Agricultural Products
食品制造业	Manufacture of Foods
酒、饮料和精制茶制造业	Manufacture of Wine, Beverages and Refined Tea
烟草制造业	Manufacture of Tobacco
纺织业	Manufacture of Textile
纺织服装、服饰业	Manufacture of Textile Wearing Apparel
皮革、毛皮、羽毛及其制品和制鞋业	Manufacture of Leather, Fur, Feather with Related Products and Footware
木材加工及木、竹、藤、棕、草制品业	Processing of Timber, Manufacture of Wood, Bamboo, Rattan, Palm and Straw Products
家具制造业	Manufacture of Furniture
造纸及纸制品业	Manufacture of Paper and Paper Products
印刷和记录媒介复制业	Printing, Reproduction of Recording Media
文教、工美、体育和娱乐用品制造业	Manufacture of Articles For Culture, Education , Sport and Recreation Activities
石油、煤炭及其他燃料加工业	Petroleum, coal, and other fuel processing industries
化学原料和化学制品制造业	Manufacture of Raw Chemical Materials and Chemical Products
医药制造业	Manufacture of Medicines
化学纤维制造业	Manufacture of Chemical Fibres
橡胶和塑料制品业	Manufacture of Rubber and Plastics
非金属矿物制品业	Manufacture of Non - metallic Mineral Products
黑色金属冶炼和压延加工业	Smelting and Pressing of Ferrous Metals
有色金属冶炼和压延加工业	Smelting and Pressing of Non - ferrous Metals
金属制品业	Manufacture of Metal Products
通用设备制造业	Manufacture of General Purpose Machinery
专用设备制造业	Manufacture of Special purpose Machinery
汽车制造业	Manufacture of Automotive
铁路、船舶、航空航天和其他运输设备制造业	Manufacture of Railways, Shipbuilding, Aerospace and Other Transportation Equipment
电气机械和器材制造业	Manufacture of Electrical Machinery and Equipment
计算机、通信和其他电子设备制造业	Manufacture of Computers, Communication Equipment and Other Electronic Equipment
仪器仪表及文化、办公用机械制造业	Manufacture of Measuring Instruments and Machinery for Cultural Activity and Office Work
其他制造业	Other Manufacturing
废弃资源综合利用业	Recycling and Disposal of Waste
金属制品、机械和设备修理业	Repairing of Metal products, Machinery and Equipment
电力、热力、燃气及水生产和供应业	**Electric Power, Heat Power, Gas and Water Production and Supply**
电力、热力生产和供应业	Production and Supply of Electric Power and Heat Power
燃气生产和供应业	Production and Supply of Gas
水的生产和供应业	Production and Supply of Water

continued

热力（百万千焦） Heat (million kilo - joule)	电力（万千瓦时） Electricity (10 000 kWh)	煤矸石（用于燃料）（吨） Coal Gangue (used as Fuel) (ton)	城市垃圾（用于燃料）（吨） Municipal Waste (used as Fuel) (ton)	生物燃料（吨） Biofuel (ton)	余热余压（百万千焦） Waste Heat and Excess Pressure (million kilo - joule)	工业废料（用于燃料）（吨） Industrial waste (for fuel) (ton)	其他燃料（吨标准煤） Other Feul (tons of SCE)
74918164	**9646095**	**688068**	**813084**	**782**	**19123319**	**208572**	**205**
3479236	**150611**						
700798	127806						
	12025						
2778439	10780						
71208718	**8256386**	**25791**		**782**	**19103893**	**188619**	**205**
156392	14509			360			205
12403853	125057						
	5158						
	515						
	47110						
	326						
	380						
	2974						
	218						
1477956	17084						
88960	3597			10			
	98						
1148643	204327						
48557890	3038637	25791			13498157	188619	
5218451	100900						
	8736						
588797	13214			234			
115295	304290			178	3323344		
28093	2273193				2282391		
289866	1712685						
	28041						
39866	14348						
	5745						
	2020						
	15						
293310	47859						
1461	277265						
	2307						
799885	5663						
	113						
230210	**1239098**	**662277**	**813084**		**19426**	**19953**	
	1133677	662277	813084		19426	19953	
230210	64539						
	40883						

7-6 主要年份发电装机容量

Intalled Capacity of Power Generation in Main Years

单位:万千瓦 （10 000kW）

年份 Year	发电装机容量 Installed Capacity of Power Generation	火电 Thermal Power	其他 Others	水电 Hydro power	风电 Wind Power	太阳能发电 Solar Power
2005	511.8	457.7		42.9	11.2	
2006	655.3	600.2		42.9	12.3	
2007	771.0	702.8		42.9	25.3	
2008	835.7	754.3		42.9	38.5	
2009	975.4	882.1		42.9	50.4	
2010	1399.6	1271.4		42.6	76.6	9.0
2011	1873.5	1639.8		42.6	142.0	49.1
2012	2000.1	1639.8		42.6	264.6	53.1
2013	2230.8	1731.3		42.6	301.8	155.1
2014	2423.8	1790.0	2.4	42.6	417.8	173.7
2015	3157.4	1983.9	2.4	42.6	822.1	308.8
2016	3674.8	2164.7	7.4	42.6	941.6	526.0
2017	4187.6	2583.2	8.4	42.6	941.6	620.2
2018	4714.8	2844.7	9.6	42.6	1011.1	816.4
2019	5295.9	3219.1	9.7	42.6	1116.1	918.1
2020	5942.7	3326.4	9.7	42.6	1376.6	1197.1

注： 其他为生物质能发电,是火电的其中项。

Note:Other for biomass power generation, thermal power is one of the items.

7－7 平均每万元地区生产总值能源消费量

Energy Intensity by GDP

年 份 Year	万元地区生产总值能源消费量（吨标准煤/万元） Total Energy Consumption (tce/10000 yuan)	万元地区生产总值煤炭消费量（吨/万元） Coal (ton/10000 yuan)	万元地区生产总值焦炭消费量（吨/万元） Coke (ton/10000 yuan)	万元地区生产总值石油消费量（吨/万元） Petroleum (ton/10000 yuan)	万元地区生产总值原油消费量（吨/万元） Crude Oil (ton/10000 yuan)	万元地区生产总值汽油消费量（千克/万元） Gasoline (kilogram/10000 yuan)	万元地区生产总值柴油消费量（千克/万元） Kerosene (kilogram/10000 yuan)	万元地区生产总值天然气消费量（立方米/万元） Natural Gas (cu. m/10000 yuan)	万元地区生产总值电力消费量（千瓦小时/万元） Electricity (kWh/10000 yuan)
	地区生产总值按照2005年可比价格计算 GDP is calculated at 2005 constant prices								
2005	4.31	5.65	0.12	0.26	0.29	42.23	117.30	114.33	5294.28
2006	4.31	5.44	0.26	0.24	0.27	29.45	126.82	122.63	5835.93
2007	4.19	5.65	0.36	0.23	0.22	26.35	122.02	124.26	6078.86
2008	3.94	5.31	0.29	0.23	0.23	25.58	119.49	136.19	5443.06
2009	3.73	5.31	0.28	0.21	0.20	25.06	101.64	133.67	5166.77
2010	3.60	5.71	0.23	0.19	0.17	17.45	105.02	153.58	5426.51
	地区生产总值按照2010年可比价格计算 GDP is calculated at 2010 constant prices								
2010	2.31	3.66	0.15	0.12	0.11	11.19	67.33	98.46	3478.88
2011	2.42	4.51	0.20	0.11	0.05	10.73	62.49	105.49	4114.20
2012	2.31	4.10	0.19	0.13	0.22	10.20	59.50	105.20	3810.59
2013	2.24	3.99	0.20	0.13	0.22	9.38	55.17	91.56	3720.12
2014	2.15	3.84	0.17	0.11	0.18	8.74	54.11	80.04	3677.91
2015	2.18	3.58	0.20	0.10	0.19	14.88	47.85	79.64	3524.00
	地区生产总值按照2015年可比价格计算 GDP is calculated at 2015 constant prices								
2015	2.11	3.46	0.19	0.10	0.18	14.38	46.23	76.96	3405.19
2016	2.02	3.13	0.16	0.10	0.21	8.37	41.64	76.23	3200.35
2017	2.17	3.71	0.18	0.09	0.20	7.06	40.41	57.48	3288.71
2018	2.23	4.00	0.18	0.11	0.14	5.90	37.01	61.59	3350.23
2019	2.26	4.06	0.19	0.13	0.14	5.80	35.64	74.50	3203.51
2020	2.26	4.16	0.22	0.12	0.11	5.94	32.98	83.61	3280.03

注：本表数据根据宁夏第四次全国经济普查结果进行了修订。

Note: The data in this table are revised according to the results of the fourth national economic census of Ningxia.

7-8 各市县能源消费量

Consumption Energy by City and County

单位:万吨标准煤　　　　(10 000 tons of SCE)

指　标	Item	能源消费总量 Total Energy Consumption	规模以上工业能源消费量 Consumption of Energy of Industry above Designated Size	
			当量值 Current Value	等价值 Equivalent Value
全区总计	**Total**	**7933.0**	**8081.7**	**7137.6**
银川市	**Yinchuan**	**4209.5**	**4872.1**	**3944.7**
兴庆区	Xingqing	115.4	33.0	14.0
西夏区	Xixia	308.3	274.5	272.6
金凤区	Jinfeng	63.1	5.4	9.9
永宁县	Yongning	117.7	84.6	91.0
贺兰县	Helan	82.0	42.1	53.6
灵武市	Lingwu	3523.0	4432.6	3503.6
石嘴山市	**Shizuishan**	**1683.7**	**1512.2**	**1533.2**
大武口区	Dawukou	182.9	150.9	118.8
惠农区	Huinong	661.0	659.7	615.6
平罗县	Pingluo	839.8	701.6	798.9
吴忠市	**Wuzhong**	**751.9**	**830.6**	**601.8**
利通区	Litong	134.8	116.5	102.2
红寺堡区	Hongsipu	76.6	51.0	61.4
盐池县	Yanchi	59.5	35.5	46.6
同心县	Tongxin	26.5	2.3	3.1
青铜峡市	Qingtongxia	454.5	625.3	388.4
固原市	**Guyuan**	**270.1**	**148.8**	**144.1**
原州区	Yuanzhou	177.7	143.7	136.5
西吉县	Xiji	33.8	1.7	2.1
隆德县	Longde	16.7	1.1	1.4
泾源县	Jingyuan	16.7	0.5	0.6
彭阳县	Pengyang	25.2	1.8	3.6
中卫市	**Zhongwei**	**1046.6**	**718.0**	**914.7**
沙坡头区	Shapotou	548.1	435.9	525.8
中宁县	Zhongning	463.0	281.9	388.5
海原县	Haiyuan	35.4	0.2	0.4

注：石嘴山市、灵武市、利通区和原州区能源消费量中包括国能宁夏煤业有限责任公司、中铝宁夏能源集团公司、宁夏青铜峡水泥股份有限公司的数据。

Note: Data of overall energy consumption and Gross Output Value of Shizuishan city, Lingwu city and Yuanzhou District included Shenhua NCPP limited liability corporations and Ningxia Electric Power Group Co. Ltd.

主要统计指标解释

能源生产总量 指一定时期内,全国一次能源生产量的总和。该指标是观察全国能源生产水平、规模、构成和发展速度的总量指标。包括:原煤、原油、天然气、水电、核能及其他动力能(如风能、地热能等)发电量等,不包括低热值燃料生产量和由一次能源加工转换而成的二次能源产量。

能源消费总量 指一定地域内,国民经济各行业和居民家庭在一定时期内消费的各种能源的总和。包括:原煤、原油、天然气、水能、核能、风能、太阳能、地热能、生物质能等一次能源;一次能源通过加工转换产生的洗煤、焦炭、煤气、电力、热力、成品油等二次能源和同时产生的其他产品;其他化石能源、可再生能源和新能源。其中水能、风能、太阳能、地热能、生物质能等可再生能源,是指人们通过一定技术手段获得的,并作为商品能源使用的部分。在核算过程中,一次能源、二次能源消费不能重复计算。能源消费总量分为终端能源消费量、能源加工转换损失量和能源损失量三部分。

能源生产弹性系数 是研究能源生产增长速度与国民经济增长速度之间关系的指标。计算公式为:

$$\text{能源生产弹性系数}=\frac{\text{能源生产量年平均增长速度}}{\text{国民经济年平均增长速度}}$$

国民经济年平均增长速度,可根据不同的目的或需要,用国民生产总值、国内生产总值等指标来计算。

电力生产弹性系数 是研究电力生产增长速度与国民经济增长速度之间关系的指标。计算公式为:

$$\text{电力生产弹性系}=\frac{\text{电力生产量年平均增长速度}}{\text{国民经济年平均增长速度}}$$

能源消费弹性系数 反映能源消费增长速度与国民经济增长速度之间关系的指标。计算公式为:

$$\text{能源消费弹性系数}=\frac{\text{能源消费量年平均增长速度}}{\text{国民经济年平均增长速度}}$$

电力消费弹性系数 反映电力消费增长速度与国民经济增长速度之间关系的指标。计算公式为:

$$\text{电力消费弹性系数}=\frac{\text{电力消费量年平均增长速度}}{\text{国民经济年平均增长速度}}$$

能源加工转换效率 指一定时期内,能源经过加工、转换后,产出的各种能源产品的数量与同期内投入加工转换的各种能源数量的比率。该指标是观察能源加工转换装置和生产工艺先进与落后、管理水平高低等的重要指标。计算公式为:

$$\text{能源加工转换效率}=\frac{\text{能源加工转换产出量}}{\text{能源加工转换投入量}}$$

单位国内生产总值能耗 指一定时期内,一个国家或地区每生产一个单位的国内生产总值所消费的能源。计算公式为:

$$\text{单位国内生产总值能耗}=\frac{\text{能源消费总量}}{\text{国内生产总值}}$$

单位国内生产总值电耗　指一定时期内，一个国家或地区每生产一个单位的国内生产总值所消费的电力。计算公式为：

$$单位国内生产总值电耗=\frac{全社会用电量}{国内生产总值}$$

Explanatory Notes on Main Statistical Indicators

Total Primary Energy Production refers to the total production of primary energy in a given period of time. It is a comprehensive indicator to show the level, scale, composition and growth of energy production of the country. It includes that of coal, crude oil, natural gas, hydropower and electricity generated by nuclear energy and other means such as wind power and geothermal power, etc. However, it does not include the production of fuels of low calorific value and secondary energy converted from primary energy.

Total Energy Consumption refers to the total consumption of energy of various kinds by the production sectors of the economy and the households in a given period of time. It includes primary energy such as coal, crude oil, natural gas, hydropower, nuclear power, wind power, solar power, geothermal power and bio – energy; the secondary energy and their products which are transformed from the primary energy such as washed coal, coke, coal gas, electricity, heating, and petroleum products; and other kinds of fossil energy, renewable energy and new energy. The renewable energy refers to the part of renewable energy that is attained with some given technical means and used for commercial purposes, including hydropower, wind power, solar power, geothermal power and bio – energy. In the process of accounting, there should be no double or multiple counting between and primary and the secondary accounting. Total energy consumption can be divided into three parts: final energy consumption; loss during the process of energy transformation; and other losses.

Elasticity Ratio of Energy Production is an indicator to show the relationship between the growth rate of energy production and the growth rate of the national economy. The formula is:

$$\text{Elasticity Ratio of Energy Production} = \frac{\text{Average annual growth rate of energy production}}{\text{Average annual growth rate of national economy}}$$

The average annual growth rate of the national economy can be measured by indicators such as the gross national product or the gross domestic product, depending on the purposes or needs.

Elasticity Ratio of Electricity Production is an indicator to show the relationship between the growth rate of electricity production and the growth rate of the national economy. The formula is:

$$\text{Elasticity Ratio of Electricity Production} = \frac{\text{Average annual growth rate of electricity production}}{\text{Average annual growth rate of national economy}}$$

Elasticity Ratio of Energy Consumption is an indicator to show the relationship between the growth rate of energy consumption and the growth rate of the national economy. The formula is:

$$\text{Elasticity Ratio of Energy Consumption} = \frac{\text{Average annual growth rate of energy consumptio}}{\text{Average annual growth rate of national economy}}$$

Elasticity Ratio of Electricity Consumption is an indicator to show the relationship between the growth rate of electricity consumption and the growth rate of the national economy. The formula is:

$$\text{Elasticity Ratio of Electricity Consumption} = \frac{\text{Average annual growth rate of electricity production}}{\text{Average annual growth rate of national economy}}$$

Efficiency of Energy Transformation refers to the ratio of the total output of various kinds of energy products after transformation to the total input of various kinds of energy for transformation during a given period. It is an important indicator to show the current conditions of energy transformation equipment, production technique and management. The formula is:

$$\text{Efficiency of Energy Transformation} = \frac{\text{Out of energy after transformation}}{\text{Input of energy for transformation}}$$

Energy Consumption per Unit of GDP refers to the energy consumption per unit of gross domestic product in a country or in a region during a given period. The formula is:

$$\text{Energy Consumption per Unit of GDP} = \frac{\text{Total energy consumption}}{\text{Gross domestic product}}$$

Electricity Consumption per Unit of GDP refers to the electricity consumption per unit of Gross Domestic Product in a country or in a region during a given period. The formula is:

$$\text{Electricity Consumption per Unit of GDP} = \frac{\text{Total electricity consumption}}{\text{Gross domestic product}}$$

第八篇 财政金融保险

Chapter8 Government Finance, Financial Intermediation and Insurance

资料整理:杨如文　万自梅　杨柳　阎丽芬　侯娜　张倩　徐延龙

Data Compilation: Yang Ruwen　Wan Zimei　Yang Liu　Yan Lifen　Hou Na　Zhang Qian　Xu Yanlong

8-1 地方一般公共预算收支决算总表

General Public Budget Revenue and Expenditure Balance Sheet

单位:万元 (10 000 yuan)

指　　标	Item	2020
本年收入合计	**Total Revenue This Year**	**4194398**
税收收入	**Total Tax Revenue**	**2638687**
增值税	Value - added Tax	1108807
企业所得税	Corporate Income Tax	284544
个人所得税	Individual Income Tax	106320
资源税	Resource Tax	201385
城市维护建设税	City Maintenance and Construction Tax	176894
房产税	House Property Tax	113399
印花税	Stamp Tax	63601
城镇土地使用税	Urban Land Use Tax	107595
土地增值税	Land Appreciation Tax	125276
车船税	Tax on Vehicles and Boat Operation	53899
耕地占用税	Farm Land Occupation Tax	59657
契税	Deed Tax	219464
烟叶税	Tobacco Leaf Tax	316
环境保护税	Environmental Tax	15709
其他税收收入	Other Tax Revenue	1821
非税收入	**Total Non - tax Revenue**	**1555711**
专项收入	Special Program Recipts	335269
行政事业性收费收入	Charge of Administrative and Institutional Units	163659
罚没收入	Penalty Receipts	140688
国有资本经营收入	Operating Income of State - owned Capital	29418
国有资源(资产)有偿使用收入	Income from National Resources Paid Using	743293
其他收入	Other Income	143384

8-1 续表 continued

单位:万元 (10 000 yuan)

指　　标	Item	2020
本年支出合计	**Total Expenditure This Year**	**14803577**
一般公共服务支出	Expenditure for General Public Services	982099
外交支出	Expenditure for Foreign Affairs	
国防支出	Expenditure for National Defense	6842
公共安全支出	Expenditure for Public Security	681913
教育支出	Expenditure for Education	2084211
科学技术支出	Expenditure for Science and Technology	279082
文化旅游体育与传媒支出	Expenditure for Culture, tourism, sports and media	294327
社会保障和就业支出	Expenditure for Social Safety Net and Employment Effort	2064452
卫生健康支出	Expenditure for Health	1185687
节能环保支出	Expenditure for Energy Conservation and Environment Protection	494780
城乡社区支出	Expenditure for Urban and Rural Community Affairs	1219114
农林水支出	Expenditure for Agriculture,Forestry and Water Conservancy	2534507
交通运输支出	Expenditure for Transportation	899062
资源勘探信息等支出	Expenditure on resources exploration information, etc.	486042
商业服务业等支出	Expenditure for Business Services, etc.	92908
金融支出	Expenditure for Affairs of Financial	26767
援助其他地区支出	Expenditure for Other Regional Assistance	
自然资源海洋气象等支出	Expenditure on natural resources, marine meteorology, etc.	224059
住房保障支出	Expenditure for Affordable Houses	618978
粮油物资储备支出	Expenditure for Affairs of Management of Grain & Oil Reserves	37242
灾害防治及应急管理支出	Expenditure on Disaster Prevention and emergency management	93642
预备费	Expenditure for Rerveed Fee	
其他支出	Other Expenditure	38706
债务付息支出	Interest Payments on Government Bonds	456405
债务发行费用支出	Expenditure on debt issuance expenses	2752

8－2 地方一般公共预算收入

General Pubulic Budget Revenue of the Local Governments in Main Years

单位:万元 (10 000 yuan)

年份 Year	地方一般公共预算收入 General Pubulic Budget Revenue of the Local Governments	工商税收 Industrial and Commercial Tax	农牧业税 Agriculture and Animal Husbandry Tax	企业所得税 Corporate Income Tax	国有企业亏损补贴 Subsidies to Loss－making State－owned Enterprises	企业所得税退税 Corporate Income Tax Rebate
1955	2891	1028	1155			
1958	5774	1683	1680			
1960	10469	2763	887			
1970	9894	5006	1049			
1975	22324	10172	963			
1978	31603	13163	995			
1980	20353	13514	827			
1985	29075	25655	1092	8900	－9999	
1990	67260	56481	2649	8805	－12266	－1668
1995	89792	67672	4901	7690	－1817	－532
2000	208244	148958	9318	26147	－967	－2464
2001	275745	163307	10797	60084	－557	－852
2002	264714	192083	8757	18412	－241	
2003	300310	219847	7480	16846	－11	
2004	374677	276898	5440	21364		
2005	477216	341609	333	26077		
2006	613570	417266		32246		－229

8－2 续表 continued

单位:万元 (10 000 yuan)

年份 Year	地方一般公共预算收入 General Pubulic Budget Revenue of the Local Governments	税收收入 Total Tax Revenue				非税收入 Total Non－tax Revenue
			增值税 Value－added Tax	营业税 Business Tax	企业所得税 Corporate Income Tax	
2007	800312	587871	141997	230485	45767	212441
2008	950090	777432	183793	300884	62400	172658
2009	1115755	907389	168098	389831	92946	208366
2010	1535507	1267854	202475	562367	140805	267653
2011	2199767	1771261	244000	801126	241746	428506
2012	2639569	2070171	262329	924759	253904	569398
2013	3083376	2374913	318832	1057226	258691	708463
2014	3398627	2503273	385563	1050303	283263	895354
2015	3734474	2563126	357323	998292	245572	1171348
2016	3876576	2465538	840408	452755	244686	1411038
2017	4175888	2703027	1254237		261413	1472861
2018	4365205	2982989	1339923		325296	1382216
2019	4235774	2675000	1142889		325429	1560774
2020	4194398	2638687	1108807		284544	1555711

注： 2007 年以后收支科目有变化。

Note: Since 2007, the item of local government revenue has been adjusted.

8-3 地方一般公共预算支出

General Pubulic Budget Expenditure of the Local Governments in Main Years

单位:万元 (10 000 yuan)

年份 Year	地方一般公共预算支出 General Pubulic Budget Expenditure of the Local Governments	基本建设 Capital Construction	企业技术改造 Technological Upgrading of Enterprises	支援农业 Expenditure for Surporting Rural Production	工交商事业 Industry, Transportation and Commerce	科教文卫 Science, Education, Culture and Health Care	城市维护 City Maintenance	社会抚恤救济 Social Pension Relief	行政管理 Administrative
1955	3802				2505	411		111	773
1958	12434	6254		621	2796	888	6	88	1012
1960	30270	17851		3709	1388	2060	17	427	1540
1965	11171	3708	78	1722	185	1988	286	284	1368
1970	16855	8226		1299	163	2500	365	240	1692
1975	37050	13840		5553	442	4990	543	579	2467
1978	57755	21982	2979	9574	653	7569	592	1082	2923
1980	57526	16719	3582	13489	800	10052	1230	1554	4770
1985	98526	22024	4067	15027	1987	22183	3375	1900	7118
1990	149616	14610	5322	20015	2177	36659	4714	2099	12660
1995	229963	15941	7021	28698	3390	65413	7408	3473	27619
2000	608380	93938	32790	48034	5708	127026	17710	8843	45521
2001	935787	379901	51947	69084	11489	188948	19515	20464	60843
2002	1145650	255018	32809	82093	11109	199973	24797	21318	69594
2003	1057793	203563	39719	86025	13276	220032	27957	26717	77326
2004	1230177	205213	32627	183572	16152	241744	43181	27844	87671
2005	1602509	384608	33440	175688	21129	293055	59852	35847	106901
2006	1932089	389413	40952	212857	29599	369315	81276	52366	129959

8-3 续表 continued

单位:万元 (10 000 yuan)

年份 Year	地方一般公共预算支出 General Pubulic Budget Expenditure of the Local Governments	一般公共服务 Expenditure for General Public Services	教育 Expenditure for Education	文化旅游体育与传媒 Expenditure for Culture, tourism, sports and media	社会保障和就业 Expenditure for Social Safety Net and Employment Effort	卫生健康 Expenditure for Health	城乡社区 Expenditure for Urban and Rural Community Affairs	农林水 Expenditure for Agriculture, Forestry and Water Conservancy	其他 Others
2007	2418545	383921	473068	70629	254973	114174	174252	279206	668322
2008	3246064	423470	540553	70925	370490	171073	333778	451996	883779
2009	4323624	469657	635025	90306	476765	229169	425640	686819	1310243
2010	5575285	517664	815869	160933	350312	340180	618913	942262	1829152
2011	7059096	519551	1030173	139377	719470	410933	815137	1121904	2302551
2012	8643616	614428	1064541	144441	896035	460892	1096330	1397982	2968967
2013	9224819	641499	1129532	165998	1027729	537729	1337881	1493837	2890614
2014	10004526	616790	1226824	160171	1164310	652693	1040745	1570466	3572527
2015	11384858	670870	1425106	209656	1462268	741106	1459604	1662705	3753543
2016	12545380	757915	1525692	252281	1642422	820297	1821429	2012876	3712468
2017	13727841	861544	1706535	228151	1623230	979826	1869973	2223884	4234698
2018	14190592	913080	1704652	233322	1759944	1055509	1984931	2190612	4348542
2019	14382916	970338	1793274	258522	1855368	1064918	1854762	2181568	4404166
2020	14803577	982099	2084211	294327	2064452	1185687	1219114	2534507	4439180

注: 2007 年以后收支科目有变化。

Note: Since 2007, the item of local government revenue has been adjusted.

8-4 地方一般公共预算收支占地区生产总值比重
Proportion of General Pubulic Budget Revenue and Expenditure to GDP

年份 Year	地方一般公共预算收入（亿元） General Pubulic Budget Revenue of the Local Governments (100 million yuan)	地方一般公共预算支出（亿元） General Pubulic Budget Expenditure of the Local Governments (100 million yuan)	地区生产总值（亿元） Gross Demestic Products (100 million yuan)	地方一般公共预算收入占生产总值比重（%） Ratio of General Pubulic Budget Revenue of the Local Governments to GDP (%)	地方一般公共预算支出占生产总值比重（%） Retio of General Pubulic Budget Expenditure of the Local Governments to GDP (%)
1978	3.16	5.78	13.00	24.31	44.46
1979	3.05	6.30	14.36	21.24	43.87
1980	2.04	5.75	15.96	12.78	36.03
1985	2.91	9.85	30.27	9.61	32.54
1990	6.73	14.96	64.84	10.38	23.07
1995	8.98	23.00	175.19	5.13	13.13
1996	12.68	29.52	202.91	6.25	14.55
1997	14.07	33.63	224.59	6.26	14.97
1998	17.75	45.12	245.45	7.23	18.38
1999	18.84	49.53	264.58	7.12	18.72
2000	20.82	60.84	295.02	7.06	20.62
2001	27.57	93.58	337.44	8.17	27.73
2002	26.47	114.57	377.16	7.02	30.38
2003	30.03	105.78	442.61	6.78	23.90
2004	37.47	123.02	519.92	7.21	23.66
2005	47.72	160.25	579.89	8.23	27.63
2006	61.36	193.21	683.28	8.98	28.28
2007	80.03	241.85	877.59	9.12	27.56
2008	95.01	324.61	1139.16	8.34	28.50
2009	111.58	432.36	1266.66	8.81	34.13
2010	153.55	557.53	1571.68	9.77	35.47
2011	219.98	705.91	1931.83	11.39	36.54
2012	263.96	864.36	2131.00	12.39	40.56
2013	308.34	922.48	2327.68	13.25	39.63
2014	339.86	1000.45	2473.94	13.74	40.44
2015	373.45	1138.49	2579.38	14.48	44.14
2016	387.66	1254.54	2781.39	13.94	45.10
2017	417.59	1372.78	3200.28	13.05	42.90
2018	436.52	1419.06	3510.21	12.44	40.43
2019	423.58	1438.29	3748.48	11.30	38.37
2020	419.44	1480.36	3920.55	10.70	37.76

8-5 金融机构人民币信贷资金平衡表

Balance Sheet of RMB Credit Funds of Financial Institutions

单位:万元 (10 000 yuan)

指 标	Item	2020
资金来源合计	**Funds Sources**	**89885932**
各项存款	**Total Deposits**	**71213109**
(一)境内存款	Domestic Deposit	71135567
1. 住户存款	Household deposits	39438391
2. 非金融企业存款	Non Financial Enterprise Deposit	14988841
3. 广义政府存款	General Government Deposits	15111660
4. 非银行业金融机构存款	Non Banking Financial Institutions Deposit	1596674
(二)境外存款	Offshore Deposits	77542
资金运用合计	**Funds Uses**	**89885932**
各项贷款	**Total Loans**	**77825939**
(一)境内贷款	Domestic Deposit	77825248
1. 住户贷款	Household deposits	25862177
短期贷款	Short - term Loan	9887284
中长期贷款	Medium and Long Term Loans	15974893
2. 非金融企业及机关团体贷款	Non Financial Enterprise and Institution Loan	51963071
短期贷款	Short - term Loan	11190145
中长期贷款	Medium and Long Term Loans	33310728
票据融资	Bill Financing	7316862
融资租赁	Finance Lease	
各项垫款	The Advance	145336
3. 非银行业金融机构贷款	Non Banking Financial Institutions Deposit	
(二)境外贷款	Overseas loan	691

注: 金融机构包括人民银行、政策性银行、国有独资商业银行、邮政储蓄机构、其他商业银行、城市合作银行、农村信用社、城市信用社、信托投资公司、租赁公司、财务公司等。

Note: Financial Institutions in the tabal include the People's Bank of China, policy banks, state sole funded commercial banks, postal savings institutions, other commericial banks, urban cooperative banks, rural credit cooperatives, urban credit cooperatives, financial trust and investment companies, financial leasing companies, finance companies.

8-6 主要年份金融机构各项存贷款余额

Total Deposits and Loans of Financial Institutions in Main Years

单位:亿元 (100 million yuan)

年份 Year	各项存款 Total Deposits	储蓄存款 Saving Deposits	人均储蓄存款余额(元) Savings Deposits Per Capita (yuan)	各项贷款 Total Loans	短期贷款 Short-term Loans	中长期贷款 Medium & Long-term Loans	票据融资 Bill Financing
1993	102.76	61.45	1251	135.32	87.09	38.59	
1994	140.44	85.68	1715	170.49	101.85	55.78	
1995	180.19	115.19	2267	210.49	128.77	69.05	
1996	223.99	142.74	2762	256.08	156.01	85.87	
1997	262.41	168.86	3216	303.04	190.17	105.22	
1998	295.82	192.37	3611	339.98	202.81	129.09	
1999	343.87	211.60	3919	366.36	212.15	143.95	
2000	396.49	229.35	4179	383.23	206.91	164.54	
2001	468.87	257.97	4617	441.39	202.12	229.56	3.57
2002	578.16	306.75	5406	524.56	230.69	281.22	10.02
2003	746.35	377.70	6559	681.61	288.02	365.08	25.14
2004	841.16	425.52	7240	762.14	308.39	425.37	25.24
2005	985.34	509.50	8608	833.88	344.38	458.63	26.87
2006	1131.22	581.14	9686	983.37	410.26	532.52	38.94
2007	1278.52	613.96	10115	1184.57	472.84	650.65	59.71
2008	1590.58	794.06	12933	1402.56	534.14	796.53	71.36
2009	2058.49	967.72	15572	1917.40	683.41	1156.54	77.45
2010	2573.64	1170.25	18517	2398.70	702.92	1608.16	87.62
2011	2966.87	1351.30	21098	2860.58	944.83	1800.47	114.41
2012	3495.41	1679.43	25699	3339.58	1281.67	1949.42	107.43
2013	3868.47	1887.23	28486	3910.15	1496.05	2291.29	120.09
2014	4209.06	2054.65	30575	4578.49	1664.43	2720.28	183.90
2015	4805.15	2140.85	31437	5117.82	1796.64	3007.01	305.21
2016	5441.54	2228.34	32318	5667.89	1849.40	3419.43	392.00
2017	5748.45	2340.36	33434	6332.61	2048.41	3867.49	412.96
2018	6028.40	2698.07	38135	6807.52	1919.81	4228.59	653.12
2019	6443.43	3030.57	42475	7216.79	1985.33	4564.13	662.29
2020	7121.31	3601.47	50090	7782.59	2107.74	4928.56	731.69

8-7 保险公司主要业务指标
Major Statistics for Insurance Company

单位:万元 (10 000 yuan)

指　标	Item	2001	2005	2010	2011	2012	2013	2014
保费收入	**Premium**	**62362**	**157392**	**527466**	**553367**	**626883**	**727029**	**39180**
财产险	Property Insurance	19917	45838	175020	218794	264735	313954	363684
机动车辆保险	Motor Vehicle Insurance	14537	37580	153046	192703	225332	262219	301693
人身意外伤害险	Personal Accident Insurance	3343	5688	14249	16903	16758	20364	24098
健康险	Health Insurance	1350	22368	43625	50651	58312	71624	90895
寿险	Life Insurance	37753	83498	294573	267020	287077	321086	360504
各项赔款和给付	**Payment**	**16223**	**38727**	**116770**	**147483**	**199863**	**240375**	**293092**
财产险	Property Insurance	9199	22375	76511	90058	131638	157873	193985
机动车辆保险	Motor Vehicle Insurance	6783	18506	66179	80771	109042	133590	155968
人身意外伤害险	Personal Accident Insurance	1158	1494	3544	4403	4825	5232	6777
健康险	Health Insurance	886	5983	12730	14552	16964	19645	33732
寿险	Life Insurance	4980	8875	23985	38470	46436	57625	58598
退保金	**Insurance Withdrawn**	**1926**	**8487**	**21774**	**21607**	**24175**	**36735**	**73564**
手续费及佣金支出	**Service Charges**	**7020**	**16120**	**53424**	**51720**	**53038**	**58820**	**79871**
业务及管理费	**Operating Expenses**	**8284**	**15634**	**51764**	**64687**	**79399**	**95794**	**113157**
利润(税前)	**Profits(before tax)**	**9341**	**11190**	**-21923**	**-6740**	**-4797**	**-10227**	**-29232**
银行存款	**Bank Deposits**	**18050**	**16776**	**19731**	**6632**	**11554**	**8526**	**14037**
活期	Demand	7553	11776	19731	6632	11554	8526	14037
定期	Time	10497	5000					
应收保费	**Premiums receivable**	**109**	**5462**	**15598**	**16519**	**17615**	**19222**	**19912**
资产总额	**Total Assets**	**116768**	**340058**	**1060625**	**1278749**	**1534812**	**1804410**	**2096986**
所有者权益	**Owners Equity**	**-3260**	**-10015**	**-100037**	**-64683**	**-75895**	**-108584**	**-167969**

8－7 续表 Continued

单位:万元 (10 000 yuan)

指 标	Item	2015	2016	2017	2018	2019	2020
保费收入	**Premium**	**1033149**	**1338953**	**1652119**	**1828318**	**1976696**	**2107140**
财产险	Property Insurance	410098	460887	560375	638981	681606	678481
机动车辆保险	Motor Vehicle Insurance	336122	374096	430399	457378	469969	485626
人身意外伤害险	Personal Accident Insurance	29694	35225	43978	52296	55668	62709
健康险	Health Insurance	119023	160587	235327	306073	362291	399339
寿险	Life Insurance	474335	682255	812439	830968	877131	966611
各项赔款和给付	**Payment**	**342139**	**428370**	**495558**	**604855**	**635700**	**661238**
财产险	Property Insurance	208663	248155	269610	322850	371250	383728
机动车辆保险	Motor Vehicle Insurance	174725	191716	211701	236067	235416	241923
人身意外伤害险	Personal Accident Insurance	7671	11354	12423	15404	16898	16620
健康险	Health Insurance	45825	42678	61857	86718	83654	86647
寿险	Life Insurance	79979	126182	151668	179883	163898	174243
退保金	**Insurance Withdrawn**	**82383**	**99652**	**154816**	**231325**	**137945**	**99857**
手续费及佣金支出	**Service Charges**	**114520**	**196685**	**277359**	**285446**	**266275**	**282772**
业务及管理费	**Operating Expenses**	**135972**	**165502**	**182517**	**205689**	**237668**	**268237**
利润(税前)	**Profits(before tax)**	**－73865**	**－92251**	**－110325**	**－37830**	**－29375**	**－160107**
银行存款	**Bank Deposits**	**21103**	**43197**		**14893**	**10164**	**13227**
活期	Demand	21103	13197		14893	10164	13227
定期	Time		30000				
应收保费	**Premiums receivable**	**39048**	**54495**	**69462**	**110849**	**162327**	**150144**
资产总额	**Total Assets**	**2458662**	**3066658**	**3582826**	**4117574**	**4799030**	**5470698**
所有者权益	**Owners Equity**	**－259225**	**－255562**	**－348299**	**－372243**	**－418141**	**－613977**

8-8 各市县金融机构人民币存贷款余额

The Balance of Deposits/Loans of Financial Institutions by City and County

单位:亿元 (100 million yuan)

地 区	Region	存款 Deposits	储蓄存款 Saving Deposits	贷款 Loans
全区总计	**Total**	**7121.31**	**3601.47**	**7782.59**
银 川 市	**Yinchuan**	**4488.01**	**1876.13**	**5535.00**
银 川 市	District	3887.61	1455.58	5042.79
永 宁 县	Yongning	172.34	125.28	145.39
贺 兰 县	Helan	205.43	154.62	147.57
灵 武 市	Lingwu	222.64	140.64	199.24
石嘴山市	**Shizuishan**	**699.18**	**515.49**	**627.05**
石嘴山市	District	534.58	386.69	497.54
平 罗 县	Pingluo	164.60	128.80	129.52
吴 忠 市	**Wuzhong**	**795.60**	**501.28**	**669.64**
市 辖 区	District	381.50	240.25	306.37
盐 池 县	Yanchi	119.45	77.34	88.48
同 心 县	Tongxin	140.16	71.31	123.96
青铜峡市	Qingtongxia	154.49	112.38	150.83
固 原 市	**Guyuan**	**519.28**	**328.18**	**446.71**
原 州 区	Yuanzhou	240.64	151.02	252.42
西 吉 县	Xiji	112.32	68.32	82.93
隆 德 县	Longde	58.76	40.96	31.23
泾 源 县	Jingyuan	34.82	25.58	27.79
彭 阳 县	Pengyang	72.74	42.29	52.34
中 卫 市	**Zhongwei**	**619.24**	**380.41**	**504.19**
沙坡头区	Shapotou	310.37	194.20	224.34
中 宁 县	Zhongning	216.86	135.07	210.78
海 原 县	Haiyuan	92.01	51.13	69.07

注： 吴忠市市辖区数据包含利通区和红寺堡。

Note: Data of Wuzhong District includes Litong and Hongsipu.

8-9 各地市县地方一般公共预算收入
General Pubulic Budget Revenue of the Local Governments by Prefecture, City and County

单位:万元 (10 000 yuan)

地　区	Region	1978	1980	1985	1995	2000	2005	2010	2011	2012
全区总计	**Total**	**31603**	**20353**	**29075**	**89792**	**208244**	**477216**	**1535507**	**2199767**	**2639569**
区　级	Autonomous Regional Level	14502	10237	6228	37174	50592	130904	384429	546301	672106
地市县级	Prefecture Level	15723	9152	21836	48566	146490	346312	1151078	1653466	1967463
银川市	**Yinchuan**	**7267**	**3880**	**13172**	**26402**	**83064**	**181645**	**640368**	**966202**	**1131320**
银川市	District	5466	2396	10545	20868	24832	44311	150824	206395	244566
兴庆区	Xingqing							48220	70212	81749
西夏区	Xixia							14222	18673	22634
金凤区	Jinfeng							18312	26386	33275
永宁县	Yongning	401	410	604	1674	4299	8129	42091	75064	91101
贺兰县	Helan	375	365	614	1673	4218	7325	55158	93361	112730
灵武市	Lingwu	1025	709	1409	2187	6257	11452	103414	141809	137703
石嘴山市	**Shizuishan**	**4141**	**2125**	**4957**	**9555**	**29192**	**72900**	**216460**	**263831**	**297937**
石嘴山市	District	3141	1413	3651	723	8827	14796	45689	51939	63516
大武口区	Dawukou							33824	35867	44479
惠农区	Huinong							11865	16072	19037
平罗县	Pingluo	1000	712	1306	2360	6194	21036	51965	68241	76568
吴忠市	**Wuzhong**	**3398**	**2122**	**2897**	**8689**	**24610**	**50177**	**156690**	**219148**	**287426**
利通区	Litong	1598	783	1504	3230	5413	8978	12628	19041	27847
红寺堡区	Hongsipu						1850	5474	8388	10907
盐池县	Yanchi	213	224	290	539	2549	4971	23492	36470	57956
同心县	Tongxin	241	198	139	697	1455	3423	8941	12230	17014
青铜峡市	Qingtongxia	1346	917	964	4052	11162	20856	53619	68681	79102
固原市	**Guyuan**	**1182**	**833**	**538**	**3208**	**7874**	**14024**	**52581**	**79788**	**103345**
原州区	Yuanzhou	602	479	308	1274	3017	2220	9594	14967	20169
西吉县	Xiji	245	156	102	380	1058	1803	4460	8460	9505
隆德县	Longde	123	106	6	603	1781	1204	3290	4636	6378
泾源县	Jingyuan	63	45	22	206	545	1080	2535	3531	4597
彭阳县	Pengyang			65	436	651	1319	9066	16519	20269
中卫市	**Zhongwei**	**1081**	**1109**	**1236**	**4764**	**12912**	**27566**	**84979**	**124497**	**147435**
沙坡头区	Shapotou	516	564	462	2892	7425	15572	42555	63333	73434
中宁县	Zhongning	375	374	774	1670	4487	10395	36472	54660	65420
海原县	Haiyuan	190	171		202	1000	1599	5952	6504	8581

注:1. 各县(区、市)合计数不等于大市数据,大市包含市本级数据。
2. 2014 年以前沙坡头区数据包含中卫市本级,2014 年起沙坡头区数据不包含中卫市本级。

8-9 续表 continued

单位:万元 (10 000 yuan)

地　　区	Region	2013	2014	2015	2016	2017	2018	2019	2020
全区总计	**Total**	**3083376**	**3398627**	**3734474**	**3876576**	**4175888**	**4365205**	**4235774**	**4194398**
区　　级	Autonomous Regional Level	801381	872639	1065445	1182353	1436962	1648900	1724223	1694381
地市县级	Prefecture Level	2281995	2525988	2669029	2694223	2738926	2716305	2511551	2500017
银川市	**Yinchuan**	**1345999**	**1535998**	**1709831**	**1731960**	**1774561**	**1732545**	**1547084**	**1572599**
银川市	District	277306	317148	357466	381232	367239	246246	223321	211407
兴庆区	Xingqing	100352	115067	129600	140966	132216	114409	97098	85340
西夏区	Xixia	26567	30910	35105	41365	56687	61068	51728	49171
金凤区	Jinfeng	39587	46830	53105	58502	64166	70769	74495	76896
永宁县	Yongning	108862	125520	144588	132821	126633	65360	71733	87643
贺兰县	Helan	130241	145449	156220	150809	110566	115984	120927	125965
灵武市	Lingwu	157766	181635	186642	234335	303082	341750	269624	291783
石嘴山市	**Shizuishan**	**309948**	**291020**	**267490**	**247391**	**230627**	**239190**	**227901**	**217732**
石嘴山市	District	66344	62683	57155	54433	45682	46930	43942	45261
大武口区	Dawukou	47605	42101	34682	31857	27620	27391	23748	23898
惠农区	Huinong	18739	20582	22473	22576	18062	19539	20194	21363
平罗县	Pingluo	85731	92585	86162	80185	80414	82318	82751	71091
吴忠市	**Wuzhong**	**324749**	**351384**	**319659**	**325587**	**326885**	**345724**	**353637**	**356259**
利通区	Litong	33429	29601	32596	34516	28389	30855	33382	32376
红寺堡区	Hongsipu	14630	17518	16051	17310	20431	21995	20337	16893
盐池县	Yanchi	69581	85230	75713	77184	71860	82815	87639	88569
同心县	Tongxin	21061	20246	22254	21550	23490	26066	28255	32902
青铜峡市	Qingtongxia	92263	104150	69944	74827	79451	72294	72381	73903
固原市	**Guyuan**	**130567**	**152950**	**159094**	**157827**	**166805**	**172600**	**162380**	**144872**
原州区	Yuanzhou	23298	25037	25071	25070	24192	19625	17979	16840
西吉县	Xiji	11420	13604	16675	15213	16817	16888	18028	18074
隆德县	Longde	9637	11479	13500	12834	10306	11102	10121	8901
泾源县	Jingyuan	6422	10138	12613	13637	15077	15783	11389	10326
彭阳县	Pengyang	25436	29296	22100	21866	24018	26446	28655	24723
中卫市	**Zhongwei**	**170732**	**194636**	**212955**	**231458**	**240048**	**226246**	**220549**	**208555**
沙坡头区	Shapotou	82080	6	8	14	27670	27154	26941	25912
中宁县	Zhongning	76091	86143	94129	101718	111488	91350	87306	81161
海原县	Haiyuan	12561	15819	17412	20106	22066	24247	21001	21434

Notes: a) The sum of counties (districts, cities) data is not equal to the total data of the city, and the total data of the city include the city itself.
b) Before 2014, data of Shapotou includes Zhongwei, while after 2014, it is not included.

8－10　各地市县地方一般公共预算支出

General Pubulic Budget Expenditure of the Local Governments by Prefecture, City and County

单位:万元　　　　　　　　　　　　　　　　　　　　　　　　　　　　(10 000 yuan)

地　区	Region	1978	1980	1985	1995	2000	2005	2010	2011	2012
全区总计	**Total**	**57755**	**57526**	**98526**	**229963**	**608380**	**1602509**	**5575285**	**7059096**	**8643616**
区　级	Autonomous Regional Level	30989	29029	48071	92232	266998	718290	1605095	2000263	2231298
地市县级	Prefecture Level	26496	28134	49740	137731	341022	884219	3970190	5058833	6412318
银 川 市	**Yinchuan**	**6794**	**6669**	**12224**	**42953**	**110739**	**353762**	**1199157**	**1472546**	**1867446**
银 川 市	District	3915	3411	6974	28798	29658	152513	285922	365452	438868
兴 庆 区	Xingqing							99352	136417	151863
西 夏 区	Xixia							53459	62863	82435
金 凤 区	Jinfeng							48910	63075	79441
永 宁 县	Yongning	935	898	1454	4190	7910	21859	140892	180797	206078
贺 兰 县	Helan	1073	1300	1587	4077	7818	21387	136129	163715	225419
灵 武 市	Lingwu	871	1060	2209	5888	15498	33666	217375	253272	342965
石嘴山市	**Shizuishan**	**3861**	**3561**	**6233**	**23364**	**50874**	**149331**	**614539**	**648406**	**777175**
石嘴山市	District	2513	2212	4089	3714	18783	40298	162447	148990	190568
大武口区	Dawukou							78101	72687	90449
惠 农 区	Huinong				2495	6404		84346	76303	100119
平 罗 县	Pingluo	1348	1349	2144	6982	11589	46954	183737	202261	227146
吴 忠 市	**Wuzhong**	**4964**	**5830**	**10138**	**27021**	**61721**	**84708**	**785706**	**1081638**	**1399324**
利 通 区	Litong	1724	1652	3260	8234	12046	25671	48368	74942	102394
红寺堡区	Hongsipu						10906	60782	115570	142014
盐 池 县	Yanchi	1100	1467	2578	3922	12561	26806	119543	175361	209240
同 心 县	Tongxin	1042	1675	2389	5353	14519	34122	180538	229261	300557
青铜峡市	Qingtongxia	1098	1036	1911	7522	15805	40048	164900	218102	259627
固 原 市	**Guyuan**	**7032**	**7565**	**13578**	**26417**	**77143**	**185472**	**786629**	**1081060**	**1359933**
原 州 区	Yuanzhou	2747	3210	3927	6955	19851	43043	141508	186667	227775
西 吉 县	Xiji	1471	1959	3191	6129	16873	38614	184889	258553	316371
隆 德 县	Longde	972	1042	1659	4166	12249	24900	118627	142897	171967
泾 源 县	Jingyuan	468	545	1228	1997	7181	16357	70234	102210	117061
彭 阳 县	Pengyang			2025	3394	12605	26098	124768	168121	213969
中 卫 市	**Zhongwei**	**3845**	**4509**	**7567**	**17976**	**40545**	**110946**	**584159**	**775183**	**1008440**
沙坡头区	Shapotou	1624	1742	2908	7878	15896	46362	233508	302723	394290
中 宁 县	Zhongning	1074	1054	1736	5170	9608	30941	175274	237504	312803
海 原 县	Haiyuan	1147	1713	2923	4928	15041	33643	175377	234956	301347

注:1. 各县(区、市)合计数不等于大市数据,大市包含市本级数据。

2. 2014 年以前沙坡头区数据包含中卫市本级,2014 年起沙坡头区数据不包含中卫市本级。

8 – 10 续表 continued

单位:万元 (10 000 yuan)

地　区	Region	2013	2014	2015	2016	2017	2018	2019	2020
全区总计	**Total**	**9224819**	**10004526**	**11384858**	**12545380**	**13727800**	**14190592**	**14382916**	**14803577**
区　级	Autonomous Regional Level	2188943	2409918	3112664	3066278	3579426	3471793	3472388	3587595
地市县级	Prefecture Level	7035876	7594608	8272194	9479102	10148415	10718799	10910528	11215982
银 川 市	**Yinchuan**	**2205311**	**2639036**	**2878980**	**3310717**	**3418283**	**3632756**	**3464668**	**3323605**
银 川 市	District	467468	549048	606096	714366	755055	710172	638225	712516
兴 庆 区	Xingqing	180970	216748	217824	241068	299492	297096	271406	321558
西 夏 区	Xixia	82454	95396	97518	143515	174261	231394	175303	177607
金 凤 区	Jinfeng	86731	110626	148964	183511	164635	181682	191516	213351
永 宁 县	Yongning	243312	278827	314378	300914	297528	311721	364502	294553
贺 兰 县	Helan	248186	272002	271869	322582	328433	316699	326568	355876
灵 武 市	Lingwu	393173	452049	434581	525174	602329	720905	692920	646884
石嘴山市	**Shizuishan**	**831682**	**791844**	**793531**	**882217**	**901063**	**1005745**	**1165422**	**1211483**
石嘴山市	District	208903	194426	187021	208437	199775	239380	271432	319578
大武口区	Dawukou	106418	95946	87073	98097	94596	117660	132853	161289
惠 农 区	Huinong	102485	98480	99948	110340	105179	121720	138579	158289
平 罗 县	Pingluo	253365	273453	285316	302472	323572	361595	383125	434592
吴 忠 市	**Wuzhong**	**1398375**	**1447684**	**1568074**	**1766106**	**2002162**	**2048878**	**2193369**	**2327754**
利 通 区	Litong	93356	93616	113444	135629	140141	163524	202726	237202
红寺堡区	Hongsipu	151210	155705	174971	220625	281471	267789	283841	306630
盐 池 县	Yanchi	239415	262616	284015	329841	366215	366828	376549	393779
同 心 县	Tongxin	308046	315483	361316	436715	528471	530635	567026	608213
青铜峡市	Qingtongxia	222046	232467	247527	274418	290756	311481	320457	363191
固 原 市	**Guyuan**	**1494503**	**1654252**	**1835195**	**2090434**	**2259975**	**2405892**	**2358056**	**2536360**
原 州 区	Yuanzhou	269458	264392	309841	350140	383724	420436	416019	485295
西 吉 县	Xiji	339132	355083	386036	448286	512188	570030	593236	699687
隆 德 县	Longde	192861	195738	216547	254826	288891	281197	297878	319810
泾 源 县	Jingyuan	141378	148593	149616	191508	202097	209466	205414	232865
彭 阳 县	Pengyang	244376	282891	275921	303766	362727	373656	373678	400031
中 卫 市	**Zhongwei**	**1106005**	**1061792**	**1196414**	**1429628**	**1566932**	**1625528**	**1729013**	**1816780**
沙坡头区	Shapotou	445093	48944	62723	92030	116558	124301	194563	247377
中 宁 县	Zhongning	306257	287355	319633	377858	449771	439463	481245	501813
海 原 县	Haiyuan	354655	373434	409121	457150	519224	587259	586108	633471

Notes: a) The sum of counties (districts, cities) data is not equal to the total data of the city, and the total data of the city include the city itself.
b) Before 2014, data of Shapotou includes Zhongwei, while after 2014, it is not included.

主要统计指标解释

一般公共预算收入　指国家财政参与社会产品分配所取得的收入，是实现国家职能的财力保证。主要包括：(1)各项税收：包括国内增值税、国内消费税、进口货物增值税和消费税、出口货物退增值税和消费税、企业所得税、个人所得税、资源税、城市维护建设税、房产税、印花税、城镇土地使用税、土地增值税、车船税、船舶吨税、车辆购置税、关税、耕地占用税、契税、烟叶税、环境保护税等。(2)非税收入：包括专项收入、行政事业性收费收入、罚没收入、国有资本经营收入、国有资源(资产)有偿使用收入和其他收入。财政收入按现行分税制财政体制划分为中央本级收入和地方本级收入。

一般公共预算支出　指国家财政将筹集起来的资金进行分配使用，以满足经济建设和各项事业的需要。主要包括：一般公共服务、外交、国防、公共安全、教育、科学技术、文化旅游体育与传媒、社会保障和就业、卫生健康、节能环保、城乡社区、农林水、交通运输、资源勘探信息等、商业服务业等、金融、援助其他地区、自然资源海洋气象等、住房保障、粮油物资储备、灾害防治及应急管理、债务付息、债务发行费用等方面的支出。财政支出根据政府在经济和社会活动中的不同职权，划分为中央财政支出和地方财政支出。

中央一般公共预算收入和地方一般公共预算收入　属于中央一般公共预算的收入包括关税，进口货物增值税和消费税，出口货物退增值税和消费税，国内消费税，铁道部门、各银行总行、各保险公司总公司等集中缴纳的城市维护建设税，增值税50%部分，纳入共享范围的企业所得税60%部分，未纳入共享范围的中央企业所得税、中央企业上交的利润，个人所得税60%部分，车辆购置税，船舶吨税，证券交易印花税，海洋石油资源税，中央非税收入等。属于地方一般公共预算的收入包括城市维护建设税(不含铁道部门、各银行总行、各保险公司总公司集中缴纳的部分)，房产税，城镇土地使用税，土地增值税，车船税，耕地占用税，契税，烟叶税，印花税(不含证券交易印花税)，增值税50%部分，纳入共享范围的企业所得税40%部分，个人所得税40%部分，海洋石油资源税以外的其他资源税，地方非税收入等。

中央一般公共预算支出和地方一般公共预算支出　指根据政府在经济和社会活动中的不同职责，划分中央和地方政府的责权，按照政府的责权划分确定的支出。中央一般公共预算支出包括一般公共服务，外交支出，国防支出，公共安全支出，以及中央政府调整国民经济结构、协调地区发展、实施宏观调控的支出等。地方一般公共预算支出包括一般公共服务，公共安全支出，地方统筹的各项社会事业支出等。

Explanatory Notes on Main Statistical Indicators

General Public Budget Revenue refers to income for the government finance through participating in the distribution of social products. It is the financial guarantee to ensure government functioning. The government revenue includes the following main items: (1) Various tax revenues including domestic value added tax (VAT), domestic consumption tax, VAT and consumption tax from imports, VAT and consumption tax rebate for exports, corporate income tax, individual income tax, resource tax, city maintenance and construction tax, house property tax, stamp tax, urban land use tax, land appreciation tax, tax on vehicles and boat operation, ship tonnage tax, vehicle purchase tax, tariffs, farm land occupation tax, deed tax, and tobacco tax, environment protection tax, etc. (2) Non – tax revenue, including special program receipts, charge income of administrative and institutional units, penalty receipts, operating income from government capital, income from use of state – owned resources (assets) and others non – tax receipts.

General Public Budget Expenditure refers to the distribution and use of the funds which the government finance has raised, so as to meet the needs of economic construction and various undertakings. It includes the following main items: expenditure for general public services, expenditure for foreign affairs, expenditure for national defence expenditure for public security, expenditure for education, expenditure for science and technology, expenditure for culture, tourism, sport and media, expenditure for social safety net and employment effort, expenditure for health care, expenditure for energy conservation and environment protection, expenditure for urban and rural community affairs, expenditure for agriculture, forestry and water conservancy, expenditure for transportation, expenditure for resource exploration and information, expenditure for affairs of commerce and services, expenditure for finance, aid to other regions, expenditure for nature resources, ocean and weather, expenditure for housing security, expenditure for grain & oil reserves, expenditure for prevention of disasters and emergency management, interest payment for public debts, expenditure for issuing debts. General public budget expenditure is divided into general public budget expenditure of central government and general public budget expenditure of local government according to the different functions of the governments played in economic and social activities.

General Public Budget Revenue of the Central Government and the Local Governments The general public budget revenue of the Central Government includes tariff, VAT and consumption tax from imports, VAT and consumption tax rebate for exports, domestic consumption tax, city maintenance and construct tax from the Ministry of Railways, head offices of banks, head offices of insurance company, which are handed over to the government in a centralized way, 50% of the value added tax, 60% the share part of the corporate income tax, unshared part of corporate income tax of the central enterprises, profit handed in by the central enterprises, 60% of individual income tax, vehicle purchase tax, ship tonnage tax, stamp tax on securities transactions, resource tax on the offshore petroleum resources. The general public budget revenue of the local governments includes city maintenance and construct tax (excluding the part of the Ministry of Railways, head offices of banks, head offices of insurance company, which are handed over to the government in a centralized way), house property tax, urban land use tax, land appreciation tax, tax on vehicles and boat operation, farm land occupation tax, deed tax, and tobacco leaf tax, stamp tax (not including stamp tax on security exchange), 50% of the value added tax, 40% the share part of the corporate income tax, 40% of individual income tax, resource tax other than the tax on offshore petroleum resources, local non – tax revenue, etc.

General Public Budget Expenditure of the Central Government and Local Governments according to the different functions of the Central Government and local governments in economic and social activities, the rights of administration are demarcated between those of the Central Government and those of local governments; and the classification of the expenditure between the Central Government and local governments are made on the basis of the classification of the rights administration between them. The general public budget expenditure of the Central Government includes the expenditure for general public services, expenditure for foreign affairs, expenditure for public security, and the general public budget expenditure of the Central Government for adjusting the national economic structure; coordinating the development among different regions; and exercising macroeconomic regulation. The general public budget expenditure of the local governments includes mainly the expenditure for general public services, expenditure for public security, and expenditures for social development which are planed by local governments, etc.

第九篇 物价指数

Chapter9 Price Indices

资料整理：郎玲　陈惠珍　苏春燕　郭樑　苏玉英　刘晓鹏　刘嵩

Data Compilation: Lang Ling　Chen Huizheng　Su Chunyan　Guo Liang　Su Yuying　Liu Xiaopeng　Liu Song

9-1 主要年份全区居民消费价格总指数

Consumer Price Indices in Main Years

年份 Year	以1957年价格为100 Year of 1957=100	以1965年价格为100 Year of 1965=100	以1970年价格为100 Year of 1970=100	以1978年价格为100 Year of 1978=100	以1980年价格为100 Year of 1980=100	以1985年价格为100 Year of 1985=100	以1990年价格为100 Year of 1990=100	以1995年价格为100 Year of 1995=100	以2000年价格为100 Year of 2000=100	以2005年价格为100 Year of 2005=100	以上年价格为100 Preceding Year=100
1958	102.4										102.4
1959	105.4										102.9
1960	109.9										104.3
1961	132.1										120.2
1962	125.6										95.1
1963	111.7										88.9
1964	106.0										94.9
1965	103.5										97.7
1966	101.7	98.2									98.2
1967	104.2	100.7									102.5
1968	105.6	102.0									101.3
1969	108.2	104.5									102.5
1970	109.1	105.3									100.8
1971	108.9	105.1	99.8								99.8
1972	109.3	105.6	100.2								100.4
1973	109.6	105.9	100.5								100.3
1974	110.1	106.3	100.9								100.4
1975	110.7	106.9	101.5								100.6
1976	111.7	107.9	102.4								100.9
1977	120.9	116.7	110.8								108.2
1978	121.6	117.4	111.5								100.6
1979	123.6	119.3	113.3	101.6							101.6
1980	133.6	129.0	122.4	109.8							108.1
1981	136.4	131.7	125.0	112.1	102.1						102.1
1982	140.3	135.5	128.6	115.4	105.1						102.9
1983	142.6	137.7	130.7	117.2	106.7						101.6
1984	146.4	141.4	134.2	120.4	109.6						102.7
1985	159.0	153.6	145.8	130.8	119.1						108.6
1986	168.2	162.5	154.2	138.3	126.0	105.8					105.8
1987	180.5	174.3	165.5	148.4	135.2	113.5					107.3
1988	211.4	204.1	193.8	173.8	158.3	132.9					117.1
1989	247.8	239.3	227.1	203.7	185.5	155.8					117.2

9-1 续表 continued

年份 Year	以1957年价格为100 Year of 1957=100	以1965年价格为100 Year of 1965=100	以1970年价格为100 Year of 1970=100	以1978年价格为100 Year of 1978=100	以1980年价格为100 Year of 1980=100	以1985年价格为100 Year of 1985=100	以1990年价格为100 Year of 1990=100	以1995年价格为100 Year of 1995=100	以2000年价格为100 Year of 2000=100	以2005年价格为100 Year of 2005=100	以上年价格为100 Preceding Year=100
1990	265.3	256.2	243.2	218.2	198.7	166.9					107.1
1991	282.1	272.4	258.6	231.9	211.2	177.4	106.3				106.3
1992	305.5	295.0	280.0	251.2	228.7	192.1	115.1				108.3
1993	349.1	337.2	320.1	287.1	261.4	219.6	131.6				114.3
1994	429.8	415.1	394.0	353.4	321.8	270.3	162.0				123.1
1995	503.3	486.0	461.4	413.8	376.8	316.5	189.7				117.1
1996	537.5	519.1	492.7	442.0	402.4	338.0	202.6	106.8			106.8
1997	557.9	538.8	511.5	458.8	417.7	350.9	210.3	110.9			103.8
1998	557.9	538.8	511.5	458.8	417.7	350.9	210.3	110.9			100.0
1999	550.7	531.8	504.8	452.8	412.3	346.3	207.5	109.4			98.7
2000	548.5	529.7	502.8	451.0	410.6	344.9	206.7	109.0			99.6
2001	557.3	538.2	510.8	458.2	417.2	350.4	210.0	110.7	101.6		101.6
2002	553.9	534.9	507.8	455.5	414.7	348.3	208.8	110.1	101.0		99.4
2003	563.3	544.0	516.4	463.2	421.8	354.3	212.3	111.9	102.7		101.7
2004	584.2	564.2	535.5	480.4	437.4	367.4	220.2	116.1	106.5		103.7
2005	592.9	572.6	543.6	487.6	443.9	372.9	223.5	117.8	108.1		101.5
2006	604.2	583.5	553.9	496.8	452.4	380.0	227.7	120.1	110.2	101.9	101.9
2007	636.8	615.0	583.8	523.7	476.8	400.5	240.0	126.5	116.1	107.4	105.4
2008	691.0	667.3	633.4	568.2	517.3	434.5	260.4	137.3	126.0	116.5	108.5
2009	695.8	672.0	637.8	572.1	520.9	437.6	262.2	138.2	126.9	117.3	100.7
2010	724.3	699.5	664.0	595.6	542.3	455.5	273.0	143.9	132.1	122.2	104.1
2011	770.0	743.6	705.8	633.1	576.5	484.2	290.2	153.0	140.4	129.9	106.3
2012	785.4	758.5	719.9	645.8	588.0	493.9	296.0	156.0	143.2	132.5	102.0
2013	812.1	784.2	744.4	667.7	608.0	510.7	306.1	161.4	148.1	137.0	103.4
2014	827.5	799.1	758.6	680.4	619.5	520.4	311.9	164.4	150.9	139.6	101.9
2015	836.6	807.9	766.9	687.9	626.3	526.1	315.3	166.2	152.5	141.1	101.1
2016	849.2	820.0	778.4	698.2	635.7	534.0	320.0	168.7	154.8	143.2	101.5
2017	862.8	833.1	790.9	709.4	645.9	542.5	325.1	171.4	157.3	145.5	101.6
2018	882.6	852.3	809.1	725.7	660.8	555.0	332.6	175.4	160.9	148.8	102.3
2019	901.2	870.2	826.1	741.0	674.6	566.7	339.7	179.0	164.3	152.0	102.1
2020	914.7	883.3	838.5	752.1	684.7	575.2	344.8	181.7	166.6	154.3	101.5

9-2 主要年份全区城市居民消费价格总指数

Consumer Price Indices of Urban Households in Main Years

年份 Year	以1957年价格为100 Year of 1957=100	以1965年价格为100 Year of 1965=100	以1970年价格为100 Year of 1970=100	以1978年价格为100 Year of 1978=100	以1985年价格为100 Year of 1985=100	以1990年价格为100 Year of 1990=100	以1995年价格为100 Year of 1995=100	以2000年价格为100 Year of 2000=100	以2005年价格为100 Year of 2005=100	以上年价格为100 Preceding Year=100
1958	102.4									102.4
1959	105.4									102.9
1960	109.9									104.3
1961	132.1									120.2
1962	125.6									95.1
1963	111.7									88.9
1964	106.0									94.9
1965	103.5									97.7
1966	101.7	98.2								98.2
1967	104.2	100.7								102.5
1968	105.6	102.0								101.3
1969	108.2	104.5								102.5
1970	109.1	105.3								100.8
1971	108.9	105.1	99.8							99.8
1972	109.3	105.6	100.2							100.4
1973	109.6	105.9	100.5							100.3
1974	110.1	106.3	100.9							100.4
1975	110.7	106.9	101.5							100.6
1976	111.7	107.9	102.4							100.9
1977	120.9	116.7	110.8							108.2
1978	121.6	117.4	111.5							100.6
1979	123.6	119.3	113.3	101.6						101.6
1980	133.6	129.0	122.4	109.8						108.1
1981	136.4	131.7	125.0	112.1						102.1
1982	140.3	135.5	128.6	115.4						102.9
1983	142.6	137.7	130.7	117.2						101.6
1984	147.3	142.2	135.0	121.1						103.3
1985	159.9	154.5	146.6	131.5						108.6
1986	169.5	163.7	155.4	139.4	106.0					106.0
1987	186.3	179.9	170.8	153.2	116.5					109.9
1988	219.3	211.8	201.0	180.3	137.1					117.7
1989	254.8	246.1	233.6	209.5	159.3					116.2

9-2 续表 continued

年份 Year	以 1957 年价格为 100 Year of 1957 = 100	以 1965 年价格为 100 Year of 1965 = 100	以 1970 年价格为 100 Year of 1970 = 100	以 1978 年价格为 100 Year of 1978 = 100	以 1985 年价格为 100 Year of 1985 = 100	以 1990 年价格为 100 Year of 1990 = 100	以 1995 年价格为 100 Year of 1995 = 100	以 2000 年价格为 100 Year of 2000 = 100	以 2005 年价格为 100 Year of 2005 = 100	以上年价格为 100 Preceding Year = 100
1990	268.9	259.6	246.5	221.1	168.1					105.5
1991	287.4	277.6	263.5	236.3	179.7	106.9				106.9
1992	314.1	303.4	288.0	258.3	196.4	116.8				109.3
1993	361.9	349.5	331.7	297.6	226.3	134.6				115.2
1994	451.6	436.1	414.0	371.4	282.4	168.0				124.8
1995	529.8	511.6	485.6	435.6	331.2	197.0				117.3
1996	564.7	545.4	517.7	464.3	353.1	210.0	106.6			106.6
1997	586.7	566.6	537.9	482.5	366.8	218.2	110.8			103.9
1998	586.7	566.6	537.9	482.5	366.8	218.2	110.8			100.0
1999	581.5	561.5	533.0	478.1	363.5	216.3	109.8			99.1
2000	579.7	559.8	531.4	476.7	362.4	215.6	109.4			99.7
2001	587.3	567.1	538.3	482.9	367.2	218.4	110.9	101.3		101.3
2002	583.7	563.7	535.1	480.0	365.0	217.1	110.2	100.7		99.4
2003	592.5	572.2	543.1	487.2	370.4	220.4	111.8	102.2		101.5
2004	612.0	591.1	561.1	503.3	382.7	227.6	115.5	105.6		103.3
2005	621.8	600.5	570.0	511.3	388.8	231.3	117.4	107.3		101.6
2006	632.4	610.7	579.7	520.0	395.4	235.2	119.4	109.1	101.7	101.7
2007	664.7	641.9	609.3	546.5	415.5	247.2	125.5	114.7	106.9	105.1
2008	717.2	692.6	657.4	589.7	448.4	266.8	135.4	123.7	115.3	107.9
2009	719.3	694.7	659.4	591.5	449.7	267.6	135.8	124.1	115.7	100.3
2010	746.3	720.7	684.1	613.6	466.6	277.6	140.9	128.7	120.0	103.7
2011	789.6	762.5	723.8	649.2	493.6	293.7	149.0	136.2	127.0	105.8
2012	806.9	779.3	739.7	663.5	504.5	300.1	152.3	139.2	129.8	102.2
2013	833.5	805.0	764.1	685.4	521.1	310.0	157.3	143.8	134.0	103.3
2014	850.2	821.1	779.4	699.1	531.6	316.2	160.5	146.7	136.7	102.0
2015	860.4	830.9	788.7	707.5	537.9	320.0	162.4	148.4	138.4	101.2
2016	874.2	844.2	801.4	718.8	546.6	325.2	165.0	150.8	140.6	101.6
2017	889.1	858.6	815.0	731.0	555.9	330.7	167.8	153.4	143.0	101.7
2018	908.6	877.5	832.9	747.1	568.1	338.0	171.5	156.7	146.1	102.2
2019	926.8	895.0	849.6	762.1	579.5	344.7	175.0	159.9	149.0	102.0
2020	942.6	910.2	864.0	775.1	589.4	350.6	178.0	162.6	151.5	101.7

9-3 主要年份全区农村居民消费价格总指数

Consumer Price Indices of Rural Households in Main Years

年份 Year	以1957年价格为100 Year of 1957=100	以1965年价格为100 Year of 1965=100	以1970年价格为100 Year of 1970=100	以1978年价格为100 Year of 1978=100	以1980年价格为100 Year of 1980=100	以1985年价格为100 Year of 1985=100	以1990年价格为100 Year of 1990=100	以1995年价格为100 Year of 1995=100	以2000年价格为100 Year of 2000=100	以2005年价格为100 Year of 2005=100	以上年价格为100 Preceding Year=100
1958	102.4										102.4
1959	105.4										102.9
1960	109.9										104.3
1961	132.1										120.2
1962	125.6										95.1
1963	111.7										88.9
1964	106.0										94.9
1965	103.5										97.7
1966	101.7	98.2									98.2
1967	104.2	100.7									102.5
1968	105.6	102.0									101.3
1969	108.2	104.5									102.5
1970	109.1	105.3									100.8
1971	108.9	105.1	99.8								99.8
1972	109.3	105.6	100.2								100.4
1973	109.6	105.9	100.5								100.3
1974	110.1	106.3	100.9								100.4
1975	110.7	106.9	101.5								100.6
1976	111.7	107.9	102.4								100.9
1977	120.9	116.7	110.8								108.2
1978	121.6	117.4	111.5								100.6
1979	123.6	119.3	113.3	101.6							101.6
1980	133.6	129.0	122.4	109.8							108.1
1981	136.4	131.7	125.0	112.1							102.1
1982	140.3	135.5	128.6	115.4							102.9
1983	142.6	137.7	130.7	117.2							101.6
1984	144.9	139.9	132.8	119.1							101.6
1985	156.9	151.5	143.8	129.0	108.3						108.3
1986	164.9	159.2	151.1	135.6	113.8	105.1					105.1
1987	173.6	167.7	159.2	142.8	119.9	110.7					105.3
1988	200.9	194.0	184.1	165.2	138.7	128.0					115.7
1989	238.0	229.9	218.2	195.7	164.3	151.7					118.5

9-3 续表 continued

年份 Year	以1957年价格为100 Year of 1957=100	以1965年价格为100 Year of 1965=100	以1970年价格为100 Year of 1970=100	以1978年价格为100 Year of 1978=100	以1980年价格为100 Year of 1980=100	以1985年价格为100 Year of 1985=100	以1990年价格为100 Year of 1990=100	以1995年价格为100 Year of 1995=100	以2000年价格为100 Year of 2000=100	以2005年价格为100 Year of 2005=100	以上年价格为100 Preceding Year=100
1990	259.5	250.6	237.8	213.3	179.1	165.4					109.0
1991	273.2	263.8	250.5	224.7	188.6	174.2	105.3				105.3
1992	291.0	281.0	266.7	239.3	200.9	185.5	112.1				106.5
1993	331.1	319.8	303.5	272.3	228.6	211.1	127.6				113.8
1994	402.7	388.8	369.1	331.1	278.0	256.7	155.2				121.6
1995	468.7	452.6	429.6	385.4	323.6	298.8	180.6				116.4
1996	501.0	483.9	459.3	412.0	345.9	319.4	193.1	106.9			106.9
1997	518.6	500.8	475.4	426.4	358.0	330.5	199.9	110.6			103.5
1998	517.5	499.8	474.4	425.5	357.3	329.9	199.5	110.4			99.8
1999	507.7	490.3	465.4	417.5	350.5	323.6	195.7	108.3			98.1
2000	505.2	487.8	463.1	415.4	348.7	322.0	194.7	107.8			99.5
2001	516.3	498.6	473.3	424.5	356.4	329.1	199.0	110.2	102.2		102.2
2002	513.7	496.1	470.9	422.4	354.6	327.4	198.0	109.6	101.7		99.5
2003	524.0	506.0	480.3	430.8	361.7	334.0	201.9	111.8	103.7		102.0
2004	547.5	528.8	501.9	450.2	378.0	349.0	211.0	116.8	108.4		104.5
2005	554.1	535.1	507.9	455.6	382.5	353.2	213.6	118.2	109.7		101.2
2006	566.9	547.4	519.6	466.1	391.3	361.3	218.5	120.9	112.2	102.3	102.3
2007	600.3	579.7	550.3	493.6	414.4	382.6	231.4	128.1	118.8	108.3	105.9
2008	659.7	637.1	604.8	542.5	455.4	420.5	254.3	140.8	130.6	119.1	109.9
2009	669.6	646.7	613.8	550.6	462.3	426.8	258.1	142.9	132.6	120.8	101.5
2010	700.7	676.7	642.3	576.1	483.7	446.6	270.0	149.5	138.7	126.5	104.6
2011	751.8	726.1	689.2	618.2	519.0	479.2	289.8	160.4	148.8	135.7	107.3
2012	764.6	738.4	700.9	628.7	527.8	487.4	294.7	163.1	151.4	138.0	101.7
2013	793.7	766.5	727.5	652.6	547.9	505.9	305.9	169.3	157.1	143.2	103.8
2014	806.4	778.7	739.2	663.0	556.7	514.0	310.8	172.0	159.6	145.5	101.6
2015	814.4	786.5	746.6	669.7	562.2	519.1	313.9	173.8	161.2	147.0	101.0
2016	824.2	795.9	755.5	677.7	569.0	525.4	317.7	175.9	163.2	148.7	101.2
2017	834.9	806.2	765.3	686.5	576.4	532.2	321.8	178.2	165.3	150.6	101.3
2018	857.4	828.0	786.0	705.0	591.9	546.6	330.5	183.0	169.7	154.7	102.7
2019	875.5	845.4	802.5	719.9	604.4	558.0	337.4	186.9	173.3	157.9	102.1
2020	884.3	853.9	810.5	727.1	610.4	563.6	340.8	188.8	175.0	159.5	101.0

9-4 主要年份全区商品零售价格总指数

Retail Price Indices in Main Years

年份 Year	以1957年价格为100 Year of 1957=100	以1965年价格为100 Year of 1965=100	以1970年价格为100 Year of 1970=100	以1978年价格为100 Year of 1978=100	以1980年价格为100 Year of 1980=100	以1985年价格为100 Year of 1985=100	以1990年价格为100 Year of 1990=100	以1995年价格为100 Year of 1995=100	以2000年价格为100 Year of 2000=100	以2005年价格为100 Year of 2005=100	以上年价格为100 Preceding Year=100
1958	101.0										101.0
1959	102.5										101.5
1960	105.6										103.0
1961	124.4										117.8
1962	119.8										96.3
1963	107.1										89.4
1964	102.5										95.7
1965	100.0										97.6
1966	98.1	98.1									98.1
1967	100.0	100.0									101.9
1968	100.8	100.8									100.8
1969	102.3	102.3									101.5
1970	102.8	102.8									100.5
1971	101.8	101.8	99.0								99.0
1972	101.9	101.9	99.1								100.1
1973	102.2	102.2	99.4								100.3
1974	102.3	102.3	99.5								100.1
1975	102.6	102.6	99.8								100.3
1976	103.0	103.0	100.2								100.4
1977	110.7	110.7	107.7								107.5
1978	110.7	110.7	107.7								100.0
1979	112.2	112.1	109.1	101.3							101.3
1980	118.7	118.7	115.4	107.2							105.8
1981	121.1	121.0	117.7	109.3	102.0						102.0
1982	124.1	124.1	120.7	112.1	104.6						102.5
1983	125.4	125.4	122.0	113.3	105.7						101.1
1984	129.5	129.4	125.9	116.9	109.1						103.2
1985	139.6	139.5	135.7	126.0	117.6						107.8
1986	146.4	146.4	142.4	132.2	123.4	104.9					104.9
1987	158.1	158.1	153.8	142.8	133.2	113.3					108.0
1988	185.8	185.7	180.7	167.8	156.5	133.1					117.5
1989	218.8	218.8	212.9	197.6	184.4	156.8					117.8

9-4 续表 continued

年份 Year	以1957年价格为100 Year of 1957=100	以1965年价格为100 Year of 1965=100	以1970年价格为100 Year of 1970=100	以1978年价格为100 Year of 1978=100	以1980年价格为100 Year of 1980=100	以1985年价格为100 Year of 1985=100	以1990年价格为100 Year of 1990=100	以1995年价格为100 Year of 1995=100	以2000年价格为100 Year of 2000=100	以2005年价格为100 Year of 2005=100	以上年价格为100 Preceding Year=100
1990	228.0	228.0	221.8	205.9	192.1	163.4					104.2
1991	241.5	241.4	234.9	218.1	203.5	173.0	105.9				105.9
1992	261.0	261.0	253.9	235.7	220.0	187.1	114.5				108.1
1993	292.6	292.6	284.6	264.3	246.6	209.7	128.3				112.1
1994	351.5	351.4	341.9	317.4	296.1	251.8	154.1				120.1
1995	405.2	405.1	394.2	365.9	341.4	290.4	177.7				115.3
1996	432.4	432.3	420.6	390.5	364.3	309.8	189.6	106.7			106.7
1997	441.9	441.8	429.8	399.1	372.3	316.6	193.8	109.0			102.2
1998	430.8	430.7	419.1	389.1	363.0	308.7	188.9	106.3			97.5
1999	421.8	421.7	410.3	380.9	355.4	302.2	185.0	104.1			97.9
2000	411.7	411.6	400.4	371.8	346.9	295.0	180.5	101.6			97.6
2001	411.7	411.6	400.4	371.8	346.9	295.0	180.5	101.6	100.0		100.0
2002	405.5	405.4	394.4	366.2	341.7	290.6	177.8	100.1	98.5		98.5
2003	403.5	403.4	392.4	364.4	340.0	289.1	176.9	99.6	98.0		99.5
2004	414.8	414.7	403.4	374.6	349.5	297.2	181.9	102.4	100.8		102.8
2005	416.4	416.3	405.0	376.1	350.9	298.4	182.6	102.8	101.2		100.4
2006	421.8	421.7	410.3	380.9	355.4	302.3	185.0	104.1	102.5	101.3	101.3
2007	439.1	439.0	427.1	396.6	370.0	314.7	192.6	108.4	106.7	105.5	104.1
2008	476.5	476.4	463.4	430.3	401.5	341.4	208.9	117.6	115.7	114.4	108.5
2009	474.1	474.0	461.1	428.1	399.5	339.7	207.9	117.0	115.2	113.8	99.5
2010	489.2	489.1	475.9	441.8	412.2	350.6	214.5	120.7	118.8	117.5	103.2
2011	515.1	515.0	501.1	465.2	434.1	369.1	225.9	127.1	125.1	123.7	105.3
2012	520.3	520.2	506.1	469.9	438.4	372.8	228.2	128.4	126.4	124.9	101.0
2013	532.8	532.7	518.2	481.1	448.9	381.8	233.6	131.5	129.4	127.9	102.4
2014	537.6	537.5	522.9	485.5	453.0	385.2	235.7	132.7	130.6	129.1	100.9
2015	538.1	538.0	523.4	486.0	453.4	385.6	236.0	132.8	130.7	129.2	100.1
2016	541.9	541.8	527.1	489.4	456.6	388.3	237.6	133.7	131.6	130.1	100.7
2017	551.7	551.6	536.6	498.2	464.8	395.3	241.9	136.1	134.0	132.4	101.8
2018	567.7	567.6	552.1	512.6	478.3	406.7	248.9	140.1	137.9	136.2	102.9
2019	574.0	573.8	558.2	518.3	483.6	411.2	251.7	141.6	139.4	137.7	101.1
2020	577.4	577.2	561.5	521.4	486.5	413.7	253.2	142.4	140.2	138.5	100.6

9-5 主要年份全区城市商品零售价格总指数

Retail Price Indices of Urban in Main Years

年份 Year	以1957年价格为100 Year of 1957 = 100	以1965年价格为100 Year of 1965 = 100	以1970年价格为100 Year of 1970 = 100	以1978年价格为100 Year of 1978 = 100	以1980年价格为100 Year of 1980 = 100	以1985年价格为100 Year of 1985 = 100	以1990年价格为100 Year of 1990 = 100	以1995年价格为100 Year of 1995 = 100	以2000年价格为100 Year of 2000 = 100	以2005年价格为100 Year of 2005 = 100	以上年价格为100 Preceding Year = 100
1958	101.7										101.7
1959	103.7										102.0
1960	106.8										103.0
1961	128.9										120.6
1962	122.8										95.3
1963	109.4										89.1
1964	104.7										95.7
1965	102.1										97.5
1966	100.2	98.1									98.1
1967	102.7	100.6									102.5
1968	104.0	101.9									101.3
1969	106.6	104.4									102.5
1970	107.4	105.2									100.8
1971	107.1	104.9	99.7								99.7
1972	107.5	105.3	100.1								100.4
1973	107.9	105.7	100.4								100.3
1974	108.3	106.1	100.8								100.4
1975	109.1	106.8	101.5								100.7
1976	110.3	108.0	102.6								101.1
1977	119.5	117.1	111.2								108.4
1978	120.4	117.9	112.0								100.7
1979	122.4	119.9	113.9	101.7							101.7
1980	132.4	129.7	123.3	110.0							108.2
1981	135.1	132.3	125.7	112.2	102.0						102.0
1982	139.1	136.3	129.5	115.6	105.1						103.0
1983	141.2	138.3	131.4	117.3	106.6						101.5
1984	145.8	142.8	135.7	121.1	110.0						103.2
1985	158.1	154.9	147.2	131.4	119.4						108.5
1986	167.2	163.7	155.6	138.9	126.2	105.7					105.7
1987	184.9	181.1	172.1	153.6	139.6	116.9					110.6
1988	218.9	214.4	203.7	181.9	165.3	138.4					118.4
1989	255.2	250.0	237.5	212.1	192.7	161.4					116.6

9-5 续表 continued

年份 Year	以1957年价格为100 Year of 1957=100	以1965年价格为100 Year of 1965=100	以1970年价格为100 Year of 1970=100	以1978年价格为100 Year of 1978=100	以1980年价格为100 Year of 1980=100	以1985年价格为100 Year of 1985=100	以1990年价格为100 Year of 1990=100	以1995年价格为100 Year of 1995=100	以2000年价格为100 Year of 2000=100	以2005年价格为100 Year of 2005=100	以上年价格为100 Preceding Year=100
1990	261.1	255.7	243.0	216.9	197.1	165.1					102.3
1991	278.3	272.6	259.0	231.2	210.1	176.0	106.6				106.6
1992	303.7	297.4	282.6	252.3	229.3	192.0	116.3				109.1
1993	341.3	334.3	317.7	283.6	257.7	215.8	130.7				112.4
1994	409.6	401.2	381.2	340.3	309.2	259.0	156.9				120.0
1995	469.8	460.2	437.2	390.3	354.7	297.1	179.9				114.7
1996	499.4	489.1	464.8	414.9	377.0	315.8	191.3	106.3			106.3
1997	510.4	499.9	475.0	424.0	385.3	322.7	195.5	108.6			102.2
1998	496.6	486.4	462.2	412.6	374.9	314.0	190.2	105.7			97.3
1999	488.6	478.6	454.8	406.0	368.9	309.0	187.1	104.0			98.4
2000	477.9	468.1	444.8	397.0	360.8	302.2	183.0	101.7			97.8
2001	479.3	469.5	446.1	398.2	361.9	303.1	183.6	102.0	100.3		100.3
2002	472.6	462.9	439.9	392.7	356.8	298.9	181.0	100.6	98.9		98.6
2003	468.8	459.2	436.3	389.5	354.0	296.5	179.6	99.8	98.1		99.2
2004	478.7	468.9	445.5	397.7	361.4	302.7	183.3	101.9	100.2		102.1
2005	481.1	471.2	447.7	399.7	363.2	304.2	184.2	102.4	100.7		100.5
2006	486.8	476.9	453.1	404.5	367.6	307.9	186.5	103.6	101.9	101.2	101.2
2007	504.9	494.5	469.9	419.5	381.2	319.2	193.4	107.5	105.6	104.9	103.7
2008	540.7	529.6	503.2	449.2	408.2	341.9	207.1	115.1	113.1	112.4	107.1
2009	537.5	526.4	500.2	446.5	405.8	339.9	205.8	114.4	112.5	111.7	99.4
2010	552.2	540.9	514.0	458.8	417.0	349.2	211.5	117.6	115.6	114.8	102.7
2011	579.8	568.0	539.7	481.8	437.8	366.7	222.1	123.4	121.3	120.5	105.0
2012	585.1	573.1	544.5	486.1	441.7	370.0	224.1	124.5	122.4	121.6	100.9
2013	599.1	586.8	557.6	497.8	452.3	378.8	229.5	127.5	125.4	124.5	102.4
2014	604.5	592.1	562.6	502.2	456.4	382.2	231.5	128.7	126.5	125.7	100.9
2015	605.1	592.7	563.2	502.7	456.9	382.6	231.8	128.8	126.6	125.8	100.1
2016	609.3	596.8	567.1	506.3	460.1	385.3	233.4	129.7	127.5	126.7	100.7
2017	619.7	606.9	576.7	514.9	467.9	391.9	237.4	131.9	129.7	128.9	101.7
2018	637.7	624.5	593.4	529.8	481.5	403.2	244.3	135.7	133.4	132.6	102.9
2019	645.3	632.0	600.6	536.2	487.2	408.1	247.2	137.4	135.0	134.2	101.2
2020	649.2	635.8	604.2	539.7	490.1	410.5	248.7	138.2	135.8	135.0	100.6

9-6 主要年份全区农村商品零售价格总指数

Retail Price Indices of Rural in Main Years

年份 Year	以1957年价格为100 Year of 1957=100	以1965年价格为100 Year of 1965=100	以1970年价格为100 Year of 1970=100	以1978年价格为100 Year of 1978=100	以1980年价格为100 Year of 1980=100	以1985年价格为100 Year of 1985=100	以1990年价格为100 Year of 1990=100	以1995年价格为100 Year of 1995=100	以2000年价格为100 Year of 2000=100	以2005年价格为100 Year of 2005=100	以上年价格为100 Preceding Year=100
1958	100.0										100.0
1959	100.8										100.8
1960	101.8										101.0
1961	115.6										113.5
1962	119.8										103.7
1963	116.7										97.4
1964	114.5										98.1
1965	111.9										97.7
1966	110.2	98.5									98.5
1967	111.6	99.8									101.3
1968	111.6	99.8									100.0
1969	111.6	99.8									100.0
1970	111.6	99.8									100.0
1971	109.4	97.8	98.0								98.0
1972	109.2	97.6	97.8								99.8
1973	109.5	97.9	98.1								100.3
1974	109.4	97.8	98.0								99.9
1975	109.4	97.8	98.0								100.0
1976	109.4	97.8	98.0								100.0
1977	116.9	104.5	104.8								106.9
1978	116.6	104.2	104.4								99.7
1979	117.9	105.4	105.6	101.1							101.1
1980	122.6	109.6	109.8	105.1							104.0
1981	124.8	111.6	111.8	107.0	101.8						101.8
1982	127.4	113.9	114.1	109.3	103.9						102.1
1983	128.3	114.7	114.9	110.0	104.7						100.7
1984	131.9	117.9	118.2	113.1	107.6						102.8
1985	139.9	125.1	125.3	120.0	114.1						106.1
1986	145.5	130.1	130.4	124.8	118.7	104.0					104.0
1987	154.5	138.1	138.4	132.5	126.1	110.4					106.2
1988	179.4	160.4	160.7	153.9	146.4	128.2					116.1
1989	213.3	190.7	191.1	183.0	174.0	152.5					118.9

9-6 续表 continued

年份 Year	以1957年价格为100 Year of 1957=100	以1965年价格为100 Year of 1965=100	以1970年价格为100 Year of 1970=100	以1978年价格为100 Year of 1978=100	以1980年价格为100 Year of 1980=100	以1985年价格为100 Year of 1985=100	以1990年价格为100 Year of 1990=100	以1995年价格为100 Year of 1995=100	以2000年价格为100 Year of 2000=100	以2005年价格为100 Year of 2005=100	以上年价格为100 Preceding Year=100
1990	225.5	201.6	202.0	193.4	183.9	161.2					105.7
1991	236.5	211.4	211.9	202.9	193.0	169.1	104.9				104.9
1992	251.2	224.5	225.0	215.5	204.9	179.5	111.4				106.2
1993	281.1	251.3	251.8	241.1	229.3	200.9	124.7				111.9
1994	338.1	302.3	302.9	290.0	275.8	241.7	150.0				120.3
1995	391.9	350.3	351.1	336.2	319.7	280.1	173.8				115.9
1996	420.9	376.3	377.1	361.0	343.4	300.8	186.7	107.4			107.4
1997	429.7	384.2	385.0	368.6	350.6	307.2	190.6	109.7			102.1
1998	420.7	376.1	376.9	360.9	343.2	300.7	186.6	107.4			97.9
1999	408.1	364.8	365.6	350.0	332.9	291.7	181.0	104.1			97.0
2000	397.5	355.3	356.1	340.9	324.3	284.1	176.3	101.4			97.4
2001	395.9	353.9	354.7	339.6	323.0	283.0	175.6	101.0	99.6		99.6
2002	389.5	348.2	349.0	334.1	317.8	278.4	172.8	99.4	98.0		98.4
2003	389.9	348.6	349.4	334.5	318.1	278.7	172.9	99.5	98.1		100.1
2004	406.3	363.2	364.0	348.5	331.5	290.4	180.2	103.7	102.2		104.2
2005	406.7	363.6	364.4	348.9	331.8	290.7	180.4	103.8	102.3		100.1
2006	414.0	370.1	371.0	355.2	337.8	295.9	183.6	105.7	104.2	101.8	101.8
2007	436.4	390.1	391.0	374.3	356.0	311.9	193.6	111.4	109.8	107.3	105.4
2008	490.9	438.9	439.9	421.1	400.5	350.9	217.7	125.3	123.5	120.7	112.5
2009	490.9	438.9	439.9	421.1	400.5	350.9	217.7	125.3	123.5	120.7	100.0
2010	512.9	458.5	459.5	439.9	418.4	366.6	227.5	130.9	129.0	126.1	104.5
2011	552.9	494.3	495.4	474.3	451.1	395.2	245.2	141.1	139.1	135.9	107.8
2012	562.3	502.7	503.8	482.3	458.7	401.9	249.4	143.5	141.5	138.2	101.7
2013	578.6	517.2	518.4	496.3	472.0	413.6	256.6	147.6	145.6	142.3	102.9
2014	580.3	518.8	519.9	497.8	473.4	414.8	257.4	148.1	146.0	142.7	100.3
2015	579.7	518.3	519.4	497.3	473.0	414.4	257.1	147.9	145.9	142.5	99.9
2016	579.7	518.3	519.4	497.3	473.0	414.4	257.1	147.9	145.9	142.5	100.0
2017	591.9	529.2	530.3	507.7	482.9	423.1	262.5	151.0	149.0	145.5	102.1
2018	610.9	546.1	547.3	524.0	498.4	436.6	270.9	155.9	153.8	150.2	103.2
2019	617.6	552.1	553.3	529.8	503.8	441.4	273.9	157.6	155.5	151.9	101.1
2020	618.8	553.2	554.4	530.9	504.8	442.3	274.5	157.9	155.8	152.2	100.2

9－7 主要年份全区农业生产资料价格总指数
Price Indices for Means of Agricultural Production in Main Years

年份 Year	以1957年价格为100 Year of 1957＝100	以1965年价格为100 Year of 1965＝100	以1970年价格为100 Year of 1970＝100	以1978年价格为100 Year of 1978＝100	以1980年价格为100 Year of 1980＝100	以1985年价格为100 Year of 1985＝100	以1990年价格为100 Year of 1990＝100	以1995年价格为100 Year of 1995＝100	以2000年价格为100 Year of 2000＝100	以2005年价格为100 Year of 2005＝100	以上年价格为100 Preceding Year＝100
1978	92.7	91.8	99.7								99.7
1979	93.4	92.5	100.5	100.8							100.8
1980	94.8	93.9	102.0	102.3	101.5						101.5
1981	95.4	94.5	102.6	102.9	102.1						100.6
1982	95.8	94.9	103.0	103.3	102.5						100.4
1983	99.1	98.2	106.6	107.0	106.1						103.5
1984	104.6	103.6	112.5	112.8	111.9						105.5
1985	108.6	107.5	116.8	117.1	116.2						103.8
1986	110.5	109.5	118.9	119.2	118.3	101.8					101.8
1987	118.9	117.8	127.9	128.3	127.3	109.5					107.6
1988	136.8	135.4	149.8	150.2	149.0	128.3					117.1
1989	162.0	160.3	177.3	177.9	176.5	151.9					118.4
1990	171.0	169.3	187.3	187.8	186.3	160.4					105.6
1991	178.9	177.1	195.9	196.5	194.9	167.8	104.6				104.6
1992	186.1	184.2	203.7	204.3	202.7	174.5	108.8				104.0
1993	216.4	214.2	236.9	237.6	235.8	202.9	126.5				116.3
1994	266.8	264.1	292.1	293.0	290.7	250.2	156.0				123.3
1995	347.9	344.4	380.9	382.1	379.1	326.2	203.4				130.4
1996	379.2	375.4	415.2	416.5	413.2	355.6	221.7	109.0			109.0
1997	372.4	368.6	407.8	409.0	405.7	349.2	217.7	107.0			98.2
1998	357.9	354.2	391.9	393.0	389.9	335.6	209.2	102.9			96.1
1999	334.3	330.8	366.0	367.1	364.2	313.4	195.4	96.1			93.4
2000	320.9	317.6	351.4	352.4	349.6	300.9	187.6	92.2			96.0
2001	327.3	324.0	358.4	359.5	356.6	306.9	191.4	94.1	102.0		102.0
2002	338.8	335.3	370.9	372.0	369.1	317.6	198.1	97.4	105.6		103.5
2003	336.7	333.3	368.7	369.8	366.9	315.7	196.9	96.8	104.9		99.4
2004	382.2	378.3	418.5	419.7	416.4	358.4	223.5	109.9	119.1		113.5
2005	417.7	413.5	457.4	458.8	455.1	391.7	244.2	120.1	130.2		109.3
2006	421.1	416.8	461.0	462.4	458.8	394.8	246.2	121.0	131.2	100.8	100.8
2007	472.5	467.6	517.3	518.9	514.7	443.0	276.2	135.8	147.2	113.1	112.2
2008	596.2	590.1	652.8	654.8	649.6	559.1	348.6	171.4	185.8	142.7	126.2
2009	574.2	568.3	628.7	630.6	625.6	538.4	335.7	165.0	178.9	137.4	96.3
2010	599.5	593.4	656.4	658.4	653.1	562.1	350.5	172.3	186.8	143.5	104.4
2011	683.4	676.4	748.3	750.5	744.6	640.8	399.6	196.4	213.0	163.6	114.0
2012	735.4	727.8	805.1	807.6	801.2	689.5	429.9	211.4	229.2	176.0	107.6
2013	747.1	739.5	818.0	820.5	814.0	700.5	436.8	214.7	232.8	178.8	101.6
2014	724.0	716.5	792.7	795.0	788.7	678.8	423.3	208.1	225.6	173.3	96.9
2015	714.5	707.2	782.4	784.7	778.5	670.0	417.8	205.4	222.7	171.0	98.7
2016	702.4	695.2	769.1	771.4	765.2	658.6	410.7	201.9	218.9	168.1	98.3
2017	724.2	716.8	792.9	795.3	788.9	679.0	423.4	208.2	225.7	173.3	103.1
2018	764.7	756.9	837.3	839.8	833.1	717.0	447.1	219.9	238.3	183.0	105.6
2019	795.3	787.2	870.8	873.4	866.4	745.7	465.0	228.7	247.8	190.3	104.0
2020	825.5	817.1	903.9	906.6	899.3	774.0	486.3	237.4	257.2	197.5	103.8

9-8 主要年份全区农产品生产者价格指数

指标名称	Item	2002	2003	2004	2005	2006	2007
合计		**93.40**	**104.40**	**114.23**	**103.26**	**101.20**	**114.95**
一、农业产品	**Farm Products**		**108.80**	**120.21**	**103.00**	**103.23**	**111.89**
(一)谷物	Grain (Unprocessed)		101.10	125.85	106.62	103.63	108.11
1.稻谷	Rice		100.00	129.29	108.92	103.66	104.05
2.小麦	Wheat		100.00	129.63	108.51	99.43	101.60
3.玉米	Corn		100.00	119.32	99.36	107.99	118.93
4.谷子	Millet						
5.高粱	Sorghum						
6.荞麦	Buckwheat						
7.其他谷物	Other Grains						
(二)薯类	Tubers		103.80	97.65	109.32	118.70	100.55
(三)油料	Oil - bearing		105.90	116.54	99.89	109.54	119.54
(四)豆类	Soybeans		100.00	110.01	93.03	97.57	118.06
(五)未加工烟草	Tobacco						
(六)饲料作物	Feed Crops						
(七)蔬菜及食用菌	Vegetables and Edible Fungi		122.60	112.08	93.41	103.77	112.05
1.蔬菜	Vegetables		122.60	112.08	93.41	103.77	112.05
①叶菜类蔬菜	Leaf Vegetables		97.80	106.76	95.23	100.81	96.80
②白菜类蔬菜	Cabbage Vegetables						
③根茎类蔬菜	Roots and Tubers		101.40	123.40	107.99	112.10	113.25
④瓜菜类蔬菜	Melon Vegetables		119.00	101.08	79.28	95.57	102.57
⑤豆类蔬菜	Beans for Vegetable Use		85.90	148.00	104.71	106.68	136.84
⑥茄果类蔬菜	Eggplant Fruit		144.50	104.35	85.11	105.40	140.19
⑦葱蒜类蔬菜	Shallot and Garlic		100.00	108.38	103.13	113.93	109.41
2.食用菌	Edible Fungi						
(八)花卉	Flowers						
(九)盆景及园艺产品	Bonsai and Horticultural						

Producer Price Indices for Farm Products in Main Years

2008	2009	2010	2011	2012	2013	2014	2015	2016	2017	2018	2019	2020
118.70	**99.39**	**117.03**	**111.34**	**103.61**	**106.69**	**98.27**	**98.37**	**98.72**	**99.30**	**104.99**	**106.38**	**113.08**
110.60	106.27	118.69	107.15	103.85	106.08	100.11	104.92	96.42	99.14	103.95	98.50	110.66
107.70	104.85	114.12	108.59	103.34	102.42	101.96	100.76	90.89	102.03	104.49	97.06	113.30
104.10	108.58	117.47	106.62	99.70	100.36	98.22	107.45	94.13	100.58	99.83	93.74	116.13
113.20	110.12	108.78	110.79	103.71	104.89	108.64	103.8	95.42	101.58	102.94	96.85	106.41
105.40	97.37	118.58	108.62	105.55	102.48	100.97	95.24	86.77	103.12	108.06	99.19	114.83
93.80	102.99	162.68	82.46	108.18	136.36	101.6	76.56	147.61	89.06	82.99	128.21	99.33
114.00	97.33	111.37	115.75	108.20	108.65	89.5	112.18	85.29	104.97	108.89	111.4	110.47
115.70	92.41	106.33										
113.60	115.88	114.43	102.67	107.52	109.39	90.77	122.30	99.36	100.14	110.2	86.56	120.51
113.60	115.88	114.43	102.67	107.52	109.39	90.77	122.30	99.36	100.14	110.2	86.56	120.51
120.40	114.01	110.22	106.60	115.95	113.09	77.59	127.55	106.00	121.78	106.53	82.08	123.23
									84.81	123.23	74.84	136.20
130.80	103.82	125.65	113.01	90.33	100.38	92.08	106.79	91.63	107.55	95.85	94.12	115.13
111.80	123.75	111.19	106.37	99.86	114.53	80.43	114.57	91.86	108.83	104.22	99.2	95.52
137.50	110.93	104.26	103.21	108.73	92.44	99.82	109.74	111.73	100.25	108.18	106.76	
80.20	122.91	118.31	104.38	109.88	96.49	95.07	107.70	95.85	97.96	107.94	88.46	118.74
120.00	119.47		119.01	96.99	108.23	85.72	108.99	118.44	90.57	112.79	103.98	100.34

9-8 续表

指 标 名 称	Item	2002	2003	2004	2005	2006	2007
(十)水果及坚果	Fruits and Nuts		107.60	119.24	105.69	85.67	119.00
1.水果(园林水果)	Garden Fruits		107.60	119.24	83.60	102.21	121.09
2.食用坚果	Nuts						
(十一)香料原料	Spice Materials						
(十二)中草药材	Chinese Medicinal Plant				93.96	112.26	144.85
二、饲养动物及其产品	Animal Husbandry (Animal Products)		**101.00**	**109.22**	**103.47**	**99.11**	**118.36**
(一)活牲畜	Feeding of Livestock		100.90	105.48	99.80	102.20	114.12
1.猪	Feeding of Hog		90.50	122.59	104.92	91.82	130.05
2.牛	Feeding of Cattle		106.60	102.61	102.16	101.18	115.53
3.马	Horse						
4.驴	Donkey						
5.羊	Feeding of Sheep		98.40	101.76	100.36	101.62	116.67
(二)活家禽	Poultry		97.10	109.39	113.24	95.23	122.46
1.活鸡	Chickens		97.10	109.39	113.24	95.23	122.46
2.活鸭	Ducks						
3.其他活家禽	Other Poultry						
(三)畜禽产品	Livestock and Poultry Products						
1.生奶	Milk				97.68	103.02	111.99
2.禽蛋	Eggs		97.70	111.02	109.14	92.47	123.61
3.天然蜂蜜及副产品	Natural Honey and By-products						
4.动物毛类	Animal Hair				114.33	106.69	99.55
5.生皮	Raw Hides						
6.其他畜禽产品	Other Livestock and Poultry						
(四)其他饲养动物	Other Breeding Animals						
三、渔业产品	Fishery		**103.20**	**132.87**	**106.33**	**96.64**	**111.65**
(一)淡水养殖产品	Freshwater Aquaculture Products		103.20	132.87	106.33	96.64	111.65
1.养殖淡水鱼	Fresh Water Fish		103.20	132.87	106.33	96.64	111.65
2.淡水养殖蟹	Fresh Water Shrimp and Crab						

continued

2008	2009	2010	2011	2012	2013	2014	2015	2016	2017	2018	2019	2020
127.30	120.21	109.16	115.82	109.03	98.49	99.57	114.69	92.04	92.62	113.59	81.86	99.29
88.10	93.89	137.31	115.82	109.03	98.49	99.57	114.69	92.04	92.62	113.59	81.86	99.29
104.00	69.35	161.25	113.45	83.26	99.08	117.2	112.79	89.82	90.55	91.35	111.39	98.58
127.80	**91.78**	**115.59**	**115.84**	**102.75**	**108.93**	**96.22**	**91.28**	**101.27**	**99.19**	**106.00**	**115.75**	**116.19**
126.40	89.18	122.21	115.84	107.17	109.69	93.13	95.78	103.63	100.34	105.1	121.02	126.88
146.80	85.46	99.87	138.80	93.67	97.99	87.74	111.46	123.84	83.83	85.44	151.88	163.71
133.70	97.65	103.93	112.48	113.32	116.86	98.97	95.4	96.41	101.66	107.4	108.99	116.12
125.80	97.13	104.10	115.60	110.91	110.53	90.22	82.63	95.42	113.00	119.23	109.82	108.83
118.50	103.96	107.34	111.17	101.29	105.61	106.44	95.19	102.6	91.53	113.39	110.82	96.48
118.50	103.96	107.34	111.17	101.29	105.61	106.44	95.19	102.6	91.53	113.39	110.82	96.48
									99.48	105.36	108.23	103.78
123.20	78.88	145.79	106.81	96.90	110.48	98.12	82.44	97.70	97.18	104.23	109.69	105.76
119.40	106.04	107.48	115.96	89.63	101.90	111.11	85.68	93.61	89.29	128	108.45	77.72
114.80	90.61								129.93	114.58	65.3	84.81
103.70	**104.94**	**102.96**	**110.22**	**112.13**	**84.38**	**99.92**	**100.7**	**97.08**	**103.16**	**106.33**	**91.80**	**105.42**
103.70	104.94	102.96	110.22	112.13	84.38	99.92	100.7	97.08	103.16	106.33	91.8	105.42
103.70	104.94	102.96	110.22	112.13	84.38	99.92	100.7	97.08	103.16	106.33	91.8	105.42

9-9 主要年份全区工业生产者出厂价格指数

指标名称	Item	2003	2004	2005	2006	2007
全部工业品	**Total Industry Products**	**103.85**	**109.97**	**106.23**	**106.17**	**103.70**
其中:轻工业	Light Industry	101.37	102.6	102.47	102.48	103.47
以农产品为原料	Raw Material of Agricultural Products	101.37	103.61	104.14	101.09	102.83
以非农产品为原料	Raw Material of Non - agricultural Products	101.43	101.73	100.74	103.92	104.14
重工业	Heavy Industry	104.86	112.72	107.48	107.38	103.77
采掘	Mining & Quarrying	102.05	128.62	123.78	110.21	105.90
原材料	Raw Material	105.4	111.55	108.74	109.21	103.65
加工	Processing	104.44	112.43	99.41	101.66	103.53
其中:生产资料	Means of Production	104.26	110.57	106.47	106.60	103.61
采掘	Mining & Quarrying	101.57	133.6	128.56	111.29	106.98
原材料	Raw Material	105.92	109.07	106.18	108.80	103.13
加工	Processing	102.93	107.4	100.62	102.26	103.27
生活资料	Consumer Goods	100.36	103.21	103.44	101.75	104.51
食品	Food	99.68	104.55	104.86	103.61	106.15
衣着	Clothing	103.12	101.02	98.78	96.15	100.76
一般日用品	Articles for Daily Use	97.19	100.35	102.67	101.21	102.88
耐用消费品	Durable Consumer Goods	97.16	97.47	99.55	99.15	99.79
按工业部门分	**By Industry Branch**					
冶金工业	Metallurgy Industry	103.25	113.56	96.87	108.65	103.83
电力工业	Electric Power Industry	103.32	107.21	104.32	103.36	102.87
煤炭及炼焦工业	Coal and Coking Industry	103.02	133.53	127.73	111.00	107.12
石油工业	Petroleum Industry	116.52	110.72	118.86	121.52	103.46
化学工业	Chemistry Industry	104.5	106.58	104.72	100.42	103.40
机械工业	Machinery Industry	99.13	102.8	106.02	106.77	102.01
建筑材料工业	Building Materials Industry	100.85	105.36	99.34	101.72	102.46
森林工业	Forest Industry	97.71	95.12	98.84	99.15	101.05
食品工业	Food Industry	100.02	105.03	103.84	101.89	105.26
纺织工业	Textile Industry	101.47	105.15	111.83	103.33	100.99
缝纫工业	Sewing Industry	100.76	100.91	98.79	95.77	100.32
皮革工业	Leather Industry	113.12	103.76	103.56	100.43	101.67
造纸工业	Papermaking Industry	98.01	100.92	103.56	101.23	101.33
文教艺术用品工业	Culture and Education Articles Industry	100.89	100.05	100.78	103.71	110.34
其他工业	Other Industry	101.56	107.65	106.93	106.89	108.24
按工业行业分	**By Industry Sector**					
煤炭开采和洗选业	Mining and Washing of Coal	101.58	133.66	128.63	111.34	107.06
石油和天然气开采业	Extraction of Petroleum and Natural Gas					
黑色金属矿采选业	Mining and Dressing of Ferrous Metal					
有色金属矿采选业	Mining and Dressing of Non - ferrous Metal					
非金属矿采选业	Mining and Processing of Non - ferrous Metal Ores	99.92	97.82	95.62	98.40	100.00
其他采矿业	Other Mining and Dressing					
农副食品加工业	Processing of Food from Agricultural Products	101.38	109.92	103.15	103.61	110.89
食品制造业	Manufacture of Foods	98.44	101.43	106.44	99.89	101.88
酒、饮料及精制茶制造业	Manufacture of Liquor, Beverages and Tea	100.01	104.25	101.92	102.11	101.86

Producer Price Indices for Industrial Products in Main Years

2008	2009	2010	2011	2012	2013	2014	2015	2016	2017	2018	2019	2020
112.85	**93.93**	**109.13**	**109.5**	**97.4**	**96.0**	**96.3**	**93.7**	**99.1**	**112.1**	**107.3**	**99.4**	**96.9**
112.07	97.50	107.14	114.4	100.4	99.4	99.9	98.8	98.1	100.8	101.9	101.5	100.5
110.46	93.76	110.71	114.8	101.3	100.8	100.4	98.9	97.9	100.8	101.9	101.8	100.3
113.89	101.81	102.77	111.6	94.7	89.6	96.2	98.5	99.7	100.4	101.5	99.4	102.9
113.12	92.98	109.78	108.6	96.9	95.4	95.6	92.9	99.3	114.3	108.2	99.0	96.2
131.66	100.25	116.13	107.3	97.8	91.6	96.1	92.2	96.7	119.0	107.7	96.6	97.3
110.33	92.57	110.17	109.6	97.4	95.5	95.5	92.5	98.2	114.5	108.9	99.6	95.7
115.29	91.46	105.46	106.6	95.3	96.5	95.8	94.1	103.1	111.6	106.5	98.4	97.1
113.39	93.53	109.37	109.4	97.4	95.8	96.1	93.4	99.2	113.4	107.7	98.9	96.4
136.30	93.92	114.37	107.3	97.8	91.6	96.1	92.2	96.7	119.0	107.7	96.6	97.3
106.87	93.40	109.65	109.6	97.5	95.6	95.4	92.1	98.2	114.7	108.4	99.2	95.4
115.33	93.55	106.52	109.5	97.2	97.2	97.3	95.9	101.8	109.3	106.1	98.9	98.2
107.74	98.50	106.56	110.4	97.9	98.7	98.5	98.2	98.1	100.9	103.7	104.5	100.4
108.33	99.29	108.1	108.7	100.4	102.7	99.8	97.9	97.9	100.7	103.0	103.8	100.3
98.02	96.25	105.61	124.8	111.4	105.1	106.6	95.1	90.5	99.0	95.6	104.9	99.7
113.10	97.88	102.39	114.1	90	87.0	92.7	99.4	99.6	102.0	107.6	107.6	101.4
105.77	100.25	112.74	100.6	99.7	98.6	100.1	100.3	99.7	100.1	99.7	98.3	98.4
109.12	82.89	110.72	115.6	91.3	95.4	94.7	91.8	106.7	115.7	105.0	97.9	97.2
101.21	101.48	104.57	101.1	102.9	99.7	98.9	98.2	98.5	107.6	101.6	100.0	100.4
135.60	93.60	114.41	108.7	96.5	89.6	92.3	88.7	95.6	129.7	110.2	98.6	95.4
120.26	97.39	113.65	113.5	107.2	97.7	97.2	80.8	95.4	111.4	119.9	100.6	82.7
117.64	90.66	109.25	111.9	92.0	92.9	94.5	96.4	98.1	109.6	111.9	96.6	97.8
106.39	97.19	100.19	102.7	99.9	98.2	99.0	98.7	98.8	100.2	100.0	99.9	99.9
114.14	114.92	97.42	97.9	93.7	99.6	96.1	92.5	99.3	110.0	104.5	102.1	102.1
102.84	100.26	104.36	100.5	100.4	100.6	100.4	100.8	100.2	100.0	100.0	99.4	99.0
111.56	99.25	108.79	108.8	100.6	103.0	100.0	97.6	97.7	100.7	102.7	103.7	100.5
98.71	86.79	116.15	126.4	102.9	99.4	100.5	100.0	98.1	99.1	100.1	100.2	101.0
98.02	96.22	104.81	110.1	105.5	100.5	104.4	100.5	100.0	100.3	99.9	100.0	97.7
99.56	93.44	104.56	129.5	113.0	107.8	105.9	91.5	89.7	98.8	95.3	105.6	100.2
119.83	86.91	108.46	107.3	98.5	98.2	100.6	99.9	99.8	113.1	108.3	92.4	94.6
110.72	97.19	98.85	101.9	101.7	101.6	100.1	99.4	100.2	87.9	79.6	94.0	100.5
121.09	92.09	107.51	104.8	96.8	96.3	97.4	97.2	99.0	115.7	123.2	106.9	93.3
136.70	93.91	114.48	110.2	96.9	89.3	93.1	91.1	96.5	127.2	109.8	98.5	96.1
			128.9	113.2	105.3	97.0	71.0					
			124.4	88.4	88.2	99.3	89.3	100.2	103.0	101.9	108.1	104.3
100.00	105.82	99.25	103.3	106.5	100.0	106.8	108.4	100.1	121.1	100.0	100.0	99.4
112.77	96.92	109.85	113.6	99.2	104.5	99.9	98.3	100.3	101.0	100.8	100.7	101.7
114.25	99.51	111.09	110.3	96.6	94.3	96.5	93.7	94.7	100.9	104.3	106.5	100.1
107.99	103.00	102.45	106.9	103.4	100.4	99.5	100.7	100.3	100.1	102.7	101.8	99.0

9-9 续表

指标名称	Item	2003	2004	2005	2006	2007
烟草制品业	Processing of Tobacco	100	100.06	100.01	99.97	100.07
纺织业	Manufacture of Textile	101.65	104.56	106	99.65	100.68
纺织服装、服饰业	Manufacture of Textile Apparel and Costume	99.99	99.2	100.03	100.07	100.12
皮革、毛皮、羽毛及其制品和制鞋业	Manufacture of Leather, Fur, Feather and Related Products and Shoes	113.12	103.76	103.56	100.43	101.67
木材加工和木、竹、藤、棕、草制品业	Processing of Timber, Manufacture of Wood, Bamboo, Rattan, Palm and Straw Products					102.50
家具制造业	Manufacture of Furniture	96.48	97.25	99.75	99.15	99.84
造纸和纸制品业	Manufacture of Paper and Paper Products	98.01	100.92	103.56	101.23	101.33
印刷和记录媒介复制业	Printing, Reproduction of Recording Media	101.07	100.05	100.78	103.71	110.34
文教体育用品制造业	Manufacture of Articles for Culture, Education and Sport Activities	88.89				
石油、煤炭及其他燃料加工业	Oil, Coal and other Fuel Processing Industries	117.37	111.71	118.26	121.33	103.78
化学原料和化学制品制造业	Manufacture of Raw Chemical Materials and Chemical Products	105.99	112.75	107.44	96.96	102.93
医药制造业	Manufacture of Medicines	100.19	99.11	98.56	99.16	106.31
化学纤维制造业	Manufacture of Chemical Fibers	95.49	115.78	104.11	98.45	101.67
橡胶和塑料制品业	Manufacture of Rubber and Plastic Products					
非金属矿物制品业	Manufacture of Non - metallic Mineral Products	100.95	105.87	99.75	101.98	103.21
黑色金属冶炼和压延加工业	Smelting and Pressing of Ferrous Metals	114.58	119.54	87.85	98.75	109.13
有色金属冶炼和压延加工业	Smelting and Pressing of Non - ferrous Metals	99.37	110.62	101.58	114.72	100.61
金属制品业	Manufacture of Metal Products	106.27	122.45	98.89	103.60	105.49
通用设备制造业	Manufacture of General Purpose Machinery	96.97	101.43	102.68	102.01	101.20
专用设备制造业	Manufacture of Special Purpose Machinery	102.82	114.16	115.65	122.90	104.80
交通运输设备制造业	Manufacture of Transport Equipment	101.31	100	100	100.53	103.02
电气机械和器材制造业	Manufacture of Electrical Machinery and Equipment	99.86	105.89	102.92	110.66	101.98
通信设备、计算机及其他电子设备制造业	Manufacture of Communication Equipment, Computers and Other Electronic Equipment	100.25	101.75	99.93	93.72	95.53
仪器仪表制造业	Manufacture of Instruments and Apparatus	99.75	91.1	106.79	100.16	100.72
工艺品及其他制造业	Manufacture of Artwork and Other Manufacturing	106.6	100.16	106.01	102.70	100.00
废弃资源和废旧材料回收加工业	Recycling and Pressing of Abandoned Resources and Waste and Scrap					
电力、热力的生产和供应业	Production and Supply of Electric Power, Steam and Hot Water	103.32	107.21	104.32	103.36	102.87
燃气生产和供应业	Production and Supply of Gas	104.66	111	126.37	103.38	105.12
水的生产和供应业	Production and Supply of Tap Water	100.73	104.93	113.2	113.40	111.82
全部原材料	Total Raw Materials	**106.83**	**117.29**	**109.69**	**108.48**	**107.14**
燃料、动力类	Fuels and Powers	108.03	116.52	113.62	107.86	107.45
黑色金属材料类	Ferrous Metals Materials	110.15	134.44	105.75	90.17	108.36
其中:钢材	Steels	109.13	133.29	103.77	89.67	106.52
其他	Others	114.26	139.65	114.35	94.48	116.06
有色金属材料及电线类	Non - Ferrous Metals Materials and Electric Wires	108.43	114.75	101.93	129.64	108.40
化工原料类	Chemical Raw Materials	103.11	114.53	110.46	99.17	104.31
木材及纸浆类	Timbers and Pulps	100.59	108.49	117.2	101.22	102.99
建筑材料及非金属矿类	Building Materials and Non - metallic Mineral	101.1	110.98	109.49	105.01	104.55
其他工业原材料及半成品类	Other Industry Raw Materials and Semi - manufactures	99.45	109.57	103.81	105.62	106.29
农副产品类	Agricultural Products	115.05	117.27	108.76	102.49	108.74
纺织原料类	Textile Raw Materials	80.52	100.67	122.67	100.67	100.85

continued

2008	2009	2010	2011	2012	2013	2014	2015	2016	2017	2018	2019	2020
100.50	98.24	99.58	100.3	101.1	100.8	100.6	106.7	100.3	100.0	100.0	105.7	101.5
98.23	91.36	115.46	126.2	102.9	99.4	100.6	100.0	98.1	99.1	100.0	100.2	101.0
100.88	103.26	100.3	103	102.2	101.7	101.0	100.0	100.2	100.0	100.0	100.0	97.7
99.56	93.44	104.56	129.5	113	107.8	105.9	91.5	89.7	98.8	95.3	105.6	100.2
100.00	101.34	101.04	98.9	100.3	100.7	100.6	101.1	100.2	100.0	100.0	100.1	102.6
106.14	100.23	105.87	102	100.4	100.6	100.2	100.4	100.2	100.0	100.0	99.1	97.5
119.83	86.92	108.46	107.3	98.5	98.2	100.6	99.9	99.8	113.1	108.3	92.4	94.6
110.72	97.12	97.7	102.2	101.7	101.6	100.1	99.4	100.2	87.9	79.6	94.0	100.5
123.14	96.36	114.07	110.1	103.2	95.5	94.2	78.8	95.3	118.2	117.6	100.2	85.0
122.35	88.52	110.46	111.1	93.6	94.4	95.6	96.6	97.8	110.4	111.5	93.5	96.3
110.49	98.17	102.72	106.8	88.7	93.8	98.0	102.7	101.8	106.2	125.5	114.6	104.2
99.86	94.10	90.89										
								95.4	107.9	103.2	100.5	99.3
121.67	109.27	101.36	100.2	94.4	98.2	96.1	93.4	99.1	112.5	110.7	104.1	99.2
129.70	81.58	113.84	110.5	92.9	95.7	95.1	87.8	110.1	118.4	111.2	93.8	93.7
96.66	82.93	110.4	119	90.1	95.1	94.3	93.7	104.9	113.0	100.7	100.5	99.2
121.98	94.18	97.73	107.3	96.1	97.1	97.0	93.1	97.6	112.3	103.8	99.3	98.3
106.13	98.80	101.49	103.9	100.3	99.9	99.9	99.9	99.1	99.8	100.2	100.1	99.8
113.90	93.92	101.78	104.8	100.3	98.2	97.9	96.5	97.6	100.0	99.3	102.1	99.3
104.15	101.05	107.54	104.1	97.8	99.7	100.0	100.0					
103.28	97.59	96.22	99	98.8	95.1	99.0	98.8	99.5	100.7	100.0	98.6	99.8
92.69	91.71	104.81	108.1	94	99.5	95.5	100.1					
103.16	98.17	98.81	101.2	102.7	100.7	99.0	100.0	95.5	99.6	100.8	100.3	102.6
100.00												
101.21	101.48	104.57	101.1	102.9	99.7	98.9	98.2	98.5	107.6	101.6	100.0	100.4
105.59	100.33	99.18	99.4	111	104.9	112.0	102.2	85.8	117.6	126.2	100.9	83.4
102.33	99.94	100.63	100.5	100.1	101.3	101.4	102.1	100.4	101.7	112.9	101.9	100.0
121.80	**94.69**	**114.06**	**112.8**	**99.5**	**97.0**	**97.0**	**92.1**	**96.9**	**112.9**	**106.5**	**97.5**	**94.7**
126.78	103.47	112.34	112.2	101.3	96.1	96.4	89.0	95.0	116.1	108.1	98.4	90.6
136.56	81.08	111.74	108.7	92.5	92.6	93.4	88.7	104.3	119.0	111.0	94.4	92.2
133.33	81.70	108.98	109.9	93	90.6	94.8	90.6	100.0	117.2	107.5	95.9	98.0
148.75	77.52	118.76	105.4	91.1	98.0	89.9	83.2	110.5	119.6	116.1	92.1	83.8
105.07	81.22	129.89	111.8	91.4	96.0	97.2	96.3	94.3	114.9	101.4	88.9	95.7
116.73	93.26	109.25	117	100.3	94.7	95.6	92.5	98.3	114.3	106.0	88.4	96.9
113.04	93.48	107.87	104.1	98.2	98.0	98.3	99.8	98.4	106.0	115.8	99.8	98.5
127.00	103.56	103.69	120.2	100.5	97.5	95.1	95.5	100.5	110.5	106.6	101.0	95.9
113.66	92.35	108.96	109.5	101.5	102.1	98.2	96.2	99.0	102.8	103.3	101.3	102.3
125.96	89.49	118.7	115.3	101.3	101.8	101.0	96.3	98.2	104.8	102.7	102.5	101.9
99.52	95.57	108.6	108.5	98.5	99.4	100.3	99.9	98.3	103.7	100.1	99.1	102.9

主要统计指标解释

居民消费价格指数(CPI)　是反映一定时期内城乡居民所购买的生活消费品和服务项目价格变动趋势和程度的相对数。

商品零售价格指数　是反映一定时期内城乡商品零售价格变动趋势和程度的相对数。

农业生产资料价格指数　是反映一定时期内农业生产资料价格变动趋势和程度的相对数。

农产品生产者价格指数　是反映一定时期内,农产品生产者出售农产品价格水平变动趋势及幅度的相对数。该指数可以客观反映全国农产品生产价格水平和结构变动情况,满足农业与国民经济核算需要。其中某代表品生产价格指数是通过对全部有出售该产品行为的调查单位的个体指数进行几何平均求得的,类价格指数是通过对其所属的类(或代表品)的价格指数进行加权平均求得的。季度累计价格指数的计算方法与分季指数的计算方法相同。

工业生产者出厂价格指数(PPI)　是反映一定时期内全部工业产品第一次出售时的出厂价格总水平的变动趋势和变动幅度的相对数。

工业生产者购进价格指数　是反映作为中间投入的原材料、燃料、动力购进价格总水平的变动趋势和变动幅度的相对数。

固定资产投资价格指数　是反映一定时期内固定资产投资品及取费项目的价格变动趋势和变动幅度的相对数。

Explanatory Notes on Main Statistical Indicators

Consumer Price Indices are relative figures reflecting the trend and degree of changes in prices of consumer goods and services purchased by urban and rural households during a given period.

Retail Price Indices are relative figures reflecting the trend and degree of changes in retail prices of commodities during a given period.

Price Indices for Means of Agricultural Production are relative figures reflecting the trend and degree of changes in the prices of the means of agricultural production during a given period.

Producer Prices Indices for Farm Products are relative figures reflecting the trend and degree of changes in producers' prices received by farmers when they sell farm products during a given period. These indices depict the change in the level and structure of producer prices for farm products of the country and meet the needs of agricultural statistics and national accounts statistics. The producer price index for a given product is calculated as the geometrical mean of individual indices for all surveyed units which sell such products, and the indices for a product category is obtained as the weighted mean of price indices for all products in the category. Method for calculating accumulative quarterly indices is the same as for calculating the distinctive quarterly indices.

Producer Price Indices for Industrial Products are relative figures reflecting the trend and degree of changes in general ex – factory prices of all manufactured goods for first sale during a given period.

Purchasing Price Indices for Industrial Producers are relative figures reflecting changes in the level and degree of purchasing prices such as intermediate input such as raw materials, fuels and power.

Price Indices for Investment in Fixed Assets are relative figures reflecting the trend and degree of changes in prices of investment goods and projects in fixed assets during a given period.

第十篇 Chapter10

居民生活

People's Living Conditions

资料整理:王亚娟　王娟　贺俊峰　哈婷　宋晓捷　马仙蓉

Data Compilation: Wang Yajuan　Wang Juan　He Junfeng　Ha Ting　Son Xiaojie Ma Xianrong

10－1 全体居民家庭基本情况

指 标 名 称	Item	单位	Unit
一、户主文化程度	**Cultural Level of Head of a Household**	－	－
(一)未上过学	No Schooling	%	%
(二)小学	Primary School	%	%
(三)初中	Junior Secondary School	%	%
(四)高中	Senior Secondary School	%	%
(五)大学专科	Junior College	%	%
(六)大学本科	Undergraduate College	%	%
(七)研究生	Postgraduate	%	%
二、按家庭规模分的住户类型	**Households Type Divided by Family Size**	－	－
(一)一人户	One Person	%	%
(二)二人户	Two Persons	%	%
(三)三人户	Three Persons	%	%
(四)四人户	Four Persons	%	%
(五)五人户	Five Persons	%	%
(六)六人及以上户	Six Persons and over	%	%
三、按世代分的住户类型	**Households Type Divided by Generation**	－	－
(一)一代户	One－Generation Households	%	%
(二)二代户	Two－Generation Households	%	%
(三)三代户	Three－Generation Households	%	%
(四)四代及以上户	Four－Generation Households and over	%	%
四、住户特征	**Household Characteristics**	－	－
(一)纯老人户	Households of only the old	%	%
(二)家中有未成年子女户	Households of Couple with Minor Children	%	%
(三)年轻夫妻无子女户	Households of Young Couple without Children	%	%
(四)无劳动力户	Households without Labour Force	%	%
五、住户经营情况	**Household Business Situation**	－	－
(一)生产经营户	Production Business Households	%	%
农业户	Agriculture	%	%
农业兼业户	Agriculture and Business Households	%	%
非农兼业户	Non－agriculture and Business Households	%	%
非农业户	Non－agriculture Households	%	%
(二)非生产经营户	Non－production Business Households	%	%
六、参加医疗保险情况	**Medical Insurance Participation**	－	－
(一)参加城乡居民基本医疗保险	Basic Medical Insurance for Urban and Rural Residents	%	%
(二)参加城镇职工基本医疗保险	Basic Medical Insurance for Urban Employee	%	%
(三)商业及其他医疗保险	Commercial and Other Health Insurance	%	%
(四)没有参加任何医疗保险	Non－joined any Medical Insurance	%	%

Basic Statistics of Urban and Rural Households

2013	2014	2015	2016	2017	2018	2019	2020
6.1	5.8	4.9	4.1	4.2	4.0	4.1	4.3
21.3	19.9	20.5	20.6	20.3	20.2	19.8	20.1
35.9	36.8	37.5	37.9	38.1	36.6	37.2	37.1
18.5	18.4	17.4	18.7	18.8	17.9	17.5	17.1
11.2	11.0	11.9	10.8	10.8	11.0	11.3	11.9
6.8	7.9	7.6	7.6	7.6	9.6	9.4	9.1
0.3	0.3	0.1	0.2	0.2	0.6	0.8	0.5
3.3	3.0	2.7	3.3	3.1	3.4	4.0	3.7
18.8	19.4	20.7	26.2	27.6	28.0	28.9	30.5
30.5	31.3	29.6	31.4	31.4	28.7	27.6	28.1
23.7	23.8	24.9	21.5	20.7	21.5	21.8	20.7
13.6	12.9	12.8	10.7	10.3	10.4	9.4	8.9
10.1	9.6	9.3	6.9	7.0	7.9	8.3	8.1
11.8	23.0	24.3	24.2	24.9	26.4	26.6	27.9
30.4	60.3	59.6	59.8	59.9	58.0	57.7	57.7
8.9	16.3	15.7	15.6	14.8	15.6	15.5	14.0
0.2	0.4	0.4	0.4	0.5		0.2	0.4
12.2	13.3	15.1	15.1	17.4	15.5	17.9	20.1
81.8	79.8	78.1	79.7	78.5	80.6	78.8	78.3
	1.1	1.2	0.7	0.8	1.8	1.2	0.9
6.0	5.8	5.6	4.5	3.3	2.1	2.2	0.8
50.5	52.0	49.3	36.7	48.4	72.0	49.6	51.5
43.2	81.8	83.3	60.3	59.5	53.2	59.7	56.8
			7.3	7.6	3.6	6.9	5.4
			10.0	9.3	4.4	7.1	7.6
15.6	10.2	10.4	33.4	32.6	38.9	34.6	30.7
49.6	48.0	50.7	63.3	51.6	28.0	50.4	48.5
74.2	75.9	77.5	77.9	77.5	80.3	78.5	77.9
18.5	17.9	16.7	17.5	17.7	17.2	18.6	19.3
1.9	4.3	1.6	2.2	2.1	3.0	5.0	5.8
5.4	5.2	4.8	4.1	4.2	2.1	2.3	2.3

10-2 全体居民家庭就业年龄及学历构成情况

指标名称	Item	单位	Unit
一、基本情况	**Basic Statistics of Households Surveyed**	-	-
(一)户均常住人口	Average Number of Permanent Residents per Household	人/户	person/household
(二)户均常住从业人口	Average Number of Employed Persons per Household	人/户	person/household
(三)平均每户家庭从业人口比重	Proportion of Employed Persons per Household	%	%
(四)平均每一从业人口负担人数	Average Number of Dependency Coefficient per Employed Persons	人	person
(五)由本户供养的在校学生	Supported Students in School by the Family	人/户	person/household
(六)户均整半劳动力人口	Whole and Half Labor Force per Household	人/户	person/household
(七)平均每户家庭整半劳动力人口比重	Proportion of Whole and Half Labor Force per Household	%	%
二、家庭劳动力年龄构成	**Age Composition of Permanent Employed Persons**	-	-
(一)16-19岁	Aged 16-19	%	%
(二)20-24岁	Aged 20-24	%	%
(三)25-29岁	Aged 25-29	%	%
(四)30-34岁	Aged 30-34	%	%
(五)35-40岁	Aged 35-40	%	%
(六)41-50岁	Aged 41-50	%	%
(七)51-60岁	Aged 51-60	%	%
(八)61-65岁	Aged 61-65	%	%
(九)66岁及以上	Aged 66 and over	%	%
三、家庭劳动力文化程度构成	**Composition of Education Level for Labor Force**	-	-
(一)未上过学	No Schooling	%	%
(二)小学	Primary School	%	%
(三)初中	Junior Secondary School	%	%
(四)高中	Senior Secondary School	%	%
(五)大学专科	Junior College	%	%
(六)大学本科及以上	Bachelor Degree or above	%	%
(七)研究生	Graduate Student	%	%
四、常住从业人员就业类型	**Type of Employment of Permanent Employed Persons**	-	-
(一)雇主	Employer	%	%
(二)公职人员	Civil Servants	%	%
(三)事业单位人员	Institution Officers	%	%
(四)国有企业雇员	State-owned Enterprises Employees	%	%
(五)其他雇员	Other Employees	%	%
(六)农业自营	Self-employed of Agriculture	%	%
(七)非农自营	Self-employed of Non-Agriculture	%	%
五、常住从业人员从事主要行业	**Type of Industry for Permanent Employed Persons**	-	-
(一)第一产业	Primary Industry	%	%
(二)第二产业	Secondary Industry	%	%
(三)第三产业	Tertiary Industry	%	%

Composition Statistics of Employment Age and Education for Urban and Rural Households

2013	2014	2015	2016	2017	2018	2019	2020
3.4	3.4	3.4	3.4	3.3	3.4	3.3	3.3
1.7	1.8	1.7	1.7	1.7	1.7	1.7	1.6
51.2	53.3	51.4	51.7	51.0	49.6	49.6	48.5
2.0	1.9	1.9	1.9	2.0	2.0	2.0	2.1
0.7	0.8	0.8	0.8	0.7	0.7	0.7	0.7
2.2	2.2	2.2	2.2	2.2	2.2	2.2	2.2
63.4	63.9	64.4	66.0	66.6	65.9	66.0	67.7
2.2	2.1	2.0	1.9	1.4	1.3	0.9	0.7
7.6	6.0	5.5	6.1	4.9	5.0	4.6	4.6
8.8	7.9	7.9	7.0	6.8	8.7	7.6	5.9
10.1	10.4	8.7	7.8	7.2	9.7	9.6	9.4
15.7	15.7	15.6	14.5	13.3	13.3	13.1	12.2
29.6	30.5	30.9	31.8	32.3	29.7	29.2	27.6
16.4	17.5	18.7	20.6	22.2	19.8	21.2	23.0
5.3	5.5	5.5	5.4	5.8	7.1	7.5	7.5
4.3	4.3	5.1	5.0	6.1	5.5	6.3	8.9
8.5	8.2	8.3	7.6	7.5	8.9	8.6	9.3
22.4	21.4	20.9	20.4	20.2	20.6	20.7	20.8
35.0	35.4	36.3	36.9	36.4	33.8	33.5	33.2
16.5	16.4	16.1	16.5	16.7	16.0	15.9	15.5
11.2	11.2	11.3	11.0	11.3	11.4	11.7	12.2
6.3	7.1	6.7	7.3	7.7	9.0	8.8	8.6
0.2	0.2	0.4	0.3	0.3	0.5	0.6	0.4
2.1	1.3	0.4	0.3	0.1	0.5	0.4	0.4
2.7	3.0	2.3	2.4	2.2	2.1	1.9	1.9
6.7	6.5	5.5	5.7	5.9	5.4	5.2	4.7
7.4	6.8	6.9	6.6	6.4	4.3	4.6	4.2
39.2	40.5	45.4	46.6	48.4	52.2	50.7	52.0
31.4	30.1	27.9	25.6	24.9	23.1	24.7	24.5
10.6	11.9	11.6	12.8	12.1	12.4	12.5	12.2
33.4	32.0	30.5	28.9	28.8	26.4	28.3	28.7
25.2	24.7	25.7	25.1	24.1	24.4	22.5	21.9
41.4	43.3	43.8	46.0	47.1	49.2	49.2	49.4

10－3 全体居民家庭房屋基本情况

指 标 名 称	Item	单位	Unit
一、期末现住房情况	**Current House Condition of Term End**	－	－
(一)人均现住房面积	Per Capita Current Housing Area	平方米/人	sq. m/person
人均自有现住房面积	Per Capita Self－owned Current Housing Area	平方米/人	sq. m/person
户均现住房面积	Per Household Current Housing Area	平方米/户	sq. m/household
户均自有现住房面积	Per Household Self－owned Current Housing Area	平方米/户	sq. m/household
(二)现住房市场价月租金	Monthly Rent of Current Housing	元/人	yuan/person
自有现住房市场价月租金	Monthly Rent of Self－owned Current Housing	元/人	yuan/person
二、期内新购建住房情况	**Newly Bought or Built Residential Buildings Condition During Period**	－	－
(一)新建住房竣工建筑面积	Completing Floor Space of Newly Built Residential Buildings	平方米/人	sq. m/person
(二)新建住房总费用	Total Cost of Newly Built Residential Buildings	元/人	yuan/person
(三)新建住房价值	Value of Newly Built Residential Buildings	元/平方米	yuan/sq. m
三、期末现住房构成	**Current Housing Constitute of Term End**	－	－
(一)本住户居住类型	Residence Type	－	－
其中:普通住宅	General Residence	%	%
(二)本住户居住空间样式	House Construction Space Style	－	－
1.单栋楼房	Single Building	%	%
2.单栋平房	Single Bungalow	%	%
3.四居室及以上单元房	House with Four Bedrooms and Above	%	%
4.三居室单元房	House with Three Bedrooms	%	%
5.二居室单元房	House with Two Bedrooms	%	%
6.一居室单元房	House with One Bedrooms	%	%
7.其他	Others	%	%
(三)主要建筑材料	Main Building Materials	－	－
1.钢筋混凝土	Reinforced Concrete	%	%
2.砖混材料	Brick and Concrete	%	%
3.砖瓦砖木	Brick and Wood	%	%
4.竹草土坯	Bamboo Grass Adobe	%	%
5.其他	Others	%	%
(四)现住房房屋来源	Current Housing Source	－	－
1.租赁公房	Public House Leasing	%	%
2.租赁私房	Private House Leasing	%	%
3.自建住房	Self－built Housing	%	%
4.购买商品房	Commercial Residential Building	%	%
5.购买房改住房	Reformed Housing	%	%
6.购买保障性住房	Security Housing	%	%
7.拆迁安置房	Removal Settlement Housing	%	%
8.继承或获赠住房	Inheritance or Gift Housing	%	%
9.免费借用房	Borrow Housing for Free	%	%
10.其他	Others	%	%
(五)现住房建筑面积	Current Residential Buildings Area	－	－
1.10平方米以内	Less than 10 sq. m	%	%
2.10－20平方米	10－20 sq. m	%	%
3.20－30平方米	20－30 sq. m	%	%
4.30－60平方米	30－60 sq. m	%	%
5.60－90平方米	60－90 sq. m	%	%
6.90－120平方米	90－120 sq. m	%	%
7.120－200平方米	120－200 sq. m	%	%
8.200平方米以上	200 sq. m above	%	%

Basic Statistics of House for Urban and Rural Households

2013	2014	2015	2016	2017	2018	2019	2020
28.4	29.8	30.5	31.7	32.0	31.7	32.5	33.5
26.7	28.4	29.3	30.6	30.9	30.7	31.5	32.5
97.0	100.7	102.7	106.2	106.6	106.5	108.4	110.8
90.9	96.1	98.5	102.6	102.8	102.9	105.0	107.6
136.5	154.1	162.0	170.9	177.6	178.5	183.7	184.7
124.4	144.7	154.0	163.4	169.6	171.9	176.8	178.5
0.9	1.1	0.7	0.6	0.9	0.4	0.4	0.6
662.9	806.4	584.7	6553.7	746.0	419.3	343.0	529.8
744.7	702.9	790.2	10459.7	868.1	1076.6	859.7	870.2
98.6	99.4	98.8	99.3	99.6	100.0	100.0	100.0
1.8	1.4	2.7	3.2	2.7	1.6	1.3	0.7
47.6	48.1	46.6	44.2	43.4	40.7	43.8	43.1
1.2	1.6	1.0	1.8	1.9	1.5	1.2	1.1
15.1	16.2	17.7	19.6	20.6	24.6	25.0	25.7
29.2	29.6	28.8	29.7	29.7	26.5	27.6	28.1
3.5	1.6	2.1	1.0	1.1	1.1	1.0	1.2
1.5	1.5	1.1	0.5	0.5	4.1		0.2
7.8	10.0	11.5	18.2	18.7	36.2	36.1	36.5
51.2	50.2	51.0	49.0	48.6	34.6	35.8	36.5
33.9	34.0	33.0	30.5	30.5	28.0	27.1	26.4
6.5	5.2	3.7	2.1	1.9	1.0	0.8	0.4
0.6	0.6	0.9	0.3	0.3	0.2	0.2	0.2
1.0	0.5	0.9	1.1	1.0	0.8	0.7	0.8
6.7	5.1	3.2	2.3	2.3	2.3	2.3	2.1
45.8	45.4	44.4	43.0	42.1	43.8	42.9	42.2
27.8	31.1	33.1	35.5	36.7	39.5	40.0	40.9
9.0	8.5	8.4	8.5	8.3	2.8	2.7	2.7
3.5	3.2	2.9	2.5	2.6	2.0	1.7	1.6
4.0	4.1	3.9	4.6	4.7	7.3	8.2	8.3
0.3	0.5	0.6	0.4	0.4	0.4	0.5	0.5
1.7	1.2	1.2	1.0	1.0	0.8	0.7	0.8
0.3	0.6	1.3	1.1	1.0	0.3	0.2	0.2
0.2							
1.5	1.1	1.3	0.6	0.2			
0.8	0.8	0.4	0.2	0.2	0.1	0.1	0.0
14.7	12.3	11.7	11.6	11.4	8.4	7.0	6.0
33.6	32.2	31.2	29.4	28.8	30.0	28.4	27.9
32.9	34.8	34.0	33.8	35.0	36.6	38.2	36.7
14.2	15.7	18.1	20.7	20.8	22.7	23.9	26.6
2.3	3.1	3.3	3.6	3.5	2.2	2.4	2.8

10－3 续表

指 标 名 称	Item	单位	Unit
(六)住宅有管道供水情况	Pipeline Water Supplying of Residential Buildings	%	%
1. 住宅内管道取水	Pipeline Water Supplying in the Home	%	%
2. 住宅内其他方式取水	Other Ways Water Supplying in the Residence	%	%
3. 院内管道取水	Pipeline Water Supplying to Public Water Intaking Spot	%	%
4. 院内其他方式取水	Other Ways Water Supplying in the Courtyard	%	%
5. 其他位置取水	Water Supplying from other locations	%	%
(七)住户厕所类型	Residence Toilet Type	%	%
1. 水冲式卫生厕所	Water Flushing Sanitary Toilet	%	%
2. 水冲式非卫生厕所	Water Flushing Insanitary Toilet	%	%
3. 卫生旱厕	Sanitary Pit Latrine	%	%
4. 普通旱厕	General Pit Latrine	%	%
5. 无厕所	No Toilet	%	%
(八)住户厕所使用情况	Using Condition of Residence Toilet	%	%
1. 本住户独用	Exclusive Use	%	%
2. 几户合用	Sharing with Several Households	%	%
3. 公用厕所	Public Toilet	%	%
(九)住户洗澡设施情况	Residence Shower Equipment Condition	%	%
1. 统一供热水	Unified Supply Hot Water	%	%
2. 家庭自装热水器	House Self－Installing Water Heater	%	%
3. 其他	Others	%	%
4. 无洗澡设施	No Shower Equipment	%	%
(十)住户主要取暖设备状况	Residence Main Heating Equipment Condition	%	%
1. 由市政或小区集中供暖	Central Heating by Government or Housing Estate	%	%
2. 自行供暖	Self Heating	%	%
3. 无取暖设备	No Heating Equipment	%	%
(十一)住户主要取暖用能源状况	Residence Main Heating Energy Condition	%	%
1. 柴草	Firewood	%	%
2. 煤炭	Coal	%	%
3. 罐装液化石油气	Canned Liquefied Petroleum Gas	%	%
4. 管道液化石油气	Pipeline Liquefied Petroleum Gas	%	%
5. 管道煤气	Pipeline Coal Gas	%	%
6. 管道天然气	Pipeline Natural Gas	%	%
7. 电	Electricity	%	%
8. 燃料用油	Fuel Oils	%	%
9. 沼气	Biogas	%	%
10. 其他	Others	%	%
11. 无取暖行为	No Heating Behavior	%	%
(十二)主要炊用能源状况	Main Condition of Cooking Energy	%	%
1. 柴草	Firewood	%	%
2. 煤炭	Coal	%	%
3. 罐装液化石油气	Canned Liquefied Petroleum Gas	%	%
4. 管道液化石油气	Pipeline Liquefied Petroleum Gas	%	%
5. 管道煤气	Pipeline Coal Gas	%	%
6. 管道天然气	Pipeline Natural Gas	%	%
7. 电	Electricity	%	%
8. 燃料用油	Fuel Oils	%	%
9. 沼气	Biogas	%	%
10. 其他	Others	%	%
11. 无炊用行为	No Heating Behavior	%	%

Continued

2013	2014	2015	2016	2017	2018	2019	2020
100.0							
80.9	81.8	86.6	90.8	91.5	94.8	88.9	90.0
						1.0	0.9
0.2	0.3	0.1	0.2	0.2	0.3	7.8	7.6
						0.9	1.4
18.9	18.0	13.2	9.1	8.3	4.9	0.1	0.1
100.0							
52.4	52.6	54.2	56.2	57.2	56.9	62.6	64.8
0.8	0.7	0.4	0.4	0.4	1.1	2.9	2.4
2.6	2.9	4.0	3.8	3.7	6.7	3.6	4.2
43.3	43.1	40.9	39.4	38.5	35.2	30.8	28.5
0.9	0.7	0.4	0.2	0.2	0.1	0.1	0.1
100.0							
96.3	97.4	96.6	97.8	98.2	99.0	99.1	99.3
2.5	1.6	2.4	1.5	1.1	0.7	0.8	0.5
1.2	1.0	1.0	0.7	0.7	0.3	0.2	0.2
100.0							
3.4	3.2	2.7	3.1	2.9	3.0	1.1	1.3
53.7	55.7	63.6	73.6	76.7	89.1	91.3	91.4
8.7	8.2	6.1	3.5	3.2	1.8	2.9	2.8
34.3	33.0	27.6	19.9	17.2	6.0	4.6	4.4
100.0							
49.3	49.5	49.8	50.2	51.7	47.1	47.4	48.3
46.1	45.9	47.6	47.5	46.5	51.9	52.0	51.2
4.7	4.6	2.6	2.2	1.8	1.0	0.6	0.4
100.0							
1.4	1.0	0.9	0.8	0.8	0.2	0.1	
93.7	47.9	47.8	48.2	42.5	44.6	42.2	41.8
0.6	0.3	0.1					
0.1	0.1		0.2	0.2	0.2		
0.2	0.1				0.2		
3.0	1.1	3.5	3.1	3.3	8.6	8.7	8.8
0.6	4.5	0.4	1.7	0.8	0.6	1.1	0.9
0.1	2.3	5.6	3.4	7.3	13.5	0.1	0.0
0.3	42.7	41.6	42.6	45.1	32.0	47.7	48.5
100.0							
9.5	8.6	5.4	3.5	4.0	4.2	1.8	1.1
18.3	18.8	18.1	16.6	15.2	13.4	9.9	8.4
15.6	11.2	12.3	11.7	10.8	9.3	9.3	9.8
0.2	0.2	0.2	0.2	0.2	0.1	0.1	0.1
0.2	0.1	0.1	0.1	0.1	0.4	0.4	0.1
30.2	34.1	35.4	38.2	39.4	44.6	46.0	46.9
25.8	26.8	28.4	29.0	30.0	27.8	32.3	33.4
					0.1	0.1	
							0.0
0.1	0.1				0.1		
0.1	0.1		0.6	0.3	0.1	0.2	0.1

10－4　全体居民家庭主要食品消费数量

单位:公斤/人

指　标　名　称	Item
一、粮食消费量	**Grain**
(一)谷物消费量	Cereal
1. 小麦	Wheat
2. 稻谷	Rice
3. 玉米	Corn
4. 其他谷物	Others
(二)薯类消费量	Tubers
1. 红薯	Sweet Potato
2. 马铃薯	Potato
3. 其他薯类	Others
(三)豆类消费量	Beans
1. 大豆	Soybeans
2. 其他豆类	Others
二、蔬菜及菜制品消费量	Vegetables and Processed Products
其中:鲜菜	Fresh Vegetables
三、肉禽及其制品	Meat, Poultry and Processed Products
1. 猪肉	Pork
2. 牛肉	Beef
3. 羊肉	Mutton
4. 家禽	Poultry
5. 其他肉禽及制品	Others
四、蛋类及蛋制品	Eggs and Processed Products
五、奶和奶制品	Milk and Processed Products
六、水产品	Aquatic Products
其中:鱼类	Fish
七、油脂类消费量	Grease
1. 植物油	Vegetable Oil
2. 动物油	Animal Oil
八、糖果糕点类	Confection and Pastry
九、干鲜瓜果类	Melon and Fruits
1. 鲜瓜果	Melons
2. 瓜果制品	Watermelon
3. 坚果类	Nuts
十、消费茶叶	Tea Leaves
十一、酒	Liquor
1. 白酒	White Spirit
2. 啤酒	Beer
3. 果酒	Fruit Wine

Consumption Quantity of Major Foods for Urban and Rural Households

(kg/person)

2013	2014	2015	2016	2017	2018	2019	2020
150.4	**136.8**	**131.1**	**123.1**	**111.2**	**112.1**	**106.7**	**115.6**
143.8	129.9	123.9	115.3	104.4	105.4	99.7	107.9
89.7	78.8	76.4	70.0	62.5	63.8	60.4	65.7
49.8	47.3	44.3	41.0	39.3	37.6	35.6	38.9
1.5	1.5	1.1	0.9	0.5	1.0	1.1	1.1
2.8	2.3	2.1	3.3	2.2	3.0	2.5	2.2
3.0	2.8	3.0	3.1	2.5	2.7	2.5	2.7
0.2	0.3	0.3	0.3	0.3	0.3	0.4	0.4
2.4	2.2	2.2	2.3	1.9	2.0	1.7	1.9
0.4	0.3	0.5	0.4	0.4	0.4	0.4	0.4
3.6	4.1	4.2	4.7	4.3	4.0	4.6	5.0
0.2	0.1	0.1	0.1	0.1	0.1	0.1	0.1
3.5	4.0	4.1	4.6	4.2	3.9	4.5	4.9
88.2	**87.8**	**87.6**	**89.4**	**87.2**	**87.5**	**88.8**	**88.8**
86.9	86.2	85.8	87.4	85.4	85.8	86.9	86.8
21.1	**22.9**	**23.1**	**22.7**	**21.7**	**23.0**	**24.0**	**24.7**
8.4	8.3	7.1	6.7	6.3	7.0	6.3	5.8
3.4	3.2	3.5	3.5	3.6	4.1	4.8	4.9
3.8	4.0	5.4	5.3	4.7	4.1	4.1	4.4
5.5	6.5	6.0	6.1	6.0	6.8	7.7	8.4
–	1.1	1.2	1.2	1.1	1.0	1.1	1.1
4.6	**5.1**	**6.0**	**5.5**	**5.5**	**5.9**	**6.2**	**7.4**
17.0	**17.1**	**15.5**	**14.4**	**13.4**	**13.5**	**14.6**	**13.5**
2.7	**2.6**	**2.6**	**2.8**	**2.6**	**2.5**	**3.0**	**2.9**
2.2	2.1	1.9	2.1	1.9	1.9	2.1	2.0
10.6	**10.5**	**8.7**	**8.3**	**7.7**	**7.2**	**7.6**	**8.5**
10.5	10.4	8.6	8.2	7.6	7.1	7.5	8.4
0.1	0.1				0.1	0.1	0.1
–	**4.1**	**4.1**	**4.0**	**3.7**	**4.2**	**4.2**	**4.2**
27.8	**62.6**	**64.9**	**72.0**	**71.2**	**78.7**	**79.2**	**73.3**
27.8	58.5	60.3	66.8	66.8	74.0	74.7	69.2
–	0.7	0.9	1.1	1.0	1.1	1.0	1.0
–	3.4	3.7	4.1	3.4	3.6	3.5	3.2
0.2	**0.2**	**0.2**	**0.2**	**0.2**	**0.2**	**0.3**	**0.3**
3.6	**3.9**	**3.9**	**3.3**	**2.9**	**2.4**	**2.5**	**2.6**
0.7	0.7	0.7	0.6	0.5	0.5	0.6	0.5
2.8	3.1	3.1	2.6	2.3	1.8	1.8	2.0
0.1	0.1	0.2	0.1	0.1	0.1	0.1	0.1

10－5　全体居民家庭分行业人均可支配收入情况

单位:元/人

指标名称	Item
可支配收入	**Disposable Income**
(一)工资性收入	Income from Wages and Salaries
(二)经营净收入	Net Business Income
1.第一产业经营净收入	The Primary Industry
(1)农业	Agriculture
(2)林业	Forestry
(3)牧业	Animal Husbandry
(4)渔业	Fishery
2.第二产业经营净收入	The Secondary Industry
(1)工业	Industry
(2)建筑业	Construction Industry
3.第三产业经营净收入	The Tertiary Industry
(1)交通运输业	Transportation Industry
(2)批发零售和住宿餐饮业	Wholesales, Retail Trade, Hotel and Catering Sectors
(3)社会服务业	Social Services
(4)其他家庭经营	Others
(三)财产净收入	Net Income from Property
1.红利收入	Dividend Income
2.转让承包土地经营权租金收入	Rental Income from the Management Rights Transfer of Land Contracted
(四)转移净收入	Net Income from Transfer
1.养老金或离退休金	Pension or Retirement Benefits
2.报销医疗费	Reimbursement of Medical Expenses
3.政策性惠农补贴	Political Subsidy Supporting Agriculture
现金可支配收入	Cash Disposable Income
实物可支配收入	Physical Disposable Income

Basic Statistics of Disposable Income for Urban and Rural Households by Sector

(yuan/person)

2013	2014	2015	2016	2017	2018	2019	2020
14565.8	**15906.8**	**17329.1**	**18832.3**	**20561.7**	**22400.4**	**24411.9**	**25734.9**
8836.3	9612.7	10395.5	11238.9	12270.3	13440.8	14887.5	15526.3
2991.7	3161.0	3255.8	3359.7	3628.2	3958.2	4198.0	4418.4
1456.4	1446.2	1473.7	1416.6	1474.2	1578.4	1625.9	1889.4
1055.3	1126.6	1124.1	1032.5	1056.1	1141.3	1099.7	1280.7
23.6	13.1	51.1	39.1	33.0	36.5	51.9	34.0
313.8	306.5	297.7	337.5	375.3	395.8	474.3	574.7
11.3		0.7	7.6	9.7	4.7		
245.2	274.7	293.0	335.8	358.2	407.0	441.3	417.9
40.7	62.4	68.5	51.2	48.4	48.9	51.2	29.7
204.5	212.3	224.6	284.7	309.8	358.1	390.2	388.2
1290.2	1440.1	1489.1	1607.2	1795.8	1972.8	2130.7	2111.1
402.2	440.3	316.2	387.6	438.4	476.6	548.8	581.3
672.5	761.5	826.7	955.0	1070.1	1032.0	1073.8	1048.5
171.0	145.4	232.4	214.1	197.2	340.9	363.1	373.2
44.5	92.9	113.7	50.5	90.0	123.2	145.0	108.1
474.1	589.9	645.5	792.0	819.8	885.1	944.0	881.7
10.7	11.9	15.0	29.1	14.1	142.5	133.9	66.8
37.5	51.4	83.3	119.1	123.2	167.6	185.2	201.8
2263.6	2543.2	3032.3	3441.7	3843.3	4116.3	4382.4	4908.5
2240.0	2532.1	3132.3	3657.3	4138.9	4162.3	4456.0	4950.4
86.1	82.2	82.5	87.3	367.0	563.4	528.3	505.6
142.3	176.0	196.1	281.3	240.9	311.5	326.0	373.1
	15051.9	16549.0	18231.1	19840.5	21773.2	23631.2	24941.6
	854.9	780.1	601.2	721.2	627.2	780.7	793.3

10－6　全体居民人均生活消费支出情况

单位:元/人

指 标 名 称	Item
生活消费支出	**Living Expenditure**
(一)食品烟酒	Food, Tobacco and Liquor
#粮食	Grain
油脂	Oil and Fats
肉禽及制品	Meat, Poultry and Processed Products
蛋	Eggs
水产品	Aquatic Products
蔬菜	Vegetables
烟草	Tobacco
酒和饮料	Liquor and Beverages
奶及奶制品	Milk and Processed Products
(二)衣着	Clothing
#服装	Garments
(三)居住	Residence
#住房维修及管理	Housing Maintenance and Management
水电燃料及其他	Water, Electricity, Fuels and Others
(四)生活用品及服务	Household Facilities, Articles and Services
#家用器具	Home Appliances
家具及室内装饰品	Articles for Interior Decoration
家用纺织品	Bed Articles
家庭日用杂品	Household Articles for Daily Use
(五)交通通信	Transport and Communications
#交通	Transport
通信	Communications
(六)教育文化娱乐	Education, Cultural and Recreation
文化娱乐	Cultural and Recreation
#教育	Education
(七)医疗保健	Health Care and Medical Services
#医疗器具及药品	Medical Instrument and Medicine
(八)其他用品及服务	Other Commodities and Services
服务性消费支出	**Consumption Expenditure for Service**
商品性消费支出	**Consumption Expenditure for Commodity**

Per Capita Living Expenditure for Urban and Rural Residents

(yuan/person)

2013	2014	2015	2016	2017	2018	2019	2020
11292.0	**12484.5**	**13815.6**	**14965.4**	**15350.3**	**16715.1**	**18296.8**	**17505.8**
3226.2	3555.6	3694.8	3701.3	3796.4	4234.1	4605.2	4816.3
490.5	518.0	527.4	494.5	487.3	502.7	492.8	536.4
133.4	140.5	139.7	127.8	121.5	116.6	122.6	138.9
677.8	723.7	738.0	743.9	742.0	830.6	941.0	1149.5
41.4	52.6	56.2	48.9	46.0	60.4	65.9	71.7
46.1	48.8	51.0	56.6	58.1	66.3	78.0	84.1
316.1	310.6	315.0	327.5	322.5	327.8	330.9	378.6
171.1	188.3	208.0	219.3	234.8	263.9	293.2	302.9
119.2	140.5	151.9	143.3	141.9	164.9	194.2	188.7
154.8	170.6	170.6	164.7	177.4	217.6	220.4	216.0
1022.9	1170.0	1237.9	1219.9	1268.9	1388.2	1476.6	1263.9
790.6	900.0	967.2	962.7	1004.7	1137.4	1189.4	1008.1
2036.2	2214.4	2607.3	2741.7	2861.5	3014.3	3245.1	3348.8
416.8	365.9	594.6	624.9	630.3	638.5	706.3	694.4
568.8	659.7	733.8	703.5	754.7	783.1	813.2	914.0
762.9	797.9	885.4	924.6	932.4	1067.1	1144.5	1037.2
170.5	208.6	213.2	204.8	174.0	231.9	217.6	217.5
189.4	145.3	187.1	211.2	230.2	213.6	215.0	150.4
69.8	74.5	85.1	84.1	87.3	112.8	107.4	88.4
169.0	198.4	191.8	187.5	192.6	213.6	210.3	207.9
1577.3	1763.5	1806.1	2748.6	2616.8	2724.4	3018.1	2922.0
1127.7	1259.3	1222.1	2090.8	1977.7	2116.8	2395.8	2195.7
448.4	504.2	584.0	657.8	639.1	607.6	622.3	726.3
1273.0	1416.4	1707.9	1772.1	1955.6	2139.5	2352.4	1760.6
304.3	342.8	381.7	393.5	409.7	431.5	423.6	452.9
759.4	878.0	1095.3	1119.7	1311.8	1384.6	1585.5	1331.7
1066.1	1239.9	1482.9	1473.2	1553.6	1727.1	1929.3	1906.3
373.1	463.6	494.0	505.8	541.3	552.0	577.0	557.9
327.5	326.7	393.4	384.1	365.1	420.4	525.5	450.7
				6266.3	**7050.8**	**7887.5**	**7041.4**
				9084.0	**9664.3**	**10409.2**	**10464.4**

10－7　全体居民家庭总收入情况

单位:元/人

指 标 名 称	Item
全年总收入	**Total Revenue**
1. 工资性收入	Income from Wages and Salaries
2. 经营性收入	Business Income
(1)第一产业收入	The Primary Industry
农业收入	Agriculture
林业收入	Forestry
牧业收入	Animal Husbandry
渔业收入	Fishery
(2)第二产业收入	The Secondary Industry
工业收入	Industry
建筑业收入	Construction Industry
(3)第三产业收入	The Tertiary Industry
交通运输业收入	Transportation Industry
批发零售和住宿餐饮业收入	Wholesales ,Retail Rrade,Hotel and Catering Sectors
社会服务业收入	Social Services
其他家庭经营收入	Others
3. 财产性收入	Income from Property
红利收入	Dividend Income
#转让承包土地经营权租金收入	Rental Income from the Management Rights Transfer of Land Contracted
4. 转移性收入	Income from Transfer
#养老金或离退休金	Pension or Retirement Benefits
报销医疗费	Reimbursement of Medical Expenses
政策性惠农补贴	Political Subsidy Supporting Agriculture
5. 非收入所得	Non－income Revenue
(1)出售资产所得	Proceeds from Sale of Assets
(2)非经常性转移所得	Income from Non－recurrent Transfers
(3)其他非收入所得	Other Non－income Revenue
6. 借贷性所得	Borrowing Income
(1)提取储蓄存款	Dissaving
(2)借入款	Borrowed
(3)收回借出款	Recall the Loan
(4)收回储蓄性保险本金	Redemption of Deposit Insurance Principal
(5)银行信用社得到的贷款	Bank Loan

Basic Statistics of Total Income for Urban and Rural Households

(yuan/person)

2013	2014	2015	2016	2017	2018	2019	2020
17690.3	**19670.1**	**21378.4**	**23668.9**	**25473.7**	**28634.4**	**31135.4**	**33326.9**
8836.1	9612.7	10395.5	11238.9	12270.3	13440.8	14887.5	15526.3
5361.7	6000.3	6110.2	6682.1	6888.6	8349.4	8925.9	9726.6
3302.5	3588.9	3391.3	3379.1	3356.2	4113.9	4617.2	5291.8
1935.6	2168.6	2158.2	2073.2	1963.3	2221.9	2385.0	2469.0
48.1	33.9	78.9	49.7	44.5	73.1	92.3	54.6
1238.5	1386.4	1147.4	1225.5	1295.9	1814.3	2139.9	2768.1
11.4		6.8	30.8	52.6	4.7		
286.2	377.0	477.3	646.0	576.3	862.0	869.5	1024.7
55.6	102.7	101.3	86.2	77.5	105.1	95.6	154.1
230.7	274.3	376.0	559.9	498.8	756.9	773.8	870.6
1773.0	2034.3	2241.6	2656.9	2956.1	3373.5	3439.2	3410.1
636.7	838.9	619.8	979.8	1019.4	1123.6	1343.2	1367.7
840.8	890.0	1144.0	1260.2	1521.1	1522.0	1349.2	1370.1
198.6	182.7	317.8	276.2	265.5	468.6	431.1	441.2
96.9	122.6	160.0	140.7	150.1	259.4	315.6	231.0
478.9	689.8	783.8	952.1	968.7	1127.9	1198.0	1159.5
10.7	11.9	15.0	29.1	14.1	142.5	133.9	66.8
37.5	51.4	83.3	119.1	123.2	167.6	185.2	201.8
3013.7	3367.3	4089.0	4795.8	5346.1	5716.2	6124.1	6914.5
2240.0	2532.1	3132.3	3657.3	4138.9	4162.3	4456.0	4950.4
219.6	232.7	299.9	340.1	367.0	563.4	528.3	505.6
142.3	176.0	196.1	281.3	240.9	311.5	326.0	373.1
871.3	1028.4	1840.4	3162.9	3449.9	3058.2	3490.8	2630.7
379.2	265.5	572.8	1855.9	2110.4	1100.1	1399.7	1006.4
489.3	754.8	1266.3	1295.4	1332.1	1955.0	2083.0	1611.5
2.9	8.1	1.2	11.6	7.4	3.1	8.1	12.8
4745.4	2758.6	3064.3	2604.2	2721.0	3601.4	4390.6	4463.2
3591.1	1622.8	1497.4	1114.4	1034.0	1176.0	1165.8	1000.9
634.0	532.7	571.8	557.5	567.3	734.1	1061.7	683.8
118.9	128.5	136.2	153.7	220.8	242.4	577.4	89.4
	1.5	0.9	0.4	2.3	8.5	6.3	1.6
384.5	460.7	825.0	692.1	858.5	1376.8	1550.0	2627.5

10－8　全体居民家庭总支出情况

单位:元/人

指　标　名　称	Item
全年总支出	**Total Expenditure**
1. 生活消费支出	Living Expenditure
食品烟酒	Food Tobacco Liquor
衣着	Clothing
居住	Residence
生活用品及服务	Articles and Services for Daily Use
医疗保健	Health Care
交通通信	Transportation Communication
教育文化娱乐	Education, Culture and Entertainment
其他用品及服务	Other Supplies and Services
2. 生产经营费用支出	Expenditure for Household Business
(1)第一产业生产支出	The Primary Industry
农业生产支出	Agricultural
林业生产支出	Forestry
牧业生产支出	Animal Husbandry
渔业生产支出	Fishery
(2)第二产业生产支出	The Secondary Industry
工业生产支出	Industrial
建筑业生产支出	Construction Industry
(3)第三产业生产支出	The Tertiary Industry
交通运输业生产支出	Transportation Industry
批发零售和住宿餐饮业生产支出	Wholesales, Retail Trade, Hotel and Catering Sectors
社会服务业生产支出	Social Services
其他家庭经营生产支出	Others
3. 财产性支出	Property Expenditure
4. 转移性支出	Transfer Expenditure
5. 部分商业保险支出	Commercial Insurance Expenditure
6. 购置资产及非经常性转移支出	Acquisition of Assets and Non－recurrent Transfer Expenses
(1)建造住房支出	Build Housing
(2)购买住房支出	Purchase Housing
(3)购建第一产业生产性固定资产	Purchase and Build the Productive Fixed Assets of the Primary Industry
#购买或建造农业生产性用房	Purchase or Build Agricultural Productive Housing
购买产品畜	Purchase Stock
购买或建造农业设施	Purchase or Build Agricultural Facilities
购买农业机械	Purchase Agricultural Machinery
(4)购建第二产业生产性固定资产支出	Purchase and Build the Productive Fixed Assets of the Secondary Industry
(5)购建第三产业生产性固定资产支出	Purchase and Build the Productive Fixed Assets of the Tertiary Industry
(6)非经常性转移支出	Non－recurrent Transfer Expenditures
7. 借贷性支出	Borrowing Expenditure
(1)归还银行信用社贷款	Repay the Loan to the Bank or Credit Union
(2)归还借款	Pay off the Loan
(3)存入银行款	Bank Deposit

Basic Statistics of Total Expenses for Urban and Rural Households

(yuan/person)

2013	2014	2015	2016	2017	2018	2019	2020
21576.0	**22594.6**	**24687.5**	**26174.3**	**27345.7**	**30573.5**	**34727.4**	**33447.2**
11292.0	12484.5	13815.6	14965.4	15350.3	16715.1	18296.8	17505.8
3226.2	3555.6	3694.8	3701.3	3796.4	4234.1	4605.2	4816.3
1022.9	1170.0	1237.9	1219.9	1268.9	1388.2	1476.6	1263.9
2036.2	2214.4	2607.3	2741.7	2861.5	3014.3	3245.1	3348.8
762.9	797.9	885.4	924.6	932.4	1067.1	1144.5	1037.2
1066.1	1239.9	1482.9	1473.2	1553.6	1727.1	1929.3	1906.3
1577.3	1763.5	1806.1	2748.6	2616.8	2724.4	3018.1	2922.0
1273.0	1416.4	1707.9	1772.1	1955.6	2139.5	2352.4	1760.6
327.5	326.7	393.4	384.1	365.1	420.4	525.5	450.7
1949.2	2449.9	2416.6	2868.4	2810.9	3708.4	4020.3	4550.4
1711.6	1974.1	1773.9	1816.5	1713.9	2334.3	2743.1	3138.6
790.3	925.1	929.2	933.7	794.4	973.1	1165.0	1079.8
24.4	20.0	27.7	10.6	11.4	36.3	39.2	19.2
883.4	1028.9	811.0	849.2	865.4	1324.9	1538.9	2039.6
0.1		6.0	23.0	42.6	0.1		
19.2	79.8	150.9	282.8	200.6	388.5	356.1	523.3
6.0	33.1	30.3	26.4	21.2	48.3	37.7	115.6
13.1	46.7	120.6	256.4	179.4	340.2	318.5	407.7
218.4	396.0	491.8	769.1	896.4	985.6	921.0	888.4
108.5	281.2	192.5	435.9	425.4	489.4	619.2	601.2
77.7	67.8	196.5	241.3	370.8	306.3	150.9	184.5
17.1	22.2	70.8	46.8	52.0	101.5	36.1	28.5
15.1	24.8	32.0	45.1	48.3	88.3	114.9	74.3
89.6	93.6	138.3	160.1	148.9	242.9	254.0	277.9
749.7	824.2	1056.8	1354.1	1502.7	1599.9	1741.7	2006.0
139.3	162.0	155.6	222.8	248.0	402.5	430.4	392.6
2694.2	3274.4	4475.4	4876.3	5827.9	5243.5	6835.1	6248.9
298.7	319.3	380.6	326.6	416.0	299.3	319.2	389.1
410.6	567.7	1283.5	1461.0	2013.3	1111.8	1992.5	2321.9
248.9	280.3	285.6	281.8	210.9	348.9	292.0	507.5
27.4	56.0	84.5	55.8	55.4	80.0	64.7	111.1
101.1	54.3	41.6	54.6	49.1	71.3	62.1	208.0
14.5	28.4	34.2	17.6	40.7	14.6	51.2	10.2
96.5	127.9	122.2	153.8	65.6	181.7	113.9	176.6
7.7	50.3	5.2	12.7	0.4	25.8	114.3	9.4
74.2	150.8	177.2	234.4	526.6	441.4	693.1	710.4
1633.3	1899.7	2326.8	2544.7	2646.7	3004.7	3303.3	2281.1
4661.9	3306.0	2629.1	1727.1	1457.1	2661.3	3149.2	2465.7
517.0	577.5	819.1	975.3	874.4	1726.6	1936.3	1832.4
294.5	377.4	343.6	342.2	358.7	742.7	845.3	483.4
3736.3	2260.2	1374.7	322.6	97.5	55.0	190.6	72.4

10－9　全体居民家庭主要耐用品每百户拥有情况

单位:百户均

指 标 名 称	Item
家用汽车	Automobile
摩托车	Motorcycle
助力车	Powered Bicycle
洗衣机	Washing Machine
电冰箱(柜)	Refrigerator
微波炉	Microwave Oven
彩色电视机	Color TV Set
空调	Air Conditioner
热水器	Water Heater
洗碗机	Dishwasher
排油烟机	Smoke Exhaust Ventilator
固定电话	Telephone
移动电话	Mobile Telephone
其中:接入互联网	Internet Mobile Telephone
计算机	Computer
其中:接入互联网	Internet Computer
照相机	Camera
中高档乐器	Secondary and Top Grade Musical Instrument
健身器材	Body－building Apparatus
空气净化器(含新风系统)	Air Purifier (Include Fresh Air System)
吸尘器	Vacuum Cleaner

Ownership of Major Durable Consumer Goods per 100 Urban and Rural Households

(per 100 households)

2013	2014	2015	2016	2017	2018	2019	2020
15.18	20.37	25.15	30.12	33.55	38.31	39.79	40.54
48.21	51.30	47.29	42.45	38.55	34.67	30.42	29.73
37.75	45.15	47.59	53.15	58.19	58.17	61.65	67.27
91.05	95.09	96.51	98.91	100.13	101.39	102.66	103.19
77.29	85.95	89.97	94.50	96.23	98.79	100.53	101.19
27.42	30.09	31.73	34.19	35.92	35.71	40.15	40.68
105.90	108.66	108.41	107.67	107.43	104.47	105.26	105.73
6.35	7.97	7.93	8.68	9.41	12.62	13.68	13.94
57.38	63.36	73.50	82.56	89.08	98.26	99.87	102.00
0.20	0.29	0.28	0.25	0.28	0.24	0.40	0.48
43.39	46.59	47.33	51.23	54.44	61.33	64.91	67.81
33.53	34.42	25.69	15.49	9.65	3.93	2.46	2.20
230.95	249.94	255.88	265.14	269.00	265.50	270.71	271.00
68.88	93.52	125.33	154.01	184.20	233.21	246.69	259.59
42.84	49.27	47.28	50.12	52.12	48.93	51.30	52.69
32.04	31.33	34.00	37.81	40.07	40.10	41.57	43.24
14.41	16.23	13.57	12.95	12.35	8.79	9.31	8.87
2.49	3.14	2.57	3.20	4.47	4.78	6.77	7.17
0.77	1.40	1.27	2.07	2.48	3.11	4.26	4.71
				0.32	2.32	2.74	2.84
				2.50	5.37	6.69	7.68

10－10 各市县全体居民家庭基本情况

指 标 名 称	Item	单位	Unit
一、户主文化程度	**Cultural Level of Head of a Household**		
（一）未上过学	No Schooling	%	%
（二）小学	Primary School	%	%
（三）初中	Junior Secondary School	%	%
（四）高中	Senior Secondary School	%	%
（五）大学专科	Junior College	%	%
（六）大学本科	Undergraduate College	%	%
（七）研究生	Postgraduate	%	%
二、按家庭规模分的住户类型	**Households Type Divided by Family Size**		
（一）一人户	One Person	%	%
（二）二人户	Two Persons	%	%
（三）三人户	Three Persons	%	%
（四）四人户	Four Persons	%	%
（五）五人户	Five Persons	%	%
（六）六人及以上户	Six Persons and over	%	%
三、按世代分的住户类型	**Households Type Divided by Generation**		
（一）一代户	One－Generation Households	%	%
（二）二代户	Two－Generation Households	%	%
（三）三代户	Three－Generation Households	%	%
（四）四代及以上户	Four－Generation Households and over	%	%
四、住户特征	**Household Characteristics**		
（一）纯老人户	Households of only the Old	%	%
（二）家中有未成年子女户	Households of Couple with Minor Children	%	%
（三）年轻夫妻无子女户	Households of Young Couple without Children	%	%
（四）无劳动力户	Households without Labor Force	%	%
五、住户经营情况	**Household Business Situation**		
（一）生产经营户	Production Business Households	%	%
农业户	Agriculture	%	%
农业兼业户	Agriculture and Business Households	%	%
非农兼业户	Non－agriculture and Business Households	%	%
非农业户	Non－agriculture Households	%	%
（二）非生产经营户	Non－production Business Households	%	%
六、参加医疗保险情况	**Medical Insurance Participation**		
（一）参加城乡居民基本医疗保险	Basic Medical Insurance for Urban and Rural Residents	%	%
（二）参加城镇职工基本医疗保险	Basic Medical Insurance for Urban Employee	%	%
（三）商业及其他医疗保险	Commercial and Other Health Insurance	%	%
（四）没有参加任何医疗保险	Non－joined any Medical Insurance	%	%

Basic Statistics of Urban and Rural Households by City and County

全区 Total	沿黄地区 Plain	中南部地区 Mountain Area	银川市 Yinchuan	兴庆区 Xingqing	西夏区 Xixia	金凤区 Jinfeng	永宁县 Yongning	贺兰县 Helan	灵武市 Lingwu
4.3	1.9	7.4	1.1	0.1	0.6	0.8	0.7	0.8	5.9
20.1	14.1	29.9	10.6	7.0	8.6	6.0	19.8	15.2	22.0
37.1	37.6	35.4	28.4	18.1	28.9	18.2	50.2	44.5	41.7
17.1	20.5	12.6	22.4	27.2	30.0	22.7	11.1	13.8	18.1
11.9	13.1	7.4	17.5	20.8	21.9	21.8	11.0	11.5	4.9
9.1	11.8	7.2	18.2	24.4	10.1	26.3	7.2	13.5	7.4
0.5	0.9	0.1	1.7	2.5		4.3		0.9	
3.7	5.1	2.8	5.1	5.4	5.5	8.0	1.5	4.1	3.5
30.5	34.3	20.9	34.6	39.6	35.3	31.4	42.1	26.9	25.7
28.1	32.0	18.4	34.4	40.7	32.3	36.9	21.4	34.5	23.4
20.7	19.3	27.8	18.6	12.6	19.6	16.8	22.9	24.5	30.7
8.9	5.8	14.6	4.5	1.0	5.2	4.5	9.4	5.4	9.2
8.1	3.5	15.5	2.7	0.8	2.3	2.4	2.7	4.6	7.5
27.9	33.5	16.2	33.7	40.3	33.3	32.8	31.1	27.6	26.6
57.7	56.6	61.8	57.7	55.4	58.0	60.8	56.1	56.1	60.7
14.0	9.8	21.1	8.6	4.3	8.7	6.5	12.9	16.3	12.7
0.4	0.1	0.9							
20.1	23.4	10.9	24.4	33.8	22.6	18.6	22.9	20.2	17.1
78.3	74.3	87.8	73.3	62.3	73.8	79.2	77.1	78.3	82.9
0.9	1.5	0.2	2.3	3.8	3.6	2.3		1.6	
0.8	0.9	1.1							
51.5	40.8	61.2	33.8	25.4	23.4	20.1	41.7	57.1	55.8
56.8	51.5	74.1	38.3	19.7	15.3	22.4	56.1	64.9	41.6
5.4	4.4	7.1	4.2	1.2	3.8	5.1	2.6	6.6	5.8
7.6	6.4	6.5	5.6	1.4	3.5	3.3	6.8	5.3	11.5
30.7	44.5	20.5	58.2	79.3	82.4	71.1	41.9	30.6	51.9
48.5	59.2	38.8	66.2	74.6	76.6	79.9	58.4	42.9	44.2
77.9	68.3	91.6	57.1	38.0	46.3	49.3	82.3	83.2	81.0
19.3	27.3	7.4	36.3	52.6	45.6	40.8	12.8	16.6	17.7
5.8	8.5	0.3	11.3	18.0	10.4	15.1	2.3	9.6	2.3
2.3	3.6	0.9	5.3	7.6	7.1	7.4	4.7	0.3	0.6

10－10　续表 1

指　标　名　称	Item	单位	Unit
一、户主文化程度	**Cultural Level of Head of a Household**		
(一)未上过学	No Schooling	%	%
(二)小学	Primary School	%	%
(三)初中	Junior Secondary School	%	%
(四)高中	Senior Secondary School	%	%
(五)大学专科	Junior College	%	%
(六)大学本科	Undergraduate College	%	%
(七)研究生	Postgraduate	%	%
二、按家庭规模分的住户类型	**Households Type Divided by Family Size**		
(一)一人户	One Person	%	%
(二)二人户	Two Persons	%	%
(三)三人户	Three Persons	%	%
(四)四人户	Four Persons	%	%
(五)五人户	Five Persons	%	%
(六)六人及以上户	Six Persons and over	%	%
三、按世代分的住户类型	**Households Type Divided by Generation**		
(一)一代户	One－Generation Households	%	%
(二)二代户	Two－Generation Households	%	%
(三)三代户	Three－Generation Households	%	%
(四)四代及以上户	Four－Generation Households and over	%	%
四、住户特征	**Household Characteristics**		
(一)纯老人户	Households of only the Old	%	%
(二)家中有未成年子女户	Households of Couple with Minor Children	%	%
(三)年轻夫妻无子女户	Households of Young Couple without Children	%	%
(四)无劳动力户	Households without Labor Force	%	%
五、住户经营情况	**Household Business Situation**		
(一)生产经营户	Production Business Households	%	%
农业户	Agriculture	%	%
农业兼业户	Agriculture and Business Households	%	%
非农兼业户	Non－agriculture and Business Households	%	%
非农业户	Non－agriculture Households	%	%
(二)非生产经营户	Non－production Business Households	%	%
六、参加医疗保险情况	**Medical Insurance Participation**		
(一)参加城乡居民基本医疗保险	Basic Medical Insurance for Urban and Rural Residents	%	%
(二)参加城镇职工基本医疗保险	Basic Medical Insurance for Urban Employee	%	%
(三)商业及其他医疗保险	Commercial and Other Health Insurance	%	%
(四)没有参加任何医疗保险	Non－joined any Medical Insurance	%	%

Continued

石嘴山市 Shizuishan	大武口区 Dawukou	惠农区 Huinong	平罗县 Pingluo	吴忠市 Wuzhong	利通区 Litong	红寺堡区 Hongsipu	盐池县 Yanchi	同心县 Tongxin	青铜峡市 Qingtongxia
2.4	4.7	1.3	0.8	4.0	5.3	10.2	2.5	3.0	0.6
15.1	12.4	10.6	21.6	26.3	22.4	38.1	25.9	39.8	15.4
43.0	28.3	47.3	56.9	44.1	43.3	28.9	48.3	36.8	60.3
22.3	28.5	23.9	13.8	11.9	13.3	9.5	7.0	10.1	15.4
9.8	11.0	13.9	5.2	7.4	7.7	5.6	12.3	5.5	5.2
7.4	15.2	3.0	1.9	6.1	7.3	7.9	4.0	4.8	3.2
				0.2	0.6				
8.1	10.1	11.2	3.4	2.6	4.8	1.2	2.0	1.6	1.3
37.7	40.2	32.5	40.5	26.3	26.5	18.1	39.2	27.7	23.2
33.6	29.1	43.2	30.2	23.2	22.6	22.9	19.4	10.8	37.1
14.7	13.4	10.0	19.3	27.1	28.6	27.9	28.5	27.8	22.5
4.7	5.6	3.1	5.0	12.1	10.5	16.7	6.0	18.4	9.6
1.1	1.6		1.6	8.6	7.0	13.3	4.8	13.6	6.4
39.5	40.5	36.2	42.7	23.6	26.8	16.1	33.0	21.4	21.1
54.8	51.1	62.1	51.4	61.5	55.5	69.5	54.6	66.2	61.7
5.7	8.4	1.8	5.9	14.6	17.4	14.4	12.3	11.8	17.2
				0.2	0.3			0.7	
27.4	35.0	20.3	26.4	14.9	16.3	4.8	24.3	16.5	11.4
70.5	62.5	77.5	72.5	82.1	78.8	93.4	74.1	79.7	88.6
				0.7	1.1	0.9	1.6		
2.1	2.5	2.2	1.2	2.3	3.8	1.0		3.8	
40.7	24.8	30.5	69.0	54.0	46.8	62.0	59.9	67.3	47.2
54.3	19.5	42.7	74.8	64.0	45.4	72.0	59.8	83.8	65.0
3.9		1.7	5.9	4.6	6.0	7.5	5.1	2.4	4.0
5.9	2.6	1.6	9.1	7.2	3.9	8.1	6.5	5.8	13.0
42.8	80.5	56.6	20.6	31.7	51.0	24.1	31.7	14.7	28.6
59.3	75.2	69.5	31.0	46.0	53.2	38.0	40.1	32.7	52.8
66.5	49.4	59.8	89.6	89.5	83.7	92.0	92.2	94.9	91.7
30.0	43.2	38.5	9.7	8.5	13.9	5.4	5.8	5.1	5.8
3.2	7.2	0.1	1.5	4.8	8.7	1.0	0.3		9.9
3.1	6.2	1.8	0.7	1.6	1.6	1.8	2.0		2.5

10－10 续表2

指 标 名 称	Item	单位	Unit
一、户主文化程度	**Cultural Level of Head of a Household**		
(一)未上过学	No Schooling	%	%
(二)小学	Primary School	%	%
(三)初中	Junior Secondary School	%	%
(四)高中	Senior Secondary School	%	%
(五)大学专科	Junior College	%	%
(六)大学本科	Undergraduate College	%	%
(七)研究生	Postgraduate	%	%
二、按家庭规模分的住户类型	**Households Type Divided by Family Size**		
(一)一人户	One Person	%	%
(二)二人户	Two Persons	%	%
(三)三人户	Three Persons	%	%
(四)四人户	Four Persons	%	%
(五)五人户	Five Persons	%	%
(六)六人及以上户	Six Persons and over	%	%
三、按世代分的住户类型	**Households Type Divided by Generation**		
(一)一代户	One－Generation Households	%	%
(二)二代户	Two－Generation Households	%	%
(三)三代户	Three－Generation Households	%	%
(四)四代及以上户	Four－Generation Households and over	%	%
四、住户特征	**Household Characteristics**		
(一)纯老人户	Households of only the Old	%	%
(二)家中有未成年子女户	Households of Couple with Minor Children	%	%
(三)年轻夫妻无子女户	Households of Young Couple without Children	%	%
(四)无劳动力户	Households without Labor Force	%	%
五、住户经营情况	**Household Business Situation**		
(一)生产经营户	Production Business Households	%	%
农业户	Agriculture	%	%
农业兼业户	Agriculture and Business Households	%	%
非农兼业户	Non－agriculture and Business Households	%	%
非农业户	Non－agriculture Households	%	%
(二)非生产经营户	Non－production Business Households	%	%
六、参加医疗保险情况	**Medical Insurance Participation**		
(一)参加城乡居民基本医疗保险	Basic Medical Insurance for Urban and Rural Residents	%	%
(二)参加城镇职工基本医疗保险	Basic Medical Insurance for Urban Employee	%	%
(三)商业及其他医疗保险	Commercial and Other Health Insurance	%	%
(四)没有参加任何医疗保险	Non－joined any Medical Insurance	%	%

Continued

固原市 Guyuan	原州区 Yuanzhou	西吉县 Xiji	隆德县 Longde	泾源县 Jingyuan	彭阳县 Pengyang	中卫市 Zhongwei	沙坡头区 Shapotou	中宁县 Zhongning	海原县 Haiyuan
8.3	7.5	6.2	9.1	3.8	14.8	5.0	3.9	2.0	9.9
28.2	29.7	25.5	19.0	37.1	31.0	22.3	18.6	18.9	30.8
33.8	29.0	37.0	43.8	39.2	26.9	46.6	47.3	51.6	39.8
14.9	9.8	20.6	18.6	7.2	18.2	15.0	18.4	14.4	10.8
6.6	12.4	3.7	5.4	6.4	1.6	7.8	9.5	8.1	5.7
8.0	11.7	7.0	3.7	6.4	7.0	3.2	2.3	5.0	2.7
0.2			0.4		0.4	0.1			0.3
3.4	3.4	0.8	6.6	3.3	5.1	2.8	2.3	3.7	2.7
18.8	16.2	16.0	26.2	10.9	25.9	30.8	36.4	34.6	18.4
19.7	18.3	19.7	14.8	28.8	22.3	23.1	28.9	22.4	16.2
27.8	34.7	23.5	26.7	27.6	24.0	21.6	19.5	23.5	22.5
13.8	12.9	12.3	15.4	21.3	13.5	10.4	7.0	8.7	17.0
16.5	14.6	27.8	10.4	8.2	9.2	11.3	5.9	7.2	23.2
13.8	16.1	5.8	23.8	4.9	17.5	26.6	30.1	33.3	14.4
57.9	58.8	57.3	50.3	75.4	56.5	57.8	56.4	54.2	64.0
26.8	24.2	34.3	24.0	19.7	24.4	15.2	12.6	12.5	21.6
1.5	0.9	2.7	1.9		1.5	0.4	0.9		
8.6	10.7	3.6	10.3	7.7	10.6	18.8	18.1	23.5	14.7
90.8	89.3	96.4	89.7	92.3	86.9	79.7	79.8	75.4	84.1
0.5					2.5	1.5	2.1	1.2	1.2
61.8	48.5	74.5	71.0	56.8	62.8	57.4	50.9	57.3	64.9
76.2	53.0	83.9	91.9	81.4	80.0	72.2	67.2	69.5	79.0
9.2	8.2	10.7	3.8	6.1	13.7	5.4	2.1	8.0	6.0
6.6	6.1	8.9	1.8	5.7	6.9	6.5	6.4	6.9	6.1
18.0	39.7	7.6	8.0	14.2	16.1	22.5	30.6	23.6	14.1
38.2	51.5	25.5	29.0	43.2	37.2	42.6	49.1	42.7	35.1
91.4	87.3	92.9	92.7	93.8	94.1	89.8	87.5	87.6	93.5
7.8	10.8	7.0	7.2	6.2	5.6	9.8	12.2	12.4	5.5
0.2	0.4	0.1			0.5	2.7		9.1	
0.7	1.9		0.1		0.3	0.5	0.4		1.0

10-11 各市县全体居民家庭就业情况

指 标 名 称	Item	单位	Unit
一、基本情况	**Basic Statistics of Households Surveyed**		
(一)户均常住人口	Average Number of Permanent Residents per Household	人/户	person/household
(二)户均常住从业人口	Average Number of Employed Persons per Household	人/户	person/household
(三)平均每户家庭从业人口比重	Proportion of Employed Persons per Household	%	%
(四)平均每一从业人口负担人数	Average Number of Dependency Coefficient per Employed Persons	人	person
(五)由本户供养的在校学生	Supported Students in School by the Family	人/户	person/household
(六)户均整半劳动力人口	Whole and Half Labor Force per Household	人/户	person/household
(七)平均每户家庭整半劳动力人口比重	Proportion of Whole and Half Labor Force per Household	%	%
二、家庭劳动力年龄构成	**Age Composition of Permanent Employed Persons**		
(一)16-19岁	Aged 16-19	%	%
(二)20-24岁	Aged 20-24	%	%
(三)25-29岁	Aged 25-29	%	%
(四)30-34岁	Aged 30-34	%	%
(五)35-40岁	Aged 35-40	%	%
(六)41-50岁	Aged 41-50	%	%
(七)51-60岁	Aged 51-60	%	%
(八)61-65岁	Aged 61-65	%	%
(九)66岁及以上	Aged 66 and over	%	%
三、家庭劳动力文化程度构成	**Composition of Education Level for Labor Force**		
(一)未上过学	No Schooling	%	%
(二)小学	Primary School	%	%
(三)初中	Junior Secondary School	%	%
(四)高中	Senior Secondary School	%	%
(五)大学专科	Junior College	%	%
(六)大学本科及以上	Bachelor Degree or above	%	%
(七)研究生	Graduate Student	%	%
四、常住从业人员就业类型	**Type of Employment of Permanent Employed Persons**		
(一)雇主	Employer	%	%
(二)公职人员	Civil Servants	%	%
(三)事业单位人员	Institution Officers	%	%
(四)国有企业雇员	State-owned Enterprises Employees	%	%
(五)其他雇员	Other Employees	%	%
(六)农业自营	Self-employed of Agriculture	%	%
(七)非农自营	Self-employed of Non-Agriculture	%	%
五、常住从业人员从事主要行业	**Type of Industry of Permanent Employed Persons**		
(一)第一产业	Primary Industry	%	%
(二)第二产业	Secondary Industry	%	%
(三)第三产业	Tertiary Industry	%	%

Basic Statistics of Urban and Rural Households by City and County

全区 Total	沿黄地区 Plain	中南部地区 Mountain Area	银川市 Yinchuan	兴庆区 Xingqing	西夏区 Xixia	金凤区 Jinfeng	永宁县 Yongning	贺兰县 Helan	灵武市 Lingwu
3.3	3.0	3.9	2.9	2.7	2.9	2.9	3.1	3.2	3.4
1.6	1.5	1.9	1.4	1.3	1.3	1.3	1.5	1.7	1.6
48.5	49.7	48.1	47.3	47.6	43.5	45.4	49.0	54.1	46.3
2.1	2.0	2.1	2.1	2.1	2.3	2.2	2.0	1.8	2.2
0.7	0.6	1.1	0.6	0.5	0.4	0.5	0.6	0.6	0.9
2.2	2.2	2.3	2.1	2.0	2.2	2.0	2.3	2.3	2.3
67.7	72.2	60.0	72.7	75.4	74.6	70.3	73.5	73.4	66.5
0.7	0.5	0.9	0.6	0.3	0.3	0.5	0.6	0.7	1.3
4.6	3.7	5.5	3.5	2.3	4.4	2.0	3.5	5.9	5.4
5.9	5.4	6.9	5.3	3.0	6.8	10.6	3.6	4.8	5.4
9.4	9.1	10.3	10.3	6.6	14.3	14.2	11.9	12.0	6.5
12.2	12.3	14.1	14.1	14.1	13.4	17.0	10.5	9.1	19.0
27.6	28.0	27.2	26.9	30.0	19.0	21.7	30.8	24.8	32.0
23.0	24.7	21.7	20.8	21.3	21.8	17.7	21.9	26.3	17.3
7.5	7.1	6.4	7.9	8.9	9.4	5.9	7.5	7.9	6.3
8.9	9.2	6.9	10.6	13.4	10.6	10.4	9.6	8.4	6.8
9.3	4.7	14.8	3.0	0.3	3.5	1.9	5.4	3.6	8.4
20.8	15.0	31.1	12.2	8.9	8.8	7.7	20.6	19.2	20.7
33.2	35.9	28.5	28.4	20.5	25.1	20.9	45.4	42.1	37.1
15.5	18.9	10.2	20.4	24.1	30.2	18.1	10.4	12.9	18.8
12.2	13.5	8.1	17.9	20.3	19.7	25.6	13.2	10.8	8.2
8.6	11.0	7.1	16.0	22.6	12.2	21.6	5.0	10.6	6.8
0.4	1.0	0.2	2.0	3.4	0.5	4.3		0.7	
0.4	0.5	0.6	0.8	2.0		0.8			0.3
1.9	2.3	1.6	3.2	3.4	0.8	6.2	1.8	3.6	0.6
4.7	5.0	7.5	5.9	8.9	3.9	2.9	3.1	4.8	6.8
4.2	7.1	1.0	10.1	17.0	9.6	10.5	0.3	0.5	11.9
52.0	56.8	38.1	57.5	50.9	71.0	65.3	69.9	60.2	40.6
24.5	14.9	41.8	7.5	4.2	1.0	2.9	9.8	18.0	16.3
12.2	13.3	9.4	15.0	13.6	13.6	11.5	15.0	12.9	23.5
28.7	18.9	45.0	10.1	5.8	2.2	4.0	11.1	29.3	17.7
21.9	26.5	14.9	24.4	23.9	38.5	20.1	28.3	15.0	24.8
49.4	54.6	40.2	65.5	70.4	59.3	75.9	60.6	55.6	57.5

10 - 11 续表 1

指 标 名 称	Item	单位	Unit
一、基本情况	**Basic Statistics of Households Surveyed**		
(一)户均常住人口	Average Number of Permanent Residents per Household	人/户	person/household
(二)户均常住从业人口	Average Number of Employed Persons per Household	人/户	person/household
(三)平均每户家庭从业人口比重	Proportion of Employed Persons per Household	%	%
(四)平均每一从业人口负担人数	Average Number of Dependency Coefficient per Employed Persons	人	person
(五)由本户供养的在校学生	Supported Students in School by the Family	人/户	person/household
(六)户均整半劳动力人口	Whole and Half Labor Force per Household	人/户	person/household
(七)平均每户家庭整半劳动力人口比重	Proportion of Whole and Half Labor Force per Household	%	%
二、家庭劳动力年龄构成	**Age Composition of Permanent Employed Persons**		
(一)16 - 19 岁	Aged 16 - 19	%	%
(二)20 - 24 岁	Aged 20 - 24	%	%
(三)25 - 29 岁	Aged 25 - 29	%	%
(四)30 - 34 岁	Aged 30 - 34	%	%
(五)35 - 40 岁	Aged 35 - 40	%	%
(六)41 - 50 岁	Aged 41 - 50	%	%
(七)51 - 60 岁	Aged 51 - 60	%	%
(八)61 - 65 岁	Aged 61 - 65	%	%
(九)66 岁及以上	Aged 66 and over	%	%
三、家庭劳动力文化程度构成	**Composition of Education Level for Labor Force**		
(一)未上过学	No Schooling	%	%
(二)小学	Primary School	%	%
(三)初中	Junior Secondary School	%	%
(四)高中	Senior Secondary School	%	%
(五)大学专科	Junior College	%	%
(六)大学本科及以上	Bachelor Degree or above	%	%
(七)研究生	Graduate Student	%	%
四、常住从业人员就业类型	**Type of Employment of Permanent Employed Persons**		
(一)雇主	Employer	%	%
(二)公职人员	Civil Servants	%	%
(三)事业单位人员	Institution Officers	%	%
(四)国有企业雇员	State - owned Enterprises Employees	%	%
(五)其他雇员	Other Employees	%	%
(六)农业自营	Self - employed of Agriculture	%	%
(七)非农自营	Self - employed of Non - Agriculture	%	%
五、常住从业人员从事主要行业	**Type of Industry of Permanent Employed Persons**		
(一)第一产业	Primary Industry	%	%
(二)第二产业	Secondary Industry	%	%
(三)第三产业	Tertiary Industry	%	%

Continued

石嘴山市 Shizuishan	大武口区 Dawukou	惠农区 Huinong	平罗县 Pingluo	吴忠市 Wuzhong	利通区 Litong	红寺堡区 Hongsipu	盐池县 Yanchi	同心县 Tongxin	青铜峡市 Qingtongxia
2.7	2.7	2.6	2.9	3.5	3.4	3.9	3.1	3.9	3.4
1.4	1.2	1.3	1.7	1.8	1.6	2.0	1.8	1.7	2.1
50.5	43.3	51.5	58.2	51.1	48.6	50.9	57.6	43.1	61.7
2.0	2.3	1.9	1.7	2.0	2.1	2.0	1.7	2.3	1.6
0.5	0.5	0.6	0.5	0.8	0.7	1.2	0.6	1.1	0.6
2.0	2.0	1.9	2.1	2.3	2.3	2.1	2.3	2.3	2.5
73.4	73.1	73.4	74.0	65.8	69.3	55.0	72.5	58.0	74.2
0.4	0.1	0.1	1.2	0.7	1.0	0.4	0.3	1.3	0.2
2.6	1.2	2.7	4.1	6.3	5.8	6.9	3.3	5.7	9.2
3.3	3.7	1.7	3.9	7.1	7.8	5.9	7.1	7.1	7.0
6.5	6.3	5.6	6.7	10.1	9.1	12.6	10.3	12.5	7.9
10.8	10.8	8.3	12.3	11.2	8.0	17.8	13.3	12.0	8.7
30.7	33.3	39.4	21.7	29.0	33.8	35.2	23.8	23.9	25.2
31.0	29.8	29.8	34.0	24.3	24.4	15.6	24.3	22.5	32.5
8.1	7.0	9.0	8.5	5.5	4.3	2.5	9.6	9.8	2.9
6.6	7.9	3.4	7.6	5.8	5.8	3.2	8.1	5.2	6.5
4.8	5.3	0.9	7.9	8.2	5.9	17.5	8.5	11.0	4.8
14.1	9.8	9.6	21.8	26.2	21.7	34.6	28.5	41.7	15.5
40.4	30.1	44.6	48.3	38.9	42.9	29.2	37.9	27.1	50.2
21.9	27.2	28.4	11.4	11.6	13.0	7.0	7.7	9.1	15.9
10.9	13.1	11.9	7.7	8.1	9.0	4.7	10.1	5.1	8.6
7.8	14.4	4.6	3.1	6.9	7.2	7.0	7.3	6.0	5.0
				0.1	0.3				
0.2	0.2		0.5						
3.1	7.0	1.3	1.1	1.4	2.1	0.9	2.3	1.2	
3.9	7.7	3.5	1.1	5.2	7.2	6.7	3.3	3.7	2.4
7.8	22.5	0.5	0.7	1.8	3.5	0.6	0.5	0.7	1.5
53.3	50.2	72.3	41.0	54.2	59.5	37.3	45.1	50.3	65.7
20.2	0.8	9.4	45.9	24.9	10.6	44.2	34.7	35.0	21.3
11.4	11.6	13.0	9.7	12.5	17.1	10.4	14.1	9.2	9.0
21.1	1.3	11.6	45.9	30.7	17.7	48.4	36.5	38.1	31.7
32.1	37.9	41.7	21.2	21.8	25.2	17.1	9.7	17.8	30.1
46.9	60.8	46.6	32.8	47.4	57.1	34.6	53.8	44.2	38.1

10－11 续表2

指标名称	Item	单位	Unit
一、基本情况	**Basic Statistics of Households Surveyed**		
(一)户均常住人口	Average Number of Permanent Residents per Household	人/户	person/household
(二)户均常住从业人口	Average Number of Employed Persons per Household	人/户	person/household
(三)平均每户家庭从业人口比重	Proportion of Employed Persons per Household	%	%
(四)平均每一从业人口负担人数	Average Number of Dependency Coefficient per Employed Persons	人	person
(五)由本户供养的在校学生	Supported Students in School by the Family	人/户	person/household
(六)户均整半劳动力人口	Whole and Half Labor Force per Household	人/户	person/household
(七)平均每户家庭整半劳动力人口比重	Proportion of Whole and Half Labor Force per Household	%	%
二、家庭劳动力年龄构成	**Age Composition of Permanent Employed Persons**		
(一)16－19岁	Aged 16－19	%	%
(二)20－24岁	Aged 20－24	%	%
(三)25－29岁	Aged 25－29	%	%
(四)30－34岁	Aged 30－34	%	%
(五)35－40岁	Aged 35－40	%	%
(六)41－50岁	Aged 41－50	%	%
(七)51－60岁	Aged 51－60	%	%
(八)61－65岁	Aged 61－65	%	%
(九)66岁及以上	Aged 66 and over	%	%
三、家庭劳动力文化程度构成	**Composition of Education Level for Labor Force**		
(一)未上过学	No Schooling	%	%
(二)小学	Primary School	%	%
(三)初中	Junior Secondary School	%	%
(四)高中	Senior Secondary School	%	%
(五)大学专科	Junior College	%	%
(六)大学本科及以上	Bachelor Degree or above	%	%
(七)研究生	Graduate Student	%	%
四、常住从业人员就业类型	**Type of Employment of Permanent Employed Persons**		
(一)雇主	Employer	%	%
(二)公职人员	Civil Servants	%	%
(三)事业单位人员	Institution Officers	%	%
(四)国有企业雇员	State－owned Enterprises Employees	%	%
(五)其他雇员	Other Employees	%	%
(六)农业自营	Self－employed of Agriculture	%	%
(七)非农自营	Self－employed of Non－Agriculture	%	%
五、常住从业人员从事主要行业	**Type of Industry of Permanent Employed Persons**		
(一)第一产业	Primary Industry	%	%
(二)第二产业	Secondary Industry	%	%
(三)第三产业	Tertiary Industry	%	%

Continued

固原市 Guyuan	原州区 Yuanzhou	西吉县 Xiji	隆德县 Longde	泾源县 Jingyuan	彭阳县 Pengyang	中卫市 Zhongwei	沙坡头区 Shapotou	中宁县 Zhongning	海原县 Haiyuan
3.9	3.9	4.3	3.7	3.9	3.6	3.5	3.1	3.3	4.2
1.9	1.9	2.2	1.9	1.8	1.7	1.7	1.7	1.6	2.0
48.5	47.3	50.8	51.0	46.0	47.2	50.0	53.6	48.8	47.1
2.1	2.1	2.0	2.0	2.2	2.1	2.0	1.9	2.1	2.1
1.0	0.9	1.2	0.9	1.1	1.0	0.8	0.6	0.7	1.2
2.4	2.4	2.5	2.3	2.3	2.1	2.3	2.3	2.2	2.5
60.1	61.5	58.7	63.1	60.4	57.0	66.5	73.4	65.5	60.0
1.0	1.7	0.9		0.9	0.2	0.5	0.2	0.7	0.8
5.2	6.7	4.4	4.8	5.6	2.6	3.6	2.1	1.6	7.5
6.1	7.3	6.9	4.6	7.2	2.9	7.0	5.9	6.4	9.2
9.4	14.0	7.5	4.1	9.7	6.6	9.6	6.7	12.5	10.9
12.7	12.6	12.5	13.0	13.4	13.9	12.6	11.7	13.3	13.4
29.1	28.2	26.6	26.3	31.6	35.8	25.4	27.6	26.7	21.2
23.7	18.8	26.1	31.2	18.6	27.0	23.9	29.8	20.4	19.3
6.0	4.9	6.3	6.8	6.5	6.4	6.7	6.5	7.2	6.5
7.0	5.7	8.8	9.2	6.6	4.6	10.6	9.4	11.2	11.4
17.4	12.5	23.5	17.8	6.5	22.6	10.6	8.2	10.0	14.0
28.4	27.4	22.8	27.2	37.8	36.8	24.7	20.3	19.1	35.2
27.5	27.7	27.7	29.9	34.0	19.9	39.8	43.5	45.4	29.6
11.1	9.5	13.9	12.4	7.6	10.6	13.1	15.4	13.7	9.9
8.0	12.2	6.0	5.7	8.5	4.5	7.6	8.2	6.8	7.9
7.3	10.3	5.9	6.8	5.7	5.4	4.0	4.4	5.1	2.9
0.2	0.4	0.2	0.2		0.2	0.1			0.4
1.2	2.3	1.5				0.5		1.4	0.2
1.7	2.4	1.3	0.7	3.8	1.4	0.6	0.7	0.8	0.3
7.9	11.3	7.0	5.7	6.4	6.7	4.6	3.4	5.3	5.5
1.0	1.3	0.5	1.7	0.6	1.0	1.8	3.2	1.1	0.8
34.4	37.9	23.9	39.1	46.9	37.8	46.6	51.0	55.0	33.9
45.1	32.8	59.7	49.2	31.0	44.2	35.8	30.4	23.7	52.5
8.7	12.1	6.2	3.5	11.3	8.9	10.1	11.3	12.5	6.8
48.1	34.9	60.6	52.1	35.7	53.3	41.5	36.5	30.8	56.1
15.2	18.9	11.5	15.1	17.2	13.7	20.2	23.1	25.8	11.7
36.7	46.2	27.9	32.9	47.1	33.0	38.4	40.5	43.3	32.2

10－12　各市县全体居民家庭房屋基本情况

指 标 名 称	Item	单位	Unit
一、期末现住房情况	**Current House Condition of Term End**		
(一)人均现住房面积	Per Capita Current Housing Area	平方米/人	sq. m/person
人均自有现住房面积	Per Capita Self－owned Current Housing Area	平方米/人	sq. m/person
户均现住房面积	Per Household Current Housing Area	平方米/户	sq. m/household
户均自有现住房面积	Per Household Self－owned Current Housing Area	平方米/户	sq. m/household
(二)现住房市场价月租金	Monthly Rent of Current Housing	元/人	yuan/person
自有现住房市场价月租金	Monthly Rent of Self－owned Current Housing	元/人	yuan/person
二、期内新购建住房情况	**Newly Bought or Built Residential Buildings Condition During Period**		
(一)新建住房竣工建筑面积	Completing Floor Space of Newly Built Residential Buildings	平方米/人	sq. m/person
(二)新建住房总费用	Total Cost of Newly Built Residential Buildings	元/人	yuan/person
(三)新建住房价值	Value of Newly Built Residential Buildings	元/平方米	yuan/sq. m
三、期末现住房构成	**Current Housing Constitute of Term End**		
(一)本住户居住类型	Residence Type	%	%
其中:普通住宅	General Residence	%	%
(二)本住户居住空间样式	House Construction Space Style	%	%
1. 单栋楼房	Single Building	%	%
2. 单栋平房	Single Bungalow	%	%
3. 四居室及以上单元房	House with Four Bedrooms and Above	%	%
4. 三居室单元房	House with Three Bedrooms	%	%
5. 二居室单元房	House with Two Bedrooms	%	%
6. 一居室单元房	House with One Bedrooms	%	%
7. 其他	Others	%	%
(三)主要建筑材料	Main Building Materials	%	%
1. 钢筋混凝土	Reinforced Concrete	%	%
2. 砖混材料	Brick and Concrete	%	%
3. 砖瓦砖木	Brick and Wood	%	%
4. 竹草土坯	Bamboo Grass Adobe	%	%
5. 其他	Others	%	%
(四)现住房房屋来源	Current Housing Source	%	%
1. 租赁公房	Public House Leasing	%	%
2. 租赁私房	Private House Leasing	%	%
3. 自建住房	Self－built Housing	%	%
4. 购买商品房	Commercial Residential Building	%	%
5. 购买房改住房	Reformed Housing	%	%
6. 购买保障性住房	Security Housing	%	%
7. 拆迁安置房	Removal Settlement Housing	%	%
8. 继承或获赠住房	Inheritance or Gift Housing	%	%
9. 免费借用房	Borrow Housing for Free	%	%
10. 其他	Others	%	%
(五)现住房建筑面积	Current Residential Buildings Area	%	%
1. 10 平方米以内	Less than 10 sq. m	%	%
2. 10－20 平方米	10－20 sq. m	%	%
3. 20－30 平方米	20－30 sq. m	%	%
4. 30－60 平方米	30－60 sq. m	%	%
5. 60－90 平方米	60－90 sq. m	%	%
6. 90－120 平方米	90－120 sq. m	%	%
7. 120－200 平方米	120－200 sq. m	%	%
8. 200 平方米以上	200 sq. m above	%	%

Basic Statistics of House for Urban and Rural Households by City and County

全区 Total	沿黄地区 Plain	中南部地区 Mountain Area	银川市 Yinchuan	兴庆区 Xingqing	西夏区 Xixia	金凤区 Jinfeng	永宁县 Yongning	贺兰县 Helan	灵武市 Lingwu
33.5	34.8	31.4	35.9	39.2	29.0	40.2	32.4	31.2	35.0
32.5	33.2	30.7	34.1	36.0	26.5	39.5	32.3	31.1	34.3
110.8	104.2	122.3	105.1	105.2	84.8	115.4	99.9	98.4	119.9
107.6	99.6	119.6	99.9	96.6	77.8	113.2	99.5	98.3	117.5
184.7	232.6	117.7	324.6	479.3	247.9	456.8	144.4	145.6	137.0
178.5	221.7	115.4	307.5	440.0	228.3	451.2	143.6	145.6	136.5
0.6	0.1	1.0					0.2		
529.8	83.1	818.6	12.6		18.4		62.0		
870.2	923.2	784.7	391.5		500.0		297.3		
100.0	100.0	100.0	100.0	100.0	100.0	100.0	100.0	100.0	100.0
100.0	100.0	100.0	100.0	100.0	100.0	100.0	100.0	100.0	100.0
100.0	100.0	100.0	100.0	100.0	100.0	100.0	100.0	100.0	100.0
0.7	0.6	1.2	0.2	0.3			0.5		
43.1	29.2	69.0	17.7	4.6	6.8	8.3	21.7	56.5	47.1
1.1	1.6	0.8	2.6	2.6	1.0	7.2			1.3
25.7	29.8	21.1	37.7	44.4	19.9	37.4	44.6	21.0	38.0
28.1	37.3	6.8	40.1	45.5	69.3	46.1	32.7	22.5	12.4
1.2	1.4	0.9	1.7	2.6	3.0	1.0	0.5		1.3
0.2	0.1	0.2							
100.0	100.0	100.0	100.0	100.0	100.0	100.0	100.0	100.0	100.0
36.5	42.3	20.8	45.5	39.7	4.5	81.6	58.0	37.0	49.5
36.5	41.7	28.9	45.6	59.4	91.9	17.0	29.6	36.4	19.3
26.4	15.8	48.9	8.7	0.8	3.6	1.4	12.4	26.1	30.3
0.4	0.1	1.2	0.1					0.5	
0.2	0.1	0.2	0.1						1.0
100.0	100.0	100.0	100.0	100.0	100.0	100.0	100.0	100.0	100.0
0.8	0.8	0.6	0.1						1.3
2.1	3.4	1.3	4.4	6.9	8.1	2.2	0.5		
42.2	28.5	67.6	17.5	4.6	6.8	8.3	22.0	55.3	44.8
40.9	48.0	26.5	54.9	65.1	50.1	65.9	29.7	43.4	39.0
2.7	6.1	0.3	9.6	14.4	33.8	0.9	0.5		1.0
1.6	1.7	0.2	2.7	0.6		9.4	1.3		3.8
8.3	9.7	2.1	9.2	5.3	0.2	13.3	45.9	0.8	7.4
0.5	0.6		0.5	1.2					1.0
0.8	1.1	0.4	0.9	1.9	1.0			0.5	1.0
0.2	0.1	1.0	0.1						0.7
100.0	100.0	100.0	100.0	100.0	100.0	100.0	100.0	100.0	100.0
		0.1							
		0.1						0.5	
6.0	6.7	5.2	6.7	6.4	20.9	1.3	2.3	6.0	5.6
27.9	33.5	15.1	29.9	33.5	40.8	23.0	33.5	41.0	11.4
36.7	36.5	38.8	36.2	30.9	28.4	38.9	48.9	34.7	44.5
26.6	21.6	36.3	26.0	28.0	9.9	33.6	15.3	17.5	35.0
2.8	1.6	4.5	1.1	1.2		3.2		0.4	3.5

10－12 续表1

指 标 名 称	Item	单位	Unit
一、期末现住房情况	**Current House Condition of Term End**		
(一)人均现住房面积	Per Capita Current Housing Area	平方米/人	sq. m/person
人均自有现住房面积	Per Capita Self－owned Current Housing Area	平方米/人	sq. m/person
户均现住房面积	Per Household Current Housing Area	平方米/户	sq. m/household
户均自有现住房面积	Per Household Self－owned Current Housing Area	平方米/户	sq. m/household
(二)现住房市场价月租金	Monthly Rent of Current Housing	元/人	yuan/person
自有现住房市场价月租金	Monthly Rent of Self－owned Current Housing	元/人	yuan/person
二、期内新购建住房情况	**Newly Bought or Built Residential Buildings Condition During Period**		
(一)新建住房竣工建筑面积	Completing Floor Space of Newly Built Residential Buildings	平方米/人	sq. m/person
(二)新建住房总费用	Total Cost of Newly Built Residential Buildings	元/人	yuan/person
(三)新建住房价值	Value of Newly Built Residential Buildings	元/平方米	yuan/sq. m
三、期末现住房构成	**Current Housing Constitute of Term End**		
(一)本住户居住类型	Residence Type	%	%
其中:普通住宅	General Residence	%	%
(二)本住户居住空间样式	House Construction Space Style	%	%
1. 单栋楼房	Single Building	%	%
2. 单栋平房	Single Bungalow	%	%
3. 四居室及以上单元房	House with Four Bedrooms and Above	%	%
4. 三居室单元房	House with Three Bedrooms	%	%
5. 二居室单元房	House with Two Bedrooms	%	%
6. 一居室单元房	House with One Bedrooms	%	%
7. 其他	Others	%	%
(三)主要建筑材料	Main Building Materials	%	%
1. 钢筋混凝土	Reinforced Concrete	%	%
2. 砖混材料	Brick and Concrete	%	%
3. 砖瓦砖木	Brick and Wood	%	%
4. 竹草土坯	Bamboo Grass Adobe	%	%
5. 其他	Others	%	%
(四)现住房房屋来源	Current Housing Source	%	%
1. 租赁公房	Public House Leasing	%	%
2. 租赁私房	Private House Leasing	%	%
3. 自建住房	Self－built Housing	%	%
4. 购买商品房	Commercial Residential Building	%	%
5. 购买房改住房	Reformed Housing	%	%
6. 购买保障性住房	Security Housing	%	%
7. 拆迁安置房	Removal Settlement Housing	%	%
8. 继承或获赠住房	Inheritance or Gift Housing	%	%
9. 免费借用房	Borrow Housing for Free	%	%
10. 其他	Others	%	%
(五)现住房建筑面积	Current Residential Buildings Area	%	%
1. 10 平方米以内	Less than 10 sq. m	%	%
2. 10－20 平方米	10－20 sq. m	%	%
3. 20－30 平方米	20－30 sq. m	%	%
4. 30－60 平方米	30－60 sq. m	%	%
5. 60－90 平方米	60－90 sq. m	%	%
6. 90－120 平方米	90－120 sq. m	%	%
7. 120－200 平方米	120－200 sq. m	%	%
8. 200 平方米以上	200 sq. m above	%	%

Continued

石嘴山市 Shizuishan	大武口区 Dawukou	惠农区 Huinong	平罗县 Pingluo	吴忠市 Wuzhong	利通区 Litong	红寺堡区 Hongsipu	盐池县 Yanchi	同心县 Tongxin	青铜峡市 Qingtongxia
33.6	34.4	30.4	35.2	35.1	32.2	36.3	34.3	40.9	32.9
32.0	31.6	28.9	34.8	33.6	31.3	35.8	29.0	40.7	30.7
92.3	93.0	79.4	101.6	123.4	109.2	141.1	106.6	159.4	111.3
87.9	85.4	75.6	100.3	118.3	106.1	139.3	90.0	158.5	104.0
157.4	192.5	146.2	121.8	114.2	163.1	113.8	120.4	69.8	72.8
151.3	183.1	137.7	120.4	110.2	157.6	112.4	112.9	69.8	66.9
				0.4		0.8	0.7	1.2	
				384.3		272.1	837.8	1120.1	
				859.9		357.4	1172.7	973.3	
100.0	100.0	100.0	100.0	100.0	100.0	100.0	100.0	100.0	100.0
100.0	100.0	100.0	100.0	100.0	100.0	100.0	100.0	100.0	100.0
100.0	100.0	100.0	100.0	100.0	100.0	100.0	100.0	100.0	100.0
1.7	3.1	1.1	0.6	1.4		0.6	9.3	0.7	
26.6	9.1	14.4	61.3	52.9	32.8	70.4	51.1	84.9	51.4
0.7		1.8	0.6	0.7		0.6		1.3	1.4
26.9	35.6	21.7	18.4	22.1	23.7	21.2	25.5	12.5	20.7
42.6	52.3	60.9	15.0	21.1	42.2	5.9	8.9	0.7	23.8
1.1			2.5	1.6	1.2	0.6	3.5		2.7
0.4			1.5	0.3		0.7	1.6		
100.0	100.0	100.0	100.0	100.0	100.0	100.0	100.0	100.0	100.0
49.7	46.3	79.2	26.6	29.1	31.6	2.3	47.2	5.6	48.6
31.8	50.6	8.7	29.3	38.7	50.8	27.2	25.5	27.2	47.8
18.5	3.1	12.0	44.2	30.4	17.6	70.5	24.8	59.8	3.6
				1.5				7.4	
				0.3			2.5		
100.0	100.0	100.0	100.0	100.0	100.0	100.0	100.0	100.0	100.0
1.2	0.2	1.3	1.9	1.7	1.2		0.9		4.7
3.1	4.9	3.8	0.8	2.2	2.7	1.3	2.7		3.8
25.6	7.7	10.9	62.5	51.1	32.8	71.0	45.3	85.4	45.6
52.5	51.3	72.5	33.5	32.8	34.2	24.7	38.2	11.4	44.0
2.4	6.2			0.3				1.0	
2.8	3.9	4.3		0.1				0.7	
9.2	18.6	5.9	0.6	9.6	29.0	1.7	1.3	0.8	
1.7	3.0	1.3	0.6						
1.5	4.0			0.4		0.7			1.3
				1.9		0.6	11.8	0.8	0.7
100.0	100.0	100.0	100.0	100.0	100.0	100.0	100.0	100.0	100.0
				0.1		0.7			
				0.1		0.9			
8.8	9.4	12.7	5.7	4.9	3.5	1.5	11.1	1.5	8.1
47.2	44.5	66.9	35.4	21.1	32.6	9.1	20.5	7.7	24.5
34.2	37.5	16.0	42.8	35.2	42.3	33.6	44.0	16.5	39.1
8.9	7.0	4.4	15.3	31.1	17.5	39.5	23.6	57.1	25.6
0.9	1.7		0.8	7.4	4.1	14.7	0.8	17.1	2.7

10－12 续表2

指 标 名 称	Item	单位	Unit
一、期末现住房情况	**Current House Condition of Term End**		
（一）人均现住房面积	Per Capita Current Housing Area	平方米/人	sq. m/person
人均自有现住房面积	Per Capita Self－owned Current Housing Area	平方米/人	sq. m/person
户均现住房面积	Per Household Current Housing Area	平方米/户	sq. m/household
户均自有现住房面积	Per Household Self－owned Current Housing Area	平方米/户	sq. m/household
（二）现住房市场价月租金	Monthly Rent of Current Housing	元/人	yuan/person
自有现住房市场价月租金	Monthly Rent of Self－owned Current Housing	元/人	yuan/person
二、期内新购建住房情况	**Newly Bought or Built Residential Buildings Condition During Period**		
（一）新建住房竣工建筑面积	Completing Floor Space of Newly Built Residential Buildings	平方米/人	sq. m/person
（二）新建住房总费用	Total Cost of Newly Built Residential Buildings	元/人	yuan/person
（三）新建住房价值	Value of Newly Built Residential Buildings	元/平方米	yuan/sq. m
三、期末现住房构成	**Current Housing Constitute of Term End**		
（一）本住户居住类型	Residence Type	%	%
其中：普通住宅	General Residence	%	%
（二）本住户居住空间样式	House Construction Space Style	%	%
1. 单栋楼房	Single Building	%	%
2. 单栋平房	Single Bungalow	%	%
3. 四居室及以上单元房	House with Four Bedrooms and Above	%	%
4. 三居室单元房	House with Three Bedrooms	%	%
5. 二居室单元房	House with Two Bedrooms	%	%
6. 一居室单元房	House with One Bedrooms	%	%
7. 其他	Others	%	%
（三）主要建筑材料	Main Building Materials	%	%
1. 钢筋混凝土	Reinforced Concrete	%	%
2. 砖混材料	Brick and Concrete	%	%
3. 砖瓦砖木	Brick and Wood	%	%
4. 竹草土坯	Bamboo Grass Adobe	%	%
5. 其他	Others	%	%
（四）现住房房屋来源	Current Housing Source	%	%
1. 租赁公房	Public House Leasing	%	%
2. 租赁私房	Private House Leasing	%	%
3. 自建住房	Self－built Housing	%	%
4. 购买商品房	Commercial Residential Building	%	%
5. 购买房改住房	Reformed Housing	%	%
6. 购买保障性住房	Security Housing	%	%
7. 拆迁安置房	Removal Settlement Housing	%	%
8. 继承或获赠住房	Inheritance or Gift Housing	%	%
9. 免费借用房	Borrow Housing for Free	%	%
10. 其他	Others	%	%
（五）现住房建筑面积	Current Residential Buildings Area	%	%
1. 10平方米以内	Less than 10 sq. m	%	%
2. 10－20平方米	10－20 sq. m	%	%
3. 20－30平方米	20－30 sq. m	%	%
4. 30－60平方米	30－60 sq. m	%	%
5. 60－90平方米	60－90 sq. m	%	%
6. 90－120平方米	90－120 sq. m	%	%
7. 120－200平方米	120－200 sq. m	%	%
8. 200平方米以上	200 sq. m above	%	%

Continued

固原市 Guyuan	原州区 Yuanzhou	西吉县 Xiji	隆德县 Longde	泾源县 Jingyuan	彭阳县 Pengyang	中卫市 Zhongwei	沙坡头区 Shapotou	中宁县 Zhongning	海原县 Haiyuan
28.8	28.2	27.4	29.7	27.4	33.3	33.5	36.1	35.3	29.1
28.2	27.3	27.3	29.4	26.5	32.2	32.8	35.0	34.1	29.1
113.4	111.0	116.9	108.9	106.6	121.4	116.6	112.2	117.0	121.4
110.9	107.7	116.5	107.6	103.1	117.5	114.1	108.9	112.9	121.4
129.3	181.2	55.4	146.9	126.2	142.9	131.8	164.2	137.2	98.2
126.5	177.7	54.6	144.7	124.6	138.4	130.1	163.3	132.6	98.2
1.1	0.6	2.2	0.5	1.1	0.3	0.9		1.0	1.7
719.9	475.3	1287.3	394.1	999.4	172.7	846.2		1013.3	1543.8
675.9	855.4	583.2	772.9	948.1	625.0	948.2		1031.6	904.6
100.0	100.0	100.0	100.0	100.0	100.0	100.0	100.0	100.0	100.0
100.0	100.0	100.0	100.0	100.0	100.0	100.0	100.0	100.0	100.0
100.0	100.0	100.0	100.0	100.0	100.0	100.0	100.0	100.0	100.0
0.5		1.5		1.0		0.9	1.4	1.2	
67.6	46.9	79.1	79.1	74.6	78.6	67.5	56.8	59.9	87.5
0.7	1.7	0.4		1.0		0.9	1.8		0.6
20.6	32.4	14.4	13.4	15.3	15.7	16.9	16.8	24.0	10.9
9.3	18.6	4.7	6.6	5.6	2.3	13.2	22.5	14.3	1.0
1.3	0.4		0.9	2.6	3.4	0.5	0.7	0.7	
100.0	100.0	100.0	100.0	100.0	100.0	100.0	100.0	100.0	100.0
23.7	29.9	22.1	21.8	22.1	17.8	25.6	29.9	38.5	8.5
29.6	27.6	29.6	23.4	29.4	37.5	29.1	29.6	24.9	32.1
46.4	42.5	48.3	54.8	48.4	43.0	45.0	40.0	36.6	58.8
0.3					1.8	0.2	0.5		
						0.2			0.6
100.0	100.0	100.0	100.0	100.0	100.0	100.0	100.0	100.0	100.0
1.2	0.4		0.9	5.7	2.1	0.7	1.2	0.7	
1.7	2.5	0.4	1.4		2.5	0.9		2.7	
65.8	41.7	80.6	78.1	75.6	76.1	67.3	57.2	59.4	86.8
28.7	50.3	19.0	18.7	17.7	16.0	25.4	32.5	33.9	9.5
						0.6	1.2		0.4
0.1					0.4	0.1			0.3
1.9	3.7		0.8	0.5	2.5	3.7	6.3	1.3	3.0
						0.1		0.4	
0.6	1.3			0.5	0.4	0.9	1.1	1.6	
						0.2	0.6		
100.0	100.0	100.0	100.0	100.0	100.0	100.0	100.0	100.0	100.0
5.2	6.0	3.0	3.9	10.3	5.0	4.6	3.3	3.7	7.5
17.3	15.7	14.6	23.9	21.4	17.2	24.1	28.7	25.6	16.7
45.3	43.3	46.6	48.0	42.4	46.1	36.4	37.6	41.7	29.6
31.3	35.0	35.0	23.3	23.9	28.9	32.9	30.4	25.7	43.2
0.9		0.7	1.0	1.9	2.7	1.9		3.2	3.0

10－12　续表3

指标名称	Item	单位	Unit
(六)住宅有管道供水情况	Pipeline Water Supplying of Residential Buildings	%	%
1. 住宅内管道取水	Pipeline Water Supplying in the Home	%	%
2. 住宅内其他方式取水	Other Ways Water Supplying in the Residence	%	%
3. 院内管道取水	Pipeline Water Supplying to Public Water Intaking Spot	%	%
4. 院内其他方式取水	Other Ways Water Supplying in the Courtyard	%	%
5. 其他位置取水	Water Supplying from Other Locations	%	%
(七)住户厕所类型	Residence Toilet Type	%	%
1. 水冲式卫生厕所	Water Flushing Sanitary Toilet	%	%
2. 水冲式非卫生厕所	Water Flushing Insanitary Toilet	%	%
3. 卫生旱厕	Sanitary Pit Latrine	%	%
4. 普通旱厕	General Pit Latrine	%	%
5. 无厕所	No Toilet	%	%
(八)住户厕所使用情况	Using Condition of Residence Toilet	%	%
1. 本住户独用	Exclusive Use	%	%
2. 几户合用	Sharing with Several Households	%	%
3. 公用厕所	Public Toilet	%	%
(九)住户洗澡设施情况	Residence Shower Equipment Condition	%	%
1. 统一供热水	Unified Supply Hot Water	%	%
2. 家庭自装热水器	House Self－Installing Water Heater	%	%
3. 其他	Others	%	%
4. 无洗澡设施	No Shower Equipment	%	%
(十)住户主要取暖设备状况	Residence Main Heating Equipment Condition	%	%
1. 由市政或小区集中供暖	Central Heating by Government or Housing Estate	%	%
2. 自行供暖	Self Heating	%	%
3. 无取暖设备	No Heating Equipment	%	%
(十一)住户主要取暖用能源状况	Residence Main Heating Energy Condition	%	%
1. 柴草	Firewood	%	%
2. 煤炭	Coal	%	%
3. 罐装液化石油气	Canned Liquefied Petroleum Gas	%	%
4. 管道液化石油气	Pipeline Liquefied Petroleum Gas	%	%
5. 管道煤气	Pipeline Coal Gas	%	%
6. 管道天然气	Pipeline Natural Gas	%	%
7. 电	Electricity	%	%
8. 燃料用油	Fuel Oils	%	%
9. 沼气	Biogas	%	%
10. 其他	Others	%	%
11. 无取暖行为	No Heating Behavior	%	%
(十二)主要炊用能源状况	Main Condition of Cooking Energy	%	%
1. 柴草	Firewood	%	%
2. 煤炭	Coal	%	%
3. 罐装液化石油气	Canned Liquefied Petroleum Gas	%	%
4. 管道液化石油气	Pipeline Liquefied Petroleum Gas	%	%
5. 管道煤气	Pipeline Coal Gas	%	%
6. 管道天然气	Pipeline Natural Gas	%	%
7. 电	Electricity	%	%
8. 燃料用油	Fuel Oils	%	%
9. 沼气	Biogas	%	%
10. 其他	Others	%	%
11. 无炊用行为	No Heating Behavior	%	%

Continued

全区 Total	沿黄地区 Plain	中南部地区 Mountain Area	银川市 Yinchuan	兴庆区 Xingqing	西夏区 Xixia	金凤区 Jinfeng	永宁县 Yongning	贺兰县 Helan	灵武市 Lingwu
100.0	100.0	100.0	100.0	100.0	100.0	100.0	100.0	100.0	100.0
90.0	100.0	99.7	100.0	100.0	100.0	100.0	100.0	100.0	100.0
0.9									
7.6									
1.4		0.3							
0.1									
100.0	100.0	100.0	100.0	100.0	100.0	100.0	100.0	100.0	100.0
64.8	79.0	37.3	86.1	95.9	93.2	91.7	81.1	44.8	82.7
2.4	3.7	4.9	1.5	0.4			7.0	2.3	4.7
4.2	2.6	7.6	2.2	2.4			8.5		1.8
28.5	14.7	50.0	10.2	1.2	6.8	8.3	3.5	52.9	10.8
0.1	0.1	0.2							
100.0	100.0	100.0	100.0	100.0	100.0	100.0	100.0	100.0	100.0
99.3	99.5	98.5	99.7	99.9	100.0	100.0	99.2	100.0	98.1
0.5	0.5	1.1	0.3	0.1			0.8		1.9
0.2		0.4							
100.0	100.0	100.0	100.0	100.0	100.0	100.0	100.0	100.0	100.0
1.3	2.0	2.6	2.5	1.9		2.2	2.9	8.7	0.4
91.4	92.1	89.0	93.6	98.0	96.1	97.8	91.4	72.4	92.5
2.8	2.4	1.9	2.0		2.1		0.8	14.2	2.5
4.4	3.5	6.6	1.9	0.1	1.8		5.0	4.7	4.7
100.0	100.0	100.0	100.0	100.0	100.0	100.0	100.0	100.0	100.0
48.3	60.9	29.5	65.6	88.9	83.8	58.4	44.6	43.5	30.7
51.2	38.6	69.6	34.2	11.1	16.2	41.6	52.8	56.5	68.9
0.4	0.5	0.9	0.2				2.6		0.4
100.0	100.0	100.0	100.0	100.0	100.0	100.0	100.0	100.0	100.0
	0.1	0.1							
41.8	27.4	67.6	17.2	4.6	6.6	6.9	20.2	56.1	44.8
		0.1							
		0.1							
8.8	10.7	0.7	16.7	6.4	9.5	34.7	33.8		21.9
0.9	0.5	1.1	0.4	0.1				0.4	2.5
	0.1	0.1	0.1				0.8		
48.5	61.2	30.2	65.7	88.9	83.8	58.4	45.3	43.5	30.7
100.0	100.0	100.0	100.0	100.0	100.0	100.0	100.0	100.0	100.0
1.1	0.3	3.1					0.6		
8.4	6.8	9.0	3.8	0.6	3.2	0.2	4.5	2.3	14.6
9.8	12.0	6.5	10.0	5.6	2.0	2.7	10.3	45.3	13.9
0.1	0.2	0.1	0.1						1.0
0.1		0.4							0.4
46.9	64.2	7.9	78.3	89.4	90.0	88.8	78.4	41.3	48.3
33.4	16.4	72.3	7.5	4.4	4.8	8.3	6.3	11.0	19.9
	0.1								
		0.1							
0.1	0.1	0.6	0.2						1.9

10－12 续表4

指 标 名 称	Item	单位	Unit
(六)住宅有管道供水情况	Pipeline Water Supplying of Residential Buildings	%	%
1.住宅内管道取水	Pipeline Water Supplying in the Home	%	%
2.住宅内其他方式取水	Other Ways Water Supplying in the Residence	%	%
3.院内管道取水	Pipeline Water Supplying to Public Water Intaking Spot	%	%
4.院内其他方式取水	Other Ways Water Supplying in the Courtyard	%	%
5.其他位置取水	Water Supplying from Other Locations	%	%
(七)住户厕所类型	Residence Toilet Type	%	%
1.水冲式卫生厕所	Water Flushing Sanitary Toilet	%	%
2.水冲式非卫生厕所	Water Flushing Insanitary Toilet	%	%
3.卫生旱厕	Sanitary Pit Latrine	%	%
4.普通旱厕	General Pit Latrine	%	%
5.无厕所	No Toilet	%	%
(八)住户厕所使用情况	Using Condition of Residence Toilet	%	%
1.本住户独用	Exclusive Use	%	%
2.几户合用	Sharing with Several Households	%	%
3.公用厕所	Public Toilet	%	%
(九)住户洗澡设施情况	Residence Shower Equipment Condition	%	%
1.统一供热水	Unified Supply Hot Water	%	%
2.家庭自装热水器	House Self－Installing Water Heater	%	%
3.其他	Others	%	%
4.无洗澡设施	No Shower Equipment	%	%
(十)住户主要取暖设备状况	Residence Main Heating Equipment Condition	%	%
1.由市政或小区集中供暖	Central Heating by Government or Housing Estate	%	%
2.自行供暖	Self Heating	%	%
3.无取暖设备	No Heating Equipment	%	%
(十一)住户主要取暖用能源状况	Residence Main Heating Energy Condition	%	%
1.柴草	Firewood	%	%
2.煤炭	Coal	%	%
3.罐装液化石油气	Canned Liquefied Petroleum Gas	%	%
4.管道液化石油气	Pipeline Liquefied Petroleum Gas	%	%
5.管道煤气	Pipeline Coal Gas	%	%
6.管道天然气	Pipeline Natural Gas	%	%
7.电	Electricity	%	%
8.燃料用油	Fuel Oils	%	%
9.沼气	Biogas	%	%
10.其他	Others	%	%
11.无取暖行为	No Heating Behavior	%	%
(十二)主要炊用能源状况	Main Condition of Cooking Energy	%	%
1.柴草	Firewood	%	%
2.煤炭	Coal	%	%
3.罐装液化石油气	Canned Liquefied Petroleum Gas	%	%
4.管道液化石油气	Pipeline Liquefied Petroleum Gas	%	%
5.管道煤气	Pipeline Coal Gas	%	%
6.管道天然气	Pipeline Natural Gas	%	%
7.电	Electricity	%	%
8.燃料用油	Fuel Oils	%	%
9.沼气	Biogas	%	%
10.其他	Others	%	%
11.无炊用行为	No Heating Behavior	%	%

Continued

石嘴山市 Shizuishan	大武口区 Dawukou	惠农区 Huinong	平罗县 Pingluo	吴忠市 Wuzhong	利通区 Litong	红寺堡区 Hongsipu	盐池县 Yanchi	同心县 Tongxin	青铜峡市 Qingtongxia
100.0	100.0	100.0	100.0	100.0	100.0	100.0	100.0	100.0	100.0
100.0	100.0	100.0	100.0	99.9	100.0	97.7	100.0	100.0	100.0
				0.1		2.3			
100.0	100.0	100.0	100.0	100.0	100.0	100.0	100.0	100.0	100.0
83.0	96.4	93.7	55.1	57.6	80.3	30.1	61.2	13.8	74.4
0.4	0.5		0.8	3.0	1.8	0.9	6.3	6.8	
0.1	0.2			7.1	8.3		28.5		5.9
16.4	2.8	6.3	44.1	32.1	9.6	68.9	2.0	79.4	19.7
0.1	0.2			0.2			1.9		
100.0	100.0	100.0	100.0	100.0	100.0	100.0	100.0	100.0	100.0
98.9	97.8	100.0	99.2	99.1	100.0	98.6	95.2	99.4	100.0
1.1	2.2		0.8	0.4		1.4	0.9	0.6	
				0.5			3.8		
100.0	100.0	100.0	100.0	100.0	100.0	100.0	100.0	100.0	100.0
1.6	3.1	0.7	0.7	3.4	2.4	3.4	1.2	6.0	2.2
90.1	93.7	95.4	83.8	88.0	93.8	87.6	84.0	77.0	93.1
4.1		1.3	9.2	3.6	3.8	3.0	1.0	5.5	3.9
4.2	3.2	2.6	6.3	5.0		6.0	13.8	11.5	0.7
100.0	100.0	100.0	100.0	100.0	100.0	100.0	100.0	100.0	100.0
68.5	90.7	90.6	24.1	44.1	67.9	29.5	37.9	14.4	40.7
31.5	9.3	9.4	75.9	54.8	32.1	70.5	53.4	85.6	59.3
				1.1			8.7		
100.0	100.0	100.0	100.0	100.0	100.0	100.0	100.0	100.0	100.0
24.1	9.1	8.9	58.1	49.3	30.3	68.9	34.8	85.3	48.9
				0.1				0.3	
6.4	0.2		15.4	2.9	1.5		1.9		9.7
0.7			2.4	2.3	0.3		16.8		0.7
0.2		0.6		0.2		1.6			
68.5	90.7	90.6	24.1	45.2	67.9	29.5	46.6	14.4	40.7
100.0	100.0	100.0	100.0	100.0	100.0	100.0	100.0	100.0	100.0
0.1	0.3			3.1		14.4	3.5		4.3
5.2	2.8	4.8	7.7	4.8	9.6	0.9	12.0	0.7	1.5
15.3	2.8	6.1	39.6	10.6	13.7	1.5	7.0	4.8	20.7
0.4	1.0			0.2	0.4			0.3	
				0.4				1.6	
67.5	82.7	85.5	32.6	32.5	58.6	1.4	24.5		45.2
11.3	10.2	3.6	20.0	47.6	17.7	81.2	47.5	92.7	28.3
0.1	0.3			0.1			0.6		
				0.1		0.6			
				0.6			4.9		

10－12 续表5

指 标 名 称	Item	单位	Unit
(六)住宅有管道供水情况	Pipeline Water Supplying of Residential Buildings	%	%
1.住宅内管道取水	Pipeline Water Supplying in the Home	%	%
2.住宅内其他方式取水	Other Ways Water Supplying in the Residence	%	%
3.院内管道取水	Pipeline Water Supplying to Public Water Intaking Spot	%	%
4.院内其他方式取水	Other Ways Water Supplying in the Courtyard	%	%
5.其他位置取水	Water Supplying from Other Locations	%	%
(七)住户厕所类型	Residence Toilet Type	%	%
1.水冲式卫生厕所	Water Flushing Sanitary Toilet	%	%
2.水冲式非卫生厕所	Water Flushing Insanitary Toilet	%	%
3.卫生旱厕	Sanitary Pit Latrine	%	%
4.普通旱厕	General Pit Latrine	%	%
5.无厕所	No Toilet	%	%
(八)住户厕所使用情况	Using Condition of Residence Toilet	%	%
1.本住户独用	Exclusive Use	%	%
2.几户合用	Sharing with Several Households	%	%
3.公用厕所	Public Toilet	%	%
(九)住户洗澡设施情况	Residence Shower Equipment Condition	%	%
1.统一供热水	Unified Supply Hot Water	%	%
2.家庭自装热水器	House Self－Installing Water Heater	%	%
3.其他	Others	%	%
4.无洗澡设施	No Shower Equipment	%	%
(十)住户主要取暖设备状况	Residence Main Heating Equipment Condition	%	%
1.由市政或小区集中供暖	Central Heating by Government or Housing Estate	%	%
2.自行供暖	Self Heating	%	%
3.无取暖设备	No Heating Equipment	%	%
(十一)住户主要取暖用能源状况	Residence Main Heating Energy Condition	%	%
1.柴草	Firewood	%	%
2.煤炭	Coal	%	%
3.罐装液化石油气	Canned Liquefied Petroleum Gas	%	%
4.管道液化石油气	Pipeline Liquefied Petroleum Gas	%	%
5.管道煤气	Pipeline Coal Gas	%	%
6.管道天然气	Pipeline Natural Gas	%	%
7.电	Electricity	%	%
8.燃料用油	Fuel Oils	%	%
9.沼气	Biogas	%	%
10.其他	Others	%	%
11.无取暖行为	No Heating Behavior	%	%
(十二)主要炊用能源状况	Main Condition of Cooking Energy	%	%
1.柴草	Firewood	%	%
2.煤炭	Coal	%	%
3.罐装液化石油气	Canned Liquefied Petroleum Gas	%	%
4.管道液化石油气	Pipeline Liquefied Petroleum Gas	%	%
5.管道煤气	Pipeline Coal Gas	%	%
6.管道天然气	Pipeline Natural Gas	%	%
7.电	Electricity	%	%
8.燃料用油	Fuel Oils	%	%
9.沼气	Biogas	%	%
10.其他	Others	%	%
11.无炊用行为	No Heating Behavior	%	%

Continued

固原市 Guyuan	原州区 Yuanzhou	西吉县 Xiji	隆德县 Longde	泾源县 Jingyuan	彭阳县 Pengyang	中卫市 Zhongwei	沙坡头区 Shapotou	中宁县 Zhongning	海原县 Haiyuan
100.0	100.0	100.0	100.0	100.0	100.0	100.0	100.0	100.0	100.0
100.0	100.0	100.0	100.0	100.0	100.0	100.0	100.0	100.0	100.0
100.0	100.0	100.0	100.0	100.0	100.0	100.0	100.0	100.0	100.0
42.0	54.9	25.6	56.0	46.4	30.0	41.6	52.6	53.3	16.2
2.7			1.0	21.7	3.7	15.4	28.2	2.2	11.9
11.1	10.7	21.2	4.0	2.3	4.3	2.8	6.7		0.4
44.1	34.4	53.2	39.0	28.6	61.2	39.9	11.8	44.6	71.6
0.2				1.0	0.8	0.3	0.7		
100.0	100.0	100.0	100.0	100.0	100.0	100.0	100.0	100.0	100.0
98.5	100.0	100.0	100.0	99.0	91.2	99.3	98.8	100.0	99.3
1.2				1.0	7.2	0.6	1.2		0.3
0.2					1.6	0.1			0.4
100.0	100.0	100.0	100.0	100.0	100.0	100.0	100.0	100.0	100.0
0.7	0.5		1.0	2.0	1.4	1.2	1.7		1.7
93.3	96.8	100.0	87.9	83.5	85.7	88.0	82.7	93.7	89.8
1.1	1.3		1.0	0.5	2.3	0.6		0.6	1.5
4.9	1.4		10.2	14.0	10.5	10.2	15.6	5.7	7.0
100.0	100.0	100.0	100.0	100.0	100.0	100.0	100.0	100.0	100.0
30.6	51.8	19.4	20.4	24.9	18.0	28.5	45.0	24.0	13.2
68.9	48.2	80.6	79.6	73.9	79.1	69.9	51.2	76.0	86.8
0.6				1.2	2.8	1.5	3.8		
100.0	100.0	100.0	100.0	100.0	100.0	100.0	100.0	100.0	100.0
0.1					0.8	0.5	1.1		
67.5	46.0	80.6	78.1	75.1	77.4	64.5	49.8	60.3	86.0
0.1			1.0						
						0.2	0.6		
1.4	1.8				3.0	4.7		15.7	
0.2	0.4		0.4			0.7	1.1		0.8
						0.2	0.5		
30.7	51.8	19.4	20.4	24.9	18.8	29.3	47.0	24.0	13.2
100.0	100.0	100.0	100.0	100.0	100.0	100.0	100.0	100.0	100.0
3.7		4.3	13.0		5.1	0.2	0.5		
13.9	10.9	0.4	27.6	13.7	34.2	15.9	6.3	40.5	0.3
8.1	9.3	8.4	9.5	4.4	6.9	6.8	4.6	13.2	3.2
10.7	24.4	3.9		4.6	4.8	16.8	29.0	18.5	0.4
63.7	55.4	83.0	50.0	77.3	49.0	60.1	59.6	27.2	96.2
						0.2		0.6	

10－13　各市县全体居民家庭主要食品消费数量

单位:公斤/人

指　标　名　称	Item
一、粮食消费量	**Grain**
(一)谷物消费量	Cereal
1.小麦	Wheat
2.稻谷	Rice
3.玉米	Corn
4.其他谷物	Others
(二)薯类消费量	Tubers
1.红薯	Sweet Potato
2.马铃薯	Potato
3.其他薯类	Others
(三)豆类消费量	Beans
1.大豆	Soybeans
2.其他豆类	Others
二、蔬菜及菜制品消费量	**Vegetables and Processed Products**
其中:鲜菜	Fresh Vegetables
三、肉禽及其制品	**Meat, Poultry and Processed Products**
1.猪肉	Pork
2.牛肉	Beef
3.羊肉	Mutton
4.家禽	Poultry
5.其他肉禽及制品	Others
四、蛋类及蛋制品	**Eggs and Processed Products**
五、奶和奶制品	**Milk and Processed Products**
六、水产品	**Aquatic Products**
其中:鱼类	Fish
七、油脂类消费量	**Grease**
1.植物油	Vegetable Oil
2.动物油	Animal Oil
八、糖果糕点类	**Confection and Pastry**
九、干鲜瓜果类	**Melon and Fruits**
1.鲜瓜果	Melons
2.瓜果制品	Watermelon
3.坚果类	Nuts
十、消费茶叶	**Tea Leaves**
十一、酒	**Liquor**
1.白酒	White Spirit
2.啤酒	Beer
3.果酒	Fruit Wine

Consumption Quantity of Major Foods for Urban and Rural Households by City and County

(kg/person)

全区 Total	沿黄地区 Plain	中南部地区 Mountain Area	银川市 Yinchuan	兴庆区 Xingqing	西夏区 Xixia	金凤区 Jinfeng	永宁县 Yongning	贺兰县 Helan	灵武市 Lingwu
115.6	**102.5**	**127.8**	**92.9**	**76.2**	**83.6**	**62.8**	**130.9**	**139.4**	**114.8**
107.9	95.2	118.9	85.6	67.2	75.5	57.1	120.4	132.8	111.2
65.7	51.4	81.7	44.5	35.3	47.2	33.2	60.6	71.5	40.3
38.9	41.2	32.3	38.3	29.1	25.6	21.8	57.3	55.6	69.4
1.1	0.5	2.1	0.5				0.1	3.8	0.2
2.2	2.2	2.8	2.3	2.8	2.6	2.2	2.4	1.9	1.4
2.7	0.8	5.7	1.0	1.3	1.3	0.7	0.6	1.0	0.6
0.4	0.5	0.3	0.6	0.9	0.9	0.4		0.4	0.3
1.9		4.8						0.3	
0.4	0.3	0.5	0.4	0.4	0.4	0.3	0.6	0.3	0.3
5.0	6.5	3.3	6.4	7.7	6.8	4.9	10.0	5.6	2.9
0.1	0.1	0.1						0.1	0.1
4.9	6.4	3.2	6.4	7.7	6.8	4.9	9.9	5.5	2.8
88.8	**100.7**	**67.1**	**100.9**	**110.7**	**103.8**	**85.8**	**126.1**	**87.4**	**87.8**
86.8	98.1	65.7	97.9	107.1	100.2	83.2	123.0	85.0	86.4
24.7	**24.4**	**23.1**	**24.0**	**23.9**	**22.8**	**21.2**	**29.5**	**23.9**	**26.0**
5.8	6.3	5.3	6.0	6.3	7.9	4.9	9.3	5.5	3.3
4.9	4.0	5.5	3.9	3.9	2.9	4.0	3.0	2.8	6.3
4.4	4.8	3.2	4.8	4.9	3.3	3.9	4.0	5.1	7.2
8.4	7.9	8.2	7.8	6.8	6.9	7.0	11.2	9.3	8.6
1.1	1.5	0.8	1.6	2.0	1.7	1.4	1.9	1.2	0.5
7.4	**8.4**	**6.1**	**9.2**	**10.8**	**10.4**	**8.2**	**10.1**	**6.8**	**6.9**
13.5	**15.7**	**10.0**	**18.9**	**21.9**	**19.5**	**19.6**	**18.4**	**12.0**	**16.1**
2.9	**3.9**	**1.5**	**4.6**	**6.0**	**5.2**	**4.5**	**4.4**	**2.7**	**2.8**
2.0	2.6	1.1	3.0	3.6	3.0	2.9	3.5	1.8	2.0
8.5	**7.8**	**9.3**	**7.3**	**7.3**	**6.0**	**5.2**	**10.1**	**9.4**	**7.5**
8.4	7.7	9.2	7.3	7.3	6.0	5.1	10.1	9.2	7.5
0.1		0.1	0.1	0.1				0.2	
4.2	**4.8**	**3.0**	**5.5**	**6.4**	**5.5**	**4.7**	**5.7**	**6.5**	**3.3**
73.3	**78.5**	**67.0**	**80.2**	**88.2**	**73.9**	**69.5**	**87.4**	**77.9**	**77.8**
69.2	73.7	63.6	75.3	82.1	69.4	65.5	82.0	72.5	74.1
1.0	1.1	0.9	1.1	1.6	0.8	1.0	1.0	1.3	0.5
3.2	3.7	2.6	3.8	4.4	3.6	2.9	4.5	4.1	3.1
0.3	**0.2**	**0.3**	**0.2**	**0.2**	**0.2**	**0.2**	**0.3**	**0.3**	**0.2**
2.6	**3.0**	**2.0**	**3.2**	**2.6**	**3.6**	**4.5**	**5.2**	**2.9**	**1.3**
0.5	0.7	0.4	0.7	1.0	0.9	0.6	0.7	0.7	0.3
2.0	2.2	1.6	2.3	1.4	2.5	3.9	4.3	2.1	1.0
0.1	0.1		0.1	0.2	0.2	0.1	0.1	0.1	

10－13 续表1

单位:公斤/人

指 标 名 称	Item
一、粮食消费量	**Grain**
(一)谷物消费量	Cereal
1. 小麦	Wheat
2. 稻谷	Rice
3. 玉米	Corn
4. 其他谷物	Others
(二)薯类消费量	Tubers
1. 红薯	Sweet Potato
2. 马铃薯	Potato
3. 其他薯类	Others
(三)豆类消费量	Beans
1. 大豆	Soybeans
2. 其他豆类	Others
二、蔬菜及菜制品消费量	**Vegetables and Processed Products**
其中:鲜菜	Fresh Vegetables
三、肉禽及其制品	**Meat, Poultry and Processed Products**
1. 猪肉	Pork
2. 牛肉	Beef
3. 羊肉	Mutton
4. 家禽	Poultry
5. 其他肉禽及制品	Others
四、蛋类及蛋制品	**Eggs and Processed Products**
五、奶和奶制品	**Milk and Processed Products**
六、水产品	**Aquatic Products**
其中:鱼类	Fish
七、油脂类消费量	**Grease**
1. 植物油	Vegetable Oil
2. 动物油	Animal Oil
八、糖果糕点类	**Confection and Pastry**
九、干鲜瓜果类	**Melon and Fruits**
1. 鲜瓜果	Melons
2. 瓜果制品	Watermelon
3. 坚果类	Nuts
十、消费茶叶	**Tea Leaves**
十一、酒	**Liquor**
1. 白酒	White Spirit
2. 啤酒	Beer
3. 果酒	Fruit Wine

Continued

(kg/person)

石嘴山市 Shizuishan	大武口区 Dawukou	惠农区 Huinong	平罗县 Pingluo	吴忠市 Wuzhong	利通区 Litong	红寺堡区 Hongsipu	盐池县 Yanchi	同心县 Tongxin	青铜峡市 Qingtongxia
108.8	**101.2**	**88.1**	**136.8**	**114.9**	**93.7**	**129.5**	**112.6**	**128.4**	**128.1**
100.4	91.1	79.0	130.4	109.2	89.2	119.5	105.8	124.9	121.9
67.7	60.3	55.3	87.6	54.4	41.7	70.0	49.2	64.3	56.5
29.9	27.2	20.2	41.5	50.5	46.0	37.0	49.3	58.8	61.3
	0.1			1.9		9.0	0.8	0.4	2.5
2.7	3.5	3.5	1.3	2.3	1.5	3.5	6.5	1.4	1.6
0.5	0.4		0.9	1.7	0.7	6.5	2.5	0.6	0.7
0.2			0.6	0.4	0.4	0.3	0.4	0.3	0.4
				1.0		5.6	1.8		
0.3	0.4		0.4	0.4	0.4	0.6	0.3	0.3	0.3
8.0	9.7	9.1	5.5	4.0	3.8	3.5	4.3	2.8	5.5
0.3	0.3	0.5	0.4	0.1	0.2	0.2	0.1		0.1
7.6	9.4	8.6	5.2	3.9	3.6	3.3	4.2	2.8	5.4
113.8	**125.6**	**118.8**	**100.2**	**81.0**	**79.9**	**70.6**	**86.5**	**76.1**	**92.9**
110.6	121.4	115.1	98.2	79.5	78.4	68.4	85.3	75.0	91.0
26.8	**28.4**	**23.5**	**28.6**	**27.6**	**29.2**	**31.6**	**33.1**	**24.2**	**23.6**
7.1	9.3	5.2	6.3	4.5	1.7	3.9	12.2	1.7	8.0
3.8	3.1	4.0	4.6	7.0	9.7	7.0	1.2	9.9	2.6
6.1	5.1	4.6	8.3	5.9	8.1	5.5	11.4	3.4	3.3
8.0	7.7	8.1	8.9	9.4	9.1	14.1	7.6	8.6	8.5
1.8	3.2	1.7	0.5	0.8	0.6	1.1	0.8	0.5	1.1
10.1	**12.8**	**11.1**	**6.5**	**5.7**	**5.8**	**5.0**	**9.9**	**4.4**	**5.3**
12.9	**16.4**	**15.9**	**7.3**	**12.9**	**10.8**	**9.2**	**14.2**	**10.7**	**18.3**
4.3	**6.2**	**5.2**	**1.7**	**2.2**	**2.9**	**2.0**	**1.7**	**1.4**	**2.3**
2.8	3.6	3.9	1.3	1.7	2.4	1.5	1.1	1.2	1.7
8.1	**7.1**	**6.5**	**10.5**	**9.0**	**8.2**	**11.6**	**6.5**	**11.0**	**7.4**
8.1	7.1	6.5	10.5	8.9	8.2	11.6	6.0	11.0	7.4
				0.1			0.5		
6.2	**5.6**	**7.5**	**6.3**	**3.0**	**3.1**	**3.4**	**2.6**	**2.0**	**3.6**
94.3	**91.2**	**105.4**	**93.5**	**75.5**	**76.3**	**92.2**	**75.3**	**69.7**	**67.4**
88.6	85.1	98.2	89.0	71.7	72.4	87.8	71.4	66.8	63.2
1.4	1.4	2.2	0.8	0.8	0.7	1.1	1.1	0.6	0.8
4.4	4.7	5.0	3.7	3.0	3.2	3.2	2.8	2.2	3.4
0.3	**0.2**	**0.3**	**0.5**	**0.2**	**0.2**	**0.2**	**0.1**	**0.2**	**0.1**
3.9	**4.3**	**5.8**	**2.3**	**1.6**	**1.1**	**2.0**	**3.2**	**0.5**	**2.5**
1.0	1.1	1.5	0.5	0.3	0.2	0.3	0.5	0.1	0.4
2.9	3.2	4.1	1.7	1.3	0.8	1.6	2.7	0.4	2.0
0.1	0.1	0.2		0.1	0.1			0.1	0.1

10－13　续表2

单位:公斤/人

指 标 名 称	Item
一、粮食消费量	**Grain**
(一)谷物消费量	Cereal
1. 小麦	Wheat
2. 稻谷	Rice
3. 玉米	Corn
4. 其他谷物	Others
(二)薯类消费量	Tubers
1. 红薯	Sweet Potato
2. 马铃薯	Potato
3. 其他薯类	Others
(三)豆类消费量	Beans
1. 大豆	Soybeans
2. 其他豆类	Others
二、蔬菜及菜制品消费量	**Vegetables and Processed Products**
其中:鲜菜	Fresh Vegetables
三、肉禽及其制品	**Meat, Poultry and Processed Products**
1. 猪肉	Pork
2. 牛肉	Beef
3. 羊肉	Mutton
4. 家禽	Poultry
5. 其他肉禽及制品	Others
四、蛋类及蛋制品	**Eggs and Processed Products**
五、奶和奶制品	**Milk and Processed Products**
六、水产品	**Aquatic Products**
其中:鱼类	Fish
七、油脂类消费量	**Grease**
1. 植物油	Vegetable Oil
2. 动物油	Animal Oil
八、糖果糕点类	**Confection and Pastry**
九、干鲜瓜果类	**Melon and Fruits**
1. 鲜瓜果	Melons
2. 瓜果制品	Watermelon
3. 坚果类	Nuts
十、消费茶叶	**Tea Leaves**
十一、酒	**Liquor**
1. 白酒	White Spirit
2. 啤酒	Beer
3. 果酒	Fruit Wine

Continued

(kg/person)

固原市 Guyuan	原州区 Yuanzhou	西吉县 Xiji	隆德县 Longde	泾源县 Jingyuan	彭阳县 Pengyang	中卫市 Zhongwei	沙坡头区 Shapotou	中宁县 Zhongning	海原县 Haiyuan
130.6	**116.7**	**147.9**	**140.9**	**112.4**	**128.0**	**123.9**	**117.3**	**114.7**	**137.4**
120.0	109.7	134.1	122.7	102.2	121.5	115.7	107.7	109.6	127.8
95.5	79.8	113.9	100.8	81.1	95.6	65.7	54.3	60.7	80.8
19.6	25.3	17.5	17.4	15.5	15.9	47.4	51.7	46.7	43.2
1.7	1.8	1.5	2.1	3.8	0.6	1.1	0.1	0.7	2.5
3.2	2.9	1.2	2.4	1.9	9.4	1.5	1.6	1.6	1.4
7.4	2.6	12.2	13.6	7.3	3.9	2.7	0.9	0.5	6.4
0.3	0.4	0.3	0.4	0.4	0.2	0.3	0.5	0.2	0.3
6.5	1.6	11.2	12.7	6.5	3.1	1.9			5.4
0.6	0.6	0.6	0.5	0.4	0.6	0.4	0.4	0.3	0.6
3.2	4.4	1.6	4.6	2.8	2.6	5.5	8.7	4.5	3.2
0.1	0.1		0.2		0.3	0.1	0.1	0.1	0.1
3.1	4.3	1.6	4.4	2.8	2.2	5.5	8.6	4.5	3.1
63.1	**62.7**	**55.0**	**68.7**	**68.9**	**71.5**	**86.8**	**104.8**	**89.5**	**65.6**
61.7	61.1	54.2	66.1	67.8	70.5	85.1	102.3	88.2	64.5
21.0	**21.2**	**23.1**	**18.1**	**15.6**	**22.4**	**20.4**	**22.1**	**16.9**	**21.6**
6.8	4.9	10.3	8.4	1.4	5.4	6.1	8.2	7.1	2.9
4.1	5.8	3.5	1.7	4.7	3.8	3.3	1.8	1.7	6.3
1.7	1.3	2.0	0.8	0.1	3.6	2.8	2.9	1.4	3.9
7.4	7.8	6.4	6.2	8.9	8.8	7.1	7.5	5.7	8.0
1.0	1.4	0.8	1.1	0.6	0.7	1.0	1.7	1.0	0.4
6.7	7.0	6.2	8.1	4.6	7.2	6.0	7.0	6.1	4.8
7.3	10.9	5.9	4.1	9.7	4.1	11.6	12.2	9.1	13.2
1.4	1.6	1.6	1.5	0.9	0.7	1.8	2.4	1.7	1.2
1.0	1.1	1.2	0.9	0.6	0.5	1.3	1.6	1.3	0.9
9.0	**10.4**	**7.1**	**7.9**	**10.2**	**9.5**	**8.7**	**9.6**	**7.1**	**9.3**
8.9	10.4	6.9	7.9	10.1	9.5	8.7	9.5	7.0	9.2
0.1		0.2		0.1		0.1	0.1	0.1	0.1
3.3	**3.9**	**3.0**	**4.2**	**2.3**	**2.6**	**2.6**	**3.0**	**2.1**	**2.7**
60.9	**66.4**	**57.8**	**58.3**	**54.2**	**62.1**	**62.7**	**61.4**	**60.1**	**66.5**
57.2	62.6	54.8	54.4	49.5	58.3	59.3	57.3	56.8	63.7
0.9	1.0	0.6	1.0	1.0	1.2	0.7	0.8	0.6	0.6
2.7	2.8	2.4	3.0	3.7	2.5	2.7	3.3	2.7	2.1
0.4	**0.3**	**0.5**	**0.6**	**0.3**	**0.4**	**0.2**	**0.1**	**0.1**	**0.3**
2.3	**1.8**	**3.0**	**3.4**	**0.7**	**1.8**	**2.3**	**3.6**	**1.5**	**1.7**
0.5	0.4	0.3	1.0	0.3	0.9	0.4	0.7	0.3	0.1
1.7	1.4	2.7	2.3	0.4	0.9	1.9	2.9	1.1	1.5
							0.1		

10－14 各市县全体居民人均可支配收入情况

单位:元/人

指 标 名 称	Item
可支配收入	**Disposable Income**
(一)工资性收入	Income from Wages and Salaries
(二)经营净收入	Net Business Income
1. 第一产业经营净收入	The Primary Industry
(1)农业	Agriculture
(2)林业	Forestry
(3)牧业	Animal Husbandry
(4)渔业	Fishery
2. 第二产业经营净收入	The Secondary Industry
(1)工业	Industry
(2)建筑业	Construction Industry
3. 第三产业经营净收入	The Tertiary Industry
(1)交通运输业	Transportation Industry
(2)批发零售和住宿餐饮业	Wholesales, Retail Trade, Hotel and Catering Sectors
(3)社会服务业	Social Services
(4)其他家庭经营	Others
(三)财产净收入	Net Income from Property
1. 红利收入	Dividend Income
2. 转让承包土地经营权租金收入	Rental Income from the Management Rights Transfer of Land Contracted
(四)转移净收入	Net Income from Transfer
1. 养老金或离退休金	Pension or Retirement Benefits
2. 报销医疗费	Reimbursement of Medical Expenses
3. 政策性惠农补贴	Political Subsidy Supporting Agriculture
现金可支配收入	**Cash Disposable Income**
实物可支配收入	**Physical Disposable Income**

Basic Statistics of Disposable Income for Urban and Rural Households by City and County

(yuan/person)

全区 Total	沿黄地区 Plain	中南部地区 Mountain Area	银川市 Yinchuan	兴庆区 Xingqing	西夏区 Xixia	金凤区 Jinfeng	永宁县 Yongning	贺兰县 Helan	灵武市 Lingwu
25734.9	**28782.9**	**16613.4**	**33547.0**	**40956.0**	**30367.4**	**37776.7**	**22670.6**	**24782.3**	**26786.2**
15526.3	17954.9	9742.1	21627.6	25988.2	20061.8	26137.8	13674.0	15261.1	16348.7
4418.4	4814.8	4528.1	4645.5	3525.1	2321.4	3209.4	6565.5	5150.6	9242.0
1889.4	1897.9	2970.2	1261.9	583.7	268.1	217.4	2739.6	2693.8	2846.2
1280.7	1372.6	1406.6	966.2	320.1	262.6	168.0	2598.9	2855.3	1235.2
34.0	35.2	56.4	66.6	191.6			16.8	25.0	13.9
574.7	481.9	1507.2	212.9	67.2	5.5	49.4	124.0	-317.8	1597.2
	8.3		16.2	4.7				131.3	
417.9	387.3	192.4	555.0	386.6	390.3	124.9	393.5	325.6	2137.4
29.7	129.4	43.6	244.6		274.0				1493.3
388.2	257.9	148.8	310.4	386.6	116.3	124.9	393.5	325.6	644.1
2111.1	2529.5	1365.5	2828.5	2554.8	1663.1	2867.1	3432.4	2131.2	4258.3
581.3	588.2	374.7	534.5	119.6	168.9	134.2	2142.9	123.2	1646.7
1048.5	1377.6	772.4	1632.1	1837.7	579.8	1989.3	819.8	1225.8	2412.0
373.2	438.0	133.4	562.5	289.8	905.7	811.2	464.1	667.7	183.2
108.1	125.7	85.0	99.6	307.7	8.6	-67.6	5.5	114.5	16.4
881.7	985.3	265.3	1370.3	2174.9	861.7	1659.3	705.4	918.3	380.4
66.8	42.2	32.3	49.9	153.0		4.8		8.6	
201.8	129.5	52.8	107.4	39.3	35.1	57.1	335.1	281.7	92.1
4908.5	5028.0	2077.9	5903.5	9267.8	7122.5	6770.2	1725.7	3452.2	815.1
4950.4	5981.3	1193.8	7423.1	11665.8	8874.4	8043.0	1959.9	3777.2	2433.4
505.6	408.0	194.4	492.8	791.2	393.1	429.1	167.0	413.4	303.8
373.1	98.2	590.9	51.4	13.6	8.8	12.4	83.1	196.2	95.4
24941.6	**28250.8**	**16381.3**	**32505.9**	**39224.4**	**29227.6**	**36380.4**	**21346.2**	**24940.7**	**27156.5**
793.3	**532.1**	**232.0**	**1041.0**	**1731.6**	**1139.8**	**1396.3**	**1324.3**	**-158.4**	**-370.2**

10－14 续表1

单位:元/人

指 标 名 称	Item
可支配收入	**Disposable Income**
(一)工资性收入	Income from Wages and Salaries
(二)经营净收入	Net Business Income
1. 第一产业经营净收入	The Primary Industry
(1)农业	Agriculture
(2)林业	Forestry
(3)牧业	Animal Husbandry
(4)渔业	Fishery
2. 第二产业经营净收入	The Secondary Industry
(1)工业	Industry
(2)建筑业	Construction Industry
3. 第三产业经营净收入	The Tertiary Industry
(1)交通运输业	Transportation Industry
(2)批发零售和住宿餐饮业	Wholesales, Retail Trade, Hotel and Catering Sectors
(3)社会服务业	Social Services
(4)其他家庭经营	Others
(三)财产净收入	Net Income from Property
1. 红利收入	Dividend Income
2. 转让承包土地经营权	Rental Income from the Management Rights
租金收入	Transfer of Land Contracted
(四)转移净收入	Net Income from Transfer
1. 养老金或离退休金	Pension or Retirement Benefits
2. 报销医疗费	Reimbursement of Medical Expenses
3. 政策性惠农补贴	Political Subsidy Supporting Agriculture
现金可支配收入	**Cash Disposable Income**
实物可支配收入	**Physical Disposable Income**

Continued

(yuan/person)

石嘴山市 Shizuishan	大武口区 Dawukou	惠农区 Huinong	平罗县 Pingluo	吴忠市 Wuzhong	利通区 Litong	红寺堡区 Hongsipu	盐池县 Yanchi	同心县 Tongxin	青铜峡市 Qingtongxia
28906.5	**35959.1**	**28145.9**	**21726.5**	**20608.0**	**24864.1**	**14951.6**	**21115.6**	**14772.9**	**22127.2**
16885.7	23036.1	18080.5	9155.7	11950.6	14907.4	9454.3	9788.0	7215.7	13563.9
4659.5	2747.3	3109.7	7847.7	5549.3	5696.8	3870.4	8139.7	4766.4	6267.3
2099.5	65.9	1234.3	5046.8	2784.4	2359.7	2098.7	4612.5	3217.9	3137.5
1516.7	62.4	989.2	3634.1	1280.2	700.7	1393.2	1059.9	1237.9	2527.2
3.0	-5.3	0.1	16.8	-1.1		-7.5		8.2	-10.0
579.8	8.7	245.0	1396.0	1505.4	1659.0	713.0	3552.6	1971.8	620.3
220.0	111.6	65.3	417.7	197.7	403.3	103.8	142.9	181.8	
29.6	35.7	5.2	41.8	65.2	54.0			181.8	
190.4	75.9	60.1	375.9	132.4	349.2	103.8	142.9		
2340.0	2569.8	1810.1	2383.2	2567.3	2933.8	1667.8	3384.2	1366.7	3129.7
936.4	1474.1	457.1	651.1	509.1	382.4	206.3	865.3	429.2	742.4
1064.8	907.8	776.6	1380.1	1617.5	2128.0	1266.6	1714.1	774.5	1676.2
150.3	80.2	258.2	116.9	378.7	406.7	71.3	675.3	109.2	670.2
188.5	107.7	318.3	235.1	61.9	16.6	123.7	129.6	53.8	40.8
750.9	977.5	512.9	625.5	450.8	690.2	180.9	575.8	163.0	426.5
29.7	20.9	91.6		46.1	86.4	25.7	138.9	0.4	3.0
128.3	34.0	181.6	176.7	100.9	64.7	28.4	169.7	17.2	258.9
6610.4	9198.2	6442.8	4097.5	2657.3	3569.7	1446.0	2612.2	2627.9	1869.5
7344.5	10796.3	6795.8	4110.7	2124.1	3434.6	680.8	1220.9	1525.6	1879.2
360.0	489.3	199.1	356.5	205.8	213.3	157.0	124.5	215.9	233.3
80.8	1.3	39.1	217.8	352.4	79.7	491.2	1236.9	458.6	97.2
28716.0	**35280.7**	**28413.8**	**21894.3**	**20156.2**	**25042.8**	**13847.7**	**20069.9**	**14059.7**	**21875.3**
190.5	**678.4**	**-267.9**	**-167.9**	**451.8**	**-178.7**	**1103.9**	**1045.7**	**713.2**	**251.9**

10－14 续表2

单位:元/人

指 标 名 称	Item
可支配收入	**Disposable Income**
(一)工资性收入	Income from Wages and Salaries
(二)经营净收入	Net Business Income
1.第一产业经营净收入	The Primary Industry
(1)农业	Agriculture
(2)林业	Forestry
(3)牧业	Animal Husbandry
(4)渔业	Fishery
2.第二产业经营净收入	The Secondary Industry
(1)工业	Industry
(2)建筑业	Construction Industry
3.第三产业经营净收入	The Tertiary Industry
(1)交通运输业	Transportation Industry
(2)批发零售和住宿餐饮业	Wholesales, Retail Trade, Hotel and Catering Sectors
(3)社会服务业	Social Services
(4)其他家庭经营	Others
(三)财产净收入	Net Income from Property
1.红利收入	Dividend Income
2.转让承包土地经营权 租金收入	Rental Income from the Management Rights Transfer of Land Contracted
(四)转移净收入	Net Income from Transfer
1.养老金或离退休金	Pension or Retirement Benefits
2.报销医疗费	Reimbursement of Medical Expenses
3.政策性惠农补贴	Political Subsidy Supporting Agriculture
现金可支配收入	**Cash Disposable Income**
实物可支配收入	**Physical Disposable Income**

Continued

(yuan/person)

固原市 Guyuan	原州区 Yuanzhou	西吉县 Xiji	隆德县 Longde	泾源县 Jingyuan	彭阳县 Pengyang	中卫市 Zhongwei	沙坡头区 Shapotou	中宁县 Zhongning	海原县 Haiyuan
16708.4	**20484.6**	**14755.6**	**14705.8**	**14581.0**	**15194.6**	**17864.2**	**21086.4**	**19916.5**	**13172.7**
9862.2	13964.0	6839.0	8645.9	9384.0	8102.5	10834.1	13949.8	11203.0	7713.4
4532.3	4021.7	5721.3	3385.7	3716.3	4920.6	4308.9	3991.5	5619.0	3416.5
3405.0	2457.5	4580.1	2854.5	2888.7	3871.7	2766.2	2551.9	3185.7	2502.8
1682.0	938.3	2824.6	1512.8	275.1	1976.8	2043.2	1902.5	2877.5	1353.8
107.8	6.5	18.4	4.0	1010.2	86.5	2.0	3.4		2.4
1615.2	1512.7	1737.1	1337.7	1603.5	1808.8	720.9	645.9	308.2	1146.6
					-0.3				
188.3	263.0	422.0	64.8			125.0	37.0	357.6	17.1
17.9	21.0	34.2				4.2	11.9		
170.3	241.9	387.8	64.8			120.8	25.2	357.6	17.1
939.1	1301.2	719.2	466.4	827.6	1048.9	1417.7	1402.5	2075.8	896.6
208.2	276.2	325.7	64.1	161.2	80.5	465.1	263.5	624.4	530.1
577.5	833.6	342.6	322.0	682.4	599.9	518.1	571.3	769.4	258.9
67.6	79.7	61.2	26.6	-16.0	114.1	300.2	293.8	600.1	76.7
85.8	111.7	-10.3	53.7		254.4	134.4	274.0	81.9	30.9
288.3	529.8	113.9	186.8	230.5	149.2	402.0	562.4	515.9	151.4
52.1	132.0		40.5	11.2		11.0	2.3	29.6	2.8
41.6	70.7	9.4	51.6	29.3	28.2	144.7	121.5	260.8	60.6
2025.6	1969.1	2081.4	2487.4	1250.2	2022.3	2319.2	2582.7	2578.6	1891.3
1016.1	1498.1	746.4	1192.9	475.1	682.4	2364.4	3404.6	2515.7	1269.2
247.1	290.7	184.8	253.2	193.3	249.2	265.1	265.1	473.8	81.8
593.5	636.1	649.7	535.7	486.4	469.9	379.9	279.5	230.9	607.3
16322.9	**20163.6**	**14036.6**	**14780.9**	**14462.0**	**14954.8**	**18354.5**	**21971.1**	**19093.3**	**14408.0**
385.5	**321.0**	**719.0**	**-75.1**	**119.0**	**239.8**	**-490.2**	**-884.7**	**823.1**	**-1235.3**

10－15　各市县全体居民人均生活消费支出情况

单位:元/人

指 标 名 称	Item
生活消费支出	**Living Expenditure**
(一)食品烟酒	Food, Tobacco and Liquor
#粮食	Grain
油脂	Oil and Fats
肉禽及制品	Meat, Poultry and Processed Products
蛋	Eggs
水产品	Aquatic Products
蔬菜	Vegetables
烟草	Tobacco
酒和饮料	Liquor and Beverages
奶及奶制品	Milk and Processed Products
(二)衣着	Clothing
#服装	Garments
(三)居住	Residence
#住房维修及管理	Housing Maintenance and Management
水电燃料及其他	Water, Electricity, Fuels and Others
(四)生活用品及服务	Household Facilities, Articles and Services
#家用器具	Home Appliances
家具及室内装饰品	Articles for Interior Decoration
家用纺织品	Bed Articles
家庭日用杂品	Household Articles for Daily Use
(五)交通通信	Transport and Communications
#交通	Transport
通信	Communications
(六)教育文化娱乐	Education, Cultural and Recreation
文化娱乐	Cultural and Recreation
#教育	Education
(七)医疗保健	Health Care and Medical Services
#医疗器具及药品	Medical Instrument and Medicine
(八)其他用品及服务	Other Commodities and Services
服务性消费支出	**Consumption Expenditure for Service**
商品性消费支出	**Consumption Expenditure for Commodity**

Per Capita Living Expenditure for Urban and Rural Residents by City and County

(yuan/person)

全区 Total	沿黄地区 Plain	中南部地区 Mountain Area	银川市 Yinchuan	兴庆区 Xingqing	西夏区 Xixia	金凤区 Jinfeng	永宁县 Yongning	贺兰县 Helan	灵武市 Lingwu
17505.8	**19189.0**	**12246.7**	**23261.0**	**29113.8**	**20261.1**	**25935.9**	**16678.2**	**18158.4**	**16865.3**
4816.3	5510.4	3620.3	6459.2	8017.6	6649.4	6594.9	4882.1	5013.5	4624.6
536.4	507.6	562.1	507.5	525.8	614.3	380.2	552.4	552.3	458.0
138.9	130.2	140.2	127.5	134.8	111.7	103.0	151.2	155.2	120.0
1149.5	1142.1	970.8	1206.7	1348.7	1185.4	1135.0	974.3	1053.5	1261.5
71.7	79.9	59.7	92.7	114.4	117.0	88.1	73.8	62.0	61.7
84.1	117.2	33.0	156.2	229.5	162.5	184.5	87.3	73.9	61.1
378.6	483.0	253.1	549.6	620.9	940.5	464.5	459.6	388.4	336.2
302.9	334.9	253.9	353.1	381.4	359.7	343.5	279.1	392.6	273.9
188.7	222.2	142.7	291.8	434.2	279.4	312.2	196.9	173.8	103.0
216.0	258.5	150.3	338.1	343.6	375.9	467.3	277.5	239.9	202.8
1263.9	1539.5	965.3	1859.0	2187.0	1394.6	2226.3	1342.0	1601.6	1547.1
1008.1	1242.5	749.6	1498.7	1800.9	1109.4	1746.8	1016.4	1311.5	1273.2
3348.8	3714.5	2269.3	4718.8	6420.0	3273.9	6048.4	3180.0	2937.8	2871.2
694.4	590.5	367.6	668.9	642.1	221.2	840.4	864.2	488.1	753.5
914.0	1031.0	663.4	1207.0	1631.9	1029.3	1215.4	822.6	945.7	839.5
1037.2	1174.7	738.1	1443.7	1813.8	1029.7	1656.6	1135.6	1213.7	917.3
217.5	242.9	124.8	299.7	423.7	121.6	275.2	182.2	306.5	254.4
150.4	142.9	104.6	153.7	125.6	124.2	283.3	142.0	79.3	71.2
88.4	95.8	73.5	110.0	135.4	79.9	136.6	95.2	85.2	76.4
207.9	237.4	170.5	292.7	374.5	309.3	276.5	222.0	271.4	162.0
2922.0	2879.2	1903.0	3462.5	3817.2	3350.5	3799.5	2597.2	3221.8	2748.5
2195.7	2083.1	1391.1	2526.9	2666.7	2460.6	2918.7	1829.2	2485.4	1976.6
726.3	796.1	511.9	935.6	1150.5	889.9	880.8	768.1	736.4	771.9
1760.6	1944.5	1427.2	2438.4	3402.7	1564.8	2531.1	1641.5	1878.5	1953.7
452.9	514.1	347.9	604.1	726.0	557.8	609.1	554.6	464.3	489.8
1331.7	1376.9	1191.4	1665.2	2333.3	909.6	1599.9	1198.4	1267.2	1636.1
1906.3	1937.6	1112.4	2249.4	2588.9	2625.0	2352.9	1423.9	1813.1	1891.1
557.9	638.2	400.2	725.7	905.5	761.6	683.1	524.4	614.7	526.1
450.7	488.6	211.1	630.0	866.5	373.3	726.1	475.8	478.4	311.8
7041.4	**8078.0**	**4514.0**	**10347.3**	**14179.3**	**7995.4**	**12324.2**	**6235.2**	**7033.0**	**6790.6**
10464.4	**11111.0**	**7732.6**	**12913.6**	**14934.4**	**12265.8**	**13611.7**	**10443.0**	**11125.4**	**10074.6**

10－15　续表1

单位:元/人

指 标 名 称	Item
生活消费支出	**Living Expenditure**
(一)食品烟酒	Food, Tobacco and Liquor
#粮食	Grain
油脂	Oil and Fats
肉禽及制品	Meat, Poultry and Processed Products
蛋	Eggs
水产品	Aquatic Products
蔬菜	Vegetables
烟草	Tobacco
酒和饮料	Liquor and Beverages
奶及奶制品	Milk and Processed Products
(二)衣着	Clothing
#服装	Garments
(三)居住	Residence
#住房维修及管理	Housing Maintenance and Management
水电燃料及其他	Water, Electricity, Fuels and Others
(四)生活用品及服务	Household Facilities, Articles and Services
#家用器具	Home Appliances
家具及室内装饰品	Articles for Interior Decoration
家用纺织品	Bed Articles
家庭日用杂品	Household Articles for Daily Use
(五)交通通信	Transport and Communications
#交通	Transport
通信	Communications
(六)教育文化娱乐	Education, Cultural and Recreation
文化娱乐	Cultural and Recreation
#教育	Education
(七)医疗保健	Health Care and Medical Services
#医疗器具及药品	Medical Instrument and Medicine
(八)其他用品及服务	Other Commodities and Services
服务性消费支出	**Consumption Expenditure for Service**
商品性消费支出	**Consumption Expenditure for Commodity**

Continued

(yuan/person)

石嘴山市 Shizuishan	大武口区 Dawukou	惠农区 Huinong	平罗县 Pingluo	吴忠市 Wuzhong	利通区 Litong	红寺堡区 Hongsipu	盐池县 Yanchi	同心县 Tongxin	青铜峡市 Qingtongxia
16865.2	**21170.0**	**15564.0**	**13203.9**	**13432.0**	**15354.7**	**12739.5**	**13040.4**	**11172.9**	**12871.0**
5447.3	6952.2	5301.5	3997.7	4087.4	4797.2	3895.7	4103.7	3413.5	3726.0
544.9	684.9	447.7	474.9	484.0	432.0	520.4	505.3	520.4	487.0
139.8	143.2	104.1	166.1	138.4	132.5	144.9	110.0	175.2	117.5
1250.3	1511.0	1091.9	1098.7	1155.5	1310.3	1085.7	1246.0	1162.8	889.5
87.4	115.5	97.5	50.8	54.3	56.4	44.2	77.1	49.0	51.1
124.1	204.6	130.7	38.6	44.7	57.1	38.1	44.9	26.1	47.2
488.2	582.8	488.9	393.8	306.9	354.4	253.2	257.7	281.4	314.4
369.1	517.2	325.2	241.3	261.4	314.9	221.4	292.6	169.2	285.1
214.4	294.0	220.6	129.0	119.3	116.3	160.8	160.4	83.6	102.5
209.8	268.0	209.2	144.6	157.3	160.5	132.3	175.9	135.8	165.5
1538.0	2104.7	1341.2	1065.0	1134.7	1306.7	998.6	1332.2	907.7	974.0
1243.3	1758.9	1027.6	837.3	909.6	1057.9	795.9	1039.9	713.9	792.1
2738.7	3407.3	1993.7	2497.9	2572.8	2891.2	2231.6	2453.1	2550.7	2301.3
601.5	812.5	302.2	583.8	472.9	350.2	455.0	500.1	570.5	527.7
920.1	1056.3	841.4	832.1	775.5	945.7	497.5	766.7	742.6	740.1
1078.6	1375.8	1137.3	763.2	807.0	867.8	720.8	760.5	699.4	839.7
231.1	304.1	211.4	181.6	160.9	183.7	97.6	188.1	116.2	198.4
148.9	173.6	157.6	134.2	100.8	99.2	71.4	48.6	94.2	149.2
99.6	157.6	63.4	67.0	80.2	85.0	93.4	71.9	89.0	57.4
234.3	290.8	285.1	144.8	155.2	139.9	176.4	182.9	152.5	139.5
2321.9	2704.8	2259.3	1876.8	2042.7	2303.2	2148.4	1831.0	1369.0	2313.9
1654.4	1788.3	1745.7	1367.1	1469.8	1551.6	1598.6	1203.8	1056.0	1735.2
667.5	916.6	513.6	509.7	572.9	751.6	549.8	627.2	313.0	578.7
1678.3	2119.7	1659.8	1209.8	1384.2	1600.4	1331.0	1290.3	1179.8	1226.8
450.2	595.5	364.1	355.8	353.7	465.9	352.8	393.1	199.2	336.9
1199.4	1518.8	1066.2	944.2	1092.7	1132.1	1117.2	994.2	1042.2	1000.7
1707.9	1972.8	1582.2	1572.7	1140.9	1251.6	1228.9	973.1	924.9	1174.6
710.6	1029.8	497.2	532.0	380.1	401.2	376.1	403.4	378.0	310.7
354.6	532.6	289.1	220.8	262.3	336.7	184.6	296.4	127.9	314.7
6030.7	**7627.9**	**5615.4**	**4604.8**	**5044.3**	**6298.0**	**4775.4**	**4358.9**	**3705.9**	**4830.3**
10834.5	**13542.0**	**9948.6**	**8599.1**	**8387.6**	**9056.7**	**7964.1**	**8681.5**	**7466.9**	**8040.8**

10－15 续表2

单位:元/人

指 标 名 称	Item
生活消费支出	**Living Expenditure**
(一)食品烟酒	Food, Tobacco and Liquor
#粮食	Grain
油脂	Oil and Fats
肉禽及制品	Meat, Poultry and Processed Products
蛋	Eggs
水产品	Aquatic Products
蔬菜	Vegetables
烟草	Tobacco
酒和饮料	Liquor and Beverages
奶及奶制品	Milk and Processed Products
(二)衣着	Clothing
#服装	Garments
(三)居住	Residence
#住房维修及管理	Housing Maintenance and Management
水电燃料及其他	Water, Electricity, Fuels and Others
(四)生活用品及服务	Household Facilities, Articles and Services
#家用器具	Home Appliances
家具及室内装饰品	Articles for Interior Decoration
家用纺织品	Bed Articles
家庭日用杂品	Household Articles for Daily Use
(五)交通通信	Transport and Communications
#交通	Transport
通信	Communications
(六)教育文化娱乐	Education, Cultural and Recreation
文化娱乐	Cultural and Recreation
#教育	Education
(七)医疗保健	Health Care and Medical Services
#医疗器具及药品	Medical Instrument and Medicine
(八)其他用品及服务	Other Commodities and Services
服务性消费支出	**Consumption Expenditure for Service**
商品性消费支出	**Consumption Expenditure for Commodity**

Continued

(yuan/person)

固原市 Guyuan	原州区 Yuanzhou	西吉县 Xiji	隆德县 Longde	泾源县 Jingyuan	彭阳县 Pengyang	中卫市 Zhongwei	沙坡头区 Shapotou	中宁县 Zhongning	海原县 Haiyuan
12680.4	**15613.8**	**11207.7**	**12783.7**	**9442.7**	**10987.8**	**13097.4**	**15158.9**	**14251.0**	**10133.5**
3722.6	4430.0	3458.9	3710.0	2828.3	3243.9	3515.2	4181.7	3430.5	2945.0
601.2	535.2	701.3	702.9	500.7	528.7	519.2	527.2	461.4	560.2
131.1	157.0	112.1	119.4	131.2	121.4	134.9	144.9	108.8	146.9
872.7	1005.8	907.6	710.9	528.8	868.7	872.9	954.5	725.3	920.2
67.6	69.3	66.9	87.0	48.5	61.5	52.3	60.2	50.5	46.0
33.3	47.6	29.6	31.6	18.2	18.7	41.5	61.7	36.6	25.9
245.6	275.5	193.6	288.5	266.7	234.9	320.0	422.9	297.0	236.6
298.6	280.3	339.8	424.0	169.5	260.4	243.7	329.3	245.4	154.0
168.2	149.3	180.6	213.9	108.4	180.0	114.1	147.0	100.8	92.3
161.6	239.1	140.8	111.2	171.3	84.0	150.6	161.3	209.6	94.1
896.6	1232.8	731.9	691.1	802.2	751.3	945.8	1139.1	912.3	797.4
696.2	962.9	564.0	517.9	626.8	595.7	741.4	921.9	726.5	587.3
2234.4	2660.1	1836.6	2364.8	1837.9	2243.6	2570.1	3230.0	2625.0	1876.5
265.9	292.8	220.4	281.3	199.8	321.1	544.0	719.1	518.5	382.0
681.0	760.9	660.1	702.9	528.7	662.1	707.7	839.7	750.0	541.0
731.6	953.7	632.7	676.0	574.5	578.6	800.7	926.7	793.8	688.4
129.3	147.9	123.0	115.6	81.2	129.5	139.6	153.1	161.2	107.2
110.9	129.3	111.1	156.6	83.1	43.5	147.1	199.5	113.3	123.9
64.7	87.0	51.4	52.2	55.4	58.3	74.5	78.9	63.1	79.6
175.2	196.9	159.4	184.0	149.0	170.7	161.5	184.8	141.0	156.8
2163.8	2957.6	1758.6	2299.6	1291.8	1687.1	2047.5	2262.7	2705.4	1283.8
1585.0	2224.6	1184.3	1948.2	863.8	1166.0	1487.4	1566.8	2116.3	879.9
578.8	733.0	574.3	351.4	428.0	521.1	560.1	695.9	589.1	403.9
1500.0	1592.6	1568.9	1432.1	1136.3	1423.4	1287.4	1193.7	1373.3	1319.1
413.1	507.0	435.9	222.6	310.9	370.0	361.0	440.9	387.1	262.6
1260.4	1270.4	1364.1	1212.4	1005.4	1224.1	1029.1	916.0	1132.4	1062.7
1181.1	1375.7	1050.9	1397.3	850.9	923.9	1616.1	1754.1	2047.4	1101.5
411.9	535.0	306.6	433.8	350.8	340.4	504.6	560.3	562.7	406.2
250.2	411.3	169.2	212.9	120.8	135.9	314.6	471.0	363.2	121.8
4903.3	**6156.9**	**4271.2**	**4602.0**	**3746.6**	**4214.9**	**5055.9**	**5906.3**	**5931.4**	**3497.6**
7777.0	**9456.9**	**6936.5**	**8181.7**	**5696.1**	**6772.8**	**8041.5**	**9252.7**	**8319.6**	**6635.9**

10－16 各市县全体居民家庭总收入情况

单位:元/人

指 标 名 称	Item
全年总收入	**Total Revenue**
1. 工资性收入	Income from Wages and Salaries
2. 经营性收入	Business Income
(1)第一产业收入	The Primary Industry
农业收入	Agriculture
林业收入	Forestry
牧业收入	Animal Husbandry
渔业收入	Fishery
(2)第二产业收入	The Secondary Industry
工业收入	Industry
建筑业收入	Construction Industry
(3)第三产业收入	The Tertiary Industry
交通运输业收入	Transportation Industry
批发零售和住宿餐饮业收入	Wholesales ,Retail Rrade,Hotel and Catering Sectors
社会服务业收入	Social Services
其他家庭经营收入	Others
3. 财产性收入	Income from Property
红利收入	Dividend Income
#转让承包土地经营权租金收入	Rental Income from the Management Rights Transfer of Land Contracted
4. 转移性收入	Income from Transfer
#养老金或离退休金	Pension or Retirement Benefits
报销医疗费	Reimbursement of Medical Expenses
政策性惠农补贴	Political Subsidy Supporting Agriculture
5. 非收入所得	Non－income Revenue
(1)出售资产所得	Proceeds from Sale of Assets
(2)非经常性转移所得	Income from Non－recurrent Transfers
(3)其他非收入所得	Other Non－income Revenue
6. 借贷性所得	Borrowing Income
(1)提取储蓄存款	Dissaving
(2)借入款	Borrowed
(3)收回借出款	Recall the Loan
(4)收回储蓄性保险本金	Redemption of Deposit Insurance Principal
(5)银行信用社得到的贷款	Bank Loan

Basic Statistics of Total Income for Urban and Rural Households by City and County

(yuan/person)

全区 Total	沿黄地区 Plain	中南部地区 Mountain Area	银川市 Yinchuan	兴庆区 Xingqing	西夏区 Xixia	金凤区 Jinfeng	永宁县 Yongning	贺兰县 Helan	灵武市 Lingwu
33326.9	**34521.7**	**22327.0**	**38401.5**	**46325.3**	**33142.5**	**40593.8**	**25549.5**	**30142.9**	**36855.0**
15526.3	17954.9	9742.1	21627.6	25988.2	20061.8	26137.8	13674.0	15261.1	16348.7
9726.6	8491.1	9335.1	6826.2	4680.6	2590.0	3744.1	8561.6	9254.8	16887.8
5291.8	4393.3	6552.7	2343.7	988.6	382.4	437.2	4001.9	5989.8	5757.7
2469.0	2523.7	2307.3	1531.0	558.8	350.5	271.7	3642.0	4864.3	2009.7
54.6	40.6	71.5	69.4	199.2			20.3	25.4	14.1
2768.1	1808.3	4173.9	693.9	177.3	32.0	165.6	339.5	892.7	3733.9
	20.7		49.4	53.3				207.4	
1024.7	714.3	405.1	907.5	437.0	398.2	130.9	442.8	455.9	4462.7
154.1	321.7	74.9	460.1		281.2				3089.9
870.6	392.6	330.2	447.5	437.0	117.0	130.9	442.8	455.9	1372.7
3410.1	3383.5	2377.2	3575.0	3255.1	1809.3	3176.0	4116.9	2809.1	6667.4
1367.7	1054.1	800.1	938.2	129.9	280.8	269.2	2641.5	587.5	3774.2
1370.1	1587.7	1206.8	1859.3	2351.4	584.6	2020.0	925.6	1357.1	2623.5
441.2	509.1	198.2	628.4	386.0	930.1	848.7	541.6	724.6	235.2
231.0	232.6	172.1	149.2	387.9	13.9	38.1	8.2	139.9	34.6
1159.5	1197.2	382.1	1665.7	2783.9	1020.1	1943.5	767.4	974.7	495.6
66.8	42.2	32.3	49.9	153.0		4.8		8.6	
201.8	129.5	52.8	107.4	39.3	35.1	57.1	335.1	281.7	92.1
6914.5	6878.5	2867.8	8281.9	12872.6	9470.6	8768.4	2546.5	4652.3	3122.8
4950.4	5981.3	1193.8	7423.1	11665.8	8874.4	8043.0	1959.9	3777.2	2433.4
505.6	408.0	194.4	492.8	791.2	393.1	429.1	167.0	413.4	303.8
373.1	98.2	590.9	51.4	13.6	8.8	12.4	83.1	196.2	95.4
2630.7	3121.2	2133.3	3470.8	5122.6	1947.4	2232.6	4556.9	2473.8	2904.6
1006.4	1345.6	616.7	1551.4	3049.2	32.7	810.6	2231.6	211.3	1374.6
1611.5	1775.6	1496.0	1919.5	2073.3	1914.8	1422.0	2325.3	2262.3	1530.1
12.8		20.6						0.2	
4463.2	4141.7	4675.7	6051.7	7552.1	2426.4	5425.5	2602.3	5654.1	10262.7
1000.9	1729.8	220.6	2853.0	3908.5	1596.7	4609.4	1334.5	1485.9	1976.5
683.8	393.7	1037.7	451.7	174.1	761.1	534.1	383.9	798.9	307.2
89.4	64.3	128.3	65.2	29.0	65.7	25.5	213.8	0.7	5.5
1.6	4.7								
2627.5	1917.5	3187.3	2620.2	3361.3	2.9	256.5	670.1	3173.6	7973.5

10－16 续表 1

单位:元/人

指 标 名 称	Item
全年总收入	**Total Revenue**
1. 工资性收入	Income from Wages and Salaries
2. 经营性收入	Business Income
(1)第一产业收入	The Primary Industry
农业收入	Agriculture
林业收入	Forestry
牧业收入	Animal Husbandry
渔业收入	Fishery
(2)第二产业收入	The Secondary Industry
工业收入	Industry
建筑业收入	Construction Industry
(3)第三产业收入	The Tertiary Industry
交通运输业收入	Transportation Industry
批发零售和住宿餐饮业收入	Wholesales ,Retail Rrade,Hotel and Catering Sectors
社会服务业收入	Social Services
其他家庭经营收入	Others
3. 财产性收入	Income from Property
红利收入	Dividend Income
#转让承包土地经营权租金收入	Rental Income from the Management Rights Transfer of Land Contracted
4. 转移性收入	Income from Transfer
#养老金或离退休金	Pension or Retirement Benefits
报销医疗费	Reimbursement of Medical Expenses
政策性惠农补贴	Political Subsidy Supporting Agriculture
5. 非收入所得	Non－income Revenue
(1)出售资产所得	Proceeds from Sale of Assets
(2)非经常性转移所得	Income from Non－recurrent Transfers
(3)其他非收入所得	Other Non－income Revenue
6. 借贷性所得	Borrowing Income
(1)提取储蓄存款	Dissaving
(2)借入款	Borrowed
(3)收回借出款	Recall the Loan
(4)收回储蓄性保险本金	Redemption of Deposit Insurance Principal
(5)银行信用社得到的贷款	Bank Loan

Continued

(yuan/person)

石嘴山市 Shizuishan	大武口区 Dawukou	惠农区 Huinong	平罗县 Pingluo	吴忠市 Wuzhong	利通区 Litong	红寺堡区 Hongsipu	盐池县 Yanchi	同心县 Tongxin	青铜峡市 Qingtongxia
34151.4	**39580.7**	**31411.3**	**30745.2**	**26815.8**	**30419.0**	**20462.1**	**28330.4**	**19350.6**	**31740.6**
16885.7	23036.1	18080.5	9155.7	11950.6	14907.4	9454.3	9788.0	7215.7	13563.9
8376.1	3851.9	5405.3	15979.8	10873.8	10144.2	8487.6	14639.7	8731.9	15035.5
4578.5	130.3	2852.6	11281.4	6977.4	6034.0	5265.8	8345.6	6170.7	11453.4
2661.6	107.9	1958.9	6288.0	2331.8	1405.5	2616.5	2357.9	1791.6	4618.1
20.3		62.1	18.0	2.9		2.3		11.3	0.5
1896.7	22.4	831.6	4975.4	4642.7	4628.5	2646.9	5987.7	4367.9	6834.8
552.8	146.8	70.7	1435.4	291.5	505.0	416.6	143.1	237.2	
328.1	45.6	8.7	992.2	88.9	89.2			237.2	
224.7	101.2	62.1	443.2	202.6	415.8	416.6	143.1		
3244.8	3574.8	2481.9	3263.0	3604.9	3605.1	2805.2	6151.0	2324.0	3582.1
1501.1	2377.5	848.3	913.8	1009.2	618.9	1178.1	2345.5	604.8	1106.7
1238.0	949.7	1010.4	1629.0	2038.5	2404.2	1332.5	2667.7	1488.8	1751.5
172.5	93.2	295.1	132.8	483.0	553.3	124.9	992.9	176.7	683.1
333.1	154.3	328.1	587.4	74.1	28.8	169.8	144.9	53.8	40.8
855.0	1191.1	566.9	656.6	539.9	853.8	295.3	727.6	174.1	451.8
29.7	20.9	91.6		46.1	86.4	25.7	138.9	0.4	3.0
128.3	34.0	181.6	176.7	100.9	64.7	28.4	169.7	17.2	258.9
8034.6	11501.5	7358.7	4953.0	3451.5	4513.6	2224.8	3175.2	3228.9	2689.4
7344.5	10796.3	6795.8	4110.7	2124.1	3434.6	680.8	1220.9	1525.6	1879.2
360.0	489.3	199.1	356.5	205.8	213.3	157.0	124.5	215.9	233.3
80.8	1.3	39.1	217.8	352.4	79.7	491.2	1236.9	458.6	97.2
2935.0	3299.8	1958.5	2993.2	2461.6	2261.5	3532.7	3374.3	2130.4	1764.9
1241.1	774.5	524.8	1928.7	823.5	493.4	1129.0	1846.0	317.9	939.1
1693.9	2525.3	1433.8	1064.5	1636.7	1768.1	2394.8	1527.4	1812.5	825.9
				1.3		8.9	0.9		
1171.0	429.4	1101.7	1568.1	3417.9	1236.6	4406.7	5420.6	4326.8	4152.4
26.4	2.8	21.6	52.4	981.9	640.8		2381.3	72.1	2505.8
114.0	67.7	21.5	269.7	460.4		1032.6	1677.2	395.2	201.4
86.1		327.3		121.9	32.8	129.8	453.2	11.9	197.2
7.2			23.3	10.9	34.6				
937.4	359.0	731.3	1222.7	1821.2	528.4	3244.3	881.0	3764.5	1248.1

10-16 续表2

单位:元/人

指标名称	Item
全年总收入	**Total Revenue**
1. 工资性收入	Income from Wages and Salaries
2. 经营性收入	Business Income
(1)第一产业收入	The Primary Industry
农业收入	Agriculture
林业收入	Forestry
牧业收入	Animal Husbandry
渔业收入	Fishery
(2)第二产业收入	The Secondary Industry
工业收入	Industry
建筑业收入	Construction Industry
(3)第三产业收入	The Tertiary Industry
交通运输业收入	Transportation Industry
批发零售和住宿餐饮业收入	Wholesales ,Retail Rrade,Hotel and Catering Sectors
社会服务业收入	Social Services
其他家庭经营收入	Others
3. 财产性收入	Income from Property
红利收入	Dividend Income
#转让承包土地经营权租金收入	Rental Income from the Management Rights Transfer of Land Contracted
4. 转移性收入	Income from Transfer
#养老金或离退休金	Pension or Retirement Benefits
报销医疗费	Reimbursement of Medical Expenses
政策性惠农补贴	Political Subsidy Supporting Agriculture
5. 非收入所得	Non - income Revenue
(1)出售资产所得	Proceeds from Sale of Assets
(2)非经常性转移所得	Income from Non - recurrent Transfers
(3)其他非收入所得	Other Non - income Revenue
6. 借贷性所得	Borrowing Income
(1)提取储蓄存款	Dissaving
(2)借入款	Borrowed
(3)收回借出款	Recall the Loan
(4)收回储蓄性保险本金	Redemption of Deposit Insurance Principal
(5)银行信用社得到的贷款	Bank Loan

Continued

(yuan/person)

固原市 Guyuan	原州区 Yuanzhou	西吉县 Xiji	隆德县 Longde	泾源县 Jingyuan	彭阳县 Pengyang	中卫市 Zhongwei	沙坡头区 Shapotou	中宁县 Zhongning	海原县 Haiyuan
23008.8	**29980.7**	**18598.3**	**21813.0**	**17876.2**	**20195.0**	**24149.8**	**28606.2**	**26632.6**	**17686.7**
9862.2	13964.0	6839.0	8645.9	9384.0	8102.5	10834.1	13949.8	11203.0	7713.4
9790.7	11857.0	9004.4	9330.8	6407.8	9208.4	9233.9	9506.8	10990.2	7194.9
7375.6	7705.9	7041.8	8417.7	5171.3	7666.5	6328.4	6324.6	6617.8	5838.6
2639.6	1540.0	4061.5	2916.0	430.4	3291.2	4196.0	4512.1	5769.6	2283.9
134.7	6.5	21.9	23.6	1282.2	87.8	2.7	3.6		4.2
4601.2	6159.3	2958.5	5478.1	3458.8	4287.4	2129.6	1808.9	848.2	3550.5
497.9	932.6	731.2	96.2			453.0	648.6	687.3	50.8
71.3	108.5	107.7				100.3	279.9		
426.7	824.1	623.5	96.2			352.7	368.7	687.3	50.8
1917.2	3218.5	1231.4	816.9	1236.4	1541.9	2452.5	2533.7	3685.1	1305.4
521.5	907.6	508.5	193.3	332.1	136.2	1028.7	432.9	1895.6	853.9
1023.0	1675.4	609.8	407.0	844.0	930.4	674.5	880.7	877.6	305.5
111.6	106.8	68.9	141.1	60.3	158.7	384.8	498.8	641.2	83.3
261.0	528.7	44.2	75.5		316.6	364.5	721.2	270.7	62.7
482.9	984.4	159.0	281.9	301.1	203.1	514.6	798.3	587.6	175.8
52.1	132.0		40.5	11.2		11.0	2.3	29.6	2.8
41.6	70.7	9.4	51.6	29.3	28.2	144.7	121.5	260.8	60.6
2873.1	3175.2	2595.9	3554.4	1783.3	2680.9	3567.1	4351.4	3851.8	2602.5
1016.1	1498.1	746.4	1192.9	475.1	682.4	2364.4	3404.6	2515.7	1269.2
247.1	290.7	184.8	253.2	193.3	249.2	265.1	265.1	473.8	81.8
593.5	636.1	649.7	535.7	486.4	469.9	379.9	279.5	230.9	607.3
2069.4	2699.9	2228.2	1221.3	1803.3	1266.6	2430.0	3237.9	3306.5	904.5
465.5	660.1	643.1	157.7	404.5	146.4	1025.7	1637.1	1330.7	174.0
1571.7	1948.1	1585.2	1063.5	1391.0	1120.2	1404.2	1600.8	1975.5	730.5
32.2	91.7			7.7		0.1		0.3	
5207.2	6012.2	6357.4	3047.4	5142.8	3484.1	3479.0	3576.7	3329.4	3487.2
176.7	287.7	71.7	22.8	330.5	165.7	309.3	258.7	706.0	4.2
1028.5	1234.6	862.3	437.1	1278.4	1218.8	1134.9	468.7	1260.7	1679.9
163.0	226.4	158.7	248.2	18.2	68.6	45.6	37.1	83.0	20.5
3679.1	3943.1	5103.1	2339.2	3515.7	2030.9	1959.1	2795.5	1202.2	1782.6

10－17　各市县全体居民家庭总支出情况

单位:元/人

指 标 名 称	Item
全年总支出	**Total Expenditure**
1.生活消费支出	Living Expenditure
食品烟酒	Food Tobacco Liquor
衣着	Clothing
居住	Residence
生活用品及服务	Articles and Services for Daily Use
医疗保健	Health Care
交通通信	Transportation Communication
教育文化娱乐	Education, Culture and Entertainment
其他用品及服务	Other Supplies and Services
2.生产经营费用支出	Expenditure for Household Business
(1)第一产业生产支出	The Primary Industry
农业生产支出	Agricultural
林业生产支出	Forestry
牧业生产支出	Animal Husbandry
渔业生产支出	Fishery
(2)第二产业生产支出	The Secondary Industry
工业生产支出	Industrial
建筑业生产支出	Construction Industry
(3)第三产业生产支出	The Tertiary Industry
交通运输业生产支出	Transportation Industry
批发零售和住宿餐饮业生产支出	Wholesales, Retail Trade, Hotel and Catering Sectors
社会服务业生产支出	Social Services
其他家庭经营生产支出	Others
3.财产性支出	Property Expenditure
4.转移性支出	Transfer Expenditure
5.部分商业保险支出	Commercial Insurance Expenditure
6.购置资产及非经常性转移支出	Acquisition of Assets and Non－recurrent Transfer Expenses
(1)建造住房支出	Build Housing
(2)购买住房支出	Purchase Housing
(3)购建第一产业生产性固定资产	Purchase and Build the Productive Fixed Assets of the Primary Industry
#购买或建造农业生产性用房	Purchase or Build Agricultural Productive Housing
购买产品畜	Purchase Stock
购买或建造农业设施	Purchase or Build Agricultural Facilities
购买农业机械	Purchase Agricultural Machinery
(4)购建第二产业生产性固定资产支出	Purchase and Build the Productive Fixed Assets of the Secondary Industry
(5)购建第三产业生产性固定资产支出	Purchase and Build the Productive Fixed Assets of the Tertiary Industry
(6)非经常性转移支出	Non－recurrent Transfer Expenditures
7.借贷性支出	Borrowing Expenditure
(1)归还银行信用社贷款	Repay the Loan to the Bank or Credit Union
(2)归还借款	Pay off the Loan
(3)存入银行款	Bank Deposit

Basic Statistics of Total Expenses for Urban and Rural Households

(yuan/person)

全区 Total	沿黄地区 Plain	中南部地区 Mountain Area	银川市 Yinchuan	兴庆区 Xingqing	西夏区 Xixia	金凤区 Jinfeng	永宁县 Yongning	贺兰县 Helan	灵武市 Lingwu
33447.2	**34016.4**	**25856.5**	**37852.1**	**45225.9**	**27175.5**	**34602.9**	**26744.1**	**35969.3**	**44792.9**
17505.8	19189.0	12246.7	23261.0	29113.8	20261.1	25935.9	16678.2	18158.4	16865.3
4816.3	5510.4	3620.3	6459.2	8017.6	6649.4	6594.9	4882.1	5013.5	4624.6
1263.9	1539.5	965.3	1859.0	2187.0	1394.6	2226.3	1342.0	1601.6	1547.1
3348.8	3714.5	2269.3	4718.8	6420.0	3273.9	6048.4	3180.0	2937.8	2871.2
1037.2	1174.7	738.1	1443.7	1813.8	1029.7	1656.6	1135.6	1213.7	917.3
1906.3	1937.6	1112.4	2249.4	2588.9	2625.0	2352.9	1423.9	1813.1	1891.1
2922.0	2879.2	1903.0	3462.5	3817.2	3350.5	3799.5	2597.2	3221.8	2748.5
1760.6	1944.5	1427.2	2438.4	3402.7	1564.8	2531.1	1641.5	1878.5	1953.7
450.7	488.6	211.1	211.1	866.5	373.3	726.1	475.8	478.4	311.8
4550.4	2782.3	4052.1	1535.5	390.2	198.8	359.8	1453.0	3174.4	6157.5
3138.6	2212.2	3180.3	977.0	381.5	112.3	211.4	1161.7	2949.8	2544.8
1079.8	1026.5	764.4	516.7	220.3	86.1	97.2	962.1	1831.4	687.8
19.2	5.0	14.6	2.6	7.1			3.6	0.5	0.2
2039.6	1168.6	2401.3	425.1	106.0	26.2	114.2	196.0	1046.1	1856.7
	12.1		32.5	48.2				71.9	
523.3	164.2	154.5	292.6	6.6			13.7	92.6	2064.6
115.6	97.4	23.7	195.8						1460.9
407.7	66.8	130.9	96.8	6.6			13.7	92.6	603.7
888.4	405.9	717.2	265.9	2.1	86.5	148.4	277.6	132.0	1548.1
601.2	304.7	278.6	234.6	0.6	77.4	117.9	213.8	84.3	1455.7
184.5	35.3	328.1	10.1	0.3				25.3	54.9
28.5	18.3	44.0	16.7	1.2	8.7	16.1	62.4	0.7	24.6
74.3	47.6	66.6	4.4	0.1	0.4	14.4	1.4	21.7	12.8
277.9	211.9	116.8	295.4	608.9	158.4	284.1	62.0	56.4	115.2
2006.0	1850.5	789.9	2378.4	3604.8	2348.1	1998.2	820.8	1200.1	2307.6
392.6	516.1	120.3	610.3	702.1	343.7	660.8	470.3	744.9	566.3
6248.9	7224.5	5836.9	7315.1	8679.5	1901.2	1901.1	4551.0	10693.7	15866.6
389.1	143.7	454.4	12.3				62.0		55.2
2321.9	3522.5	1436.3	4253.3	5972.2	88.1	355.4	1364.2	7590.8	9112.5
507.5	402.5	1046.1	123.1	36.1	7.7	13.9	2.9	697.4	221.8
111.1	36.0	261.3	2.3					21.6	
208.0	258.7	479.6	87.0	18.7		8.2		507.9	191.9
10.2	14.7	21.7	5.5	2.3				31.4	8.2
176.6	93.1	283.6	28.3	15.0	7.7	5.8	2.9	136.4	21.7
9.4	49.9	126.5	3.5					27.4	
710.4	705.3	745.4	644.1		25.3		991.3	15.6	3717.4
2281.1	2352.3	2021.5	2213.7	2671.3	1508.1	1433.0	2071.7	2310.6	2757.6
2465.7	2242.1	2693.9	2456.4	2126.5	1964.1	3463.1	2708.8	1941.5	2914.4
1832.4	1814.0	1930.1	2071.1	1923.0	1715.0	3045.4	2363.1	1837.8	1841.5
483.4	296.8	673.5	229.2	171.1	131.2	206.6	163.7	89.3	642.0
72.4	69.8	2.9	49.4	12.5	42.7	12.4	141.7	0.9	86.3

10－17 续表1

单位:元/人

指标名称	Item
全年总支出	**Total Expenditure**
1. 生活消费支出	Living Expenditure
食品烟酒	Food Tobacco Liquor
衣着	Clothing
居住	Residence
生活用品及服务	Articles and Services for Daily Use
医疗保健	Health Care
交通通信	Transportation Communication
教育文化娱乐	Education, Culture and Entertainment
其他用品及服务	Other Supplies and Services
2. 生产经营费用支出	Expenditure for Household Business
(1)第一产业生产支出	The Primary Industry
农业生产支出	Agricultural
林业生产支出	Forestry
牧业生产支出	Animal Husbandry
渔业生产支出	Fishery
(2)第二产业生产支出	The Secondary Industry
工业生产支出	Industrial
建筑业生产支出	Construction Industry
(3)第三产业生产支出	The Tertiary Industry
交通运输业生产支出	Transportation Industry
批发零售和住宿餐饮业生产支出	Wholesales, Retail Trade, Hotel and Catering Sectors
社会服务业生产支出	Social Services
其他家庭经营生产支出	Others
3. 财产性支出	Property Expenditure
4. 转移性支出	Transfer Expenditure
5. 部分商业保险支出	Commercial Insurance Expenditure
6. 购置资产及非经常性转移支出	Acquisition of Assets and Non－recurrent Transfer Expenses
(1)建造住房支出	Build Housing
(2)购买住房支出	Purchase Housing
(3)购建第一产业生产性固定资产	Purchase and Build the Productive Fixed Assets of the Primary Industry
#购买或建造农业生产性用房	Purchase or Build Agricultural Productive Housing
购买产品畜	Purchase Stock
购买或建造农业设施	Purchase or Build Agricultural Facilities
购买农业机械	Purchase Agricultural Machinery
(4)购建第二产业生产性固定资产支出	Purchase and Build the Productive Fixed Assets of the Secondary Industry
(5)购建第三产业生产性固定资产支出	Purchase and Build the Productive Fixed Assets of the Tertiary Industry
(6)非经常性转移支出	Non－recurrent Transfer Expenditures
7. 借贷性支出	Borrowing Expenditure
(1)归还银行信用社贷款	Repay the Loan to the Bank or Credit Union
(2)归还借款	Pay off the Loan
(3)存入银行款	Bank Deposit

Continued

(yuan/person)

石嘴山市 Shizuishan	大武口区 Dawukou	惠农区 Huinong	平罗县 Pingluo	吴忠市 Wuzhong	利通区 Litong	红寺堡区 Hongsipu	盐池县 Yanchi	同心县 Tongxin	青铜峡市 Qingtongxia
30849.6	**36142.2**	**24518.1**	**31083.3**	**27392.3**	**27543.0**	**31050.0**	**27099.2**	**19647.3**	**33301.7**
16865.2	21170.0	15564.0	13203.9	13432.0	15354.7	12739.5	13040.4	11172.9	12871.0
5447.3	6952.2	5301.5	3997.7	4087.4	4797.2	3895.7	4103.7	3413.5	3726.0
1538.0	2104.7	1341.2	1065.0	1134.7	1306.7	998.6	1332.2	907.7	974.0
2738.7	3407.3	1993.7	2497.9	2572.8	2891.2	2231.6	2453.1	2550.7	2301.3
1078.6	1375.8	1137.3	763.2	807.0	867.8	720.8	760.5	699.4	839.7
1707.9	1972.8	1582.2	1572.7	1140.9	1251.6	1228.9	973.1	924.9	1174.6
2321.9	2704.8	2259.3	1876.8	2042.7	2303.2	2148.4	1831.0	1369.0	2313.9
1678.3	2119.7	1659.8	1209.8	1384.2	1600.4	1331.0	1290.3	1179.8	1226.8
354.6	532.6	289.1	220.8	262.3	336.7	184.6	296.4	127.9	314.7
2792.4	734.9	1913.8	6108.5	4598.8	3539.7	4617.2	5589.7	3693.1	7309.1
2223.7	41.4	1434.5	5657.8	3767.8	3294.2	3167.0	3451.4	2853.7	6971.1
987.2	28.9	826.8	2328.6	932.2	595.6	1223.4	1131.1	529.9	1758.4
15.2	0.7	62.0	0.5	3.9		9.8		2.3	10.5
1221.3	11.8	545.6	3328.6	2831.7	2698.7	1933.9	2320.3	2321.4	5202.1
21.2	17.7	1.1	36.1	66.9	28.1	312.8		40.5	
3.3	6.9	1.1		17.5	28.1			40.5	
18.0	10.8		36.1	49.5		312.8			
547.4	675.7	478.2	414.6	764.0	217.4	1137.4	2138.3	798.9	338.0
389.2	662.4	323.7	120.4	368.2	69.1	971.8	1102.9	75.7	300.3
104.6		138.4	169.3	313.5	65.4	65.9	751.3	684.4	27.5
11.2	9.1	6.3	12.1	72.1	76.5	53.6	272.0	38.8	10.2
42.4	4.2	9.8	112.9	10.2	6.5	46.1	12.1		
104.1	213.6	54.0	31.1	89.1	163.6	114.4	151.8	11.2	25.3
1424.2	2303.3	915.9	855.5	794.2	943.9	778.9	562.9	601.0	820.0
474.7	491.0	631.6	343.3	259.9	367.9	147.5	389.7	27.5	334.8
8008.2	9984.8	4078.5	9614.9	6005.8	5062.4	9303.5	4227.7	3109.3	9491.7
22.6	1.2	17.8	47.0	213.0		343.4	715.0	395.9	
4203.9	6802.7	843.8	4265.2	2140.1	1208.9	3341.6	367.9	418.6	5545.0
670.4	45.3	148.9	1829.7	673.3	927.2	758.9	671.5	204.3	945.4
131.4	0.1	27.4	347.5	78.7		357.0	161.1	35.8	13.6
387.8		3.8	1179.4	435.4	880.4	244.7		35.2	761.4
				32.1		0.7	224.4	29.1	7.0
151.2	45.2	117.7	302.8	127.0	46.7	156.5	286.0	104.2	163.4
235.5		30.0	740.4	6.6		42.0			
100.1		97.0	244.3	425.7		1716.9	992.1	116.2	81.1
2766.5	3135.6	2941.0	2458.7	2508.5	2926.3	3054.7	1476.3	1965.1	2770.8
1180.8	1244.6	1360.3	926.2	2212.6	2110.8	3349.0	3137.0	1032.4	2449.9
885.9	857.0	992.9	790.6	1560.2	1704.0	2208.3	1348.4	797.1	1829.3
183.9	95.8	367.4	134.0	432.6	188.6	1101.9	892.6	217.9	361.2
103.9	273.0		1.6	100.7	209.0		44.0		192.9

10－17 续表 2

单位:元/人

指 标 名 称	Item
全年总支出	**Total Expenditure**
1. 生活消费支出	Living Expenditure
食品烟酒	Food Tobacco Liquor
衣着	Clothing
居住	Residence
生活用品及服务	Articles and Services for Daily Use
医疗保健	Health Care
交通通信	Transportation Communication
教育文化娱乐	Education, Culture and Entertainment
其他用品及服务	Other Supplies and Services
2. 生产经营费用支出	Expenditure for Household Business
(1)第一产业生产支出	The Primary Industry
农业生产支出	Agricultural
林业生产支出	Forestry
牧业生产支出	Animal Husbandry
渔业生产支出	Fishery
(2)第二产业生产支出	The Secondary Industry
工业生产支出	Industrial
建筑业生产支出	Construction Industry
(3)第三产业生产支出	The Tertiary Industry
交通运输业生产支出	Transportation Industry
批发零售和住宿餐饮业生产支出	Wholesales, Retail Trade, Hotel and Catering Sectors
社会服务业生产支出	Social Services
其他家庭经营生产支出	Others
3. 财产性支出	Property Expenditure
4. 转移性支出	Transfer Expenditure
5. 部分商业保险支出	Commercial Insurance Expenditure
6. 购置资产及非经常性转移支出	Acquisition of Assets and Non－recurrent Transfer Expenses
(1)建造住房支出	Build Housing
(2)购买住房支出	Purchase Housing
(3)购建第一产业生产性固定资产	Purchase and Build the Productive Fixed Assets of the Primary Industry
#购买或建造农业生产性用房	Purchase or Build Agricultural Productive Housing
购买产品畜	Purchase Stock
购买或建造农业设施	Purchase or Build Agricultural Facilities
购买农业机械	Purchase Agricultural Machinery
(4)购建第二产业生产性固定资产支出	Purchase and Build the Productive Fixed Assets of the Secondary Industry
(5)购建第三产业生产性固定资产支出	Purchase and Build the Productive Fixed Assets of the Tertiary Industry
(6)非经常性转移支出	Non－recurrent Transfer Expenditures
7. 借贷性支出	Borrowing Expenditure
(1)归还银行信用社贷款	Repay the Loan to the Bank or Credit Union
(2)归还借款	Pay off the Loan
(3)存入银行款	Bank Deposit

Continued

(yuan/person)

固原市 Guyuan	原州区 Yuanzhou	西吉县 Xiji	隆德县 Longde	泾源县 Jingyuan	彭阳县 Pengyang	中卫市 Zhongwei	沙坡头区 Shapotou	中宁县 Zhongning	海原县 Haiyuan
26946.7	**34509.5**	**24653.5**	**23383.1**	**21438.6**	**22054.9**	**27155.2**	**33269.7**	**26378.8**	**21668.1**
12680.4	15613.8	11207.7	12783.7	9442.7	10987.8	13097.4	15158.9	14251.0	10133.5
3722.6	4430.0	3458.9	3710.0	2828.3	3243.9	3515.2	4181.7	3430.5	2945.0
896.6	1232.8	731.9	691.1	802.2	751.3	945.8	1139.1	912.3	797.4
2234.4	2660.1	1836.6	2364.8	1837.9	2243.6	2570.1	3230.0	2625.0	1876.5
731.6	953.7	632.7	676.0	574.5	578.6	800.7	926.7	793.8	688.4
1181.1	1375.7	1050.9	1397.3	850.9	923.9	1616.1	1754.1	2047.4	1101.5
2163.8	2957.6	1758.6	2299.6	1291.8	1687.1	2047.5	2262.7	2705.4	1283.8
1500.0	1592.6	1568.9	1432.1	1136.3	1423.4	1287.4	1193.7	1373.3	1319.1
250.2	411.3	169.2	212.9	120.8	135.9	314.6	471.0	363.2	121.8
4354.5	6928.2	2375.3	5014.0	2219.3	3128.0	3701.8	3870.8	4431.1	2744.4
3473.0	4827.8	1986.1	4843.5	2047.9	3096.7	3101.6	3451.0	3021.1	2701.1
758.2	519.4	898.9	1155.8	129.6	1067.8	1941.1	2438.4	2562.5	790.9
26.0		3.5	19.6	261.7	1.4	0.7	0.1		1.8
2688.7	4308.3	1083.8	3668.1	1656.6	2027.1	1159.8	1012.4	458.6	1908.3
					0.3				
222.9	485.2	211.6	15.3			70.9		227.9	
42.5	68.5	59.9							
180.4	416.7	151.7	15.3			70.9		227.9	
658.7	1615.2	177.5	155.1	171.3	31.3	529.3	419.8	1182.1	43.3
202.9	464.2	86.0	50.7	95.8		346.8	36.4	1072.9	7.6
309.7	790.7	65.0	44.2	73.5		22.7	23.4	43.7	4.5
15.6	26.3	7.4	38.4	2.1		7.1	7.9	14.4	0.5
130.4	334.0	19.0	21.8		31.3	152.7	352.1	51.0	30.6
194.6	454.6	45.0	95.1	70.6	54.0	112.7	235.8	71.7	24.4
847.5	1206.1	514.5	1067.0	533.1	658.6	1247.9	1768.6	1273.3	711.2
106.4	146.1	122.5	42.8	24.3	91.6	315.4	496.6	412.7	65.5
5468.7	5737.1	7681.0	2634.6	6186.8	3690.1	6229.6	8662.4	3631.8	6075.6
554.7	517.0	869.5	170.5	505.0	293.0	662.6	760.2	832.2	381.2
1306.9	828.6	3582.9	777.7	4.2	49.8	842.7	1767.5	123.1	513.9
1028.7	1295.2	817.2	717.0	1869.2	596.0	1010.6	192.9	652.3	2155.5
262.6	380.8	187.4	76.2		459.1	187.2	35.2	95.5	421.9
427.8	683.0	58.0	212.8	1680.5	20.2	480.6	4.5	98.7	1305.7
15.9	4.9			126.9	21.4	44.1	68.4	69.1	
322.4	226.5	571.8	428.1	61.8	95.3	298.6	84.7	388.9	427.9
227.7	648.9	16.2							
443.3	388.6	792.0	59.1	1105.1		1832.8	3727.5	614.7	1089.9
1905.7	2058.8	1601.8	910.2	2686.4	2751.3	1877.4	2209.8	1403.3	1935.1
3294.7	4423.6	2707.5	1745.9	2961.9	3445.0	2450.4	3076.4	2307.2	1913.5
2374.0	3575.1	1812.2	765.6	2292.3	2149.1	1879.5	2356.5	1614.0	1606.6
856.5	763.7	784.1	970.9	650.3	1272.4	552.0	678.9	680.3	305.1
			0.2						

10－18 各市县全体居民家庭主要耐用品每百户拥有情况

单位:百户均

指 标 名 称	Item	全区 Total	沿黄地区 Plain	中南部地区 Mountain Area
家用汽车	Automobile	40.54	43.95	42.31
摩托车	Motorcycle	29.73	20.83	47.04
助力车	Powered Bicycle	67.27	72.85	54.69
洗衣机	Washing Machine	103.19	103.64	102.51
电冰箱(柜)	Refrigerator	101.19	102.28	99.40
微波炉	Microwave Oven	40.68	49.71	24.58
彩色电视机	Color TV Set	105.73	106.45	105.73
空调	Air Conditioner	13.94	19.96	4.05
热水器	Water Heater	102.00	101.38	99.43
洗碗机	Dishwasher	0.48	0.59	2.55
排油烟机	Smoke Exhaust Ventilator	67.81	78.53	47.11
固定电话	Telephone	2.20	3.49	1.32
移动电话	Mobile Telephone	271.00	255.43	290.33
其中:接入互联网	Internet Mobile Telephone	259.59	242.25	289.17
计算机	Computer	52.69	60.47	45.77
其中:接入互联网	Internet Computer	43.24	49.74	32.29
照相机	Camera	8.87	12.30	4.39
中高档乐器	Secondary and Top Grade Musical Instrument	7.17	8.85	5.33
健身器材	Body－building Apparatus	4.71	5.92	2.34
空气净化器(含新风系统)	Air Purifier (Include Fresh Air System)	2.84	4.10	1.54
吸尘器	Vacuum Cleaner	7.68	10.24	4.59

Ownership of Major Durable Consumer Goods per 100 Urban and Rural Households by City and County

(per 100 households)

银川市 Yinchuan	兴庆区 Xingqing	西夏区 Xixia	金凤区 Jinfeng	永宁县 Yongning	贺兰县 Helan	灵武市 Lingwu	石嘴山市 Shizuishan	大武口区 Dawukou	惠农区 Huinong	平罗县 Pingluo	吴忠市 Wuzhong
49.18	49.04	40.93	57.04	42.92	58.81	41.35	36.09	41.01	32.46	31.46	41.44
11.04	7.15	3.28	6.27	21.96	9.07	34.82	18.87	9.67	11.16	38.06	37.61
53.50	41.21	43.45	34.70	74.09	85.94	87.88	76.06	66.28	67.76	92.47	80.70
101.55	99.93	98.93	99.36	103.75	104.78	108.63	104.35	100.71	101.01	111.38	103.73
100.93	99.96	100.14	96.57	103.07	106.37	106.97	103.26	102.98	101.29	104.67	103.61
61.17	75.26	41.42	75.67	42.75	49.10	43.96	34.20	44.41	32.19	21.63	36.65
103.70	105.27	98.36	99.74	101.45	106.40	111.55	102.82	101.82	99.98	105.84	108.96
28.18	39.55	14.77	42.56	6.26	13.04	13.88	17.26	32.48	14.68	1.90	7.35
100.65	101.69	99.03	100.99	96.67	96.61	105.39	99.51	102.61	105.86	92.77	103.16
0.87	1.27		0.99	0.52		1.46	0.28			0.66	
87.84	95.95	91.95	91.50	87.52	71.64	67.70	73.83	91.14	73.57	50.73	67.89
5.85	14.25	1.06	2.88	1.08	0.43	0.44	1.00	2.01		0.79	0.99
253.90	244.50	241.49	243.00	269.47	281.43	264.48	240.02	238.37	239.16	242.15	278.62
244.24	235.99	236.53	242.06	259.22	259.42	243.45	230.13	230.31	230.54	227.93	266.74
73.06	90.08	66.66	88.10	46.89	50.66	42.09	47.89	68.39	43.41	26.07	45.82
62.94	80.43	59.22	81.44	34.46	38.20	25.81	39.28	58.39	35.88	19.51	35.58
18.45	31.70	10.01	14.25	6.62	8.97	13.04	5.84	12.49	1.56	1.31	6.04
12.05	21.67	6.01	4.78	4.53	8.32	11.45	5.97	10.18	6.04	1.50	3.99
8.20	13.17	1.03	7.74	7.08	5.43	4.24	3.33	3.11	4.58	2.76	3.57
5.15	8.75	2.01	3.87	3.02	4.37	2.35	2.36	6.15			1.78
13.28	20.18	5.96	9.55	6.04	12.69	11.56	7.26	14.51	4.65	1.50	6.29

10-18 续表

指标名称	Item	利通区 Litong	红寺堡区 Hongsipu	盐池县 Yanchi
家用汽车	Automobile	43.34	45.00	44.34
摩托车	Motorcycle	29.98	28.54	19.98
助力车	Powered Bicycle	88.46	73.25	78.91
洗衣机	Washing Machine	108.12	97.03	100.06
电冰箱(柜)	Refrigerator	105.92	101.93	99.90
微波炉	Microwave Oven	46.48	39.92	32.33
彩色电视机	Color TV Set	116.61	102.98	100.76
空调	Air Conditioner	9.21	3.36	7.94
热水器	Water Heater	109.54	101.22	90.58
洗碗机	Dishwasher			
排油烟机	Smoke Exhaust Ventilator	76.46	50.44	69.57
固定电话	Telephone	1.77		
移动电话	Mobile Telephone	276.80	275.52	267.12
其中:接入互联网	Internet Mobile Telephone	253.96	253.37	265.10
计算机	Computer	60.04	39.92	35.48
其中:接入互联网	Internet Computer	45.97	27.37	30.18
照相机	Camera	9.47	2.60	6.42
中高档乐器	Secondary and Top Grade Musical Instrument	5.48	2.38	4.89
健身器材	Body - building Apparatus	7.67	0.57	1.23
空气净化器(含新风系统)	Air Purifier (Include Fresh Air System)	2.96	0.57	1.90
吸尘器	Vacuum Cleaner	12.11	3.08	2.06

Continued

同心县 Tongxin	青铜峡市 Qingtongxia	固原市 Guyuan	原州区 Yuanzhou	西吉县 Xiji	隆德县 Longde	泾源县 Jingyuan	彭阳县 Pengyang	中卫市 Zhongwei	沙坡头区 Shapotou	中宁县 Zhongning	海原县 Haiyuan
27.85	46.52	46.01	57.04	45.79	33.25	32.92	41.78	37.89	34.09	43.91	36.62
76.81	31.05	47.67	30.02	60.20	63.04	33.73	58.99	47.12	31.77	61.75	50.84
66.57	92.14	43.69	47.29	52.19	17.52	43.21	42.57	98.64	112.70	121.34	55.42
99.31	109.36	104.83	104.03	111.26	101.92	103.95	99.97	104.35	101.98	108.94	102.42
98.61	109.50	98.67	97.71	103.76	98.09	95.70	95.43	100.40	97.47	103.71	100.95
28.87	26.28	21.23	28.29	22.86	17.36	18.16	8.85	36.40	40.42	50.81	16.62
99.44	118.02	111.32	103.35	125.77	109.67	112.90	103.38	108.04	107.65	114.09	101.32
4.73	7.86	4.01	0.68	1.55	2.59	23.01	5.03	6.99	7.64	13.17	
97.70	109.33	99.28	99.48	117.82	104.59	52.22	90.46	100.26	92.85	105.85	104.60
		4.94	0.68	0.40		51.10	1.61	0.54	0.98	0.47	
60.21	66.35	38.03	56.66	31.20	32.90	22.61	23.64	54.66	58.98	62.33	42.55
1.94		1.73	0.79		1.74	12.22	1.22	0.65		1.28	0.91
284.94	289.58	304.20	284.10	379.48	284.45	148.67	315.00	266.62	260.84	260.28	281.44
283.25	284.21	309.24	274.09	365.02	282.45	308.40	309.64	246.07	231.15	239.23	274.48
30.42	45.62	59.03	50.99	54.22	43.01	177.16	34.48	37.05	42.35	46.72	20.26
24.17	36.67	38.93	37.94	49.06	39.92	24.45	30.90	25.99	21.93	38.97	18.35
1.02	6.61	5.83	6.11	4.79	4.35	12.71	3.86	3.36	4.16	4.05	1.69
1.47	4.01	7.25	9.24	11.00	6.59	1.48	2.17	4.15	6.07	3.71	2.27
2.23	1.23	2.21	3.31	1.56	2.17	1.43	1.60	2.93	4.00	2.40	2.28
1.34	0.62	1.14	1.83	0.80	2.13	0.47		3.75	5.23	4.04	1.73
3.51	3.17	5.56	10.91	4.74	2.24	2.01	0.89	5.29	8.60	3.55	3.09

10－19 主要年份各市县全体居民人均可支配收入情况

Basic Statistics of Disposable Income for Urban and Rural Households by City and County in Main Year

单位:元/人 (yuan/person)

地区	Region	2013	2014	2015	2016	2017	2018	2019	2020
全区	**Total**	**14565.8**	**15906.8**	**17329.1**	**18832.3**	**20561.7**	**22400.4**	**24411.9**	**25734.9**
沿黄地区	Plain	17637.8	19226.0	20803.0	22410.0	24305.9	26014.0	27796.0	28782.9
中南部地区	Mountain Area	8734.3	9625.0	10499.2	11447.0	12622.6	13745.0	15319.0	16613.4
银川市	**Yinchuan**	**19914.3**	**21749.9**	**23551.0**	**25397.0**	**27516.9**	**29722.9**	**32023.4**	**33547.0**
兴庆区	Xingqing	25010.9	27346.1	29541.9	31738.6	34323.0	36981.0	39776.8	40956.0
西夏区	Xixia	18028.4	19682.8	21322.3	23032.8	25026.1	26906.2	29069.5	30367.4
金凤区	Jinfeng	21829.1	23911.6	25960.3	27994.8	30182.8	32920.4	35633.1	37776.7
永宁县	Yongning	13482.4	14721.7	16017.3	17239.2	18682.1	19845.9	21451.5	22670.6
贺兰县	Helan	14314.2	15665.8	16955.2	18294.6	19846.0	21464.2	23211.4	24782.3
灵武市	Lingwu	15652.6	17076.7	18460.4	19906.5	21661.4	23362.1	25217.1	26786.2
石嘴山市	**Shizuishan**	**17293.9**	**18748.4**	**20220.3**	**21747.0**	**23621.6**	**25638.5**	**27725.5**	**28906.5**
大武口区	Dawukou	21302.6	23125.3	25081.6	27033.2	29437.3	32000.3	34576.4	35959.1
惠农区	Huinong	16523.5	17888.0	19306.2	20745.0	22454.2	24202.0	26341.5	28145.9
平罗县	Pingluo	12785.7	13923.0	14973.8	16101.9	17473.7	18999.9	20527.5	21726.5
吴忠市	**Wuzhong**	**11240.8**	**12321.9**	**13373.3**	**14510.0**	**15847.9**	**17416.1**	**19164.7**	**20608.0**
利通区	Litong	14259.2	15570.6	16840.7	18149.5	19727.5	21421.1	23379.0	24864.1
红寺堡区	Hongsipu	7741.4	8529.1	9306.9	10198.2	11250.2	12329.6	13752.5	14951.6
盐池县	Yanchi	10569.7	11615.6	12719.8	13919.0	15362.4	16957.4	19219.5	21115.6
同心县	Tongxin	7811.1	8634.7	9459.8	10329.5	11278.8	12266.4	13706.5	14772.9
青铜峡市	Qingtongxia	12733.3	13924.2	15024.3	16144.0	17445.5	18941.1	20615.5	22127.2
固原市	**Guyuan**	**8675.9**	**9590.7**	**10409.2**	**11330.0**	**12484.5**	**13958.1**	**15323.1**	**16708.4**
原州区	Yuanzhou	10678.0	11761.3	12792.1	13898.4	15193.7	16803.6	18826.7	20484.6
西吉县	Xiji	7444.8	8261.6	9016.6	9846.5	10802.7	11808.1	13218.0	14755.6
隆德县	Longde	7586.8	8409.8	9102.2	9937.0	11001.8	12050.7	13417.2	14705.8
泾源县	Jingyuan	7600.1	8414.3	9107.4	9921.0	10883.0	12052.9	13419.7	14581.0
彭阳县	Pengyang	7741.5	8590.3	9360.9	10210.4	11293.7	12490.5	13919.4	15194.6
中卫市	**Zhongwei**	**10139.7**	**11093.6**	**12011.0**	**12941.0**	**14066.9**	**15333.9**	**16904.3**	**17864.2**
沙坡头区	Shapotou	12630.2	13778.0	14912.3	15992.6	17356.0	18825.2	20376.3	21086.4
中宁县	Zhongning	11738.7	12816.7	13900.4	14997.6	16333.5	17659.8	19167.9	19916.5
海原县	Haiyuan	6899.7	7641.1	8284.3	9046.2	10006.9	10773.2	12188.4	13172.7

10－20 主要年份各市县全体居民人均生活消费支出情况

Per Capita Living Expenditure for Urban and Rural Residents by City and County in Main Year

单位:元/人 (yuan/person)

地 区	Region	2013	2014	2015	2016	2017	2018	2019	2020
全 区	**Total**	**14565.8**	**12484.5**	**13815.6**	**14965.4**	**15350.3**	**16715.1**	**18296.8**	**17505.8**
沿黄地区	Plain		14769.5	15943.0	17174.6	17080.1	18371.0	19697.0	19189.0
中南部地区	Mountain Area		7913.5	8579.2	9353.6	9534.0	10233.0	11235.0	12246.7
银 川 市	**Yinchuan**	**19807.0**	**17350.0**	**18507.9**	**19958.6**	**19933.8**	**21898.0**	**23733.6**	**23261.0**
兴 庆 区	Xingqing	25010.8	21634.9	23333.5	23670.9	24206.6	28428.5	30996.6	29113.8
西 夏 区	Xixia	18028.4	16348.4	17944.9	19533.1	19789.2	21056.6	21231.6	20261.1
金 凤 区	Jinfeng	21829.1	20652.6	21000.1	21312.9	21636.5	23384.4	25450.4	25935.9
永 宁 县	Yongning	13261.4	11065.5	12182.6	13058.9	14819.5	14902.2	15690.8	16678.2
贺 兰 县	Helan	13912.9	13035.9	13859.5	14671.1	15249.0	16345.6	17589.2	18158.4
灵 武 市	Lingwu	15656.5	11309.5	13195.7	14132.4	15148.2	16404.7	17156.1	16865.3
石嘴山市	**Shizuishan**	**17334.5**	**12297.5**	**13370.5**	**14379.9**	**15048.0**	**16598.9**	**17119.7**	**16865.2**
大武口区	Dawukou	21312.2	13738.5	15425.5	16565.8	17791.7	20023.4	21565.9	21170.0
惠 农 区	Huinong	16563.5	11558.4	11768.5	12494.9	13199.5	13993.4	14877.8	15564.0
平 罗 县	Pingluo	12888.0	11043.6	12083.3	12768.8	13656.3	13778.2	13395.7	13203.9
吴 忠 市	**Wuzhong**	**11253.2**	**9725.6**	**10626.6**	**11529.8**	**11436.2**	**12292.5**	**13426.7**	**13432.0**
利 通 区	Litong	14280.4	11815.0	13015.3	13586.6	14165.9	15764.0	16280.2	15354.7
红寺堡区	Hongsipu	7752.7	7431.5	7871.4	8560.2	9763.7	10572.9	11835.1	12739.5
盐 池 县	Yanchi	10583.1	9499.5	10111.4	11229.5	11678.2	11751.2	13600.5	13040.4
同 心 县	Tongxin	7722.8	7474.2	8359.1	8918.1	9447.3	9671.5	10589.6	11172.9
青铜峡市	Qingtongxia	12754.4	10892.0	11510.1	10569.0	11465.5	11770.1	12829.6	12871.0
固 原 市	**Guyuan**	**8643.6**	**7720.8**	**8287.0**	**9020.1**	**9755.1**	**10555.4**	**11554.6**	**12680.4**
原 州 区	Yuanzhou	10704.7	9300.2	10600.0	11689.6	12949.3	13599.4	14663.9	15613.8
西 吉 县	Xiji	7451.4	6701.1	6851.1	7188.8	7734.0	8346.2	9408.0	11207.7
隆 德 县	Longde	7586.6	7682.8	7983.2	8796.7	10500.7	11718.3	12385.7	12783.7
泾 源 县	Jingyuan	7609.7	7147.1	7393.2	7958.7	8423.6	8214.4	8953.9	9442.7
彭 阳 县	Pengyang	7745.4	6606.7	7060.4	7344.1	7996.4	8925.8	10059.8	10987.8
中 卫 市	**Zhongwei**	**10153.3**	**9537.8**	**10349.7**	**11151.0**	**11505.8**	**12261.8**	**13222.1**	**13097.4**
沙坡头区	Shapotou	12635.3	11279.1	12149.8	13490.0	13950.5	14974.1	16156.5	15158.9
中 宁 县	Zhongning	11872.7	10720.1	11970.9	13041.1	14409.4	13999.4	14682.2	14251.0
海 原 县	Haiyuan	6921.3	6851.6	7740.9	7879.0	8396.2	8672.7	9821.1	10133.5

10-21 城镇居民家庭基本情况

指 标 名 称	Item	单位	Unit
一、户主文化程度	**Cultural Level of Head of a Household**	-	-
(一)未上过学	No Schooling	%	%
(二)小学	Primary School	%	%
(三)初中	Junior Secondary School	%	%
(四)高中	Senior Secondary School	%	%
(五)大学专科	Junior College	%	%
(六)大学本科	Undergraduate College	%	%
(七)研究生	Postgraduate	%	%
二、按家庭规模分的住户类型	**Households Type Divided by Family Size**	-	-
(一)一人户	One Person	%	%
(二)二人户	Two Persons	%	%
(三)三人户	Three Persons	%	%
(四)四人户	Four Persons	%	%
(五)五人户	Five Persons	%	%
(六)六人及以上户	Six Persons and over	%	%
三、按世代分的住户类型	**Households Type Divided by Generation**	-	-
(一)一代户	One - Generation Households	%	%
(二)二代户	Two - Generation Households	%	%
(三)三代户	Three - Generation Households	%	%
(四)四代及以上户	Four - Generation Households and over	%	%
四、住户特征	**Household Characteristics**	-	-
(一)纯老人户	Households of only the old	%	%
(二)家中有未成年子女户	Households of Couple with Minor Children	%	%
(三)年轻夫妻无子女户	Households of Young Couple without Children	%	%
(四)无劳动力户	Households without Labour Force	%	%
五、住户经营情况	**Household Business Situation**	-	-
(一)生产经营户	Production Business Households	%	%
农业户	Agriculture	%	%
农业兼业户	Agriculture and Business Households	%	%
非农兼业户	Non - agriculture and Business Households	%	%
非农业户	Non - agriculture Households	%	%
(二)非生产经营户	Non - production Business Households	%	%
六、参加医疗保险情况	**Medical Insurance Participation**	-	-
(一)参加城乡居民基本医疗保险	Basic Medical Insurance for Urban and Rural Residents	%	%
(二)参加城镇职工基本医疗保险	Basic Medical Insurance for Urban Employee	%	%
(三)商业及其他医疗保险	Commercial and Other Health Insurance	%	%
(四)没有参加任何医疗保险	Non - joined any Medical Insurance	%	%

Basic Statistics of Urban Households

2013	2014	2015	2016	2017	2018	2019	2020
3.8	3.6	3.1	2.7	2.8	1.1	1.3	1.4
12.7	11.2	12.7	12.1	12.2	9.7	9.3	9.5
28.9	28.9	29.4	31.3	31.1	31.9	32.6	32.5
24.1	24.1	21.9	23.6	23.6	22.3	21.8	21.7
18.4	18.3	19.8	17.6	17.6	18.0	18.2	19.2
11.7	13.6	12.9	12.5	12.4	16.0	15.5	15.0
0.4	0.4	0.2	0.3	0.3	1.0	1.4	0.8
--	-	-	-	-	-	-	-
5.4	4.7	4.2	5.2	4.5	5.0	5.4	4.8
24.0	25.0	25.7	29.5	29.8	29.5	29.7	30.9
42.8	43.3	40.1	38.1	38.1	35.1	34.0	34.9
17.1	17.0	20.7	19.9	19.7	21.6	22.3	21.4
8.7	7.9	6.8	5.6	6.2	6.6	5.9	5.7
2.0	2.1	2.6	1.8	1.6	2.2	2.7	2.3
--	-	-	-	-	-	-	-
15.7	28.4	29.7	29.5	29.1	30.2	30.3	31.1
34.0	63.2	62.2	61.9	62.5	60.5	60.9	60.9
5.4	8.3	7.9	8.4	8.3	9.3	8.8	8.0
		0.2	0.2	0.1			
--	-	-	-	-	-	-	-
16.0	17.3	20.6	20.4	22.9	18.7	21.1	23.3
75.8	72.2	69.8	72.6	71.9	75.6	74.3	74.7
	1.9	2.0	1.2	1.2	2.7	1.7	1.2
8.2	8.6	7.6	5.8	4.0	3.0	2.9	0.8
17.6	20.7	18.8	23.8	26.3	56.2	30.4	30.0
7.1	33.6	37.0	27.3	25.6	19.4	27.7	28.5
			2.0	2.3	0.6	1.1	1.5
			4.7	5.1	2.1	3.2	3.0
12.0	4.7	3.9	70.4	69.5	78.0	71.1	67.3
82.4	79.3	81.2	76.2	73.7	43.8	69.6	70.0
53.9	56.8	58.8	59.8	59.9	65.5	62.8	61.7
35.0	34.0	31.6	32.3	32.4	30.5	32.4	33.5
3.1	5.5	2.5	3.6	3.7	4.2	7.3	8.8
8.0	7.6	7.8	6.9	6.6	3.3	3.8	3.8

10-22 城镇居民家庭就业年龄及学历构成情况

指 标 名 称	Item	单位	Unit
一、基本情况	**Basic Statistics of Households Surveyed**	-	-
(一)户均常住人口	Average Number of Permanent Residents per Household	人/户	person/household
(二)户均常住从业人口	Average Number of Employed Persons per Household	人/户	person/household
(三)平均每户家庭从业人口比重	Proportion of Employed Persons per Household	%	%
(四)平均每一从业人口负担人数	Average Number of Dependency Coefficient per Employed Persons	人	person
(五)由本户供养的在校学生	Supported Students in School by the Family	人/户	person/household
(六)户均整半劳动力人口	Whole and Half Labor Force per Household	人/户	person/household
(七)平均每户家庭整半劳动力人口比重	Proportion of Whole and Half Labor Force per Household	%	%
二、家庭劳动力年龄构成	**Age Composition of Permanent Employed Persons**	-	-
(一)16-19岁	Aged 16-19	%	%
(二)20-24岁	Aged 20-24	%	%
(三)25-29岁	Aged 25-29	%	%
(四)30-34岁	Aged 30-34	%	%
(五)35-40岁	Aged 35-40	%	%
(六)41-50岁	Aged 41-50	%	%
(七)51-60岁	Aged 51-60	%	%
(八)61-65岁	Aged 61-65	%	%
(九)66岁及以上	Aged 66 and over	%	%
三、家庭劳动力文化程度构成	**Composition of Education Level for Labor Force**	-	-
(一)未上过学	No Schooling	%	%
(二)小学	Primary School	%	%
(三)初中	Junior Secondary School	%	%
(四)高中	Senior Secondary School	%	%
(五)大学专科	Junior College	%	%
(六)大学本科及以上	Bachelor Degree or above	%	%
(七)研究生	Graduate Student	%	%
四、常住从业人员就业类型	**Type of Employment of Permanent Employed Persons**	-	-
(一)雇主	Employer	%	%
(二)公职人员	Civil Servants	%	%
(三)事业单位人员	Institution Officers	%	%
(四)国有企业雇员	State-owned Enterprises Employees	%	%
(五)其他雇员	Other Employees	%	%
(六)农业自营	Self-employed of Agriculture	%	%
(七)非农自营	Self-employed of Non-Agriculture	%	%
五、常住从业人员从事主要行业	**Type of Industry for Permanent Employed Persons**	-	-
(一)第一产业	Primary Industry	%	%
(二)第二产业	Secondary Industry	%	%
(三)第三产业	Tertiary Industry	%	%

Composition Statistics of Employment Age and Education for Urban Households

2013	2014	2015	2016	2017	2018	2019	2020
3.0	3.0	3.0	3.0	3.0	3.0	3.0	3.0
1.4	1.5	1.4	1.4	1.4	1.5	1.5	1.4
48.8	50.8	48.3	48.3	47.6	48.0	48.0	46.4
2.0	2.0	2.1	2.1	2.1	2.1	2.1	2.2
0.6	0.6	0.6	0.6	0.6	0.6	0.6	0.6
2.0	2.0	2.0	2.0	2.1	2.1	2.1	2.1
66.9	67.1	67.8	68.7	69.5	68.9	69.1	70.6
100.0	**100.0**	**100.0**	**100.0**	**100.0**	**100.0**	**100.0**	**100.0**
0.8	0.7	1.0	0.7	0.7	0.6	0.5	0.3
5.5	4.3	3.9	4.7	3.5	4.0	3.8	3.5
8.8	7.1	7.8	6.4	6.0	8.6	7.3	5.5
10.7	11.2	9.5	9.2	8.2	10.6	10.5	10.3
17.2	17.9	16.6	15.5	14.0	15.0	14.3	13.6
30.0	30.7	31.3	31.3	32.6	30.4	30.9	30.0
15.9	16.7	17.0	20.0	21.0	17.3	18.2	20.1
5.6	6.4	6.3	5.8	6.3	7.7	7.8	8.0
5.5	5.0	6.5	6.5	7.7	5.9	6.6	8.8
100.0	**100.0**	**100.0**	**100.0**	**100.0**	**100.0**	**100.0**	**100.0**
4.4	4.2	4.5	3.8	3.7	3.1	3.3	3.6
12.8	11.0	11.6	11.6	11.6	10.3	10.2	10.4
29.1	29.0	30.8	31.3	31.0	31.0	30.6	31.1
22.8	23.1	21.6	22.1	21.9	21.0	21.2	20.5
19.3	19.5	19.4	18.3	18.5	18.6	18.8	19.2
11.3	12.8	11.4	12.3	12.8	15.0	14.7	14.5
0.3	0.4	0.7	0.5	0.5	0.9	1.1	0.8
100.0	**100.0**	**100.0**	**100.0**	**100.0**	**100.0**	**100.0**	**100.0**
3.8	2.3	0.8	0.4	0.2	0.7	0.5	0.6
5.5	6.2	4.6	4.5	4.1	4.1	3.7	3.7
13.1	12.7	10.4	10.3	10.7	9.9	9.3	9.0
14.6	13.7	14.0	13.4	12.9	8.2	8.7	8.0
46.0	45.9	51.8	52.7	54.7	58.4	57.2	59.4
4.9	4.8	4.5	4.2	3.9	4.8	5.9	5.1
12.2	14.4	13.8	14.5	13.5	13.9	14.6	14.1
100.0	**100.0**	**100.0**	**100.0**	**100.0**	**100.0**	**100.0**	**100.0**
6.5	6.0	5.3	5.3	5.0	5.9	7.4	7.0
27.3	26.6	29.3	28.2	27.2	26.6	25.3	25.3
66.1	67.4	65.4	66.5	67.8	67.4	67.4	67.8

10－23　城镇居民家庭房屋基本情况

指标名称	Item	单位	Unit
一、期末现住房情况	**Current House Condition of Term End**	－	－
(一)人均现住房面积	Per Capita Current Housing Area	平方米/人	sq. m/person
人均自有现住房面积	Per Capita Self－owned Current Housing Area	平方米/人	sq. m/person
户均现住房面积	Per Household Current Housing Area	平方米/户	sq. m/household
户均自有现住房面积	Per Household Self－owned Current Housing Area	平方米/户	sq. m/household
(二)现住房市场价月租金	Monthly Rent of Current Housing	元/人	yuan/person
自有现住房市场价月租金	Monthly Rent of Self－owned Current Housing	元/人	yuan/person
二、期内新购建住房情况	**Newly Bought or Built Residential Buildings Condition During Period**	－	－
(一)新建住房竣工建筑面积	Completing Floor Space of Newly Built Residential Buildings	平方米/人	sq. m/person
(二)新建住房总费用	Total Cost of Newly Built Residential Buildings	元/人	yuan/person
(三)新建住房价值	Value of Newly Built Residential Buildings	元/平方米	yuan/sq. m
三、期末现住房构成	**Current Housing Constitute of Term End**	－	－
(一)本住户居住类型	Residence Type	－	－
其中:普通住宅	General Residence	%	%
(二)本住户居住空间样式	House Construction Space Style	－	－
1. 单栋楼房	Single Building	%	%
2. 单栋平房	Single Bungalow	%	%
3. 四居室及以上单元房	House with Four Bedrooms and Above	%	%
4. 三居室单元房	House with Three Bedrooms	%	%
5. 二居室单元房	House with Two Bedrooms	%	%
6. 一居室单元房	House with One Bedrooms	%	%
7. 其他	Others	%	%
(三)主要建筑材料	Main Building Materials	－	－
1. 钢筋混凝土	Reinforced Concrete	%	%
2. 砖混材料	Brick and Concrete	%	%
3. 砖瓦砖木	Brick and Wood	%	%
4. 竹草土坯	Bamboo Grass Adobe	%	%
5. 其他	Others	%	%
(四)现住房房屋来源	Current Housing Source	－	－
1. 租赁公房	Public House Leasing	%	%
2. 租赁私房	Private House Leasing	%	%
3. 自建住房	Self－built Housing	%	%
4. 购买商品房	Commercial Residential Building	%	%
5. 购买房改住房	Reformed Housing	%	%
6. 购买保障性住房	Security Housing	%	%
7. 拆迁安置房	Removal Settlement Housing	%	%
8. 继承或获赠住房	Inheritance or Gift Housing	%	%
9. 免费借用房	Borrow Housing for Free	%	%
10. 其他	Others	%	%
(五)现住房建筑面积	Current Residential Buildings Area	－	－
1. 10平方米以内	Less than 10 sq. m	%	%
2. 10－20平方米	10－20 sq. m	%	%
3. 20－30平方米	20－30 sq. m	%	%
4. 30－60平方米	30－60 sq. m	%	%
5. 60－90平方米	60－90 sq. m	%	%
6. 90－120平方米	90－120 sq. m	%	%
7. 120－200平方米	120－200 sq. m	%	%
8. 200平方米以上	200 sq. m above	%	%

Basic Statistics of House for Urban Households

2013	2014	2015	2016	2017	2018	2019	2020
29.6	31.0	30.7	31.3	31.3	34.0	34.0	34.5
26.2	28.6	28.5	29.4	29.5	32.2	32.4	32.9
87.7	91.5	90.9	93.3	93.8	102.9	103.1	103.8
77.7	84.4	84.4	87.5	88.4	97.5	98.2	99.0
226.2	252.2	259.1	268.2	273.9	279.0	280.6	280.0
202.6	235.5	244.5	254.3	261.3	266.6	268.0	269.1
0.3	0.4	0.1	0.1	0.2	0.1		0.1
372.4	329.0	83.7	56.1	105.7	76.1	12.1	83.2
1237.1	772.4	669.4	521.8	602.8	1473.2	830.7	1002.6
100.0	100.0	100.0	100.0	100.0	100.0	100.0	100.0
97.6	99.0	97.9	98.7	99.4	100.0	100.0	100.0
100.0	100.0	100.0	100.0	100.0	100.0	100.0	100.0
1.4	1.2	2.9	2.7	2.5	1.0	0.6	0.3
13.4	13.5	12.3	11.3	10.7	9.4	10.2	9.0
1.9	2.6	1.7	2.9	3.1	2.4	2.0	1.9
26.2	28.1	29.8	31.5	32.8	41.1	41.2	42.0
50.3	51.0	49.1	49.6	48.9	43.2	44.4	44.9
6.0	2.8	3.5	1.6	1.8	1.7	1.6	1.8
0.8	0.9	0.7	0.4	0.3	1.1		
100.0	100.0	100.0	100.0	100.0	100.0	100.0	100.0
12.6	16.3	19.0	29.1	29.2	56.9	56.8	57.1
78.9	75.7	72.1	63.7	64.1	37.1	37.1	37.1
8.1	7.8	8.6	7.2	6.5	5.6	5.9	5.6
0.3	0.2	0.1		0.2	0.2	0.2	0.2
0.2		0.2			0.1	0.1	0.1
100.0	100.0	100.0	100.0	100.0	100.0	100.0	100.0
1.7	0.8	1.4	1.8	1.6	1.2	1.0	1.2
10.9	6.7	4.7	4.0	3.5	3.8	3.8	3.2
9.6	10.1	9.1	8.3	8.1	8.9	8.9	8.6
46.8	52.5	54.7	57.0	58.1	65.5	65.7	66.4
15.5	14.7	14.4	14.3	14.0	4.7	4.6	4.5
5.8	5.4	5.0	4.1	4.3	3.2	2.7	2.7
6.0	6.3	5.6	6.6	6.8	10.7	11.6	11.3
0.5	0.7	1.0	0.6	0.7	0.7	0.7	0.7
2.7	1.9	2.0	1.5	1.6	1.3	1.0	1.2
0.4	1.0	2.1	1.7	1.4	0.1	0.1	0.2
100.0	100.0	100.0	100.0	100.0	100.0	100.0	100.0
0.3							
2.2	0.9	2.1	1.0	0.4			
0.8	0.7	0.4	0.2	0.2	0.1		
16.4	14.4	14.2	15.7	15.7	6.7	6.4	6.2
40.0	39.0	38.5	36.4	36.0	32.9	32.0	32.4
29.8	32.5	32.4	32.6	33.4	38.0	39.0	37.7
9.9	11.6	11.1	12.1	12.4	20.8	21.1	22.2
0.9	1.0	1.3	2.0	1.9	1.5	1.5	1.6

10－23 续表

指 标 名 称	Item	单位	Unit
(六)住宅有管道供水情况	Pipeline Water Supplying of Residential Buildings	%	%
1. 住宅内管道取水	Pipeline Water Supplying in the Home	%	%
2. 住宅内其他方式取水	Other Ways Water Supplying in the Residence	%	%
3. 院内管道取水	Pipeline Water Supplying to Public Water Intaking Spot	%	%
4. 院内其他方式取水	Other Ways Water Supplying in the Courtyard	%	%
5. 其他位置取水	Water Supplying from other locations	%	%
(七)住户厕所类型	Residence Toilet Type	%	%
1. 水冲式卫生厕所	Water Flushing Sanitary Toilet	%	%
2. 水冲式非卫生厕所	Water Flushing Insanitary Toilet	%	%
3. 卫生旱厕	Sanitary Pit Latrine	%	%
4. 普通旱厕	General Pit Latrine	%	%
5. 无厕所	No Toilet	%	%
(八)住户厕所使用情况	Using Condition of Residence Toilet	%	%
1. 本住户独用	Exclusive Use	%	%
2. 几户合用	Sharing with Several Households	%	%
3. 公用厕所	Public Toilet	%	%
(九)住户洗澡设施情况	Residence Shower Equipment Condition	%	%
1. 统一供热水	Unified Supply Hot Water	%	%
2. 家庭自装热水器	House Self－Installing Water Heater	%	%
3. 其他	Others	%	%
4. 无洗澡设施	No Shower Equipment	%	%
(十)住户主要取暖设备状况	Residence Main Heating Equipment Condition	%	%
1. 由市政或小区集中供暖	Central Heating by Government or Housing Estate	%	%
2. 自行供暖	Self Heating	%	%
3. 无取暖设备	No Heating Equipment	%	%
(十一)住户主要取暖用能源状况	Residence Main Heating Energy Condition	%	%
1. 柴草	Firewood	%	%
2. 煤炭	Coal	%	%
3. 罐装液化石油气	Canned Liquefied Petroleum Gas	%	%
4. 管道液化石油气	Pipeline Liquefied Petroleum Gas	%	%
5. 管道煤气	Pipeline Coal Gas	%	%
6. 管道天然气	Pipeline Natural Gas	%	%
7. 电	Electricity	%	%
8. 燃料用油	Fuel Oils	%	%
9. 沼气	Biogas	%	%
10. 其他	Others	%	%
11. 无取暖行为	No Heating Behavior	%	%
(十二)主要炊用能源状况	Main Condition of Cooking Energy	%	%
1. 柴草	Firewood	%	%
2. 煤炭	Coal	%	%
3. 罐装液化石油气	Canned Liquefied Petroleum Gas	%	%
4. 管道液化石油气	Pipeline Liquefied Petroleum Gas	%	%
5. 管道煤气	Pipeline Coal Gas	%	%
6. 管道天然气	Pipeline Natural Gas	%	%
7. 电	Electricity	%	%
8. 燃料用油	Fuel Oils	%	%
9. 沼气	Biogas	%	%
10. 其他	Others	%	%
11. 无炊用行为	No Heating Behavior	%	%

Continued

2013	2014	2015	2016	2017	2018	2019	2020
100.0	100.0	100.0	100.0	100.0	100.0	100.0	100.0
95.3	95.9	97.9	99.0	99.2	97.8	97.9	98.6
0.1	0.2				0.1	1.6	1.0
						0.3	0.3
4.5	3.9	2.1	1.0	0.8	2.2	0.1	0.1
100.0	100.0	100.0	100.0	100.0	100.0	100.0	100.0
88.7	89.1	90.4	91.3	91.8	91.0	92.8	93.2
1.3	1.2	0.7	0.5	0.4	0.8	1.0	0.8
0.5	0.7	0.7	1.4	1.3	1.0	0.3	1.0
8.7	8.5	7.8	6.6	6.3	7.1	5.9	4.9
0.7	0.5	0.4	0.3	0.1	0.1		0.1
100.0	100.0	100.0	100.0	100.0	100.0	100.0	100.0
95.6	97.3	96.1	97.7	98.5	99.3	99.5	99.4
3.2	1.8	3.0	1.7	0.9	0.4	0.5	0.5
1.1	0.9	0.8	0.6	0.6	0.3		0.1
100.0	100.0	100.0	100.0	100.0	100.0	100.0	100.0
5.4	5.0	4.1	4.8	4.6	3.8	1.9	1.9
77.9	80.8	83.6	87.0	88.2	91.7	94.5	94.4
2.3	2.1	1.1	1.2	1.1	1.3	1.4	1.3
14.4	12.1	11.1	7.1	6.1	3.2	2.2	2.5
100.0	100.0	100.0	100.0	100.0	100.0	100.0	100.0
84.2	84.7	84.8	84.1	84.4	78.9	78.4	78.9
15.1	14.6	14.8	15.8	15.5	21.0	21.5	20.9
0.7	0.7	0.4	0.1	0.1	0.2	0.1	0.2
100.0	100.0	100.0	100.0	100.0	100.0	100.0	100.0
0.6	0.1	0.1	0.1		0.1		
91.6	12.7	13.3	17.2	9.6	10.3	8.5	8.3
0.6	0.1						
0.1			0.2	0.2	0.2		
0.4	0.1	0.1			0.4		
5.0	2.0	5.3	4.5	4.6	12.3	12.8	12.5
1.0	7.7	0.6	2.6	1.3	0.2	0.1	0.1
0.2	3.7	9.6	5.9	11.7	22.7		
0.6	73.5	71.1	69.7	72.6	53.9	78.6	79.0
100.0	100.0	100.0	100.0	100.0	100.0	100.0	100.0
0.5	0.3	0.4	0.2	0.2	0.8	0.1	0.1
5.9	4.8	5.4	3.6	3.1	2.6	2.1	1.9
21.0	15.4	14.3	11.3	11.8	8.1	6.4	6.7
0.3	0.4	0.3	0.2	0.2	0.1	0.1	0.1
0.3	0.1	0.2	0.1	0.1	0.5	0.5	0.1
52.2	59.1	60.1	63.8	64.6	73.0	74.4	75.4
19.4	19.5	19.3	19.8	19.7	14.8	16.1	15.5
					0.1	0.1	
0.2	0.2						
0.2	0.2		1.1	0.5		0.2	0.2

10－24 城镇居民家庭主要食品消费数量

单位:公斤/人

指 标 名 称	Item
一、粮食消费量	**Grain**
(一)谷物消费量	Cereal
1. 小麦	Wheat
2. 稻谷	Rice
3. 玉米	Corn
4. 其他谷物	Others
(二)薯类消费量	Tubers
1. 红薯	Sweet Potato
2. 马铃薯	Potato
3. 其他薯类	Others
(三)豆类消费量	Beans
1. 大豆	Soybeans
2. 其他豆类	Others
二、蔬菜及菜制品消费量	Vegetables and Processed Products
其中:鲜菜	Fresh Vegetables
三、肉禽及其制品	Meat, Poultry and Processed Products
1. 猪肉	Pork
2. 牛肉	Beef
3. 羊肉	Mutton
4. 家禽	Poultry
5. 其他肉禽及制品	Others
四、蛋类及蛋制品	Eggs and Processed Products
五、奶和奶制品	Milk and Processed Products
六、水产品	Aquatic Products
其中:鱼类	Fish
七、油脂类消费量	Grease
1. 植物油	Vegetable Oil
2. 动物油	Animal Oil
八、糖果糕点类	Confection and Pastry
九、干鲜瓜果类	Melon and Fruits
1. 鲜瓜果	Melons
2. 瓜果制品	Watermelon
3. 坚果类	Nuts
十、消费茶叶	Tea Leaves
十一、酒	Liquor
1. 白酒	White Spirit
2. 啤酒	Beer
3. 果酒	Fruit Wine

Consumption Quantity of Major Foods for Urban Households

(kg/person)

2013	2014	2015	2016	2017	2018	2019	2020
112.6	**117.8**	**114.2**	**103.4**	**95.9**	**88.8**	**88.2**	**93.0**
104.9	109.5	106.3	95.3	89.2	82.4	80.9	84.9
60.6	62.8	61.5	54.9	51.3	46.3	46.0	49.1
41.5	43.1	41.2	36.2	35.1	32.7	31.4	32.7
0.7	1.0	1.0	1.1	0.3	0.4	0.6	0.4
2.1	2.6	2.6	3.1	2.5	3.0	2.9	2.8
2.1	2.0	1.9	1.8	1.1	1.2	1.2	1.5
0.3	0.4	0.4	0.4	0.4	0.4	0.5	0.5
1.3	1.2	1.1	0.9	0.4	0.5	0.4	0.6
0.4	0.4	0.5	0.5	0.4	0.3	0.3	0.4
5.7	6.4	6.1	6.4	5.6	5.2	6.0	6.6
0.2	0.1	0.1	0.1	0.1	0.1	0.1	0.1
5.5	6.2	6.0	6.2	5.5	5.1	5.9	6.5
101.4	**103.5**	**99.3**	**101.3**	**96.6**	**92.8**	**95.5**	**96.9**
99.2	100.9	96.5	98.2	93.9	90.4	92.8	94.0
20.8	**23.8**	**25.3**	**24.4**	**23.2**	**23.3**	**24.1**	**24.7**
7.2	7.4	7.4	6.8	6.6	7.3	6.7	6.4
4.0	3.7	3.9	3.7	3.9	3.9	4.4	4.8
4.7	4.8	6.1	5.8	5.1	4.7	4.5	4.6
5.0	6.3	6.2	6.4	6.1	5.9	7.0	7.4
-	1.7	1.8	1.8	1.5	1.5	1.5	1.6
5.7	**6.3**	**7.2**	**6.9**	**6.8**	**7.1**	**7.5**	**8.9**
25.9	**25.1**	**22.4**	**20.3**	**18.7**	**18.0**	**19.7**	**18.1**
4.4	**4.1**	**3.9**	**4.3**	**3.8**	**3.6**	**4.2**	**4.1**
3.5	3.1	2.8	3.0	2.6	2.4	2.9	2.7
8.4	**9.1**	**8.8**	**8.3**	**7.6**	**6.4**	**6.9**	**7.6**
8.3	9.1	8.8	8.2	7.6	6.3	6.9	7.6
0.1		0.1			0.1	0.1	0.1
-	**5.6**	**5.5**	**5.2**	**4.8**	**5.3**	**5.1**	**5.0**
32.5	**74.6**	**76.9**	**80.3**	**77.9**	**84.7**	**84.6**	**81.4**
32.5	69.1	70.9	74.0	72.7	79.0	79.1	76.2
-	1.1	1.4	1.5	1.3	1.6	1.3	1.3
-	4.4	4.6	4.8	3.9	4.2	4.2	3.9
0.2	**0.2**	**0.2**	**0.2**	**0.2**	**0.2**	**0.2**	**0.2**
3.5	**3.5**	**3.6**	**3.2**	**2.7**	**2.3**	**2.7**	**3.0**
0.9	0.9	0.9	0.8	0.6	0.7	0.7	0.6
2.4	2.4	2.4	2.1	2.0	1.5	1.8	2.2
0.1	0.2	0.2	0.2	0.1	0.2	0.2	0.1

10－25　城镇居民家庭分行业人均可支配收入情况

单位:元/人

指 标 名 称	Item
可支配收入	**Disposable Income**
(一)工资性收入	Income from Wages and Salaries
(二)经营净收入	Net Business Income
1.第一产业经营净收入	The Primary Industry
(1)农业	Agriculture
(2)林业	Forestry
(3)牧业	Animal Husbandry
(4)渔业	Fishery
2.第二产业经营净收入	The Secondary Industry
(1)工业	Industry
(2)建筑业	Construction Industry
3.第三产业经营净收入	The Tertiary Industry
(1)交通运输业	Transportation Industry
(2)批发零售和住宿餐饮业	Wholesales, Retail Trade, Hotel and Catering Sectors
(3)社会服务业	Social Services
(4)其他家庭经营	Others
(三)财产净收入	Net Income from Property
1.红利收入	Dividend Income
2.转让承包土地经营权租金收入	Rental Income from the Management Rights Transfer of Land Contracted
(四)转移净收入	Net Income from Transfer
1.养老金或离退休金	Pension or Retirement Benefits
2.报销医疗费	Reimbursement of Medical Expenses
3.政策性惠农补贴	Political Subsidy Supporting Agriculture
现金可支配收入	Cash Disposable Income
实物可支配收入	Physical Disposable Income

Basic Statistics of Disposable Income for Urban Households by Sector

(yuan/person)

2013	2014	2015	2016	2017	2018	2019	2020
21475.7	**23284.6**	**25186.0**	**27153.0**	**29472.3**	**31895.2**	**34328.5**	**35719.6**
14594.0	15735.6	16884.7	18032.9	19568.7	21337.5	23406.1	24272.6
2506.5	2685.1	2699.6	2824.4	3062.3	3354.2	3530.2	3465.1
305.8	286.5	258.5	259.2	237.9	291.9	311.8	413.8
192.7	241.6	152.9	171.1	181.7	219.8	214.0	299.5
31.2	6.0	31.6	23.2	6.6	4.0	27.7	26.5
78.3	38.9	74.5	64.9	49.6	59.2	70.2	87.9
		-0.4			8.9		
382.0	471.6	488.7	537.3	571.3	649.7	713.5	660.1
52.1	100.6	105.5	30.3	32.7	88.3	67.2	35.5
329.9	371.0	383.2	507.0	538.5	561.4	646.3	624.6
1818.7	1927.0	1952.4	2027.9	2253.1	2412.7	2504.8	2391.2
484.1	500.5	193.7	300.4	346.8	490.9	535.5	541.0
1021.0	1135.4	1262.0	1381.7	1539.2	1323.1	1352.3	1254.1
244.4	185.3	369.1	352.7	300.7	506.6	510.0	519.4
69.2	105.9	127.6	-6.8	66.3	92.0	106.9	76.8
833.4	1023.9	1081.5	1255.4	1269.8	1348.8	1421.2	1293.2
20.4	16.8	26.9	45.1	18.4	238.5	193.9	91.9
4.9	11.8	26.6	30.5	26.0	115.9	144.2	112.4
3541.9	3840.0	4520.3	5040.3	5571.6	5854.7	5971.0	6688.7
4155.3	4617.9	5513.0	6365.8	7120.4	7008.9	7364.0	8137.6
123.7	114.3	84.5	66.2	465.4	817.9	684.8	642.5
23.1	27.1	20.7	45.7	29.2	67.4	85.4	110.8
	22181.3	24102.6	26027.7	28188.2	30773.5	33061.6	34510.2
	1103.3	1083.4	1125.3	1284.1	1121.7	1266.9	1209.5

10－26 城镇居民人均生活消费支出情况

单位:元/人

指 标 名 称	Item
生活消费支出	**Living Expenditure**
(一)食品烟酒	Food, Tobacco and Liquor
#粮食	Grain
油脂	Oil and Fats
肉禽及制品	Meat, Poultry and Processed Products
蛋	Eggs
水产品	Aquatic Products
蔬菜	Vegetables
烟草	Tobacco
酒和饮料	Liquor and Beverages
奶及奶制品	Milk and Processed Products
(二)衣着	Clothing
#服装	Garments
(三)居住	Residence
#住房维修及管理	Housing Maintenance and Management
水电燃料及其他	Water, Electricity, Fuels and Others
(四)生活用品及服务	Household Facilities, Articles and Services
#家用器具	Home Appliances
家具及室内装饰品	Articles for Interior Decoration
家用纺织品	Bed Articles
家庭日用杂品	Household Articles for Daily Use
(五)交通通信	Transport and Communications
#交通	Transport
通信	Communications
(六)教育文化娱乐	Education, Cultural and Recreation
文化娱乐	Cultural and Recreation
#教育	Education
(七)医疗保健	Health Care and Medical Services
#医疗器具及药品	Medical Instrument and Medicine
(八)其他用品及服务	Other Commodities and Services
服务性消费支出	**Consumption Expenditure for Service**
商品性消费支出	**Consumption Expenditure for Commodity**

Per Capita Living Expenditure for Urban Residents

(yuan/person)

2013	2014	2015	2016	2017	2018	2019	2020
15806.9	**17216.2**	**18983.9**	**20364.2**	**20219.5**	**21976.7**	**24161.0**	**22379.1**
4415.5	4795.3	4883.4	4889.2	4952.2	5374.4	5858.9	6068.3
457.4	526.0	516.9	497.2	496.6	482.1	481.4	519.9
138.4	148.5	140.6	135.2	123.8	108.4	117.6	132.5
819.1	843.4	864.7	868.1	852.7	906.0	1012.4	1268.1
55.2	65.6	69.3	63.5	58.6	73.3	81.5	88.5
78.0	80.4	81.5	92.0	91.0	103.2	122.2	132.1
449.8	427.5	414.3	437.8	413.5	401.0	412.1	477.3
233.4	231.7	254.6	274.7	289.8	322.7	336.8	351.8
174.3	189.6	199.9	186.4	180.2	210.6	252.7	243.9
239.2	252.6	249.5	228.0	254.8	305.8	312.3	311.3
1544.9	1729.0	1787.0	1726.7	1768.1	1952.9	2104.5	1776.3
1201.8	1346.2	1419.5	1383.8	1416.5	1617.5	1718.0	1439.8
2893.1	3027.6	3608.3	3770.5	3680.3	4032.2	4326.5	4319.2
482.7	340.4	780.2	879.5	762.7	833.4	905.5	768.6
732.4	845.7	918.3	876.5	902.5	909.5	974.9	1122.7
1060.8	1094.9	1185.4	1245.1	1257.1	1416.7	1529.1	1383.5
218.0	272.3	271.4	255.2	224.8	310.8	285.5	278.5
238.6	181.9	248.3	296.9	322.1	266.6	263.1	188.8
79.7	95.6	104.7	104.5	106.9	150.0	135.1	106.8
254.9	269.7	235.0	236.2	243.2	263.4	264.7	261.9
2301.2	2552.8	2509.6	3896.5	3470.9	3528.6	4077.0	3680.3
1644.5	1842.6	1700.3	3008.2	2656.9	2757.1	3313.3	2770.7
654.7	710.3	809.3	888.3	814.0	771.5	763.7	909.6
1806.7	1957.5	2389.8	2415.7	2629.7	2888.7	3188.2	2250.3
458.9	509.3	550.5	549.4	548.1	560.5	524.1	558.9
961.7	1079.9	1397.7	1351.6	1610.7	1673.7	1962.1	1599.8
1344.5	1616.9	2016.0	1874.0	1936.6	2152.0	2342.2	2267.3
555.8	682.3	706.0	712.2	738.2	725.3	743.0	712.3
440.1	442.3	604.5	546.6	524.5	631.1	734.6	634.0
				8603.9	**9788.6**	**10884.4**	**9442.0**
				11615.6	**12188.1**	**13276.6**	**12937.1**

10－27　城镇居民家庭总收入情况

单位:元/人

指 标 名 称	Item
全年总收入	**Total Revenue**
1. 工资性收入	Income from Wages and Salaries
2. 经营性收入	Business Income
(1)第一产业收入	The Primary Industry
农业收入	Agriculture
林业收入	Forestry
牧业收入	Animal Husbandry
渔业收入	Fishery
(2)第二产业收入	The Secondary Industry
工业收入	Industry
建筑业收入	Construction Industry
(3)第三产业收入	The Tertiary Industry
交通运输业收入	Transportation Industry
批发零售和住宿餐饮业收入	Wholesales ,Retail Rrade,Hotel and Catering Sectors
社会服务业收入	Social Services
其他家庭经营收入	Others
3. 财产性收入	Income from Property
红利收入	Dividend Income
#转让承包土地经营权租金收入	Rental Income from the Management Rights Transfer of Land Contracted
4. 转移性收入	Income from Transfer
#养老金或离退休金	Pension or Retirement Benefits
报销医疗费	Reimbursement of Medical Expenses
政策性惠农补贴	Political Subsidy Supporting Agriculture
5. 非收入所得	Non－income Revenue
(1)出售资产所得	Proceeds from Sale of Assets
(2)非经常性转移所得	Income from Non－recurrent Transfers
(3)其他非收入所得	Other Non－income Revenue
6. 借贷性所得	Borrowing Income
(1)提取储蓄存款	Dissaving
(2)借入款	Borrowed
(3)收回借出款	Recall the Loan
(4)收回储蓄性保险本金	Redemption of Deposit Insurance Principal
(5)银行信用社得到的贷款	Bank Loan

Basic Statistics of Total Income for Urban Households

(yuan/person)

2013	2014	2015	2016	2017	2018	2019	2020
23826.1	**26369.5**	**28640.0**	**30966.7**	**33583.3**	**37520.1**	**40492.7**	**42434.3**
14593.7	15735.6	16884.7	18032.9	19568.7	21337.5	23406.1	24272.6
3632.4	4219.8	4272.9	4363.5	4645.9	6149.9	6603.1	6801.1
849.3	935.7	994.0	613.7	590.1	828.6	1241.2	1431.0
358.4	484.2	274.9	372.1	362.6	462.8	656.8	755.8
39.2	20.2	63.5	26.1	9.3	29.7	49.1	29.5
441.6	431.4	655.6	215.4	218.3	327.1	535.3	645.7
					8.9		
422.5	657.9	769.1	1023.4	816.7	1274.5	1426.6	1712.3
71.3	172.9	139.4	37.0	47.3	121.9	115.4	250.3
351.1	485.1	629.7	986.4	769.4	1152.6	1311.2	1462.0
2360.6	2626.1	2509.8	2726.4	3239.1	4046.8	3935.4	3657.8
750.4	994.3	310.0	530.4	602.0	1218.7	1425.1	1147.3
1179.2	1281.7	1583.3	1699.4	2169.4	1915.6	1668.6	1720.1
262.1	224.5	462.7	426.7	397.6	687.1	574.7	603.0
168.9	125.6	154.0	69.8	70.0	225.4	267.0	187.4
840.8	1191.5	1301.8	1487.1	1484.5	1693.5	1794.8	1697.2
20.4	16.8	26.9	45.1	18.4	238.5	193.9	91.9
4.9	11.8	26.6	30.5	26.0	115.9	144.2	112.4
4759.3	5222.7	6180.7	7083.2	7884.2	8339.2	8688.7	9663.3
4155.3	4617.9	5513.0	6365.8	7120.4	7008.9	7364.0	8137.6
284.2	282.8	350.9	389.9	465.4	817.9	684.8	642.5
23.1	27.1	20.7	45.7	29.2	67.4	85.4	110.8
776.0	1161.6	2087.2	2208.2	2782.8	3829.0	4411.8	3111.4
367.3	335.0	592.3	848.2	1352.7	1550.3	2196.6	1440.6
406.8	822.7	1493.8	1358.2	1425.4	2274.9	2213.6	1669.6
1.9	4.0	1.1	1.8	4.7	3.8	1.5	1.2
6359.0	2843.3	2622.0	1912.4	2066.8	2593.8	4335.2	4305.5
5577.9	2237.3	1673.8	1166.8	570.4	1165.5	1278.2	1516.6
424.7	296.4	291.4	451.7	408.9	302.1	901.3	338.1
70.7	33.8	42.4	42.0	323.8	214.4	907.4	85.7
	2.9	1.8	0.7	0.4	16.0	11.7	
278.1	268.9	593.5	249.6	725.4	878.1	1220.5	2355.7

10－28　城镇居民家庭总支出情况

单位:元/人

指 标 名 称	Item
全年总支出	**Total Expenditure**
1.生活消费支出	Living Expenditure
食品烟酒	Food Tobacco Liquor
衣着	Clothing
居住	Residence
生活用品及服务	Articles and Services for Daily Use
医疗保健	Health Care
交通通信	Transportation Communication
教育文化娱乐	Education, Culture and Entertainment
其他用品及服务	Other Supplies and Services
2.生产经营费用支出	Expenditure for Household Business
(1)第一产业生产支出	The Primary Industry
农业生产支出	Agricultural
林业生产支出	Forestry
牧业生产支出	Animal Husbandry
渔业生产支出	Fishery
(2)第二产业生产支出	The Secondary Industry
工业生产支出	Industrial
建筑业生产支出	Construction Industry
(3)第三产业生产支出	The Tertiary Industry
交通运输业生产支出	Transportation Industry
批发零售和住宿餐饮业生产支出	Wholesales, Retail Trade, Hotel and Catering Sectors
社会服务业生产支出	Social Services
其他家庭经营生产支出	Others
3.财产性支出	Property Expenditure
4.转移性支出	Transfer Expenditure
5.部分商业保险支出	Commercial Insurance Expenditure
6.购置资产及非经常性转移支出	Acquisition of Assets and Non－recurrent Transfer Expenses
(1)建造住房支出	Build Housing
(2)购买住房支出	Purchase Housing
(3)购建第一产业生产性固定资产	Purchase and Build the Productive Fixed Assets of the Primary Industry
#购买或建造农业生产性用房	Purchase or Build Agricultural Productive Housing
购买产品畜	Purchase Stock
购买或建造农业设施	Purchase or Build Agricultural Facilities
购买农业机械	Purchase Agricultural Machinery
(4)购建第二产业生产性固定资产支出	Purchase and Build the Productive Fixed Assets of the Secondary Industry
(5)购建第三产业生产性固定资产支出	Purchase and Build the Productive Fixed Assets of the Tertiary Industry
(6)非经常性转移支出	Non－recurrent Transfer Expenditures
7.借贷性支出	Borrowing Expenditure
(1)归还银行信用社贷款	Repay the Loan to the Bank or Credit Union
(2)归还借款	Pay off the Loan
(3)存入银行款	Bank Deposit

Basic Statistics of Total Expenses for Urban Households

(yuan/person)

2013	2014	2015	2016	2017	2018	2019	2020
28223.3	**28214.9**	**30818.4**	**30896.5**	**31729.1**	**35405.6**	**41310.4**	**38125.5**
15806.9	17216.2	18983.9	20364.2	20219.5	21976.7	24161.0	22379.1
4415.5	4795.3	4883.4	4889.2	4952.2	5374.4	5858.9	6068.3
1544.9	1729.0	1787.0	1726.7	1768.1	1952.9	2104.5	1776.3
2893.1	3027.6	3608.3	3770.5	3680.3	4032.2	4326.5	4319.2
1060.8	1094.9	1185.4	1245.1	1257.1	1416.7	1529.1	1383.5
1344.5	1616.9	2016.0	1874.0	1936.6	2152.0	2342.2	2267.3
2301.2	2552.8	2509.6	3896.5	3470.9	3528.6	4077.0	3680.3
1806.7	1957.5	2389.8	2415.7	2629.7	2888.7	3188.2	2250.3
440.1	442.3	604.5	546.6	524.5	631.1	734.6	634.0
700.0	1252.9	1256.9	1242.8	1333.4	2131.7	2444.0	2638.6
502.0	617.1	711.8	329.6	328.0	487.8	843.7	946.1
148.4	223.8	112.2	184.0	165.4	211.7	397.4	426.9
8.0	14.2	32.0	2.9	2.7	25.7	21.1	2.9
342.4	379.1	567.2	142.7	160.0	250.3	425.2	516.3
		0.4			0.1		
17.0	145.1	227.6	458.1	230.0	528.8	608.3	906.6
3.0	59.6	31.4	4.4	13.1	27.6	41.4	199.9
14.0	85.5	196.2	453.8	216.9	501.1	566.9	706.7
181.0	490.7	317.5	455.0	775.3	1115.1	992.0	785.9
121.9	380.9	85.3	153.6	156.9	549.8	699.7	418.7
19.3	66.8	136.8	237.4	531.3	339.0	166.0	284.5
12.6	27.1	83.6	60.6	83.5	143.0	25.1	25.5
27.1	15.9	11.8	3.4	3.6	83.3	101.3	57.2
113.1	155.0	220.3	231.8	214.7	344.7	373.6	404.0
1216.6	1382.6	1660.5	2042.9	2312.6	2484.5	2717.7	2974.6
221.2	264.3	216.7	341.6	361.8	617.4	690.7	650.0
2808.5	2972.5	4677.5	4657.7	5813.3	5172.9	7594.1	6640.4
130.9	103.4	94.5	55.8	68.0	79.6	93.4	98.9
604.7	502.4	1600.7	1897.0	2249.5	1389.9	2591.3	3306.3
90.2	59.0	39.8	33.8	38.7	70.3	92.6	99.4
1.1	19.0	13.1	2.8	12.6	33.7	13.8	21.4
46.9	19.3	0.4	2.0	15.9	9.1	7.0	35.3
1.6	1.2	0.5	24.3	4.1	9.7	21.0	0.2
38.7	18.7	25.7	4.7	6.2	17.7	50.8	42.5
14.3	95.3	7.3			33.3	212.4	9.4
21.6	121.1	230.2	16.2	579.5	320.9	1002.4	778.3
1925.0	2088.2	2673.4	2638.7	2856.2	3268.0	3379.5	2319.1
7357.1	4971.4	3802.6	2015.6	1473.8	2677.7	3329.4	2438.8
616.0	776.5	1142.3	1135.3	1152.0	2028.4	2114.2	2133.2
151.5	303.6	211.1	237.7	178.8	470.2	749.7	186.7
6518.6	3783.1	2305.1	512.4	106.0	60.0	311.3	31.1

10-29 城镇居民家庭主要耐用品每百户拥有情况

单位:百户均

指 标 名 称	Item
家用汽车	Automobile
摩托车	Motorcycle
助力车	Powered Bicycle
洗衣机	Washing Machine
电冰箱(柜)	Refrigerator
微波炉	Microwave Oven
彩色电视机	Color TV Set
空调	Air Conditioner
热水器	Water Heater
洗碗机	Dishwasher
排油烟机	Smoke Exhaust Ventilator
固定电话	Telephone
移动电话	Mobile Telephone
其中:接入互联网	Internet Mobile Telephone
计算机	Computer
其中:接入互联网	Internet Computer
照相机	Camera
中高档乐器	Secondary and Top Grade Musical Instrument
健身器材	Body - building Apparatus
空气净化器(含新风系统)	Air Purifier (Include Fresh Air System)
吸尘器	Vacuum Cleaner

Ownership of Major Durable Consumer Goods per 100 Urban Households

(per 100 households)

2013	2014	2015	2016	2017	2018	2019	2020
17.84	25.65	30.04	35.66	37.64	42.77	45.04	45.35
20.27	25.95	21.38	16.23	14.52	14.22	12.78	12.54
33.77	40.15	42.57	48.28	52.50	51.10	54.65	60.24
90.33	95.25	95.30	98.16	99.11	100.39	101.26	101.43
85.36	92.38	93.43	96.58	96.97	99.56	100.35	100.56
42.35	47.22	48.21	52.02	54.64	53.20	56.55	56.91
100.08	102.72	101.84	102.42	103.53	101.59	102.82	102.12
10.59	13.43	13.10	14.00	14.90	19.98	21.89	22.03
80.32	85.96	87.41	91.52	93.57	98.04	99.21	100.67
0.35	0.37	0.19	0.33	0.48	0.41	0.52	0.55
71.06	74.81	74.54	77.32	80.71	89.04	90.24	91.39
43.26	46.04	34.81	21.66	13.18	6.09	3.75	3.19
215.72	230.36	237.27	248.79	253.46	249.69	253.61	256.15
85.26	106.41	140.72	174.54	195.51	225.87	233.73	245.65
61.97	70.02	65.64	71.22	72.68	67.01	68.68	69.62
50.37	50.01	53.22	58.37	61.15	57.26	56.80	57.97
22.84	25.92	21.63	21.27	20.02	13.80	14.92	14.06
3.92	5.23	4.03	5.01	6.95	7.43	10.39	10.70
1.11	2.15	2.19	3.39	4.05	5.02	6.59	7.29
				0.47	3.77	4.38	4.60
				4.20	8.96	10.94	12.01

10－30 各市县城镇居民人均可支配收入情况

单位:元/人

指 标 名 称	Item
可支配收入	**Disposable Income**
(一)工资性收入	Income from Wages and Salaries
(二)经营净收入	Net Business Income
1. 第一产业经营净收入	The Primary Industry
(1)农业	Agriculture
(2)林业	Forestry
(3)牧业	Animal Husbandry
(4)渔业	Fishery
2. 第二产业经营净收入	The Secondary Industry
(1)工业	Industry
(2)建筑业	Construction Industry
3. 第三产业经营净收入	The Tertiary Industry
(1)交通运输业	Transportation Industry
(2)批发零售和住宿餐饮业	Wholesales, Retail Trade, Hotel and Catering Sectors
(3)社会服务业	Social Services
(4)其他家庭经营	Others
(三)财产净收入	Net Income from Property
1. 红利收入	Dividend Income
2. 转让承包土地经营权	Rental Income from the Management Rights
租金收入	Transfer of Land Contracted
(四)转移净收入	Net Income from Transfer
1. 养老金或离退休金	Pension or Retirement Benefits
2. 报销医疗费	Reimbursement of Medical Expenses
3. 政策性惠农补贴	Political Subsidy Supporting Agriculture
现金可支配收入	**Cash Disposable Income**
实物可支配收入	**Physical Disposable Income**

Basic Statistics of Disposable Income for Urban Households by City and County

(yuan/person)

全区 Total	沿黄地区 Plain	中南部地区 Mountain Area	银川市 Yinchuan	兴庆区 Xingqing	西夏区 Xixia	金凤区 Jinfeng	永宁县 Yongning	贺兰县 Helan	灵武市 Lingwu
35719.6	**36731.5**	**28577.5**	**39416.4**	**42363.5**	**32610.6**	**43578.2**	**33697.6**	**35195.1**	**35887.2**
24272.6	24600.6	22166.6	26457.6	27088.8	21920.3	30433.6	24657.1	24685.4	24712.6
3465.1	3451.5	3809.4	3734.6	3217.0	1830.0	3073.2	5202.3	3094.3	9896.4
413.8	201.5	152.7	203.0	203.5			780.0		687.0
299.5	97.6	132.9	117.0				779.7		640.4
26.5	51.2	9.5	81.7	203.5					
87.9	52.7	10.3	4.3				0.3		46.6
660.1	477.6	547.1	679.7	406.1	402.0		432.3	669.8	4093.9
35.5	185.9	113.3	307.2		270.1				2907.5
624.6	291.7	433.8	372.5	406.1	131.9		432.3	669.8	1186.4
2391.2	2772.4	3109.6	2851.8	2607.4	1428.0	3073.2	3989.9	2424.5	5115.6
541.0	493.2	654.2	382.0	61.0	100.4		1058.3	491.0	2482.1
1254.1	1663.0	1918.0	1784.3	1911.7	560.7	2400.4	1959.4	944.6	2299.4
519.4	512.3	338.9	579.2	307.8	772.2	787.0	972.3	988.9	334.1
76.8	103.9	198.4	106.3	326.9	-5.3	-114.2			
1293.2	1367.7	806.8	1641.4	2225.0	918.1	1949.0	544.1	1370.8	651.9
91.9	58.8	78.0	64.7	161.0					
112.4	48.2	56.4	31.0	4.5			54.6	202.0	113.3
6688.7	7311.6	1794.7	7582.8	9832.7	7942.2	8122.4	3294.1	6044.5	626.2
8137.6	8892.6	2555.8	9648.5	12375.9	9968.5	9718.5	3788.8	7711.2	3339.2
642.5	510.4	248.9	606.2	830.2	434.6	491.7	258.5	601.2	452.7
110.8	14.9	163.9	4.9			4.6	10.7	14.8	22.1
34510.2	**35907.4**	**28181.8**	**38119.0**	**40613.3**	**31344.2**	**41882.8**	**33518.1**	**34442.7**	**36097.0**
1209.5	**824.1**	**395.6**	**1297.4**	**1750.2**	**1266.3**	**1695.4**	**179.5**	**752.4**	**-209.8**

10－30 续表1

单位:元/人

指 标 名 称	Item
可支配收入	**Disposable Income**
(一)工资性收入	Income from Wages and Salaries
(二)经营净收入	Net Business Income
1. 第一产业经营净收入	The Primary Industry
(1)农业	Agriculture
(2)林业	Forestry
(3)牧业	Animal Husbandry
(4)渔业	Fishery
2. 第二产业经营净收入	The Secondary Industry
(1)工业	Industry
(2)建筑业	Construction Industry
3. 第三产业经营净收入	The Tertiary Industry
(1)交通运输业	Transportation Industry
(2)批发零售和住宿餐饮业	Wholesales, Retail Trade, Hotel and Catering Sectors
(3)社会服务业	Social Services
(4)其他家庭经营	Others
(三)财产净收入	Net Income from Property
1. 红利收入	Dividend Income
2. 转让承包土地经营权租金收入	Rental Income from the Management Rights Transfer of Land Contracted
(四)转移净收入	Net Income from Transfer
1. 养老金或离退休金	Pension or Retirement Benefits
2. 报销医疗费	Reimbursement of Medical Expenses
3. 政策性惠农补贴	Political Subsidy Supporting Agriculture
现金可支配收入	**Cash Disposable Income**
实物可支配收入	**Physical Disposable Income**

Continued

(yuan/person)

石嘴山市 Shizuishan	大武口区 Dawukou	惠农区 Huinong	平罗县 Pingluo	吴忠市 Wuzhong	利通区 Litong	红寺堡区 Hongsipu	盐池县 Yanchi	同心县 Tongxin	青铜峡市 Qingtongxia
34157.6	**38270.3**	**30809.0**	**29682.5**	**31159.5**	**33977.3**	**25468.0**	**29830.9**	**27126.8**	**31201.0**
21608.0	24339.1	20714.7	17120.8	20965.8	22048.7	19472.3	19614.5	18105.3	22367.4
3150.7	2752.2	1903.8	5374.2	4547.9	3606.7	4663.6	5931.5	5799.8	4353.6
439.3	31.2	26.5	1732.2	144.8	17.0	157.8	115.7	598.1	83.8
151.8	32.7	8.8	554.7	125.6	-22.6	79.9	92.9	604.5	103.4
		0.1							
287.5	-1.5	17.5	1177.5	19.2	39.7	77.9	22.8	-6.4	-19.7
204.4	83.9	73.8	596.0	210.0	99.2	374.9	316.1	626.8	
				96.0				626.8	
204.4	83.9	73.8	596.0	114.0	99.2	374.9	316.1		
2507.0	2637.1	1803.5	3045.9	4193.1	3490.4	4130.9	5499.8	4575.0	4269.9
980.8	1537.0	228.7	716.3	644.5	119.3	134.8	1245.0	1164.7	943.3
1195.8	931.0	929.3	2033.2	2897.9	3164.4	3525.1	2627.3	3019.8	2350.6
170.1	50.0	260.5	309.2	551.6	206.7		1340.9	226.4	975.9
160.3	119.1	385.0	-12.7	99.1		471.0	286.6	164.1	
898.6	1071.8	483.3	1022.6	1041.3	1518.2	608.6	909.8	693.4	601.6
41.4	21.7	112.6		68.5	132.7	53.0	57.6		8.2
71.1	34.0	93.9	119.8	120.4	8.3	13.6	285.8	30.2	297.7
8500.3	10107.2	7707.2	6164.9	4604.4	6803.7	723.6	3375.1	2528.2	3878.4
9598.3	11794.4	8107.3	6870.3	4367.5	6019.6	1597.2	2402.3	3181.6	4313.0
381.5	518.4	220.9	288.7	283.9	298.1	261.1	90.1	313.3	390.1
21.3	1.0	33.7	48.4	188.3	13.4	17.6	862.4	149.2	77.1
34061.6	37576.0	31680.6	29690.3	30820.9	33945.6	24694.9	29622.6	26093.4	30789.7
96.0	694.4	-871.6	-7.8	338.6	31.7	773.1	208.4	1033.4	411.3

10－30 续表 2

单位:元/人

指 标 名 称	Item
可支配收入	**Disposable Income**
(一)工资性收入	Income from Wages and Salaries
(二)经营净收入	Net Business Income
1. 第一产业经营净收入	The Primary Industry
(1)农业	Agriculture
(2)林业	Forestry
(3)牧业	Animal Husbandry
(4)渔业	Fishery
2. 第二产业经营净收入	The Secondary Industry
(1)工业	Industry
(2)建筑业	Construction Industry
3. 第三产业经营净收入	The Tertiary Industry
(1)交通运输业	Transportation Industry
(2)批发零售和住宿餐饮业	Wholesales, Retail Trade, Hotel and Catering Sectors
(3)社会服务业	Social Services
(4)其他家庭经营	Others
(三)财产净收入	Net Income from Property
1. 红利收入	Dividend Income
2. 转让承包土地经营权	Rental Income from the Management Rights
租金收入	Transfer of Land Contracted
(四)转移净收入	Net Income from Transfer
1. 养老金或离退休金	Pension or Retirement Benefits
2. 报销医疗费	Reimbursement of Medical Expenses
3. 政策性惠农补贴	Political Subsidy Supporting Agriculture
现金可支配收入	**Cash Disposable Income**
实物可支配收入	**Physical Disposable Income**

Continued

(yuan/person)

固原市 Guyuan	原州区 Yuanzhou	西吉县 Xiji	隆德县 Longde	泾源县 Jingyuan	彭阳县 Pengyang	中卫市 Zhongwei	沙坡头区 Shapotou	中宁县 Zhongning	海原县 Haiyuan
30052.1	**31972.4**	**28975.0**	**25971.5**	**27650.8**	**28327.8**	**30478.5**	**31771.5**	**30120.0**	**27487.7**
25010.5	26056.6	23925.3	22385.2	23998.9	24642.8	23375.5	24528.6	21657.7	23886.7
2577.7	3160.0	3493.8	1353.5	1819.2	1161.4	2608.6	2021.1	3863.3	1485.6
17.3		98.8	-102.1	283.4	18.7	94.6	89.9	142.5	-0.3
9.6		75.1	-19.2		21.4	82.6	89.9	108.7	1.9
15.4		0.2		283.4	-2.6				
-7.7		23.5	-82.9			12.0		33.7	-2.2
518.8	573.3	1802.7				246.2	63.7	540.9	113.5
28.1	51.5								
490.7	521.8	1802.7				246.2	63.7	540.9	113.5
2041.6	2586.7	1592.3	1455.6	1535.8	1142.7	2267.8	1867.5	3180.0	1372.3
357.2	450.8	968.3	-96.0		80.8	422.9	337.9	517.1	459.0
1263.1	1756.9	332.4	1291.9	1535.8	128.1	1095.9	1188.6	1056.2	913.3
219.0	161.1	291.7	-7.7		619.6	749.0	341.0	1606.7	
202.3	217.9		267.5		314.2				
1055.9	1290.7	513.3	838.0	837.3	893.1	853.0	1099.0	707.1	461.1
175.7	322.7					2.7	5.7		
18.4			24.2		96.4	46.9	33.0	82.8	5.9
1407.9	1465.1	1042.7	1394.8	995.3	1630.6	3641.3	4122.9	3891.9	1654.3
2604.9	3064.5	2487.0	2142.5	1344.1	1926.8	4953.1	5729.5	4848.0	2906.9
354.6	367.6	80.3	346.4	403.4	496.7	299.1	230.1	464.2	127.0
15.7		24.1	62.6	0.1	31.6	36.0	21.4	69.9	2.0
29806.5	**31940.5**	**29233.3**	**25754.9**	**26463.5**	**27297.6**	**30409.2**	**32499.8**	**29080.6**	**27276.5**
245.6	**31.9**	**-258.3**	**216.6**	**1187.3**	**1030.3**	**69.2**	**-728.3**	**1039.5**	**211.2**

10-31 各市县城镇居民人均生活消费支出情况

单位:元/人

指标名称	Item
生活消费支出	**Living Expenditure**
(一)食品烟酒	Food, Tobacco and Liquor
#粮食	Grain
油脂	Oil and Fats
肉禽及制品	Meat, Poultry and Processed Products
蛋	Eggs
水产品	Aquatic Products
蔬菜	Vegetables
烟草	Tobacco
酒和饮料	Liquor and Beverages
奶及奶制品	Milk and Processed Products
(二)衣着	Clothing
#服装	Garments
(三)居住	Residence
#住房维修及管理	Housing Maintenance and Management
水电燃料及其他	Water, Electricity, Fuels and Others
(四)生活用品及服务	Household Facilities, Articles and Services
#家用器具	Home Appliances
家具及室内装饰品	Articles for Interior Decoration
家用纺织品	Bed Articles
家庭日用杂品	Household Articles for Daily Use
(五)交通通信	Transport and Communications
#交通	Transport
通信	Communications
(六)教育文化娱乐	Education, Cultural and Recreation
文化娱乐	Cultural and Recreation
#教育	Education
(七)医疗保健	Health Care and Medical Services
#医疗器具及药品	Medical Instrument and Medicine
(八)其他用品及服务	Other Commodities and Services
服务性消费支出	**Consumption Expenditure for Service**
商品性消费支出	**Consumption Expenditure for Commodity**

Per Capita Living Expenditure for Urban Residents by City and County

(yuan/person)

全区 Total	沿黄地区 Plain	中南部地区 Mountain Area	银川市 Yinchuan	兴庆区 Xingqing	西夏区 Xixia	金凤区 Jinfeng	永宁县 Yongning	贺兰县 Helan	灵武市 Lingwu
22379.1	**23382.5**	**18284.6**	**26670.0**	**30060.4**	**21264.3**	**29008.6**	**23113.6**	**22156.1**	**21622.5**
6068.3	6653.3	5246.4	7265.3	8256.2	7014.0	7259.4	6451.0	5525.7	5388.1
519.9	506.4	525.8	491.0	529.0	622.6	372.9	511.7	453.1	397.7
132.5	123.2	144.8	119.7	134.9	109.4	99.9	136.9	114.8	105.6
1268.1	1259.3	1215.0	1255.6	1361.2	1224.3	1229.3	1101.9	943.3	1276.6
88.5	96.4	75.0	102.5	118.1	121.0	94.7	71.8	71.6	71.6
132.1	163.2	68.8	191.5	241.2	176.6	215.0	96.9	112.5	83.5
477.3	569.4	360.3	607.5	636.7	1011.9	494.3	469.0	424.2	346.6
351.8	365.2	344.2	360.8	376.0	365.7	367.6	385.4	310.7	290.5
243.9	287.9	204.3	343.5	454.1	293.5	353.9	238.8	177.1	133.2
311.3	339.1	282.8	400.7	354.6	400.4	525.9	474.0	370.7	279.3
1776.3	1962.4	1842.7	2171.7	2275.0	1466.8	2515.7	1918.3	2378.7	2105.3
1439.8	1598.0	1478.2	1760.5	1876.9	1170.2	1976.7	1507.9	1964.8	1747.6
4319.2	4582.3	3367.0	5579.6	6680.7	3398.5	6694.9	4533.5	4242.5	3616.2
768.6	660.3	488.8	765.3	661.1	223.6	993.9	1734.6	582.1	924.2
1122.7	1208.0	830.6	1359.6	1676.9	1069.3	1326.2	1060.4	1103.4	962.2
1383.5	1463.6	1230.6	1692.8	1885.8	1062.9	1906.6	1786.6	1709.0	1281.4
278.5	300.0	176.4	356.3	438.1	125.9	327.4	288.6	516.8	364.6
188.8	166.7	161.7	179.3	127.6	123.4	351.0	305.3	71.0	83.3
106.8	112.9	109.9	125.8	138.0	83.3	146.5	109.5	110.7	118.7
261.9	290.2	236.3	330.5	388.7	321.6	302.1	268.8	340.6	197.6
3680.3	3413.1	2783.0	3829.0	3893.6	3457.4	4209.3	4184.7	3028.9	3612.9
2770.7	2482.8	2074.8	2792.0	2713.9	2532.6	3221.8	3238.6	2192.9	2672.5
909.6	930.3	708.1	1037.0	1179.7	924.8	987.5	946.1	836.0	940.5
2250.3	2434.0	2089.1	2844.8	3517.5	1643.7	2835.9	1848.9	2352.1	3055.9
558.9	594.2	444.1	657.9	740.9	578.3	670.7	580.9	524.5	562.1
1599.8	1655.7	1659.2	1899.3	2395.2	934.4	1755.1	1135.4	1423.6	2611.6
2267.3	2244.7	1292.0	2535.8	2665.3	2824.5	2715.4	1592.3	2197.2	2124.4
712.3	781.5	566.9	818.5	927.8	805.4	757.4	699.4	790.2	621.9
634.0	629.2	434.0	751.1	886.4	396.4	871.4	798.3	722.1	438.2
9442.0	**10190.1**	**7028.1**	**12251.7**	**14742.6**	**8487.4**	**13848.4**	**8083.7**	**9516.8**	**9292.0**
12937.1	**13192.5**	**11256.6**	**14418.3**	**15317.8**	**12776.9**	**15160.2**	**15029.9**	**12639.3**	**12330.5**

10－31 续表1

单位:元/人

指 标 名 称	Item
生活消费支出	**Living Expenditure**
(一)食品烟酒	Food, Tobacco and Liquor
#粮食	Grain
油脂	Oil and Fats
肉禽及制品	Meat, Poultry and Processed Products
蛋	Eggs
水产品	Aquatic Products
蔬菜	Vegetables
烟草	Tobacco
酒和饮料	Liquor and Beverages
奶及奶制品	Milk and Processed Products
(二)衣着	Clothing
#服装	Garments
(三)居住	Residence
#住房维修及管理	Housing Maintenance and Management
水电燃料及其他	Water, Electricity, Fuels and Others
(四)生活用品及服务	Household Facilities, Articles and Services
#家用器具	Home Appliances
家具及室内装饰品	Articles for Interior Decoration
家用纺织品	Bed Articles
家庭日用杂品	Household Articles for Daily Use
(五)交通通信	Transport and Communications
#交通	Transport
通信	Communications
(六)教育文化娱乐	Education, Cultural and Recreation
文化娱乐	Cultural and Recreation
#教育	Education
(七)医疗保健	Health Care and Medical Services
#医疗器具及药品	Medical Instrument and Medicine
(八)其他用品及服务	Other Commodities and Services
服务性消费支出	**Consumption Expenditure for Service**
商品性消费支出	**Consumption Expenditure for Commodity**

Continued

(yuan/person)

石嘴山市 Shizuishan	大武口区 Dawukou	惠农区 Huinong	平罗县 Pingluo	吴忠市 Wuzhong	利通区 Litong	红寺堡区 Hongsipu	盐池县 Yanchi	同心县 Tongxin	青铜峡市 Qingtongxia
19078.9	**22145.7**	**16529.1**	**15802.0**	**17495.8**	**19698.4**	**18053.0**	**15553.2**	**16781.0**	**15179.9**
6227.9	7290.0	5709.9	4676.9	5080.6	5897.2	5582.9	4541.9	4314.3	4361.1
561.2	711.3	431.4	406.6	444.1	422.6	451.9	417.5	508.9	457.1
129.6	146.3	99.3	130.2	125.9	130.5	120.1	96.0	176.2	106.0
1358.9	1586.0	1137.0	1153.8	1324.6	1638.7	1236.6	1123.0	1302.6	924.4
102.7	119.9	105.2	65.3	62.6	70.7	61.1	69.5	43.6	55.9
161.0	222.3	148.5	51.7	64.9	71.0	74.2	57.9	48.0	68.5
527.1	603.7	506.3	396.6	371.8	433.4	336.7	254.1	365.3	359.2
425.6	533.6	343.0	302.1	330.2	386.5	396.2	282.2	257.3	294.7
249.1	307.0	237.8	145.2	160.2	178.7	218.5	183.9	128.1	115.0
248.5	284.5	221.8	206.3	232.6	232.8	280.0	277.2	174.0	227.4
1813.8	2231.8	1431.4	1406.6	1688.8	1651.7	1658.1	1893.3	1895.6	1464.8
1475.7	1866.8	1091.9	1124.4	1378.5	1358.2	1326.5	1489.4	1546.4	1227.1
2976.3	3504.8	1998.9	3024.4	3239.5	3807.1	3115.6	3278.9	3067.1	2293.1
676.4	840.3	342.7	726.1	544.4	588.9	780.8	765.6	433.6	308.4
945.0	1066.1	833.6	827.8	948.9	1184.5	439.2	823.8	757.7	868.7
1225.1	1457.8	1247.6	730.3	1094.6	1102.9	1187.1	999.3	1238.4	1025.7
256.8	325.4	234.9	143.6	216.6	243.2	116.5	238.1	149.3	223.7
154.2	184.5	181.8	62.0	137.6	177.6	126.5	59.7	173.1	99.0
114.2	169.3	65.1	59.2	85.4	85.2	78.7	98.3	95.4	70.5
265.0	301.6	305.9	144.7	183.9	169.3	234.3	188.1	218.2	171.0
2651.0	2793.6	2360.9	2694.0	2601.2	2896.4	3284.4	1676.5	1949.6	3030.2
1914.5	1847.7	1845.2	2128.0	1914.8	2105.1	2585.2	1029.8	1520.6	2332.7
736.5	945.9	515.8	566.0	686.4	791.3	699.2	646.6	429.1	697.5
1946.8	2232.5	1767.1	1575.3	1987.1	2327.6	1719.4	1754.9	2521.1	1214.0
486.9	607.5	364.7	382.9	426.1	517.4	427.3	413.2	248.9	388.6
1356.9	1593.1	1111.5	1160.5	1494.1	1608.5	1389.0	1345.3	2256.3	880.1
1814.7	2066.2	1692.9	1446.6	1414.2	1588.6	1166.0	974.0	1454.3	1457.2
803.7	1083.8	519.0	563.4	496.3	525.7	487.9	518.9	492.4	428.5
423.5	568.9	320.4	247.9	389.8	426.9	339.4	434.4	340.5	333.8
6884.7	**8007.6**	**5954.6**	**5680.9**	**6999.5**	**8366.5**	**6906.5**	**5719.5**	**6636.0**	**5676.9**
12194.2	**14138.1**	**10574.5**	**10121.1**	**10496.3**	**11331.8**	**11146.5**	**9833.7**	**10145.1**	**9502.9**

10－31 续表2

单位:元/人

指 标 名 称	Item
生活消费支出	**Living Expenditure**
(一)食品烟酒	Food, Tobacco and Liquor
#粮食	Grain
油脂	Oil and Fats
肉禽及制品	Meat, Poultry and Processed Products
蛋	Eggs
水产品	Aquatic Products
蔬菜	Vegetables
烟草	Tobacco
酒和饮料	Liquor and Beverages
奶及奶制品	Milk and Processed Products
(二)衣着	Clothing
#服装	Garments
(三)居住	Residence
#住房维修及管理	Housing Maintenance and Management
水电燃料及其他	Water, Electricity, Fuels and Others
(四)生活用品及服务	Household Facilities, Articles and Services
#家用器具	Home Appliances
家具及室内装饰品	Articles for Interior Decoration
家用纺织品	Bed Articles
家庭日用杂品	Household Articles for Daily Use
(五)交通通信	Transport and Communications
#交通	Transport
通信	Communications
(六)教育文化娱乐	Education, Cultural and Recreation
文化娱乐	Cultural and Recreation
#教育	Education
(七)医疗保健	Health Care and Medical Services
#医疗器具及药品	Medical Instrument and Medicine
(八)其他用品及服务	Other Commodities and Services
服务性消费支出	**Consumption Expenditure for Service**
商品性消费支出	**Consumption Expenditure for Commodity**

Continued

(yuan/person)

固原市 Guyuan	原州区 Yuanzhou	西吉县 Xiji	隆德县 Longde	泾源县 Jingyuan	彭阳县 Pengyang	中卫市 Zhongwei	沙坡头区 Shapotou	中宁县 Zhongning	海原县 Haiyuan
21041.4	**24250.6**	**19012.8**	**16161.5**	**16038.1**	**17143.0**	**18100.7**	**19067.7**	**18107.0**	**15240.7**
6021.8	6860.2	5670.8	4823.9	4349.2	4942.4	4851.5	5409.0	4289.4	4488.5
566.8	594.7	608.0	548.1	413.4	510.3	509.1	558.1	408.0	594.9
142.9	156.8	129.9	150.8	134.3	101.7	145.1	158.1	100.2	208.8
1206.9	1328.0	1393.4	868.3	733.1	1092.7	957.9	1021.5	794.6	1141.8
92.7	96.8	96.8	85.1	63.5	92.3	65.9	73.5	53.5	71.5
80.1	98.5	67.8	59.2	41.2	55.8	77.1	90.7	59.9	76.4
405.4	421.0	361.1	443.7	375.3	364.4	424.6	513.0	333.6	371.2
390.4	409.8	529.0	368.9	265.5	285.2	268.2	306.2	242.4	214.8
244.5	246.6	240.0	222.9	170.2	283.8	152.5	171.4	116.5	178.7
343.9	411.5	355.1	233.1	355.3	188.3	283.0	233.5	387.9	189.8
1917.2	2209.2	1953.3	1303.1	1477.0	1532.7	1615.4	1785.1	1394.7	1617.2
1547.4	1776.7	1595.9	1018.3	1183.0	1274.0	1314.4	1467.4	1143.7	1252.1
3800.6	4259.1	3477.7	3096.6	3114.5	3262.6	3580.3	4140.4	3224.8	2740.2
418.1	449.2	382.5	213.6	364.4	517.4	470.8	681.7	310.4	214.3
934.6	952.4	1106.3	893.7	955.0	775.2	925.6	1003.0	880.2	800.8
1378.1	1644.7	1180.7	1019.8	1065.4	1002.0	1132.4	1122.0	1134.9	1157.3
205.6	232.7	167.9	110.2	91.8	255.4	148.0	126.4	186.0	125.1
186.0	203.8	136.5	310.3	152.5	74.6	201.4	223.1	149.8	255.0
124.6	159.9	92.0	75.8	106.1	72.2	88.3	85.4	65.9	147.8
270.0	318.3	240.5	183.2	215.6	213.6	201.1	212.6	176.9	221.9
3543.4	4331.5	3392.2	2159.7	2334.8	2475.3	2963.2	2741.3	3628.6	2103.9
2636.1	3268.8	2548.7	1677.5	1557.6	1672.3	2187.0	1824.7	2897.6	1637.8
907.2	1062.7	843.6	482.1	777.2	803.0	776.2	916.5	731.0	466.1
2211.7	2434.8	1988.2	1796.1	2084.0	1983.1	1638.6	1415.1	1776.5	1983.0
579.6	702.5	498.4	221.4	526.4	519.0	512.3	571.1	524.3	311.7
1729.8	1868.8	1588.5	1489.8	1722.7	1548.4	1200.8	995.7	1422.3	1300.7
1584.8	1752.9	1003.8	1518.8	1288.4	1584.7	1736.7	1756.6	2085.1	886.5
718.6	897.5	439.2	566.6	457.4	520.2	718.5	791.5	744.6	444.2
583.8	758.3	346.1	443.5	324.8	360.2	582.6	698.2	573.0	264.1
8421.6	9891.6	6788.6	6069.2	6826.7	6989.4	7333.3	7737.1	7743.9	5211.3
12619.8	14359.0	12224.2	10092.2	9211.4	10153.5	10767.4	11330.5	10363.0	10029.4

10－32　各市县城镇居民家庭总收入情况

单位:元/人

指 标 名 称	Item
全年总收入	**Total Revenue**
1. 工资性收入	Income from Wages and Salaries
2. 经营性收入	Business Income
(1)第一产业收入	The Primary Industry
农业收入	Agriculture
林业收入	Forestry
牧业收入	Animal Husbandry
渔业收入	Fishery
(2)第二产业收入	The Secondary Industry
工业收入	Industry
建筑业收入	Construction Industry
(3)第三产业收入	The Tertiary Industry
交通运输业收入	Transportation Industry
批发零售和住宿餐饮业收入	Wholesales ,Retail Rrade,Hotel and Catering Sectors
社会服务业收入	Social Services
其他家庭经营收入	Others
3. 财产性收入	Income from Property
红利收入	Dividend Income
#转让承包土地经营权租金收入	Rental Income from the Management Rights Transfer of Land Contracted
4. 转移性收入	Income from Transfer
#养老金或离退休金	Pension or Retirement Benefits
报销医疗费	Reimbursement of Medical Expenses
政策性惠农补贴	Political Subsidy Supporting Agriculture
5. 非收入所得	Non－income Revenue
(1)出售资产所得	Proceeds from Sale of Assets
(2)非经常性转移所得	Income from Non－recurrent Transfers
(3)其他非收入所得	Other Non－income Revenue
6. 借贷性所得	Borrowing Income
(1)提取储蓄存款	Dissaving
(2)借入款	Borrowed
(3)收回借出款	Recall the Loan
(4)收回储蓄性保险本金	Redemption of Deposit Insurance Principal
(5)银行信用社得到的贷款	Bank Loan

Basic Statistics of Total Income for Urban Households by City and County

(yuan/person)

全区 Total	沿黄地区 Plain	中南部地区 Mountain Area	银川市 Yinchuan	兴庆区 Xingqing	西夏区 Xixia	金凤区 Jinfeng	永宁县 Yongning	贺兰县 Helan	灵武市 Lingwu
42434.3	**40816.5**	**33592.0**	**43907.6**	**47577.4**	**35514.4**	**46404.1**	**36167.8**	**38197.7**	**46420.3**
24272.6	24600.6	22166.6	26457.6	27088.8	21920.3	30433.6	24657.1	24685.4	24712.6
6801.1	4786.6	6913.1	4874.1	4000.7	1944.5	3229.8	6480.2	3665.7	16837.1
1431.0	491.1	438.3	283.6	211.6			1114.7	50.3	1216.9
755.8	207.9	326.6	188.3				1066.0	46.5	1147.6
29.5	57.8	13.2	85.0	211.6					
645.7	225.4	98.4	10.3				48.7	3.8	69.3
1712.3	804.8	1145.6	1123.6	450.8	408.8		558.0	752.9	8549.5
250.3	351.2	171.3	591.2		276.2				5987.9
1462.0	453.6	974.3	532.3	450.8	132.6		558.0	752.9	2561.6
3657.8	3490.7	5329.2	3466.9	3338.4	1535.7	3229.8	4807.4	2862.4	7070.7
1147.3	800.0	1450.1	580.0	61.0	190.3		1459.8	586.5	4090.4
1720.1	1942.6	2981.3	2068.1	2455.5	565.3	2432.8	2177.1	1158.8	2583.8
603.0	594.5	493.0	653.4	410.0	780.1	797.1	1170.5	1117.1	396.5
187.4	153.6	404.9	165.4	411.9					
1697.2	1658.2	1057.8	2029.7	2871.4	1097.7	2275.1	670.9	1461.5	838.0
91.9	58.8	78.0	64.7	161.0					
112.4	48.2	56.4	31.0	4.5			54.6	202.0	113.3
9663.3	9771.0	3454.5	10546.1	13616.5	10551.8	10465.5	4359.6	8385.1	4032.6
8137.6	8892.6	2555.8	9648.5	12375.9	9968.5	9718.5	3788.8	7711.2	3339.2
642.5	510.4	248.9	606.2	830.2	434.6	491.7	258.5	601.2	452.7
110.8	14.9	163.9	4.9			4.6	10.7	14.8	22.1
3111.4	3574.6	3036.7	3607.5	5254.5	1848.2	2226.0	2897.2	3245.3	3282.4
1440.6	1706.0	1308.5	1754.8	3203.3	13.6	957.1	1022.6	327.3	1783.5
1669.6	1868.5	1728.1	1852.7	2051.2	1834.6	1268.9	1874.6	2918.0	1498.9
1.2		0.1							
4305.5	4662.7	3122.3	6749.5	7542.2	2372.6	5274.4	2393.0	9406.9	15156.4
1516.6	2060.9	118.3	3251.1	4026.5	1506.8	4674.3	418.4	2969.7	1915.8
338.1	275.1	270.5	390.4	19.7	861.6	600.1	225.6	1515.5	14.6
85.7	37.3	211.0	20.0	2.6	4.2		246.5		
	5.2								
2355.7	2283.5	2522.4	3088.0	3493.5			1502.5	4921.8	13226.0

10－32 续表1

单位:元/人

指 标 名 称	Item
全年总收入	**Total Revenue**
1.工资性收入	Income from Wages and Salaries
2.经营性收入	Business Income
(1)第一产业收入	The Primary Industry
农业收入	Agriculture
林业收入	Forestry
牧业收入	Animal Husbandry
渔业收入	Fishery
(2)第二产业收入	The Secondary Industry
工业收入	Industry
建筑业收入	Construction Industry
(3)第三产业收入	The Tertiary Industry
交通运输业收入	Transportation Industry
批发零售和住宿餐饮业收入	Wholesales ,Retail Rrade,Hotel and Catering Sectors
社会服务业收入	Social Services
其他家庭经营收入	Others
3.财产性收入	Income from Property
红利收入	Dividend Income
#转让承包土地经营权租金收入	Rental Income from the Management Rights Transfer of Land Contracted
4.转移性收入	Income from Transfer
#养老金或离退休金	Pension or Retirement Benefits
报销医疗费	Reimbursement of Medical Expenses
政策性惠农补贴	Political Subsidy Supporting Agriculture
5.非收入所得	Non－income Revenue
(1)出售资产所得	Proceeds from Sale of Assets
(2)非经常性转移所得	Income from Non－recurrent Transfers
(3)其他非收入所得	Other Non－income Revenue
6.借贷性所得	Borrowing Income
(1)提取储蓄存款	Dissaving
(2)借入款	Borrowed
(3)收回借出款	Recall the Loan
(4)收回储蓄性保险本金	Redemption of Deposit Insurance Principal
(5)银行信用社得到的贷款	Bank Loan

Continued

(yuan/person)

石嘴山市 Shizuishan	大武口区 Dawukou	惠农区 Huinong	平罗县 Pingluo	吴忠市 Wuzhong	利通区 Litong	红寺堡区 Hongsipu	盐池县 Yanchi	同心县 Tongxin	青铜峡市 Qingtongxia
37343.5	**42045.8**	**33090.8**	**32709.9**	**35100.0**	**38050.2**	**31007.4**	**33822.6**	**32906.9**	**33132.4**
21608.0	24339.1	20714.7	17120.8	20965.8	22048.7	19472.3	19614.5	18105.3	22367.4
4493.3	3881.2	3119.9	7291.3	7356.2	6797.7	8334.1	9145.5	10313.6	4699.1
706.7	48.2	612.7	2141.1	1346.1	2241.0	238.1	725.9	1529.9	290.7
325.1	46.2	441.5	754.6	338.9	26.5	142.7	310.9	1474.5	197.5
20.9		76.3							
360.7	2.0	94.9	1386.5	1007.2	2214.5	95.4	415.1	55.5	93.2
234.7	111.8	76.2	662.7	341.9	228.3	1504.6	316.5	724.7	
				111.0				724.7	
234.7	111.8	76.2	662.7	230.9	228.3	1504.6	316.5		
3551.9	3721.2	2430.9	4487.6	5668.2	4328.4	6591.4	8103.0	8059.0	4408.4
1698.8	2523.2	536.3	1361.4	1197.5	519.0	2302.4	2411.3	1568.6	1000.9
1409.7	974.6	1216.4	2506.8	3677.6	3578.3	3707.5	3346.0	6069.2	2417.9
191.7	55.1	293.2	351.2	682.1	231.1		2025.3	257.1	989.6
251.8	168.3	385.0	268.2	111.0		581.4	320.4	164.1	
1028.6	1299.6	546.5	1031.5	1125.5	1646.1	764.9	1020.8	697.0	620.7
41.4	21.7	112.6		68.5	132.7	53.0	57.6		8.2
71.1	34.0	93.9	119.8	120.4	8.3	13.6	285.8	30.2	297.7
10213.7	12525.9	8709.7	7266.2	5652.5	7557.8	2436.2	4041.8	3791.1	5445.1
9598.3	11794.4	8107.3	6870.3	4367.5	6019.6	1597.2	2402.3	3181.6	4313.0
381.5	518.4	220.9	288.7	283.9	298.1	261.1	90.1	313.3	390.1
21.3	1.0	33.7	48.4	188.3	13.4	17.6	862.4	149.2	77.1
3329.7	3541.8	1809.7	4633.8	2995.0	2540.6	5151.5	4860.8	1087.6	3215.3
1489.0	853.9	429.6	3975.8	1438.0	706.9	2710.9	2920.4	147.3	2267.5
1840.7	2687.9	1380.1	658.0	1557.0	1833.7	2440.7	1940.4	940.3	947.8
1114.1	451.7	358.5	3309.7	1715.8	1064.4	6262.8	1724.8	629.5	2513.4
25.5		26.5	75.8	827.4	986.9		265.4	245.1	1583.4
43.2	74.8	25.2		136.8		171.4	184.1	108.0	370.1
84.1		306.8		114.7		65.7	449.0	21.6	155.2
				31.7	77.5				
961.2	376.9		3233.9	605.2		6025.7	826.4	254.8	404.7

10－32 续表2

单位:元/人

指 标 名 称	Item
全年总收入	**Total Revenue**
1. 工资性收入	Income from Wages and Salaries
2. 经营性收入	Business Income
(1)第一产业收入	The Primary Industry
农业收入	Agriculture
林业收入	Forestry
牧业收入	Animal Husbandry
渔业收入	Fishery
(2)第二产业收入	The Secondary Industry
工业收入	Industry
建筑业收入	Construction Industry
(3)第三产业收入	The Tertiary Industry
交通运输业收入	Transportation Industry
批发零售和住宿餐饮业收入	Wholesales ,Retail Rrade,Hotel and Catering Sectors
社会服务业收入	Social Services
其他家庭经营收入	Others
3. 财产性收入	Income from Property
红利收入	Dividend Income
#转让承包土地经营权租金收入	Rental Income from the Management Rights Transfer of Land Contracted
4. 转移性收入	Income from Transfer
#养老金或离退休金	Pension or Retirement Benefits
报销医疗费	Reimbursement of Medical Expenses
政策性惠农补贴	Political Subsidy Supporting Agriculture
5. 非收入所得	Non－income Revenue
(1)出售资产所得	Proceeds from Sale of Assets
(2)非经常性转移所得	Income from Non－recurrent Transfers
(3)其他非收入所得	Other Non－income Revenue
6. 借贷性所得	Borrowing Income
(1)提取储蓄存款	Dissaving
(2)借入款	Borrowed
(3)收回借出款	Recall the Loan
(4)收回储蓄性保险本金	Redemption of Deposit Insurance Principal
(5)银行信用社得到的贷款	Bank Loan

Continued

(yuan/person)

固原市 Guyuan	原州区 Yuanzhou	西吉县 Xiji	隆德县 Longde	泾源县 Jingyuan	彭阳县 Pengyang	中卫市 Zhongwei	沙坡头区 Shapotou	中宁县 Zhongning	海原县 Haiyuan
36218.5	**40768.8**	**32525.4**	**29936.4**	**29445.7**	**30664.0**	**34253.1**	**36348.6**	**33467.9**	**29870.2**
25010.5	26056.6	23925.3	22385.2	23998.9	24642.8	23375.5	24528.6	21657.7	23886.7
6065.5	8753.3	5124.3	2937.6	2020.2	1449.5	4217.1	4307.9	5125.6	1884.3
76.6		177.6	227.6	389.1	36.7	402.4	392.3	590.8	3.9
23.6		134.7	17.9		36.7	327.3	392.3	385.7	3.3
21.8		0.2		389.1					
31.2		42.7	209.7			75.1		205.1	0.6
1453.4	2072.8	2835.0				737.4	933.3	659.3	338.4
144.7	265.8								
1308.7	1807.0	2835.0				737.4	933.3	659.3	338.4
4535.6	6680.4	2111.7	2710.0	1631.1	1412.8	3077.3	2982.3	3875.5	1542.1
1116.8	1694.8	1195.4	352.1		80.8	624.1	411.3	961.8	482.6
2354.3	3610.2	585.6	1672.3	1631.1	129.0	1431.3	1740.4	1194.6	1059.5
338.0	218.0	330.8	349.4		862.2	1021.9	830.6	1719.0	
726.6	1157.4		336.2		340.8				
1595.9	2228.0	625.6	846.1	1066.2	911.7	1029.0	1334.7	847.3	542.1
175.7	322.7					2.7	5.7		
18.4			24.2		96.4	46.9	33.0	82.8	5.9
3546.6	3730.9	2850.3	3767.5	2360.4	3660.0	5631.6	6177.5	5837.3	3557.0
2604.9	3064.5	2487.0	2142.5	1344.1	1926.8	4953.1	5729.5	4848.0	2906.9
354.6	367.6	80.3	346.4	403.4	496.7	299.1	230.1	464.2	127.0
15.7		24.1	62.6	0.1	31.6	36.0	21.4	69.9	2.0
2723.4	3466.8	2898.9	1101.8	1670.7	1706.0	4322.1	4244.7	5228.0	2490.6
731.3	926.0	1667.5	126.7	189.4	60.0	2268.7	2731.6	2197.5	1067.9
1991.9	2540.9	1231.3	975.2	1478.3	1646.0	2053.4	1513.1	3030.5	1422.7
0.2				3.0					
3622.1	3612.3	7521.2	3218.5	3127.2	1344.1	2700.5	4720.6	1176.8	218.3
89.3	120.2		105.5	190.8		210.1	74.2	466.2	28.1
448.9	471.3	37.9	604.6	1632.4	130.2	179.8	115.2	277.4	148.1
301.8	498.3	265.9				33.3	24.6	52.9	14.0
2782.1	2522.4	7217.3	2508.4	1304.0	1213.9	2271.4	4506.6	364.3	28.1

10－33 各市县城镇居民家庭总支出情况

单位:元/人

指 标 名 称	Item
全年总支出	**Total Expenditure**
1.生活消费支出	Living Expenditure
食品烟酒	Food Tobacco Liquor
衣着	Clothing
居住	Residence
生活用品及服务	Articles and Services for Daily Use
医疗保健	Health Care
交通通信	Transportation Communication
教育文化娱乐	Education, Culture and Entertainment
其他用品及服务	Other Supplies and Services
2.生产经营费用支出	Expenditure for Household Business
(1)第一产业生产支出	The Primary Industry
农业生产支出	Agricultural
林业生产支出	Forestry
牧业生产支出	Animal Husbandry
渔业生产支出	Fishery
(2)第二产业生产支出	The Secondary Industry
工业生产支出	Industrial
建筑业生产支出	Construction Industry
(3)第三产业生产支出	The Tertiary Industry
交通运输业生产支出	Transportation Industry
批发零售和住宿餐饮业生产支出	Wholesales, Retail Trade, Hotel and Catering Sectors
社会服务业生产支出	Social Services
其他家庭经营生产支出	Others
3.财产性支出	Property Expenditure
4.转移性支出	Transfer Expenditure
5.部分商业保险支出	Commercial Insurance Expenditure
6.购置资产及非经常性转移支出	Acquisition of Assets and Non－recurrent Transfer Expenses
(1)建造住房支出	Build Housing
(2)购买住房支出	Purchase Housing
(3)购建第一产业生产性固定资产	Purchase and Build the Productive Fixed Assets of the Primary Industry
#购买或建造农业生产性用房	Purchase or Build Agricultural Productive Housing
购买产品畜	Purchase Stock
购买或建造农业设施	Purchase or Build Agricultural Facilities
购买农业机械	Purchase Agricultural Machinery
(4)购建第二产业生产性固定资产支出	Purchase and Build the Productive Fixed Assets of the Secondary Industry
(5)购建第三产业生产性固定资产支出	Purchase and Build the Productive Fixed Assets of the Tertiary Industry
(6)非经常性转移支出	Non－recurrent Transfer Expenditures
7.借贷性支出	Borrowing Expenditure
(1)归还银行信用社贷款	Repay the Loan to the Bank or Credit Union
(2)归还借款	Pay off the Loan
(3)存入银行款	Bank Deposit

Basic Statistics of Total Expenses for Urban Households by City and County

(yuan/person)

全区 Total	沿黄地区 Plain	中南部地区 Mountain Area	银川市 Yinchuan	兴庆区 Xingqing	西夏区 Xixia	金凤区 Jinfeng	永宁县 Yongning	贺兰县 Helan	灵武市 Lingwu
38125.5	**37307.7**	**33252.0**	**41814.2**	**46310.0**	**28563.6**	**37766.2**	**37485.0**	**43364.1**	**55088.8**
22379.1	23382.5	18284.6	26670.0	30060.4	21264.3	29008.6	23113.6	22156.1	21622.5
6068.3	6653.3	5246.4	7265.3	8256.2	7014.0	7259.4	6451.0	5525.7	5388.1
1776.3	1962.4	1842.7	2171.7	2275.0	1466.8	2515.7	1918.3	2378.7	2105.3
4319.2	4582.3	3367.0	5579.6	6680.7	3398.5	6694.9	4533.5	4242.5	3616.2
1383.5	1463.6	1230.6	1692.8	1885.8	1062.9	1906.6	1786.6	1709.0	1281.4
2267.3	2244.7	1292.0	2535.8	2665.3	2824.5	2715.4	1592.3	2197.2	2124.4
3680.3	3413.1	2783.0	3829.0	3893.6	3457.4	4209.3	4184.7	3028.9	3612.9
2250.3	2434.0	2089.1	2844.8	3517.5	1643.7	2835.9	1848.9	2352.1	3055.9
634.0	629.2	434.0	751.1	886.4	396.4	871.4	798.3	722.1	438.2
2638.6	709.4	2519.1	583.8	8.8	56.6		571.0	137.0	5649.9
946.1	249.7	276.8	69.7	7.5			291.4	29.5	466.1
426.9	97.3	188.8	60.7				242.9	25.7	443.3
2.9	6.4	3.7	3.0	7.5					
516.3	145.9	84.3	6.0				48.4	3.8	22.8
906.6	220.8	434.0	373.7				36.6	64.4	3984.6
199.9	150.5	39.0	258.8						2815.8
706.7	70.4	395.0	114.8				36.6	64.4	1168.8
785.9	238.9	1808.2	140.4	1.2	56.6		243.1	43.0	1199.3
418.7	189.6	613.8	117.2		56.6		76.8	26.5	1101.2
284.5	36.2	912.2	8.1					16.5	74.8
25.5	11.0	112.5	15.0	1.2			166.2		23.3
57.2	2.2	169.8							
404.0	290.5	251.0	388.3	646.4	179.7	326.2	126.8	90.7	186.1
2974.6	2459.4	1659.9	2963.4	3783.8	2609.6	2343.1	1065.5	2340.6	3406.3
650.0	698.9	270.1	747.5	732.7	370.9	672.2	922.6	1468.5	879.7
6640.4	7542.5	7164.2	7838.6	9003.6	1938.7	2051.1	7229.1	14789.5	20560.0
98.9	9.7	7.6	6.3						68.9
3306.3	4131.7	3012.8	4915.1	6344.1	75.4	336.8	2030.0	12653.6	13219.7
99.4	41.1	114.7							
21.4	10.8	32.5							
35.3	16.7								
0.2	8.7	1.2							
42.5	4.9	81.0							
9.4	4.8	166.1	4.7					65.3	
778.3	954.1	1248.3	630.8				2640.0	37.1	4691.6
2319.1	2351.8	2606.5	2206.7	2659.6	1554.9	1590.9	2520.7	2033.4	2575.7
2438.8	2224.4	3103.2	2622.7	2074.2	2143.9	3365.0	4456.4	2381.7	2784.2
2133.2	1927.0	2815.6	2383.3	2025.9	1913.7	2966.3	4409.2	2179.5	1876.9
186.7	174.2	213.5	87.7	27.4	144.9	134.7	10.9	202.3	122.5
31.1	37.1	6.0	13.3			15.6			109.2

10－33 续表1

单位:元/人

指 标 名 称	Item
全年总支出	**Total Expenditure**
1.生活消费支出	Living Expenditure
食品烟酒	Food Tobacco Liquor
衣着	Clothing
居住	Residence
生活用品及服务	Articles and Services for Daily Use
医疗保健	Health Care
交通通信	Transportation Communication
教育文化娱乐	Education, Culture and Entertainment
其他用品及服务	Other Supplies and Services
2.生产经营费用支出	Expenditure for Household Business
(1)第一产业生产支出	The Primary Industry
农业生产支出	Agricultural
林业生产支出	Forestry
牧业生产支出	Animal Husbandry
渔业生产支出	Fishery
(2)第二产业生产支出	The Secondary Industry
工业生产支出	Industrial
建筑业生产支出	Construction Industry
(3)第三产业生产支出	The Tertiary Industry
交通运输业生产支出	Transportation Industry
批发零售和住宿餐饮业生产支出	Wholesales, Retail Trade, Hotel and Catering Sectors
社会服务业生产支出	Social Services
其他家庭经营生产支出	Others
3.财产性支出	Property Expenditure
4.转移性支出	Transfer Expenditure
5.部分商业保险支出	Commercial Insurance Expenditure
6.购置资产及非经常性转移支出	Acquisition of Assets and Non－recurrent Transfer Expenses
(1)建造住房支出	Build Housing
(2)购买住房支出	Purchase Housing
(3)购建第一产业生产性固定资产	Purchase and Build the Productive Fixed Assets of the Primary Industry
#购买或建造农业生产性用房	Purchase or Build Agricultural Productive Housing
购买产品畜	Purchase Stock
购买或建造农业设施	Purchase or Build Agricultural Facilities
购买农业机械	Purchase Agricultural Machinery
(4)购建第二产业生产性固定资产支出	Purchase and Build the Productive Fixed Assets of the Secondary Industry
(5)购建第三产业生产性固定资产支出	Purchase and Build the Productive Fixed Assets of the Tertiary Industry
(6)非经常性转移支出	Non－recurrent Transfer Expenditures
7.借贷性支出	Borrowing Expenditure
(1)归还银行信用社贷款	Repay the Loan to the Bank or Credit Union
(2)归还借款	Pay off the Loan
(3)存入银行款	Bank Deposit

Continued

(yuan/person)

石嘴山市 Shizuishan	大武口区 Dawukou	惠农区 Huinong	平罗县 Pingluo	吴忠市 Wuzhong	利通区 Litong	红寺堡区 Hongsipu	盐池县 Yanchi	同心县 Tongxin	青铜峡市 Qingtongxia
31248.9	**38278.6**	**24925.2**	**24282.9**	**28344.7**	**29860.3**	**44795.7**	**25634.3**	**27088.8**	**24124.4**
19078.9	22145.7	16529.1	15802.0	17495.8	19698.4	18053.0	15553.2	16781.0	15179.9
6227.9	7290.0	5709.9	4676.9	5080.6	5897.2	5582.9	4541.9	4314.3	4361.1
1813.8	2231.8	1431.4	1406.6	1688.8	1651.7	1658.1	1893.3	1895.6	1464.8
2976.3	3504.8	1998.9	3024.4	3239.5	3807.1	3115.6	3278.9	3067.1	2293.1
1225.1	1457.8	1247.6	730.3	1094.6	1102.9	1187.1	999.3	1238.4	1025.7
1814.7	2066.2	1692.9	1446.6	1414.2	1588.6	1166.0	974.0	1454.3	1457.2
2651.0	2793.6	2360.9	2694.0	2601.2	2896.4	3284.4	1676.5	1949.6	3030.2
1946.8	2232.5	1767.1	1575.3	1987.1	2327.6	1719.4	1754.9	2521.1	1214.0
423.5	568.9	320.4	247.9	389.8	426.9	339.4	434.4	340.5	333.8
900.4	760.9	1007.9	1059.3	2092.2	1966.2	3670.5	2441.2	4121.4	214.8
230.5	14.2	562.5	288.2	1052.0	1913.4	80.3	588.1	924.3	125.7
164.7	10.7	429.4	173.8	185.3	6.4	62.8	209.1	864.6	56.2
20.9		76.2							
44.8	3.5	56.9	114.4	866.7	1906.9	17.5	379.0	59.7	69.5
18.2	12.0		51.3	70.0		1129.8		38.0	
				5.8				38.0	
18.2	12.0		51.3	64.2		1129.8			
651.8	734.8	445.4	719.7	970.2	52.8	2460.4	1853.1	3159.1	89.2
492.8	726.5	275.4	269.7	333.7	52.8	2167.6	884.8	205.2	53.9
135.8		170.0	370.5	519.2		182.4	340.0	2924.4	21.9
10.1	5.1		31.9	106.6			601.5	29.5	13.3
13.1	3.2		47.7	10.7		110.4	26.8		
130.0	227.7	63.1	9.0	84.1	127.9	156.3	111.0	3.6	19.1
1713.3	2418.7	1002.5	1101.3	1048.0	754.0	1712.6	666.7	1262.8	1566.7
570.1	528.8	701.8	503.3	497.9	675.2	365.4	531.7	51.1	488.8
7618.4	10872.7	4424.9	4696.5	4924.2	3781.5	18395.7	4169.3	3254.3	5303.2
6.7			27.8	0.2		3.3			
4478.0	7516.6	1036.4	2273.5	1847.7	755.2	9236.9	813.7	431.8	3759.6
194.1	50.0		705.8	79.2		206.5	8.2	431.8	
66.9			277.9	11.7		206.5			
103.0			427.9						
				1.3			8.2		
24.2	50.0			66.2				431.8	
10.1		36.8		8.6		151.7			
40.7		119.2	33.4	601.8		6007.6	1580.2		
2888.8	3306.2	3232.5	1656.0	2380.1	3026.2	2789.8	1767.2	2347.6	1543.6
1237.8	1324.1	1195.9	1111.6	2202.5	2857.2	2442.2	2161.2	1614.6	1351.9
948.9	899.2	935.9	1063.7	1919.9	2537.6	2316.5	1810.6	1279.8	1186.7
132.7	104.9	260.0	43.7	214.1	303.7	57.1	111.5	334.8	78.9
146.2	299.3		4.1	6.6			39.9		

10－33 续表2

单位:元/人

指 标 名 称	Item
全年总支出	**Total Expenditure**
1.生活消费支出	Living Expenditure
食品烟酒	Food Tobacco Liquor
衣着	Clothing
居住	Residence
生活用品及服务	Articles and Services for Daily Use
医疗保健	Health Care
交通通信	Transportation Communication
教育文化娱乐	Education, Culture and Entertainment
其他用品及服务	Other Supplies and Services
2.生产经营费用支出	Expenditure for Household Business
(1)第一产业生产支出	The Primary Industry
农业生产支出	Agricultural
林业生产支出	Forestry
牧业生产支出	Animal Husbandry
渔业生产支出	Fishery
(2)第二产业生产支出	The Secondary Industry
工业生产支出	Industrial
建筑业生产支出	Construction Industry
(3)第三产业生产支出	The Tertiary Industry
交通运输业生产支出	Transportation Industry
批发零售和住宿餐饮业生产支出	Wholesales, Retail Trade, Hotel and Catering Sectors
社会服务业生产支出	Social Services
其他家庭经营生产支出	Others
3.财产性支出	Property Expenditure
4.转移性支出	Transfer Expenditure
5.部分商业保险支出	Commercial Insurance Expenditure
6.购置资产及非经常性转移支出	Acquisition of Assets and Non－recurrent Transfer Expenses
(1)建造住房支出	Build Housing
(2)购买住房支出	Purchase Housing
(3)购建第一产业生产性固定资产	Purchase and Build the Productive Fixed Assets of the Primary Industry
#购买或建造农业生产性用房	Purchase or Build Agricultural Productive Housing
购买产品畜	Purchase Stock
购买或建造农业设施	Purchase or Build Agricultural Facilities
购买农业机械	Purchase Agricultural Machinery
(4)购建第二产业生产性固定资产支出	Purchase and Build the Productive Fixed Assets of the Secondary Industry
(5)购建第三产业生产性固定资产支出	Purchase and Build the Productive Fixed Assets of the Tertiary Industry
(6)非经常性转移支出	Non－recurrent Transfer Expenditures
7.借贷性支出	Borrowing Expenditure
(1)归还银行信用社贷款	Repay the Loan to the Bank or Credit Union
(2)归还借款	Pay off the Loan
(3)存入银行款	Bank Deposit

Continued

(yuan/person)

固原市 Guyuan	原州区 Yuanzhou	西吉县 Xiji	隆德县 Longde	泾源县 Jingyuan	彭阳县 Pengyang	中卫市 Zhongwei	沙坡头区 Shapotou	中宁县 Zhongning	海原县 Haiyuan
36041.0	**42118.9**	**39335.2**	**25320.2**	**25669.2**	**25007.0**	**32830.0**	**39378.4**	**26738.1**	**27405.0**
21041.4	24250.6	19012.8	16161.5	16038.1	17143.0	18100.7	19067.7	18107.0	15240.7
6021.8	6860.2	5670.8	4823.9	4349.2	4942.4	4851.5	5409.0	4289.4	4488.5
1917.2	2209.2	1953.3	1303.1	1477.0	1532.7	1615.4	1785.1	1394.7	1617.2
3800.6	4259.1	3477.7	3096.6	3114.5	3262.6	3580.3	4140.4	3224.8	2740.2
1378.1	1644.7	1180.7	1019.8	1065.4	1002.0	1132.4	1122.0	1134.9	1157.3
1584.8	1752.9	1003.8	1518.8	1288.4	1584.7	1736.7	1756.6	2085.1	886.5
3543.4	4331.5	3392.2	2159.7	2334.8	2475.3	2963.2	2741.3	3628.6	2103.9
2211.7	2434.8	1988.2	1796.1	2084.0	1983.1	1638.6	1415.1	1776.5	1983.0
583.8	758.3	346.1	443.5	324.8	360.2	582.6	698.2	573.0	264.1
2690.8	4607.4	746.4	703.6	105.7	18.0	487.8	366.7	843.1	36.6
53.7		53.9	308.3	105.7	18.0	276.4	302.4	362.4	4.1
11.2		39.2	34.0		15.4	232.5	302.4	243.6	1.3
6.3				105.7	2.6				
36.1		14.7	274.3			43.9		118.8	2.8
672.1	1106.1	610.6				8.1		22.2	
91.3	167.8								
580.8	938.3	610.6				8.1		22.2	
1965.0	3501.3	81.9	395.4			203.3	64.3	458.5	32.5
513.0	915.6	33.2	85.4			136.9	5.0	360.8	16.3
987.9	1765.2	11.4	204.4			52.2	59.3	58.7	16.2
39.4	56.1	37.3	36.9			14.3		39.0	
424.7	764.4		68.7						
539.9	937.4	112.3	8.1	228.8	18.6	175.9	235.7	140.2	81.0
2138.7	2265.8	1807.7	2372.7	1365.1	2029.4	1990.2	2054.6	1945.4	1902.7
256.2	240.0	422.2	63.8	13.1	429.3	751.3	877.4	870.5	109.5
4919.4	4104.9	13515.0	4262.5	4596.9	2150.3	9027.9	14318.4	2821.5	7565.4
21.2				11.1	128.9	40.6	85.6		
1532.2		9194.7	3594.7	11.2	162.1	1686.4	2392.2	10.0	3419.8
16.1		140.3				69.4		189.9	
7.1		62.1							
						69.4		189.9	
9.0		78.2							
390.5	697.6	93.9							
414.1	393.7	1720.7	20.5			4957.9	9396.5	1391.9	
2544.3	3013.7	2357.2	647.4	4574.7	1859.2	2273.7	2444.0	1229.7	4145.6
4454.6	5712.7	3718.9	1748.0	3321.3	3218.5	2296.1	2458.0	2010.3	2469.0
4160.8	5488.9	3274.2	1747.2	2263.0	2831.4	1689.3	1432.8	1713.8	2388.9
266.5	223.9	206.3	0.8	1058.3	387.1	593.7	1025.2	261.0	80.1

10－34　各市县全体居民家庭主要耐用品每百户拥有情况

单位:百户均

指　标　名　称	Item	全区 Total	沿黄地区 Plain	中南部地区 Mountain Area
家用汽车	Automobile	45.35	47.49	59.05
摩托车	Motorcycle	12.54	8.21	12.92
助力车	Powered Bicycle	60.24	55.69	52.27
洗衣机	Washing Machine	101.43	100.67	102.96
电冰箱(柜)	Refrigerator	100.56	100.82	101.47
微波炉	Microwave Oven	56.91	63.00	48.11
彩色电视机	Color TV Set	102.12	101.96	102.40
空调	Air Conditioner	22.03	28.53	6.73
热水器	Water Heater	100.67	100.45	98.16
洗碗机	Dishwasher	0.55	0.67	1.38
排油烟机	Smoke Exhaust Ventilator	91.39	96.77	89.93
固定电话	Telephone	3.19	5.11	2.06
移动电话	Mobile Telephone	256.15	245.98	267.32
其中:接入互联网	Internet Mobile Telephone	245.65	235.25	260.59
计算机	Computer	69.62	76.03	71.88
其中:接入互联网	Internet Computer	57.97	65.17	57.92
照相机	Camera	14.06	17.92	10.26
中高档乐器	Secondary and Top Grade Musical Instrument	10.70	12.82	12.55
健身器材	Body－building Apparatus	7.29	8.44	6.21
空气净化器(含新风系统)	Air Purifier (Include Fresh Air System)	4.60	5.91	4.06
吸尘器	Vacuum Cleaner	12.01	15.12	12.54

Ownership of Major Durable Consumer Goods per 100 Urban and Rural Households by City and County

(per 100 households)

银川市 Yinchuan	兴庆区 Xingqing	西夏区 Xixia	金凤区 Jinfeng	永宁县 Yongning	贺兰县 Helan	灵武市 Lingwu	石嘴山市 Shizuishan	大武口区 Dawukou	惠农区 Huinong	平罗县 Pingluo	吴忠市 Wuzhong
51.65	49.36	40.88	56.87	60.02	71.42	45.69	40.21	41.59	32.97	46.42	47.62
5.08	5.36	2.39	4.61	9.58		10.52	10.23	10.15	7.97	13.32	15.72
39.86	38.18	39.60	28.97	58.02	31.40	71.90	63.58	60.43	58.01	77.70	71.31
100.59	100.05	98.80	98.83	108.84	104.05	101.88	100.25	100.07	98.15	103.35	100.33
100.10	99.98	100.31	95.28	101.55	109.65	104.33	101.52	103.22	98.17	102.02	100.77
70.85	76.93	43.75	81.46	53.84	77.61	67.16	42.95	47.24	33.79	45.14	53.02
102.38	105.31	97.72	99.29	100.14	104.32	103.85	100.49	101.09	97.46	103.02	102.42
34.83	41.56	14.23	48.66	11.18	28.81	23.02	22.39	34.62	14.65	5.11	14.01
100.88	101.87	98.86	101.19	100.00	102.05	98.12	98.87	103.17	105.65	80.65	97.81
0.92	1.34		1.19	1.46			0.39			1.77	
98.71	98.54	97.80	99.32	99.67	100.25	97.55	90.96	97.50	78.87	91.90	91.81
7.29	14.91	1.18	3.47				1.08	2.19			1.71
246.53	243.01	235.71	241.85	263.61	281.53	254.44	238.33	235.86	239.05	242.92	258.58
237.67	234.89	230.19	240.71	253.31	265.10	221.57	230.04	227.59	229.69	235.93	243.40
85.83	93.22	69.83	96.45	75.34	77.31	61.95	58.36	71.75	44.50	46.33	63.92
76.46	83.26	63.39	90.72	61.53	77.31	35.70	48.64	61.57	38.37	33.05	48.68
23.22	33.30	10.91	16.13	15.71	20.63	19.24	7.65	13.40	0.88	3.53	12.54
15.11	22.62	6.68	5.76	5.50	18.13	21.21	7.81	10.90	7.16	1.77	7.97
10.28	13.88	1.14	9.33	11.37	12.47	7.42	3.93	3.38	5.40	3.28	7.51
6.42	9.23	2.23	4.66	2.67	10.06	3.77	3.30	6.69			3.81
17.09	21.27	6.62	11.51	13.02	29.18	22.15	9.61	15.39	5.71	1.77	13.54

10－34 续表

指 标 名 称	Item	利通区 Litong	红寺堡区 Hongsipu	盐池县 Yanchi
家用汽车	Automobile	48.92	63.67	44.40
摩托车	Motorcycle	13.01	6.18	7.11
助力车	Powered Bicycle	65.86	69.82	81.67
洗衣机	Washing Machine	101.22	95.71	100.13
电冰箱(柜)	Refrigerator	102.20	103.66	100.00
微波炉	Microwave Oven	61.75	41.48	43.14
彩色电视机	Color TV Set	102.33	101.77	100.00
空调	Air Conditioner	16.04	1.90	18.69
热水器	Water Heater	93.79	99.52	96.25
洗碗机	Dishwasher			
排油烟机	Smoke Exhaust Ventilator	95.79	94.00	87.76
固定电话	Telephone	3.53		
移动电话	Mobile Telephone	248.57	228.81	274.45
其中:接入互联网	Internet Mobile Telephone	221.61	209.21	274.45
计算机	Computer	73.90	71.65	52.13
其中:接入互联网	Internet Computer	54.09	41.80	42.93
照相机	Camera	18.09	5.68	9.27
中高档乐器	Secondary and Top Grade Musical Instrument	10.20	2.25	9.47
健身器材	Body－building Apparatus	11.22	1.89	2.89
空气净化器(含新风系统)	Air Purifier (Include Fresh Air System)	4.98	1.89	2.43
吸尘器	Vacuum Cleaner	19.02	10.21	4.85

Continued

同心县 Tongxin	青铜峡市 Qingtongxia	固原市 Guyuan	原州区 Yuanzhou	西吉县 Xiji	隆德县 Longde	泾源县 Jingyuan	彭阳县 Pengyang	中卫市 Zhongwei	沙坡头区 Shapotou	中宁县 Zhongning	海原县 Haiyuan
40.11	48.01	68.58	73.57	71.87	45.93	67.33	66.47	45.42	37.15	51.02	60.68
52.56	8.23	4.01	3.20	6.07	4.07	3.79	5.35	20.02	12.84	34.10	9.52
73.75	73.51	28.12	32.65	32.04	5.90	13.72	30.94	117.99	115.35	143.90	60.73
100.00	99.98	105.41	108.42	111.98	100.00	103.68	96.01	103.63	101.51	106.39	104.11
100.00	98.24	100.94	103.87	105.89	95.86	97.88	93.02	103.23	101.26	106.44	102.08
54.94	44.38	51.03	59.08	48.17	59.74	33.36	27.00	68.71	67.60	79.86	43.96
101.56	105.06	104.85	108.56	103.99	98.05	99.78	99.86	101.12	101.51	101.51	98.70
13.34	9.72	3.63	1.47		7.71	7.58	8.70	17.60	17.58	24.46	
103.27	103.45	98.29	101.93	110.02	93.90	88.87	85.44	100.00	100.00	106.39	83.54
		2.39	1.47	2.05		24.67		0.63	1.26		
80.22	93.05	95.64	101.93	100.06	95.86	64.57	82.75	97.36	98.60	103.13	78.02
1.24		2.82	1.73		3.81	18.95	2.19	2.00		3.46	5.41
268.13	268.41	273.63	264.42	301.54	290.07	224.48	290.24	255.82	253.05	259.34	256.69
266.71	258.66	268.68	260.55	285.67	290.07	285.05	264.22	238.18	233.95	244.33	237.49
60.30	52.88	85.30	91.03	83.97	78.00	104.81	66.64	64.83	63.32	69.22	58.89
52.94	41.17	70.42	75.86	73.91	67.88	45.57	60.66	48.98	37.00	64.31	52.50
4.68	10.01	13.65	11.27	13.92	16.12	15.73	18.73	8.96	10.27	6.73	10.01
3.12	6.54	17.32	18.09	29.93	17.54	5.96	10.53	11.23	11.45	10.06	13.43
10.20	3.21	6.03	5.16	8.03	5.83	5.75	7.77	8.66	9.88	6.50	9.82
6.13	1.60	2.80	1.93	4.10	10.21	1.90		10.44	10.13	10.95	10.23
16.08	8.24	16.23	23.79	12.10	6.02	8.06	4.31	14.35	18.94	9.62	10.02

10－35 主要年份各市县城镇居民人均可支配收入情况
Basic Statistics of Disposable Income for Urban Households by City and County in Main Year

单位:元/人 (yuan/person)

地　区	Region	2013	2014	2015	2016	2017	2018	2019	2020
全　区	**Total**	**21475.7**	**23284.6**	**25186.0**	**27153.0**	**29472.3**	**31895.2**	**34328.5**	**35719.6**
沿黄地区	Plain	22288.2	24159.6	26154.5	28172.0	30539.7	33013.4	35594.8	36731.5
中南部地区	Mountain Area	17003.5	18449.0	19920.1	21533.6	23383.2	25324.0	27256.6	28577.5
银 川 市	**Yinchuan**	**23940.3**	**26117.7**	**28261.4**	**30477.8**	**32980.8**	**35586.3**	**38216.8**	**39416.4**
兴 庆 区	Xingqing	25835.4	28246.5	30513.9	32780.8	35451.5	38317.0	41218.4	42363.5
西 夏 区	Xixia	19562.8	21347.1	23125.5	24976.3	26985.2	29191.5	31302.3	32610.6
金 凤 区	Jinfeng	25529.9	27957.0	30361.3	32733.6	35560.1	38348.0	41190.6	43578.2
永 宁 县	Yongning	21177.4	23017.1	25091.4	26948.0	29210.8	30729.8	33031.9	33697.6
贺 兰 县	Helan	20905.6	22790.9	24548.1	26468.0	28641.2	31051.1	33660.3	35195.1
灵 武 市	Lingwu	22405.4	24309.8	26255.0	28329.5	30624.4	32859.9	35	
石嘴山市	**Shizuishan**	**20703.3**	**22379.7**	**24168.3**	**25970.1**	**28186.3**	**30583.0**	**33015.9**	**34157.6**
大武口区	Dawukou	22734.4	24671.3	26767.6	28855.4	31365.3	34220.0	36960.5	38270.3
惠 农 区	Huinong	18437.4	19913.7	21495.0	23110.1	25055.9	26944.2	29163.3	30809.0
平 罗 县	Pingluo	18307.8	19735.7	21216.1	22738.5	24606.5	26647.4	28684.5	29682.5
吴 忠 市	**Wuzhong**	**18297.7**	**19852.9**	**21552.9**	**23351.5**	**25363.6**	**27478.1**	**29616.1**	**31159.5**
利 通 区	Litong	19953.4	21710.0	23581.9	25303.1	27386.7	29827.7	32291.5	33977.3
红寺堡区	Hongsipu	15223.3	16488.6	17875.4	19412.1	21194.9	23045.0	24774.2	25468.0
盐 池 县	Yanchi	17652.7	19156.7	20919.5	22673.2	24676.9	26601.1	28463.9	29830.9
同 心 县	Tongxin	15774.0	17131.0	18758.0	20277.2	22101.4	23803.3	25660.6	27126.8
青铜峡市	Qingtongxia	18712.5	20292.3	22003.2	23633.2	25547.4	27591.1	29716.4	31201.0
固 原 市	**Guyuan**	**18085.4**	**19676.5**	**21144.0**	**22716.8**	**24628.2**	**26709.2**	**28726.8**	**30052.1**
原 州 区	Yuanzhou	19008.6	20680.0	22463.2	24153.5	26258.3	28595.7	30595.1	31972.4
西 吉 县	Xiji	17107.4	18601.0	19965.3	21410.6	23239.6	25216.0	27335.5	28975.0
隆 德 县	Longde	15969.7	17440.9	18631.7	20047.3	21731.8	23360.6	25019.8	25971.5
泾 源 县	Jingyuan	17027.3	18565.0	19735.4	21158.2	22917.5	24773.7	26557.0	27650.8
彭 阳 县	Pengyang	17128.3	18591.0	20048.5	21611.6	23345.0	25166.0	27239.4	28327.8
中 卫 市	**Zhongwei**	**18420.6**	**19930.6**	**21604.3**	**23276.7**	**25344.5**	**27371.9**	**29602.5**	**30478.5**
沙坡头区	Shapotou	19293.3	20919.7	22702.7	24338.8	26487.8	28694.0	31027.6	31771.5
中 宁 县	Zhongning	18395.4	19831.1	21481.2	23141.3	25293.3	27271.0	29462.1	30120.0
海 原 县	Haiyuan	16223.1	17570.1	19045.7	20591.8	22346.4	24046.5	26097.4	27487.7

10－36 主要年份各市县城镇居民人均生活消费支出情况

Per Capita Living Expenditure for Urban Residents by City and County in Main Year

单位：元/人 (yuan/person)

地 区	Region	2013	2014	2015	2016	2017	2018	2019	2020
全 区	**Total**	**15321.1**	**17216.2**	**18983.9**	**20364.2**	**20219.5**	**21976.7**	**24161.0**	**22379.1**
沿黄地区	Plain		18049.6	19434.1	20291.2	20955.2	22624.4	24355.6	23382.5
中南部地区	Mountain Area		12922.4	13525.8	14720.2	15869.1	16908.2	17594.0	18284.6
银 川 市	**Yinchuan**	**16843.9**	**20401.2**	**21694.0**	**22897.9**	**23124.5**	**25505.8**	**27716.9**	**26670.0**
兴 庆 区	Xingqing	18891.9	22352.4	24089.1	24367.3	24884.7	29379.0	32054.3	30060.4
西 夏 区	Xixia	14238.9	17549.7	19269.0	20956.5	21023.4	22447.3	22478.1	21264.3
金 凤 区	Jinfeng	16483.2	23410.9	24057.2	24291.4	24724.1	26393.7	28563.7	29008.6
永 宁 县	Yongning	13029.2	17014.1	18737.4	19876.5	21052.3	22032.9	22842.3	23113.6
贺 兰 县	Helan	15418.4	16327.5	16701.7	17043.3	18375.5	19783.9	21500.4	22156.1
灵 武 市	Lingwu	13876.0	14282.9	16309.0	18477.8	19415.4	21514.9	22464.9	21622.5
石嘴山市	**Shizuishan**	**13396.3**	**13806.0**	**15005.1**	**16013.2**	**16946.5**	**18778.5**	**19480.9**	**19078.9**
大武口区	Dawukou	14522.6	14412.7	16193.2	17392.0	18645.8	21022.9	22639.3	22145.7
惠 农 区	Huinong	12965.5	12480.9	12585.0	13403.0	14202.3	15036.9	15923.0	16529.1
平 罗 县	Pingluo	13167.8	14050.3	15562.5	16351.3	17620.3	17631.5	16637.9	15802.0
吴 忠 市	**Wuzhong**	**13105.5**	**14293.5**	**15671.1**	**15279.5**	**16299.3**	**17171.5**	**18001.7**	**17495.8**
利 通 区	Litong	13982.2	15391.1	17262.1	17267.8	17828.6	20494.2	20731.3	19698.4
红寺堡区	Hongsipu	10566.9	11080.4	11648.1	12715.7	14596.0	15566.8	17101.8	18053.0
盐 池 县	Yanchi	13153.4	13018.7	13786.2	15200.0	15040.4	14723.3	16364.3	15553.2
同 心 县	Tongxin	10720.5	12439.0	13299.1	14015.7	15216.3	15423.1	15789.1	16781.0
青铜峡市	Qingtongxia	13207.7	16994.8	17530.1	15062.0	16220.4	15342.4	16080.3	15179.9
固 原 市	**Guyuan**	**12881.6**	**13585.3**	**13851.9**	**15527.3**	**16565.2**	**17981.6**	**19741.6**	**21041.4**
原 州 区	Yuanzhou	14292.1	14799.4	15596.9	17709.7	19545.8	21617.4	22874.5	24250.6
西 吉 县	Xiji	12060.5	12754.8	12278.6	12609.7	13268.4	14400.7	16688.0	19012.8
隆 德 县	Longde	8703.2	12349.6	12475.2	13708.9	16526.3	16201.2	17024.1	16161.5
泾 源 县	Jingyuan	13022.9	13790.8	12759.5	13662.2	13934.9	14883.4	15344.2	16038.1
彭 阳 县	Pengyang	11442.9	10727.5	11576.6	12428.3	13284.0	14273.5	15872.1	17143.0
中 卫 市	**Zhongwei**	**13386.5**	**15295.9**	**16746.8**	**18298.5**	**18960.3**	**18864.2**	**20018.1**	**18100.7**
沙坡头区	Shapotou	12503.6	15575.9	16834.9	18793.6	18145.3	19603.0	21141.1	19067.7
中 宁 县	Zhongning	15370.7	16348.6	18089.4	19556.9	21393.5	19738.2	20774.1	18107.0
海 原 县	Haiyuan	9871.2	11585.4	14495.1	14299.9	15117.4	15302.6	15807.0	15240.7

10－37　农村居民家庭主要食品消费数量

单位:公斤/人

指 标 名 称	Item
一、粮食消费量	**Grain**
(一)谷物消费量	Cereal
1. 小麦	Wheat
2. 稻谷	Rice
3. 玉米	Corn
4. 其他谷物	Others
(二)薯类消费量	Tubers
1. 红薯	Sweet Potato
2. 马铃薯	Potato
3. 其他薯类	Others
(三)豆类消费量	Beans
1. 大豆	Soybeans
2. 其他豆类	Others
二、蔬菜及菜制品消费量	Vegetables and Processed Products
其中:鲜菜	Fresh Vegetables
三、肉禽及其制品	Meat, Poultry and Processed Products
1. 猪肉	Pork
2. 牛肉	Beef
3. 羊肉	Mutton
4. 家禽	Poultry
5. 其他肉禽及制品	Others
四、蛋类及蛋制品	Eggs and Processed Products
五、奶和奶制品	Milk and Processed Products
六、水产品	Aquatic Products
其中:鱼类	Fish
七、油脂类消费量	Grease
1. 植物油	Vegetable Oil
2. 动物油	Animal Oil
八、糖果糕点类	Confection and Pastry
九、干鲜瓜果类	Melon and Fruits
1. 鲜瓜果	Melons
2. 瓜果制品	Watermelon
3. 坚果类	Nuts
十、消费茶叶	Tea Leaves
十一、酒	Liquor
1. 白酒	White Spirit
2. 啤酒	Beer
3. 果酒	Fruit Wine

Consumption Quantity of Major Foods for Rural Households

(kg/person)

2013	2014	2015	2016	2017	2018	2019	2020
188.4	**156.0**	**148.7**	**144.3**	**128.1**	**138.3**	**128.3**	**142.5**
183.0	150.8	142.4	136.8	121.2	131.3	121.5	135.2
119.1	95.1	92.0	86.3	74.7	83.5	77.3	85.4
58.1	51.6	47.6	46.3	43.9	43.1	40.5	46.2
2.3	2.1	1.2	0.7	0.8	1.7	1.8	1.9
3.5	2.0	1.5	3.6	1.8	3.0	1.9	1.6
3.9	3.5	4.1	4.4	4.1	4.4	3.9	4.1
0.1	0.1	0.2	0.2	0.2	0.3	0.3	0.3
3.5	3.1	3.3	3.8	3.6	3.7	3.2	3.4
0.3	0.3	0.6	0.4	0.4	0.4	0.4	0.4
1.5	1.8	2.3	3.0	2.8	2.6	2.9	3.2
0.1	0.1		0.1	0.1	0.2	0.1	0.1
1.4	1.7	2.2	2.9	2.7	2.5	2.8	3.1
74.9	**71.9**	**75.4**	**76.7**	**76.9**	**81.6**	**80.9**	**79.2**
74.5	71.3	74.6	75.7	76.0	80.6	79.9	78.2
21.3	**22.0**	**20.8**	**20.9**	**19.9**	**22.7**	**23.9**	**24.8**
9.6	9.2	6.8	6.5	6.0	6.6	5.9	5.1
2.7	2.7	3.0	3.2	3.3	4.4	5.4	5.1
3.0	3.1	4.7	4.9	4.2	3.5	3.7	4.3
6.0	6.6	5.8	5.7	5.9	7.7	8.4	9.7
–	0.4	0.5	0.6	0.6	0.5	0.5	0.6
3.5	**3.9**	**4.8**	**4.0**	**4.1**	**4.6**	**4.7**	**5.5**
8.0	**9.0**	**8.2**	**8.1**	**7.5**	**8.5**	**8.7**	**7.9**
1.0	**1.1**	**1.2**	**1.2**	**1.3**	**1.4**	**1.5**	**1.5**
0.9	1.0	1.0	1.1	1.1	1.2	1.2	1.2
12.8	**11.8**	**8.6**	**8.3**	**7.7**	**8.2**	**8.3**	**9.5**
12.8	11.8	8.5	8.3	7.7	8.0	8.2	9.4
0.1	0.1			0.1	0.2	0.1	0.1
–	**2.6**	**2.6**	**2.7**	**2.5**	**3.0**	**3.1**	**3.2**
23.1	**50.5**	**52.4**	**63.0**	**63.9**	**72.0**	**72.8**	**63.8**
23.1	47.8	49.2	59.1	60.4	68.4	69.4	60.8
–	0.3	0.4	0.6	0.6	0.6	0.7	0.5
–	2.4	2.8	3.3	2.9	3.0	2.7	2.5
0.2	**0.2**	**0.2**	**0.2**	**0.2**	**0.3**	**0.3**	**0.3**
3.7	**4.3**	**4.3**	**3.5**	**3.1**	**2.6**	**2.3**	**2.2**
0.5	0.5	0.5	0.4	0.4	0.4	0.4	0.4
3.2	3.7	3.7	3.1	2.6	2.1	1.9	1.7
	0.1	0.1		0.1			

10－38　农村居民家庭分行业人均可支配收入情况

单位:元/人

指 标 名 称	Item
可支配收入	**Disposable Income**
(一)工资性收入	Income from Wages and Salaries
(二)经营净收入	Net Business Income
1. 第一产业经营净收入	The Primary Industry
(1)农业	Agriculture
(2)林业	Forestry
(3)牧业	Animal Husbandry
(4)渔业	Fishery
2. 第二产业经营净收入	The Secondary Industry
(1)工业	Industry
(2)建筑业	Construction Industry
3. 第三产业经营净收入	The Tertiary Industry
(1)交通运输业	Transportation Industry
(2)批发零售和住宿餐饮业	Wholesales, Retail Trade, Hotel and Catering Sectors
(3)社会服务业	Social Services
(4)其他家庭经营	Others
(三)财产净收入	Net Income from Property
1. 红利收入	Dividend Income
2. 转让承包土地经营权租金收入	Rental Income from the Management Rights Transfer of Land Contracted
(四)转移净收入	Net Income from Transfer
1. 养老金或离退休金	Pension or Retirement Benefits
2. 报销医疗费	Reimbursement of Medical Expenses
3. 政策性惠农补贴	Political Subsidy Supporting Agriculture
现金可支配收入	Cash Disposable Income
实物可支配收入	Physical Disposable Income

Basic Statistics of Disposable Income for Rural Households by Sector

(yuan/person)

2013	2014	2015	2016	2017	2018	2019	2020
7598.7	**8410.0**	**9118.7**	**9851.6**	**10737.9**	**11707.6**	**12858.4**	**13889.4**
3030.9	3391.0	3614.3	3906.1	4224.0	4547.8	4962.7	5150.0
3481.0	3644.6	3837.0	3937.5	4252.0	4638.5	4976.1	5549.4
2616.4	2624.6	2743.5	2665.8	2837.1	3027.3	3156.9	3640.1
1924.9	2025.9	2139.1	1962.1	2020.2	2179.1	2131.6	2444.8
16.0	20.3	71.6	56.3	62.1	73.2	80.1	43.0
551.3	578.5	530.9	631.7	734.3	774.9	945.2	1152.2
22.7		1.9	15.8	20.5			
107.3	74.7	88.6	118.4	123.4	133.8	124.2	130.5
29.2	23.7	29.8	73.7	65.8	4.5	32.4	22.8
78.1	51.0	58.8	44.7	57.6	129.2	91.8	107.7
757.3	945.3	1004.9	1153.2	1291.5	1477.5	1694.9	1778.8
319.5	379.2	444.2	481.8	539.4	460.6	564.3	629.1
321.1	381.6	371.9	494.4	552.9	704.1	749.2	804.6
97.0	104.8	89.6	64.5	83.1	154.3	192.0	199.8
19.6	79.8	99.2	112.4	116.1	158.4	189.4	145.3
111.9	148.9	189.9	291.8	323.8	362.8	388.1	393.5
1.0	6.9	2.6	11.7	9.3	34.4	63.9	37.0
70.3	91.7	142.6	214.8	230.2	225.8	232.9	307.8
974.8	1225.4	1477.5	1716.3	1938.0	2158.5	2531.6	2796.5
308.9	412.6	644.5	734.0	851.8	956.5	1068.0	1169.2
48.2	49.7	80.4	110.2	258.4	276.9	345.9	343.1
262.6	327.4	379.5	535.5	474.4	586.4	606.3	684.4
	7807.6	8655.5	9816.1	10637.3	11637.4	12644.2	13589.7
	602.4	463.2	35.5	100.6	70.2	214.2	299.6

10－39　农村居民人均生活消费支出情况

单位:元/人

指标名称	Item
生活消费支出	**Living Expenditure**
(一)食品烟酒	Food, Tobacco and Liquor
#粮食	Grain
油脂	Oil and Fats
肉禽及制品	Meat, Poultry and Processed Products
蛋	Eggs
水产品	Aquatic Products
蔬菜	Vegetables
烟草	Tobacco
酒和饮料	Liquor and Beverages
奶及奶制品	Milk and Processed Products
(二)衣着	Clothing
#服装	Garments
(三)居住	Residence
#住房维修及管理	Housing Maintenance and Management
水电燃料及其他	Water, Electricity, Fuels and Others
(四)生活用品及服务	Household Facilities, Articles and Services
#家用器具	Home Appliances
家具及室内装饰品	Articles for Interior Decoration
家用纺织品	Bed Articles
家庭日用杂品	Household Articles for Daily Use
(五)交通通信	Transport and Communications
#交通	Transport
通信	Communications
(六)教育文化娱乐	Education, Cultural and Recreation
文化娱乐	Cultural and Recreation
#教育	Education
(七)医疗保健	Health Care and Medical Services
#医疗器具及药品	Medical Instrument and Medicine
(八)其他用品及服务	Other Commodities and Services
服务性消费支出	**Consumption Expenditure for Service**
商品性消费支出	**Consumption Expenditure for Commodity**

Per Capita Living Expenditure for Rural Residents

(yuan/person)

2013	2014	2015	2016	2017	2018	2019	2020
6739.8	**7676.5**	**8414.9**	**9138.4**	**9982.1**	**10789.6**	**11464.6**	**11724.3**
2027.0	2296.0	2452.7	2419.1	2522.2	2949.9	3144.6	3331.1
523.8	510.0	538.4	491.6	477.2	525.9	506.0	556.0
128.3	132.5	138.8	119.8	119.0	125.9	128.5	146.4
535.5	602.1	605.7	609.9	620.0	745.6	857.8	1008.8
27.6	39.4	42.6	33.0	32.2	45.9	47.8	51.9
13.9	16.6	19.1	18.3	21.8	24.6	26.6	27.0
181.4	191.8	211.2	208.6	222.1	245.4	236.3	261.6
108.3	144.2	159.4	159.5	174.2	197.8	242.3	244.9
63.6	90.5	101.7	96.8	99.7	113.4	125.9	123.3
69.7	87.3	88.1	96.4	92.1	118.3	113.3	103.1
496.5	602.0	664.0	672.9	718.6	752.2	745.0	656.0
375.9	446.5	494.7	508.3	550.6	596.8	573.6	496.1
1172.2	1388.1	1561.2	1631.4	1958.7	1867.8	1985.2	2197.5
350.4	391.7	400.7	350.1	484.4	418.9	474.3	606.4
403.9	470.7	540.9	516.8	591.8	640.8	624.9	666.3
462.5	496.1	571.8	578.6	574.4	673.5	696.3	626.4
122.7	143.8	152.3	150.3	117.9	143.0	138.4	145.0
139.8	108.2	123.2	118.6	128.9	153.9	159.0	104.9
59.8	53.0	64.6	62.2	65.7	70.8	75.1	66.6
82.4	126.0	146.7	134.8	136.8	157.5	146.9	143.8
847.4	961.4	1070.9	1509.6	1675.2	1818.7	1784.4	2022.4
606.7	666.7	722.3	1100.6	1228.8	1395.7	1326.9	1513.4
240.3	294.8	348.6	409.0	446.4	423.0	457.5	508.9
735.0	866.6	995.4	1077.5	1212.4	1295.8	1378.8	1179.6
148.4	173.5	205.4	225.3	257.1	286.2	306.7	327.1
555.5	672.8	779.4	869.3	982.2	1059.0	1146.6	1013.7
785.5	856.9	926.0	1040.6	1131.2	1248.6	1448.3	1478.0
188.8	241.4	272.4	283.1	324.3	356.9	383.6	374.9
213.8	209.2	172.9	208.7	189.3	183.1	281.9	233.3
				3689.1	**3967.6**	**4396.0**	**4193.3**
				6293.0	**6822.1**	**7068.5**	**7531.0**

10－40　农村居民家庭总收入情况

单位:元/人

指　标　名　称	Item
全年总收入	**Total Revenue**
1. 工资性收入	Income from Wages and Salaries
2. 经营性收入	Business Income
(1)第一产业收入	The Primary Industry
农业收入	Agriculture
林业收入	Forestry
牧业收入	Animal Husbandry
渔业收入	Fishery
(2)第二产业收入	The Secondary Industry
工业收入	Industry
建筑业收入	Construction Industry
(3)第三产业收入	The Tertiary Industry
交通运输业收入	Transportation Industry
批发零售和住宿餐饮业收入	Wholesales ,Retail Rrade,Hotel and Catering Sectors
社会服务业收入	Social Services
其他家庭经营收入	Others
3. 财产性收入	Income from Property
红利收入	Dividend Income
#转让承包土地经营权租金收入	Rental Income from the Management Rights Transfer of Land Contracted
4. 转移性收入	Income from Transfer
#养老金或离退休金	Pension or Retirement Benefits
报销医疗费	Reimbursement of Medical Expenses
政策性惠农补贴	Political Subsidy Supporting Agriculture
5. 非收入所得	Non－income Revenue
(1)出售资产所得	Proceeds from Sale of Assets
(2)非经常性转移所得	Income from Non－recurrent Transfers
(3)其他非收入所得	Other Non－income Revenue
6. 借贷性所得	Borrowing Income
(1)提取储蓄存款	Dissaving
(2)借入款	Borrowed
(3)收回借出款	Recall the Loan
(4)收回储蓄性保险本金	Redemption of Deposit Insurance Principal
(5)银行信用社得到的贷款	Bank Loan

Basic Statistics of Total Income for Rural Households

(yuan/person)

2013	2014	2015	2016	2017	2018	2019	2020
11503.8	**12862.7**	**13790.2**	**15792.3**	**16533.1**	**18627.5**	**20233.6**	**22522.3**
3030.9	3391.0	3614.3	3906.1	4224.0	4547.8	4962.7	5150.0
7105.4	7809.5	8030.1	9184.6	9361.1	10826.4	11632.1	13197.2
5775.9	6284.9	5896.5	6363.8	6405.7	7813.8	8550.5	9872.1
3525.8	3880.2	4126.3	3909.1	3728.0	4202.8	4398.5	4501.5
57.2	47.8	95.1	75.2	83.3	121.9	142.7	84.5
2042.0	2356.8	1661.3	2315.6	2483.9	3489.0	4009.3	5286.1
22.8		13.8	64.0	110.5			0.1
148.8	91.6	172.4	238.7	311.2	397.5	220.4	209.1
39.6	31.5	61.5	139.3	110.8	86.2	72.6	40.1
109.2	60.1	110.8	99.5	200.4	311.2	147.8	169.0
1180.6	1433.0	1961.3	2582.0	2644.2	2615.2	2861.2	3116.1
522.0	681.0	943.5	1464.8	1479.6	1016.4	1247.9	1629.2
499.5	492.0	685.0	786.2	806.4	1078.6	977.1	954.9
134.7	140.3	166.5	113.8	119.9	222.6	263.9	249.2
24.4	119.6	166.2	217.2	238.3	297.6	372.2	282.8
114.0	180.1	242.5	374.7	400.0	491.0	502.7	521.7
1.0	6.9	2.6	11.7	9.3	34.4	63.9	37.0
70.3	91.7	142.6	214.8	230.2	225.8	232.9	307.8
1253.6	1482.0	1903.3	2327.1	2548.0	2762.3	3136.1	3653.3
308.9	412.6	644.5	734.0	851.8	956.5	1068.0	1169.2
154.4	181.7	246.6	286.3	258.4	276.9	345.9	343.1
262.6	327.4	379.5	535.5	474.4	586.4	606.3	684.4
967.5	893.0	1582.4	4193.2	4185.4	2190.1	2417.9	2060.3
391.1	194.9	552.4	2943.6	2945.7	593.2	471.3	491.2
572.5	685.8	1028.6	1227.5	1229.2	1594.7	1930.8	1542.5
3.9	12.4	1.4	22.1	10.5	2.2	15.8	26.6
3118.4	2672.5	3526.5	3350.8	3442.2	4736.1	4455.3	4650.3
1587.8	998.4	1313.0	1057.8	1545.0	1187.9	1034.8	389.1
845.0	772.8	864.9	671.8	742.0	1220.5	1248.6	1094.0
167.5	224.6	234.2	274.2	107.2	273.8	193.0	93.9
				4.4			3.4
491.8	655.6	1067.0	1169.7	1005.2	1938.6	1934.1	2949.9

10-41 农村居民家庭总支出情况

单位:元/人

指 标 名 称	Item
全年总支出	**Total Expenditure**
1. 生活消费支出	Living Expenditure
食品烟酒	Food Tobacco Liquor
衣着	Clothing
居住	Residence
生活用品及服务	Articles and Services for Daily Use
医疗保健	Health Care
交通通信	Transportation Communication
教育文化娱乐	Education, Culture and Entertainment
其他用品及服务	Other Supplies and Services
2. 生产经营费用支出	Expenditure for Household Business
(1)第一产业生产支出	The Primary Industry
农业生产支出	Agricultural
林业生产支出	Forestry
牧业生产支出	Animal Husbandry
渔业生产支出	Fishery
(2)第二产业生产支出	The Secondary Industry
工业生产支出	Industrial
建筑业生产支出	Construction Industry
(3)第三产业生产支出	The Tertiary Industry
交通运输业生产支出	Transportation Industry
批发零售和住宿餐饮业生产支出	Wholesales, Retail Trade, Hotel and Catering Sectors
社会服务业生产支出	Social Services
其他家庭经营生产支出	Others
3. 财产性支出	Property Expenditure
4. 转移性支出	Transfer Expenditure
5. 部分商业保险支出	Commercial Insurance Expenditure
6. 购置资产及非经常性转移支出	Acquisition of Assets and Non-recurrent Transfer Expenses
(1)建造住房支出	Build Housing
(2)购买住房支出	Purchase Housing
(3)购建第一产业生产性固定资产	Purchase and Build the Productive Fixed Assets of the Primary Industry
#购买或建造农业生产性用房	Purchase or Build Agricultural Productive Housing
购买产品畜	Purchase Stock
购买或建造农业设施	Purchase or Build Agricultural Facilities
购买农业机械	Purchase Agricultural Machinery
(4)购建第二产业生产性固定资产支出	Purchase and Build the Productive Fixed Assets of the Secondary Industry
(5)购建第三产业生产性固定资产支出	Purchase and Build the Productive Fixed Assets of the Tertiary Industry
(6)非经常性转移支出	Non-recurrent Transfer Expenditures
7. 借贷性支出	Borrowing Expenditure
(1)归还银行信用社贷款	Repay the Loan to the Bank or Credit Union
(2)归还借款	Pay off the Loan
(3)存入银行款	Bank Deposit

Basic Statistics of Total Expenses for Rural Households

(yuan/person)

2013	2014	2015	2016	2017	2018	2019	2020
14873.7	**16883.7**	**18280.7**	**21077.6**	**22513.1**	**25131.8**	**27057.7**	**27897.0**
6739.8	7676.5	8414.9	9138.4	9982.1	10789.6	11464.6	11724.3
2027.0	2296.0	2452.7	2419.1	2522.2	2949.9	3144.6	3331.1
496.5	602.0	664.0	672.9	718.6	752.2	745.0	656.0
1172.2	1388.1	1561.2	1631.4	1958.7	1867.8	1985.2	2197.5
462.5	496.1	571.8	578.6	574.4	673.5	696.3	626.4
785.5	856.9	926.0	1040.6	1131.2	1248.6	1448.3	1478.0
847.4	961.4	1070.9	1509.6	1675.2	1818.7	1784.4	2022.4
735.0	866.6	995.4	1077.5	1212.4	1295.8	1378.8	1179.6
213.8	209.2	172.9	208.7	189.3	183.1	281.9	233.3
3208.8	3666.2	3628.5	4623.0	4439.8	5484.0	5856.7	6818.5
2931.3	3352.9	2883.8	3421.3	3241.7	4413.8	4956.0	5739.7
1437.6	1637.6	1783.0	1742.9	1487.8	1830.6	2059.2	1854.4
40.9	26.0	23.2	18.9	21.1	48.2	60.4	38.5
1428.8	1689.3	1065.7	1611.8	1643.2	2535.0	2836.4	3846.8
0.1		11.9	47.8	89.6			
21.3	13.5	70.8	93.5	168.1	230.4	62.4	68.6
9.0	6.2	29.3	50.1	30.1	71.6	33.3	15.7
12.3	7.2	41.5	43.4	138.0	158.9	29.1	52.9
256.2	299.9	674.0	1108.2	1030.0	839.8	838.3	1010.1
95.0	180.0	304.4	740.7	721.4	421.4	525.4	817.6
136.6	68.9	259.0	245.4	193.7	269.6	133.4	65.8
21.7	17.2	57.5	32.0	17.2	54.8	48.8	32.0
2.9	33.8	53.1	90.1	97.6	94.0	130.7	94.7
66.0	31.2	52.5	82.8	76.2	128.2	114.6	128.2
278.9	256.9	425.9	610.8	609.8	603.8	604.5	856.8
56.8	58.0	91.8	94.5	122.5	160.4	127.1	87.2
2578.9	3581.2	4264.2	5112.3	5844.0	5323.0	5950.9	5784.4
468.0	538.6	679.5	618.9	799.7	546.7	582.2	733.2
214.9	634.1	952.1	990.5	1752.8	798.7	1294.7	1154.0
408.9	505.1	542.5	549.5	400.7	662.7	524.2	991.6
53.9	93.6	159.1	113.0	102.6	132.1	124.0	217.5
155.9	90.0	84.7	111.3	85.8	141.3	126.3	413.0
27.4	56.1	69.5	10.5	81.2	20.1	86.5	22.1
154.7	238.8	223.1	314.7	131.1	366.4	187.4	335.7
1.1	4.5	3.0	26.5	0.8	17.5		9.4
127.3	180.9	121.8	469.9	468.3	577.2	332.8	629.9
1339.3	1708.1	1964.7	2443.2	2415.7	2708.1	3214.4	2236.0
1944.5	1613.8	1402.9	1415.7	1438.6	2642.8	2939.3	2497.6
417.1	375.3	481.4	802.6	568.4	1386.6	1729.1	1475.6
438.6	452.3	482.1	455.0	557.0	1049.5	956.7	835.4
930.9	712.9	402.6	117.7	88.1	49.4	49.9	121.5

10－42 农村居民家庭现金收入情况

单位:元/人

指 标 名 称	Item
全年现金收入	**Annual Cash Income**
1.工资性收入	Income from Wages and Salaries
2.经营性收入	Business Income
(1)第一产业收入	The Primary Industry
农业收入	Agriculture
林业收入	Forestry
牧业收入	Animal Husbandry
渔业收入	Fishery
(2)第二产业收入	The Secondary Industry
工业收入	Industry
建筑业收入	Construction Industry
(3)第三产业收入	The Tertiary Industry
交通运输业收入	Transportation Industry
批发零售和住宿餐饮业收入	Wholesales, Retail Trade, Hotel and Catering Sectors
社会服务业收入	Social Services
其他家庭经营收入	Others
3.财产性收入	Income from Property
红利收入	Dividend Income
#转让承包土地经营权租金收入	Rental Income from the Management Rights Transfer of Land Contracted
4.转移性收入	Income from Transfer
#养老金或离退休金	Pension or Retirement Benefits
报销医疗费	Reimbursement of Medical Expenses
政策性惠农补贴	Political Subsidy Supporting Agriculture
5.非收入所得	Non－income Revenue
(1)出售资产所得	Proceeds from Sale of Assets
(2)非经常性转移所得	Income from Non－recurrent Transfers
(3)其他非收入所得	Other Non－income Revenue
6.借贷性所得	Borrowing Income
(1)提取储蓄存款	Dissaving
(2)借入款	Borrowed
(3)收回借出款	Recall the Loan
(4)收回储蓄性保险本金	Redemption of Deposit Insurance Principal
(5)银行信用社得到的贷款	Bank Loan

Basic Statistics of Cash Income for Rural Households

(yuan/person)

2013	2014	2015	2016	2017	2018	2019	2020
10313.6	**11405.1**	**12517.4**	**14894.5**	**15386.4**	**17349.8**	**18674.3**	**20727.7**
3026.7	3387.7	3602.9	3891.0	4209.7	4534.0	4942.3	5112.9
6102.5	6636.8	7087.6	8679.6	8546.8	9899.1	10510.9	11858.1
4773.0	5112.2	4954.0	5858.9	5591.4	6886.4	7429.3	8532.9
2706.8	2879.3	3321.8	3520.3	3006.8	3377.5	3401.4	3305.4
56.4	46.7	76.2	74.9	82.4	111.6	141.2	81.8
1864.2	2186.1	1542.2	2200.0	2391.9	3397.3	3886.7	5145.7
22.8		13.8	63.7	110.4			
148.8	91.6	172.4	238.7	311.2	397.5	220.4	209.1
39.6	31.5	61.5	139.3	110.8	86.2	72.6	40.1
109.2	60.1	110.8	99.5	200.4	311.2	147.8	169.0
1180.6	1433.0	1961.3	2582.0	2644.2	2615.2	2861.2	3116.1
522.0	681.0	943.5	1464.8	1479.6	1016.4	1247.9	1629.2
499.5	492.0	685.0	786.2	806.4	1078.6	977.1	954.9
134.7	140.3	166.5	113.8	119.9	222.6	263.9	249.2
24.4	119.6	166.2	217.2	238.3	297.6	372.2	282.8
180.0	180.1	242.5	374.7	400.0	491.0	502.7	521.7
1.0	6.9	2.6	11.7	9.3	34.4	63.9	37.0
70.3	91.7	142.6	214.8	230.2	225.8	232.9	307.8
1004.5	1200.5	1584.4	1949.2	2229.8	2425.7	2718.5	3235.0
308.9	412.6	644.5	734.0	851.8	956.5	1068.0	1169.2
26.8	36.3	35.1	25.8	44.8	58.9	97.8	172.1
262.6	327.4	379.5	535.5	474.4	586.4	606.3	684.4
967.5	893.0	1582.4	4193.2	4185.4	2190.1	2417.9	2060.3
391.1	194.9	552.4	2943.6	2945.7	593.2	471.3	491.2
572.5	685.8	1028.6	1227.5	1229.2	1594.7	1930.8	1542.5
3.9	12.4	1.4	22.1	10.5	2.2	15.8	26.6
3118.4	2672.5	3526.5	3350.8	3442.2	4736.1	4455.3	4650.3
1587.8	998.4	1313.0	1057.8	1545.0	1187.9	1034.8	389.1
845.0	772.8	864.9	671.8	742.0	1220.5	1248.6	1094.0
167.5	224.6	234.2	274.2	107.2	273.8	193.0	93.9
				4.4			3.4
491.8	655.6	1067.0	1169.7	1005.2	1938.6	1934.1	2949.9

10－43　农村居民家庭现金支出情况

单位:元/人

指　标　名　称	Item
全年现金支出	**Annual Cash Expenditure**
1. 生活消费支出	Living Expenditure
食品烟酒	Food Tobacco Liquor
衣着	Clothing
居住	Residence
生活用品及服务	Articles and Services for Daily Use
医疗保健	Health Care
交通通信	Transportation Communication
教育文化娱乐	Education, Culture and Entertainment
其他用品及服务	Other Supplies and Services
2. 生产经营费用支出	Expenditure for Household Business
(1)第一产业生产支出	The Primary Industry
农业生产支出	Agriculture
林业生产支出	Forestry
牧业生产支出	Animal Husbandry
渔业生产支出	Fishery
(2)第二产业生产支出	The Secondary Industry
工业生产支出	Industry
建筑业生产支出	Construction Industry
(3)第三产业生产支出	The Tertiary Industry
交通运输业生产支出	Transportation Industry
批发零售和住宿餐饮业生产支出	Wholesales, Retail Trade, Hotel and Catering Sectors
社会服务业生产支出	Social Services
其他家庭经营生产支出	Others
3. 财产性支出	Property Expenditure
4. 转移性支出	Transfer Expenditure
5. 部分商业保险支出	Commercial Insurance Expenditure
6. 购置资产及非经常性转移支出	Acquisition of Assets and Non－recurrent Transfer Expenses
(1)建造住房支出	Build Housing
(2)购买住房支出	Purchase Housing
(3)购建第一产业生产性固定资产	Purchase and Build the Productive Fixed Assets of the Primary Industry
#购买或建造农业生产性用房	Purchase or Build Agricultural Productive Housing
购买产品畜	Purchase Stock
购买或建造农业设施	Purchase or Build Agricultural Facilities
购买农业机械	Purchase Agricultural Machinery
(4)购建第二产业生产性固定资产支出	Purchase and Build the Productive Fixed Assets of the Secondary Industry
(5)购建第三产业生产性固定资产支出	Purchase and Build the Productive Fixed Assets of the Tertiary Industry
(6)非经常性转移支出	Non－recurrent Transfer Expenditures
7. 借贷性支出	Borrowing Expenditure
(1)归还银行信用社贷款	Repay the Loan to the Bank or Credit Union
(2)归还借款	Pay off the Loan
(3)存入银行款	Bank Deposit

Basic Statistics of Cash Expenses for Rural Households

(yuan/person)

2013	2014	2015	2016	2017	2018	2019	2020
13396.2	**15382.2**	**16788.7**	**19465.8**	**20712.5**	**23250.6**	**24991.6**	**25647.2**
5614.1	6531.7	7167.9	7764.9	8558.2	9412.0	9944.2	10140.1
1524.6	1894.4	2111.0	2118.1	2228.4	2660.9	2832.0	2991.0
496.5	602.0	664.0	672.7	718.5	751.8	744.9	655.5
779.4	886.6	957.6	894.7	1109.4	1088.9	1142.6	1307.2
450.9	476.5	554.9	563.4	560.7	658.9	693.1	623.6
630.6	675.2	678.2	768.5	872.7	970.6	1102.3	1134.8
847.0	961.4	1066.5	1509.1	1675.2	1817.1	1784.1	2021.4
734.3	866.3	995.3	1077.4	1212.4	1295.5	1378.8	1179.5
150.9	169.2	140.5	160.9	180.8	168.2	266.4	227.1
2857.0	3309.4	3383.5	4384.7	4063.0	4980.4	5310.9	6152.9
2579.6	2996.1	2638.7	3183.1	2865.0	3910.2	4410.3	5074.2
1343.8	1523.9	1722.2	1678.4	1400.5	1761.0	1996.8	1792.8
40.9	26.0	23.2	18.9	21.1	48.2	60.4	38.5
1176.2	1446.2	881.5	1438.0	1353.8	2101.0	2353.1	3242.8
0.1		11.9	47.8	89.6			
21.3	13.5	70.8	93.5	168.1	230.4	62.4	68.6
9.0	6.2	29.3	50.1	30.1	71.6	33.3	15.7
12.3	7.2	41.5	43.4	138.0	158.9	29.1	52.9
256.2	299.9	674.0	1108.2	1030.0	839.8	838.3	1010.1
95.0	180.0	304.4	740.7	721.4	421.4	525.4	817.6
136.6	68.9	259.0	245.4	193.7	269.6	133.4	65.8
21.7	17.2	57.5	32.0	17.2	54.8	48.8	32.0
2.9	33.8	53.1	90.1	97.6	94.0	130.7	94.7
66.0	31.2	52.5	82.8	76.2	128.2	114.6	128.2
278.9	256.9	425.9	610.8	609.8	603.8	604.5	856.8
56.8	58.0	91.8	94.5	122.5	160.4	127.1	87.2
2578.9	3581.2	4264.2	5112.3	5844.0	5323.0	5950.9	5784.4
468.0	538.6	679.5	618.9	799.7	546.7	582.2	733.2
214.9	634.1	952.1	990.5	1752.8	798.7	1294.7	1154.0
408.9	505.1	542.5	549.5	400.7	662.7	524.2	991.6
53.9	93.6	159.1	113.0	102.6	132.1	124.0	217.5
155.9	90.0	84.7	111.3	85.8	141.3	126.3	413.0
27.4	56.1	69.5	10.5	81.2	20.1	86.5	22.1
154.7	238.8	223.1	314.7	131.1	366.4	187.4	335.7
1.1	4.5	3.0	26.5	0.8	17.5		9.4
127.3	180.9	121.8	469.9	468.3	577.2	332.8	629.9
1339.3	1708.1	1964.7	2443.2	2415.7	2708.1	3214.4	2236.0
1944.5	1613.8	1402.9	1415.7	1438.6	2642.8	2939.3	2497.6
417.1	375.3	481.4	802.6	568.4	1386.6	1729.1	1475.6
438.6	452.3	482.1	455.0	557.0	1049.5	956.7	835.4
930.9	712.9	402.6	117.7	88.1	49.4	49.9	121.5

10－44 农村居民家庭主要耐用品每百户拥有情况

单位:百户均

指 标 名 称	Item
家用汽车	Automobile
摩托车	Motorcycle
助力车	Powered Bicycle
洗衣机	Washing Machine
电冰箱(柜)	Refrigerator
微波炉	Microwave Oven
彩色电视机	Color TV Set
空调	Air Conditioner
热水器	Water Heater
洗碗机	Dishwasher
排油烟机	Smoke Exhaust Ventilator
固定电话	Telephone
移动电话	Mobile Telephone
其中:接入互联网	Internet Mobile Telephone
计算机	Computer
其中:接入互联网	Internet Computer
照相机	Camera
中高档乐器	Secondary and Top Grade Musical Instrument
健身器材	Body－building Apparatus
空气净化器(含新风系统)	Air Purifier (Include Fresh Air System)
吸尘器	Vacuum Cleaner

Ownership of Major Durable Consumer Goods per 100 Rural Households

(per 100 households)

2013	2014	2015	2016	2017	2018	2019	2020
11.52	13.17	18.42	22.36	27.82	31.98	32.16	33.45
86.59	85.87	83.00	79.21	72.23	63.73	56.03	55.10
43.22	51.97	54.50	59.98	66.18	68.23	71.81	77.64
92.03	94.88	98.17	99.97	101.57	102.81	104.70	105.79
66.20	77.19	85.19	91.58	95.19	97.69	100.79	102.13
6.91	6.73	9.01	9.19	9.67	10.85	16.34	16.73
113.90	116.76	117.45	115.04	112.90	108.58	108.81	111.05
0.53	0.52	0.79	1.22	1.73	2.16	1.77	2.00
25.88	32.53	54.33	69.98	82.79	98.58	100.82	103.95
	0.18	0.40	0.12			0.22	0.37
5.38	8.10	9.84	14.66	17.62	21.93	28.14	33.01
20.18	18.56	13.13	6.84	4.68	0.87	0.58	0.75
251.88	276.66	281.53	288.06	290.78	287.98	295.53	292.90
46.38	75.92	104.13	125.22	168.35	243.64	265.51	280.16
16.56	20.97	21.98	20.54	23.30	23.23	26.07	27.73
6.87	5.83	7.51	8.98	10.53	15.71	19.47	21.49
2.84	3.02	2.47	1.29	1.59	1.67	1.15	1.21
0.53	0.30	0.56	0.67	1.00	1.02	1.52	1.96
0.31	0.39		0.23	0.28	0.40	0.86	0.90
				0.11	0.25	0.35	0.23
				0.11	0.28	0.52	1.30

10－45 各市县农村居民家庭主要食品消费数量

单位:公斤/人

指 标 名 称	Item
一、粮食消费量	**Grain**
(一)谷物消费量	Cereal
1. 小麦	Wheat
2. 稻谷	Rice
3. 玉米	Corn
4. 其他谷物	Others
(二)薯类消费量	Tubers
1. 红薯	Sweet Potato
2. 马铃薯	Potato
3. 其他薯类	Others
(三)豆类消费量	Beans
1. 大豆	Soybeans
2. 其他豆类	Others
二、蔬菜及菜制品消费量	**Vegetables and Processed Products**
其中:鲜菜	Fresh Vegetables
三、肉禽及其制品	**Meat, Poultry and Processed Products**
1. 猪肉	Pork
2. 牛肉	Beef
3. 羊肉	Mutton
4. 家禽	Poultry
5. 其他肉禽及制品	Others
四、蛋类及蛋制品	**Eggs and Processed Products**
五、奶和奶制品	**Milk and Processed Products**
六、水产品	**Aquatic Products**
其中:鱼类	Fish
七、油脂类消费量	**Grease**
1. 植物油	Vegetable Oil
2. 动物油	Animal Oil
八、糖果糕点类	**Confection and Pastry**
九、干鲜瓜果类	**Melon and Fruits**
1. 鲜瓜果	Melons
2. 瓜果制品	Watermelon
3. 坚果类	Nuts
十、消费茶叶	**Tea Leaves**
十一、酒	**Liquor**
1. 白酒	White Spirit
2. 啤酒	Beer
3. 果酒	Fruit Wine

Consumption Quantity of Major Foods for Rural Households by City and County

(kg/person)

全区 Total	沿黄地区 Plain	中南部地区 Mountain Area	银川市 Yinchuan	兴庆区 Xingqing	西夏区 Xixia	金凤区 Jinfeng	永宁县 Yongning	贺兰县 Helan	灵武市 Lingwu
142.5	**139.3**	**139.1**	**153.1**	**132.0**	**129.7**	**86.0**	**153.7**	**182.6**	**155.9**
135.2	133.2	129.8	146.4	126.7	123.3	81.6	141.6	175.7	153.1
85.4	69.5	92.0	71.0	50.9	87.9	52.2	70.5	94.5	45.5
46.2	61.4	32.6	72.6	75.3	34.0	28.1	69.0	73.8	106.4
1.9	1.1	2.6	1.5				0.2	5.6	0.4
1.6	1.2	2.7	1.3	0.5	1.3	1.3	1.9	1.8	0.8
4.1	0.7	6.7	0.8	0.6	0.9	0.6	0.6	1.3	0.5
0.3	0.3	0.3	0.3	0.3	0.5	0.3		0.5	0.3
3.4		6.0	0.1	0.1				0.5	
0.4	0.3	0.5	0.4	0.3	0.4	0.3	0.6	0.4	0.2
3.2	5.5	2.5	5.8	4.7	5.5	3.9	11.4	5.6	2.3
0.1	0.1	0.1							0.2
3.1	5.3	2.4	5.8	4.7	5.5	3.9	11.4	5.5	2.1
79.2	**100.0**	**64.7**	**107.7**	**90.5**	**108.9**	**79.1**	**144.7**	**92.6**	**100.8**
78.2	98.3	63.8	105.8	89.2	106.6	77.5	141.9	90.3	99.9
24.8	**24.6**	**22.6**	**26.6**	**25.2**	**19.3**	**17.2**	**32.0**	**27.9**	**27.6**
5.1	6.4	5.0	5.9	4.0	4.6	3.6	11.1	5.7	3.8
5.1	3.5	4.9	4.0	4.8	3.4	3.0	2.7	2.9	6.3
4.3	4.9	3.3	5.4	5.7	2.8	2.2	4.1	6.0	7.9
9.7	9.0	8.7	10.4	10.2	7.6	7.8	12.5	12.0	9.3
0.6	0.8	0.6	0.9	0.5	1.0	0.7	1.5	1.3	0.3
5.5	**6.4**	**5.6**	**7.7**	**6.2**	**9.2**	**5.9**	**10.8**	**6.5**	**5.9**
7.9	**9.6**	**6.6**	**11.3**	**7.1**	**10.5**	**9.9**	**15.5**	**9.1**	**12.9**
1.5	**2.2**	**1.0**	**2.8**	**1.9**	**2.5**	**2.1**	**4.7**	**2.3**	**2.3**
1.2	1.8	0.8	2.2	1.5	1.4	1.3	4.0	1.7	2.0
9.5	**9.2**	**9.5**	**9.8**	**8.8**	**8.5**	**6.3**	**11.4**	**11.3**	**8.7**
9.4	9.1	9.4	9.8	8.8	8.5	6.3	11.3	11.3	8.7
0.1		0.1							
3.2	**3.8**	**2.5**	**4.8**	**4.9**	**4.1**	**3.7**	**5.9**	**6.9**	**2.4**
63.8	**70.4**	**60.5**	**76.0**	**61.8**	**65.1**	**56.2**	**84.5**	**82.5**	**79.0**
60.8	66.5	57.5	71.9	59.0	61.9	53.4	79.1	76.9	76.1
0.5	0.6	0.6	0.7	0.4	0.4	0.5	0.8	1.2	0.4
2.5	3.3	2.3	3.4	2.4	2.8	2.3	4.6	4.4	2.6
0.3	**0.2**	**0.4**	**0.3**	**0.3**	**0.4**	**0.2**	**0.3**	**0.4**	**0.1**
2.2	**2.6**	**2.0**	**2.7**	**1.1**	**2.6**	**2.4**	**5.3**	**3.2**	**0.8**
0.4	0.4	0.3	0.5	0.1	0.2	0.2	0.8	1.0	0.1
1.7	2.1	1.7	2.1	1.0	2.4	2.2	4.4	2.1	0.7
			0.1		0.1	0.1	0.1	0.1	

10－45 续表1

单位：公斤/人

指标名称	Item
一、粮食消费量	**Grain**
(一)谷物消费量	Cereal
1. 小麦	Wheat
2. 稻谷	Rice
3. 玉米	Corn
4. 其他谷物	Others
(二)薯类消费量	Tubers
1. 红薯	Sweet Potato
2. 马铃薯	Potato
3. 其他薯类	Others
(三)豆类消费量	Beans
1. 大豆	Soybeans
2. 其他豆类	Others
二、蔬菜及菜制品消费量	**Vegetables and Processed Products**
其中：鲜菜	Fresh Vegetables
三、肉禽及其制品	**Meat, Poultry and Processed Products**
1. 猪肉	Pork
2. 牛肉	Beef
3. 羊肉	Mutton
4. 家禽	Poultry
5. 其他肉禽及制品	Others
四、蛋类及蛋制品	**Eggs and Processed Products**
五、奶和奶制品	**Milk and Processed Products**
六、水产品	**Aquatic Products**
其中：鱼类	Fish
七、油脂类消费量	**Grease**
1. 植物油	Vegetable Oil
2. 动物油	Animal Oil
八、糖果糕点类	**Confection and Pastry**
九、干鲜瓜果类	**Melon and Fruits**
1. 鲜瓜果	Melons
2. 瓜果制品	Watermelon
3. 坚果类	Nuts
十、消费茶叶	**Tea Leaves**
十一、酒	**Liquor**
1. 白酒	White Spirit
2. 啤酒	Beer
3. 果酒	Fruit Wine

Continued

(kg/person)

石嘴山市 Shizuishan	大武口区 Dawukou	惠农区 Huinong	平罗县 Pingluo	吴忠市 Wuzhong	利通区 Litong	红寺堡区 Hongsipu	盐池县 Yanchi	同心县 Tongxin	青铜峡市 Qingtongxia
151.3	**97.4**	**132.5**	**168.8**	**131.5**	**108.3**	**146.7**	**134.4**	**136.0**	**145.6**
145.0	92.9	125.4	162.3	126.1	104.6	136.1	127.8	133.1	139.6
101.8	72.0	94.2	110.5	61.6	48.4	80.4	57.0	68.9	62.0
41.6	18.8	28.4	50.7	59.3	55.2	39.8	60.3	62.4	72.4
0.1	0.4			2.8		11.8	1.3	0.5	3.9
1.5	1.6	2.7	1.1	2.4	1.0	4.0	9.3	1.3	1.2
0.7	0.4		1.0	1.8	0.6	7.4	2.5	0.6	0.6
0.4			0.6	0.3	0.3	0.3	0.3	0.3	0.3
				1.1		6.6	1.8		
0.3	0.4		0.4	0.3	0.3	0.5	0.3	0.3	0.3
5.7	4.1	7.1	5.5	3.6	3.1	3.1	4.1	2.4	5.4
0.4	0.2	0.2	0.6	0.1	0.1	0.3	0.1		0.1
5.2	3.9	6.9	4.9	3.5	3.0	2.9	3.9	2.3	5.3
112.6	**108.3**	**123.1**	**110.0**	**82.1**	**73.0**	**70.4**	**105.2**	**76.2**	**95.6**
110.2	106.3	119.8	107.8	80.9	71.9	68.4	104.3	75.5	94.0
28.7	**19.3**	**22.6**	**32.7**	**27.0**	**23.8**	**33.6**	**39.7**	**24.3**	**24.2**
6.1	8.7	3.5	6.4	5.1	1.7	3.7	14.9	1.5	9.1
4.2	1.5	2.9	5.3	5.6	6.2	7.2	1.0	9.4	2.1
8.1	1.3	8.0	9.5	6.1	7.1	6.5	13.9	3.8	3.5
9.9	6.8	7.7	11.3	9.7	8.4	15.6	9.3	9.0	8.7
0.4	1.0	0.7	0.3	0.6	0.4	0.7	0.5	0.6	0.8
7.0	**9.0**	**8.9**	**5.9**	**5.5**	**4.8**	**4.4**	**12.2**	**4.5**	**5.2**
8.2	**6.3**	**12.9**	**7.0**	**8.6**	**6.5**	**6.5**	**8.4**	**8.1**	**13.1**
1.7	**1.5**	**2.8**	**1.4**	**1.9**	**2.5**	**1.6**	**1.5**	**1.1**	**2.1**
1.3	0.8	2.1	1.2	1.6	2.3	1.2	1.2	1.0	1.8
10.4	**6.2**	**7.6**	**12.2**	**9.5**	**8.6**	**13.1**	**7.5**	**11.1**	**7.7**
10.4	6.2	7.6	12.2	9.4	8.6	13.1	6.6	11.1	7.7
				0.1			0.9		
6.4	**2.8**	**6.3**	**7.2**	**2.5**	**2.4**	**3.3**	**2.5**	**1.7**	**2.9**
94.4	**76.2**	**80.8**	**102.7**	**69.7**	**66.0**	**92.7**	**73.3**	**68.0**	**61.0**
89.8	71.9	76.0	98.1	66.3	63.0	88.6	69.4	65.5	56.9
0.8	0.7	1.2	0.7	0.6	0.4	0.9	1.1	0.5	0.5
3.8	3.7	3.6	3.9	2.8	2.7	3.2	2.9	2.0	3.5
0.5	**0.2**	**0.5**	**0.6**	**0.1**	**0.1**	**0.3**		**0.2**	**0.1**
2.6	**6.0**	**2.5**	**1.9**	**1.6**	**1.2**	**2.1**	**2.5**	**0.5**	**2.4**
0.6	0.7	0.9	0.4	0.2		0.4	0.6		0.5
2.0	5.3	1.5	1.4	1.3	1.1	1.8	1.9	0.4	1.9
		0.1							

10－45　续表2

单位:公斤/人

指 标 名 称	Item
一、粮食消费量	**Grain**
(一)谷物消费量	Cereal
1. 小麦	Wheat
2. 稻谷	Rice
3. 玉米	Corn
4. 其他谷物	Others
(二)薯类消费量	Tubers
1. 红薯	Sweet Potato
2. 马铃薯	Potato
3. 其他薯类	Others
(三)豆类消费量	Beans
1. 大豆	Soybeans
2. 其他豆类	Others
二、蔬菜及菜制品消费量	**Vegetables and Processed Products**
其中:鲜菜	Fresh Vegetables
三、肉禽及其制品	**Meat, Poultry and Processed Products**
1. 猪肉	Pork
2. 牛肉	Beef
3. 羊肉	Mutton
4. 家禽	Poultry
5. 其他肉禽及制品	Others
四、蛋类及蛋制品	**Eggs and Processed Products**
五、奶和奶制品	**Milk and Processed Products**
六、水产品	**Aquatic Products**
其中:鱼类	Fish
七、油脂类消费量	**Grease**
1. 植物油	Vegetable Oil
2. 动物油	Animal Oil
八、糖果糕点类	**Confection and Pastry**
九、干鲜瓜果类	**Melon and Fruits**
1. 鲜瓜果	Melons
2. 瓜果制品	Watermelon
3. 坚果类	Nuts
十、消费茶叶	**Tea Leaves**
十一、酒	**Liquor**
1. 白酒	White Spirit
2. 啤酒	Beer
3. 果酒	Fruit Wine

Continued

(kg/person)

固原市 Guyuan	原州区 Yuanzhou	西吉县 Xiji	隆德县 Longde	泾源县 Jingyuan	彭阳县 Pengyang	中卫市 Zhongwei	沙坡头区 Shapotou	中宁县 Zhongning	海原县 Haiyuan
140.3	**127.7**	**155.4**	**147.8**	**123.8**	**133.0**	**135.7**	**125.7**	**135.1**	**139.5**
129.1	122.0	140.9	127.7	112.3	126.3	127.7	117.3	130.7	130.3
106.1	93.9	123.0	106.8	89.8	99.5	75.8	59.2	74.9	82.1
18.3	24.9	15.6	16.2	15.9	15.7	49.1	56.9	54.2	44.3
1.8	1.8	1.4	2.3	4.8	0.6	1.8	0.2	0.5	2.9
2.8	1.4	0.9	2.3	1.8	10.5	1.1	1.1	1.1	1.1
9.0	2.8	13.4	16.1	9.2	4.5	3.9	0.6	0.4	6.5
0.2	0.2	0.3	0.3	0.4	0.2	0.3	0.3	0.1	0.3
8.2	2.0	12.5	15.3	8.4	3.8	3.2			5.6
0.5	0.5	0.6	0.5	0.4	0.5	0.5	0.3	0.3	0.6
2.3	3.0	1.1	4.1	2.3	2.2	4.0	7.7	3.9	2.6
0.1	0.1		0.1		0.4	0.1	0.1	0.1	0.1
2.2	2.9	1.1	3.9	2.3	1.9	3.9	7.6	3.8	2.6
58.9	**56.0**	**51.9**	**64.8**	**66.6**	**69.7**	**78.9**	**102.4**	**97.1**	**63.3**
58.0	55.2	51.5	62.6	65.8	69.0	77.7	100.6	96.1	62.3
20.3	**19.4**	**22.0**	**17.5**	**16.7**	**22.2**	**20.6**	**22.0**	**16.9**	**21.6**
6.6	3.9	10.5	8.2	1.7	4.2	5.0	9.0	6.7	2.9
3.3	4.6	2.5	1.4	4.0	4.1	4.0	1.6	1.7	5.8
1.8	1.4	2.1	0.6	0.1	3.9	3.4	2.8	1.3	4.4
7.9	8.7	6.3	6.2	10.5	9.6	7.5	7.3	6.2	8.0
0.7	0.9	0.7	1.0	0.5	0.4	0.8	1.3	1.0	0.4
6.0	**5.4**	**5.7**	**8.3**	**4.2**	**7.1**	**5.1**	**6.1**	**5.9**	**4.4**
4.6	**6.0**	**4.1**	**3.2**	**7.5**	**2.8**	**9.6**	**9.2**	**7.2**	**10.6**
0.9	**0.7**	**1.2**	**1.2**	**0.7**	**0.5**	**1.2**	**2.0**	**1.3**	**0.8**
0.7	0.5	1.0	0.7	0.5	0.4	0.9	1.4	1.1	0.7
8.8	**10.2**	**7.1**	**7.7**	**10.8**	**9.9**	**8.7**	**9.3**	**7.6**	**8.9**
8.7	10.2	6.9	7.7	10.7	9.9	8.6	9.1	7.5	8.8
0.1		0.3		0.1		0.1	0.1	0.1	0.1
2.7	**2.3**	**2.8**	**4.1**	**2.1**	**2.2**	**2.1**	**2.2**	**1.6**	**2.3**
52.4	**50.8**	**51.2**	**56.1**	**49.0**	**56.9**	**60.1**	**51.5**	**59.4**	**63.5**
49.5	48.4	48.6	52.4	44.6	53.7	57.3	47.8	56.4	61.1
0.6	0.4	0.4	0.8	0.9	1.0	0.5	0.6	0.4	0.5
2.4	2.0	2.2	2.9	3.5	2.2	2.3	3.2	2.6	1.9
0.5	**0.4**	**0.6**	**0.6**	**0.3**	**0.5**	**0.2**	**0.1**	**0.1**	**0.3**
2.5	**2.0**	**3.2**	**3.9**	**0.8**	**1.8**	**2.2**	**4.4**	**1.7**	**1.7**
0.5	0.2	0.4	1.1	0.4	0.8	0.3	0.7	0.4	0.1
2.0	1.8	2.8	2.7	0.4	1.0	2.0	3.6	1.4	1.6
							0.1		

10－46 各市县农村居民人均可支配收入情况

单位：元/人

指 标 名 称	Item
可支配收入	**Disposable Income**
(一)工资性收入	Income from Wages and Salaries
(二)经营净收入	Net Business Income
1. 第一产业经营净收入	The Primary Industry
(1)农业	Agriculture
(2)林业	Forestry
(3)牧业	Animal Husbandry
(4)渔业	Fishery
2. 第二产业经营净收入	The Secondary Industry
(1)工业	Industry
(2)建筑业	Construction Industry
3. 第三产业经营净收入	The Tertiary Industry
(1)交通运输业	Transportation Industry
(2)批发零售和住宿餐饮业	Wholesales, Retail Trade, Hotel and Catering Sectors
(3)社会服务业	Social Services
(4)其他家庭经营	Others
(三)财产净收入	Net Income from Property
1. 红利收入	Dividend Income
2. 转让承包土地经营权	Rental Income from the Management Rights
(四)转移净收入	Net Income from Transfer
1. 养老金或离退休金	Pension or Retirement Benefits
2. 报销医疗费	Reimbursement of Medical Expenses
3. 政策性惠农补贴	Political Subsidy Supporting Agriculture
现金可支配收入	**Cash Disposable Income**
实物可支配收入	**Physical Disposable Income**

Basic Statistics of Disposable Income for Rural Households by City and County

(yuan/person)

全区 Total	沿黄地区 Plain	中南部地区 Mountain Area	银川市 Yinchuan	兴庆区 Xingqing	西夏区 Xixia	金凤区 Jinfeng	永宁县 Yongning	贺兰县 Helan	灵武市 Lingwu
13889.4	**16013.5**	**11623.7**	**16428.4**	**18353.7**	**13609.1**	**14602.0**	**16040.4**	**17248.8**	**17312.0**
5150.0	7278.4	4560.3	7540.7	8315.3	6177.4	8977.4	7070.2	8442.8	7641.8
5549.4	7004.8	4827.8	7302.3	8472.5	5993.0	3753.6	7385.1	6638.3	8560.7
3640.1	4623.2	4145.3	4350.2	6687.9	2270.8	1085.7	3917.9	4642.7	5094.0
2444.8	3420.7	1937.9	3443.0	5460.9	2224.7	839.0	3692.8	4921.0	1854.3
43.0	9.4	76.0	22.4				26.8	43.1	28.3
1152.2	1171.4	2131.5	821.2	1146.7	46.5	246.7	198.3	-547.6	3211.4
	21.7		63.5	80.3	-0.4			226.2	
130.5	242.3	44.4	191.5	73.5	302.7	623.8	370.1	76.6	100.7
22.8	38.6	14.5	62.1		302.7				21.1
107.7	203.7	29.9	129.5	73.5		623.8	370.1	76.6	79.6
1778.8	2139.3	638.2	2760.6	1711.1	3419.5	2044.1	3097.1	1919.1	3365.9
629.1	740.7	258.1	979.1	1061.6	681.0	670.5	2795.1	-142.9	777.1
804.6	919.2	294.6	1188.1	649.4	722.6	347.1	134.6	1429.2	2529.2
199.8	318.8	47.7	513.6		1903.3	908.0	158.6	435.4	26.2
145.3	160.6	37.7	79.8	0.1	112.6	118.5	8.8	197.3	33.5
393.5	370.9	39.4	579.6	1370.5	440.3	502.3	802.5	590.9	97.7
37.0	15.6	13.2	6.8	24.0		24.2		14.9	
307.8	260.2	51.3	330.5	596.6	297.1	285.4	503.9	339.4	70.1
2796.5	1359.4	2196.0	1005.8	195.4	998.4	1368.7	782.7	1576.7	1011.8
1169.2	1304.3	625.7	932.6	261.7	701.0	1350.1	860.2	931.1	1490.5
343.1	243.6	171.7	162.2	165.3	83.5	178.7	111.9	277.5	148.8
684.4	232.2	769.0	187.0	232.6	74.4	43.6	126.7	327.5	171.8
13589.7	15950.5	11459.9	16134.9	16921.0	13414.5	14400.4	14027.7	18066.2	17849.2
299.6	63.0	163.8	293.4	1432.7	194.6	201.6	2012.7	-817.4	-537.2

10－46 续表1

单位:元/人

指 标 名 称	Item
可支配收入	**Disposable Income**
(一)工资性收入	Income from Wages and Salaries
(二)经营净收入	Net Business Income
1. 第一产业经营净收入	The Primary Industry
(1)农业	Agriculture
(2)林业	Forestry
(3)牧业	Animal Husbandry
(4)渔业	Fishery
2. 第二产业经营净收入	The Secondary Industry
(1)工业	Industry
(2)建筑业	Construction Industry
3. 第三产业经营净收入	The Tertiary Industry
(1)交通运输业	Transportation Industry
(2)批发零售和住宿餐饮业	Wholesales, Retail Trade, Hotel and Catering Sectors
(3)社会服务业	Social Services
(4)其他家庭经营	Others
(三)财产净收入	Net Income from Property
1. 红利收入	Dividend Income
2. 转让承包土地经营权	Rental Income from the Management Rights
(四)转移净收入	Net Income from Transfer
1. 养老金或离退休金	Pension or Retirement Benefits
2. 报销医疗费	Reimbursement of Medical Expenses
3. 政策性惠农补贴	Political Subsidy Supporting Agriculture
现金可支配收入	**Cash Disposable Income**
实物可支配收入	**Physical Disposable Income**

Continued

(yuan/person)

石嘴山市 Shizuishan	大武口区 Dawukou	惠农区 Huinong	平罗县 Pingluo	吴忠市 Wuzhong	利通区 Litong	红寺堡区 Hongsipu	盐池县 Yanchi	同心县 Tongxin	青铜峡市 Qingtongxia
16405.3	**13935.5**	**16482.5**	**16889.8**	**14698.3**	**17512.3**	**10925.2**	**13922.1**	**11339.4**	**16916.7**
5643.7	10620.0	6543.8	4313.5	6620.6	9146.5	5618.8	1677.2	4189.1	8508.7
8251.3	2700.5	8391.3	9351.5	6462.5	7382.9	3566.7	9962.3	4479.1	7366.1
6051.7	396.3	6524.2	7061.9	4559.5	4249.6	2841.9	8324.2	3946.0	4891.1
4766.0	345.7	5282.8	5506.1	2088.6	1284.2	1896.0	1858.1	1414.0	3919.0
10.1	-55.3		27.0	-2.9		-10.3		10.5	-15.8
1275.6	105.9	1241.4	1528.8	2473.7	2965.4	956.2	6466.0	2521.6	987.9
257.1	375.8	28.2	309.3	203.7	648.5			58.1	
100.1	375.8	28.2	67.2	41.7	97.6			58.1	
157.0			242.1	161.9	550.9				
1942.6	1928.4	1838.9	1980.3	1699.4	2484.7	724.8	1638.1	475.0	2475.0
830.7	874.4	1457.4	611.5	464.8	594.7	233.7	551.8	224.8	627.1
753.0	687.1	107.7	983.0	877.1	1292.0	401.9	960.3	150.4	1289.0
103.2	368.1	247.9		329.4	568.1	98.6	126.0	76.6	494.7
255.6	-1.2	25.9	385.7	28.1	30.0	-9.3		23.2	64.3
399.3	78.7	642.4	384.0	121.4	22.3	17.2	300.1	15.6	325.9
1.8	13.1			37.9	49.0	15.2	206.0	0.5	
264.6	34.0	565.7	211.3	104.5	110.2	34.1	74.0	13.6	236.6
2111.0	536.3	905.0	2840.7	1493.7	960.7	1722.5	1982.6	2655.6	715.9
1979.0	1284.6	1052.3	2433.1	822.3	1349.3	329.9	245.8	1065.4	481.6
308.9	211.6	103.6	397.8	151.3	144.8	117.2	152.9	188.8	143.2
222.3	5.0	62.5	320.8	440.3	133.2	672.5	1546.1	544.6	108.7
15990.1	**13408.7**	**14106.4**	**17155.0**	**14272.1**	**17860.7**	**9694.7**	**12185.3**	**10715.2**	**16756.3**
415.3	**526.9**	**2376.0**	**-265.2**	**426.2**	**-348.4**	**1230.5**	**1736.9**	**624.2**	**160.4**

10－46 续表2

单位:元/人

指标名称	Item
可支配收入	**Disposable Income**
(一)工资性收入	Income from Wages and Salaries
(二)经营净收入	Net Business Income
1.第一产业经营净收入	The Primary Industry
(1)农业	Agriculture
(2)林业	Forestry
(3)牧业	Animal Husbandry
(4)渔业	Fishery
2.第二产业经营净收入	The Secondary Industry
(1)工业	Industry
(2)建筑业	Construction Industry
3.第三产业经营净收入	The Tertiary Industry
(1)交通运输业	Transportation Industry
(2)批发零售和住宿餐饮业	Wholesales, Retail Trade, Hotel and Catering Sectors
(3)社会服务业	Social Services
(4)其他家庭经营	Others
(三)财产净收入	Net Income from Property
1.红利收入	Dividend Income
2.转让承包土地经营权	Rental Income from the Management Rights
(四)转移净收入	Net Income from Transfer
1.养老金或离退休金	Pension or Retirement Benefits
2.报销医疗费	Reimbursement of Medical Expenses
3.政策性惠农补贴	Political Subsidy Supporting Agriculture
现金可支配收入	**Cash Disposable Income**
实物可支配收入	**Physical Disposable Income**

Continued

(yuan/person)

固原市 Guyuan	原州区 Yuanzhou	西吉县 Xiji	隆德县 Longde	泾源县 Jingyuan	彭阳县 Pengyang	中卫市 Zhongwei	沙坡头区 Shapotou	中宁县 Zhongning	海原县 Haiyuan
11950.7	**12563.3**	**11791.5**	**11595.4**	**10707.0**	**12231.5**	**12122.7**	**14108.7**	**14076.1**	**10641.2**
4460.9	5625.7	3277.2	4852.5	5052.0	4370.7	5384.8	7041.5	5218.8	4853.4
5229.3	4615.8	6185.7	3946.8	4278.6	5768.7	4712.0	5278.2	6624.0	3758.0
4612.9	4152.1	5514.3	3670.8	3661.0	4741.0	3638.7	4159.7	4927.6	2945.5
2278.3	1585.3	3397.8	1935.8	356.6	2417.9	2542.1	3086.2	4462.3	1592.9
140.8	11.0	22.2	5.1	1225.6	106.6	2.8	5.7		2.8
2193.9	2555.8	2094.3	1730.0	2078.8	2216.9	1093.8	1067.8	465.3	1349.8
-0.1					-0.4				
70.4	48.9	134.2	82.7			60.6	19.6	252.7	
14.3		41.3				4.0	19.6		
56.1	48.9	92.9	82.7			56.6		252.7	
546.0	414.8	537.3	193.3	617.7	1027.7	1012.7	1098.9	1443.7	812.5
155.1	155.9	191.8	108.4	209.0	80.4	507.4	214.9	685.8	542.7
333.0	196.9	344.8	54.2	429.5	706.3	251.7	168.1	605.2	143.2
13.7	23.6	13.1	36.0	-20.8		110.9	263.0	23.9	90.3
44.2	38.5	-12.4	-5.3		240.9	142.7	453.0	128.8	36.4
14.6	5.2	30.7	7.1	50.6	-18.7	189.7	212.1	406.5	96.6
8.0	0.5		51.7	14.5		12.3		46.6	3.2
49.9	119.4	11.4	59.2	38.0	12.8	158.1	179.3	362.6	70.2
2245.9	2316.7	2297.9	2789.0	1325.8	2110.7	1836.2	1576.9	1826.8	1933.2
449.6	418.0	383.5	930.7	217.5	401.6	1211.0	1886.3	1180.7	979.6
208.7	237.7	206.5	227.5	131.0	193.4	208.6	288.0	479.2	73.9
799.5	1074.7	780.1	666.4	630.5	568.7	572.0	448.1	323.0	714.4
11515.3	**12043.0**	**10868.8**	**11751.0**	**10904.6**	**12170.1**	**13019.9**	**15095.5**	**13376.7**	**12132.3**
435.4	**520.3**	**922.7**	**-155.7**	**-197.6**	**61.4**	**-897.1**	**-986.8**	**699.3**	**-1491.1**

10－47 各市县农村居民人均生活消费支出情况

单位:元/人

指 标 名 称	Item
生活消费支出	**Living Expenditure**
(一)食品烟酒	Food, Tobacco and Liquor
#粮食	Grain
油脂	Oil and Fats
肉禽及制品	Meat, Poultry and Processed Products
蛋	Eggs
水产品	Aquatic Products
蔬菜	Vegetables
烟草	Tobacco
酒和饮料	Liquor and Beverages
奶及奶制品	Milk and Processed Products
(二)衣着	Clothing
#服装	Garments
(三)居住	Residence
#住房维修及管理	Housing Maintenance and Management
水电燃料及其他	Water, Electricity, Fuels and Others
(四)生活用品及服务	Household Facilities, Articles and Services
#家用器具	Home Appliances
家具及室内装饰品	Articles for Interior Decoration
家用纺织品	Bed Articles
家庭日用杂品	Household Articles for Daily Use
(五)交通通信	Transport and Communications
#交通	Transport
通信	Communications
(六)教育文化娱乐	Education, Cultural and Recreation
文化娱乐	Cultural and Recreation
#教育	Education
(七)医疗保健	Health Care and Medical Services
#医疗器具及药品	Medical Instrument and Medicine
(八)其他用品及服务	Other Commodities and Services
服务性消费支出	**Consumption Expenditure for Service**
商品性消费支出	**Consumption Expenditure for Commodity**

Per Capita Living Expenditure for Rural Residents by City and County

(yuan/person)

全区 Total	沿黄地区 Plain	中南部地区 Mountain Area	银川市 Yinchuan	兴庆区 Xingqing	西夏区 Xixia	金凤区 Jinfeng	永宁县 Yongning	贺兰县 Helan	灵武市 Lingwu
11724.3	**12452.0**	**9728.5**	**13318.4**	**13912.0**	**12767.0**	**13661.2**	**12808.8**	**15266.2**	**11912.9**
3331.1	3674.3	2942.1	4108.1	4186.1	3925.8	3940.3	3938.8	4642.9	3829.7
556.0	509.5	577.3	555.7	474.0	552.6	409.2	576.9	624.1	520.8
146.4	141.5	138.3	150.2	133.5	129.1	115.4	159.8	184.4	134.9
1008.8	953.9	868.9	1063.9	1148.0	894.6	758.0	897.6	1133.3	1245.8
51.9	53.3	53.3	64.3	55.0	86.7	62.1	75.0	55.0	51.5
27.0	43.1	18.0	53.1	41.1	57.9	62.8	81.5	46.0	37.8
261.6	344.1	208.4	380.9	366.9	407.7	345.7	454.0	362.4	325.3
244.9	286.3	216.2	330.7	467.2	314.6	246.8	215.2	452.0	256.5
123.3	116.7	117.0	141.2	115.9	174.1	145.7	171.7	171.3	71.6
103.1	129.1	95.1	155.6	166.7	192.4	233.3	159.4	145.3	123.3
656.0	860.1	599.3	947.1	773.9	854.5	1070.3	995.5	1039.4	966.1
496.1	671.4	445.7	735.4	580.8	654.9	828.5	720.9	838.9	779.3
2197.5	2320.3	1811.5	2208.4	2234.6	2343.4	3465.9	2366.2	1994.0	2095.6
606.4	478.5	317.1	387.8	338.4	203.0	227.0	340.8	420.1	575.9
666.3	746.7	593.6	761.8	909.4	730.5	772.7	679.6	831.6	711.8
626.4	710.7	532.7	717.2	656.6	781.4	657.9	744.2	855.3	538.3
145.0	151.1	103.2	134.7	192.7	89.6	67.0	118.3	154.3	139.7
104.9	104.8	80.8	79.1	94.7	130.3	13.0	43.8	85.3	58.5
66.6	68.3	58.3	63.9	93.9	54.3	97.2	86.6	66.8	32.4
143.8	152.6	143.0	182.5	146.4	217.3	174.4	193.8	221.3	124.9
2022.4	2021.6	1536.0	2393.6	2590.9	2551.4	2162.4	1642.7	3361.4	1848.6
1513.4	1441.1	1105.9	1753.6	1909.0	1922.6	1707.6	981.7	2697.0	1252.2
508.9	580.5	430.1	640.0	681.9	628.8	454.8	661.0	664.4	596.3
1179.6	1158.3	1151.2	1252.9	1560.4	975.6	1313.8	1516.8	1535.8	806.4
327.1	385.4	307.8	447.2	486.7	405.0	363.0	538.8	420.7	414.6
1013.7	928.9	996.4	982.5	1339.0	724.2	980.1	1236.3	1154.0	620.7
1478.0	1444.1	1037.5	1414.1	1361.9	1134.4	904.6	1322.5	1535.3	1648.1
374.9	407.9	330.7	455.0	547.4	434.3	386.6	419.1	487.7	426.5
233.3	262.7	118.1	277.0	547.8	200.6	146.0	282.0	302.1	180.2
4193.3	**4685.0**	**3465.6**	**4793.1**	**5134.0**	**4319.4**	**6235.4**	**5123.7**	**5236.1**	**4186.7**
7531.0	**7767.0**	**6262.9**	**8525.3**	**8778.1**	**8447.6**	**7425.8**	**7685.1**	**10030.2**	**7726.3**

10－47 续表1

单位:元/人

指 标 名 称	Item
生活消费支出	**Living Expenditure**
(一)食品烟酒	Food, Tobacco and Liquor
#粮食	Grain
油脂	Oil and Fats
肉禽及制品	Meat, Poultry and Processed Products
蛋	Eggs
水产品	Aquatic Products
蔬菜	Vegetables
烟草	Tobacco
酒和饮料	Liquor and Beverages
奶及奶制品	Milk and Processed Products
(二)衣着	Clothing
#服装	Garments
(三)居住	Residence
#住房维修及管理	Housing Maintenance and Management
水电燃料及其他	Water, Electricity, Fuels and Others
(四)生活用品及服务	Household Facilities, Articles and Services
#家用器具	Home Appliances
家具及室内装饰品	Articles for Interior Decoration
家用纺织品	Bed Articles
家庭日用杂品	Household Articles for Daily Use
(五)交通通信	Transport and Communications
#交通	Transport
通信	Communications
(六)教育文化娱乐	Education, Cultural and Recreation
文化娱乐	Cultural and Recreation
#教育	Education
(七)医疗保健	Health Care and Medical Services
#医疗器具及药品	Medical Instrument and Medicine
(八)其他用品及服务	Other Commodities and Services
服务性消费支出	**Consumption Expenditure for Service**
商品性消费支出	**Consumption Expenditure for Commodity**

Continued

(yuan/person)

石嘴山市 Shizuishan	大武口区 Dawukou	惠农区 Huinong	平罗县 Pingluo	吴忠市 Wuzhong	利通区 Litong	红寺堡区 Hongsipu	盐池县 Yanchi	同心县 Tongxin	青铜峡市 Qingtongxia
11595.1	**11871.8**	**11337.1**	**11624.4**	**11025.1**	**11850.7**	**10705.2**	**10966.3**	**9614.2**	**11545.2**
3589.1	3733.4	3512.9	3584.8	3501.8	3909.9	3249.7	3741.9	3163.1	3361.3
505.8	433.1	519.3	516.4	503.1	439.6	546.6	577.8	523.6	504.2
164.3	114.0	124.8	188.0	142.3	134.1	154.3	121.5	174.9	124.0
992.0	796.3	894.2	1065.2	1049.6	1045.3	1027.9	1347.6	1123.9	869.5
50.9	73.3	63.9	42.0	49.9	44.8	37.7	83.3	50.5	48.4
36.2	35.7	52.8	30.7	33.3	45.9	24.3	34.1	20.0	35.0
395.4	384.0	412.5	392.1	270.1	290.6	221.2	260.6	258.2	288.7
234.7	360.5	247.4	204.4	227.6	257.1	154.5	301.1	144.7	279.6
131.7	170.4	145.5	119.1	92.0	65.9	138.7	141.1	71.2	95.4
117.7	110.2	153.8	107.1	109.3	102.2	75.8	92.2	125.2	130.0
881.5	893.2	946.4	857.3	803.5	1028.4	746.1	869.0	633.1	692.2
690.0	730.7	746.0	662.8	629.3	815.7	592.8	669.0	482.5	542.2
2173.0	2477.5	1970.9	2177.8	2171.0	2152.2	1893.2	1771.6	2407.2	2305.9
423.1	547.8	124.7	497.3	414.3	157.6	330.2	281.0	608.5	653.6
860.7	962.8	875.2	834.8	693.1	753.0	519.8	719.6	738.4	666.2
729.7	593.7	653.9	783.2	631.7	678.1	542.2	563.4	549.6	732.9
169.9	101.1	108.4	204.7	135.6	135.7	90.3	146.8	107.0	183.9
136.2	70.1	51.9	178.2	80.5	35.9	50.3	39.4	72.3	178.0
64.9	46.4	55.7	71.8	75.4	84.9	99.0	50.1	87.2	49.8
161.4	187.5	194.3	144.9	133.2	116.2	154.2	178.6	134.2	121.5
1538.6	1859.2	1814.0	1380.0	1703.2	1824.6	1713.5	1958.6	1207.6	1902.5
1035.2	1222.0	1310.0	904.5	1174.9	1105.1	1220.8	1347.4	926.9	1392.1
503.3	637.1	504.0	475.4	528.3	719.6	492.7	611.2	280.8	510.4
1039.1	1044.4	1189.6	987.6	1032.6	1013.8	1182.3	906.8	807.0	1234.1
363.0	481.1	361.3	339.2	323.8	424.3	324.2	376.6	185.4	307.3
824.5	810.7	868.1	812.7	847.7	747.8	1013.1	704.5	704.7	1070.0
1453.5	1083.3	1097.3	1649.4	979.4	979.7	1252.9	972.4	777.7	1012.4
489.0	515.4	401.6	512.8	302.5	300.9	333.3	308.0	346.3	243.1
190.6	187.1	152.0	204.3	202.0	264.0	125.3	182.5	68.8	303.8
3997.4	**4009.4**	**4129.7**	**3950.6**	**3934.2**	**4629.3**	**3959.4**	**3235.9**	**2891.6**	**4344.1**
7597.7	**7862.4**	**7207.4**	**7673.8**	**7090.9**	**7221.3**	**6745.7**	**7730.4**	**6722.6**	**7201.2**

10－47 续表2

单位:元/人

指 标 名 称	Item
生活消费支出	**Living Expenditure**
(一)食品烟酒	Food, Tobacco and Liquor
#粮食	Grain
油脂	Oil and Fats
肉禽及制品	Meat, Poultry and Processed Products
蛋	Eggs
水产品	Aquatic Products
蔬菜	Vegetables
烟草	Tobacco
酒和饮料	Liquor and Beverages
奶及奶制品	Milk and Processed Products
(二)衣着	Clothing
#服装	Garments
(三)居住	Residence
#住房维修及管理	Housing Maintenance and Management
水电燃料及其他	Water, Electricity, Fuels and Others
(四)生活用品及服务	Household Facilities, Articles and Services
#家用器具	Home Appliances
家具及室内装饰品	Articles for Interior Decoration
家用纺织品	Bed Articles
家庭日用杂品	Household Articles for Daily Use
(五)交通通信	Transport and Communications
#交通	Transport
通信	Communications
(六)教育文化娱乐	Education, Cultural and Recreation
文化娱乐	Cultural and Recreation
#教育	Education
(七)医疗保健	Health Care and Medical Services
#医疗器具及药品	Medical Instrument and Medicine
(八)其他用品及服务	Other Commodities and Services
服务性消费支出	**Consumption Expenditure for Service**
商品性消费支出	**Consumption Expenditure for Commodity**

Continued

(yuan/person)

固原市 Guyuan	原州区 Yuanzhou	西吉县 Xiji	隆德县 Longde	泾源县 Jingyuan	彭阳县 Pengyang	中卫市 Zhongwei	沙坡头区 Shapotou	中宁县 Zhongning	海原县 Haiyuan
9699.2	**9658.4**	**9580.6**	**11851.1**	**7487.7**	**9599.1**	**10553.9**	**12606.4**	**12043.8**	**9230.3**
2902.8	2754.4	2997.8	3402.4	2377.4	2860.7	2877.3	3380.2	2938.9	2672.0
613.5	494.2	720.7	745.7	526.6	532.8	530.5	507.1	492.0	554.1
126.9	157.1	108.3	110.7	130.2	125.8	131.0	136.3	113.7	136.0
753.5	783.6	806.3	667.5	468.3	818.1	843.4	910.7	685.5	881.0
58.7	50.3	60.6	87.6	44.0	54.6	45.1	51.5	48.8	41.4
16.7	12.5	21.6	24.0	11.4	10.4	23.7	42.8	23.2	17.0
188.6	175.1	158.6	245.7	234.5	205.7	258.1	364.1	276.1	212.8
265.8	191.0	300.4	439.2	141.1	254.8	207.9	344.3	247.2	143.3
140.9	82.2	168.2	211.4	90.1	156.6	91.4	131.0	91.9	77.0
96.6	120.2	96.1	77.6	116.7	60.5	91.5	114.1	107.6	77.1
532.7	559.6	477.3	522.2	602.2	575.0	662.1	717.2	636.2	652.4
392.7	401.7	348.9	379.8	462.0	442.7	493.5	565.8	487.6	469.8
1675.9	1557.5	1494.5	2162.8	1459.5	2013.7	2036.0	2635.4	2281.6	1723.7
211.6	185.0	186.6	299.9	151.0	276.8	530.4	743.5	637.6	411.7
590.6	628.8	567.1	650.2	402.3	636.6	584.4	733.1	675.5	495.1
501.1	477.2	518.5	581.0	429.0	483.1	643.7	799.1	598.5	605.5
102.2	89.5	113.6	117.1	78.0	101.1	127.3	170.5	147.0	104.1
84.1	77.9	105.8	114.2	62.5	36.5	115.9	184.0	92.4	100.7
43.3	36.7	43.0	45.7	40.4	55.1	67.7	74.7	61.6	67.5
141.4	113.1	142.5	184.2	129.2	161.0	144.1	166.6	120.4	145.2
1671.9	2010.3	1418.0	2338.2	982.6	1509.3	1537.9	1950.2	2177.0	1138.7
1210.2	1504.5	899.9	2023.0	658.1	1051.8	1086.6	1398.4	1669.1	745.8
461.7	505.8	518.1	315.3	324.5	457.5	451.3	551.8	507.9	392.9
1246.2	1011.9	1481.5	1331.6	855.4	1297.2	1157.1	1049.1	1142.5	1201.7
353.7	372.1	422.8	222.9	247.0	336.4	287.1	355.9	308.7	253.9
1093.0	857.7	1317.3	1135.8	792.9	1150.9	976.3	863.9	966.4	1020.6
1037.1	1115.7	1060.7	1363.8	721.3	774.8	1463.9	1752.5	2025.8	1139.5
302.6	285.1	278.9	397.2	319.3	299.8	414.7	409.2	458.6	399.4
131.2	172.0	132.3	149.2	60.3	85.3	175.9	322.6	243.2	96.6
3648.9	**3581.6**	**3746.4**	**4196.9**	**2833.6**	**3589.0**	**3886.5**	**4710.6**	**4893.9**	**3194.5**
6050.3	**6076.8**	**5834.2**	**7654.2**	**4654.2**	**6010.1**	**6667.4**	**7895.7**	**7149.9**	**6035.7**

10－48　各市县农村居民家庭总收入情况

单位:元/人

指　标　名　称	Item
全年总收入	**Total Revenue**
1. 工资性收入	Income from Wages and Salaries
2. 经营性收入	Business Income
(1)第一产业收入	The Primary Industry
农业收入	Agriculture
林业收入	Forestry
牧业收入	Animal Husbandry
渔业收入	Fishery
(2)第二产业收入	The Secondary Industry
工业收入	Industry
建筑业收入	Construction Industry
(3)第三产业收入	The Tertiary Industry
交通运输业收入	Transportation Industry
批发零售和住宿餐饮业收入	Wholesales ,Retail Rrade,Hotel and Catering Sectors
社会服务业收入	Social Services
其他家庭经营收入	Others
3. 财产性收入	Income from Property
红利收入	Dividend Income
#转让承包土地经营权租金收入	Rental Income from the Management Rights Transfer of Land Contracted
4. 转移性收入	Income from Transfer
#养老金或离退休金	Pension or Retirement Benefits
报销医疗费	Reimbursement of Medical Expenses
政策性惠农补贴	Political Subsidy Supporting Agriculture
5. 非收入所得	Non－income Revenue
(1)出售资产所得	Proceeds from Sale of Assets
(2)非经常性转移所得	Income from Non－recurrent Transfers
(3)其他非收入所得	Other Non－income Revenue
6. 借贷性所得	Borrowing Income
(1)提取储蓄存款	Dissaving
(2)借入款	Borrowed
(3)收回借出款	Recall the Loan
(4)收回储蓄性保险本金	Redemption of Deposit Insurance Principal
(5)银行信用社得到的贷款	Bank Loan

Basic Statistics of Total Income for Rural Households by City and County

(yuan/person)

全区 Total	沿黄地区 Plain	中南部地区 Mountain Area	银川市 Yinchuan	兴庆区 Xingqing	西夏区 Xixia	金凤区 Jinfeng	永宁县 Yongning	贺兰县 Helan	灵武市 Lingwu
22522.3	**24409.0**	**17628.9**	**22342.6**	**26217.8**	**15422.8**	**17383.3**	**19165.1**	**24315.4**	**26897.3**
5150.0	7278.4	4560.3	7540.7	8315.3	6177.4	8977.4	7070.2	8442.8	7641.8
13197.2	14442.4	10345.2	12519.7	15598.4	7411.9	5798.4	9813.1	13298.5	16940.7
9872.1	10662.3	9102.8	8352.1	13465.5	3239.5	2183.7	5737.9	10287.0	10484.8
4501.5	6244.1	3133.3	5447.1	9532.7	2968.8	1356.8	5190.9	8350.0	2907.1
84.5	12.9	95.9	23.9				32.6	43.9	28.8
5286.1	4351.3	5873.7	2687.6	3024.5	270.8	826.9	514.4	1535.8	7548.9
0.1	54.0		193.5	908.4				357.4	
209.1	568.8	96.3	277.5	216.0	318.9	654.0	373.5	241.0	208.2
40.1	274.2	34.8	77.5		318.9				73.1
169.0	294.6	61.5	200.0	216.0		654.0	373.5	241.0	135.1
3116.1	3211.3	1146.1	3890.2	1916.8	3853.4	2960.7	3701.7	2770.5	6247.7
1629.2	1462.4	529.0	1982.7	1236.5	957.2	1344.6	3352.1	588.2	3445.0
954.9	1017.4	466.7	1250.1	679.0	728.2	371.0	173.2	1500.6	2664.9
249.2	372.0	75.2	555.4		2050.6	1054.9	163.4	440.6	67.3
282.8	359.4	75.1	101.9	1.3	117.4	190.2	13.1	241.1	70.5
521.7	456.7	100.3	604.0	1377.3	440.3	618.5	825.5	622.5	139.2
37.0	15.6	13.2	6.8	24.0		24.2		14.9	
307.8	260.2	51.3	330.5	596.6	297.1	285.4	503.9	339.4	70.1
3653.3	2231.5	2623.1	1678.2	926.8	1393.1	1989.0	1456.4	1951.7	2175.6
1169.2	1304.3	625.7	932.6	261.7	701.0	1350.1	860.2	931.1	1490.5
343.1	243.6	171.7	162.2	165.3	83.5	178.7	111.9	277.5	148.8
684.4	232.2	769.0	187.0	232.6	74.4	43.6	126.7	327.5	171.8
2060.3	2392.9	1756.5	3072.2	3003.9	2689.0	2258.8	5554.8	1915.6	2511.4
491.2	766.4	328.2	957.9	574.7	175.0	225.1	2958.5	127.3	948.8
1542.5	1626.3	1399.2	2114.2	2429.3	2514.1	2033.7	2596.3	1788.0	1562.5
26.6	0.1	29.1	0.1					0.3	
4650.3	3304.7	5323.6	4016.4	7709.9	2828.1	6028.8	2728.2	2938.9	5168.4
389.1	1198.0	263.3	1692.0	2013.0	2268.1	4350.0	1885.4	412.4	2039.8
1094.0	584.2	1357.7	630.7	2653.8	10.4	270.4	479.1	280.5	611.8
93.9	107.6	93.8	196.9	453.6	525.1	127.4	194.2	1.2	11.2
3.4	3.9								
2949.9	1329.5	3464.6	1255.7	1238.0	24.5	1281.0	169.6	1908.7	2505.6

10－48 续表1

单位:元/人

指 标 名 称	Item
全年总收入	**Total Revenue**
1. 工资性收入	Income from Wages and Salaries
2. 经营性收入	Business Income
(1)第一产业收入	The Primary Industry
农业收入	Agriculture
林业收入	Forestry
牧业收入	Animal Husbandry
渔业收入	Fishery
(2)第二产业收入	The Secondary Industry
工业收入	Industry
建筑业收入	Construction Industry
(3)第三产业收入	The Tertiary Industry
交通运输业收入	Transportation Industry
批发零售和住宿餐饮业收入	Wholesales ,Retail Rrade,Hotel and Catering Sectors
社会服务业收入	Social Services
其他家庭经营收入	Others
3. 财产性收入	Income from Property
红利收入	Dividend Income
#转让承包土地经营权租金收入	Rental Income from the Management Rights Transfer of Land Contracted
4. 转移性收入	Income from Transfer
#养老金或离退休金	Pension or Retirement Benefits
报销医疗费	Reimbursement of Medical Expenses
政策性惠农补贴	Political Subsidy Supporting Agriculture
5. 非收入所得	Non－income Revenue
(1)出售资产所得	Proceeds from Sale of Assets
(2)非经常性转移所得	Income from Non－recurrent Transfers
(3)其他非收入所得	Other Non－income Revenue
6. 借贷性所得	Borrowing Income
(1)提取储蓄存款	Dissaving
(2)借入款	Borrowed
(3)收回借出款	Recall the Loan
(4)收回储蓄性保险本金	Redemption of Deposit Insurance Principal
(5)银行信用社得到的贷款	Bank Loan

Continued

(yuan/person)

石嘴山市 Shizuishan	大武口区 Dawukou	惠农区 Huinong	平罗县 Pingluo	吴忠市 Wuzhong	利通区 Litong	红寺堡区 Hongsipu	盐池县 Yanchi	同心县 Tongxin	青铜峡市 Qingtongxia
26552.1	**16090.3**	**24056.2**	**29550.8**	**22776.5**	**24262.7**	**16424.7**	**23797.2**	**15582.9**	**30941.4**
5643.7	10620.0	6543.8	4313.5	6620.6	9146.5	5618.8	1677.2	4189.1	8508.7
17619.7	3572.7	15414.3	21261.8	13824.0	12843.8	8546.4	19174.6	8292.3	20970.9
13795.9	913.3	12662.6	16838.1	11134.3	9093.9	7190.7	14634.8	7460.5	17863.3
8223.9	695.9	8604.7	9651.9	3788.7	2517.9	3563.7	4047.5	1879.7	7156.5
18.8			29.0	3.9		3.2		14.4	0.8
5553.2	217.4	4057.8	7157.1	7341.7	6575.9	3623.8	10587.3	5566.4	10706.0
1310.1	480.3	46.7	1905.1	236.9	728.3			101.7	
1109.2	480.3	46.7	1595.4	70.2	161.2			101.7	
200.9			309.8	166.7	567.1				
2513.6	2179.2	2705.0	2518.6	2452.8	3021.7	1355.7	4539.8	730.1	3107.6
1030.4	989.2	2215.0	641.7	900.9	699.4	747.6	2291.1	336.9	1167.4
829.4	712.4	108.2	1095.4	1080.7	1457.0	423.2	2107.9	215.7	1368.8
127.0	456.1	303.1		433.6	813.2	172.7	140.8	154.3	507.1
526.8	21.5	78.8	781.5	37.6	52.1	12.2		23.2	64.3
441.8	157.4	656.3	428.7	220.6	214.6	115.5	485.6	28.8	354.8
1.8	13.1			37.9	49.0	15.2	206.0	0.5	
264.6	34.0	565.7	211.3	104.5	110.2	34.1	74.0	13.6	236.6
2847.0	1740.1	1441.9	3546.8	2111.3	2057.8	2143.9	2459.8	3072.6	1107.1
1979.0	1284.6	1052.3	2433.1	822.3	1349.3	329.9	245.8	1065.4	481.6
308.9	211.6	103.6	397.8	151.3	144.8	117.2	152.9	188.8	143.2
222.3	5.0	62.5	320.8	440.3	133.2	672.5	1546.1	544.6	108.7
1995.2	993.5	2610.6	1995.9	1991.3	2036.4	2913.0	2147.3	2420.2	932.1
650.9	18.0	941.6	684.3	390.3	321.2	523.3	959.3	365.3	176.2
1344.3	975.5	1669.0	1311.7	1599.2	1715.2	2377.3	1186.4	2054.9	755.9
				1.9		12.4	1.6		
1306.6	217.0	4356.3	509.3	4213.1	1375.5	3696.1	8471.0	5354.3	5093.6
28.6	29.0		38.1	1264.2	361.6		4127.7	24.0	3035.5
282.4		5.3	433.7	621.0		1362.3	2909.6	475.0	104.5
90.7		417.0		141.0	59.3	154.3	456.7	9.3	221.2
24.3			37.5						
880.6	188.0	3933.9		2157.8	954.6	2179.5	926.1	4740.0	1732.4

10－48 续表2

单位:元/人

指 标 名 称	Item
全年总收入	**Total Revenue**
1.工资性收入	Income from Wages and Salaries
2.经营性收入	Business Income
(1)第一产业收入	The Primary Industry
农业收入	Agriculture
林业收入	Forestry
牧业收入	Animal Husbandry
渔业收入	Fishery
(2)第二产业收入	The Secondary Industry
工业收入	Industry
建筑业收入	Construction Industry
(3)第三产业收入	The Tertiary Industry
交通运输业收入	Transportation Industry
批发零售和住宿餐饮业收入	Wholesales ,Retail Rrade,Hotel and Catering Sectors
社会服务业收入	Social Services
其他家庭经营收入	Others
3.财产性收入	Income from Property
红利收入	Dividend Income
#转让承包土地经营权租金收入	Rental Income from the Management Rights Transfer of Land Contracted
4.转移性收入	Income from Transfer
#养老金或离退休金	Pension or Retirement Benefits
报销医疗费	Reimbursement of Medical Expenses
政策性惠农补贴	Political Subsidy Supporting Agriculture
5.非收入所得	Non－income Revenue
(1)出售资产所得	Proceeds from Sale of Assets
(2)非经常性转移所得	Income from Non－recurrent Transfers
(3)其他非收入所得	Other Non－income Revenue
6.借贷性所得	Borrowing Income
(1)提取储蓄存款	Dissaving
(2)借入款	Borrowed
(3)收回借出款	Recall the Loan
(4)收回储蓄性保险本金	Redemption of Deposit Insurance Principal
(5)银行信用社得到的贷款	Bank Loan

Continued

(yuan/person)

固原市 Guyuan	原州区 Yuanzhou	西吉县 Xiji	隆德县 Longde	泾源县 Jingyuan	彭阳县 Pengyang	中卫市 Zhongwei	沙坡头区 Shapotou	中宁县 Zhongning	海原县 Haiyuan
18298.8	**22541.8**	**15695.0**	**19570.2**	**14446.9**	**17833.0**	**18789.0**	**23550.2**	**22720.1**	**15532.2**
4460.9	5625.7	3277.2	4852.5	5052.0	4370.7	5384.8	7041.5	5218.8	4853.4
11118.9	13997.2	9813.3	11095.9	7708.3	10958.9	10504.7	12901.8	14347.1	8134.0
9978.1	13019.4	8472.7	10678.9	6588.8	9387.9	8270.1	10198.6	10067.6	6870.5
3572.4	2602.0	4880.0	3716.1	558.0	4025.5	4995.0	7202.5	8851.3	2687.2
175.0	11.0	26.4	30.1	1546.9	107.6	4.0	5.9		5.0
6230.7	10406.4	3566.3	6932.7	4484.0	5254.8	3271.1	2990.2	1216.4	4178.3
157.3	146.4	292.7	122.8			252.5	462.6	703.3	
45.1		130.2				95.1	462.6		
112.2	146.4	162.5	122.8			157.4		703.3	
983.6	831.4	1047.9	294.2	1119.5	1571.1	1982.0	2240.7	3576.1	1263.6
309.3	364.8	365.3	149.5	430.6	148.7	1160.6	447.1	2430.0	919.6
548.3	341.2	614.9	57.6	610.7	1111.2	319.7	319.3	696.2	172.2
30.9	30.1	14.3	83.6	78.2		119.4	282.2	24.2	98.0
95.0	95.3	53.4	3.6		311.2	382.4	1192.1	425.7	73.8
86.0	126.9	61.7	126.2	74.3	43.3	253.7	448.0	439.0	111.1
8.0	0.5		51.7	14.5		12.3		46.6	3.2
49.9	119.4	11.4	59.2	38.0	12.8	158.1	179.3	362.6	70.2
2633.0	2792.0	2542.9	3495.6	1612.3	2460.0	2645.8	3158.9	2715.4	2433.8
449.6	418.0	383.5	930.7	217.5	401.6	1211.0	1886.3	1180.7	979.6
208.7	237.7	206.5	227.5	131.0	193.4	208.6	288.0	479.2	73.9
799.5	1074.7	780.1	666.4	630.5	568.7	572.0	448.1	323.0	714.4
1836.2	2171.1	2088.4	1254.3	1842.6	1167.5	1380.4	2580.4	2206.7	624.0
370.7	476.7	429.5	166.3	468.2	165.9	385.4	922.4	834.5	15.9
1421.9	1539.4	1658.9	1088.0	1365.2	1001.6	994.8	1658.0	1371.6	608.1
43.6	155.0			9.1		0.1		0.5	
5772.4	7667.1	6114.9	3000.1	5740.2	3966.9	3922.4	2829.6	4561.5	4065.3
207.8	403.3	86.6		371.9	203.1	266.7	379.2	843.3	
1235.2	1760.8	1034.2	390.8	1173.5	1464.4	1665.2	699.5	1823.6	1950.8
113.5	38.9	136.3	316.8	23.6	84.1	44.1	45.2	100.2	21.6
3998.9	4922.7	4662.4	2292.5	4171.2	2215.3	1915.6	1678.1	1681.8	2092.8

10-49 各市县农村居民家庭总支出情况

单位:元/人

指 标 名 称	Item
全年总支出	**Total Expenditure**
1.生活消费支出	Living Expenditure
食品烟酒	Food Tobacco Liquor
衣着	Clothing
居住	Residence
生活用品及服务	Articles and Services for Daily Use
医疗保健	Health Care
交通通信	Transportation Communication
教育文化娱乐	Education, Culture and Entertainment
其他用品及服务	Other Supplies and Services
2.生产经营费用支出	Expenditure for Household Business
(1)第一产业生产支出	The Primary Industry
农业生产支出	Agricultural
林业生产支出	Forestry
牧业生产支出	Animal Husbandry
渔业生产支出	Fishery
(2)第二产业生产支出	The Secondary Industry
工业生产支出	Industrial
建筑业生产支出	Construction Industry
(3)第三产业生产支出	The Tertiary Industry
交通运输业生产支出	Transportation Industry
批发零售和住宿餐饮业生产支出	Wholesales, Retail Trade, Hotel and Catering Sectors
社会服务业生产支出	Social Services
其他家庭经营生产支出	Others
3.财产性支出	Property Expenditure
4.转移性支出	Transfer Expenditure
5.部分商业保险支出	Commercial Insurance Expenditure
6.购置资产及非经常性转移支出	Acquisition of Assets and Non - recurrent Transfer Expenses
(1)建造住房支出	Build Housing
(2)购买住房支出	Purchase Housing
(3)购建第一产业生产性固定资产	Purchase and Build the Productive Fixed Assets of the Primary Industry
#购买或建造农业生产性用房	Purchase or Build Agricultural Productive Housing
购买产品畜	Purchase Stock
购买或建造农业设施	Purchase or Build Agricultural Facilities
购买农业机械	Purchase Agricultural Machinery
(4)购建第二产业生产性固定资产支出	Purchase and Build the Productive Fixed Assets of the Secondary Industry
(5)购建第三产业生产性固定资产支出	Purchase and Build the Productive Fixed Assets of the Tertiary Industry
(6)非经常性转移支出	Non - recurrent Transfer Expenditures
7.借贷性支出	Borrowing Expenditure
(1)归还银行信用社贷款	Repay the Loan to the Bank or Credit Union
(2)归还借款	Pay off the Loan
(3)存入银行款	Bank Deposit

Basic Statistics of Total Expenses for Rural Households by City and County

(yuan/person)

全区 Total	沿黄地区 Plain	中南部地区 Mountain Area	银川市 Yinchuan	兴庆区 Xingqing	西夏区 Xixia	金凤区 Jinfeng	永宁县 Yongning	贺兰县 Helan	灵武市 Lingwu
27897.0	**28728.8**	**22772.2**	**26296.3**	**27817.9**	**16805.5**	**21966.5**	**20286.0**	**30619.4**	**34074.7**
11724.3	12452.0	9728.5	13318.4	13912.0	12767.0	13661.2	12808.8	15266.2	11912.9
3331.1	3674.3	2942.1	4108.1	4186.1	3925.8	3940.3	3938.8	4642.9	3829.7
656.0	860.1	599.3	947.1	773.9	854.5	1070.3	995.5	1039.4	966.1
2197.5	2320.3	1811.5	2208.4	2234.6	2343.4	3465.9	2366.2	1994.0	2095.6
626.4	710.7	532.7	717.2	656.6	781.4	657.9	744.2	855.3	538.3
1478.0	1444.1	1037.5	1414.1	1361.9	1134.4	904.6	1322.5	1535.3	1648.1
2022.4	2021.6	1536.0	2393.6	2590.9	2551.4	2162.4	1642.7	3361.4	1848.6
1179.6	1158.3	1151.2	1252.9	1560.4	975.6	1313.8	1516.8	1535.8	806.4
233.3	262.7	118.1	277.0	547.8	200.6	146.0	282.0	302.1	180.2
6818.5	6112.3	4691.5	4311.2	6515.7	1260.5	1797.2	1983.4	5372.0	6685.9
5739.7	5364.9	4391.3	3623.2	6387.4	951.2	1056.0	1685.0	5062.6	4708.7
1854.4	2519.3	1004.5	1846.7	3758.2	729.1	485.5	1394.4	3137.8	942.4
38.5	2.6	19.1	1.5				5.8	0.8	0.5
3846.8	2811.4	3367.6	1647.6	1807.4	221.7	570.5	284.8	1800.2	3765.9
	31.5		127.5	821.8	0.4			123.8	
68.6	73.2	38.0	56.0	112.1				113.0	66.0
15.7	12.2	17.3	12.0						50.5
52.9	61.0	20.7	44.0	112.1				113.0	15.5
1010.1	674.2	262.3	632.0	16.1	309.3	741.2	298.4	196.3	1911.2
817.6	489.7	138.8	577.0	10.6	232.4	588.8	296.2	126.1	1824.9
65.8	33.9	84.5	16.2	4.3				31.6	34.2
32.0	30.0	15.4	21.5		73.8	80.6		1.2	26.0
94.7	120.5	23.5	17.3	1.2	3.0	71.7	2.2	37.4	26.1
128.2	85.7	60.8	24.5	6.8		116.2	23.0	31.5	41.4
856.8	872.1	427.0	672.4	731.4	394.7	620.3	673.7	374.9	1163.8
87.2	222.5	57.8	210.1	210.2	140.7	615.5	198.3	221.3	240.0
5784.4	6713.7	5283.3	5788.2	3475.0	1621.4	1301.5	2940.8	7730.5	10980.7
733.2	359.0	640.7	29.8				99.4		41.0
1154.0	2543.8	778.9	2323.3		183.1	429.6	963.9	3927.9	4836.8
991.6	983.2	1434.6	482.2	615.4	65.4	69.6	4.6	1201.9	452.7
217.5	76.5	356.7	8.9					37.3	
413.0	647.5	679.6	340.8	318.7		40.8		875.4	391.7
22.1	24.4	30.3	21.7	40.1				54.1	16.7
335.7	234.9	368.1	110.9	256.6	65.4	28.8	4.6	235.2	44.2
9.4	122.5	109.9							
629.9	305.6	535.6	682.9		214.0				2703.3
2236.0	2353.1	1777.5	2234.2	2859.6	1158.8	802.3	1801.8	2511.1	2947.0
2497.6	2270.4	2523.2	1971.6	2966.6	621.2	3854.7	1658.0	1622.9	3050.0
1475.6	1632.6	1560.7	1160.6	270.5	231.1	3361.1	1132.8	1590.7	1804.6
835.4	493.6	865.3	641.9	2479.1	28.5	493.6	255.6	7.6	1182.9
121.5	122.3	1.6	154.6	213.7	361.6		226.9	1.6	62.5

10-49 续表1

单位:元/人

指标名称	Item
全年总支出	**Total Expenditure**
1.生活消费支出	Living Expenditure
食品烟酒	Food Tobacco Liquor
衣着	Clothing
居住	Residence
生活用品及服务	Articles and Services for Daily Use
医疗保健	Health Care
交通通信	Transportation Communication
教育文化娱乐	Education, Culture and Entertainment
其他用品及服务	Other Supplies and Services
2.生产经营费用支出	Expenditure for Household Business
(1)第一产业生产支出	The Primary Industry
农业生产支出	Agricultural
林业生产支出	Forestry
牧业生产支出	Animal Husbandry
渔业生产支出	Fishery
(2)第二产业生产支出	The Secondary Industry
工业生产支出	Industrial
建筑业生产支出	Construction Industry
(3)第三产业生产支出	The Tertiary Industry
交通运输业生产支出	Transportation Industry
批发零售和住宿餐饮业生产支出	Wholesales, Retail Trade, Hotel and Catering Sectors
社会服务业生产支出	Social Services
其他家庭经营生产支出	Others
3.财产性支出	Property Expenditure
4.转移性支出	Transfer Expenditure
5.部分商业保险支出	Commercial Insurance Expenditure
6.购置资产及非经常性转移支出	Acquisition of Assets and Non - recurrent Transfer Expenses
(1)建造住房支出	Build Housing
(2)购买住房支出	Purchase Housing
(3)购建第一产业生产性固定资产	Purchase and Build the Productive Fixed Assets of the Primary Industry
#购买或建造农业生产性用房	Purchase or Build Agricultural Productive Housing
购买产品畜	Purchase Stock
购买或建造农业设施	Purchase or Build Agricultural Facilities
购买农业机械	Purchase Agricultural Machinery
(4)购建第二产业生产性固定资产支出	Purchase and Build the Productive Fixed Assets of the Secondary Industry
(5)购建第三产业生产性固定资产支出	Purchase and Build the Productive Fixed Assets of the Tertiary Industry
(6)非经常性转移支出	Non - recurrent Transfer Expenditures
7.借贷性支出	Borrowing Expenditure
(1)归还银行信用社贷款	Repay the Loan to the Bank or Credit Union
(2)归还借款	Pay off the Loan
(3)存入银行款	Bank Deposit

Continued

(yuan/person)

石嘴山市 Shizuishan	大武口区 Dawukou	惠农区 Huinong	平罗县 Pingluo	吴忠市 Wuzhong	利通区 Litong	红寺堡区 Hongsipu	盐池县 Yanchi	同心县 Tongxin	青铜峡市 Qingtongxia
29899.0	**15783.7**	**22735.4**	**35217.5**	**27233.4**	**25673.6**	**25787.2**	**28308.3**	**17579.1**	**38571.5**
11595.1	11871.8	11337.1	11624.4	11025.1	11850.7	10705.2	10966.3	9614.2	11545.2
3589.1	3733.4	3512.9	3584.8	3501.8	3909.9	3249.7	3741.9	3163.1	3361.3
881.5	893.2	946.4	857.3	803.5	1028.4	746.1	869.0	633.1	692.2
2173.0	2477.5	1970.9	2177.8	2171.0	2152.2	1893.2	1771.6	2407.2	2305.9
729.7	593.7	653.9	783.2	631.7	678.1	542.2	563.4	549.6	732.9
1453.5	1083.3	1097.3	1649.4	979.4	979.7	1252.9	972.4	777.7	1012.4
1538.6	1859.2	1814.0	1380.0	1703.2	1824.6	1713.5	1958.6	1207.6	1902.5
1039.1	1044.4	1189.6	987.6	1032.6	1013.8	1182.3	906.8	807.0	1234.1
190.6	187.1	152.0	204.3	202.0	264.0	125.3	182.5	68.8	303.8
7296.5	486.7	5881.6	9178.0	6478.4	4809.2	4979.7	8188.4	3574.0	11382.8
6969.0	301.5	5253.2	8922.0	5871.7	4408.2	4348.8	5814.7	3389.9	10901.9
2945.2	202.9	2567.3	3638.6	1495.0	1070.8	1667.7	1892.1	436.8	2735.9
1.6	7.7		0.9	6.5		13.5		3.0	16.6
4022.2	90.9	2685.9	5282.6	4370.2	3337.4	2667.6	3922.7	2950.0	8149.4
28.5	72.6	6.1	26.9	24.2	50.8			41.2	
11.1	72.6	6.1		24.2	50.8			41.2	
17.4			26.9						
299.0	112.6	622.3	229.1	582.6	350.2	630.9	2373.6	143.0	480.9
142.5	51.7	535.4	29.6	342.6	82.2	514.0	1282.9	39.8	441.8
30.4			46.9	171.4	118.1	21.2	1090.8	61.8	30.7
13.8	47.5	34.0		62.2	138.2	74.1		41.4	8.4
112.2	13.4	52.9	152.5	6.4	11.7	21.5			
42.5	78.8	13.8	44.6	99.2	192.4	98.4	185.5	13.3	28.8
736.0	1203.7	536.9	706.1	617.5	1097.1	421.4	477.2	417.0	391.1
247.6	131.6	324.0	246.0	136.0	119.9	64.0	272.6	20.9	246.4
8936.2	1524.0	2561.7	12605.0	6580.2	6095.7	5822.4	4275.8	3069.1	11896.8
60.6	12.7	96.0	58.7	314.0		473.6	1305.2	505.9	
3551.4			5476.0	2280.4	1574.9	1084.4		415.0	6570.2
1804.1	1.3	801.1	2513.0	1141.1	1675.2	970.4	1219.0	141.0	1488.2
285.1	1.3	147.5	389.8	103.4		414.6	294.1	45.8	21.4
1065.7		20.5	1636.3	811.8	1590.7	338.4		44.9	1198.6
				52.7		0.9	402.9	37.2	11.0
453.4		633.1	486.8	173.3	84.5	216.4	522.1	13.1	257.2
772.1			1190.5						
241.6			372.5	126.5		74.2	506.8	148.5	127.7
2475.4	1510.0	1664.7	2946.8	2652.2	2845.6	3156.1	1236.3	1858.7	3475.5
1045.1	487.0	2080.3	813.4	2296.9	1508.7	3696.2	3942.5	870.6	3080.3
736.2	455.0	1242.5	624.5	1379.4	1031.5	2166.9	966.9	662.9	2198.3
305.9	8.9	837.7	188.9	562.4	95.7	1501.9	1537.3	185.4	523.3
3.1	23.2			188.6	377.6		47.4		303.7

10－49 续表2

单位:元/人

指 标 名 称	Item
全年总支出	**Total Expenditure**
1. 生活消费支出	Living Expenditure
食品烟酒	Food Tobacco Liquor
衣着	Clothing
居住	Residence
生活用品及服务	Articles and Services for Daily Use
医疗保健	Health Care
交通通信	Transportation Communication
教育文化娱乐	Education, Culture and Entertainment
其他用品及服务	Other Supplies and Services
2. 生产经营费用支出	Expenditure for Household Business
(1)第一产业生产支出	The Primary Industry
农业生产支出	Agricultural
林业生产支出	Forestry
牧业生产支出	Animal Husbandry
渔业生产支出	Fishery
(2)第二产业生产支出	The Secondary Industry
工业生产支出	Industrial
建筑业生产支出	Construction Industry
(3)第三产业生产支出	The Tertiary Industry
交通运输业生产支出	Transportation Industry
批发零售和住宿餐饮业生产支出	Wholesales, Retail Trade, Hotel and Catering Sectors
社会服务业生产支出	Social Services
其他家庭经营生产支出	Others
3. 财产性支出	Property Expenditure
4. 转移性支出	Transfer Expenditure
5. 部分商业保险支出	Commercial Insurance Expenditure
6. 购置资产及非经常性转移支出	Acquisition of Assets and Non－recurrent Transfer Expenses
(1)建造住房支出	Build Housing
(2)购买住房支出	Purchase Housing
(3)购建第一产业生产性固定资产	Purchase and Build the Productive Fixed Assets of the Primary Industry
#购买或建造农业生产性用房	Purchase or Build Agricultural Productive Housing
购买产品畜	Purchase Stock
购买或建造农业设施	Purchase or Build Agricultural Facilities
购买农业机械	Purchase Agricultural Machinery
(4)购建第二产业生产性固定资产支出	Purchase and Build the Productive Fixed Assets of the Secondary Industry
(5)购建第三产业生产性固定资产支出	Purchase and Build the Productive Fixed Assets of the Tertiary Industry
(6)非经常性转移支出	Non－recurrent Transfer Expenditures
7. 借贷性支出	Borrowing Expenditure
(1)归还银行信用社贷款	Repay the Loan to the Bank or Credit Union
(2)归还借款	Pay off the Loan
(3)存入银行款	Bank Deposit

Continued

(yuan/person)

固原市 Guyuan	原州区 Yuanzhou	西吉县 Xiji	隆德县 Longde	泾源县 Jingyuan	彭阳县 Pengyang	中卫市 Zhongwei	沙坡头区 Shapotou	中宁县 Zhongning	海原县 Haiyuan
23704.1	**29262.6**	**21592.9**	**22848.3**	**20184.7**	**21388.9**	**23662.1**	**29280.5**	**26173.1**	**20653.6**
9699.2	9658.4	9580.6	11851.1	7487.7	9599.1	10553.9	12606.4	12043.8	9230.3
2902.8	2754.4	2997.8	3402.4	2377.4	2860.7	2877.3	3380.2	2938.9	2672.0
532.7	559.6	477.3	522.2	602.2	575.0	662.1	717.2	636.2	652.4
1675.9	1557.5	1494.5	2162.8	1459.5	2013.7	2036.0	2635.4	2281.6	1723.7
501.1	477.2	518.5	581.0	429.0	483.1	643.7	799.1	598.5	605.5
1037.1	1115.7	1060.7	1363.8	721.3	774.8	1463.9	1752.5	2025.8	1139.5
1671.9	2010.3	1418.0	2338.2	982.6	1509.3	1537.9	1950.2	2177.0	1138.7
1246.2	1011.9	1481.5	1331.6	855.4	1297.2	1157.1	1049.1	1142.5	1201.7
131.2	172.0	132.3	149.2	60.3	85.3	175.9	322.6	243.2	96.6
4947.8	8528.6	2714.8	6204.0	2845.7	3829.6	4556.7	6159.0	6484.8	3223.2
4692.1	8156.7	2388.9	6095.7	2623.6	3791.2	3962.2	5507.0	4543.0	3178.0
1024.6	877.6	1078.1	1465.6	168.0	1305.3	2189.5	3833.2	3889.8	930.5
33.0		4.2	25.1	308.0	1.1	1.3	0.2		2.2
3634.5	7279.1	1306.7	4605.1	2147.6	2484.5	1771.4	1673.6	653.2	2245.3
0.1					0.4				
62.7	57.1	128.5	19.5			77.4		345.6	
25.1		72.4							
37.6	57.1	56.0	19.5			77.4		345.6	
192.9	314.8	197.4	88.8	222.1	38.4	517.1	652.0	1596.3	45.2
92.4	152.9	97.1	41.2	124.2		346.6	56.8	1480.6	6.1
67.9	118.8	76.1		95.2		9.3		35.1	2.5
7.1	5.8	1.2	38.8	2.7		3.1	13.0	0.3	0.6
25.5	37.3	23.0	8.8		38.4	158.2	582.1	80.2	36.1
71.4	121.8	31.0	119.1	23.7	61.9	64.0	236.0	32.5	14.4
387.1	475.3	245.0	706.5	286.5	349.3	809.6	1581.9	888.5	500.5
52.9	81.4	60.1	37.0	27.6	15.4	117.6	248.0	150.6	57.7
5664.6	6862.5	6464.8	2185.1	6658.1	4037.5	5254.6	4969.0	4095.7	5812.2
744.9	873.5	1050.7	217.6	651.4	330.0	795.7	1200.7	1308.6	448.7
1226.5	1400.0	2413.1		2.2	24.5	321.5	1359.6	187.9	
1389.8	2188.2	958.3	915.0	2423.3	730.5	1718.3	318.8	917.0	2536.7
353.7	643.4	213.5	97.2		562.7	328.9	58.2	150.2	496.5
580.3	1153.9	70.0	271.5	2178.6	24.8	913.2	7.5	155.2	1536.6
21.6	8.3			164.6	26.2	23.3	113.1		
434.2	382.6	674.7	546.2	80.1	116.8	453.0	139.9	611.6	503.6
169.7	615.4								
453.7	385.1	598.4	69.7	1432.6		775.2	25.5	169.8	1282.6
1678.0	1400.3	1444.3	982.7	2126.7	2952.6	1640.2	2056.8	1502.7	1544.2
2881.1	3534.7	2496.6	1745.4	2855.3	3496.1	2305.6	3480.3	2477.2	1815.2
1736.9	2255.5	1507.5	494.6	2300.9	1995.1	1794.6	2959.7	1556.8	1468.3
1066.9	1135.9	904.6	1238.8	529.3	1472.1	495.9	452.8	920.3	344.9
			0.2						

10-50 各市县农村居民家庭主要耐用品每百户拥有情况

单位:百户均

指 标 名 称	Item	全区 Total	沿黄地区 Plain	中南部地区 Mountain Area
家用汽车	Automobile	33.45	37.43	34.46
摩托车	Motorcycle	55.10	44.06	63.04
助力车	Powered Bicycle	77.64	104.45	55.82
洗衣机	Washing Machine	105.79	109.12	102.30
电冰箱(柜)	Refrigerator	102.13	104.98	98.43
微波炉	Microwave Oven	16.73	25.22	13.55
彩色电视机	Color TV Set	111.05	114.71	107.30
空调	Air Conditioner	2.00	4.18	2.80
热水器	Water Heater	103.95	103.10	100.03
洗碗机	Dishwasher	0.37	0.44	3.10
排油烟机	Smoke Exhaust Ventilator	33.01	44.94	27.04
固定电话	Telephone	0.75	0.50	0.98
移动电话	Mobile Telephone	292.90	272.82	301.13
其中:接入互联网	Internet Mobile Telephone	280.16	255.15	302.58
计算机	Computer	27.73	31.81	33.53
其中:接入互联网	Internet Computer	21.49	21.33	20.28
照相机	Camera	1.21	1.95	1.63
中高档乐器	Secondary and Top Grade Musical Instrument	1.96	1.52	1.95
健身器材	Body - building Apparatus	0.90	1.29	0.53
空气净化器(含新风系统)	Air Purifier (Include Fresh Air System)	0.23	0.75	0.36
吸尘器	Vacuum Cleaner	1.30	1.26	0.86

Ownership of Major Durable Consumer Goods per 100 Rural Households by City and County

(per 100 households)

银川市 Yinchuan	兴庆区 Xingqing	西夏区 Xixia	金凤区 Jinfeng	永宁县 Yongning	贺兰县 Helan	灵武市 Lingwu	石嘴山市 Shizuishan	大武口区 Dawukou	惠农区 Huinong	平罗县 Pingluo	吴忠市 Wuzhong
40.87	43.16	41.40	57.88	33.36	49.10	36.60	25.79	34.34	30.17	22.62	37.63
31.09	40.24	11.31	14.36	28.87	16.05	61.33	40.46	4.22	25.24	52.69	50.97
99.40	97.33	77.96	62.63	83.07	127.94	105.32	107.27	133.37	110.76	101.19	90.56
104.77	97.67	100.06	101.93	100.91	105.34	115.99	114.57	108.05	113.63	116.12	107.62
103.70	99.58	98.60	102.89	103.92	103.85	109.84	107.60	100.25	115.06	106.24	106.66
28.60	44.31	20.52	47.45	36.56	27.16	18.63	12.33	11.98	25.14	7.74	25.22
108.15	104.43	104.17	101.93	102.19	108.00	119.95	108.66	110.12	111.11	107.50	115.77
5.83	2.33	19.68	12.81	3.51	0.89	3.90	4.44	8.07	14.79		3.34
99.89	98.38	100.61	100.00	94.80	92.42	113.32	101.11	96.24	106.81	99.94	108.21
0.67						3.04					
51.27	48.02	39.39	53.36	80.73	49.61	35.12	31.02	18.28	50.20	26.40	51.33
1.01	2.05			1.68	0.77	0.91	0.81			1.25	0.45
278.69	272.21	293.36	248.62	272.74	281.36	275.43	244.24	267.17	239.63	241.69	294.60
266.32	256.40	293.36	248.62	262.52	255.04	267.33	230.36	261.43	234.29	223.20	284.86
30.10	32.07	38.23	47.41	31.01	30.15	20.41	21.73	29.92	38.58	14.09	34.35
17.46	28.06	21.86	36.22	19.35	8.10	15.01	15.89	21.95	24.88	11.51	27.97
2.41	2.05	1.99	5.13	1.54		6.28	1.31	2.02	4.57		2.05
1.76	4.15			3.98	0.77	0.81	1.36	1.98	1.09	1.35	1.52
1.20				4.69		0.76	1.82		0.97	2.46	1.17
0.89				3.22		0.81					0.45
0.47				2.15			1.39	4.39		1.35	1.46

10－50 续表

指标名称	Item	利通区 Litong	红寺堡区 Hongsipu	盐池县 Yanchi
家用汽车	Automobile	37.71	36.95	44.29
摩托车	Motorcycle	47.12	38.18	29.49
助力车	Powered Bicycle	111.27	74.73	76.87
洗衣机	Washing Machine	115.07	97.60	100.00
电冰箱(柜)	Refrigerator	109.68	101.18	99.82
微波炉	Microwave Oven	31.08	39.24	24.33
彩色电视机	Color TV Set	131.04	103.51	101.32
空调	Air Conditioner	2.31	4.00	
热水器	Water Heater	125.43	101.95	86.38
洗碗机	Dishwasher			
排油烟机	Smoke Exhaust Ventilator	56.94	31.64	56.11
固定电话	Telephone			
移动电话	Mobile Telephone	305.29	295.68	261.70
其中:接入互联网	Internet Mobile Telephone	286.61	272.43	258.19
计算机	Computer	46.05	26.23	23.17
其中:接入互联网	Internet Computer	37.77	21.14	20.75
照相机	Camera	0.76	1.27	4.31
中高档乐器	Secondary and Top Grade Musical Instrument	0.70	2.43	1.50
健身器材	Body－building Apparatus	4.09		
空气净化器(含新风系统)	Air Purifier (Include Fresh Air System)	0.91		1.50
吸尘器	Vacuum Cleaner	5.13		

Continued

同心县 Tongxin	青铜峡市 Qingtongxia	固原市 Guyuan	原州区 Yuanzhou	西吉县 Xiji	隆德县 Longde	泾源县 Jingyuan	彭阳县 Pengyang	中卫市 Zhongwei	沙坡头区 Shapotou	中宁县 Zhongning	海原县 Haiyuan
24.43	45.60	36.65	43.05	39.51	29.90	21.50	35.37	33.81	32.00	39.75	31.71
83.58	45.29	65.77	52.74	73.25	78.60	43.67	72.90	60.40	44.65	77.91	59.26
64.56	103.76	50.15	59.68	57.04	20.58	53.00	45.58	81.74	110.89	108.16	54.33
99.11	115.21	104.59	100.31	111.08	102.43	104.04	101.00	104.24	102.31	110.43	102.07
98.23	116.53	97.73	92.49	103.25	98.67	94.97	96.06	99.65	94.89	102.12	100.72
21.60	14.99	8.87	2.21	16.76	6.17	13.12	4.14	19.46	21.94	33.85	11.05
98.84	126.12	114.01	98.94	131.02	112.74	117.25	104.29	109.23	111.83	121.44	101.85
2.33	6.71	4.17		1.93	1.24	28.13	4.07	1.87	0.87	6.57	
96.15	113.01	99.69	97.40	119.70	107.42	40.06	91.76	102.93	87.99	105.53	108.89
		5.99				59.87	2.02	0.38	0.78	0.75	
54.63	49.69	14.15	18.31	14.60	16.28	8.69	8.30	35.32	32.03	38.50	35.32
2.14		1.28			1.19	9.98	0.97				
289.62	302.78	316.86	300.77	398.26	282.96	123.51	321.43	275.04	266.14	260.82	286.48
287.87	300.15	326.06	285.55	384.14	280.43	316.15	321.43	257.57	229.24	236.25	282.02
22.09	41.09	48.13	17.07	47.05	33.77	201.17	26.14	21.57	28.09	33.58	12.39
16.14	33.86	25.88	5.82	43.07	32.54	17.44	23.18	14.69	11.69	24.17	11.39
	4.49	2.58	1.75	2.59	1.24	11.71		0.63		2.49	
1.01	2.43	3.08	1.75	6.44	3.70			0.59	2.42		
		0.63	1.75		1.21			0.37			0.74
		0.46	1.75					0.46	1.90		
		1.14		2.97	1.24			1.23	1.57		1.68

10－51 主要年份各市县农村居民人均可支配收入情况

Basic Statistics of Disposable Income for Rural Households by City and County in Main Year

单位：元/人 (yuan/person)

地 区	Region	2013	2014	2015	2016	2017	2018	2019	2020
全 区	**Total**	**7597.1**	**8410.0**	**9118.7**	**9851.6**	**10737.9**	**11707.6**	**12858.4**	**13889.4**
沿黄地区	Plain	9103.8	10023.3	10820.6	11660.8	12660.6	13711.8	14859.1	16013.5
中南部地区	Mountain Area	5550.2	6227.3	6817.9	7505.4	8346.5	9298.5	10415.1	11623.7
银 川 市	**Yinchuan**	**9341.4**	**10275.2**	**11148.2**	**12036.7**	**13087.0**	**14160.2**	**15282.0**	**16428.4**
兴 庆 区	Xingqing	10663.1	11676.6	12624.9	13599.7	14788.0	15904.1	17128.7	18353.7
西 夏 区	Xixia	7827.0	8618.0	9334.4	10111.8	10975.2	11820.3	12835.2	13609.1
金 凤 区	Jinfeng	8358.8	9187.0	9941.3	10746.3	11628.8	12668.5	13708.1	14602.0
永 宁 县	Yongning	9223.0	10130.1	10994.6	11865.2	12855.3	13870.8	14994.2	16040.4
贺 兰 县	Helan	9693.8	10667.0	11628.3	12560.3	13668.1	14775.2	15927.5	17248.8
灵 武 市	Lingwu	9752.1	10756.4	11649.6	12546.5	13659.5	14847.9	16032.2	17312.0
石嘴山市	**Shizuishan**	**9277.9**	**10214.7**	**10995.5**	**11828.8**	**12879.9**	**14000.4**	**15163.5**	**16405.3**
大武口区	Dawukou	8124.4	8896.1	9563.2	10261.1	11184.6	12124.3	13154.8	13935.5
惠 农 区	Huinong	9325.4	10268.7	11074.0	11849.7	12857.2	13865.4	15185.2	16482.5
平 罗 县	Pingluo	9530.1	10501.8	11299.9	12195.7	13276.3	14491.1	15665.3	16889.8
吴 忠 市	**Wuzhong**	**7605.4**	**8442.4**	**9150.4**	**9938.2**	**10912.4**	**12045.4**	**13337.3**	**14698.3**
利 通 区	Litong	9822.6	10787.2	11588.6	12575.9	13675.4	14906.2	16272.7	17512.3
红寺堡区	Hongsipu	5210.5	5836.6	6408.5	7081.4	7895.6	8795.7	9824.9	10925.2
盐 池 县	Yanchi	6211.2	6975.2	7674.1	8532.1	9548.6	10684.7	12127.0	13922.1
同 心 县	Tongxin	5456.8	6122.7	6710.7	7388.4	8215.7	9185.0	10278.2	11339.4
青铜峡市	Qingtongxia	9456.8	10434.6	11200.0	12040.1	13134.5	14198.9	15491.0	16916.7
固 原 市	**Guyuan**	**5694.7**	**6395.3**	**7002.1**	**7714.2**	**8578.8**	**9556.7**	**10656.6**	**11950.7**
原 州 区	Yuanzhou	5943.8	6692.8	7296.1	8070.4	8960.7	9946.4	11164.2	12563.3
西 吉 县	Xiji	5538.9	6222.3	6857.1	7565.6	8400.7	9308.0	10416.2	11791.5
隆 德 县	Longde	5534.8	6199.1	6769.4	7462.1	8305.1	9276.8	10343.7	11595.4
泾 源 县	Jingyuan	5176.4	5804.7	6375.0	7032.1	7842.1	8736.2	9723.5	10707.0
彭 阳 县	Pengyang	5807.1	6529.5	7158.5	7861.0	8790.1	9862.5	11000.0	12231.5
中 卫 市	**Zhongwei**	**6681.3**	**7403.0**	**8002.2**	**8626.4**	**9365.3**	**10236.3**	**11307.6**	**12122.7**
沙坡头区	Shapotou	8145.8	8971.5	9669.2	10375.3	11249.2	12194.1	13210.1	14108.7
中 宁 县	Zhongning	7944.9	8819.1	9579.8	10356.4	11245.1	12180.2	13239.3	14076.1
海 原 县	Haiyuan	5138.5	5765.5	6258.0	6872.3	7658.3	8510.6	9626.6	10641.2

10－52 主要年份各市县农村居民人均生活消费支出情况

Per Capita Living Expenditure for Rural Residents by City and County in Main Year

单位:元/人 (yuan/person)

地 区	Region	2013	2014	2015	2016	2017	2018	2019	2020
全 区	**Total**	**6464.8**	**7676.5**	**8414.9**	**9138.4**	**9982.1**	**10789.6**	**11464.6**	**11724.3**
沿黄地区	Plain	7580.9	8650.9	9430.9	10235.8	10883.5	11569.7	12252.1	12452.0
中南部地区	Mountain Area	5085.9	5984.9	6646.3	7009.6	7675.6	8171.5	8888.7	9728.5
银 川 市	**Yinchuan**	**8637.1**	**9334.1**	**10118.5**	**11060.9**	**11507.3**	**12322.1**	**12966.2**	**13318.4**
兴 庆 区	Xingqing	8877.7	9147.9	10184.2	11549.6	12469.2	13430.2	14379.7	13912.0
西 夏 区	Xixia	8811.0	8362.0	9142.1	10069.4	10937.8	11875.7	12168.6	12767.0
金 凤 区	Jinfeng	8972.5	10613.0	9873.1	10471.9	10983.1	12155.4	13168.1	13661.2
永 宁 县	Yongning	7213.0	7772.7	8554.3	9285.3	10093.6	10987.5	11703.0	12808.8
贺 兰 县	Helan	9688.1	10726.6	11865.5	13006.8	13278.2	13948.2	14862.6	15266.2
灵 武 市	Lingwu	8535.1	9165.1	10475.3	10335.4	11338.5	11823.6	12296.7	11912.9
石嘴山市	**Shizuishan**	**8210.3**	**8752.5**	**9550.9**	**9910.1**	**10845.0**	**11468.8**	**11512.8**	**11595.1**
大武口区	Dawukou	9144.3	7533.2	8359.5	8961.2	9705.6	11073.7	11922.0	11871.8
惠 农 区	Huinong	7240.8	8088.8	8697.5	9079.5	9500.4	10059.8	10745.6	11337.1
平 罗 县	Pingluo	8330.9	9273.9	10035.5	10660.3	11197.0	11506.4	11463.2	11624.4
吴 忠 市	**Wuzhong**	**6573.8**	**7372.5**	**8022.2**	**8486.8**	**9022.6**	**9688.3**	**10875.7**	**11025.1**
利 通 区	Litong	7674.1	9028.7	9706.5	10718.4	11271.7	12098.2	12731.3	11850.7
红寺堡区	Hongsipu	6185.6	6197.2	6593.9	7154.6	8133.6	8925.9	9958.3	10705.2
盐 池 县	Yanchi	5846.0	7334.1	7850.2	8786.2	9280.4	9818.0	11480.1	10966.3
同 心 县	Tongxin	5003.0	6006.4	6898.6	7410.9	7814.5	8135.3	9098.5	9614.2
青铜峡市	Qingtongxia	7146.0	7547.8	8211.2	8106.9	8935.5	9811.6	10999.1	11545.2
固 原 市	**Guyuan**	**4731.0**	**5862.8**	**6520.7**	**6883.7**	**7678.1**	**7992.0**	**8704.3**	**9699.2**
原 州 区	Yuanzhou	5075.1	6175.0	7760.3	8268.3	9233.4	8936.9	9317.9	9658.4
西 吉 县	Xiji	4501.4	5507.1	5780.6	6119.6	6665.1	7217.3	7963.2	9580.6
隆 德 县	Longde	5181.5	6540.4	6883.5	7594.3	8986.3	10618.8	11157.0	11851.1
泾 源 县	Jingyuan	3946.5	5439.1	6013.6	6492.3	7030.9	6475.6	7156.0	7487.7
彭 阳 县	Pengyang	4672.9	5757.5	6129.8	6296.4	6805.5	7817.1	8785.9	9599.1
中 卫 市	**Zhongwei**	**6286.1**	**7133.0**	**7676.4**	**8271.5**	**8909.7**	**9466.0**	**10226.8**	**10553.9**
沙坡头区	Shapotou	7301.2	8387.2	8996.6	9920.5	11106.2	11863.9	12802.8	12606.4
中 宁 县	Zhongning	7081.1	7512.4	8483.8	9327.6	10308.7	10727.6	11173.7	12043.8
海 原 县	Haiyuan	4802.5	5957.4	6469.1	6670.0	7214.7	7542.6	8718.6	9230.3

主要统计指标解释

从2012年四季度起，国家统计局对分别进行的城乡住户调查实施了一体化改革，规范了城乡划分范围，统一了城乡居民收入指标名称、分类和统计标准，建立了城乡统一的一体化住户调查，并据此采集全国居民有关数据。1978－2012年的数据，根据国家统计局城镇住户调查和农村住户调查的历史数据，按照住户收支与生活状况调查可比口径推算得到。

一、居民可支配收入

居民可支配收入指居民可用于最终消费支出和储蓄的总和，即居民可用于自由支配的收入。既包括现金收入，也包括实物收入。按照收入的来源，可支配收入包含四项，分别为：工资性收入、经营净收入、财产净收入和转移净收入。

工资性收入　指就业人员通过各种途径得到的全部劳动报酬和各种福利，包括受雇于单位或个人、从事各种自由职业、兼职和零星劳动得到的全部劳动报酬和福利。

经营净收入　指住户或住户成员从事生产经营活动所获得的净收入，是全部经营收入中扣除经营费用、生产性固定资产折旧和生产税之后得到的净收入。计算公式为：

经营净收入＝经营收入－经营费用－生产性固定资产折旧－生产税

财产净收入　指住户或住户成员将其所拥有的金融资产、住房等非金融资产和自然资源交由其他机构单位、住户或个人支配而获得的回报并扣除相关的费用之后得到的净收入。财产净收入包括利息净收入、红利收入、储蓄性保险净收益、转让承包土地经营权租金净收入、出租房屋净收入、出租其他资产净收入和自有住房折算净租金等。财产净收入不包括转让资产所有权的溢价所得。

转移净收入　计算公式为：转移净收入＝转移性收入－转移性支出

转移性收入　指国家、单位、社会团体对住户的各种经常性转移支付和住户之间的经常性收入转移。包括养老金或退休金、社会救济和补助、政策性生产补贴、政策性生活补贴、救灾款、经常性捐赠和赔偿、报销医疗费、住户之间的赡养收入，本住户非常住成员寄回带回的收入等。转移性收入不包括住户之间的实物馈赠。

转移性支出　指调查户对国家、单位、住户或个人的经常性或义务性转移支付。包括缴纳的税款、各项社会保障支出、赡养支出、经常性捐赠和赔偿支出以及其他经常转移支出等。

根据住户收支与生活状况调查，分城镇和农村的居民人均可支配收入等数据的覆盖人群主要变化：一是计算城镇居民人均可支配收入时分母包括了在城镇地区常住的农民工，计算农村居民人均可支配收入时分母不包括在城镇地区常住的农民工；二是由本户供养的在外大学生视为常住人口。

二、居民消费支出

居民消费支出是指居民用于满足家庭日常生活消费需要的全部支出，既包括现金消费支出，也包括实物消费支出。消费支出可划分为食品烟酒、衣着、居住、生活用品及服务、交通通信、教育文化娱乐、医疗保健以及其他用品及服务八大类。

食品烟酒　指用于各种食品和烟草、酒类的支出。

衣着　指与居民穿着有关的支出，包括服装、服装材料、鞋类、其他衣类及配件、衣着相关加工服务的支出。

居住 指与居住有关的支出,包括房租、水、电、燃料、物业管理等方面的支出,也包括自有住房折算租金。

生活用品及服务 指家庭及个人的各类生活品及家庭服务。包括家具及室内装饰品、家用器具、家用纺织品、家庭日用杂品、个人用品和家庭服务。

交通通信 指用于交通和通信工具及相关的各种服务费、维修费和车辆保险等支出。

教育文化娱乐 指用于教育、文化和娱乐方面的支出。

医疗保健 指用于医疗和保健的药品、用品和服务的总费用。包括医疗器具及药品,以及医疗服务。

其他用品及服务 指无法直接归入上述各类支出的其他用品与服务支出。

服务性消费 指住户用于各种生活服务的消费支出,包括餐饮服务、衣着鞋类加工服务、居住服务、家庭服务、交通通信服务、教育文化娱乐服务、医疗服务和其他服务等。

Explanatory Notes on Main Statistical Indicators

In the fourth quarter of 2012, the NBS launched its reform on the household survey programme, to develop an integrated survey, instead of two separate urban and rural household surveys. The reform aims at regulating the division of urban and rural areas, integrating the concepts, classifications and standards, implementing the integrated household survey, and collecting household data in the whole country thereafter. Data from 1978 to 2012 are estimated based on the historical data of Urban Household Survey and Rural Household Survey according to the comparable definition and coverage of main income and consumption indicators of Household Survey on Income and Expenditure and Living Conditions.

I. Disposable Income of Residents

Disposable Income of Residents refers to the income of residents for purpose of final expenditure and savings. It includes income both in cash and in kind. By sources of income, disposable income includes four categories: income from wages and salaries, net business income, net income from properties and net income from transfer.

Income from Wages and Salaries refers to remuneration and benefits of all kinds of employed persons, including those employed by other units or individuals, freelance workers, part – time jobs, and sporadic workers.

Net Business Income refers to net income earned by households and their members engaged in production and business activities. It refers to the net income of operating revenue minus operating costs, depreciation of productive fixed assets, and production tax. The formula is:

Net business income = operating revenue – operating costs – depreciation of productive fixed assets – production tax

Net Income from Properties refers to the net income received as returns by households or members through lending of their financial assets, non – financial assets such as housing, to other institutions, households or individuals, minus relevant costs. Net income from properties includes net income of interest, bonus income, net income of saving insurance, net income from transferring management right of contract land, income from lending of housing, income from lending other assets, net converted rents of self – owned housing. Net income from properties do not include premium of transferring ownership of assets.

Net Income from Transfer The formula is:

Net income from transfer = income from transfer – expenditure from transfer

Income from Transfer refers to the regular transfer received from governments, institutions, social organizations to households and between households. It includes old – age and retirement pension, disaster relief funds, regular donation and compensation, reimbursement of medical fees, supporting income between households, income from non – resident members of households, etc. Income from transfer do not include gifts in kinds between households.

Expenditure from Transfer refers to regular or obligatory transfer paid to government, institutions, households or individuals. It includes tax payment, expenditure on all kinds of social security, supporting expenditure, regular donation, compensation payment and other regular transfer expenditure.

According to Household Survey on Income and Expenditure and Living Conditions, main changes of population coverage of per capita disposable income of urban and rural residents includes: migrant workers residing in urban areas are included in the denominator when calculating per capita disposable income of urban residents, and not included in denominator when calculating per capita disposable income of rural residents; students studying in universities or colleges in other places who are supported by the households are regarded as permanent residents of the households.

II. Consumption Expenditure of Residents

Consumption Expenditure of Residents refers to all expenditure of residents for living expenditure to satisfy family daily living. It includes expenditure in cash and in kind. It includes eight categories: food, tobacco and liquor; clothing and footwear; housing; household equipments, furnishings and services; transport and communications; education, culture and recreation; health care and medical services, and miscellaneous goods and services.

Food, Tobacco and Liquor refers to expenditure for food, tobacco and liquor of all kinds.

Clothing and Footwear refers to expenditure related to clothing, including clothes, clothing materials, footwear, other clothing and accessories, processing services related to clothing.

Housing refers to expenditure related to housing, including rents, water, electricity, fuel, property management, as well as imputed rent on owner – occupied dwellings.

Household Equipments, Furnishings and Services refers to expenditure of households and individuals on equipments, furnishings and articles for living purpose and on household services. It includes furniture and interior decoration, home appliances, home textiles, household miscellaneous daily articles, personal articles, and household services.

Transport and Communications refers to expenditure on transport and communication and related services, maintenance and repairs, and vehicle insurance.

Education, Culture and Recreation refers to expenditure on educational, cultural and recreational activities.

Health Care and Medical Services refers to expenditure on drugs, supplies and services of medical and health care. It includes medical appliances and drugs, and medical services.

Miscellaneous Goods and Services refers to expenditure on all other articles and services that can not classified into the above categories.

Service Consumption refers to consumption expenditure of households for various living services, including catering services, clothing and footwear processing services, housing services, household services, transportation and communication services, education, culture and entertainment services, medical services and other services.

第十一篇 Chapter11

农业 Agriculture

资料整理:门建军　张蓓蓓　周祺　孙文银　王艳芳

Data Compilation: Men Jianjun　Zhang Beibei　Zhou Qi　Sun Wenyin　Wang YanFang

11－1 农村基层基本情况

Basic Statistics on Rural Areas

年份 Year	乡镇数（个） Number of Township and Town Governments (unit)	乡数（个） Villages (unit)	镇数（个） Towns (unit)	村民委员会（个） Number of Villagers' Committees (unit)	乡村从业人员（人） Number of Rural Labor Force (person)	男 Male	女 Female	农林牧渔业从业人员（人） Number of Labor Force by Agriculture, Forestry, Animal Husbandry & Fishery (person)
1978	246			2168	923593			866250
1979	247			2189	938000			893000
1980	251			2285	988053			947634
1985	279	256	23	2393	1204841	635125	569716	1085839
1990	288	248	40	2501	1409341	733813	675528	1244241
1995	295	238	57	2595	1625340	859131	766209	1374338
1996	299	241	58	2586	1687083	885106	801977	1390544
1997	299	239	60	2592	1765858	924490	841368	1453785
1998	299	239	60	2602	1811661	951043	860618	1465591
1999	299	238	61	2607	1865154	1017345	847809	1527878
2000	309	245	64	2692	1979117	1030471	948646	1531310
2001	291	233	58	2732	2157431	1050519	1106912	1527646
2002	293	234	59	2664	2205431	1061159	1144272	1505141
2003	188	96	92	2627	2084846	1089837	995009	1458228
2004	188	95	93	2527	2099335	1099325	1000010	1439822
2005	191	97	94	2382	2119845	1105616	1014229	1406424
2006	187	93	94	2362	2119891	1108714	1011177	1365360
2007	191	93	98	2311	2145829	1127558	1018271	1377190
2008	191	93	98	2308	2187344	1150221	1037123	1330237
2009	191	93	98	2319	2184155	1152847	1031308	1275900
2010	192	93	99	2319	2180276	1147579	1032697	1250915
2011	193	92	101	2283	2185736	1144385	1041351	1239417
2012	192	91	101	2263	2142942	1137595	1005347	1204700
2013	193	92	101	2269	2161723	1146275	1015448	1211472
2014	193	91	102	2260	2161044	1150754	1010290	1267840
2015	192	90	102	2272	2157628	1149366	1008262	1295772
2016	193	90	103	2269	2147293	1147654	999639	1274330
2017	193	90	103	2260	2107437	1131632	975805	1216918
2018	193	90	103	2257	2064635	1112243	952392	1212568
2019	193	90	103	2240	2029301	1103353	925948	1158585
2020	193	90	103	2233	1980408	1079440	900968	1141984

11 - 2 农业机械拥有量

Major Agriculture Machinery

年份 Year	农业机械总动力（万瓦特） Total Agricultural Machinery Power（10 000w）	大中型拖拉机（混合台） Number of Large and Medium - sized Agricultural Tractors（unit）	小型及手扶拖拉机（台） Small and Walking Tractors（unit）	大中型配套农具（部） Number of Large and Medium - sized Farm Machinery（unit）	农用排灌动力机械（混合台） Number of Diesel Engines（unit）	联合收割机（台） Combine Harvester（unit）
1978		4655	12088			147
1979		5478	15114			190
1980		5811	16442			252
1985		5848	42384	6622	9003	215
1990	191105	5966	83934	6084	10611	169
1991	202687	6200	93400	6011	11449	233
1992	212126	5481	100245	6030	10653	245
1993	217581	4693	105319	5598		228
1994	228601	4433	110137	5236		294
1995	241463	3822	115196	4780		307
1996	255986	3667	119880			
1997	288432	3588	129023		12951	473
1998	316183	3620	132335			634
1999	377934	3897	149470			1346
2000	380633	4774	157061			1689
2001	407623	4887	163059			1856
2002	447513	5734	169856	8083		1996
2003	486339	7534	167005	9516	20857	1994
2004	528493	12084	169150	13613	26325	1955
2005	555144	13245	168563	14127	25173	2191
2006	592197	15207	169951	18469	26158	2718
2007	629779	15414	170327	29006	27357	3095
2008	657846	18752	173062	33673	29818	3374
2009	702548	22121	178935	43656	27565	4983
2010	729125	27962	179866	51489	27733	6333
2011	768740	32085	184148	61449	37033	6014
2012	811291	37837	182957	70771	37081	6876
2013	801982	42602	180841	77118	31817	7844
2014	813018	49098	167783	85441	31778	7570
2015	831260	53246	161201	89975	31500	8201
2016	580540	57303	155651	94593	31427	8677
2017	605377	60500	154773	100014	31973	9008
2018	621875	38640	172838	24738	7937	9356
2019	632153	42142	170990	26585	36264	9632
2020	644089	45586	168301	27787	37256	9780

注： 1. 从 2016 年开始，农业机械总动力数据不包括三轮汽车、低速载货汽车动力。
2. 2018 年大中型拖拉机是指发动机功率 22.1 千瓦及以上的拖拉机，大中型配套农具是指发动机功率 58.8 千瓦及以上拖拉机配套农具。

Notes: a) Since 2016, the total power data of agricultural machinery does not include the power of three wheel vehicles and low - speed trucks.
b) In 2018, large and medium - sized tractors refer to tractors with engine power of 22.1kW and above, and large and medium - sized supporting agricultural implements refer to tractors with engine power of 58.8kW and above.

11－3 农业施肥量及农村用电量

Consumption of Chemical Fertilizers and Electricity in Rural Areas

年份 Year	化肥施用量（万吨） Consumption of Chemical Fertilizers (10 000 tons)	氮肥 Nitrogenous Fertilizer	磷肥 Phosphate Fertilizer	钾肥 Potash Fertilizer	复合肥 Compound Fertilizer	农村用电量（万千瓦小时） Electricity Consumed in Rural Areas (10 000 kWh)
1978	22.8					10541
1979	20.1					12255
1980	17.7					15134
1985	23.2					19478
1990	46.1	32.1	9.2	0.1	4.7	38570
1991	48.8	33.4	9.9	0.2	5.3	45293
1992	51.9	35.4	10.0	0.3	6.2	48676
1993	50.8	33.8	10.3	0.3	6.4	47733
1994	55.2	35.8	12.4	0.3	6.7	53795
1995	61.7	39.6	14.4	0.3	7.4	55631
1996	67.8	43.7	15.8	0.2	8.1	65476
1997	69.2	43.9	16.1	0.2	9.0	72665
1998	74.5	46.2	18.1	0.4	9.8	73474
1999	75.5	46.5	17.8	0.5	10.7	77597
2000	76.9	46.9	18.3	0.6	11.1	79392
2001	78.4	48.2	17.8	0.8	11.6	78616
2002	79.5	48.8	18.0	0.8	11.8	82273
2003	80.1	47.0	15.6	1.1	12.5	85800
2004	84.2	47.9	19.5	1.6	15.2	89980
2005	86.9	46.0	20.2	1.8	18.9	92507
2006	90.6	48.2	21.4	2.2	18.8	101059
2007	95.5	50.1	22.0	2.4	21.1	106276
2008	95.9	50.2	22.8	2.9	20.1	109471
2009	96.7	50.2	22.0	3.4	21.1	101055
2010	102.6	53.5	22.7	3.4	22.9	109588
2011	103.3	53.3	23.2	3.7	23.1	120090
2012	106.6	54.7	24.1	3.5	24.3	127507
2013	108.9	55.9	24.3	3.8	24.9	138374
2014	106.9	53.8	24.6	4.0	24.5	135589
2015	107.0	52.2	24.8	4.2	25.8	137874
2016	107.8	52.5	24.3	4.2	26.8	141642
2017	107.5	52.3	23.8	4.4	27.0	146279
2018	101.0	49.3	22.2	4.4	25.1	150523
2019	100.7	48.8	21.9	4.3	25.7	161156
2020	99.1	47.7	21.2	4.3	25.9	168478

注： 化肥施用量为实物量。

Note: Data on Consumption of Chemical Fertilizers refer to the physical quantity.

11－4 主要年份农林牧渔业总产值

Gross Output Value of Agriculture, Forestry, Animal Husbandry and Fishery in Main Years

单位:万元 (10 000 yuan)

年份 Year	农林牧渔业总产值 Gross Output Value of Agriculture, Forestry, Animal Husbandry and Fishery	农业 Agriculture	林业 Forestry	牧业 Animal Husbandry	渔业 Fishery	农、林、牧、渔专业及辅助性活动 Agriculture, forestry, animal husbandry, fishery and auxiliary activities
1950	11445	8939	17	2488		
1955	20140	15937	87	4117		
1960	17897	14674	407	2787	30	
1965	30489	25044	395	5013	37	
1970	27970	22708	474	4759	29	
1975	46002	36710	1089	8182	22	
1978	48133	37893	1505	8714	22	
1980	64139	52945	2441	8699	54	
1985	120164	88619	8035	22903	607	
1990	246887	175113	13186	53974	4614	
1995	565493	381301	9688	162897	11607	
2000	777525	469905	31137	257488	18995	
2001	852989	493901	34999	302896	21193	
2002	924917	528801	51391	320370	24355	
2003	1005247	541303	74569	363502	25873	
2004	1255202	712966	61978	412390	35868	32000
2005	1379973	789410	55645	459969	39781	35168
2006	1481763	905543	50245	419817	41159	65000
2007	1830775	1106796	56894	538499	51586	77000
2008	2277375	1300985	74756	746458	60376	94800
2009	2440588	1450391	83828	729724	70456	106189
2010	3064355	1920607	86774	857156	80377	119441
2011	3556200	2191965	93206	1029469	102370	139190
2012	3864607	2347867	97655	1127133	133627	158325
2013	4321343	2618259	98366	1293196	132177	179345
2014	4481771	2653703	100039	1380818	149264	197947
2015	4844582	3000361	116320	1352834	157679	217388
2016	4962659	2997108	101064	1465460	169739	229288
2017	5174168	3089621	96885	1556804	186235	244623
2018	5757748	3446305	92177	1761134	197481	260651
2019	5848469	3307806	111687	1978170	174172	276633
2020	7030717	3979069	109207	2465937	189775	286728

注：1. 依据第三次全国农业普查结果，对2007－2016年数据进行了修订。

2. 本表按当年价格计算。

Note: a) According to the results of the Third National Agricultural Census, the data of 2007－2016 were revised.

b) Data in this table are calculated at current price.

11-5 农林牧渔业总产值指数

Related Gross Output Value Indices of Agriculture, Forestry, Animal Husbandry and Fishery

（按可比价格计算，以1952年为100） (constant price, 1952 = 100)

年份 Year	农林牧渔业总产值 Gross Output Value of Agriculture, Forestry, Animal Husbandry and Fishery	农业 Agriculture	林业 Forestry	牧业 Animal Husbandry	渔业 Fishery	农、林、牧、渔专业及辅助性活动 Agriculture, forestry, animal husbandry, fishery and auxiliary activities
1950	72.76	72.95	30.51	76.59		
1955	128.03	128.34	150.75	124.45		
1960	122.77	106.92	666.22	121.24		
1965	179.40	163.24	573.90	194.81		
1970	166.33	146.06	686.78	183.94		
1975	220.59	203.97	820.03	215.94		
1978	232.97	208.11	1119.27	228.72		
1980	253.48	238.03	1222.06	205.21		
1985	384.50	332.53	2308.96	362.98		
1990	480.99	435.55	1400.54	515.51		
1995	563.14	475.08	695.60	808.94		
2000	829.92	631.53	1327.03	1380.49		
2001	896.16	668.80	1054.14	1339.12		
2002	965.91	713.41	2213.55	1595.05		
2003	1049.80	730.28	3211.84	1809.79		
2004	1131.68	828.87	2758.97	1855.03		
2005	1201.84	886.06	2477.56	1994.16		
2006	1283.57	942.77	2237.24	2157.68		
2007	1373.42	1001.22	2499.00	2308.72		
2008	1493.85	1092.97	3012.49	2447.12		
2009	1616.34	1186.96	3377.00	2601.29		
2010	1742.42	1304.47	3498.57	2697.53		
2011	1831.28	1373.61	3757.46	2773.06		
2012	1941.16	1450.53	3937.82	2908.94		
2013	2032.39	1512.90	3965.38	3019.48		
2014	2156.37	1573.42	4032.79	3321.43		
2015	2251.25	1661.53	4004.56	3374.58		
2016	2350.31	1723.01	3347.81	3641.17		
2017	2456.07	1785.04	3116.81	3903.33		
2018	2554.31	1860.01	2951.62	4090.69		
2019	2633.49	1934.41	3556.70	4131.60		
2020	2728.30	1976.97	3108.56	4433.21		

11－5 续表 continued

（按可比价格计算，以上年为100） (constant price, Preceding year = 100)

年份 Year	农林牧渔业总产值 Gross Output Value of Agriculture, Forestry, Animal Husbandry and Fishery	农业 Agriculture	林业 Forestry	牧业 Animal Husbandry	渔业 Fishery	农、林、牧、渔专业及辅助性活动 Agriculture, forestry, animal husbandry, fishery and auxiliary activities
1950	106.5	106.2		103.1		
1955	104.0	104.0	184.2	98.5		
1960	84.1	77.6	105.5	99.4	93.3	
1965	114.8	111.8	109.5	127.3	108.8	
1970	97.3	93.5	107.2	104.2	91.0	
1975	96.7	90.3	131.2	112.2	101.4	
1978	112.5	112.5	138.8	102.5	108.3	
1980	114.1	123.2	98.8	93.9	106.5	
1985	102.5	102.8	79.0	125.6	138.2	
1990	104.3	101.0	127.3	109.4	108.0	
1995	105.6	100.5	101.5	118.9	109.9	
2000	103.8	97.7	128.4	112.5	114.7	
2001	108.0	105.9	109.3	111.0	111.8	
2002	107.8	106.7	152.6	104.1	117.7	
2003	108.7	102.4	145.1	113.5	106.2	
2004	107.8	113.5	85.9	102.5	117.9	110.0
2005	106.2	106.9	89.8	107.5	104.2	108.3
2006	106.8	106.4	90.3	108.2	114.1	115.3
2007	107.0	106.2	111.7	107.0	110.1	112.5
2008	108.8	109.2	120.5	106.0	109.7	113.0
2009	108.2	108.6	112.1	106.3	111.5	111.3
2010	107.8	109.9	103.6	103.7	111.2	108.0
2011	105.1	105.3	107.4	102.8	115.6	109.6
2012	106.0	105.6	104.8	104.9	116.3	111.5
2013	104.7	104.3	100.7	103.8	117.5	109.6
2014	106.1	104.0	101.7	110.0	113.1	108.3
2015	104.4	105.6	99.3	101.6	105.6	108.6
2016	104.4	103.7	83.6	107.9	108.3	104.0
2017	104.5	103.6	93.1	107.2	105.8	105.1
2018	104.0	104.2	94.7	104.8	99.9	104.2
2019	103.1	104.0	120.5	101.0	96.8	103.9
2020	103.6	102.2	87.4	107.3	101.4	101.6

11-6 耕地面积、造林面积和播种面积

Cultivated Areas, Afforested Areas and Sown Area

单位:万公顷 (10 000 hectare)

年份 Year	年末耕地面积 Cultivated Land at Year End	水田 Paddy Fields	旱田 Dry Fields	水浇地 Irrigated Fields	当年造林面积 Afforestation Area This Year	农作物总播种面积 Total Sown Area	粮食作物播种面积 Sown Area of Grain Crops
1950	71.7					50.4	43.9
1955	83.9				0.1	70.7	59.2
1960	93.2				0.7	94.3	77.1
1965	92.3				1.2	90.9	77.2
1970	90.6				0.5	88.3	77.0
1975	91.4				0.6	88.0	75.8
1978	89.1				1.4	90.2	76.4
1980	89.6				1.2	89.6	75.7
1985	79.5	14.1	65.4	10.3	3.3	82.8	65.0
1990	79.6	17.5	62.1	8.5	0.9	88.9	72.4
1995	80.7	17.1	63.6	10.6	2.6	95.6	76.2
2000	129.3	19.8	109.5	20.0	8.2	102.4	81.5
2001	129.9	21.1	108.8	19.5	9.9	98.1	75.5
2002	121.2	21.2	100.0	19.8	18.3	107.9	81.2
2003	111.9	18.2	93.7	23.0	29.5	112.9	80.4
2004	110.5	15.2	95.3	25.5	16.3	115.8	79.2
2005	111.4	17.0	94.4	25.3	11.2	109.9	77.6
2006	111.6	16.3	95.3	22.2	5.5	110.9	79.4
2007	111.7	19.0	92.7	23.6	7.4	119.4	84.4
2008	112.8	19.3	93.5	24.1	10.3	119.9	80.8
2009	113.6	19.0	94.6	26.5	8.9	120.5	80.5
2010	113.5	18.8	94.7	24.2	9.5	120.6	81.5
2011	113.3	18.9	94.4	24.3	9.0	120.6	81.6
2012	128.6	19.0	109.6	31.2	9.5	117.6	78.8
2013	128.4	18.9	109.5	31.3	10.1	114.7	75.6
2014	128.9	18.8	110.1	32.0	8.4	112.7	72.8
2015	129.3	18.7	110.6	32.4	8.1	113.2	72.8
2016	129.2	18.6	110.6	32.4	9.2	111.9	71.8
2017	129.3	18.6	110.7	32.6	7.8	113.3	72.3
2018	130.3	18.6	111.7	33.3	10.0	116.5	73.6
2019	119.8	15.4	104.4	38.2	9.2	115.3	67.7
2020	120.1	15.4	104.1	38.4	8.2	117.4	67.9

注: 1.2000 年以后的耕地面积为土地详查数。
2.依据第三次全国农业普查结果,对 2007-2016 年农作物总播种面积和粮食作物播种面积进行了修订。
3.2019 年的耕地面积数据为第三次国土调查数据。

Notes:a) Since 2000, data of cultivated areas refer to the datailed land investigation data.
b) According to the results of the third national agricultural census, the total sown area of crops and the sown area of grain crops in 2007-2016 were revised.
c) The cultivated land area data in 2019 is the data of the third land survey.

11－7　主要农产品产量
Output of Major Farm Products

单位:万千克　　(10 000 kg)

年份 Year	粮食 Grain	稻谷 Rice	小麦 Wheat	玉米 Corn	油料 Oil－bearing Crops
1950	33512	5012	6877		2111
1955	62061	11145	17922		4181
1960	46701	8557	18648		1310
1965	83334	13215	37540	660	3088
1970	72036	16634	22176		2852
1975	109470	26965	46843	2041	2446
1978	116981	27785	47901	5698	2568
1980	120357	32915	49469	8545	3599
1985	139534	41889	58553	14214	5338
1990	191703	54300	78000	37600	6243
1995	203253	46153	68870	60849	5591
2000	252742	62376	74462	81955	6990
2001	274795	61821	83603	94772	7345
2002	301914	65669	96116	104272	10880
2003	270174	37042	75614	119926	13175
2004	290488	52462	80419	117689	13801
2005	299809	61058	79414	121415	12209
2006	322400	76600	83300	127100	8434
2007	323490	60500	61601	146600	7253
2008	329220	66381	64074	149940	11884
2009	340613	64554	73563	156382	11413
2010	356395	69986	70333	165805	16019
2011	358840	70755	62976	172429	13245
2012	374972	71326	62045	191177	12147
2013	373290	68895	46316	206243	10601
2014	376586	61835	40546	224080	9754
2015	372601	60754	39636	226882	8434
2016	370653	67878	38000	220465	7623
2017	370050	68848	37818	214873	6944
2018	392580	66550	41580	234620	7289
2019	373153	55092	34615	230468	7658
2020	380494	49394	27786	249070	6654

注：　1.2000 年起粮食总产量及稻谷、小麦、玉米产量为抽样调查数。

2.依据第三次全国农业普查结果,对 2007－2016 年数据进行了修订。

Notes:a) Since 2000, data in this table are obtained from the sample surveys on total grain, rice, wheat and corn.

b) According to the results of the Third National Agricultural Census, the data of 2007－2016 were revised.

11-8 主要农产品产量及单位面积产量

Output and Output Per Hectare of Major Farm Products

指 标 Item	1990		2000		2007		2008	
	总产量（吨）Total Yield (ton)	单位产量（千克/公顷）Unit Yield (kg/hectare)	总产量（吨）Total Yield (ton)	单位产量（千克/公顷）Unit Yield (kg/hectare)	总产量（吨）Total Yield (ton)	单位产量（千克/公顷）Unit Yield (kg/hectare)	总产量（吨）Total Yield (ton)	单位产量（千克/公顷）Unit Yield (kg/hectare)
粮食 Grain	1917030	2655	2527420	3132	3234900	3831	3292200	4073
稻谷 Rice	543000	9004	623760	8130	605003	7857	663810	8268
小麦 Wheat	780000	2540	744620	2546	616005	2636	640737	3136
玉米 Corn	376000	4980	819550	6252	1466001	7117	1499400	7191
大豆 Soybean	24477	638	30226	804	11095	1182	16290	681
薯类 Tubers	83574	1898	162206	2138	414002	2129	422753	1945
油料 Oil-bearing Crops	62434	642	69897	891	72531	1515	118842	1684
胡麻籽 Rapeseeds	43766	647	25190	619	24032	960	37566	1119
药材 Medicinal Materials	369	1726	15852	2588	100890	2511	111017	2700
蔬菜 Vegetables	668768	41808	1504057	30553	2516634	37052	3112085	39800
瓜果类 Melons	142742	36851	280266	23820	1075942	18769	1269611	17821
园林水果 Garden Fruits	55208	2070	193155	4402	404264	6499	450749	5980
苹果 Apples	34768	1620	159462	7340	262697	12790	257680	9003

注：1. 粮食总产量及稻谷、小麦、玉米、薯类产量为抽样数，其余为全面统计数据。

2. 依据第三次全国农业普查结果，对2007-2016年数据进行了修订。

Notes: a) Data in this table are obtained from the sample surveys on total grain, rice, wheat, corn and tubers, and the rest is of comprehensive statistics.

b) According to the results of the Third National Agricultural Census, the data of 2007-2016 were revised.

11－8 续表1 continued

指　标 Item	2009		2010		2011		2012	
	总产量（吨）Total Yield (ton)	单位产量（千克/公顷）Unit Yield (kg/hectare)	总产量（吨）Total Yield (ton)	单位产量（千克/公顷）Unit Yield (kg/hectare)	总产量（吨）Total Yield (ton)	单位产量（千克/公顷）Unit Yield (kg/hectare)	总产量（吨）Total Yield (ton)	单位产量（千克/公顷）Unit Yield (kg/hectare)
粮食 Grain	3406134	4230	3563950	4373	3588404	4397	3749718	4760
稻谷 Rice	645538	8250	699862	8416	707553	8429	713259	8457
小麦 Wheat	735631	3367	703325	3327	629758	3116	620447	3467
玉米 Corn	1563817	7271	1658047	7422	1724292	7461	1911770	7775
大豆 Soybean	12195	633	12150	623	9900	637	8955	623
薯类 Tubers	390648	1973	425016	2173	445201	2321	422443	2365
油料 Oil－bearing Crops	114131	1591	160186	2110	132455	2077	121471	2040
胡麻籽 Rapeseeds	42991	1123	51418	1327	53821	1567	49866	1544
药材 Medicinal Materials	102890	2602	107466	2843	127838	3061	123939	2831
蔬菜 Vegetables	3409991	38012	3878533	40202	4127200	40923	4377829	42265
瓜果类 Melons	1311538	18447	1425277	20397	1383622	20058	1378560	20906
园林水果 Garden Fruits	491842	5659	536444	5434	570947	5801	604522	6177
苹果 Apples	283841	9771	292883	8766	322172	10107	367651	12294

11－8 续表2 continued

指标 Item	2013 总产量（吨）Total Yield (ton)	2013 单位产量（千克/公顷）Unit Yield (kg/hectare)	2014 总产量（吨）Total Yield (ton)	2014 单位产量（千克/公顷）Unit Yield (kg/hectare)	2015 总产量（吨）Total Yield (ton)	2015 单位产量（千克/公顷）Unit Yield (kg/hectare)	2016 总产量（吨）Total Yield (ton)	2016 单位产量（千克/公顷）Unit Yield (kg/hectare)
粮食 Grain	3732904	4939	3765856	5171	3726014	5117	3706532	5163
稻谷 Rice	688949	8387	618346	7923	607535	8172	678782	8394
小麦 Wheat	463158	3112	405464	3181	396361	3237	380000	3239
玉米 Corn	2062431	7871	2240796	7760	2268820	7518	2204650	7038
大豆 Soybean	8190	699	7717	679	6772	602	11100	1306
薯类 Tubers	439966	2546	421101	3054	371950	2895	342000	2773
油料 Oil－bearing Crops	106010	2047	97536	2061	84343	2024	76234	2152
胡麻籽 Rapeseeds	43902	1544	41669	1577	42585	1794	33657	1675
药材 Medicinal Materials	138889	2959	152581	3152	158702	3276	158194	3248
蔬菜 Vegetables	4672267	43440	4902869	43884	5155571	44589	5244781	44816
瓜果类 Melons	1407221	21867	1504577	22938	1496682	23840	1488883	24259
园林水果 Garden Fruits	605387	6139	622614	6539	611150	6810	688935	8140
苹果 Apples	365658	12209	368089	12982	347807	14061	463947	14868

11－8 续表3 continued

指 标 Item	2017		2018		2019		2020	
	总产量（吨）Total Yield (ton)	单位产量（千克/公顷）Unit Yield (kg/hectare)	总产量（吨）Total Yield (ton)	单位产量（千克/公顷）Unit Yield (kg/hectare)	总产量（吨）Total Yield (ton)	单位产量（千克/公顷）Unit Yield (kg/hectare)	总产量（吨）Total Yield (ton)	单位产量（千克/公顷）Unit Yield (kg/hectare)
粮 食 Grain	3700500	5122	3925800	5336	3731527	5509	3804941	5602
稻 谷 Rice	688479	8491	665500	8531	550918	8095	493939	8122
小 麦 Wheat	378178	3071	415800	3233	346145	3212	277858	2990
玉 米 Corn	2148728	7014	2346200	7549	2304682	7688	2490704	7718
大 豆 Soybean	7300	909	8800	1275	6237	1275	3907	1134
薯 类 Tubers	352000	2966	363800	3309	394329	4253	415399	4368
油 料 Oil－bearing Crops	69443	2087	72892	2161	76582	1965	66535	2016
胡麻籽 Rapeseeds	29929	1541	36205	1637	39352	1591	35624	1605
药 材 Medicinal Materials	187819	3564	187740	3224	196356	3477	213792	3598
蔬 菜 Vegetables	5399391	45538	5508058	45233	5659093	43137	5663548	41894
瓜果类 Melons	1424729	24105	1496395	24036	1649947	25099	1576668	24736
园林水果 Garden Fruits	681274	8560	475707	5151	936490	9094	467877	4469
苹 果 Apples	439849	15562	182222	6509	501731	17909	211023	7382

11－9 主要畜产品产量

指　　标	Item	单位	Unit
当年出栏肉猪头数	Slaghtered Fattened Hogs This Year	万头	10 000 heads
当年出售和自宰的肉用牛	Beef Cattle for Sale and Self－use This Year	万头	10 000 heads
当年出售和自宰的肉用羊	Mutton Sheep for Sale and Self－use This Year	万头	10 000 heads
当年出售和自宰的家禽	Poultry for Sale and Self－use This Year	万只	10 000 heads
当年肉类总产量	Total Output of Meat This Year	万吨	10 000 tons
猪肉产量	Pork	万吨	10 000 tons
牛肉产量	Beef	万吨	10 000 tons
羊肉产量	Mutton	万吨	10 000 tons
奶类产量	Milk	万吨	10 000 tons
牛奶	Cow Milk	万吨	10 000 tons
山羊毛产量	Goat Wool	吨	ton
绵羊毛产量	Sheep Wool	吨	ton
羊绒产量	Cashmere	吨	ton
蜂蜜产量	Honey	吨	ton
禽蛋产量	Poultry Eggs	万吨	10 000 tons
水产品产量	Aquatic Products	吨	ton

11－9 续表

指　　标	Item	单位	Unit
当年出栏肉猪头数	Slaghtered Fattened Hogs This Year	万头	10 000 heads
当年出售和自宰的肉用牛	Beef Cattle for Sale and Self－use This Year	万头	10 000 heads
当年出售和自宰的肉用羊	Mutton Sheep for Sale and Self－use This Year	万头	10 000 heads
当年出售和自宰的家禽	Poultry for Sale and Self－use This Year	万只	10 000 heads
当年肉类总产量	Total Output of Meat This Year	万吨	10 000 tons
猪肉产量	Pork	万吨	10 000 tons
牛肉产量	Beef	万吨	10 000 tons
羊肉产量	Mutton	万吨	10 000 tons
奶类产量	Milk	万吨	10 000 tons
牛奶	Cow Milk	万吨	10 000 tons
山羊毛产量	Goat Wool	吨	ton
绵羊毛产量	Sheep Wool	吨	ton
羊绒产量	Cashmere	吨	ton
蜂蜜产量	Honey	吨	ton
禽蛋产量	Poultry Eggs	万吨	10 000 tons
水产品产量	Aquatic Products	吨	ton

注:依据第三次全国农业普查结果,对2007－2016年数据进行了修订。

Output of Major Livestock Products

1980	1990	2000	2007	2008	2009	2010	2011	2012
32.7	59.1	147.1	115.3	118.5	127.2	120.2	99.7	106.2
0.5	4.4	28.2	45.6	47.7	50.9	52.1	52.0	57.0
42.9	104.7	234.0	329.3	341.9	395.3	425.1	443.9	465.0
		1859.5	1170.9	1305.9	1275.5	1378.6	1463.9	1455.0
1.9	6.8	19.0	22.9	23.8	25.8	26.3	25.8	27.1
1.5	4.1	9.3	8.3	8.5	9.2	8.5	7.3	7.9
	0.5	3.3	6.5	6.8	7.3	7.5	7.5	7.9
0.4	1.7	3.3	5.7	5.9	6.8	7.3	7.9	8.3
0.4	4.1	23.6	80.9	93.1	84.7	88.3	100.2	108.0
0.4	4.1	23.6	80.9	93.1	84.7	88.3	100.2	108.0
336	290	715	393	521	349	535	623	796
2675	3780	4703	4788	5768	6023	6889	7612	8317
139	158	364	216	254	317	378	448	450
427	517	807	546	771	758	826	864	946
	2.2	7.6	6.0	7.1	8.7	8.3	9.3	8.3
309	10217	36983	70439	75137	81844	90035	105422	123538

continued

2013	2014	2015	2016	2017	2018	2019	2020
101.0	109.9	102.0	110.3	113.7	112.5	96.6	98.6
59.5	58.7	64.4	68.2	71.0	74.8	71.9	72.0
499.7	518.0	532.5	538.0	560.0	558.8	579.7	625.1
1702.9	1777.0	1578.4	1769.6	1796.0	1848.7	1723.9	1386.7
28.3	29.6	30.2	32.1	33.5	34.1	33.5	33.8
7.5	8.3	7.9	8.6	8.9	8.8	7.8	8.0
8.7	8.8	9.7	10.4	10.9	11.5	11.5	11.4
8.7	8.9	9.3	9.5	9.9	9.9	10.4	11.1
108.8	141.7	142.5	145.6	160.1	169.4	183.4	215.3
108.8	141.7	142.5	145.6	160.1	168.3	183.4	215.3
844	846	853	784	835	786	718	877
9237	10269	10048	10878	10898	9746	9981	8430
476	491	532	589	609	663	626	446
1037	971	1041	1018	1101	1149	1355	648
10.5	12.3	13.6	15.7	15.3	14.4	13.9	13.9
144930	162588	169799	174591	180889	176949	157660	161625

Note: According to the results of the Third National Agricultural Census, the data of 2007 – 2016 were revised.

11－10 造林面积
Afforested Areas

指　标	Item	单位	Unit	2010	2015	2018	2019	2020
造林面积	Afforestation Area	公顷	hectare	94932	81313	100055	92254	81699
按造林方式分	Grouped by Afforestation Method of Forest							
人工造林	Artificial Forestation	公顷	hectare	71001	37895	44828	63057	52857
飞播造林	Aerial seeding afforestation	公顷	hectare					
新封山育林	Closing the mountain for afforestation	公顷	hectare	23931	36743	14939	12401	5500
退化林修复	Restoration of degraded forest	公顷	hectare		6675	40288	16796	23342
人工更新	Artificial renewal	公顷	hectare					

11-11 各市县农村基层基本情况

Basic Statistics on Grassroots Units by City and County

地区 Region	农村基础设施(个) Infrastructure of Rural Area(unit)			乡村从业人员(人)	
	自来水受益村 Number of Villages Benefit from Using Tap Water	通有线电视村 Number of Cable TV Village	通宽带村 Number of Villages Connected to broadband	Number of Rural Labor Force (person)	农林牧渔业 Agriculture, Forestry, Animal Husbandry and Fishery
全区总计 Total	**2138**	**2176**	**2194**	**1980408**	**1141984**
银川市 Yinchuan	**278**	**262**	**278**	**352921**	**201010**
兴庆区 Xingqing	35	19	35	54271	19932
西夏区 Xixia	17	17	17	24393	12414
金凤区 Jinfeng	20	20	20	25338	17036
永宁县 Yongning	66	66	66	82980	57926
贺兰县 Helan	65	65	65	79665	46243
灵武市 Lingwu	75	75	75	86274	47459
石嘴山市 Shizuishan	**195**	**195**	**195**	**178569**	**109348**
大武口区 Dawukou	12	12	12	24139	9636
惠农区 Huinong	39	39	39	23322	12851
平罗县 Pingluo	144	144	144	131108	86861
吴忠市 Wuzhong	**426**	**507**	**484**	**511002**	**267678**
利通区 Litong	104	104	104	130511	60780
红寺堡区 Hongsipu	64	64	64	70477	46035
盐池县 Yanchi	102	101	102	58301	39066
同心县 Tongxin	72	154	130	145503	65293
青铜峡市 Qingtongxia	84	84	84	106210	56504
固原市 Guyuan	**795**	**793**	**795**	**482827**	**321025**
原州区 Yuanzhou	148	146	148	113230	75526
西吉县 Xiji	295	295	295	186919	127604
隆德县 Longde	99	99	99	42763	29272
泾源县 Jingyuan	97	97	97	41814	20485
彭阳县 Pengyang	156	156	156	98101	68138
中卫市 Zhongwei	**444**	**419**	**442**	**455089**	**242923**
沙坡头区 Shapotou	163	160	161	143406	78910
中宁县 Zhongning	131	109	131	147151	95779
海原县 Haiyuan	150	150	150	164532	68234

11－12 各市县农用化肥施用量

Consumption of Chemical Fertilizers by City and County

单位:吨　　(ton)

地　区　Region	农用化肥施用量 Consumption of Chemical Fertilizer	氮肥 Nitrogenous Fertilizer	磷肥 Phosphate Fertilizer	钾肥 Potash Fertilizer	复合肥 Compound Fertilizer
全区总计 Total	**990770**	**477299**	**211652**	**42831**	**258988**
银 川 市 Yinchuan	**185837**	**98187**	**35963**	**14726**	**36961**
兴 庆 区 Xingqing	16387	9016	4101	760	2510
西 夏 区 Xixia	32774	17153	5004	3942	6675
金 凤 区 Jinfeng	6895	3945	1037	1520	393
永 宁 县 Yongning	47716	22956	7780	5113	11867
贺 兰 县 Helan	53735	31240	12373	1807	8315
灵 武 市 Lingwu	28330	13877	5668	1584	7201
石嘴山市 Shizuishan	**191774**	**101285**	**33505**	**10318**	**46666**
大武口区 Dawukou	2342	755	689	139	759
惠 农 区 Huinong	34540	19395	5919	708	8518
平 罗 县 Pingluo	154892	81135	26897	9471	37389
吴 忠 市 Wuzhong	**235049**	**128395**	**35156**	**8556**	**62942**
利 通 区 Litong	46373	21671	8969	3906	11827
红寺堡区 Hongsipu	42990	19865	4699	183	18243
盐 池 县 Yanchi	15698	7553	2502	1213	4430
同 心 县 Tongxin	38186	22146	8426	368	7246
青铜峡市 Qingtongxia	91802	57160	10560	2886	21196
固 原 市 Guyuan	**182160**	**50217**	**85403**	**1827**	**44713**
原 州 区 Yuanzhou	30785	14532	7105	435	8713
西 吉 县 Xiji	93057	15017	60990	743	16307
隆 德 县 Longde	12180	5155	580	368	6077
泾 源 县 Jingyuan	4368	1924	734	270	1440
彭 阳 县 Pengyang	41770	13589	15994	11	12176
中 卫 市 Zhongwei	**195950**	**99215**	**21625**	**7404**	**67706**
沙坡头区 Shapotou	46807	20968	6171	2669	16999
中 宁 县 Zhongning	129370	73072	11144	4707	40447
海 原 县 Haiyuan	19773	5175	4310	28	10260

注：　按实物量计算。

Note: Data refer to the physical quantity.

11－13 各市县农林牧渔业总产值

Gross Output Value of Agriculture, Forestry, Animal Husbandry and Fishery by City and County

单位:万元　　（按现行价格计算）(calculated at current price)　　(10 000 yuan)

地区 Region	农林牧渔业总产值 Gross Output Value of Agriculture, Forestry, Animal Husbandry and Fishery	农业 Agriculture	林业 Forestry	牧业 Animal Husbandry	渔业 Fishery	农、林、牧、渔专业及辅助性活动 Agriculture, forestry, animal husbandry, fishery and auxiliary activities	农林牧渔业总产值指数（上年＝100） Indices of Gross Output (preceding year = 100)
全区总计 Total	**7030717**	**3979069**	**109207**	**2465937**	**189775**	**286728**	**103.6**
银川市 Yinchuan	**1518166**	**837224**	**13369**	**485004**	**93441**	**89129**	**101.6**
银川市 District	446333	243519	5266	135203	11796	50550	100.1
永宁县 Yongning	350271	248184	2583	80785	6824	11895	100.9
贺兰县 Helan	432089	231489	2580	114134	71179	12708	103.3
灵武市 Lingwu	289474	114032	2941	154883	3641	13976	102.1
石嘴山市 Shizuishan	**743713**	**474667**	**3691**	**186357**	**56375**	**22623**	**102.8**
大武口区 Dawukou	34804	11605	895	3992	13603	4708	103.4
惠农区 Huinong	159419	82551	806	66092	5743	4228	102.1
平罗县 Pingluo	549490	380511	1990	116272	37030	13687	103.0
吴忠市 Wuzhong	**1777577**	**784293**	**20790**	**899021**	**13898**	**59576**	**104.9**
利通区 Litong	507837	150675	3128	325888	3238	24907	103.9
红寺堡区 Hongsipu	177906	120382	2200	51350		3975	105.0
盐池县 Yanchi	238242	64633	6470	157508	77	9552	105.6
同心县 Tongxin	371169	188345	5099	169481		8245	104.5
青铜峡市 Qingtongxia	482424	260258	3893	194793	10583	12897	106.2
固原市 Guyuan	**1601500**	**1014050**	**63389**	**447802**	**804**	**75455**	**103.6**
原州区 Yuanzhou	472563	314131	9472	124470	633	23857	105.0
西吉县 Xiji	500035	368383	5041	105638	171	20802	104.5
隆德县 Longde	177623	107366	7826	54346		8084	104.0
泾源县 Jingyuan	99281	23463	24073	38604		13140	101.0
彭阳县 Pengyang	351998	200707	16976	124744		9571	101.1
中卫市 Zhongwei	**1389760**	**868836**	**7969**	**447754**	**25257**	**39945**	**104.8**
沙坡头区 Shapotou	594694	350370	2207	205959	20756	15403	106.3
中宁县 Zhongning	448383	302008	2281	125039	4501	14553	103.0
海原县 Haiyuan	346684	216459	3481	116756		9989	104.5

11-14 各市县农作物播种面积

Total Sown Areas of Farm Crops by City and County

单位:公顷 (hectare)

地 区 Region	农作物总播种面积 Total Sown Area	粮食播种面积 Sown Area of Grain Crops					
		合计 Total	稻谷 Rice	小麦 Wheat	玉米 Corn	薯类 Tubers	豆类 Soybeans
全区总计 Total	**1174215**	**679169**	**60816**	**92924**	**322726**	**95107**	**12660**
银 川 市 Yinchuan	**152308**	**81140**	**28246**	**9296**	**43198**		**400**
兴 庆 区 Xingqing	14377	6031	3850	628	1553		
西 夏 区 Xixia	13767	10009	2522	155	7332		
金 凤 区 Jinfeng	4652	1533	267	133	1133		
永 宁 县 Yongning	48321	25880	4533	3600	17347		400
贺 兰 县 Helan	46349	20740	10007	4500	6233		
灵 武 市 Lingwu	24842	16947	7067	280	9600		
石嘴山市 Shizuishan	**102740**	**70754**	**17751**	**12636**	**38526**		**1841**
大武口区 Dawukou	3680	2450	361	799	1290		
惠 农 区 Huinong	22772	13588	587	3320	9573		108
平 罗 县 Pingluo	76288	54716	16803	8517	27663		1733
吴 忠 市 Wuzhong	**309744**	**188564**	**10471**	**20910**	**94550**	**8820**	**1673**
利 通 区 Litong	35350	16966	3501	268	12997		200
红寺堡区 Hongsipu	37278	20458		1658	17867	220	373
盐 池 县 Yanchi	70843	40666		1200	12133	2000	
同 心 县 Tongxin	110741	81267		17000	30333	6600	867
青铜峡市 Qingtongxia	55532	29207	6970	784	21220		233
固 原 市 Guyuan	**353046**	**209963**		**40212**	**83337**	**63240**	**6127**
原 州 区 Yuanzhou	98025	48734		9600	26867	9000	666
西 吉 县 Xiji	129433	92142		17005	19650	42207	3167
隆 德 县 Longde	36000	18233		3000	7633	5667	1600
泾 源 县 Jingyuan	8889	1067		87	520	433	27
彭 阳 县 Pengyang	80699	49787		10520	28667	5933	667
中 卫 市 Zhongwei	**256377**	**128748**	**4348**	**9870**	**63115**	**23047**	**2619**
沙坡头区 Shapotou	65869	18389	2826	1880	13267		277
中 宁 县 Zhongning	77851	37209	1522	2106	28515	1047	276
海 原 县 Haiyuan	112657	73150		5884	21333	22000	2066

11－14 续表 continued

单位:公顷 (hectare)

地　区 Region	其他经济作物 Other Economic Crop					
	油料 Oil－bearing Crops	药材 Medicinal Materials	蔬菜 Vegetables	瓜果类 Melons and Fruits	其他农作物 Other Farm Crops	青饲料 Succulence
全区总计 Total	**33000**	**59418**	**135188**	**63740**	**203433**	**127599**
银川市 Yinchuan	**166**	**5356**	**39217**	**2589**	**23840**	**20953**
兴庆区 Xingqing		3109	2617	391	2229	1599
西夏区 Xixia	48	704	919	16	2071	362
金凤区 Jinfeng	35		2192	552	340	340
永宁县 Yongning	14	349	16974	533	4571	4365
贺兰县 Helan	13	407	14470	567	10152	10125
灵武市 Lingwu	56	787	2045	530	4477	4162
石嘴山市 Shizuishan	**5010**	**6131**	**12009**	**1175**	**7661**	**4858**
大武口区 Dawukou	3	111	556	46	514	514
惠农区 Huinong	1368	499	2860	44	4413	3263
平罗县 Pingluo	3639	5521	8593	1085	2734	1081
吴忠市 Wuzhong	**3431**	**15185**	**35808**	**4991**	**61765**	**30059**
利通区 Litong		565	6044	592	11183	8320
红寺堡区 Hongsipu	294	3525	5901	171	6929	4562
盐池县 Yanchi	586	1026	3620	664	24281	2881
同心县 Tongxin	2551	9956	7358	1187	8422	5656
青铜峡市 Qingtongxia		113	12885	2377	10950	8640
固原市 Guyuan	**17098**	**13673**	**29904**	**882**	**81259**	**54327**
原州区 Yuanzhou	3141	3054	13918	349	28829	18173
西吉县 Xiji	8213	1080	8080	100	19818	16793
隆德县 Longde	2867	5333	1900	333	7334	6667
泾源县 Jingyuan	61	136	339		7286	4694
彭阳县 Pengyang	2816	4070	5667	100	17992	8000
中卫市 Zhongwei	**7295**	**19073**	**18250**	**54103**	**28908**	**17402**
沙坡头区 Shapotou	273	6050	8270	28264	4623	4073
中宁县 Zhongning	222	8275	4181	22172	5792	4216
海原县 Haiyuan	6800	4748	5799	3667	18493	9113

11－15 各市县主要农作物产量

Output of Major Farm Products by City and County

地 区 Region	粮食产量(万吨) Output of Grain(10 000 tons)					
	合计 Total	稻谷 Rice	小麦 Wheat	玉米 Corn	薯类 Tubers	豆类 Soybeans
全区总计 Total	**380.49**	**49.39**	**27.79**	**249.07**	**41.54**	**1.65**
银川市 Yinchuan	**69.23**	**23.29**	**5.12**	**40.80**		**0.03**
兴庆区 Xingqing	4.77	3.12	0.32	1.33		
西夏区 Xixia	9.68	2.09	0.08	7.51		
金凤区 Jinfeng	1.27	0.21	0.07	1.00		
永宁县 Yongning	22.19	3.98	2.04	16.13		0.03
贺兰县 Helan	16.35	8.06	2.46	5.83		
灵武市 Lingwu	14.98	5.83	0.15	9.00		
石嘴山市 Shizuishan	**50.78**	**12.52**	**6.58**	**31.52**		**0.17**
大武口区 Dawukou	1.63	0.23	0.39	1.01		
惠农区 Huinong	10.23	0.39	1.85	7.98		0.01
平罗县 Pingluo	38.93	11.90	4.34	22.53		0.16
吴忠市 Wuzhong	**99.58**	**9.59**	**2.41**	**80.75**	**2.49**	**0.15**
利通区 Litong	15.14	3.07	0.15	11.89		0.02
红寺堡区 Hongsipu	15.34		0.32	14.90	0.05	0.04
盐池县 Yanchi	7.94		0.02	6.56	0.60	
同心县 Tongxin	33.14		1.47	26.39	1.84	0.03
青铜峡市 Qingtongxia	28.03	6.51	0.45	21.01		0.05
固原市 Guyuan	**91.31**		**11.59**	**43.40**	**31.93**	**0.93**
原州区 Yuanzhou	21.07		2.59	14.11	3.78	0.11
西吉县 Xiji	39.75		5.30	8.46	23.42	0.38
隆德县 Longde	8.15		0.92	4.14	2.68	0.34
泾源县 Jingyuan	0.28		0.02	0.14	0.11	0.01
彭阳县 Pengyang	22.07		2.76	16.56	1.93	0.10
中卫市 Zhongwei	**69.58**	**4.00**	**2.09**	**52.60**	**7.13**	**0.38**
沙坡头区 Shapotou	15.81	2.63	0.28	12.84		0.05
中宁县 Zhongning	30.52	1.37	0.71	28.14	0.03	0.09
海原县 Haiyuan	23.25		1.10	11.62	7.10	0.25

11－15 续表 continued

地 区 Region	其他经济作物产量（吨） Output of Other Economic Crops (ton)					
	油料 Oil－bearing Crops	胡麻 Benne	向日葵 Helianthus	药材 Medicinal Materials	蔬菜 Vegetables	瓜果类 Melons and Fruits
全区总计 Total	**66535**	**35624**	**21473**	**213792**	**5663548**	**1576668**
银川市 Yinchuan	**610**		**610**	**8017**	**1425373**	**93585**
兴庆区 Xingqing				4013	162921	7823
西夏区 Xixia	144		144	1888	42736	528
金凤区 Jinfeng	150		150		114902	17115
永宁县 Yongning	59		59	756	540974	15554
贺兰县 Helan	60		60	708	481027	24656
灵武市 Lingwu	197		197	652	82813	27909
石嘴山市 Shizuishan	**18796**	**524**	**17786**	**47473**	**613060**	**62659**
大武口区 Dawukou	8		8	120	17258	1552
惠农区 Huinong	4620		4620	755	148328	2171
平罗县 Pingluo	14168	524	13158	46598	447474	58936
吴忠市 Wuzhong	**6109**	**1931**	**1712**	**57428**	**1179925**	**239944**
利通区 Litong				450	281608	31005
红寺堡区 Hongsipu	612		610	16455	145572	6707
盐池县 Yanchi	1275	96	169	1539	37780	33885
同心县 Tongxin	4222	1835	933	38795	89453	35610
青铜峡市 Qingtongxia				189	625512	132737
固原市 Guyuan	**27966**	**24498**	**510**	**40183**	**1960019**	**41587**
原州区 Yuanzhou	5643	4805	306	9120	869120	12101
西吉县 Xiji	14007	12520	187	1630	758360	3700
隆德县 Longde	4400	3300		16500	100450	22600
泾源县 Jingyuan	116	87	3	1281	8928	
彭阳县 Pengyang	3800	3786	14	11652	223161	3186
中卫市 Zhongwei	**13054**	**8671**	**855**	**60691**	**485171**	**1138893**
沙坡头区 Shapotou	474	71	403	22255	223506	635717
中宁县 Zhongning	472	20	452	28132	72470	407390
海原县 Haiyuan	12108	8580		10304	189195	95786

11-16 各市县主要牲畜存、出栏数

Number of Livestock on Hand and Slaughtered by City and County

地 区 Region	当年存栏数(万头、万只) Number of Livestock on Hand This Year (10 000 heads)				当年出栏数(万头、万只) Number of Livestock Slaughtered This Year (10 000 heads)		
	牛 Cattle and Buffaloes	奶牛 Cow	猪 Hog	羊 Sheep	牛 Cattle and Buffaloes	猪 Hog	羊 Sheep
全区总计 Total	**178.03**	**57.38**	**90.02**	**596.11**	**71.99**	**98.60**	**625.13**
银川市 Yinchuan	**29.97**	**17.02**	**16.15**	**78.36**	**11.78**	**18.90**	**89.57**
兴庆区 Xingqing	4.44	3.27	1.72	5.52	1.11	2.13	2.96
西夏区 Xixia	3.93	2.33	1.38	2.78	1.06	1.12	1.72
金凤区 Jinfeng	1.26	0.54	0.25	2.17	0.50	0.49	0.81
永宁县 Yongning	4.34	0.93	2.48	10.55	3.72	2.15	18.47
贺兰县 Helan	7.14	5.01	2.48	12.62	2.49	2.94	11.09
灵武市 Lingwu	8.85	4.94	7.84	44.72	2.90	10.08	54.53
石嘴山市 Shizuishan	**12.31**	**5.31**	**6.00**	**67.19**	**5.23**	**6.68**	**56.12**
大武口区 Dawukou	0.39	0.03	0.88	3.19	0.17	0.44	1.39
惠农区 Huinong	3.39	2.57	1.49	22.11	1.11	1.40	16.06
平罗县 Pingluo	8.53	2.71	3.64	41.88	3.95	4.84	38.68
吴忠市 Wuzhong	**53.53**	**27.29**	**17.14**	**271.38**	**19.02**	**18.41**	**315.23**
利通区 Litong	25.67	16.78	2.35	21.23	6.71	1.77	27.13
红寺堡区 Hongsipu	6.85	0.21	0.96	35.86	4.10	0.73	34.59
盐池县 Yanchi	1.94	1.31	4.62	117.33	0.37	5.76	129.65
同心县 Tongxin	6.88	0.02	0.91	82.50	5.20	0.47	110.94
青铜峡市 Qingtongxia	12.19	8.97	8.29	14.47	2.64	9.68	12.93
固原市 Guyuan	**57.26**		**17.92**	**78.49**	**26.35**	**19.35**	**76.59**
原州区 Yuanzhou	13.29		7.92	27.38	5.74	8.72	22.14
西吉县 Xiji	23.00		4.75	26.19	8.71	3.97	25.69
隆德县 Longde	5.33		2.18	2.28	2.72	3.15	2.82
泾源县 Jingyuan	5.03		0.10	0.82	2.80	0.17	0.74
彭阳县 Pengyang	10.62		2.97	21.82	6.37	3.34	25.20
中卫市 Zhongwei	**24.95**	**7.75**	**32.81**	**100.70**	**9.61**	**35.26**	**87.62**
沙坡头区 Shapotou	7.51	4.65	19.67	23.41	2.29	22.41	18.56
中宁县 Zhongning	7.87	3.01	10.36	28.75	2.02	10.98	26.72
海原县 Haiyuan	9.57	0.10	2.77	48.54	5.30	1.88	42.35

11－17 各市县主要畜产品产量

Output of Major Livestock Products by City and County

地　区　Region	肉类总产量(万吨) Total Output of Meat(10 000 tons)				牛奶产量(万吨) Milk (10 000 tons)	禽蛋产量(万吨) Poultry Eggs (10 000 tons)
	合计 Total	猪肉 Pork	牛肉 Beef	羊肉 Mutton		
全区总计 Total	**33.77**	**8.01**	**11.44**	**11.09**	**215.34**	**13.86**
银川市 Yinchuan	**5.88**	**1.58**	**1.91**	**1.61**	**65.24**	**2.75**
兴庆区 Xingqing	0.51	0.18	0.20	0.06	12.49	0.24
西夏区 Xixia	0.36	0.10	0.18	0.03	9.80	0.24
金凤区 Jinfeng	0.16	0.04	0.09	0.02	2.10	0.15
永宁县 Yongning	1.28	0.17	0.57	0.29	2.74	1.00
贺兰县 Helan	0.99	0.24	0.40	0.19	24.43	0.95
灵武市 Lingwu	2.57	0.84	0.48	1.02	13.68	0.17
石嘴山市 Shizuishan	**2.80**	**0.53**	**0.83**	**1.01**	**16.19**	**0.47**
大武口区 Dawukou	0.13	0.04	0.02	0.02	0.07	0.07
惠农区 Huinong	0.67	0.11	0.19	0.30	11.15	0.05
平罗县 Pingluo	2.01	0.38	0.62	0.68	4.98	0.35
吴忠市 Wuzhong	**10.92**	**1.54**	**3.01**	**5.46**	**104.68**	**3.56**
利通区 Litong	1.96	0.15	1.03	0.50	69.88	0.11
红寺堡区 Hongsipu	1.41	0.06	0.65	0.60		0.04
盐池县 Yanchi	2.81	0.46	0.06	2.27	3.65	0.21
同心县 Tongxin	2.92	0.04	0.85	1.83	0.06	0.31
青铜峡市 Qingtongxia	1.81	0.83	0.42	0.25	31.08	2.90
固原市 Guyuan	**7.65**	**1.57**	**4.14**	**1.42**	**0.01**	**1.26**
原州区 Yuanzhou	2.28	0.70	0.92	0.42		0.57
西吉县 Xiji	2.20	0.33	1.36	0.47		0.11
隆德县 Longde	0.74	0.24	0.42	0.05		0.13
泾源县 Jingyuan	0.49	0.01	0.43	0.01		0.02
彭阳县 Pengyang	1.94	0.28	1.01	0.46		0.44
中卫市 Zhongwei	**6.52**	**2.79**	**1.54**	**1.60**	**29.23**	**5.82**
沙坡头区 Shapotou	2.85	1.71	0.37	0.36	18.68	5.20
中宁县 Zhongning	1.86	0.93	0.33	0.49	10.07	0.24
海原县 Haiyuan	1.81	0.16	0.84	0.76	0.48	0.38

11-18 各市县渔业生产情况

Output of Basic Indicators on Fishery by City and County

地　区	Region	水产品总产量（吨）Total Aquatic Products (ton)	养殖捕捞量 Artificially Cultured	天然捕捞量 Naturally Grown	养殖面积（公顷）Area for Breeding Aquatics (hectare)	池塘养殖 Ponds
全区总计	**Total**	**161625**	**152769**	**8856**	**23102**	**10906**
银川市	**Yinchuan**	**75806**	**71676**	**4130**	**6758**	**5121**
兴庆区	Xingqing	6100	6032	68	1129	643
西夏区	Xixia	2217	2217		183	175
金凤区	Jinfeng	1700	1470	230	233	127
永宁县	Yongning	5541	5141	400	924	294
贺兰县	Helan	58036	54604	3432	3875	3718
灵武市	Lingwu	2212	2212		414	164
石嘴山市	**Shizuishan**	**51906**	**50935**	**971**	**9687**	**3334**
大武口区	Dawukou	14956	14956		3327	660
惠农区	Huinong	5905	5725	180	1107	594
平罗县	Pingluo	31045	30254	791	5253	2080
吴忠市	**Wuzhong**	**14466**	**12946**	**1520**	**2185**	**915**
利通区	Litong	2640	2613	27	465	148
红寺堡区	Hongsipu					
盐池县	Yanchi	59	59		67	20
同心县	Tongxin					
青铜峡市	Qingtongxia	11767	10274	1493	1653	747
固原市	**Guyuan**	**695**	**695**		**872**	**32**
原州区	Yuanzhou	530	530		734	32
西吉县	Xiji	165	165		138	
隆德县	Longde					
泾源县	Jingyuan					
彭阳县	Pengyang					
中卫市	**Zhongwei**	**18752**	**16517**	**2235**	**3600**	**1504**
沙坡头区	Shapotou	15150	13000	2150	1467	1108
中宁县	Zhongning	3602	3517	85	2133	396
海原县	Haiyuan					

主要统计指标解释

农林牧渔业总产值 指以货币表现的农、林、牧、渔业全部产品和对农林牧渔业生产活动进行的各种支持性服务活动的价值总量,它反映一定时期内农林牧渔业生产总规模和总成果。1957 年以前的农林牧渔业总产值中包括了厩肥和农民自给性手工业(如农民自制衣服、鞋、袜,自己从事粮食初步加工等)。1958 年及以后,林业中增加了村及村以下竹木采伐产值;牧业中取消了厩肥产值;副业中取消了农民自给性手工业产值,增加了村及村以下办的工业产值;渔业中增加了海洋捕捞水产品产值。1980 年及以后,在副业中增加了农民家庭兼营工业商品部分的产值。从 1984 年起村及村以下工业产值划归工业。从 1993 年起取消副业,将野生动物的捕猎划入牧业,野生植物采集和农民家庭兼营商品性工业划归农业。从 2003 年起,执行新的国民经济行业分类标准,农林牧渔业总产值中包括了农林牧渔服务业产值,2018 年以后农林牧渔服务业产值改称农林牧渔专业及辅助性活动产值。林业中增加了森林采运业产值。农业中取消了家庭兼营商品性工业产值,将野生林产品的采集划归林业。第一、二、三次农业普查以后,根据农业普查结果,对农业、畜牧业、渔业年报数据和农业、畜牧业、渔业产值进行了修订。2010 年执行《统计用产品分类目录》,对 2009 年的农业、林业产值做了相应调整。

农林牧渔业总产值的计算方法通常是按农、林、牧、渔业产品及其副产品的产量分别乘以各自单位产品价格求得;少数生产周期较长,当年没有产品或产品产量不易统计的,则采用间接方法匡算其产值;然后将四业产品产值及农林牧渔专业及辅助性活动产值相加即为农林牧渔业总产值。

耕地 指种植农作物的土地,包括熟地,新开发、复垦、整理地,休闲地(含轮歇地、轮作地);以种植农作物(含蔬菜)为主,间有零星果树、桑树或其他树木的土地;平均每年能保证收获一季的已垦滩地和海涂。耕地中包括南方宽度 <1.0 米,北方宽度 <2.0 米固定的沟、渠、路和地坎(埂);临时种植药材、草皮、花卉、苗木等的耕地,以及其他临时改变用途的耕地。

农作物播种面积 指日历年度内收获农作物在全部土地(耕地或非耕地)上的播种或移植面积。凡是本年内收获的农作物,无论是本年还是上年播种,都算为播种面积,但不包括本年播种,下年收获的农作物面积。

农业机械总动力 指全部农业机械动力的额定功率之和。农业机械是指用于种植业、畜牧业、渔业、农产品初加工、农用运输和农田基本建设等活动的机械及设备。农机总动力按使用能源不同分为以下四部分:

柴油发动机动力:指全部柴油发动机额定功率之和;

汽油发动机动力:指全部汽油发动机额定功率之和;

电动机动力:指全部电动机(含潜水电泵的电动机)额定功率之和;

其他机械动力:指采用柴油、汽油、电力之外的其他能源,如水力、风力、煤炭、太阳能等动力机械功率之和。

本指标的统计数据来源于农机部门。

粮食产量 指日历年度内生产的全部粮食数量。按收获季节包括夏收粮食、早稻和秋收粮食,按作物品种包括谷物、薯类和豆类。其产量计算方法:谷物按脱粒后的原粮计算,豆类按去豆荚后的干豆计算;薯类（包括甘薯和马铃薯，不包括芋头和木薯）1964 年以前按每 4 公斤鲜薯折 1 公斤粮食计算，从 1964 年开始改为按 5 公斤鲜薯折 1 公斤粮食计算；城市郊区作为蔬菜的薯类（如马铃薯等）按鲜品计算，并且不作粮食统计。1989 年以前全国粮食产量数据主要靠全面报表取得，1989 年开始使用抽样调查数据。

油料产量 指全部油料作物的生产量。包括花生、油菜籽、芝麻、向日葵籽、胡麻籽（亚麻籽）和其他油料。不包括大豆、木本油料和野生油料。花生以带壳干花生计算。

造林面积 指在宜林荒山荒地、宜林沙荒地、无立木林地、疏林地和退耕地等其他宜林地上通过人工措施形成或恢复森林、林木、灌木林的过程。

人工造林 指在宜林荒山荒地、宜林沙荒地、无立木林地、疏林地和退耕地等其他宜林地上通过播种、植苗和分植来提高森林植被覆被率的技术措施。

飞播造林 通过飞机播种，并辅以适当的人工措施，在自然力的作用下使其形成森林或灌草植被，提高森林植被覆被率或提高森林植被质量的技术措施。包括荒山飞播造林和飞播营林。

新封山育林 对宜林地、无立木林地、疏林地或低质低效有林地、灌木林地实施封禁并辅以人工促进手段，使其形成森林或灌草植被或提高林分质量的一项技术措施。包括无林地和疏林地封育以及有林地和灌木林地封育。

退化林修复 为改善林分的活力和结构，有效遏制防护林退化，提高林分质量和恢复森林功能，对结构失调和稳定性降低、功能退化甚至丧失且自然更新能力弱的林分采取的结构调整、树种替换、补植补播、嫁接复壮等森林经营措施。

人工更新造林 指在采伐迹地、火烧迹地、林中空地上通过人工造林重新形成森林的过程。包括通过松土除草、平茬或断根复壮、补植补播、除蘖间苗等措施促进目的树种幼苗幼树生长发育的人工促进天然更新。

肉类总产量 指日历年度内各种牲畜及家禽、兔等动物肉产量总计。猪、牛、羊、马、驴、骡、骆驼肉产量按去掉头蹄下水后带骨肉的胴体重量计算，兔禽肉产量按屠宰后去毛和内脏后的重量计算。猪牛羊禽四个品种肉产量由主要畜禽监测抽样调查获得。

水产品产量 指渔业（捕捞和养殖）生产活动的最终有效成果，包括全部海水和淡水鱼类、甲壳类（虾、蟹）、贝类、头足类、藻类和其他类渔业产品的最终产量。水产品产量是通过各级水产部门逐级上报取得数据。

Interpretation of main statistical indicators

total output value of agriculture, forestry, animal husbandry and fishery refers to the total value of all products of agriculture, forestry, animal husbandry and fishery expressed in currency and various supporting service activities for agricultural, forestry, animal husbandry and fishery production activities. It reflects the total scale and total results of agricultural, forestry, animal husbandry and fishery production in a certain period of time. Before 1957, the total output value of agriculture, forestry, animal husbandry and fishery included stable manure and farmers′self – sufficient handicrafts (such as farmers′self – made clothes, shoes and socks, engaged in preliminary grain processing, etc.). In 1958 and after, the output value of bamboo and wood cutting at and below the village was increased in forestry; The output value of stable manure was cancelled in animal husbandry; In the sideline industry, the output value of farmers′self – sufficient handicraft industry has been cancelled, and the industrial output value of village and below village offices has been increased; Fishery has increased the output value of marine fishery products. In 1980 and after, the output value of the part of industrial commodities concurrently operated by peasant families was increased in the sideline industry. Since 1984, the industrial output value of the village and below has been classified as industry. Since 1993, the sideline industry has been abolished, and the hunting of wild animals has been classified as animal husbandry. The collection of wild plants and the commercial industry run by farmers′families have been classified as agriculture. Since 2003, the new industrial classification standard of national economy has been implemented. The total output value of agriculture, forestry, animal husbandry and fishery includes the output value of agriculture, forestry, animal husbandry and fishery service industry. After 2018, the output value of agriculture, forestry, animal husbandry and fishery service industry will be renamed the output value of agriculture, forestry, animal husbandry and fishery specialty and auxiliary activities. The output value of forest mining and transportation industry has been increased in forestry. In agriculture, the output value of commercial industry run by households has been cancelled, and the collection of wild forest products has been classified into forestry. After the first, second and third agricultural census, the annual data of agriculture, animal husbandry and fishery and the output value of agriculture, animal husbandry and fishery were revised according to the results of agricultural census. In 2010, the classified catalogue of statistical products was implemented, and the output value of agriculture and forestry in 2009 was adjusted accordingly.

The total output value of agriculture, forestry, animal husbandry and fishery is usually calculated by multiplying the output of agricultural, forestry, animal husbandry and fishery products and their by – products by their respective unit product prices; If the production cycle is long and there is no product in the current year or the product output is not easy to count, the output value shall be estimated by indirect method; Then, the total output value of agriculture, forestry, animal husbandry and fishery is the sum of the output value of the four industries and the output value of agriculture, forestry, animal husbandry and fishery professional and auxiliary activities.

Cultivated land refers to the land for planting crops, including mature land, newly developed, reclaimed and sorted land, and leisure land (including rotation land and rotation land); Land mainly for planting crops (including vegetables) with sporadic fruit trees, mulberry or other trees; On average, the reclaimed beach and sea beach that can ensure the harvest of one season every year. Cultivated land includes fixed ditches, canals, roads and ridges (ridges) with a width of less than 1.0m in the South and less than 2.0m in the north; Cultivated land for temporary planting of medicinal materials, turf, flowers, seedlings, etc., and other cultivated land for temporary change of purpose.

sown area of crops refers to the sown or transplanted area of crops harvested on all land (cultivated land or non cultivated land) in the calendar year. All crops harvested in this year, whether sown in this year or last year, are counted as the sown area, but do not include the sown area in this year and the harvested area in the next year.

total power of agricultural machinery refers to the sum of the rated power of all agricultural machinery. Agricultural machinery refers to machinery and equipment used in planting, animal husbandry, fishery, primary processing of agricultural products, agricultural transportation and farmland capital construction. The total power of agricultural machinery is divided into the following four parts according to different energy sources:

Diesel engine power: refers to the sum of rated power of all diesel engines;

Gasoline engine power: refers to the sum of the rated power of all gasoline engines;

Motor power: refers to the sum of rated power of all motors (including motors of submersible pumps);

Other mechanical power: refers to the sum of mechanical power using other energy sources other than diesel, gasoline and electricity, such as hydraulic power, wind power, coal, solar power and so on.

The statistical data of this indicator comes from the agricultural machinery department.

grain output refers to the total amount of grain produced in the calendar year. According to the harvest season, it includes summer grain, early rice and autumn grain, and according to crop varieties, it includes Cereals, potatoes and beans. The yield calculation method: grain is calculated according to the raw grain after threshing, and beans are calculated according to the dry beans after pod removal; Before 1964, potato (including sweet potato and potato, excluding taro and cassava) was calculated as 1 kg of grain per 4 kg of fresh potato. Since 1964, it has been calculated as 5 kg of fresh potato per 1 kg of grain; Potatoes (such as potatoes) as vegetables in urban suburbs are calculated as fresh products, and grain statistics are not made. Before 1989, the national grain output data were mainly obtained by comprehensive statements, and the sampling survey data were used in 1989.

oil production refers to the production of all oil crops. Including peanuts, rapeseed, sesame, sunflower seeds, flaxseed (flaxseed) and other oils. Excluding soybean, woody oil and wild oil. Peanuts are calculated as dried peanuts with shells.

afforestation area refers to the process of forming or restoring forests, trees and shrubs through artificial measures on barren mountains and wasteland suitable for forestry, sandy wasteland suitable for forestry, forest land without standing trees, open forest land, farmland returned and other forest land suitable for forestry.

artificial afforestation refers to the technical measures to improve the forest vegetation coverage rate through sowing, seedling planting and sub planting on other suitable forest lands such as barren mountains and wasteland suitable for forestry, sandy wasteland suitable for forestry, non standing forest land, sparse forest land and returned farmland.

aerial seeding afforestation it is a technical measure to form forest or shrub grass vegetation, improve forest vegetation coverage rate or improve forest vegetation quality under the action of natural forces by sowing by aircraft and supplemented by appropriate artificial measures. Including aerial seeding afforestation and aerial seeding afforestation in barren mountains.

new mountain closure for afforestation it is a technical measure to ban suitable forest land, non standing forest land, sparse forest land, low-quality and low-efficiency forest land and shrub forest land, supplemented by artificial promotion means, so as to form forest or shrub grass vegetation or improve stand quality. Including the enclosure of non forest land and open forest land, as well as the enclosure of forest land and shrub land.

restoration of degraded forest in order to improve the vitality and structure of the stand, effectively curb the degradation of shelter forest, improve the quality of the stand and restore the forest function, forest management measures such as structural adjustment, tree species replacement, supplementary planting and seeding, grafting and rejuvenation are taken for the stand with structural imbalance, reduced stability, functional degradation or even loss and weak natural regeneration ability.

artificial reforestation refers to the process of reforestation through artificial afforestation on cutting slash, burning slash and forest hollow land. It includes artificial promotion of natural regeneration to promote the growth and development of seedlings and young trees of target tree species through measures such as soil loosening and weeding, flat stubble or root cutting and rejuvenation, supplementary planting and sowing, tillering and thinning.

total meat output refers to the total meat output of various livestock, poultry, rabbits and other animals in the calendar year. The meat output of pigs, cattle, sheep, horses, donkeys, mules and camels is calculated according to the carcass weight with bone meat after removing the water from the head and hoof, and the meat output of rabbits and poultry is calculated according to the weight after depilation and viscera after slaughter. The meat yield of four varieties of pigs, cattle, sheep and poultry was obtained from the monitoring sampling survey of main livestock and poultry.

output of aquatic products refers to the final effective results of fishery (fishing and aquaculture) production activities, including the final output of all marine and freshwater fish, crustaceans (shrimp, crab), shellfish, cephalopods, algae and other fishery products. The output of aquatic products is obtained through the level by level reporting of aquatic products departments at all levels.

第十二篇 Chapter12

工 业

Industry

资料整理：杨培林　周涛　石艳君　席黎　卜宁飞　张成海　马娟　马静芳　马静

Data Compilation: Yang Peilin　Zhou Tao　Shi Yanjun　Xi Li　Bu Ningfei　Zhang Chenghai　Ma Juan　Ma Jingfang　Ma Jing

12-1 分登记注册类型规模以上工业增加值增长速度

Growth Rates of Industrial Value added above Designated Size by status of Registration

指　标	Item	增长(%) Growth Rates (%)
总计	**Total**	**4.3**
在总计中：轻工业	Light Industry	-0.7
重工业	Heavy Industry	5.0
在总计中：国有企业	State - owned Enterprises	11.3
集体企业	Collective - owned Enterprises	
股份合作企业	Cooperative Enterprises	
股份制企业	Share - holding Enterprises	3.7
外商及港澳台商投资企	Enterprises with Funds from Foreign, Hong Kong, Macao and Taiwan	9.0
其他经济类型企业	Other Enterprises	11.2
在总计中：国有控股企业	Of the Total: State - holding Enterprises	-1.0
在总计中：私营企业	Of the Total: Private Enterprises	10.5
在总计中：非公有工业	Of the Total: non - public industries	10.1
在总计中：大中型工业企业	Of the Total: Large and Medium - sized Enterprises	3.2
其中：国有大中型工业企业	Of the Total: State - holding Enterprises	10.9

12-2 分行业规模以上工业增加值增长速度

Growth Rates of Industrial Value added above Designated Size by Industrial Sector

行　业	Sector	增长(%) Growth Rates (%)
总　计	**Total**	**4.3**
煤炭开采和洗选业	Mining and Washing of Coal	-1.8
石油和天然气开采业	Extraction of Petroleum and Natural Gas	
黑色金属矿采选业	Mining and Processing of Ferrous Metal Ores	-3.4
有色金属矿采选业	Mining and Processing of Non-ferrous Metal Ores	
非金属矿采选业	Mining and Processing of Nonmetal Ores	-5.0
开采辅助活动	Support Activties for Mining	
其他采矿业	Mining of Other Ores	
农副食品加工业	Processing of Food from Agricultural Products	-4.4
食品制造业	Manufacture of Foods	7.9
酒、饮料和精制茶制造业	Manufacture of Wine, Beverages and Refined Tea	-15.6
烟草制品业	Manufacture of Tobacco	2.1
纺织业	Manufacture of Textile	-31.1
纺织服装、服饰业	Manufacture of Textile Wearing Apparel	23.4
皮革、毛皮、羽毛及其制品和制鞋业	Manufacture of Leather, Fur, Feather with Related Products and Footware	-22.1
木材加工和木、竹、藤、棕、草制品业	Processing of Timber, Manufacture of Wood, Bamboo, Rattan, Palm and Straw Products	-1.0
家具制造业	Manufacture of Furniture	-27.1
造纸和纸制品业	Manufacture of Paper and Paper Products	0.0
印刷和记录媒介复制业	Printing, Reproduction of Recording Media	5.7
文教、工美、体育和娱乐用品制造业	Manufacture of Articles for Culture, Education, Arts and Crafts, Sport and Entertainment Activities	-60.9
石油加工、炼焦和核燃料加工业	Processing of Petroleum, Coking, Processing of Nuclear Fuel	-1.4
化学原料和化学制品制造业	Manufacture of Raw Chemical Materials and Chemical Products	5.8
医药制造业	Manufacture of Medicines	5.1
化学纤维制造业	Manufacture of Chemical Fibres	9.1
橡胶和塑料制品业	Manufacture of Rubber and Plastics	-36.6
非金属矿物制品业	Manufacture of Non-metallic Mineral Products	-1.0
黑色金属冶炼和压延加工业	Smelting and Pressing of Ferrous Metals	1.7
有色金属冶炼和压延加工业	Smelting and Pressing of Non-ferrous Metals	2.9
金属制品业	Manufacture of Metal Products	49.9
通用设备制造业	Manufacture of General Purpose Machinery	28.4
专用设备制造业	Manufacture of Special Purpose Machinery	1.6
汽车制造业	Manufacture of Automotive	-10.6
铁路、船舶、航空航天和其他运输设备制造业	Manufacture of Railways, Shipbuilding, Aerospace and Other Transportation Equipment	10.0
电气机械和器材制造业	Manufacture of Electrical Machinery and Equipment	62.8
计算机、通信和其他电子设备制造业	Manufacture of Computer, Communication and other Eletronic Equitment	13.4
仪器仪表制造业	Manufacture of Measuring Instruments	-23.2
其他制造业	Other Manufacturing	
废弃资源综合利用业	Utilization of Waste Resources	348.2
金属制品、机械和设备修理业	Repairing of Metal products, Machinery and Equipment	57.3
电力、热力生产和供应业	Production and Supply of Electric Power and Heat Power	5.3
燃气生产和供应业	Production and Supply of Gas	15.4
水的生产和供应业	Production and Supply of Water	5.6

12－3 分地区规模以上工业增加值增长速度

Growth Rates of Industrial Value Added above Disignated Size by City and County

地　区	Region	增长(%) Growth Rates(%)
宁　夏	**Total**	**4.3**
银 川 市	**Yinchuan**	**1.6**
兴 庆 区	Xingqing	-2.3
金 凤 区	Jinfeng	24.4
西 夏 区	Xixia	2.5
永 宁 县	Yongning	3.1
贺 兰 县	Helan	-13.4
灵 武 市	Lingwu	2.3
石嘴山市	**Shizuishan**	**8.8**
大武口区	Dawukou	8.0
惠 农 区	Huinong	17.8
平 罗 县	Pingluo	1.6
吴 忠 市	**Wuzhong**	**11.6**
红寺堡区	Hongsipu	19.2
利 通 区	Litong	4.5
盐 池 县	Yanchi	22.2
同 心 县	Tongxin	16.4
青铜峡市	Qingtongxia	1.1
固 原 市	**Guyuan**	**8.3**
原 州 区	Yuanzhou	10.4
西 吉 县	Xiji	2.1
隆 德 县	Longde	24.5
泾 源 县	Jingyuan	75.4
彭 阳 县	Pengyang	6.2
中 卫 市	**Zhongwei**	**-0.5**
沙坡头区	Shapotou	7.1
中 宁 县	Zhongning	-7.2
海 原 县	Haiyuan	10.5

12-4 分登记注册类型规模以上工业企业主要经济指标

单位:万元

指标	Item
总　　计	**Total**
一、按登记注册类型分组	**By Status of Registration**
内资企业	Domestic Funded
国有企业	State - owned Enterprises
中央企业	Central Enterprises
地方企业	Local Enterprises
股份合作企业	Cooperative Enterprises
有限责任公司	Limited Liability Corporations
国有独资公司	State Joint Ownership Enterprises
其他有限责任公司	Other Limited Liability Corporations
股份有限公司	Share - holding Corporations Limited
私营企业	Private Enterprises
私营独资企业	Private - funded Enterprises
私营有限责任公司	Private Limited Liability Corporations
私营股份有限公司	Private Share - holding Corporations Ltd
港、澳、台商投资企业	Enterprises with Funds from HongKong, Macao and Taiwan
合资经营企业(港或澳、台资)	Joint - venture Enterprise
合作经营企业(港或澳、台资)	Cooperative Enterprises
港澳台商独资经营企业	Enterprises with Sole Investment
外商投资企业	Foreign Funded Enterprises
中外合资经营企业	Joint - venture Enterprise
外资企业	Enterprises with Sole Funds
二、在总计中:亏损企业	of the Total: Deficit Enterprises
在总计中:国有控股企业	of the Total: State - holding Enterprises
在总计中:轻工业	of the Total: Light Industry
重工业	of the Total: Heavy Industry
在总计中:大型企业	of the Total: Large Enterprises
中型企业	Medium Enterprises
小型企业	Small Enterprises
纯小型企业	Pure Small Enterprises
微型企业	Miniature Enterprises

Main Economic Indicators of Industrial Enterprises above Designated Size By Status of Registration

(10 000 yuan)

企业单位数（个）Number of Enterprises (unit)	亏损企业 Loss - making Enterprises	年初存货 Beginning Inventories	产成品 Finished Goods	资产总计 Total Assets	流动资产合计 Total Current Assets	应收账款 Accounts Receivable
1241	**376**	**4816679**	**1608657**	**106574783**	**32946414**	**7601859**
1202	367	4605833	1543159	100828567	31422230	7280931
24	3	40189	4497	7443264	1231580	463759
16	1	39245	4421	6979577	1115259	409135
8	2	944	76	463687	116321	54624
256	52	1342270	364549	41853049	8436803	2341951
59	10	656321	169653	20072649	2675749	850854
197	42	685949	194895	21780400	5761053	1491098
29	3	477291	107861	6789616	2297388	384711
891	308	2743493	1064125	44733122	19448861	4089477
7	3	3328	2267	35568	27744	11438
847	292	2557452	1004755	41827844	18290060	3873428
37	13	182712	57103	2869710	1131057	204611
12	2	90483	35906	4428212	895197	121738
3	1	58982	16786	3667270	699186	21492
7	1	30323	18526	738557	182154	89881
27	7	120363	29592	1318003	628988	199189
11	2	31884	8576	291205	136129	42957
13	3	75902	18398	827853	440099	148809
376	376	2401358	759531	45238173	11982992	1555152
201	32	1491516	327202	47693805	8909506	2488842
311	87	976429	330168	8345818	4332105	851300
930	289	3840250	1278489	98228965	28614310	6750558
38	12	2011633	548215	50599730	12170189	2223925
143	39	1273277	453171	22477683	9356957	1333081
1060	325	1531769	607271	33497369	11419268	4044852
863	273	1409865	572625	26836631	9266237	2909985
197	52	121904	34646	6660738	2153032	1134868

12-4 续表1

单位:万元

指 标	Item
总 计	**Total**
一、按登记注册类型分组	**By Status of Registration**
内资企业	Domestic Funded
国有企业	State - owned Enterprises
中央企业	Central Enterprises
地方企业	Local Enterprises
股份合作企业	Cooperative Enterprises
有限责任公司	Limited Liability Corporations
国有独资公司	State Joint Ownership Enterprises
其他有限责任公司	Other Limited Liability Corporations
股份有限公司	Share - holding Corporations Limited
私营企业	Private Enterprises
私营独资企业	Private - funded Enterprises
私营有限责任公司	Private Limited Liability Corporations
私营股份有限公司	Private Share - holding Corporations Ltd
港、澳、台商投资企业	Enterprises with Funds from HongKong,Macao and Taiwan
合资经营企业(港或澳、台资)	Joint - venture Enterprise
合作经营企业(港或澳、台资)	Cooperative Enterprises
港澳台商独资经营企业	Enterprises with Sole Investment
外商投资企业	Foreign Funded Enterprises
中外合资经营企业	Joint - venture Enterprise
外资企业	Enterprises with Sole Funds
二、在总计中:亏损企业	of the Total:Deficit Enterprises
在总计中:国有控股企业	of the Total:State - holding Enterprises
在总计中:轻工业	of the Total:Light Industry
重工业	of the Total:Heavy Industry
在总计中:大型企业	of the Total:Large Enterprises
中型企业	Medium Enterprises
小型企业	Small Enterprises
纯小型企业	Pure Small Enterprises
微型企业	Miniature Enterprises

continued

(10 000 yuan)

存货 Inventories	产成品 Finished Goods	固定资产原价 Original Cost of Fixed Assets	房屋和构筑物 Buildings and Structures	机器设备 Machinery Equipment	累计折旧 Accumulated Depreciation	本年折旧 Depreciation in this Year
5100648	**1910494**	**76888574**	**17572119**	**46531854**	**27729081**	**3611433**
4858018	1831449	73262523	16631738	44118498	26949120	3463101
45240	4994	10609591	933205	6518245	5531925	526710
42551	4994	10235832	894832	6269187	5437612	503429
2689		373759	38373	249058	94313	23282
1351718	393143	40805021	10178703	26152025	13540491	1750462
624568	179145	21193360	6196739	14246409	6948631	840216
727150	213998	19611660	3981964	11905616	6591860	910246
451031	104919	6185030	1059931	2358166	3071569	258536
3007917	1327012	15659928	4458784	9088505	4803818	927302
3189	1796	8977	3130	3922	2299	651
2827004	1246583	13960899	3973815	8057579	4203516	835995
177724	78634	1690052	481840	1027005	598003	90656
104170	50710	2816854	774812	1852975	534727	106962
65365	25489	2448695	719037	1562661	434200	90272
37826	25021	354625	52353	280526	91974	16190
138461	28334	809196	165569	560381	245234	41370
35557	9259	181824	69345	72420	65584	7588
90312	16781	524486	82608	403637	159143	27123
2325554	863988	28611486	8882267	18130827	9934656	1324351
1431967	326023	52902428	11210576	32779853	20613401	2293572
1119740	395829	3857133	1443975	2085982	1439544	238216
3980908	1514665	73031440	16128144	44445872	26289538	3373217
2102410	646789	39095957	10292157	24335869	15748379	1771970
1269181	510566	14988557	3364770	7836967	6112834	734934
1729057	753138	22804060	3915192	14359018	5867869	1104529
1569935	692463	17649767	3402393	10505136	4871199	871871
159122	60675	5154293	512799	3853881	996669	232658

12－4 续表2

单位:万元

指　　标	Item
总　　计	**Total**
一、按登记注册类型分组	**By Status of Registration**
内资企业	Domestic Funded
国有企业	State－owned Enterprises
中央企业	Central Enterprises
地方企业	Local Enterprises
股份合作企业	Cooperative Enterprises
有限责任公司	Limited Liability Corporations
国有独资公司	State Joint Ownership Enterprises
其他有限责任公司	Other Limited Liability Corporations
股份有限公司	Share－holding Corporations Limited
私营企业	Private Enterprises
私营独资企业	Private－funded Enterprises
私营有限责任公司	Private Limited Liability Corporations
私营股份有限公司	Private Share－holding Corporations Ltd
港、澳、台商投资企业	Enterprises with Funds from HongKong,Macao and Taiwan
合资经营企业(港或澳、台资)	Joint－venture Enterprise
合作经营企业(港或澳、台资)	Cooperative Enterprises
港澳台商独资经营企业	Enterprises with Sole Investment
外商投资企业	Foreign Funded Enterprises
中外合资经营企业	Joint－venture Enterprise
外资企业	Enterprises with Sole Funds
二、在总计中:亏损企业	of the Total:Deficit Enterprises
在总计中:国有控股企业	of the Total:State－holding Enterprises
在总计中:轻工业	of the Total:Light Industry
重工业	of the Total:Heavy Industry
在总计中:大型企业	of the Total:Large Enterprises
中型企业	Medium Enterprises
小型企业	Small Enterprises
纯小型企业	Pure Small Enterprises
微型企业	Miniature Enterprises

continued

(10 000 yuan)

负债合计 Total Liabilities	流动负债合计 Total Current Liabilities	应付账款 Accounts payable	所有者权益合计 Total Owners´ Equities	实收资本 Called up Capital	国家资本 National Capital	集体资本 Collective Capital	法人资本 Corporate CapitalP
66253134	**42975390**	**11481351**	**40312223**	**29634834**	**7071084**	**398122**	**11478344**
63683911	41502558	11187077	37135231	28270112	7060112	328068	10804303
4314808	2614191	872507	3128456	2593516	1788750		796503
4015068	2450718	860611	2964509	2526242	1742481		775497
299740	163473	11896	163947	67274	46269		21005
30541723	16706589	3363151	11311324	9125833	4465281	60600	4339864
14361798	7586205	1263033	5710851	3515159	2226883		1288276
16179925	9120384	2100118	5600473	5610674	2238398	60600	3051588
3323979	2367064	583075	3459427	1713558	662274	16010	787820
25500479	19811877	6368091	19229429	14831957	143753	251317	4880082
32319	32319	8835	3250	6066			2035
23971060	18601274	6163388	17853571	14085582	143753	247876	4363078
1497100	1178285	195868	1372609	740309		3441	514968
1870494	1052140	120901	2557719	981682		70054	460687
1384719	792607	52691	2282551	749536		70054	416227
473226	247126	63902	265331	224610			37459
698729	420692	173373	619274	383040	10973		213354
164673	128577	52143	126532	108302	680		78444
404964	222417	63507	422888	161677	10293		22349
30739097	21433908	5398599	14489653	14820818	2355663	103219	3447154
33304239	18740338	3946771	14389564	11566041	6873872	59900	4385754
4933401	4189949	1129624	3412409	1997413	192442	80834	1179644
61319732	38785440	10351727	36899814	27637421	6878643	317288	10298700
29577518	20879557	5511332	21022211	16036725	4058560	70054	3305300
15352821	10863801	2659051	7124861	5375913	859874	75410	3670392
21322795	11232032	3310969	12165150	8222195	2152651	252658	4502652
16480667	9310787	2658279	10355892	6915203	1914003	172997	3612249
4842127	1921245	652690	1809258	1306993	238648	79661	890403

12－4 续表3

单位:万元

指标	Item
总计	**Total**
一、按登记注册类型分组	**By Status of Registration**
内资企业	Domestic Funded
国有企业	State－owned Enterprises
中央企业	Central Enterprises
地方企业	Local Enterprises
股份合作企业	Cooperative Enterprises
有限责任公司	Limited Liability Corporations
国有独资公司	State Joint Ownership Enterprises
其他有限责任公司	Other Limited Liability Corporations
股份有限公司	Share－holding Corporations Limited
私营企业	Private Enterprises
私营独资企业	Private－funded Enterprises
私营有限责任公司	Private Limited Liability Corporations
私营股份有限公司	Private Share－holding Corporations Ltd
港、澳、台商投资企业	Enterprises with Funds from HongKong, Macao and Taiwan
合资经营企业(港或澳、台资)	Joint－venture Enterprise
合作经营企业(港或澳、台资)	Cooperative Enterprises
港澳台商独资经营企业	Enterprises with Sole Investment
外商投资企业	Foreign Funded Enterprises
中外合资经营企业	Joint－venture Enterprise
外资企业	Enterprises with Sole Funds
二、在总计中:亏损企业	of the Total: Deficit Enterprises
在总计中:国有控股企业	of the Total: State－holding Enterprises
在总计中:轻工业	of the Total: Light Industry
重工业	of the Total: Heavy Industry
在总计中:大型企业	of the Total: Large Enterprises
中型企业	Medium Enterprises
小型企业	Small Enterprises
纯小型企业	Pure Small Enterprises
微型企业	Miniature Enterprises

continued

(10 000 yuan)

			营业收入	营业成本	销售费用	管理费用	研发费用
个人资本 Personal Capital	港澳台资本 Hong Kong, Macao and Taiwan Capital	外商资本 Foreign Capital	Operating Revenue	Operating Cost	Selling Expenses	Administrative Expense	Research and development Expense
10012375	**494494**	**180413**	**48023446**	**40307766**	**839327**	**1606198**	**484319**
9952378	116610	8639	45935459	38867931	768326	1521316	463201
8264			6130118	5643393	3261	114239	21865
8264			6061772	5596171	990	111201	21865
			68347	47222	2272	3038	
260088			13203417	10550284	198340	718750	97305
			4930581	3504204	48909	423323	28208
260088			8272835	7046080	149432	295427	69098
244587		2867	4922690	3682798	77179	137664	46262
9434422	116610	5772	21669512	18983338	488532	550344	297515
4031			41380	40279	252	1252	50
9214264	116610		19905111	17709514	439480	480273	267775
216127		5772	1723021	1233545	48800	68820	29690
59040	377883	14018	1455563	967205	48574	55328	9028
58880	204375		1258271	820789	42615	43522	7067
	173132	14018	171801	123714	5015	11236	497
957		157756	632425	472630	22427	29554	12090
457		28721	192888	155304	7510	7686	5260
		129035	381002	260973	14237	18585	2069
8769339	119035	26408	13797631	12531792	231774	743256	89820
245854		660	20512646	16841877	157161	838088	109675
502848	10892	30753	5249787	4291014	222590	209121	90475
9509528	483602	149660	42773659	36016751	616737	1397077	393844
8402811	200000		22707729	18830637	271094	873608	169695
582423	116610	71205	12379999	10733738	259040	358890	154147
1027142	177883	109209	12935718	10743391	309193	373700	160477
930911	175933	109109	11626983	9827645	290097	354915	159263
96231	1950	100	1308735	915746	19095	18785	1215

12－4 续表4

单位:万元

指 标	Item
总 计	**Total**
一、按登记注册类型分组	**By Status of Registration**
内资企业	Domestic Funded
国有企业	State－owned Enterprises
中央企业	Central Enterprises
地方企业	Local Enterprises
股份合作企业	Cooperative Enterprises
有限责任公司	Limited Liability Corporations
国有独资公司	State Joint Ownership Enterprises
其他有限责任公司	Other Limited Liability Corporations
股份有限公司	Share－holding Corporations Limited
私营企业	Private Enterprises
私营独资企业	Private－funded Enterprises
私营有限责任公司	Private Limited Liability Corporations
私营股份有限公司	Private Share－holding Corporations Ltd
港、澳、台商投资企业	Enterprises with Funds from HongKong,Macao and Taiwan
合资经营企业(港或澳、台资)	Joint－venture Enterprise
合作经营企业(港或澳、台资)	Cooperative Enterprises
港澳台商独资经营企业	Enterprises with Sole Investment
外商投资企业	Foreign Funded Enterprises
中外合资经营企业	Joint－venture Enterprise
外资企业	Enterprises with Sole Funds
二、在总计中:亏损企业	of the Total:Deficit Enterprises
在总计中:国有控股企业	of the Total:State－holding Enterprises
在总计中:轻工业	of the Total:Light Industry
重工业	of the Total:Heavy Industry
在总计中:大型企业	of the Total:Large Enterprises
中型企业	Medium Enterprises
小型企业	Small Enterprises
纯小型企业	Pure Small Enterprises
微型企业	Miniature Enterprises

continued

(10 000 yuan)

财务费用 Financial Expense	利息费用 Interest Expense	利息收入 Interest Income	资产减值损失 Assets Devaluation	其他收益 Other Income	投资收益 Investment Income	公允价值变动收益 Profits or Losses on the Changes in Fair Value
1756451	**1621115**	**61245**	**260366**	**165897**	**306707**	**-5268**
1700980	1564010	54823	259932	157055	125584	-5268
112056	111519	2509	-4613	4837	3439	
104647	104222	2486	-4271	3877	3386	
7409	7296	23	-342	959	53	
927997	831108	16577	223392	76541	50252	1123
449147	358841	3187	19370	21418	31985	-55
478850	472267	13389	204022	55123	18267	1178
86380	91830	8952	9053	27677	47837	-323
574510	529516	26785	32100	47999	24055	-6068
225	198				1	
521610	478722	25836	28080	35625	20917	-6068
52675	50596	950	4020	12374	3137	
40051	37187	4269	196	4591	180426	
27694	23382	3964	135	2878	180426	
12080	13532	302	72	1153		
15420	19918	2152	238	4252	698	
1864	3437	589	275	2321	698	
13960	15720	1563	-376	1134		
841924	726156	18006	211913	35233	2516	-6318
1008713	915025	23047	225207	77792	113097	-14
98199	93727	4479	1737	23633	155	-6064
1658252	1527388	56766	258629	142264	306552	795
746374	643095	28940	199372	42577	189308	-203
362941	362009	18599	32635	75403	68490	1112
647136	616011	13706	28359	47917	48910	-6177
453591	430329	12884	26477	46584	47746	-6177
193545	185683	823	1882	1333	1163	

12－4 续表5

单位:万元

指　标	Item
总　计	**Total**
一、按登记注册类型分组	**By Status of Registration**
内资企业	Domestic Funded
国有企业	State－owned Enterprises
中央企业	Central Enterprises
地方企业	Local Enterprises
股份合作企业	Cooperative Enterprises
有限责任公司	Limited Liability Corporations
国有独资公司	State Joint Ownership Enterprises
其他有限责任公司	Other Limited Liability Corporations
股份有限公司	Share－holding Corporations Limited
私营企业	Private Enterprises
私营独资企业	Private－funded Enterprises
私营有限责任公司	Private Limited Liability Corporations
私营股份有限公司	Private Share－holding Corporations Ltd
港、澳、台商投资企业	Enterprises with Funds from HongKong,Macao and Taiwan
合资经营企业(港或澳、台资)	Joint－venture Enterprise
合作经营企业(港或澳、台资)	Cooperative Enterprises
港澳台商独资经营企业	Enterprises with Sole Investment
外商投资企业	Foreign Funded Enterprises
中外合资经营企业	Joint－venture Enterprise
外资企业	Enterprises with Sole Funds
二、在总计中:亏损企业	of the Total:Deficit Enterprises
在总计中:国有控股企业	of the Total:State－holding Enterprises
在总计中:轻工业	of the Total:Light Industry
重工业	of the Total:Heavy Industry
在总计中:大型企业	of the Total:Large Enterprises
中型企业	Medium Enterprises
小型企业	Small Enterprises
纯小型企业	Pure Small Enterprises
微型企业	Miniature Enterprises

continued

(10 000 yuan)

营业利润 Operating Profit	营业外收入 Non – Operating Income	营业外支出 Non – Operating Expense	利润总额 Total Profits	本年应付职工薪酬 Employee Benefits Payable	从业人员平均人数 Average Employed Persons	亏损企业亏损总额 Losses of Deficit Enterprises
1828946	**284524**	**167298**	**1946084**	**3403826**	**301084**	**1225310**
1248733	275027	159098	1364573	3201166	283115	1210389
118943	6024	– 15438	140405	328717	28214	2509
110173	5433	– 15505	131111	322945	27551	666
8770	591	66	9295	5772	663	1844
122257	46498	46534	122131	1642695	95079	602164
101005	11512	21049	91467	1064047	51342	116079
21252	34986	25484	30664	578648	43737	486085
315452	11454	36886	290020	319151	26217	2830
692142	210916	91104	811955	910150	133518	602885
– 790	77	12	– 725	1934	346	1008
407023	198441	61443	544024	801632	120610	560996
285908	12398	29649	268657	106585	12562	40882
502559	4682	6096	501145	151623	13429	1510
483444	2086	5565	479965	135861	12148	312
19112	2202	370	20943	14784	1170	1198
77655	4815	2103	80366	51037	4540	13410
16835	2720	675	18880	14855	1602	1261
69661	1924	1357	70227	30702	2294	3148
– 1277210	108703	56804	– 1225310	1454608	108253	1225310
282905	47641	46754	283701	2095002	124996	571759
222700	64481	21039	266142	319492	47512	72479
1606246	220043	146259	1679943	3084334	253572	1152830
703896	58588	91175	671309	2095585	150268	775139
442802	82580	38840	486543	702533	73215	214328
682248	143356	37283	788233	605707	77601	235843
530914	136869	31789	635904	573922	74940	215867
151334	6487	5494	152329	31785	2661	19975

12－5　分行业规模以上工业企业主要经济指标

单位:万元

行　　业	Sector
总　　计	**Total**
煤炭开采和洗选业	Mining and Washing of Coal
黑色金属矿采选业	Mining and Processing of Ferrous Metal Ores
非金属矿采选业	Mining and Processing of Non－metal Ores
农副食品加工业	Processing of Food from Agricultural Products
食品制造业	Manufacture of Foods
酒、饮料和精制茶制造业	Manufacture of Liquor, Beverages and Refined Tea
烟草制品业	Manufacture of Tobacco
纺织业	Manufacture of Textile
纺织服装、服饰业	Manufacture of Textile, Wearing Apparel and Accessories
皮革、毛皮、羽毛及其制品和制鞋业	Manufacture of Leather, Fur, Feather and Related Products
木材加工和木、竹、藤、棕、草制品业	Processing of Timber, Manufacture of Wood, Bamboo, Rattan, Palm and Straw Products
家具制造业	Manufacture of Furniture
造纸和纸制品业	Manufacture of Paper and Paper Products
印刷和记录媒介复制业	Printing and Reproduction of Recording Media
文教、工美、体育和娱乐用品制造业	Manufacture of Articles for Culture, Education, Arts and Crafts, Sport and Entertainment Activities
石油、煤炭及其他燃料加工业	Processing of Petroleum, Coal and other Fuels
化学原料和化学制品制造业	Manufacture of Raw Chemical Materials and Chemical Products
医药制造业	Manufacture of Medicines
化学纤维制造业	Manufacture of Chemical Fibres
橡胶和塑料制品业	Manufacture of Rubber and Plastics Products
非金属矿物制品业	Manufacture of Non－metallic Mineral Products
黑色金属冶炼和压延加工业	Smelting and Pressing of Ferrous Metals
有色金属冶炼和压延加工业	Smelting and Pressing of Non－Ferrous Metals
金属制品业	Manufacture of Metal Products
通用设备制造业	Manufacture of General Purpose Machinery
专用设备制造业	Manufacture of Special Purpose Machinery
汽车制造业	Manufacture of Automobiles
铁路、船舶、航空航天和其他运输设备制造业	Manufacture of Railway, Ship, Aerospace and Other Transport Equipment
电气机械和器材制造业	Manufacture of Electrical Machinery and Apparatus
计算机、通信和其他电子设备制造业	Manufacture of Computer, Communication and other Eletronic Equitment
仪器仪表制造业	Manufacture of Measuring Instruments and Machinery
其他制造业	Other Manufacture
废弃资源综合利用业	Utilization of Waste Resources
金属制品、机械和设备修理业	Repair Service of Metal Products, Machinery and Equipment
电力、热力生产和供应业	Production and Supply of Electric Power and Heat Power
燃气生产和供应业	Production and Supply of Gas
水的生产和供应业	Production and Supply of Water

Main Economic Indicators of Industrial Enterprises above Designated Size by Sector

(10 000 yuan)

企业单位数（个）Number of Enterprises (unit)	亏损企业 Loss - making Enterprises	年初存货 Beginning Inventories	产成品 Finished Goods	资产总计 Total Assets	流动资产合计 Total Current Assets	应收账款 Accounts Receivable
1241	**376**	**4816679**	**1608657**	**106574783**	**32946414**	**7601859**
56	27	653365	204186	15286222	1995851	299092
6	1	3066	1544	102938	19884	7759
106	25	215035	75291	1129354	689293	134571
39	9	106573	29113	2178654	952799	218110
17	7	162619	32300	562979	267357	16303
47	19	168091	81066	1700891	869301	230532
4	2	1667	617	14517	10344	2039
8	1	28069	6355	80211	65706	15239
6	3	4814	2017	21621	13539	3966
8	2	76752	11251	371506	157774	24808
11	2	22980	6951	169623	88482	31693
3	1	3811	1796	18124	7231	1279
34	18	343406	92996	3887445	1688158	116506
186	56	581970	254636	11230877	3364078	400109
24	7	103427	45544	1420009	860503	78163
32	7	61368	41245	439156	213157	57050
169	55	202849	110417	2706045	1573792	586887
62	35	922744	306052	20265022	6849373	283414
26	12	223794	50389	1782682	864473	135437
39	17	101004	46084	1080317	682417	175784
33	6	178349	55340	1088666	714160	206603
22	3	112530	22494	761622	588854	182740
5	1	7799	1356	96999	49737	13849
27	7	98286	42261	1385900	999649	592817
18	7	134371	44232	2513848	1457501	535803
5		22359	10850	286041	198583	69910
13	3	11565	7368	134341	81073	31914
4		360		22814	20258	6977
184	33	160481	1169	30597787	6278574	3002605
21	4	55262	10932	1756084	673500	83367
18	4	2524	341	1909450	320232	46819

12－5 续表1

单位:万元

行　业	Sector
总　计	**Total**
煤炭开采和洗选业	Mining and Washing of Coal
黑色金属矿采选业	Mining and Processing of Ferrous Metal Ores
非金属矿采选业	Mining and Processing of Non－metal Ores
农副食品加工业	Processing of Food from Agricultural Products
食品制造业	Manufacture of Foods
酒、饮料和精制茶制造业	Manufacture of Liquor,Beverages and Refined Tea
烟草制品业	Manufacture of Tobacco
纺织业	Manufacture of Textile
纺织服装、服饰业	Manufacture of Textile,Wearing Apparel and Accessories
皮革、毛皮、羽毛及其制品和制鞋业	Manufacture of Leather,Fur,Feather and Related Products
木材加工和木、竹、藤、棕、草制品业	Processing of Timber,Manufacture of Wood,Bamboo,Rattan,Palm and Straw Products
家具制造业	Manufacture of Furniture
造纸和纸制品业	Manufacture of Paper and Paper Products
印刷和记录媒介复制业	Printing and Reproduction of Recording Media
文教、工美、体育和娱乐用品制造业	Manufacture of Articles for Culture,Education,Arts and Crafts,Sport and Entertainment Activities
石油、煤炭及其他燃料加工业	Processing of Petroleum,Coal and other Fuels
化学原料和化学制品制造业	Manufacture of Raw Chemical Materials and Chemical Products
医药制造业	Manufacture of Medicines
化学纤维制造业	Manufacture of Chemical Fibres
橡胶和塑料制品业	Manufacture of Rubber and Plastics Products
非金属矿物制品业	Manufacture of Non－metallic Mineral Products
黑色金属冶炼和压延加工业	Smelting and Pressing of Ferrous Metals
有色金属冶炼和压延加工业	Smelting and Pressing of Non－Ferrous Metals
金属制品业	Manufacture of Metal Products
通用设备制造业	Manufacture of General Purpose Machinery
专用设备制造业	Manufacture of Special Purpose Machinery
汽车制造业	Manufacture of Automobiles
铁路、船舶、航空航天和其他运输设备制造业	Manufacture of Railway,Ship,Aerospace and Other Transport Equipment
电气机械和器材制造业	Manufacture of Electrical Machinery and Apparatus
计算机、通信和其他电子设备制造业	Manufacture of Computer,Communication and other Eletronic Equitment
仪器仪表制造业	Manufacture of Measuring Instruments and Machinery
其他制造业	Other Manufacture
废弃资源综合利用业	Utilization of Waste Resources
金属制品、机械和设备修理业	Repair Service of Metal Products,Machinery and Equipment
电力、热力生产和供应业	Production and Supply of Electric Power and Heat Power
燃气生产和供应业	Production and Supply of Gas
水的生产和供应业	Production and Supply of Water

continued

(10 000 yuan)

存货 Inventories	产成品 Finished Goods	固定资产原价 Original Cost of Fixed Assets	房屋和构筑物 Buildings and Structures	机器设备 Machinery Equipment	累计折旧 Accumulated Depreciation	本年折旧 Depreciation in this Year
5100648	**1910494**	**76888574**	**17572119**	**46531854**	**27729081**	**3611433**
640308	226069	16368399	5601854	10409066	5594205	643048
5515	3910	63306	20702	38706	21515	5029
268632	100792	422086	206140	151332	145389	33777
136280	53810	1257175	346190	842003	465467	79781
161110	21437	329356	151047	143497	116023	12855
185781	94123	493972	223885	252311	122865	30447
2770	908	6478	2763	3109	2647	437
30386	6137	21075	12606	6579	5682	731
4537	1714	6673	2521	3960	1465	343
77935	10402	143299	62684	78847	63823	5283
24049	7347	113049	37673	57331	45071	6600
4490	2090	13937	5574	7695	5097	524
339203	139173	2700582	720590	866592	1321845	127944
629261	295860	8743052	1821971	6092496	2727612	447061
123415	52767	674495	285520	317603	316512	43935
73215	45259	228110	70991	88011	77031	12664
204366	101174	1609236	500338	830773	808374	85265
964039	414204	3801370	1629961	1469800	1067049	209579
207948	44950	1971842	563496	1284425	1022479	83645
104636	49450	308344	79946	128621	94447	14142
187981	72674	459757	152526	242098	215148	21735
99512	22268	156509	37084	40399	69124	6775
8597	2853	29749	10787	18209	4834	1310
117757	46413	332585	52345	198761	76616	22538
227171	60155	1147901	127697	1006903	303898	76838
18214	7905	65631	38694	25299	16720	5533
18427	6714	56009	14566	26853	10930	3136
185		5541	278	4221	3214	615
159099	1824	31496915	4241083	21284949	11472518	1437522
24327	7765	877749	158672	314300	261251	38614
3091	207	955413	266882	73889	303438	27423

12－5 续表2

单位:万元

行　业	Sector
总　计	**Total**
煤炭开采和洗选业	Mining and Washing of Coal
黑色金属矿采选业	Mining and Processing of Ferrous Metal Ores
非金属矿采选业	Mining and Processing of Non－metal Ores
农副食品加工业	Processing of Food from Agricultural Products
食品制造业	Manufacture of Foods
酒、饮料和精制茶制造业	Manufacture of Liquor,Beverages and Refined Tea
烟草制品业	Manufacture of Tobacco
纺织业	Manufacture of Textile
纺织服装、服饰业	Manufacture of Textile,Wearing Apparel and Accessories
皮革、毛皮、羽毛及其制品和制鞋业	Manufacture of Leather,Fur,Feather and Related Products
木材加工和木、竹、藤、棕、草制品业	Processing of Timber,Manufacture of Wood,Bamboo,Rattan,Palm and Straw Products
家具制造业	Manufacture of Furniture
造纸和纸制品业	Manufacture of Paper and Paper Products
印刷和记录媒介复制业	Printing and Reproduction of Recording Media
文教、工美、体育和娱乐用品制造业	Manufacture of Articles for Culture,Education,Arts and Crafts,Sport and Entertainment Activities
石油、煤炭及其他燃料加工业	Processing of Petroleum,Coal and other Fuels
化学原料和化学制品制造业	Manufacture of Raw Chemical Materials and Chemical Products
医药制造业	Manufacture of Medicines
化学纤维制造业	Manufacture of Chemical Fibres
橡胶和塑料制品业	Manufacture of Rubber and Plastics Products
非金属矿物制品业	Manufacture of Non－metallic Mineral Products
黑色金属冶炼和压延加工业	Smelting and Pressing of Ferrous Metals
有色金属冶炼和压延加工业	Smelting and Pressing of Non－Ferrous Metals
金属制品业	Manufacture of Metal Products
通用设备制造业	Manufacture of General Purpose Machinery
专用设备制造业	Manufacture of Special Purpose Machinery
汽车制造业	Manufacture of Automobiles
铁路、船舶、航空航天和其他运输设备制造业	Manufacture of Railway,Ship,Aerospace and Other Transport Equipment
电气机械和器材制造业	Manufacture of Electrical Machinery and Apparatus
计算机、通信和其他电子设备制造业	Manufacture of Computer,Communication and other Eletronic Equitment
仪器仪表制造业	Manufacture of Measuring Instruments and Machinery
其他制造业	Other Manufacture
废弃资源综合利用业	Utilization of Waste Resources
金属制品、机械和设备修理业	Repair Service of Metal Products,Machinery and Equipment
电力、热力生产和供应业	Production and Supply of Electric Power and Heat Power
燃气生产和供应业	Production and Supply of Gas
水的生产和供应业	Production and Supply of Water

continued

(10 000 yuan)

负债合计 Total Liabilities	流动负债合计 Total Current Liabilities	应付账款 Accounts payable	所有者权益合计 Total Owners´ Equities	实收资本 Called up Capital	国家资本 National Capital	集体资本 Collective Capital	法人资本 Corporate CapitalP
66253134	**42975390**	**11481351**	**40312223**	**29634834**	**7071084**	**398122**	**11478344**
11365258	6721216	909357	3920964	2503665	997502	1018	1437463
61108	59917	19692	41830	34467			33216
667868	625846	115474	461482	291228	7167	1863	154710
1277769	1086836	236434	900884	338426	1301		227614
298945	259769	61956	264033	103165	19092		43127
1014740	835134	490282	686151	656477	108507	16010	501881
11016	10080	3133	3500	4138	1220		200
46463	46241	17920	33748	13644			7487
13654	13654	5597	7967	4445			250
143275	119572	17478	228231	89358	23063		4435
78275	68653	13249	91349	58784	26696		6254
6150	6150	1150	11974	9806			3820
2080062	1872095	450566	1794209	1153163	589163		400988
7526459	5785829	952008	3694765	2662373	682447	71554	1230017
1037384	890067	102968	382624	215128	917		152970
289693	197463	39325	149462	144323	54	119	22942
1575473	1491117	645134	1130570	648103	108819	3221	330533
10330468	7885922	2866819	9947968	9641260	92000	3468	1327168
1392882	1268787	280030	389799	490831	40000	863	416236
598686	520279	113052	481630	240879		11	191211
498070	407134	147069	590595	334252	28782		146181
408872	396671	234888	352751	99278	210		76272
79174	77930	2584	17825	21105			16105
754511	692882	380169	631389	243341	48500	4114	134733
905423	749976	272500	1608426	616323	47900		556568
175241	119127	32435	110801	77338			13912
67018	65165	18345	67324	29378			20898
8273	8273	5638	14542	9931			9681
20696382	9168161	2678001	9901404	7301363	3406586	236480	3409921
983714	716823	107720	772369	393079	62819		292956
1121225	400781	138447	788226	460726	136607		269671

12-5 续表3

单位:万元

行　业	Sector
总　计	**Total**
煤炭开采和洗选业	Mining and Washing of Coal
黑色金属矿采选业	Mining and Processing of Ferrous Metal Ores
非金属矿采选业	Mining and Processing of Non - metal Ores
农副食品加工业	Processing of Food from Agricultural Products
食品制造业	Manufacture of Foods
酒、饮料和精制茶制造业	Manufacture of Liquor, Beverages and Refined Tea
烟草制品业	Manufacture of Tobacco
纺织业	Manufacture of Textile
纺织服装、服饰业	Manufacture of Textile, Wearing Apparel and Accessories
皮革、毛皮、羽毛及其制品和制鞋业	Manufacture of Leather, Fur, Feather and Related Products
木材加工和木、竹、藤、棕、草制品业	Processing of Timber, Manufacture of Wood, Bamboo, Rattan, Palm and Straw Products
家具制造业	Manufacture of Furniture
造纸和纸制品业	Manufacture of Paper and Paper Products
印刷和记录媒介复制业	Printing and Reproduction of Recording Media
文教、工美、体育和娱乐用品制造业	Manufacture of Articles for Culture, Education, Arts and Crafts, Sport and Entertainment Activities
石油、煤炭及其他燃料加工业	Processing of Petroleum, Coal and other Fuels
化学原料和化学制品制造业	Manufacture of Raw Chemical Materials and Chemical Products
医药制造业	Manufacture of Medicines
化学纤维制造业	Manufacture of Chemical Fibres
橡胶和塑料制品业	Manufacture of Rubber and Plastics Products
非金属矿物制品业	Manufacture of Non - metallic Mineral Products
黑色金属冶炼和压延加工业	Smelting and Pressing of Ferrous Metals
有色金属冶炼和压延加工业	Smelting and Pressing of Non - Ferrous Metals
金属制品业	Manufacture of Metal Products
通用设备制造业	Manufacture of General Purpose Machinery
专用设备制造业	Manufacture of Special Purpose Machinery
汽车制造业	Manufacture of Automobiles
铁路、船舶、航空航天和其他运输设备制造业	Manufacture of Railway, Ship, Aerospace and Other Transport Equipment
电气机械和器材制造业	Manufacture of Electrical Machinery and Apparatus
计算机、通信和其他电子设备制造业	Manufacture of Computer, Communication and other Eletronic Equitment
仪器仪表制造业	Manufacture of Measuring Instruments and Machinery
其他制造业	Other Manufacture
废弃资源综合利用业	Utilization of Waste Resources
金属制品、机械和设备修理业	Repair Service of Metal Products, Machinery and Equipment
电力、热力生产和供应业	Production and Supply of Electric Power and Heat Power
燃气生产和供应业	Production and Supply of Gas
水的生产和供应业	Production and Supply of Water

continued

(10 000 yuan)

			营业收入	营业成本	销售费用	管理费用	研发费用
个人资本 Personal Capital	港澳台资本 Hong Kong, Macao and Taiwan Capital	外商资本 Foreign Capital	Operating Revenue	Operating Cost	Selling Expenses	Administrative Expense	Research and development Expense
10012375	**494494**	**180413**	**48023446**	**40307766**	**839327**	**1606198**	**484319**
67682			4416884	3179646	67856	444547	23472
1251			49916	38076	3450	4063	
98507		28981	911478	782093	36653	29402	16060
108134	376	1000	2178786	1862304	120491	59393	23409
32855	8091		196677	137768	12734	13238	2241
30079			535986	503708	6688	15942	13753
2718			20302	16927	992	1939	642
6157			28798	26035	464	1008	897
4195			25279	23469	164	776	378
61859			163946	146844	2873	7058	3491
25834			127795	107189	2493	7992	3310
5986			6924	5520	460	533	1139
163012			4466981	3377475	43222	83844	17469
469855	207737	764	6297796	5183281	162632	294564	69044
61241			494037	332044	21663	43528	15212
118010	2425	772	245255	216116	12761	10138	8219
177358		28172	1632585	1284644	86928	84210	21411
8096656	116610	5357	5988907	5829713	102058	115498	37304
33731			2740485	2536857	23902	26629	15250
46789		2867	447119	373075	13770	20470	15101
90953		68338	677834	495155	40003	42620	25648
22697		100	543276	438882	9648	31367	27577
5000			74633	68663	727	2345	511
55993			1134625	961399	17240	17279	25792
11855			1627941	1241033	2681	26529	65843
63426			131777	93841	9862	10297	7606
8480			262747	236582	3949	3696	543
250			26404	21802	1649	1698	1077
99507	108868	40000	10586179	9251929	7501	141599	28052
37305			1056278	922326	6606	15341	5804
	50386	4062	245263	168799	12184	20865	1840

12－5 续表4

单位:万元

行　业	Sector
总　　计	**Total**
煤炭开采和洗选业	Mining and Washing of Coal
黑色金属矿采选业	Mining and Processing of Ferrous Metal Ores
非金属矿采选业	Mining and Processing of Non－metal Ores
农副食品加工业	Processing of Food from Agricultural Products
食品制造业	Manufacture of Foods
酒、饮料和精制茶制造业	Manufacture of Liquor, Beverages and Refined Tea
烟草制品业	Manufacture of Tobacco
纺织业	Manufacture of Textile
纺织服装、服饰业	Manufacture of Textile, Wearing Apparel and Accessories
皮革、毛皮、羽毛及其制品和制鞋业	Manufacture of Leather, Fur, Feather and Related Products
木材加工和木、竹、藤、棕、草制品业	Processing of Timber, Manufacture of Wood, Bamboo, Rattan, Palm and Straw Products
家具制造业	Manufacture of Furniture
造纸和纸制品业	Manufacture of Paper and Paper Products
印刷和记录媒介复制业	Printing and Reproduction of Recording Media
文教、工美、体育和娱乐用品制造业	Manufacture of Articles for Culture, Education, Arts and Crafts, Sport and Entertainment Activities
石油、煤炭及其他燃料加工业	Processing of Petroleum, Coal and other Fuels
化学原料和化学制品制造业	Manufacture of Raw Chemical Materials and Chemical Products
医药制造业	Manufacture of Medicines
化学纤维制造业	Manufacture of Chemical Fibres
橡胶和塑料制品业	Manufacture of Rubber and Plastics Products
非金属矿物制品业	Manufacture of Non－metallic Mineral Products
黑色金属冶炼和压延加工业	Smelting and Pressing of Ferrous Metals
有色金属冶炼和压延加工业	Smelting and Pressing of Non－Ferrous Metals
金属制品业	Manufacture of Metal Products
通用设备制造业	Manufacture of General Purpose Machinery
专用设备制造业	Manufacture of Special Purpose Machinery
汽车制造业	Manufacture of Automobiles
铁路、船舶、航空航天和其他运输设备制造业	Manufacture of Railway, Ship, Aerospace and Other Transport Equipment
电气机械和器材制造业	Manufacture of Electrical Machinery and Apparatus
计算机、通信和其他电子设备制造业	Manufacture of Computer, Communication and other Eletronic Equitment
仪器仪表制造业	Manufacture of Measuring Instruments and Machinery
其他制造业	Other Manufacture
废弃资源综合利用业	Utilization of Waste Resources
金属制品、机械和设备修理业	Repair Service of Metal Products, Machinery and Equipment
电力、热力生产和供应业	Production and Supply of Electric Power and Heat Power
燃气生产和供应业	Production and Supply of Gas
水的生产和供应业	Production and Supply of Water

continued

(10 000 yuan)

财务费用 Financial Expense			资产减值损失 Assets Devaluation	其他收益 Other Income	投资收益 Investment Income	公允价值变动收益 Profits or Losses on the Changes in Fair Value
	利息费用 Interest Expense	利息收入 Interest Income				
1756451	**1621115**	**61245**	**260366**	**165897**	**306707**	**-5268**
334709	247124	2919	11282	8338	2871	
206	103	3	-40	141	3	
16312	15125	900	249	7463	286	
28331	29570	1865	426	8785	-1157	
5146	5178	-35	546	303	17	
19663	18029	742	246	128	31	
180	205	-26	-614	127		
465	449	1				
184	183	-1				
2664	3329	704	28	798	300	
2017	2159	-255	94	786	15	
218	111	1				
31677	32286	2592	-0	469	13	
174053	163050	6611	182058	15962	172571	1194
18529	14765	382	914	2261	577	-6064
6669	6223	70	364	4042		
21172	21525	1253	15188	15651	12466	-327
236092	233073	17768	10254	7098	25688	
47467	46792	505	5487	6929	-16328	193
18212	12147	3072	-646	6253	4838	
5748	6964	1200	4953	7323	26622	-55
1804	2445	28	-508	7096	1165	
1690	1759	-22		96		
971	5450	7105	2820	5979	1351	
2440	5651	1860	5381	14484	3622	-203
402	192	-71	1321	5582	153	-7
496	620	-162	2340	678	16	
-70	-0	9	-176	79		
724218	690204	7013	17109	24049	49977	
32487	29663	545	930	162	2494	
13301	17500	4415	308	11205	19030	

12－5 续表 5

单位:万元

行　业	Sector
总　　计	**Total**
煤炭开采和洗选业	Mining and Washing of Coal
黑色金属矿采选业	Mining and Processing of Ferrous Metal Ores
非金属矿采选业	Mining and Processing of Non－metal Ores
农副食品加工业	Processing of Food from Agricultural Products
食品制造业	Manufacture of Foods
酒、饮料和精制茶制造业	Manufacture of Liquor, Beverages and Refined Tea
烟草制品业	Manufacture of Tobacco
纺织业	Manufacture of Textile
纺织服装、服饰业	Manufacture of Textile, Wearing Apparel and Accessories
皮革、毛皮、羽毛及其制品和制鞋业	Manufacture of Leather, Fur, Feather and Related Products
木材加工和木、竹、藤、棕、草制品业	Processing of Timber, Manufacture of Wood, Bamboo, Rattan, Palm and Straw Products
家具制造业	Manufacture of Furniture
造纸和纸制品业	Manufacture of Paper and Paper Products
印刷和记录媒介复制业	Printing and Reproduction of Recording Media
文教、工美、体育和娱乐用品制造业	Manufacture of Articles for Culture, Education, Arts and Crafts, Sport and Entertainment Activities
石油、煤炭及其他燃料加工业	Processing of Petroleum, Coal and other Fuels
化学原料和化学制品制造业	Manufacture of Raw Chemical Materials and Chemical Products
医药制造业	Manufacture of Medicines
化学纤维制造业	Manufacture of Chemical Fibres
橡胶和塑料制品业	Manufacture of Rubber and Plastics Products
非金属矿物制品业	Manufacture of Non－metallic Mineral Products
黑色金属冶炼和压延加工业	Smelting and Pressing of Ferrous Metals
有色金属冶炼和压延加工业	Smelting and Pressing of Non－Ferrous Metals
金属制品业	Manufacture of Metal Products
通用设备制造业	Manufacture of General Purpose Machinery
专用设备制造业	Manufacture of Special Purpose Machinery
汽车制造业	Manufacture of Automobiles
铁路、船舶、航空航天和其他运输设备制造业	Manufacture of Railway, Ship, Aerospace and Other Transport Equipment
电气机械和器材制造业	Manufacture of Electrical Machinery and Apparatus
计算机、通信和其他电子设备制造业	Manufacture of Computer, Communication and other Eletronic Equitment
仪器仪表制造业	Manufacture of Measuring Instruments and Machinery
其他制造业	Other Manufacture
废弃资源综合利用业	Utilization of Waste Resources
金属制品、机械和设备修理业	Repair Service of Metal Products, Machinery and Equipment
电力、热力生产和供应业	Production and Supply of Electric Power and Heat Power
燃气生产和供应业	Production and Supply of Gas
水的生产和供应业	Production and Supply of Water

continued

(10 000 yuan)

营业利润 Operating Profit	营业外收入 Non – Operating Income	营业外支出 Non – Operating Expense	利润总额 Total Profits	本年应付职工薪酬 Employee Benefits Payable	从业人员平均人数 Average Employed Persons	亏损企业亏损总额 Losses of Deficit Enterprises
1828946	**284524**	**167298**	**1946084**	**3403826**	**301084**	**1225310**
–54922	14461	21684	–62145	1061989	50669	103889
3589	23	79	3533	2629	348	283
34943	16503	2066	49380	41054	6720	7537
82166	15671	3134	94703	101111	12640	8230
15558	1858	532	16884	15590	2138	8084
–26506	9736	4298	–21068	41447	8871	32909
220	470	74	615	6070	1391	98
–170	873	40	663	1615	522	236
143	608	142	609	1625	367	255
						912
741	2129	267	2604	14496	2003	169
4707	1775	215	6267	15525	2547	271
–1042	1254	9	203	917	314	571
276950	24389	56419	244919	155452	14008	36106
370264	34402	23218	381447	472534	50095	398533
52181	10885	9804	53262	46950	6338	10454
–6832	2287	309	–4853	21171	3404	15210
129826	21104	10157	140774	99823	14012	16717
–331015	45863	13000	–298148	187360	25926	375309
61275	3673	17117	47831	104713	10271	41115
14940	8469	2108	21302	46803	6320	10678
95555	6770	2325	100000	68979	7141	1991
39017	2635	800	40853	43843	4359	163
566	224	13	778	3002	593	451
113873	4013	1245	116641	52972	5944	4790
290643	1555	2135	290063	95597	11102	16984
12743	780	121	13402	16077	1281	
12510	14315	829	25997	5843	915	931
324	441	81	685	7703	730	
435885	31435	13563	453667	552618	29571	120804
72541	3904	935	75510	19643	2379	6862
48510	1426	178	49757	34853	3200	3487

12-6 分登记注册类型规模以上大中型工业企业主要经济指标

单位:万元

指 标	Item
总 计	**Total**
一、按登记注册类型分组	**By Status of Registration**
内资企业	Domestic Funded
国有企业	State - owned Enterprises
中央企业	Central Enterprises
地方企业	Local Enterprises
有限责任公司	Limited Liability Corporations
国有独资公司	State Joint Ownership Enterprises
其他有限责任公司	Other Limited Liability Corporations
股份有限公司	Share - holding Corporations Limited
私营企业	Private Enterprises
私营有限责任公司	Private Limited Liability Corporations
私营股份有限公司	Private Share - holding Corporations Ltd
港、澳、台商投资企业	Enterprises with Funds from HongKong, Macao and Taiwan
合资经营企业(港或澳、台资)	Joint - venture Enterprise
港澳台商独资经营企业	Enterprises with Sole Investment
外商投资企业	Foreign Funded Enterprises
中外合资经营企业	Joint - venture Enterprise
外资企业	Enterprises with Sole Funds
二、在总计中:亏损企业	**of the Total: Deficit Enterprises**
在总计中:国有控股企业	of the Total: State - holding Enterprises
在总计中:轻工业	of the Total: Light Industry
重工业	of the Total: Heavy Industry
在总计中:大型企业	of the Total: Large Enterprises
中型企业	of the Total: Medium Enterprises

Main Economic Indicators of Large and Medium - sized Industrial Enterprises above Designated Size By Status of Registration

(10 000 yuan)

企业单位数（个）Number of Enterprises (unit)	亏损企业 Loss - making Enterprises	年初存货 Beginning Inventories	产成品 Finished Goods	资产总计 Total Assets	流动资产合计 Total Current Assets	应收账款 Accounts Receivable
181	**51**	**3284910**	**1001386**	**73077413**	**21527146**	**3557006**
176	50	3149932	964261	68981013	20556047	3485538
6		38452	3831	6348966	975109	307962
5		38105	3831	6306059	963195	307671
60	17	1078197	296378	25772514	4823809	942845
9	5	622029	163858	14956455	1683812	317652
51	12	456168	132520	10816059	3139997	625193
15	1	431006	96153	5450419	2051826	283505
95	32	1602277	567900	31409114	12705303	1951226
85	29	1487138	532696	29188879	11928095	1827399
10	3	115139	35204	2220235	777208	123827
3		61431	15089	403422	254185	50342
51	51	1760147	533774	38979562	9058869	801362
56	32	1310299	296467	33861036	6162999	1221273
35	10	377907	110448	4831709	2250426	406865
146	41	2907004	890938	68245704	19276720	3150142
38	12	2011633	548215	50599730	12170189	2223925
143	39	1273277	453171	22477683	9356957	1333081

12－6 续表1

单位:万元

指　　标	Item
总　　计	**Total**
一、按登记注册类型分组	**By Status of Registration**
内资企业	Domestic Funded
国有企业	State－owned Enterprises
中央企业	Central Enterprises
地方企业	Local Enterprises
有限责任公司	Limited Liability Corporations
国有独资公司	State Joint Ownership Enterprises
其他有限责任公司	Other Limited Liability Corporations
股份有限公司	Share－holding Corporations Limited
私营企业	Private Enterprises
私营有限责任公司	Private Limited Liability Corporations
私营股份有限公司	Private Share－holding Corporations Ltd
港、澳、台商投资企业	Enterprises with Funds from HongKong,Macao and Taiwan
合资经营企业(港或澳、台资)	Joint－venture Enterprise
港澳台商独资经营企业	Enterprises with Sole Investment
外商投资企业	Foreign Funded Enterprises
中外合资经营企业	Joint－venture Enterprise
外资企业	Enterprises with Sole Funds
二、在总计中:亏损企业	**of the Total:Deficit Enterprises**
在总计中:国有控股企业	of the Total:State－holding Enterprises
在总计中:轻工业	of the Total:Light Industry
重工业	of the Total:Heavy Industry
在总计中:大型企业	of the Total:Large Enterprises
中型企业	of the Total:Medium Enterprises

continued

(10 000 yuan)

存货 Inventories	产成品 Finished Goods	固定资产原价 Original Cost of Fixed Assets	房屋和构筑物 Buildings and Structures	机器设备 Machinery Equipment	累计折旧 Accumulated Depreciation	本年折旧 Depreciation in this Year
3371591	**1157355**	**54084514**	**13656928**	**32172836**	**21861213**	**2506904**
3217606	1111759	51384649	12847837	30449881	21314738	2400655
41826	4219	9633536	884480	5953692	5275104	488178
41451	4219	9585156	865260	5945523	5256270	483052
1034812	307478	27231232	7774556	17436621	10221313	1117721
586346	171527	16659972	5501394	10843031	5621443	659636
448467	135951	10571260	2273163	6593590	4599870	458086
407826	88446	5514238	1005769	2314845	2878449	226707
1733142	711617	9005644	3183032	4744723	2939872	568049
1632970	666424	7591480	2771750	3883693	2443425	491110
100173	45193	1414164	411282	861030	496447	76939
72417	13365	249072	79801	152755	119232	13338
1631305	587413	24974196	7931794	15901811	8773253	1118578
1224455	289533	40262682	9128429	24438502	17556846	1713090
420654	121509	2522052	884328	1525933	974703	159624
2950937	1035846	51562462	12772600	30646903	20886510	2347279
2102410	646789	39095957	10292157	24335869	15748379	1771970
1269181	510566	14988557	3364770	7836967	6112834	734934

12-6 续表2

单位:万元

指　　标	Item
总　　计	**Total**
一、按登记注册类型分组	**By Status of Registration**
内资企业	Domestic Funded
国有企业	State - owned Enterprises
中央企业	Central Enterprises
地方企业	Local Enterprises
有限责任公司	Limited Liability Corporations
国有独资公司	State Joint Ownership Enterprises
其他有限责任公司	Other Limited Liability Corporations
股份有限公司	Share - holding Corporations Limited
私营企业	Private Enterprises
私营有限责任公司	Private Limited Liability Corporations
私营股份有限公司	Private Share - holding Corporations Ltd
港、澳、台商投资企业	Enterprises with Funds from HongKong,Macao and Taiwan
合资经营企业(港或澳、台资)	Joint - venture Enterprise
港澳台商独资经营企业	Enterprises with Sole Investment
外商投资企业	Foreign Funded Enterprises
中外合资经营企业	Joint - venture Enterprise
外资企业	Enterprises with Sole Funds
二、在总计中:亏损企业	**of the Total:Deficit Enterprises**
在总计中:国有控股企业	of the Total:State - holding Enterprises
在总计中:轻工业	of the Total:Light Industry
重工业	of the Total:Heavy Industry
在总计中:大型企业	of the Total:Large Enterprises
中型企业	of the Total:Medium Enterprises

continued

(10 000 yuan)

负债合计 Total Liabilities	流动负债合计 Total Current Liabilities	应付账款 Accounts payable	所有者权益合计 Total Owners´ Equities	实收资本 Called up Capital	国家资本 National Capital	集体资本 Collective Capital	法人资本 Corporate CapitalP
44930339	**31743358**	**8170383**	**28147073**	**21412638**	**4918434**	**145464**	**6975692**
43370726	30806167	8051816	25610285	20545998	4918434	75410	6506323
3589687	2187642	838015	2759279	2376805	1671895		704910
3579690	2177847	834784	2726370	2364535	1659624		704910
20093070	12703723	2078723	5679443	5330802	2475758	59400	2656403
11481128	6671865	970428	3475327	2235719	1199346		1036373
8611942	6031858	1108295	2204116	3095083	1276412	59400	1620030
2590330	2148025	548033	2860089	1296666	662274	16010	407858
17097638	13766777	4587046	14311474	11541725	108507		2737152
15858177	12827321	4427919	13330700	11008633	108507		2282915
1239461	939456	159127	980774	533092			454237
146970	110561	49344	256452	96305			27967
26021501	17995140	4352174	12958060	13150732	2089203	16010	2570365
24295348	15366138	2995989	9565689	8233413	4803609	59400	3145803
3090584	2566471	772129	1741125	976571	138548	75410	592102
41839755	29176887	7398254	26405948	20436067	4779886	70054	6383590
29577518	20879557	5511332	21022211	16036725	4058560	70054	3305300
15352821	10863801	2659051	7124861	5375913	859874	75410	3670392

12－6　续表3

单位:万元

指　　标	Item
总　　计	**Total**
一、按登记注册类型分组	**By Status of Registration**
内资企业	Domestic Funded
国有企业	State－owned Enterprises
中央企业	Central Enterprises
地方企业	Local Enterprises
有限责任公司	Limited Liability Corporations
国有独资公司	State Joint Ownership Enterprises
其他有限责任公司	Other Limited Liability Corporations
股份有限公司	Share－holding Corporations Limited
私营企业	Private Enterprises
私营有限责任公司	Private Limited Liability Corporations
私营股份有限公司	Private Share－holding Corporations Ltd
港、澳、台商投资企业	Enterprises with Funds from HongKong,Macao and Taiwan
合资经营企业(港或澳、台资)	Joint－venture Enterprise
港澳台商独资经营企业	Enterprises with Sole Investment
外商投资企业	Foreign Funded Enterprises
中外合资经营企业	Joint－venture Enterprise
外资企业	Enterprises with Sole Funds
二、在总计中:亏损企业	**of the Total:Deficit Enterprises**
在总计中:国有控股企业	of the Total:State－holding Enterprises
在总计中:轻工业	of the Total:Light Industry
重工业	of the Total:Heavy Industry
在总计中:大型企业	of the Total:Large Enterprises
中型企业	of the Total:Medium Enterprises

continued

(10 000 yuan)

个人资本 Personal Capital	港澳台资本 Hong Kong, Macao and Taiwan Capital	外商资本 Foreign Capital	营业收入 Operating Revenue	营业成本 Operating Cost	销售费用 Selling Expenses	管理费用 Administrative Expense	研发费用 Research and development Expense
8985234	**316610**	**71205**	**35087728**	**29564375**	**530134**	**1232498**	**323842**
8926354	116610	2867	33551884	28526608	475592	1173959	313319
			5983875	5551938	2791	112110	21535
			5972194	5544170	704	110423	21535
139241			9156688	7350883	136838	635352	75149
			4113155	2955273	44310	404264	25157
139241			5043534	4395610	92528	231088	49992
207657		2867	4644123	3482046	63618	129031	40376
8579456	116610		13767199	12141742	272345	297467	176259
8500601	116610		12307204	11088696	234546	243205	159655
78855			1459995	1053046	37799	54262	16605
		68338	247346	189595	8653	13107	3669
8358544	116610		10277868	9131990	141833	621348	45510
224601			17200127	14247815	120012	781327	96029
170511			3310275	2660773	131257	120703	
8814723	316610	71205	31777453	26903601	398877	1111795	
8402811	200000		22707729	18830637	271094	873608	169695
582423	116610	71205	12379999	10733738	259040	358890	154147

12-6 续表4

单位:万元

指　标	Item
总　计	**Total**
一、按登记注册类型分组	**By Status of Registration**
内资企业	Domestic Funded
国有企业	State - owned Enterprises
中央企业	Central Enterprises
地方企业	Local Enterprises
有限责任公司	Limited Liability Corporations
国有独资公司	State Joint Ownership Enterprises
其他有限责任公司	Other Limited Liability Corporations
股份有限公司	Share - holding Corporations Limited
私营企业	Private Enterprises
私营有限责任公司	Private Limited Liability Corporations
私营股份有限公司	Private Share - holding Corporations Ltd
港、澳、台商投资企业	Enterprises with Funds from HongKong, Macao and Taiwan
合资经营企业(港或澳、台资)	Joint - venture Enterprise
港澳台商独资经营企业	Enterprises with Sole Investment
外商投资企业	Foreign Funded Enterprises
中外合资经营企业	Joint - venture Enterprise
外资企业	Enterprises with Sole Funds
二、在总计中:亏损企业	**of the Total: Deficit Enterprises**
在总计中:国有控股企业	of the Total: State - holding Enterprises
在总计中:轻工业	of the Total: Light Industry
重工业	of the Total: Heavy Industry
在总计中:大型企业	of the Total: Large Enterprises
中型企业	of the Total: Medium Enterprises

continued

(10 000 yuan)

财务费用 Financial Expense	利息费用 Interest Expense	利息收入 Interest Income	资产减值损失 Assets Devaluation	其他收益 Other Income	投资收益 Investment Income	公允价值变动收益 Profits or Losses on the Changes in Fair Value
1109315	**1005104**	**47539**	**232007**	**117980**	**257797**	**909**
1079196	976568	42127	232668	112206	76671	909
89470	91180	2403	-4255	4082	3054	
89397	91109	2401	-4269	3500	3002	
565710	470039	9581	210476	54033	20667	1137
347957	261395	2416	16850	16101	2872	
217752	208644	7165	193626	37932	17795	1137
65504	71088	8532	8808	21514	44079	-323
358512	344261	21612	17639	32576	8871	95
310536	296927	21031	14859	26557	8957	95
47977	47334	581	2780	6020	-85	
2560	4016	1429	-840	2896	700	
734771	627779	14741	207267	26639	3175	
685032	593379	16188	212590	60693	83391	
59275		2460	1647	9516	-350	298
1050040		45079	230360	108464	258148	611
746374	643095	28940	199372	42577	189308	-203
362941	362009	18599	32635	75403	68490	1112

12－6　续表5

单位:万元

指　标	Item
总　计	**Total**
一、按登记注册类型分组	**By Status of Registration**
内资企业	Domestic Funded
国有企业	State－owned Enterprises
中央企业	Central Enterprises
地方企业	Local Enterprises
有限责任公司	Limited Liability Corporations
国有独资公司	State Joint Ownership Enterprises
其他有限责任公司	Other Limited Liability Corporations
股份有限公司	Share－holding Corporations Limited
私营企业	Private Enterprises
私营有限责任公司	Private Limited Liability Corporations
私营股份有限公司	Private Share－holding Corporations Ltd
港、澳、台商投资企业	Enterprises with Funds from HongKong,Macao and Taiwan
合资经营企业(港或澳、台资)	Joint－venture Enterprise
港澳台商独资经营企业	Enterprises with Sole Investment
外商投资企业	Foreign Funded Enterprises
中外合资经营企业	Joint－venture Enterprise
外资企业	Enterprises with Sole Funds
二、在总计中:亏损企业	**of the Total:Deficit Enterprises**
在总计中:国有控股企业	of the Total:State－holding Enterprises
在总计中:轻工业	of the Total:Light Industry
重工业	of the Total:Heavy Industry
在总计中:大型企业	of the Total:Large Enterprises
中型企业	of the Total:Medium Enterprises

continued

(10 000 yuan)

营业利润 Operating Profit	营业外收入 Non - Operating Income	营业外支出 Non - Operating Expense	利润总额 Total Profits	本年应付职工薪酬 Employee Benefits Payable	从业人员平均人数 Average Employed Persons	亏损企业亏损总额 Losses of Deficit Enterprises
1146698	**141168**	**130015**	**1157851**	**2798118**	**223483**	**989467**
633666	137370	122920	648116	2630718	209030	988269
89745	5421	-15989	111154	319096	27423	
89161	5329	-15989	110479	315930	27122	
-207528	23822	39474	-223180	1428128	78852	527585
-63267	9619	18547	-72195	1002917	47242	108005
-144261	14203	20927	-150985	425212	31610	419581
279333	9142	35064	253411	306144	24714	2361
472117	98984	64370	506730	577349	78041	458323
230817	92307	37581	285543	493319	68404	421018
241300	6677	26789	221187	84030	9637	37306
31911	1095	1370	31636	26972	2069	
-1008972	61029	41524	-989467	1296579	84431	989467
-14459	31890	40651	-23221	1909499	113397	517074
179188	18494	13951	183731	201708	26587	35004
967510	122674	116064	974120	2596411	196896	954463
703896	58588	91175	671309	2095585	150268	775139
442802	82580	38840	486543	702533	73215	214328

12－7 分地区规模以上工业企业主要经济指标

Main Economic Indicators of Industrial Enterprises above Designated Size by Region

单位:万元 (10 000 yuan)

地　区	Region	企业单位数（个）Number of Enterprises (unit)	亏损企业 Loss－making Enterprises	年初存货 Beginning Inventories	产成品 Finished Goods	资产总计 Total Assets	流动资产合计 Total Current Assets	应收账款 Accounts Receivable
宁　夏	**Total**	**1241**	**376**	**4816679**	**1608657**	**106574783**	**32946414**	**7601859**
银川市	**Yinchuan**	**370**	**97**	**1440316**	**437947**	**36632853**	**11792800**	**3475349**
兴庆区	Xingqing	23	2	68640	24421	6362341	1104581	480201
西夏区	Xixia	74	18	428183	107017	8526370	3660692	1449083
金凤区	Jinfeng	45	7	145028	68171	2415290	1076087	361142
永宁县	Yongning	53	17	162719	34894	1429257	705104	145546
贺兰县	Helan	67	24	214330	70533	2524150	1445238	293900
灵武市	Lingwu	109	30	995414	291325	28625489	5185235	965342
石嘴山市	**Shizuishan**	**313**	**111**	**901832**	**416201**	**10718298**	**4654219**	**808804**
大武口区	Dawukou	66	14	276528	90247	2653171	1447054	390161
惠农区	Huinong	86	27	212051	96171	3546000	1353510	252424
平罗县	Pingluo	161	70	413253	229784	4519127	1853655	166219
吴忠市	**Wuzhong**	**339**	**105**	**802414**	**260982**	**17231377**	**5584934**	**1835748**
利通区	Litong	87	20	197080	49312	2265781	1086248	335999
红寺堡	Hongsipu	48	17	114759	40147	4568737	1248331	403506
盐池县	Yanchi	62	25	108902	45780	4534935	1071198	408703
同心县	Tongxin	53	9	100369	45241	2236622	733325	357931
青铜峡市	Qingtongxia	89	34	281304	80502	3625302	1445833	329609
固原市	**Guyuan**	**60**	**14**	**58944**	**27612**	**2118990**	**577970**	**172378**
原州区	Yuanzhou	34	10	34554	15252	1114847	375781	96860
西吉县	Xiji	10	1	7476	6602	222393	75194	27539
隆德县	Longde	7	2	5353	4120	111067	31460	7136
泾源县	Jingyuan							
彭阳县	Pengyang	8	1	11553	1638	668549	93500	39489
中卫市	**Zhongwei**	**158**	**48**	**1039177**	**307501**	**26623222**	**8952353**	**1089715**
沙坡头区	Shapotou	93	30	270455	92521	6083573	1949951	475288
中宁县	Zhongning	61	18	768722	214981	19587651	6890023	553170
海原县	Haiyuan	4				951999	112380	61257
其他直报	Others							

12－7 续表1 continued

单位:万元 (10 000 yuan)

地 区	Region	存货 Inventories	产成品 Finished Goods	固定资产原价 Original Cost of Fixed Assets	房屋和构筑物 Buildings and Structures	机器设备 Machinery Equipment	累计折旧 Accumulated Depreciation	本年折旧 Depreciation in this Year
宁 夏	**Total**	**5100648**	**1910494**	**76888574**	**17572119**	**46531854**	**27729081**	**3611433**
银 川 市	**Yinchuan**	**1578869**	**507012**	**31207246**	**5867852**	**19492532**	**12014901**	**1438584**
兴 庆 区	Xingqing	38934	20834	7748458	781425	6262281	4061304	381747
西 夏 区	Xixia	465745	131564	6402779	769139	2308019	2644248	302120
金 凤 区	Jinfeng	181731	76772	1305060	190486	310801	435089	45595
永 宁 县	Yongning	192099	48255	863087	271454	543241	444014	42578
贺 兰 县	Helan	235716	76515	924860	407726	380357	351009	60087
灵 武 市	Lingwu	1007501	320579	28628925	8198816	19523226	8957309	1178289
石嘴山市	**Shizuishan**	**1021844**	**469368**	**7175118**	**1944533**	**4111377**	**2861610**	**384526**
大武口区	Dawukou	271301	92880	1462026	424344	732923	673063	71529
惠 农 区	Huinong	207368	102758	2963165	736593	1788028	1279259	129247
平 罗 县	Pingluo	543175	273730	2749927	783596	1590427	909288	183750
吴 忠 市	**Wuzhong**	**852438**	**320543**	**13636783**	**2143297**	**7128656**	**4908589**	**637584**
利 通 区	Litong	221844	41364	1356303	391997	824757	413531	73197
红 寺 堡	Hongsipu	109864	62678	2726907	442296	984222	724977	104285
盐 池 县	Yanchi	95135	41245	4043227	197063	1492477	1424170	223090
同 心 县	Tongxin	130168	96562	1495067	154267	1162131	269750	63004
青铜峡市	Qingtongxia	295428	78693	4015279	957674	2665070	2076161	174008
固 原 市	**Guyuan**	**79300**	**45725**	**1690146**	**654101**	**754844**	**453247**	**88249**
原 州 区	Yuanzhou	47574	26187	786499	232496	460355	203028	44483
西 吉 县	Xiji	16532	12123	179409	23642	7424	56027	5678
隆 德 县	Longde	6597	5068	56513	10615	43609	22813	2780
泾 源 县	Jingyuan							
彭 阳 县	Pengyang	8590	2348	667532	387315	243351	171266	35292
中 卫 市	**Zhongwei**	**1025340**	**400339**	**8513357**	**2211141**	**5209051**	**2612663**	**490657**
沙坡头区	Shapotou	357718	134691	3782077	724081	2745389	1136277	245311
中 宁 县	Zhongning	666869	265442	3892078	1464681	1655732	1298679	208084
海 原 县	Haiyuan	754	206	839202	22379	807929	177707	37263
其他直报	Others							

12－7 续表2 continued

单位:万元 (10 000 yuan)

地　区 Region	负债合计 Total Liabilities	流动负债合计 Total Current Liabilities	应付账款 Accounts payable	所有者权益合计 Total Owners´ Equities	实收资本 Called up Capital	国家资本 National Capital	集体资本 Collective Capital	法人资本 Corporate CapitalP
宁　夏 Total	**66253134**	**42975390**	**11481351**	**40312223**	**29634834**	**7071084**	**398122**	**11478344**
银川市 Yinchuan	**22339222**	**14081708**	**3972843**	**14293629**	**9959684**	**3869190**	**135570**	**5006431**
兴庆区 Xingqing	4047901	2440908	880794	2314441	1575234	1072941		415934
西夏区 Xixia	4237008	2720008	866195	4289361	2553340	742940	11	1614111
金凤区 Jinfeng	1178907	665890	416514	1236383	757734	438331	2000	199843
永宁县 Yongning	729846	697590	177806	699410	240510	13293		102111
贺兰县 Helan	1889320	1594883	611255	634830	573450	114715	3941	391667
灵武市 Lingwu	20475216	12018631	1826358	8150272	6121291	2484473	129617	3147137
石嘴山市 Shizuishan	**7675631**	**6143574**	**1583827**	**3033321**	**2115365**	**153332**	**21118**	**1301651**
大武口区 Dawukou	1697238	1399982	465028	955931	643819	126194	16792	395892
惠农区 Huinong	2339604	1971577	512494	1200184	586592	9672	119	407554
平罗县 Pingluo	3638789	2772015	606305	877207	884954	17467	4207	498205
吴忠市 Wuzhong	**11259956**	**6455322**	**1798332**	**5971344**	**4203254**	**1530529**	**241034**	**1913140**
利通区 Litong	1351326	1051780	295926	914451	546916	79460	1673	304261
红寺堡 Hongsipu	3072661	1731845	341278	1496075	1006029	311474		619937
盐池县 Yanchi	2841908	1234750	419144	1693027	1438804	684810	171098	447041
同心县 Tongxin	1477100	692422	170046	759520	486853	119637	66200	249021
青铜峡市 Qingtongxia	2516961	1744525	571938	1108270	724653	335149	2063	292881
固原市 Guyuan	**1359163**	**878274**	**179047**	**759826**	**458540**	**42658**	**400**	**369759**
原州区 Yuanzhou	696891	503805	107993	417955	214505	24525	400	154883
西吉县 Xiji	151424	125872	23877	70969	42107	16499		22618
隆德县 Longde	57031	38655	10085	54035	26049	917		18346
泾源县 Jingyuan								
彭阳县 Pengyang	450254	206379	34351	218295	175731	569		173912
中卫市 Zhongwei	**13400186**	**9360311**	**3141223**	**13223036**	**11036116**	**477873**		**2022991**
沙坡头区 Shapotou	3694655	2496934	688629	2388917	1241956	246203		802750
中宁县 Zhongning	9309287	6826572	2416779	10278363	9494690	53232		1206128
海原县 Haiyuan	396243	36806	35815	555756	299470	178439		14113
其他直报 Others								

12－7 续表3 continued

单位:万元 (10 000 yuan)

地 区	Region	个人资本 Personal Capital	港澳台资本 Hong Kong, Macao and Taiwan Capital	外商资本 Foreign Capital	营业收入 Operating Revenue	营业成本 Operating Cost	销售费用 Selling Expenses	管理费用 Admini－strative Expense	研发费用 Research and develop－ment Expense
宁 夏	**Total**	**10012375**	**494494**	**180413**	**48023446**	**40307766**	**839327**	**1606198**	**484319**
银 川 市	**Yinchuan**	**567361**	**260902**	**120230**	**20619922**	**17049895**	**314931**	**580263**	**216539**
兴 庆 区	Xingqing	42296		44062	5833772	5507201	13648	79491	30996
西 夏 区	Xixia	126566	10516	59196	5566937	4125283	65508	132417	103933
金 凤 区	Jinfeng	50203	50386	16971	973377	695610	62658	49078	20208
永 宁 县	Yongning	125106			823967	704492	20852	42294	22389
贺 兰 县	Helan	63126			1003463	801124	50111	57319	12895
灵 武 市	Lingwu	160064	200000		9844218	7592778	140354	603436	48901
石嘴山市	**Shizuishan**	**590952**		**48312**	**7841315**	**6937954**	**187955**	**247009**	**115949**
大武口区	Dawukou	91720		13221	1600403	1343305	40775	75632	51063
惠 农 区	Huinong	169247			2893019	2560981	45948	78633	35802
平 罗 县	Pingluo	329985		35090	3347893	3033667	101232	92744	29084
吴 忠 市	**Wuzhong**	**518075**	**376**	**100**	**8566741**	**7239310**	**163589**	**208220**	**68087**
利 通 区	Litong	161423		100	2361658	1927039	85720	68274	20042
红 寺 堡	Hongsipu	74617			1419318	1267180	7677	31753	4298
盐 池 县	Yanchi	135479	376		1420613	1142097	21650	38301	18483
同 心 县	Tongxin	51996			416260	302228	4528	8515	1880
青铜峡市	Qingtongxia	94560			2948893	2600767	44013	61376	23384
固 原 市	**Guyuan**	**45723**			**1036352**	**839748**	**23536**	**34953**	**7573**
原 州 区	Yuanzhou	34697			646404	542149	15619	19637	3651
西 吉 县	Xiji	2990			60300	46940	734	1843	1047
隆 德 县	Longde	6786			29286	25723	4243	814	2553
泾 源 县	Jingyuan								
彭 阳 县	Pengyang	1250			296959	222507	2939	12518	321
中 卫 市	**Zhongwei**	**8290265**	**233215**	**11772**	**6533303**	**5864266**	**111118**	**151982**	**53389**
沙坡头区	Shapotou	193003			2626762	2202770	62212	80891	46382
中 宁 县	Zhongning	8097262	126297	11772	3812761	3614978	48906	70260	6996
海 原 县	Haiyuan		106918		93780	46519		830	10
其他直报	Others								

12－7 续表4 continued

单位:万元 (10 000 yuan)

地 区	Region	财务费用 Financial Expense	利息费用 Interest Expense	利息收入 Interest Income	资产减值损失 Assets Devaluation	其他收益 Other Income	投资收益 Investment Income	公允价值变动收益 Profits or Losses on the Changes in Fair Value
宁 夏	**Total**	**1756451**	**1621115**	**61245**	**260366**	**165897**	**306707**	**－5268**
银川市	**Yinchuan**	**547736**	**547536**	**29659**	**192267**	**67494**	**240276**	**－6579**
兴庆区	Xingqing	95447	95901	2178	－3766	3560	19617	
西夏区	Xixia	97240	109906	12277	11462	33987	35697	－258
金凤区	Jinfeng	16253	16695	2093	1006	11498	2706	－4
永宁县	Yongning	16713	16119	994	1818	3187	16	－6362
贺兰县	Helan	24196	23234	1727	750	2063	236	
灵武市	Lingwu	603489	505759	12520	192058	20777	184876	44
石嘴山市	**Shizuishan**	**195752**	**178801**	**5471**	**15621**	**38834**	**32249**	**1641**
大武口区	Dawukou	34238	34159	3480	4706	28945	29940	
惠农区	Huinong	55158	49645	1148	5954	1370	－168	50
平罗县	Pingluo	106356	94997	843	4962	8519	2477	1591
吴忠市	**Wuzhong**	**334489**	**308567**	**4317**	**26905**	**33066**	**16023**	**－330**
利通区	Litong	28675	27386	442	891	8345	－1316	－7
红寺堡	Hongsipu	87392	84103	473	4009	2381	4003	
盐池县	Yanchi	89912	71928	846	9711	5064	3469	
同心县	Tongxin	53051	50291	98	297	727	3388	
青铜峡市	Qingtongxia	75459	74860	2459	11996	16550	6479	－323
固原市	**Guyuan**	**36107**	**32046**	**165**	**－259**	**5987**	**－4729**	
原州区	Yuanzhou	14885	12516	56	4	2454	－4729	
西吉县	Xiji	5787	5321	11		267		
隆德县	Longde	426	324	－2	21	2879		
泾源县	Jingyuan							
彭阳县	Pengyang	15005	13886	99	－284	388		
中卫市	**Zhongwei**	**336766**	**334088**	**19503**	**14770**	**12940**	**20017**	
沙坡头区	Shapotou	104375	106970	8768	4447	8209	37101	
中宁县	Zhongning	214423	209386	10661	10323	4724	－17084	
海原县	Haiyuan	17968	17732	74		7		
其他直报	Others							

12－7 续表 5 continued

单位:万元 (10 000 yuan)

地 区	Region	营业利润 Operating Profit	营业外收入 Non－Operating Income	营业外支出 Non－Operating Expense	利润总额 Total Profits	本年应付职工薪酬 Employee Benefits Payable	从业人员平均人数 Average Employed Persons	亏损企业亏损总额 Losses of Deficit Enterprises
宁 夏	**Total**	**1828946**	**284524**	**167298**	**1946084**	**3403826**	**301084**	**1225310**
银川市	**Yinchuan**	**1257385**	**98644**	**97186**	**1258843**	**1216062**	**101066**	**497610**
兴庆区	Xingqing	119286	7911	2706	124491	237941	13979	2945
西夏区	Xixia	460032	18083	34624	443491	318444	27442	30669
金凤区	Jinfeng	139556	6329	1349	144536	80518	8002	7579
永宁县	Yongning	5312	9757	10456	4613	53987	6780	13327
贺兰县	Helan	44420	20088	5938	58569	73663	10582	30900
灵武市	Lingwu	407470	45671	59510	393631	1350399	74444	501702
石嘴山市	**Shizuishan**	**164911**	**53066**	**18819**	**199161**	**480502**	**58237**	**184817**
大武口区	Dawukou	96027	11115	5038	102104	139311	14054	29927
惠农区	Huinong	95490	14865	3252	107104	184269	20209	54834
平罗县	Pingluo	－26606	27087	10530	－10046	156922	23974	100056
吴忠市	**Wuzhong**	**409149**	**54891**	**1495**	**462544**	**447418**	**60154**	**123606**
利通区	Litong	135249	10616	3132	142733	113601	15287	15722
红寺堡	Hongsipu	16616	9157	2666	23108	45747	5706	39345
盐池县	Yanchi	79332	24048	－11075	114454	75873	18034	18223
同心县	Tongxin	47949	4511	1718	50741	11698	1927	7675
青铜峡市	Qingtongxia	130003	6559	5055	131508	200499	19200	42641
固原市	**Guyuan**	**76845**	**9207**	**1764**	**84288**	**93773**	**9459**	**8448**
原州区	Yuanzhou	45390	4152	629	48914	23388	3493	5337
西吉县	Xiji	3984	2859	61	6782	3461	875	27
隆德县	Longde	－1837	1570	166	－433	2011	666	1957
泾源县	Jingyuan							
彭阳县	Pengyang	28508	575	904	28179	64735	4383	1128
中卫市	**Zhongwei**	**1965**	**59523**	**30637**	**30761**	**267182**	**32005**	**321316**
沙坡头区	Shapotou	158641	20863	5068	174346	131710	15628	23491
中宁县	Zhongning	－185071	31700	25415	－178785	131996	16124	297826
海原县	Haiyuan	28395	6960	155	35200	3477	253	
其他直报	Others							

12－8 规模以上工业产品产量

Output of Industrial Products above Designated Size

指　　标	Item	计量单位	Unit of measure－ment	产量 Value	增长(%) Growth Rate
原盐	Salt	万吨	10000 tons	90.9	－1.6
小麦粉	Wheat Flour	万吨	10000 tons	15.7	－11.3
大米	Rice	万吨	10000 tons	26.7	－14.1
饲料	Fodder	万吨	10000 tons	81.5	32.3
其中:配合饲料	Compound Feed	万吨	10000 tons	49.4	49.2
混合饲料	Mixed Feed	万吨	10000 tons	20.6	21.9
精制食用植物油	Refined Edible Vegetable Oil	万吨	10000 tons	4.7	－41.3
鲜、冷藏肉	Frozen Meat	万吨	10000 tons	1.3	－27.8
冷冻水产品	Frozen Seafood	万吨	10000 tons		
冷冻蔬菜	Frozen Vegetable	吨	ton	0.1	
焙烤松脆食品	Bakery Product	万吨	10000 tons		
速冻食品	Fast Frozen Food	万吨	10000 tons	0.5	150.0
其中:速冻米面食品	Instant Frozen Rice and Noodles Food	万吨	10000 tons	0.5	150.0
方便面	Instant Noodles	万吨	10000 tons		
乳制品	Dairy Products	万吨	10000 tons	147.0	12.9
液体乳	Liquid Milk	万吨	10000 tons	142.2	12.4
固体及半固体乳制品	Solid and Semi－solid Dairy Product	万吨	10000 tons	4.8	29.7
其中:乳粉	milk powder	万吨	10000 tons	1.1	37.5
罐头	Canned Food	万吨	10000 tons		
味精(谷氨酸钠)	Aginomoto	万吨	10000 tons	25.9	－11.9
营养、保健食品	health care products	万吨	10000 tons	1.1	10.0
食品添加剂	Food Additives	万吨	10000 tons	1.3	
饲料添加剂	Feed Additives	万吨	10000 tons	10.4	16.9
饮料酒	Alcoholic Beverages	万千升	10000 kiloliter	20.8	－8.4
其中:白酒(折65度,商品量)	Spirits	万千升	10000 kiloliter		
啤酒	Beer	万千升	10000 kiloliter	20.0	－5.2
黄酒	Yellow Rice Wine	万千升	10000 kiloliter		
葡萄酒	Wine	万千升	10000 kiloliter	0.7	－50.0
饮料	Beverages	万吨	10000 tons	45.7	46.0
包装饮用水	Packaged WATER	万吨	10000 tons	23.3	210.7
果汁和蔬菜汁类饮料	Juice and vegetable drinks	万吨	10000 tons	2.9	－54.0
蛋白饮料	Protein Beverages	万吨	10000 tons	1.9	－17.4
卷烟	Cigarettes	亿支	100 million pieces	80.0	
纱	Yarn	万吨	10000 tons	11.3	－23.6
棉纱	Pure cotton yarn	万吨	10000 tons	9.0	－14.3
棉混纺纱	Blended cotton yarn	万吨	10000 tons	1.4	－65.0
化学纤维纱	Chemical Medicines Yarn	万吨	10000 tons	0.9	200.0
布	Cloth	亿米	100 million m	0.6	
其中:棉布	Pure Cotton Cloth	亿米	101 million m	0.5	25.0
棉混纺布	Blended Cotton yarn	亿米	102 million m	0.1	

12-8 续表1 continued

指 标	Item	计量单位	Unit of measure-ment	产量 Value	增长(%) Growth Rate
化学纤维短纤布	Chemical fiber staple cloth	亿米	103 million m	0.1	
绒线(俗称毛线)	Knitting Wool	万吨	10000 tons		-100.0
毛纱	Wool Yarn	万吨	10000 tons	0.2	-33.3
毛机织物(呢绒)	Wool Fabric	万米	10000 m	82.7	-43.0
非织造布(无纺布)	Nonwovens	万吨	10000 tons	0.1	
服装	Clothing	万件	10000 pieces	173.5	-34.7
梭织服装	Woven Garments	万件	10000 pieces	158.0	-36.2
西服套装	Suit	万件	10000 pieces	15.4	-72.5
衬衫	Shirt	万件	10000 pieces	8.4	-33.3
针织服装	Knitwear	万件	10000 pieces	15.5	-14.8
天然毛皮服装	Fur and Leather Garment	万件	10000 pieces	24.0	-51.0
人造板	Artificial Board	万立方米	10000 cu. m	15.3	-1.9
人造板表面装饰板	Decoration Board on Artificial Board	万平方米	10000 sq. m	9.0	55.2
细木工板	Block Board	万立方米	10000 cu. m	1.2	33.3
家具	Furniture	万件	10000 pieces	2.6	-43.5
其中:木质家具	Wooden Furniture	万件	10000 pieces	2.5	-44.4
软体家具	Upholstered Furniture	万件	10000 pieces		-100.0
纸浆(原生浆及废纸浆)	Pulp	万吨	10000 tons		
机制纸及纸板(外购原纸加工除外)	Machine-made Paper and Paperboard	万吨	10000 tons	23.3	2.2
其中:未涂布印刷书写用纸	Writing Paper	万吨	10000 tons	17.8	5.3
卫生用纸原纸	Sanitary Paper	万吨	10000 tons		
包装用纸及纸板	Packaging Paper and Paperboard	万吨	10000 tons	1.5	-6.3
其中:箱纸板	Case Board	万吨	10000 tons		
纸制品	Paper Products	万吨	10000 tons	16.5	12.2
其中:瓦楞纸箱	Corrugated Box	万吨	10000 tons	12.0	8.1
卫生用纸制品	Sanitary Paper Products	万吨	10000 tons		
单色印刷品	monochrome Print	万令	10000 tons	22.3	14.4
硫酸(折100%)	Sulfuric Acid	万吨	10000 tons	63.2	7.8
盐酸(氯化氢,含量31%)	Hydrochloric	万吨	10000 tons	2.9	-9.4
浓硝酸(折100%)	Aqua fortis	万吨	10000 tons	10.4	15.6
烧碱(折100%)	Caustic Soda	万吨	10000 tons	73.1	10.9
其中:离子膜法烧碱(折100%)	ion-exchange membrane caustic soda	万吨	10000 tons	31.8	4.6
纯碱(碳酸钠)	Soda Ash	万吨	10000 tons	29.9	1.7
碳化钙(电石,折300升/千克)	Calcium Carbide	万吨	10000 tons	405.1	-0.9
精甲醇	Pure Methanol	万吨	10000 tons	788.8	18.8
冰乙酸(冰醋酸)	Glacial Acetic Acid	万吨	10000 tons	35.4	-5.6
合成氨(无水氨)	Synthetic Ammonia	万吨	10000 tons	66.2	52.5
农用氮、磷、钾化学肥料(折纯)	Chemical Fertilizers	万吨	10000 tons	67.9	49.6
氮肥(折含氮100%)	Nitrogen Fertilizers	万吨	10000 tons	60.1	59.8
其中:尿素(折含氮100%)	Urea	万吨	10000 tons	56.2	64.3

12－8　续表 2　continued

指　　标	Item	计量单位	Unit of measure－ment	产量 Value	增长(％) Growth Rate
磷肥(折五氧化二磷 100％)	Phosphate Fertilizers	万吨	10000 tons	2.7	－37.2
磷酸二铵(实物量)	DAP	万吨	10000 tons		
化学农药原药(折有效成分 100％)	Chemical Pesticides	万吨	10000 tons	3.6	33.3
杀菌剂原药	germicide original medicines	万吨	10000 tons	0.9	125.0
除草剂原药	herbicide original medicines	万吨	10000 tons	1.7	30.8
涂料	Paint	万吨	10000 tons	1.1	－21.4
初级形态塑料	Primary Plastic	万吨	10000 tons	439.3	14.5
线型低密度聚乙烯树脂(LLDPE)	Linear low density polyethylene	万吨	10000 tons	115.4	23.6
聚丙烯树脂	Polypropylene	万吨	10000 tons	226.7	12.1
聚氯乙烯树脂	pvc resins	万吨	10000 tons	48.7	1.7
合成纤维聚合物	Synthetic Fiber	万吨	10000 tons	18.7	－3.6
化学试剂	chemical reagent	万吨	10000 tons	33.3	－12.4
活性炭	Active Carbon	万吨	10000 tons	31.9	－9.9
单晶硅	Monocrystalline Silicon	万千克	10000 kg	6746.8	10.2
多晶硅	Polycrystalline Silicon	万千克	10000 kg	273.0	－68.6
化学药品原药	Chemical Medicines	万吨	10000 tons	3.9	5.4
中成药	Traditional Chinese Medicine	万吨	10000 tons	0.1	
化学纤维	Chemical Fiber	万吨	10000 tons	2.3	4.5
合成纤维	Synthon	万吨	10000 tons	2.3	4.5
维纶纤维	Villeneuve Fiber	万吨	10000 tons		
橡胶轮胎外胎	Tires	万条	10000 tires	101.8	－57.1
载货汽车橡胶轮胎外胎	Truck Tires	万条	10000 tires	101.8	－49.2
客车橡胶轮胎外胎	Passenger Car Tires	万条	10000 tires		－100.0
农、林机械用橡胶轮胎外胎	Agricultural and Forestry Vehicles Tires	万条	10000 tires		
航空器充气橡胶轮胎外胎	Aeration of Aircraft Tires	条	tire		－100.0
其中:子午线轮胎外胎	Meridian Tire	万条	10000 tires	101.8	－57.0
塑料制品	Plastic Products	万吨	10000 tons	11.3	－6.6
其中:塑料薄膜	Plastic film	万吨	10000 tons	0.7	16.7
其中:农用薄膜	Agricultural film	万吨	10000 tons	0.4	
泡沫塑料	Foamed Plastic	万吨	10000 tons	0.2	
日用塑料制品	Plastic Products for Daily Use	万吨	10000 tons	0.9	12.5
硅酸盐水泥熟料	Portland Clinker	万吨	10000 tons	1823.6	7.3
其中:窑外分解窑水泥熟料	Outside predecomposition Calciner Clinker	万吨	10000 tons	1650.2	－0.6
水泥	Cement	万吨	10000 tons	1977.5	4.8
其中:强度等级 42.5 水泥(含 R 型)	42.5Cement	万吨	10000 tons	1619.5	11.9
强度等级 52.5 水泥(含 R 型)	52.5Cement	万吨	10000 tons	43.3	－36.7
石灰	Lime	万吨	10000 tons	92.8	0.7
商品混凝土	Commercial Concrete	万立方米	10000 cu. m	880.0	－3.1
水泥混凝土排水管	cement concrete drain－pipe	千米	km	146.8	－3.5
水泥混凝土压力管	cement concrete force pipe	千米	km	231.2	－40.1

12-8 续表3 continued

指　标	Item	计量单位	Unit of measure-ment	产量 Value	增长(%) Growth Rate
水泥混凝土电杆	cement concrete Pole	万根	10000 pieces	3.1	-38.0
石膏板	Gypsum Board	万平方米	10000 sq. m	1835.0	37.5
砖	Brick	亿块	100 million pieces	34.8	35.9
瓦	Tile	亿片	100 million pieces		
瓷质砖	Porcelain tile	万平方米	10000 sq. m	319.7	-67.1
沥青和改性沥青防水卷材	Asphalt and Modified Asphalt Waterproof Rolling Material	万平方米	10000 sq. m	213.4	-5.9
钢化玻璃	Stalinlite	万平方米	10000 sq. m	8.5	-63.7
夹层玻璃	Laminated Glass	万平方米	10000 sq. m	1.7	-46.9
中空玻璃	Hollow Glass	万平方米	10000 sq. m	11.3	-25.2
纤维增强塑料制品	Fiber-reinforced Plastic Products	万吨	10000 tons		
耐火材料制品	Refractory products	万吨	10000 tons	1.0	-33.3
石墨及碳素制品	Graphite and Carbon Products	万吨	10000 tons	150.4	6.2
生铁	Pig Iron	万吨	10000 tons	320.0	23.7
粗钢	Crude Steel	万吨	10000 tons	466.6	51.2
铸铁件	Ironcasting	万吨	10000 tons	5.3	-17.2
铸钢件	Steel casting	万吨	10000 tons	4.4	-6.4
钢材	Rolled Steel	万吨	10000 tons	482.0	57.4
钢筋	Corrugated Steel Bar	万吨	10000 tons	409.7	59.0
线材(盘条)	Wire Rod	万吨	10000 tons	62.5	44.0
铁合金	Iron Alloy	万吨	10000 tons	322.6	-16.4
其中:电炉硅铁(折合含硅75%)	electric-furnace ferrosilicon	万吨	10000 tons	70.2	-21.7
锰硅合金(折合含锰硅量合计82%)	manganese-silicon	万吨	10000 tons	222.0	-6.1
十种有色金属	Ten Kinds of Nonferrous Metals	万吨	10000 tons	127.2	-4.6
铅	Plumbum	万吨	10000 tons	1.1	
锌	Zinc	万吨	10000 tons	1.4	27.3
原铝(电解铝)	Electrolyzed Aluminum	万吨	10000 tons	119.2	-4.9
镁	Magnesium	万吨	10000 tons	5.4	-6.9
黄金	Gold	千克	kg		
白银(银锭)	Silver	万千克	10000 kg		
铝合金	Aluminium Alloy	万吨	10000 tons	19.6	23.3
铜材	Copper	万吨	10000 tons	0.1	-50.0
铝材	Aluminum	万吨	10000 tons	53.7	9.8
钢结构	Steel Structure	万吨	10000 tons	21.5	2.4
金属门窗及类似制品	Metal doors, Windows and similar products	万吨	10000 tons	0.5	
钢丝	Wire	万吨	10000 tons		
钢丝绳	Wirerope	万吨	10000 tons	5.2	-11.9
钢绞线	Steel Strand	万吨	10000 tons	10.0	-29.1
不锈钢日用制品	Daily Stainless Steel Products	万吨	10000 tons		-100.0
金属切削机床	Metal-cutting Machine Tools	台	set		
其中:数控金属切削机床	CNC Metal Cutting Machine Tool	台	set		

12-8 续表4 continued

指标	Item	计量单位	Unit of measure - ment	产量 Value	增长(%) Growth Rate
铸造机械	Foundry Machinery	万台	10000 sets		
电焊机	Electric Welding Machine	万台	10000 sets	1.1	-31.3
起重机	Crane	万吨	10000 tons	0.8	14.3
电梯、自动扶梯及升降机	Elevator, lift	万台	10000 sets		
电梯	Elevator	万台	10000 sets		
泵	Pump	万台	10000 sets	4.1	141.2
气体压缩机	Gas Compressor	万台	10000 sets	0.1	-66.7
非制冷设备用压缩机	Compressor for Unrefrigerated Equipment	万台	10000 sets		-100.0
阀门	Valve	万吨	10000 tons		
液压元件	Hydraulic Component	万件	10000 sets		
滚动轴承	Rolling Bearing	万套	10000 sets	3372.3	36.0
钢铁铰接链(工业链条)	Industrial Chain	万吨	10000 tons	0.3	-25.0
工商用制冷、空调设备	Refrigeration and Air Conditioning Equipment for Professional Use	万台(套)	10000 sets		
矿山专用设备	Mine Equipment	万吨	10000 tons	20.6	13.2
炼油、化工生产专用设备	Equipment for Oil Refining, Chemical Production	万吨	10000 tons		
大型拖拉机	Large Tractors	台	set		
中型拖拉机	Medium Tractors	台	set		
机械化农业及园艺机具	mechanized agriculture	台	set		-100.0
种植施肥机械	Planting and fertilization machinery	台	set		
环境污染防治专用设备	Special equipment for the prevention and control of environmental pollution	台(套)	set	52.0	-5.5
大气污染防治设备	Air pollution prevention and control equipment	台(套)	set	52.0	-5.5
工业机器人	Industrial robot	套	set	215.0	26.5
改装汽车	Modified Car	万辆	10000 sets		-100.0
两轮脚踏自行车	Bicycles with Two Wheels and Feet Driven	万辆	10000 sets		
电动自行车	Electric Bicycle	万辆	10000 sets		
发电机组(发电设备)	power set	万千瓦	10000 kW	94.9	2.4
风力发电机组	Wind Power Generation Equipment	万千瓦	10000 kW	94.9	2.4
电动机	Motor	万千瓦	10000 kW	119.5	-10.9
交流电动机	Alternating - current Motor	万千瓦	10000 kW	116.7	-11.7
变压器	Transformer	万千伏安	10000 KVA	1520.8	8.2
互感器	Mutual Inductor	万台	10000 sets	1.9	-17.4
高压开关板	High Voltage Switch Board	面	set		
低压开关板	Low Voltage Switch Board	万面	10000 sets	2.0	-9.1
通信及电子网络用电缆	Cables for communications and electronic networks	万对千米	10000 km		
电力电缆	Power Cable	万千米	10000 km	4.8	54.8
太阳能热水器	Solar Water Heater	万平方米	10000 sq. m		-100.0
工业自动调节仪表与控制系统	Industrial automatic adjustment instrument and control system	万台(套)	10000 sets	10.6	-10.9
电工仪器仪表	Electrical Instruments	万台	10000 sets	280.1	-40.7
自来水生产量	Tap water production	亿立方米	100million cu. m	5.1	2.0
产销率	Sales - Output ratio	(%)	%	97.4	-0.6

12－9 规模以上工业企业主要产品生产能力
Output Capacity of Industrial Products of Enterprises above Designated Size

指　　标	Item	计量单位	Unit of Measure－ment	产品代码 Product Code	年初生产能力 Early yield Capacity	年末生产能力 Year－end Yield Capacity
原煤	Coal	吨	ton	600010	73050000.0	109250000.0
卷烟	Cigarettes	万支	10000 oieces	1620010	892500.0	892500.0
棉纺锭/纺纱量	Knitting spindle/Amount of Yarn	锭/吨	/ton	1700010	1271942.0	1280101.0
气流纺锭/纺纱量	Air Spindle/Amount of Yarn	头/吨	unit/ton	1700020	19272.0	19272.0
棉布织机/布	Cotton Cloth loom/Cloth	台/万米	unit/mym	1712010	5550.0	4644.0
原油加工能力/原油加工量	Crude Processing Capacity/Crude Processing Volume	吨/吨	ton/ton	2511010	5200000.0	5200000.0
焦炭	Coke	吨	ton	2520010	9760000.0	10350000.0
烧碱(折100%)	Caustic Soda	吨	ton	2612010	935000.0	930000.0
碳化钙(电石,折300升/千克)	Calcium Carbide	吨	ton	2613030	4902200.0	5372200.0
农用氮、磷、钾化学肥料总计(折纯)	Chemical Fertilizers	吨	ton	2620020	1689825.0	1692045.0
初级形态塑料	Primary Plastic	吨	ton	2651010	4242000.0	4262000.0
化学纤维	Chemical Fiber	吨	ton	2800020	23000.0	26000.0
硅酸盐水泥熟料	Carbonate Cement Clinker	吨	ton	3011010	22425000.0	22185000.0
水泥	Cement	吨	ton	3011030	34182000.0	34052000.0
平板玻璃	Plain Glass	重量箱	wt. case	3041010	4270500.0	4270500.0
生铁	Pig Iron	吨	ton	3110010	3215000.0	4235000.0
粗钢	Crude Steel	吨	ton	3120010	4200000.0	6500000.0
钢材	Rolled Steel	吨	ton	3140010	4885000.0	6385000.0
铁合金	Ferroalloy	吨	ton	3150010	4936245.0	4794800.0
原铝(电解铝)	Electrolyzed Aluminum	吨	ton	3216020	1190000.0	1190000.0
金属切削机床	Metal－cutting Machine Tools	台	unit	3421010	4900.0	4900.0
发电设备容量总计/发电量	Power Generation Equipment Capacity/Electricity	万千瓦/万千瓦小时	10000 kW/10000 kWh	4410010	4705.6	5028.0
其中:火电设备容量/发电量	Thermal Power Equipment Capacity/Electricity	万千瓦/万千瓦小时	10000 kW/10000 kWh	4411010	3001.1	3138.7
水电设备容量/发电量	Hydropower Equipment Capacity/Electricity	万千瓦/万千瓦小时	10000 kW/10000 kWh	4412010	44.7	44.7
风电设备容量/发电量	Wind Power Equipment Capacity/Electricity	万千瓦/万千瓦小时	10000 kW/10000 kWh	4414010	983.8	1117.4

12－10 规模以上工业企业平均职工人数

Average number of Staff in Industrial Enterprises above Designated Size

单位：人 （person）

指　标	Item	从业人员平均人数 Average Employed Persons
总　计	**Total**	**301084**
一、按登记注册类型分组：	**By Status of Registration**	
内资企业	Domestic Funded	283115
国有企业	State－owned Enterprises	28214
中央企业	Central Enterprises	27551
地方企业	Local Enterprises	663
股份合作企业	Cooperative Enterprises	
有限责任公司	Limited Liability Corporations	95079
国有独资公司	State Joint Ownership Enterprises	51342
其他有限责任公司	Other Limited Liability Corporations	43737
股份有限公司	Share－holding Corporations Limited	26217
私营企业	Private Enterprises	133518
私营独资企业	Private－funded Enterprises	346
私营有限责任公司	Private Limited Liability Corporations	120610
私营股份有限公司	Private Share－holding Corporations Ltd	12562
港、澳、台商投资企业	Enterprises with Funds from HongKong, Macao and Taiwan	13429
合资经营企业（港或澳、台资）	Joint－venture Enterprise	12148
合作经营企业（港或澳、台资）	Cooperative Enterprises	
港澳台商独资经营企业	Enterprises with Sole Investment	1170
外商投资企业	Foreign Funded Enterprises	4540
中外合资经营企业	Joint－venture Enterprise	1602
外资企业	Enterprises with Sole Funds	2294
二、按行业分组：	**Grouped by sector**	
煤炭开采和洗选业	Mining and Washing of Coal	50669
黑色金属矿采选业	Mining and Processing of Ferrous Metal Ores	
非金属矿采选业	Mining and Processing of Non－metal Ores	348
农副食品加工业	Processing of Food from Agricultural Products	6720
食品制造业	Manufacture of Foods	12640
酒、饮料和精制茶制造业	Manufacture of Liquor, Beverages and Refined Tea	2138
烟草制品业	Manufacture of Tobacco	

12－10 续表 continued

单位：人 (person)

指 标	Item	从业人员平均人数 Average Employed Persons
纺织业	Manufacture of Textile	8871
纺织服装、服饰业	Manufacture of Textile, Wearing Apparel and Accessories	1391
皮革、毛皮、羽毛及其制品和制鞋业	Manufacture of Leather, Fur, Feather and Related Products	522
木材加工和木、竹、藤、棕、草制品业	Processing of Timber, Manufacture of Wood, Bamboo, Rattan, Palm and Straw Products	367
家具制造业	Manufacture of Furniture	
造纸和纸制品业	Manufacture of Paper and Paper Products	2003
印刷和记录媒介复制业	Printing and Reproduction of Recording Media	2547
文教、工美、体育和娱乐用品制造业	Manufacture of Articles for Culture, Education, Arts and Crafts, Sport and Entertainment Activities	314
石油、煤炭及其他燃料加工业	Processing of Petroleum, Coal and other Fuels	14008
化学原料和化学制品制造业	Manufacture of Raw Chemical Materials and Chemical Products	50095
医药制造业	Manufacture of Medicines	6338
化学纤维制造业	Manufacture of Chemical Fibres	
橡胶和塑料制品业	Manufacture of Rubber and Plastics Products	3404
非金属矿物制品业	Manufacture of Non－metallic Mineral Products	14012
黑色金属冶炼和压延加工业	Smelting and Pressing of Ferrous Metals	25926
有色金属冶炼和压延加工业	Smelting and Pressing of Non－Ferrous Metals	10271
金属制品业	Manufacture of Metal Products	6320
通用设备制造业	Manufacture of General Purpose Machinery	7141
专用设备制造业	Manufacture of Special Purpose Machinery	4359
汽车制造业	Manufacture of Automobiles	593
铁路、船舶、航空航天和其他运输设备制造业	Manufacture of Railway, Ship, Aerospace and Other Transport Equipment	
电气机械和器材制造业	Manufacture of Electrical Machinery and Apparatus	5944
计算机、通信和其他电子设备制造业	Manufacture of Computer, Communication and other Eletronic Equitment	11102
仪器仪表制造业	Manufacture of Measuring Instruments and Machinery	1281
其他制造业	Other Manufacture	
废弃资源综合利用业	Utilization of Waste Resources	915
金属制品、机械和设备修理业	Repair Service of Metal Products, Machinery and Equipment	730
电力、热力生产和供应业	Production and Supply of Electric Power and Heat Power	29571
燃气生产和供应业	Production and Supply of Gas	2379
水的生产和供应业	Production and Supply of Water	3200

主要统计指标解释

工业 指从事自然资源的开采，对采掘品和农产品进行加工和再加工的物质生产部门。具体包括：(1)对自然资源的开采，如采矿、晒盐等(但不包括禽兽捕猎和水产捕捞)；(2)对农副产品的加工、再加工，如粮油加工、食品加工、缫丝、纺织、制革等；(3)对采掘品的加工、再加工，如炼铁、炼钢、化工生产、石油加工、机器制造、木材加工等，以及电力、燃气及水的生产和供应等；(4)对工业品的修理、翻新，如机器设备的修理等。

工业统计调查单位为工业法人单位。

工业法人单位指从事工业生产经营活动的法人单位。工业法人单位应同时具备以下条件：①依法成立，有自己的名称、组织机构和场所，能够独立承担民事责任；②独立拥有(或授权)使用资产，承担负债，有权与其他单位签订合同；③具有包括资产负债表在内的帐户，或者能够根据需要编制帐户。

资产总计 指企业过去的交易或者事项形成的、由企业拥有或者控制的、预期会给企业带来经济利益的资源。包括企业拥有的土地、办公楼、厂房、机器、运输工具、存货等实物资产和现金、存款、应收账款和预付账款等金融资产。资产一般按流动性分为流动资产和非流动资产。其中流动资产可分为货币资金、交易性金融资产、应收票据、应收账款、预付款项、其他应收款、存货等；非流动资产可分为长期股权投资、固定资产、无形资产及其他非流动资产等。来源于会计“资产负债表”中“资产总计”项目的期末余额数。

流动资产合计 资产满足以下条件之一应归为流动资产：(1)预计在一个正常营业周期中变现、出售或耗用，主要包括存货、应收账款等；(2)主要为交易目的而持有；(3)预计在资产负债表日起一年内(含一年)变现；(4)自资产负债日起一年内，交换其他资产或清偿负债的能力不受限制的现金或现金等价物。包括货币资金、应收票据、应收账款、存货等项目。来源于会计“资产负债表”中“流动资产合计”项目的期末余额数。

负债合计 指企业过去的交易或者事项形成的，预期会导致经济利益流出企业的现时义务。包括银行贷款、借款、应付账款、应付职工工资、应付职工福利费、应交税金等企业负有偿还责任的债务。负债一般按偿还期长短分为流动负债和非流动负债。来源于会计“资产负债表”中“负债合计”项目的期末余额数。

应收账款 指企业因销售商品、提供劳务等经营活动所形成的债权，包括应向客户收取的货款、增值税款和为客户代垫的运杂费等。来源于会计“资产负债表”中“应收账款”项目的期末余额数。

存货 指企业在日常活动中持有以备出售的产成品或商品、处在生产过程中的在产品、在生产过程或提供劳务过程中耗用的材料或物料等，通常包括原材料、在产品、半成品、产成品、商品以及周转材料等。来源于会计“资产负债表”中“存货”项目的期末余额数。

营业收入 指企业从事销售商品、提供劳务和让渡资产使用权等生产经营活动形成的经济利益流入。营业收入包括“主营业务收入”和“其他业务收入”。来源于会计“利润表”中“营业收入”项目的本年累计数。

营业成本 指企业从事销售商品、提供劳务和让渡资产使用权等生产经营活动发生的实际成本。包括企业(单位)在报告期内从事销售商品、提供劳务等日常活动发生的各种耗费。包括“主营业务成本”和“其他业务成本”。来源于会计“利润表”中“营业成本”项目的本年累计数。

销售费用　指企业在销售商品和材料、提供劳务的过程中发生的各种费用，包括保险费、包装费、展览费和广告费、商品维修费、预计产品质量保证损失、运输费、装卸费等以及为销售本企业商品而专设的销售机构（含销售网点、售后服务网点等）的职工薪酬、业务费、折旧费等经营费用。

管理费用　指企业为组织和管理企业生产经营所发生的费用，包括企业在筹建期间内发生的开办费、董事会和行政管理部门在企业经营管理中发生的，或者应当由企业统一负担的公司经费等。来源于会计“利润表”中“管理费用”项目的本年累计数。

财务费用　指企业为筹集生产经营所需资金等而发生的筹资费用，包括企业生产经营期间发生的利息支出（减利息收入）、汇兑损失（减汇兑收益）以及相关的手续费等。来源于会计“利润表”中“财务费用”项目的本年累计数。

利润总额　指企业在一定会计期间的经营成果，是生产经营过程中各种收入扣除各种耗费后的盈余，反映企业在报告期内实现的盈亏总额。来源于会计“利润表”中“利润总额”项目的本年累计数。

平均用工人数　指报告期企业平均实际拥有的、参与本企业生产经营活动的人员数。

Explanatory Notes on Main Statistical Indicators

Industry refers to the material production sector which is engaged in the extraction of natural resources and processing and reprocessing of minerals and agricultural products, including (1) extraction of natural resources, such as mining, salt production (but not including hunting and fishing); (2) processing and reprocessing of farm and sideline produces, such as grain and oil processing, food processing, silk reeling, spinning and weaving and leather making; (3) processing and reprocessing of mineral products, such as steel making, iron smelting, chemicals manufacturing, petroleum processing, machine building, timber processing, and production and supply of electricity, gas and water; (4) repairing and renovating of industrial products such as the machinery.

In industrial surveys, the units of enquiry are industrial corporate units.

Industrial corporate units refer to corporate units engaging in industrial production and operation activities, which meet the following requirements: (1) They are established legally, having their own names, organizations, location, and are able to take civil liability independently; (2) They possess (or are authorized to use) assets independently, assume liabilities and are entitled to sign contracts with other units; (3) They have accounts including the balance sheets or can compile the accounts according to the need.

Total Assets refer to all resources that are owned or controlled by enterprises through previous trades or transactions, with expectation of making economic profits to enterprises. Included are all assets owned by enterprises such as land, office buildings, factories, machines, vehicles, inventories and other physical assets as well as cash, deposits, accounts receivable, prepayments and other financial assets. Classified by the degree of liquidity, total assets include current assets and non – current assets. Current assets can be classified into monetary capital, trading financial assets, notes receivable, accounts receivable, advanced payments, other receivables and inventories. Non – current assets can be divided into long – term equity investment, fixed assets, intangible assets and other non – current assets. Data on this indicator can be obtained from the year – end figures of total assets in the Balance Sheet of accounting records.

Current Assets refer to the assets that meet one of the following requirements: (1) expected to be cashed, sold or used in a normal operation cycle, mainly including inventory and accounts receivable; (2) owned for transaction purpose mainly; (3) expected to be cashed within one year (including one year) from the day of the Balance Sheet; (4) unlimited cash or cash equivalents that can be exchanged with other assets or capable of settling debts during one year since the day of the Balance Sheet. Included are monetary capital, notes receivable, accounts receivable and inventories. Data on this indicator can be obtained from the year – end figures of total current assets in the Balance Sheet of accounting records.

Total Liabilities refer to payable liabilities of enterprises that are accumulated from earlier transactions with expectation of leaking out of economic profits. Included are debts that enterprises are responsible for repaying such as bank loans, borrowings, accounts payable, wages payable, employee benefits payable, taxes payable, etc. In terms of payment, it can be divided into liquid liabilities and long – term liabilities. Data on this indicator can be obtained from the year – end figures of total liabilities in the Balance Sheet of accounting records.

Accounts Receivable refers to creditor's rights through business activities such as selling goods, providing labor, which include payment for goods that should be charged to the customer, value - added tax and advance freight for the clients. It comes from the ending balance of accounts receivable in balance sheet.

Inventories refers to finished goods or commodities held in preparation for sale in enterprises' daily activities, goods in the production process, material or the physical materials consumed in the production process or in the process of providing labor, usually include raw materials, goods in the production process, semi - finished products, finished products, goods and materials in flow. It comes from the ending balance of inventory in balance sheet.

Business Revenue refers to the inflow of economic benefits through production and operation activities of enterprises, such as selling commodities, providing labor services and transferring the right to use of assets. Business revenue includes "revenue from principal business" and " revenue from other business". It comes from current year's cumulative report of "business revenue" items from the "income statement".

Business Cost refers to the actual costs incurred by the enterprises in such production and operation activities as selling commodities, providing labor services and transferring the right to use of assets. It includes various expenditures incurred by enterprises (units) in their daily activities of selling goods and providing labour services during the reporting period. It includes "cost of principal business" and "cost of other business". It comes from current year's cumulative report of "operating cost" items from the "income statement".

Selling Expenses refer to the cost during the sale of goods and materials, providing labour services, including insurance, packing, exhibition fees and advertising fees, merchandise maintenance costs, expected product quality guarantee loss, transportation fees, handling fees, and operating expenses for the sales of the company's products, such as employee compensation, business expenses, depreciation costs for dedicated sales offices (including sales outlets, after - sales service outlets, etc.).

Management Expenses refer to the expenses for the organization and management of enterprise operattion, including the start - up costs during the construction of enterprises, funds occurred during enterprises operation by board of directors and executive management in the enterprise management, and other costs to be paid by enterprises. It comes from current year's cumulative amount of management cost in income statement.

Financial Expenses refer to cost of fund - raising for enterprises to raise funds for production and operation, including interest payments (a reduction in interest income), exchange loss (less exchange gains) and related fees during the period of production. It comes from current year's cumulative amount of financial expenses in income statement.

Total Profits refer to the operational results in a certain accounting period, and it is the balance of various incomes minus various spendings in the course of operation, reflecting the total profits and losses of enterprises in reference period. Data are obtained from current year's cumulative amount of total profits in the profit statement of the accounting record of enterprise.

Annual Average Employees refer to the number of persons engaged in the production and operation activities of enterprises in the reporting period, which are actually employed by the enterprises.

第十三篇 Chapter13

建筑业 Construction

资料整理:蔡川生　冯海江　殷荣玉　杨凤花　杨瑞博　马晓昀　李小娜

Data Compilation: Cai Chuansheng　Feng Haijiang　Yin Rongyu　Yang Fenghua　Yang Ruibo　Ma Xiaoyun　Li Xiaona

13-1 全区建筑施工企业个数和职工人数

Number of Construction Enterprises and Employed Persons in Construction Enterprises

指 标	Item	1980	1985	1990	1995	2000	2005	2010	2013
企业个数(个)	**Number of Enterprises(unit)**	**48**	**82**	**142**	**278**	**529**	**521**	**527**	**579**
国有企业	State - owned	21	54	67	111	162	72	50	42
集体企业	Collective - owned	27	28	75	156	142	33	14	12
私营企业	Private Enterprises					116	283	341	398
其他经济类型	Other Type of Economics				11	109	133	122	127
年末从业人数(人)	**Number of Persons Employed at Year End(person)**	**37246**	**53422**	**54064**	**93422**	**83980**	**76049**	**98258**	**114841**
国有企业	State - owned	28769	45033	38947	36670	38258	22816	20743	14364
集体企业	Collective - owned	8477	8389	15420	29306	16350	3710	1557	2114
私营企业	Private Enterprises					8353	19678	49686	53748
其他经济类型	Other Type of Economics				2362	21019	29845	26272	44615

13-1 续表 continued

指 标	Item	2014	2015	2016	2017	2018	2019	2020
企业个数(个)	**Number of Enterprises(unit)**	**593**	**580**	**605**	**763**	**776**	**743**	**748**
国有企业	State - owned	39	36	36	34	22	18	59
集体企业	Collective - owned	12	11	11	11	10	8	16
私营企业	Private Enterprises	415	413	433	588	607	584	659
其他经济类型	Other Type of Economics	127	120	125	130	137	133	13
年末从业人数(人)	**Number of Persons Employed at Year End(person)**	**107627**	**126933**	**100540**	**124732**	**101429**	**112480**	**120596**
国有企业	State - owned		20363	21204	23488	3129	3257	35905
集体企业	Collective - owned		3116	1593	1669	1514	1058	3508
私营企业	Private Enterprises		63735	42543	60969	56520	60904	76493
其他经济类型	Other Type of Economics		39719	35200	38606	40266	47261	4237

13－2 国有及国有控股建筑施工企业情况

Statistics on State－owned and State－holding Industrial Construction Enterprises

年份 Year	施工企业个数（个） Number of Construction Enterprises（unit）	年末从业人数（人） Number of Persons Employed at Year End（person）	建筑业总产值（万元） Gross Output Value（10 000 yuan）
1978	17	24750	10695
1980	23	28702	13477
1985	54	45033	34012
1990	67	38644	52612
1995	111	36670	150806
2000	179	41543	316320
2005	115	29386	475276
2009	83	24000	1006598
2010	79	28341	1290840
2011	79	28502	1470438
2012	82	21609	1463783
2013	79	24255	1602445
2014	75	24841	1704682
2015	71	37293	1517732
2016	70	38181	1481216
2017	69	39611	1391261
2018	67	28299	1592938
2019	62	31633	1649799
2020	52	35905	2020329

注： 2000年起为国有及国有控股建筑施工企业。

Note：Since 2000，the figures is state－owned and state－holding construction enterprises.

13－3　建筑业企业概况

Main Indicators on Construction Enterprises

年份 Year	单位数（个） Number of Enterprises (unit)	国有及国有控股 State－owned and State－holding Enterprises	集体经济 Collective－owned Enterprises	从业人员（人） Number of Persons Employed (person)	国有及国有控股 State－owned and State－holding Enterprises	集体经济 Collective－owned Enterprises	总产值（万元） Gross Output Value (10 000 yuan)	国有及国有控股 State－owned and State－holding Enterprises	集体经济 Collective－owned Enterprises
1990	142	67	75	54064	38644	15420	71583	52612	18971
1995	278	111	156	93422	36670	29306	211506	150806	56325
2000	529	179	142	83980	41543	16350	562352	316320	76941
2005	521	115	33	76049	29386	3710	1131704	475276	38599
2006	519	112	32	76731	33900	2613	1310086	598657	32506
2007	514	108	26	68119	26719	2672	1551804	716282	41920
2008	530	86	21	66784	23234	2051	1918994	814358	41328
2009	520	83	18	70127	24000	1419	2597056	1006598	43643
2010	527	79	14	98258	28341	1557	3433687	1290840	59793
2011	549	79	14	102535	28502	1681	4289398	1470438	87641
2012	566	82	13	91235	21609	1804	4680390	1463783	128452
2013	579	79	12	114841	24255	2114	5702492	1602445	124117
2014	593	75	12	107627	24841		6262263	1704682	130911
2015	580	71	11	126933	37293	3116	5250159	1517732	90936
2016	605	70	11	100540	38181	1593	5117393	1481216	82897
2017	763	69	11	124732	39611	1669	5492595	1391261	85064
2018	776	67	10	101429	28299	1514	5670007	1592938	88455
2019	743	62	8	112480	31633	1058	6014078	1649799	41659
2020	748	59	16	120596	35905	3508	6418104	2020329	228760

13-4 建筑企业生产情况（总承包和专业承包建筑业企业）

指　　标	Item
总　　计	**Total**
国有及国有控股企业	State - owned and State - holding Enterprises
按登记注册类型分组	**By Status of Registration**
内资企业	Domestic Funded
国有企业	State - owned Enterprises
集体企业	Collective - owned Enterprises
股份合作企业	Cooperative Enterprises
联营企业	Joint Ownership Enterprises
有限责任公司	Limited Liabilities Corporations
国有独资公司	State Sole Funded Corporations
其他有限责任公司	Other Limited Liabilities Corporations
股份有限公司	Share - holding Corporations Limited
私营企业	Private Enterprises
私营独资企业	Private - funded Enterprises
私营合伙企业	Private Partnership Enterprises
私营有限责任公司	Private Limited Liabilities Corporations
私营股份有限公司	Private Share - holding Corporations Ltd.
港、澳、台商投资企业	Enterprises with Funds from Hong Kong, Macao and Taiwan
合资经营企业（港或澳、台资）	Joint - ventures Enterprises
港、澳、台商独资经营企业	Enterprises with Sole Investment
外商投资企业	Foreign Funded Enterprises
按建筑业行业分组	**Grouped by Branch**
房屋建筑业	Building and Civil Engineering
土木工程建筑业	Construction Installation
建筑安装业	Construction Decoration
建筑装饰和其他建筑业	Other Construction
按企业资质等级分组	**Grouped by Qualification Criteria**
施工总承包	General Contractors
特 级	Special Grade
一 级	First Grade
二 级	Second Grade
三级及以下	Third Grade and Below
专业承包	Professional Contractors
一 级	First Grade
二 级	Second Grade
三级及以下	Third Grade and Below

Production Situation of Construction Enterprises
(General Construction Contractors and Professional Contractors)

企业数(个) Number of Enterprises (unit)	建筑业总产值(千元) Total Output Value of Construction(1 000 yuan) 合计 Total	建筑工程 Construction	安装工程 Installation	其他产值 Others	竣工产值(千元) Output Value of Construction Completed (1 000 yuan)
748	**64181039**	**54948962**	**7750541**	**1481536**	**32006876**
59	20203290	15532266	4379910	291114	9379140
747	64039434	54807357	7750541	1481536	32006876
15	884394	311565	572829		218273
7	209357	209357			158626
101	26431368	20692145	5352151	387072	13913813
34	18723028	14624875	3807081	291072	8711575
67	7708340	6067270	1545070	96000	5202238
4	2010150	1913105	52842	44203	399091
620	34504165	31681185	1772719	1050261	17317073
1	100000	100000			
611	33241877	30499689	1691927	1050261	17128767
8	1162288	1081496	80792		188306
1	141605	141605			
404	36867527	34965040	1121523	780964	21618182
254	25688910	18857132	6211029	620749	9684812
51	1224969	827528	370287	27154	496191
39	399633	299262	47702	52669	207691
600	60439173	52431397	6779438	1228338	30302580
1	1824836	1824836			499126
21	23706318	20447327	3043796	215195	11539595
255	22667486	20308934	1685400	673152	13284068
323	12240533	9850300	2050242	339991	4979791
148	3741866	2517565	971103	253198	1704296
18	1433121	810690	620316	2115	379807
84	1229532	809342	183222	236968	751469
46	1079213	897533	167565	14115	573020

13-4 续表

指　　标	Item
总　　计	**Total**
国有及国有控股企业	State - owned and State - holding Enterprises
按登记注册类型分组	**By Status of Registration**
内资企业	Domestic Funded
国有企业	State - owned Enterprises
集体企业	Collective - owned Enterprises
股份合作企业	Cooperative Enterprises
联营企业	Joint Ownership Enterprises
有限责任公司	Limited Liabilities Corporations
国有独资公司	State Sole Funded Corporations
其他有限责任公司	Other Limited Liabilities Corporations
股份有限公司	Share - holding Corporations Limited
私营企业	Private Enterprises
私营独资企业	Private - funded Enterprises
私营合伙企业	Private Partnership Enterprises
私营有限责任公司	Private Limited Liabilities Corporations
私营股份有限公司	Private Share - holding Corporations Ltd.
港、澳、台商投资企业	Enterprises with Funds from Hong Kong, Macao and Taiwan
合资经营企业(港或澳、台资)	Joint - ventures Enterprises
港、澳、台商独资经营企业	Enterprises with Sole Investment
外商投资企业	Foreign Funded Enterprises
按建筑业行业分组	**Grouped by Branch**
房屋建筑业	Building and Civil Engineering
土木工程建筑业	Construction Installation
建筑安装业	Construction Decoration
建筑装饰和其他建筑业	Other Construction
按企业资质等级分组	**Grouped by Qualification Criteria**
施工总承包	General Contractors
特 级	Special Grade
一 级	First Grade
二 级	Second Grade
三级及以下	Third Grade and Below
专业承包	Professional Contractors
一 级	First Grade
二 级	Second Grade
三级及以下	Third Grade and Below

continued

房屋建筑施工面积（平方米）Floor Space of Buildings under Construction(sq. m)	房屋建筑竣工面积（平方米）Floor Space of Buildings Completed (sq. m)		竣工房屋价值（千元）Value of Buildings Completed (1 000 yuan)	
		住宅 Residence		住宅 Residence
21077395	**7569797**	**3618244**	**14690541**	**5346263**
7109734	2420675	790248	5333880	1113639
21077395	7569797	3618244	14690541	5346263
44324				
103387	63669	22798	124931	47444
10284799	3986933	1472787	8353367	2142287
7011279	2390675	781148	5257736	1081789
3273520	1596258	691639	3095631	1060498
292934	172012	898	371618	1921
10351951	3347183	2121761	5840625	3154611
10249713	3347183	2121761	5840625	3154611
102238				
19466149	7237936	3537405	13450220	5127980
1540113	314023	64956	1194396	174616
69833	15939	15883	44085	43667
1300	1899		1840	
20647915	7282749	3346951	14555901	5238414
938366	240291	131197	499126	199203
8868835	2950152	919116	6876926	1419515
7309827	2927179	1739594	5036033	2615932
3530887	1165127	557044	2143816	1003764
429480	287048	271293	134640	107849
2975				
426505	287048	271293	134640	107849
1079213	1079213	1079213	1079213	1079213

13－5　建筑企业财务状况
（总承包和专业承包建筑业企业）

单位：千元

指　标	Item
总　计	**Total**
国有及国有控股企业	State－owned and State－holding Enterprises
按登记注册类型分组	**By Status of Registration**
内资企业	Domestic Funded
国有企业	State－owned Enterprises
集体企业	Collective－owned Enterprises
股份合作企业	Cooperative Enterprises
联营企业	Joint Ownership Enterprises
有限责任公司	Limited Liabilities Corporations
国有独资公司	State Sole Funded Corporations
其他有限责任公司	Other Limited Liabilities Corporations
股份有限公司	Share－holding Corporations Limited
私营企业	Private Enterprises
私营独资企业	Private－funded Enterprises
私营合伙企业	Private Partnership Enterprises
私营有限责任公司	Private Limited Liabilities Corporations
私营股份有限公司	Private Share－holding Corporations Ltd.
港、澳、台商投资企业	Enterprises with Funds from Hong Kong,Macao and Taiwan
合资经营企业（港或澳、台资）	Joint－ventures Enterprises
港、澳、台商独资经营企业	Enterprises with Sole Investment
外商投资企业	Foreign Funded Enterprises
按建筑业行业分组	**Grouped by Branch**
房屋建筑业	Building and Civil Engineering
土木工程建筑业	Construction Installation
建筑安装业	Construction Decoration
建筑装饰和其他建筑业	Other Construction
按企业资质等级分组	**Grouped by Qualification Criteria**
施工总承包	General Contractors
特　级	Special Grade
一　级	First Grade
二　级	Second Grade
三级及以下	Third Grade and Below
专业承包	Professional Contractors
一　级	First Grade
二　级	Second Grade
三级及以下	Third Grade and Below

Financial Indicators on Construction Enterprise
(General Construction Contractors and Professional Contractors)

(1 000 yuan)

流动资产合计 Total Circulating Assets	应收工程款 Project Receivable	存货 Stock	固定资产原　价 Original Value of Fixed Assets	累计折旧 Accumulated Depreciation	本年折旧 Depreciation This Year	在建工程 Construction in Process
70743806	**31253780**	**12198353**	**7772645**	**3699344**	**491092**	**393970**
17109165	6897846	1639622	1801924	876139	86341	75358
69242980	30023148	12170247	7396252	3448610	465804	393970
919332	456644	82600	161225	81016	5867	1470
736396	339209	51980	78975	44758	3300	140
24634906	9251660	3372042	2529826	1300327	134647	164751
15703436	6249156	1537666	1545906	750220	76520	73888
8931470	3002504	1834376	983920	550107	58127	90863
1918322	1143110	353295	145379	63213	13278	60572
41034024	18832525	8310330	4480847	1959296	308712	167037
35016	7488	12565	3319	610	325	
39165745	18363430	7859632	4014199	1799498	276186	167037
1833263	461607	438133	463329	159188	32201	
1500826	1230632	28106	376393	250734	25288	
45243056	20965910	8540758	3592249	1737020	253578	287922
23415491	9407284	3344460	3803867	1829635	203370	98896
1472749	659718	248188	282179	89140	27620	53
612510	220868	64947	94350	43549	6524	7099
66601730	29425112	11690100	6308312	3088113	379263	307056
1618851	435462	162402	13491	3781	272	0
20239808	8126304	2800754	1886565	846594	75985	186688
32807206	15957604	6389200	2932118	1564527	195072	49841
11935865	4905742	2337744	1476138	673211	107934	70527
4142076	1828668	508253	1464333	611231	111829	86914
1339145	669870	144563	420339	222212	23027	0
1459773	614757	233729	697342	218469	61433	77489
1343158	544041	129961	346652	170550	27369	9425

13-5 续表1

单位:千元

指　标	Item
总　　计	**Total**
国有及国有控股企业	State - owned and State - holding Enterprises
按登记注册类型分组	**By Status of Registration**
内资企业	Domestic Funded
国有企业	State - owned Enterprises
集体企业	Collective - owned Enterprises
股份合作企业	Cooperative Enterprises
联营企业	Joint Ownership Enterprises
有限责任公司	Limited Liabilities Corporations
国有独资公司	State Sole Funded Corporations
其他有限责任公司	Other Limited Liabilities Corporations
股份有限公司	Share - holding Corporations Limited
私营企业	Private Enterprises
私营独资企业	Private - funded Enterprises
私营合伙企业	Private Partnership Enterprises
私营有限责任公司	Private Limited Liabilities Corporations
私营股份有限公司	Private Share - holding Corporations Ltd.
港、澳、台商投资企业	Enterprises with Funds from Hong Kong, Macao and Taiwan
合资经营企业(港或澳、台资)	Joint - ventures Enterprises
港、澳、台商独资经营企业	Enterprises with Sole Investment
外商投资企业	Foreign Funded Enterprises
按建筑业行业分组	**Grouped by Branch**
房屋建筑业	Building and Civil Engineering
土木工程建筑业	Construction Installation
建筑安装业	Construction Decoration
建筑装饰和其他建筑业	Other Construction
按企业资质等级分组	**Grouped by Qualification Criteria**
施工总承包	General Contractors
特 级	Special Grade
一 级	First Grade
二 级	Second Grade
三级及以下	Third Grade and Below
专业承包	Professional Contractors
一 级	First Grade
二 级	Second Grade
三级及以下	Third Grade and Below

continued

(1 000 yuan)

资产合计 Total Assets	流动负债合计 Total Current Lilibilities	应付账款 Accounts payable	非流动负债合计 Total Noncurrent Liabilities	负债合计 Total Liabilities	所有者权益合计 Owners´Equity	实收资本 Paid – in Capitals	营业收入 Business Revenue
80028055	**55427790**	**24992529**	**1071757**	**57110102**	**22917953**	**16104122**	**69120247**
18700308	15015229	7663005	277280	15325328	3374980	2168635	20314645
78385068	54235679	24684173	1071757	55917991	22467077	15804122	68297714
1068039	741758	385975	12217	753976	314063	134770	900856
835082	611257	222578	1021	612280	222802	127549	231557
26792464	21090655	10606879	269113	21446539	5345925	3719542	27999664
17033702	13792503	7027689	265063	14090306	2943396	1957373	18808798
9758762	7298152	3579190	4050	7356233	2402529	1762169	9190866
2261227	1568807	943523	112562	1694369	566858	342569	2041469
47428256	30223202	12525218	676844	31410827	16017429	11479692	37124168
37725	37539	27603	–62	37477	248		93287
43989949	28707903	11611744	676906	29895590	14094359	11075609	35023941
3400582	1477760	885871		1477760	1922822	404083	2006940
1642987	1192111	308356		1192111	450876	300000	822533
48957981	36262266	15622979	545021	37026468	11931513	8728832	37313490
28541184	17811673	8879542	526515	18471879	10069305	6623232	30048252
1836918	889429	381798	221	1147332	689586	567807	1350251
691972	464422	108210		464423	227549	184251	408254
74585920	52656257	23751951	989680	53970841	20615079	14350658	64832336
1751949	1346468	638253	28590	1375059	376890	327178	1751949
23491230	17453943	10070222	384849	17838792	5652438	2712610	23805074
35954572	25313900	8928304	473516	25999661	9954911	7932413	26667307
13388169	8541946	4115172	102725	8757329	4630840	3378457	12608006
5442135	2771533	1240578	82077	3139261	2302874	1753464	4287911
1628202	865310	459822	39400	904710	723492	603260	1497195
2212869	931797	390045	30993	1203269	1009600	757692	1368023
1601064	974426	390711	11684	1031282	569782	392512	1422693

13－5 续表2

单位:千元

指　　标	Item
总　　计	**Total**
国有及国有控股企业	State－owned and State－holding Enterprises
按登记注册类型分组	**By Status of Registration**
内资企业	Domestic Funded
国有企业	State－owned Enterprises
集体企业	Collective－owned Enterprises
股份合作企业	Cooperative Enterprises
联营企业	Joint Ownership Enterprises
有限责任公司	Limited Liabilities Corporations
国有独资公司	State Sole Funded Corporations
其他有限责任公司	Other Limited Liabilities Corporations
股份有限公司	Share－holding Corporations Limited
私营企业	Private Enterprises
私营独资企业	Private－funded Enterprises
私营合伙企业	Private Partnership Enterprises
私营有限责任公司	Private Limited Liabilities Corporations
私营股份有限公司	Private Share－holding Corporations Ltd.
港、澳、台商投资企业	Enterprises with Funds from Hong Kong,Macao and Taiwan
合资经营企业(港或澳、台资)	Joint－ventures Enterprises
港、澳、台商独资经营企业	Enterprises with Sole Investment
外商投资企业	Foreign Funded Enterprises
按建筑业行业分组	**Grouped by Branch**
房屋建筑业	Building and Civil Engineering
土木工程建筑业	Construction Installation
建筑安装业	Construction Decoration
建筑装饰和其他建筑业	Other Construction
按企业资质等级分组	**Grouped by Qualification Criteria**
施工总承包	General Contractors
特 级	Special Grade
一 级	First Grade
二 级	Second Grade
三级及以下	Third Grade and Below
专业承包	Professional Contractors
一 级	First Grade
二 级	Second Grade
三级及以下	Third Grade and Below

continued

(1 000 yuan)

营业成本 Business Cost	营业税金及附加 Operating Tax and Extra Charges	主营业务税金及附加 Tax and Extra Charges on Principle Business	其他业务利润 Other Profits	管理费用 Management Expenses	财务费用 Financial Expenses	利息收入 Interest Income	利息支出 Interest Expenses
64806346	**337456**	**331532**	**96915**	**2269447**	**324888**	**19461**	**180940**
19279761	85127	82576	13963	519954	54596	7731	51261
64266043	330610	324686	97451	2238704	291340	19461	180940
826230	9004	8558	651	51391	-682	164	617
219397	1236	1057		11635	797	4	6
26671856	112814	110170	18829	721037	73913	7679	56201
17889314	72326	70223	13279	439670	55449	7282	50433
8782542	40488	39947	5550	281367	18464	397	5768
1743478	6006	6006	6035	63410	21814	973	20551
34805082	201550	198895	71936	1391231	195498	10641	103565
89504	394	394		1422	-15	-32	17
33062438	189206	186757	30049	1317695	192637	6022	97097
1653140	11950	11744	41887	72114	2876	4651	6451
540303	6846	6846	-536	30743	33548		
35726959	202483	200427	33849	1121370	184959	3872	99038
27507944	126241	122843	59240	1005709	121563	14678	76589
1212440	6061	5642	1455	104222	13826	204	3428
359003	2671	2620	2371	38146	4540	707	1885
60969755	312633	307272	82213	1949876	299194	16852	170444
1679939	6001	6001		33059	5391	30	4201
22279878	94772	92867	48307	438431	106111	9025	87997
25056458	134683	133091	30916	900262	148560	6060	61484
11953480	77177	75313	2990	578124	39132	1737	16762
3836591	24823	24260	14702	319571	25694	2609	10496
1318140	11328	11289	9504	95671	2012	287	2024
1230042	7443	6988	4825	140242	15970	1471	2013
1288409	6052	5983	373	83658	7712	851	6459

13-5 续表3

单位:千元

指 标	Item
总 计	**Total**
国有及国有控股企业	State - owned and State - holding Enterprises
按登记注册类型分组	**By Status of Registration**
内资企业	Domestic Funded
国有企业	State - owned Enterprises
集体企业	Collective - owned Enterprises
股份合作企业	Cooperative Enterprises
联营企业	Joint Ownership Enterprises
有限责任公司	Limited Liabilities Corporations
国有独资公司	State Sole Funded Corporations
其他有限责任公司	Other Limited Liabilities Corporations
股份有限公司	Share - holding Corporations Limited
私营企业	Private Enterprises
私营独资企业	Private - funded Enterprises
私营合伙企业	Private Partnership Enterprises
私营有限责任公司	Private Limited Liabilities Corporations
私营股份有限公司	Private Share - holding Corporations Ltd.
港、澳、台商投资企业	Enterprises with Funds from Hong Kong, Macao and Taiwan
合资经营企业(港或澳、台资)	Joint - ventures Enterprises
港、澳、台商独资经营企业	Enterprises with Sole Investment
外商投资企业	Foreign Funded Enterprises
按建筑业行业分组	**Grouped by Branch**
房屋建筑业	Building and Civil Engineering
土木工程建筑业	Construction Installation
建筑安装业	Construction Decoration
建筑装饰和其他建筑业	Other Construction
按企业资质等级分组	**Grouped by Qualification Criteria**
施工总承包	General Contractors
特 级	Special Grade
一 级	First Grade
二 级	Second Grade
三级及以下	Third Grade and Below
专业承包	Professional Contractors
一 级	First Grade
二 级	Second Grade
三级及以下	Third Grade and Below

continued

(1 000 yuan)

营业利润 Business Profits	营业外收入 Non – operating Income	营业外支出 Non – operating Expenses	利润总额 Total Profits	所得税费用 Income tax expense	应付职工薪酬 Payroll Payable	销售费用 Sales Expenses
1329415	**104198**	**110687**	**1322445**	**310609**	**5540573**	**108086**
252769	34066	20457	265804	81580	1340710	15456
1118828	102462	108924	1111885	258785	5468109	108086
16387	1400	3431	13780	3204	180414	5534
–1504	85	658	–2077	48	33002	
321679	47233	27443	341431	107906	1671621	13617
230539	28375	12542	246374	76668	1122002	9904
91140	18858	14901	95057	31238	549619	3713
140835	1088	1917	140006	22314	198715	26856
641431	52656	75475	618745	125313	3384357	62079
1982	11	94	1899		10200	
328938	52552	72447	309176	98137	3300008	60535
310511	93	2934	307670	27176	74149	1544
210587	1736	1763	210560	51824	72464	
223559	38496	45920	216276	100563	3463040	17892
1085036	61033	59804	1085649	200029	1835786	85410
19333	3829	3821	19341	8931	184837	3879
1487	840	1142	1179	1086	56910	905
1253019	85513	93842	1244254	282426	5040205	95515
9636	379	190	9826	2688	87735	
687198	28053	13670	701582	118603	1334675	30613
473187	29732	47623	455436	135497	2263137	44537
82998	27349	32359	77410	25638	1354658	20365
76396	18685	16845	78191	28183	500368	12571
68239	2786	5528	65497	13381	231496	1812
–26363	9514	3795	–20689	5537	154519	3532
34520	6385	7522	33383	9265	114353	7227

13－6　建筑业企业主要经济指标

指　　标	Item	单位	unit
建筑业企业个数	Number of Enterprises	个	unit
期末从业人员	Number of Employed Persons	人	person
从业人员平均人数	Average number of employees	人	person
自有施工机械设备台数	Number of Machinery and Equipment Owned	台	set
自有施工机械设备净价	Net Value of Machinery and Equipment Owned	万元	10 000 yuan
自有施工机械设备总功率	Total Power of Machinery and Equipment Owned	千瓦	kW
建筑业总产值	Gross Output Value of Construction	万元	10 000 yuan
建筑工程	Construction	万元	10 000 yuan
安装工程	Installation	万元	10 000 yuan
其他产值	Other Output Value	万元	10 000 yuan
竣工产值	Output Value of Construction Completed	万元	10 000 yuan
施工面积	Floor Space of Buildings under Construction	万平方米	10 000 sq. m
竣工面积	Floor Space of Buildings Completed	万平方米	10 000 sq. m
利润总额	Total Profits	万元	10 000 yuan
劳动生产率	Overall Labor Productivity		
按总产值计算	In Terms of Gross Output Value	元/人	yuan/person
技术装备率	Value of Machines per Laborer	元/人	yuan/person
动力装备率	Power of Machines per Laborer	千瓦/人	kW/person
房屋建筑面积竣工率	Rate of Floor Space of Buildings Completed	%	%
产值利润率	Ratio of Profit to Gross Output Value	%	%

注:2004 年以前为自有机械设备台数、净价和总功率。

Main Economic Indicators of Construction Enterprises

1995	2000	2005	2010	2011	2012	2013	2014	2015	2016	2017	2018	2019	2020
278	529	521	527	549	566	579	593	580	605	763	776	743	748
93422	83980	76049	98258	102535	91235	114841	107627	126933	100540	124732	101429	112480	120596
										226685	204639	204633	212116
19523	38383	39677	33698	34902	34413	30748	30077	28837	27198	23567	22015	17597	15780
36034	92108	143251	153741	157526	136873	147686	145312	141227	127263	120301	99464	83703	769181
340200	668310	821548	809132	851604	778920	749776	1115941	612924	535281	780662	445714	505687	361369
211506	562352	1131704	3433687	4289398	4680390	5702492	6262263	5250159	5117393	5492594	5670007	6014078	6418104
168027	482922	980741	3166918	4004540	4380873	5397027	5883417	4920451	4676843	5010186	5130145	5385334	5494896
40036	71276	135591	213861	236490	222644	261509	287882	285490	358165	399064	441730	508603	775054
3443	8154	15372	52908	48368	76873	43956	90964	44218	82385	83344	98037	120141	148154
138743	427058	1006905	2500299	3469876	3599968	4377330	4370573	4039459	3781873	3386687	3293791	2998657	3200688
303	563	1057	2597	3367	3737	4676	4355	3285	2771	2569	2445	2252	2108
172	341	564	1076	1386	1528	1940	1493	1227	1018	792	860	679	757
358	13524	20802	88085	112898	130447	120425	211806	177500	205469	204698	152966	151945	132245
22048	44864	74198	148529	176737	251093	263201	262386	264813	265665	242301	277074	293896	302575
3756	10968	18921	15647	15576	15002	12860	13501	11126	12658	9645	9806	7442	6378
3.55	7.96	10.85	8.23	8.42	8.54	6.53	10.37	4.83	5.32	6.26	4.39	4.50	3.00
56.7	60.5	53.4	41.4	41.2	40.9	41.5	34.3	37.4	36.7	30.8	35.2	30.2	35.9
0.2	2.4	1.8	2.6	2.6	2.8	2.1	3.4	3.4	4.0	4.0	2.7	2.5	2.1

Note: Before 2004, statistics on machinery and equipment owned refer to number of construction machinery and equipment owned, net value and total power of Machinery and Equipment Owned.

13-7 各市县建筑企业生产情况（总承包和专业承包建筑业企业）

Production Situation of Construction Enterprises by City and County (General Construction Contractors and Professional Contractors)

地区	Region	企业数（个）Number of Enterprises (unit)	建筑业总产值（千元）Gross Output Value of Construction (1 000 yuan)				竣工产值（千元）Output Value of Construction Completed (1 000 yuan)
			合计 Total	建筑工程 Construction	安装工程 Installation	其他产值 Others	
全区总计	**Total**	**748**	**64181039**	**54948962**	**7750541**	**1481536**	**32006876**
银川市	**Yinchuan**	**461**	**47001573**	**40394500**	**5597172**	**1009901**	**23827920**
兴庆区	Xingqingqu	186	21699445	17673087	3894912	131446	10827310
西夏区	Xixiaqu	17	2930357	2815550	40939	73868	2849504
金凤区	Jinfengqu	204	17448079	15448679	1458940	540460	8498598
永宁县	Yongning	8	342980	309741	30100	3139	155711
贺兰县	Helan	31	3403734	3100948	109278	193508	1305144
灵武市	Lingwu	15	1176978	1046495	63003	67480	191653
石嘴山市	**Shizuishan**	**34**	**2296963**	**1975257**	**206050**	**115656**	**1082044**
大武口区	Dawukou	21	1517007	1195301	206050	115656	683590
惠农区	Huinongqu	4	217897	217897			145174
平罗县	Pingluo	9	562059	562059			253280
吴忠市	**Wuzhong**	**114**	**7385028**	**6218047**	**987978**	**179003**	**2660434**
利通区	Litong	57	4079617	3242456	736321	100840	1486396
红寺堡区	Hongsipu	6	288392	274299		14093	137760
盐池县	Yanchi	15	1366919	1257922	59756	49241	505485
同心县	Tongxin	13	1015978	1013133	2845		225733
青铜峡市	Qingtongxia	23	634122	430237	189056	14829	305060
固原市	**Guyuan**	**68**	**4258105**	**3653374**	**471898**	**132833**	**2437227**
原州区	Yuanzhou	43	2269120	1836008	303456	129656	1049824
西吉县	Xiji	3	968691	868129	100562		736405
隆德县	Longde	7	483766	449360	34406		396861
泾源县	Jingyuan	9	225271	225271			47508
彭阳县	Pengyang	6	311257	274606	33474	3177	206629
中卫市	**Zhongwei**	**71**	**3239370**	**2707784**	**487443**	**44143**	**1999251**
沙坡头区	Shapotou	37	2054019	1607679	428502	17838	1209136
中宁县	Zhongning	28	822814	737568	58941	26305	581002
海原县	Haiyuan	6	362537	362537			209113

13－7　续表1　continued

地　区	Region	房屋建筑施工面积(平方米) Floor Space of Buildings under Construction (sq. m)	房屋建筑竣工面积(平方米) Floor Space of Buildings Completed (sq. m)	住宅 Residence	竣工房屋价值(千元) Value of Buildings Completed (1 000 yuan)	住宅 Residence
全区总计	**Total**	**21077395**	**7569797**	**3618244**	**14690541**	**5346263**
银 川 市	**Yinchuan**	**14386571**	**5014135**	**2283208**	**9844854**	**2950800**
兴 庆 区	Xingqingqu	5814892	1845995	1021285	3262016	1188899
西 夏 区	Xixiaqu	2625238	1069887	280292	2729546	572625
金 凤 区	Jinfengqu	5494978	1921644	934831	3515429	1102282
永 宁 县	Yongning	110939	16581		34522	
贺 兰 县	Helan	283809	147085	46800	290105	86994
灵 武 市	Lingwu	56715	12943		13236	
石嘴山市	**Shizuishan**	**670732**	**405145**	**163844**	**677462**	**326102**
大武口区	Dawukou	432109	258394	70644	400468	186198
惠 农 区	Huinongqu	49373	32462	12320	109747	15887
平 罗 县	Pingluo	189250	114289	80880	167247	124017
吴 忠 市	**Wuzhong**	**3128612**	**1015926**	**668085**	**1707534**	**1064922**
利 通 区	Litong	341882	786033	542805	1363805	872160
红寺堡区	Hongsipu	1634576	94175	94175	135430	135430
盐 池 县	Yanchi	329404	42580	6509	48066	11957
同 心 县	Tongxin	642182	34924	13047	76799	16962
青铜峡市	Qingtongxia	180568	58214	11549	83434	28413
固 原 市	**Guyuan**	**1100329**	**643005**	**164574**	**1551473**	**401394**
原 州 区	Yuanzhou	475451	219826	36345	459710	84598
西 吉 县	Xiji	281959	210691	65253	543031	165887
隆 德 县	Longde	159809	107668	43464	326015	100516
泾 源 县	Jingyuan	84200	16872	1706	35716	3656
彭 阳 县	Pengyang	98910	87948	17806	187001	46737
中 卫 市	**Zhongwei**	**1791151**	**491586**	**338533**	**909218**	**603045**
沙坡头区	Shapotou	992956	220161	142522	463661	258968
中 宁 县	Zhongning	658545	213626	192254	351721	328850
海 原 县	Haiyuan	139650	57799	3757	93836	15227

13－7 续表2 continued

地 区	Region	自有机械设备年末总台数（台）Number of Machinery and Equipment Owned (set)	自有施工机械设备年末净值（千元）Net Value of Machinery and Equipment Owned (1 000 yuan)	自有施工机械设备年末总功率（千瓦）Total Power of Machinery and Equipment Owned (kW)	计算劳动生产率的平均人数（人）Average Staff to Calculate Labor Productivity (person)	年末从业人员（人）Number of Employed Persons at Year End (person)
全区总计	**Total**	**15780**	**769181**	**361369**	**212116**	**120596**
银 川 市	**Yinchuan**	**8174**	**336194**	**183864**	**160750**	**86047**
兴 庆 区	Xingqingqu	3795	90630	57022	58917	31319
西 夏 区	Xixiaqu	478	3174	6645	12184	11470
金 凤 区	Jinfengqu	2240	138427	59375	70541	30070
永 宁 县	Yongning	2	137	50	842	385
贺 兰 县	Helan	1384	81492	56877	13428	9283
灵 武 市	Lingwu	275	22334	3895	4838	3520
石嘴山市	**Shizuishan**	**390**	**24272**	**20544**	**6855**	**5026**
大武口区	Dawukou	295	15222	11055	4632	3747
惠 农 区	Huinongqu	9	822	300	477	414
平 罗 县	Pingluo	86	8228	9189	1746	865
吴 忠 市	**Wuzhong**	**3285**	**206765**	**82959**	**25485**	**15264**
利 通 区	Litong	1295	35802	25037	11799	6319
红寺堡区	Hongsipu	136	13929	6862	939	776
盐 池 县	Yanchi	721	55383	13836	6986	5394
同 心 县	Tongxin	865	90429	31782	3570	1280
青铜峡市	Qingtongxia	268	11222	5442	2191	1495
固 原 市	**Guyuan**	**2827**	**141257**	**52418**	**10904**	**8548**
原 州 区	Yuanzhou	721	91935	32440	6614	4430
西 吉 县	Xiji	252	6000	2701	2490	2236
隆 德 县	Longde	1359	24238	13287	745	693
泾 源 县	Jingyuan	173	18986	3255	643	394
彭 阳 县	Pengyang	322	98	735	412	795
中 卫 市	**Zhongwei**	**1104**	**60693**	**21584**	**8122**	**5711**
沙坡头区	Shapotou	994	44247	18334	5018	2988
中 宁 县	Zhongning	97	10031	3161	2492	2127
海 原 县	Haiyuan	13	6415	89	612	596

13－8 各市县建筑企业财务状况
（总承包和专业承包建筑业企业）
Financial Indicators on Construction Enterprises by City and County
(General Construction Contractors and Professional Contractors)

单位:千元 (1 000 yuan)

地区	Region	流动资产合计 Current Assets	应收工程款 Project Receivable	存货 Stock	固定资产原价 Original Value of Fixed Assets
全区总计	**Total**	**70743806**	**31253780**	**12198353**	**7772645**
银川市	**Yinchuan**	**48613406**	**21484018**	**7479459**	**5078715**
兴庆区	Xingqingqu	17322343	7208179	1706178	1782493
西夏区	Xixiaqu	3338684	1935264	269807	103114
金凤区	Jinfengqu	18350628	7867069	3862366	2265276
永宁县	Yongning	1998509	1244481	191868	91050
贺兰县	Helan	4270872	2012907	872654	697072
灵武市	Lingwu	3332370	1216118	576586	139710
石嘴山市	**Shizuishan**	**3376706**	**1391836**	**1131749**	**411461**
大武口区	Dawukou	2737757	1135291	902614	317202
惠农区	Huinongqu	214909	143549	33768	19462
平罗县	Pingluo	424040	112996	195367	74797
吴忠市	**Wuzhong**	**8138615**	**4519600**	**783537**	**1105431**
利通区	Litong	4756834	2714828	266327	432510
红寺堡区	Hongsipu	418686	283150	56983	35285
盐池县	Yanchi	1249632	577250	334034	277400
同心县	Tongxin	775907	276953	105061	188800
青铜峡市	Qingtongxia	937556	667419	21132	171436
固原市	**Guyuan**	**4219802**	**1834050**	**437519**	**558623**
原州区	Yuanzhou	3030343	1472399	292255	346943
西吉县	Xiji	585403	117425	38678	42882
隆德县	Longde	282524	108481	51570	74574
泾源县	Jingyuan	225078	100414	9584	66569
彭阳县	Pengyang	96454	35331	45432	27655
中卫市	**Zhongwei**	**6395277**	**2024276**	**2366089**	**618415**
沙坡头区	Shapotou	1664407	702001	321008	275318
中宁县	Zhongning	4566419	1235080	2020532	284746
海原县	Haiyuan	164451	87195	24549	58351

13－8 续表1 continued

单位:千元 (1 000 yuan)

地 区	Region	累计折旧 Accumulated Depreciation	本年折旧 Depreciation this Year	在建工程 Construction inProgress	资产合计 Total Assets	流动负债合计 Total Liquid Liabilities	应付账款 Accounts Payable
全区总计	**Total**	**3699344**	**491092**	**393970**	**80028055**	**55427790**	**24992529**
银 川 市	**Yinchuan**	**2437082**	**307778**	**216853**	**54827683**	**38448940**	**18389096**
兴 庆 区	Xingqingqu	977699	99853	79463	18761900	13796099	7983670
西 夏 区	Xixiaqu	67394	5530		3403519	2817225	1257668
金 凤 区	Jinfengqu	975920	142292	120607	22034417	13852334	6668151
永 宁 县	Yongning	50188	5794		2050747	1759581	43061
贺 兰 县	Helan	277212	46399	10324	5008919	3481915	1441648
灵 武 市	Lingwu	88669	7910	6459	3568181	2741786	994898
石嘴山市	**Shizuishan**	**192614**	**19358**	**66281**	**4003837**	**2544416**	**880448**
大武口区	Dawukou	144771	13219	23434	3270113	2125030	698947
惠 农 区	Huinongqu	12424	516	98	233123	168655	95820
平 罗 县	Pingluo	35419	5623	42749	500601	250731	85681
吴 忠 市	**Wuzhong**	**561441**	**115774**	**13625**	**8972508**	**5658504**	**2672179**
利 通 区	Litong	219136	35372	1020	5114008	3145452	1395738
红寺堡区	Hongsipu	19371	2064	2375	453045	346144	276123
盐 池 县	Yanchi	165173	40801		1428136	1067722	335488
同 心 县	Tongxin	67151	25809		914304	390481	206416
青铜峡市	Qingtongxia	90610	11728	10230	1063015	708705	458414
固 原 市	**Guyuan**	**246518**	**17648**	**10874**	**4926625**	**3753999**	**1397242**
原 州 区	Yuanzhou	135950	12443	5724	3491925	2759880	753315
西 吉 县	Xiji	22997	1805	42	663893	541867	430102
隆 德 县	Longde	30262	1582	51	387897	174509	62247
泾 源 县	Jingyuan	41673	1377	5057	268602	217907	117776
彭 阳 县	Pengyang	15636	441		114308	59836	33802
中 卫 市	**Zhongwei**	**261689**	**30534**	**86337**	**7297402**	**5021931**	**1653564**
沙坡头区	Shapotou	111924	17738	3507	1953394	832116	401947
中 宁 县	Zhongning	140465	12496	82544	5103220	4091737	1216567
海 原 县	Haiyuan	9300	300	286	240788	98078	35050

13－8 续表2 continued

单位:千元 (1 000 yuan)

地　区	Region	非流动负债合计 Total Non－current Liabilities	负债合计 Total Liabilities	所有者权益合计 Owners´ Equity	实收资本 Paid－in Capitals	营业收入 Business Revenue	营业成本 Business Cost
全区总计	**Total**	**1071757**	**57110102**	**22917953**	**16104122**	**69120247**	**64806346**
银 川 市	**Yinchuan**	**569309**	**39471511**	**15356172**	**10962688**	**52245019**	**48831261**
兴 庆 区	Xingqingqu	260772	14107836	4654064	3881806	22862825	21768205
西 夏 区	Xixiaqu		2817226	586293	302226	3029512	2910890
金 凤 区	Jinfengqu	294388	14176138	7858279	5112834	19246300	17348628
永 宁 县	Yongning		1880459	170288	256484	364595	351561
贺 兰 县	Helan	1149	3735065	1273854	966900	3724886	3510733
灵 武 市	Lingwu	13000	2754787	813394	442438	3016901	2941244
石嘴山市	**Shizuishan**	**212424**	**2778393**	**1225444**	**775796**	**2150466**	**2022743**
大武口区	Dawukou	203648	2328959	941154	612987	1445839	1350840
惠 农 区	Huinongqu	6046	174701	58422	52350	217823	210668
平 罗 县	Pingluo	2730	274733	225868	110459	486804	461235
吴 忠 市	**Wuzhong**	**282379**	**6026380**	**2946128**	**2099469**	**7124103**	**6780097**
利 通 区	Litong	257178	3487941	1626067	1052105	4180763	3979042
红寺堡区	Hongsipu	9033	355179	97866	92968	218724	205715
盐 池 县	Yanchi	15107	1082830	345306	322758	1430224	1368550
同 心 县	Tongxin	1021	391604	522700	424242	756283	730338
青铜峡市	Qingtongxia	40	708826	354189	207396	538109	496452
固 原 市	**Guyuan**	**5635**	**3805538**	**1121087**	**1001728**	**4222274**	**3986781**
原 州 区	Yuanzhou	2835	2806003	685922	650015	2245122	2079192
西 吉 县	Xiji		541867	122026	87071	948149	927610
隆 德 县	Longde	2800	177310	210587	168870	523996	483921
泾 源 县	Jingyuan		220522	48080	59106	188237	179120
彭 阳 县	Pengyang		59836	54472	36666	316770	316938
中 卫 市	**Zhongwei**	**2010**	**5028280**	**2269122**	**1264441**	**3378385**	**3185464**
沙坡头区	Shapotou	6	832124	1121270	577808	2042503	1883609
中 宁 县	Zhongning	2004	4098078	1005142	529060	981993	937408
海 原 县	Haiyuan		98078	142710	157573	353889	364447

13-8 续表3 continued

单位:千元 (1 000 yuan)

地 区	Region	营业税金及附加 Operating Tax and Extra Charges	主营业务税金及附加 Tax and Extra Charges on Principle Business	其他业务利润 Other Profits	管理费用 Management Expenses	财务费用 Financial Expenses	利息收入 Interest Income	利息支出 Interest Expenses
全区总计	**Total**	**337456**	**331532**	**96915**	**2269447**	**324888**	**19461**	**180940**
银川市	**Yinchuan**	**219203**	**215077**	**78366**	**1574527**	**222022**	**15012**	**133966**
兴庆区	Xingqingqu	99449	97472	18258	579814	61706	8094	39291
西夏区	Xixiaqu	13749	13551	40	76910	1857	588	1475
金凤区	Jinfengqu	81120	79266	58890	678684	110039	7838	63174
永宁县	Yongning	1979	1979		35188	4682		1
贺兰县	Heian	16938	16841	1578	150269	40089	-610	29112
灵武市	Lingwu	5968	5968	-400	53662	3649	-898	913
石嘴山市	**Shizuishan**	**10707**	**10668**	**1436**	**104956**	**9543**	**-33**	**1739**
大武口区	Dawukou	7506	7468	1119	73307	8990	-30	1264
惠农区	Huinongqu	1001	1001		7632	516	6	475
平罗县	Pingluo	2200	2199	317	24017	37	-9	
吴忠市	**Wuzhong**	**35887**	**34273**	**10810**	**238843**	**45380**	**2319**	**15111**
利通区	Litong	21231	19935	397	118979	31583	674	9476
红寺堡区	Hongsipu	1045	1045	1262	10468	865	10	531
盐池县	Yanchi	5045	4996	369	55374	8979	1614	1434
同心县	Tongxin	6057	6057		15917	3835	52	3481
青铜峡市	Qingtongxia	2509	2240	8782	38105	118	-31	189
固原市	**Guyuan**	**54845**	**54706**	**5949**	**203436**	**17676**	**1825**	**7270**
原州区	Yuanzhou	22736	22597	5949	167869	12900	1901	6467
西吉县	Xiji	7437	7437		12159	-135	-94	
隆德县	Longde	21542	21542		14270	3333	3	511
泾源县	Jingyuan	1594	1594		4861	1565	15	221
彭阳县	Pengyang	1536	1536		4277	13		71
中卫市	**Zhongwei**	**16814**	**16808**	**354**	**147685**	**30267**	**338**	**22854**
沙坡头区	Shapotou	11116	11115	312	91283	5761	352	3904
中宁县	Zhongning	4098	4093	42	47535	24315	-10	18879
海原县	Haiyuan	1600	1600		8867	191	-4	71

13-8 续表4 continued

单位:千元 (1 000 yuan)

地区	Region	营业利润 Business Profits	营业外收入 Non-operating Income	营业外支出 Non-operating Expenses	利润总额 Total Profits	所得税费用 Income Tax Expenses	应付职工薪酬 Payroll Payable	销售费用 Sales Expenses
全区总计	**Total**	**1329415**	**104198**	**110687**	**1322445**	**310609**	**5540573**	**108086**
银川市	**Yinchuan**	**1212267**	**79858**	**74419**	**1217800**	**265727**	**3586058**	**94284**
兴庆区	Xingqingqu	211756	22287	22918	211118	53347	1648550	25440
西夏区	Xixiaqu	39059	3248	1582	40725	10462	313315	161
金凤区	Jinfengqu	960602	24235	26277	958661	168526	1217828	60518
永宁县	Yongning	-22405	15031	13738	-21112	3359	26969	4651
贺兰县	Helan	10307	14035	5324	19018	23853	302608	3348
灵武市	Lingwu	12948	1022	4580	9390	6180	76788	166
石嘴山市	**Shizuishan**	**29570**	**3270**	**4335**	**28505**	**8052**	**240902**	**215**
大武口区	Dawukou	31800	2431	3353	30878	7741	168976	106
惠农区	Huinongqu	-1762	19	264	-2007	80	17480	2
平罗县	Pingluo	-468	820	718	-366	231	54446	107
吴忠市	**Wuzhong**	**37961**	**8337**	**9761**	**36538**	**16565**	**830021**	**6239**
利通区	Litong	32831	6680	6290	33222	10947	455520	5752
红寺堡区	Hongsipu	1750	33	186	1597	178	30345	
盐池县	Yanchi	-7675	254	1842	-9263	1784	128551	12
同心县	Tongxin	10300	302	524	10078	1640	152256	70
青铜峡市	Qingtongxia	755	1068	919	904	2016	63349	405
固原市	**Guyuan**	**34878**	**8636**	**11431**	**31507**	**4932**	**368383**	**3225**
原州区	Yuanzhou	32135	7454	9647	29943	4093	252767	3007
西吉县	Xiji	1078	74	105	1047	279	11952	
隆德县	Longde	3201	797	1470	1951	337	63446	185
泾源县	Jingyuan	2385	311	134	2562	191	24132	33
彭阳县	Pengyang	-3921		75	-3996	32	16086	
中卫市	**Zhongwei**	**14739**	**4097**	**10741**	**8095**	**15333**	**515209**	**4123**
沙坡头区	Shapotou	64172	2048	5833	60387	13134	272615	51
中宁县	Zhongning	-28358	2013	4483	-30828	283	227145	4072
海原县	Haiyuan	-21075	36	425	-21464	1916	15449	

主要统计指标解释

建筑业统计单位　指从事房屋、构筑物建造和设备安装活动的法人企业。建筑业法人企业应具有建筑业资质并能够独立核算，同时还应具备以下条件：①依法成立，有自己的名称、组织机构和场所，能够承担民事责任；②独立拥有和使用资产，承担负债，有权与其他单位签订合同；③独立核算盈亏，能够编制资产负债表。

建筑业总产值　是以货币形式表现的建筑业企业在一定时期内生产的建筑业产品和提供服务的总和。建筑业总产值包括：

(1)建筑工程产值：指列入建筑工程预算内的各种工程价值。

(2)安装工程产值：指设备安装工程价值，不包括被安装设备本身的价值。

(3)其他产值：建筑业总产值中除建筑工程、安装工程以外的产值。包括房屋构筑物修理产值、非标准设备制造产值、总包企业向分包企业收取的管理费以及不能明确划分的施工活动所完成的产值。

房屋施工面积　指报告期内施工的全部房屋建筑面积，包括本期新开工的房屋建筑面积、上期跨入本期继续施工的房屋建筑面积、上期停缓建在本期恢复施工的房屋建筑面积、本期竣工的房屋建筑面积及本期施工后又停缓建的房屋建筑面积。

房屋竣工面积　指报告期内房屋建筑按照设计要求已全部完工，达到住人和使用条件，经验收鉴定合格或达到竣工验收标准，可正式移交使用的各栋房屋建筑面积的总和。

Explanatory Notes on Main Statistical Indicators

Statistical Units in the Construction Industry refer to corporate enterprises engaged in the construction of buildings and structures and in the installation of equipment. A corporate construction enterprise should have qualification certificates with independent accounting system, and should meet the following 3 requirements: a) being set up in line with relevant legal basis, having its full name, organization and location, and capable of taking civil liabilities; b) independently possessing and using its assets and assuming its liabilities, and entitled to sign contracts with other institutions; c) making independent accounts of its profits and losses, and capable of compiling its own balance sheet.

Gross Output Value of Construction refers to total of construction products and services, expressed in monetary terms, produced or rendered by construction and installation enterprises during a given period of time. It includes:

(1) Output value of construction projects: the value of projects covered by the project budgets;

(2) Output value of installation projects: the value of the installation of equipment, (excluding the value of the equipment to be installed);

(3) Other output values: the output value of construction industry apart from that of construction projects and installation projects. It includes: output value of repair of buildings and structures; output value of manufacturing of non – standard equipment; overhead expenses received by contracted enterprises from the sub – contracted enterprises, and the completed output value of construction activities for which there is no clear definition.

Floor Space of Buildings under Construction refers to the total floor space area of buildings under construction in the reference period. It includes buildings new started; buildings started earlier and continued during the reference period; buildings suspended earlier but restarted during the reference period; buildings completed during the reference period; and buildings under construction but suspended during the reference period.

Floor Space of Buildings Completed refers to the total floor space area of buildings that have been completed in the reference period in accordance with the requirements of the design, up to the standard for accommodation or putting into use, and have been checked and accepted by departments concerned as qualified or up to the standard of buildings completed and can be handed over for putting into use.

第十四篇 Chapter14

运输邮电

Transport, Postal and Telecommunication Services

资料整理：张广益　黄剑　刘晓龙　徐薇　邢猛　杨永文　李斌　杨雯

Data Compilation: Zhang Guangyi　Huang Jian　Liu Xiaolong　Xu Wei　Xing Meng　Yang Yongwen　Li Bin　Yang Wen

14－1 主要年份交通运输工具和线路里程

Major Transport Conveyance and Line Mileage

年份 Year	载货汽车（辆） Truck (unit)	载客汽车（辆） Passenger Vehicles (unit)	铁路 Railways		铁路通车里程（公里） Rail Mileage Open to Traffic (km)	公路通车里程（公里） Highway Mileage Open to Traffic (km)	民航通航里程（公里） Length of Civil Aviation Routes (km)
			机车（台） Locomotive (unit)	客车（辆） Passenger Coaches (coach)			
1957	268	21				2241	
1958	978	29	24		361	2686	1300
1965	1368	85	73		409	3201	1300
1970	2731	506	99	9	409	3591	1300
1975	5296	1224	90	11	421	3916	1300
1978	7991	1920	100	8	421	5227	1300
1980	8867	2345	104	11	421	6848	1300
1985	12754	5149	92	41	421	7016	1300
1990	20471	8744	128	131	421	8200	1400
1995	30788	16419	203	171	769	8554	8683
2000	43496	37629	208	315	780	10171	16823
2001	45227	41079	208	307	780	10899	21242
2002	43051	48874	195	343	780	11245	27336
2003	59710	59590	209	345	780	11916	30101
2004	57831	60386	204	341	780	12456	28627
2005	68956	80384	196	328	786	13078	21248
2006	66276	95063	193	328	783	19903	21219
2007	71466	118249	196	287	783	20562	36253
2008	81072	148103	158	283	783	21008	44197
2009	107536	201143	222	402	783	21805	50602
2010	135235	272342	265	482	1032	22518	54221
2011	165134	359295	299	313	1029	24506	52388
2012	194082	459448	244		1029	26522	61406
2013	223548	557820	303		1029	28554	76720
2014	244538	655456	404		1029	31276	117107
2015	241072	757731	369		1029	33240	114286
2016	260937	882057	368		1060	33940	108041
2017	283902	1014981	362		1060	34561	134564
2018	306156	1130665	343		1060	35405	158892
2019	333375	1233963	340		1240	36576	179568
2020	366077	1330681	325		1350	36901	164211

注： 1. 1965 年前载客汽车未包括小客车。
2. 2006 年起公路通车里程包含村道。
3. 2012 年起银川段所有车厢归兰州局管理。

Notes: a) Before 1965, Passenger Vehicles do not include minibus.
b) Since 2006, Length of highways include the village road.
c) Since 2012, all compartments belong to Yinchuan period have been manged by Lanzhou Railroad Bureau.

14-2 主要年份运输线路长度

Length of Transportation Routes

单位:公里 (km)

年份 Year	铁路营业里程 Length of Railways in Operation	电气化里程 Electrified Railways	公路 Length of Highways	等级路 Standard Highways	等外路 Substandard Highways	民航 Civil Aviation
1978	421.0		5227			1300
1979	437.7		6848	5503	1345	1300
1980	421.0		6848	5503	1345	1300
1985	421.0		7016	5642	1374	1300
1990	421.0		8200	7400	800	1400
1995	769.0	437.1	8554	7922	632	8683
2000	780.0	716.9	10171	9649	522	16823
2001	780.0	716.9	10899	10723	176	21242
2002	780.0	716.9	11245	11081	164	27336
2003	780.0	716.9	11916	11770	146	30101
2004	780.0	716.9	12456	12325	131	28627
2005	785.6	669.0	13078	13001	77	21248
2006	783.0	667.5	19903	18102	1801	21219
2007	783.0	667.5	20562	18934	1627	36253
2008	783.0	667.5	21008	19403	1605	44197
2009	783.0	705.8	21805	20297	1509	50602
2010	1032.0	1032.0	22518	21198	1320	54221
2011	1029.0	1029.0	24506	23875	631	52388
2012	1029.3	1029.3	26522	26009	513	61406
2013	1029.0	1029.3	28554	28338	216	76720
2014	1029.0	1029.3	31276	31057	219	117107
2015	1029.3	1029.3	33240	33045	195	114286
2016	1059.9	1059.9	33940	33729	174	108041
2017	1059.9	1059.9	34561	34432	129	134564
2018	1059.9	1059.9	35405	35355	51	158892
2019	1240.0		36576			179568
2020	1349.5	1349.5	36901	36874	27	164211

注: 1.2004年以前铁路营业里程为银川铁路分局管辖长度。

2.2005年起铁路数据由兰州铁路局重新核定划分。

3.2010年铁路营业里程包括合资铁路,地方铁路因不通车没有统计在内。

Notes: a) Before 2004, Length of railways in operation refered to jurisdiction of Yinchuan Railroad Bureau.

b) Since 2005, data of railway were reapproved by Lanzhou Railway Bureau.

c) In 2010, data of Railway in operating include the data of Joint-venture enterprises, but do not include local railways.

14-3 主要年份客货运输量

Passenger and Freight Traffic

年份 Year	客运量（万人） Passenger Traffic (10 000 persons)	铁路 Railways	公路 Highways	航空 Aviation	货运量（万吨） Freight Traffic (10 000 tons)	铁路 Railways	公路 Highways	航空 Aviation	管道 Petroleum and Gas Pipelines
1952	4.6		4.3		19.8		12.2		
1957	39.1		39.1		96.3		88.0		
1958	52.4		52.4		201.8		191.8		
1965	142.8	74.8	68.0		640.0	376.6	257.1		
1970	226.6	103.5	123.1		878.9	499.0	374.4		
1975	364.5	128.0	236.3	0.20	1439.3	958.5	476.7		
1978	466.1	144.4	321.4	0.3	2175.0	1298.0	847.0		
1980	645.9	176.0	469.6	0.3	2302.0	1374.0	719.0		
1985	1349.0	217.0	1131.6	0.4	3610.0	1478.0	1912.0		
1990	2838.0	181.0	2655.0	2.0	3851.0	1512.0	2178.0		
1995	4565.0	195.0	4357.0	13.0	5220.0	1605.0	3519.0	0.04	
2000	5537.0	271.0	5252.0	14.4	6880.0	2105.3	4531.0	0.06	
2001	5823.0	282.0	5525.0	15.8	7287.0	2300.0	4694.0	0.06	
2002	6125.4	278.0	5832.0	15.4	7544.9	2367.2	4894.0	0.12	
2003	5904.2	277.0	5605.0	22.2	7878.5	2528.5	5048.0	0.17	
2004	6722.9	329.0	6359.0	34.9	8724.9	2768.4	5326.0	0.26	
2005	7107.0	309.0	6757.0	41.4	9340.0	2881.0	5648.0	0.58	
2006	7600.0	357.0	7191.0	51.9	10239.0	3329.0	6029.0	0.45	
2007	8208.0	382.0	7752.0	73.6	11445.0	3957.0	6583.0	0.46	
2008	11899.0	457.0	11363.0	78.5	27218.0	4400.0	21762.0	0.44	1055.3
2009	12657.9	513.0	12034.0	110.9	30323.0	5978.0	23263.0	0.54	1081.5
2010	13599.2	539.0	12919.0	141.2	33597.9	6879.0	25453.0	1.42	1264.5
2011	15145.4	543.0	14441.0	161.4	38068.4	7850.0	29016.0	0.81	1201.6
2012	16389.0	535.0	15666.0	187.9	42246.8	8485.6	32646.0	0.86	1114.4
2013	8365.9	593.7	7568.0	204.2	42072.1	8412.0	32502.0	0.96	1157.1
2014	9213.1	656.5	8311.0	245.6	42446.9	6990.0	34318.0	1.19	1137.7
2015	9371.6	661.1	8444.0	266.5	43769.5	5631.1	36994.8	1.3	1142.3
2016	8882.0	658.6	7910.0	313.4	44371.4	5838.7	37420.6	1.5	1110.7
2017	7599.9	650.4	6518.0	431.5	39289.4	6528.3	31659.0	1.9	1100.3
2018	6453.8	653.0	5342.0	458.8	40133.8	7158.9	31757.0	2.5	1215.4
2019	6092.4	666.4	4905.0	521.0	43661.8	8150.6	34359.9	3.3	1147.9
2020	3807.6	557.6	2902.4	347.7	44024.9	8633.6	34216.6	2.97	1171.7

注：1.1998 年后公路数据为抽样调查数。
2.2009 年后公路数据为新调查口径数据，货运量包括管道运输量。
3.2013 年和 2014 年公路客货运输量依据交通运输部交通运输经济统计专项调查数据推算。
4.2019 年公路货运量为交通运输部 2019 年专项调查口径数据，与上年不可比。

Notes: a) Data of highways refer to sampling survey data since 1998.
b) Since 2009, data coverage of highways have been adjusted, which freight traffic includes petroleum and gas pipelines.
c) In 2013 and in 2014, Passenger and Freight Traffic data were estimated according to the special survey data of the ministry of transport.
d) Road freight traffic in 2019 is the Ministry of Transport of the People's Republic of China's 2019 special survey caliber data, and can not be compared with the previous year.

14－4　主要年份客货周转量

Passenger and Freight Turnover Volume

年份 Year	旅客周转量（万人公里）Passenger－kilometers（10 000 person－km）	铁路 Railways	公路 Highways	航空 Aviation	货物周转量（万吨公里）Freight Ton－kilometers（10 000 ton－km）	铁路 Railways	公路 Highways	航空 Aviation	管道 Petroleum and Gas Pipelines
1952	1482		1402		3806		888		
1957	6774		6774		6052		3694		
1958	5991		5991		7827		6756		
1965	17820	13100	4720		326605	318579	7894		
1970	25051	17800	7251		413251	402684	10441		
1975	35621	20140	15481		427026	409170	17787		
1978	44223	23208	21015		562221	534901	27302		
1980	61200	27737	33463		458925	430286	20693		
1985	121000	45392	75608		619679	519235	79644		
1990	192033	46810	145223		747893	598005	125898		
1995	279190	55559	215721	7910	1150029	938271	201549	50	
2000	575597	244662	313768	17167	2218627	1594496	568601	76	
2001	551500	202100	333700	15600	2442700	1789300	584900	75	
2002	568049	196539	355306	16204	2623417	1932317	614562	189	
2003	551788	195534	335109	21145	2663245	1968396	630923	177	
2004	651117	231455	381550	38112	2632894	1863592	645950	347	
2005	669549	219490	402650	47409	2679933	1844278	677650	652	
2006	730946	240847	431600	58499	2931456	2031313	721440	692	
2007	804629	259878	465000	79751	3026090	2106674	781800	689	
2008	959073	287354	575282	96437	7180048	2229354	4778724	650	171320
2009	1048505	303971	610222	134312	7644774	2497308	4969734	811	176921
2010	1163818	330502	653115	180201	8458987	2766437	5382659	1076	308815
2011	1339417	411057	723666	204694	9619559	3222669	6081181	1221	314488
2012	1441031	408863	796893	235275	11019865	3677422	7001227	1181	340035
2013	1292930	445080	583405	264445	9130255	3647482	5094276	1453	387044
2014	1468420	484650	656792	326978	8773263	3065022	5304692	1871	401679
2015	1538377	473709	68044	384232	8727195	2450809	5718458	2044	555884
2016	1530345	452007	644214	434124	8737158	2423766	5775642	2361	535389
2017	1581068	432617	558380	590071	8114079	2535465	5001755	2857	574002
2018	1514330	407769	474610	631951	6927617	2294905	3981942	3289	647481
2019	1585674	409294	460087	716294	7103103	2135998	4373913	4078	589114
2020	997588	242259	282229	473100	7647505	2146160	4836718	3733	660893

注：1.1998 年后公路数据为抽样调查数。
2.2009 年后公路数据为新调查口径数据，货运量包括管道运输量。
3.2013 年和 2014 年公路客货运输量依据交通运输部交通运输经济统计专项调查数据推算。
4.2019 年公路货物周转量为交通运输部 2019 年专项调查口径数据，与上年不可比。

Notes: a) Data of highways refer to sampling survey data since 1998.
b) Since 2009, data coverage of highways have been adjusted , which freight traffic includes petroleum and gas pipelines.
c) In 2013 and in 2014, Passenger and Freight Traffic data were estimated according to the special survey data of the ministry of transport.
d) Road cargo turnover in 2019 for the Ministry of Transport of the People's Republic of China 2019 special survey caliber data, not comparable with the previous year.

14－5 主要年份邮电业务总量

Business Volume of Post and Telecommunication Services

年份 Year	邮政业务总量（万元） Business Volume of Postal (10 000 yuan)	电信业务总量（万元） Business Volume of Telecommunication (10 000 yuan)	函件（万件） Number of Letters (10 000 pcs)	报刊期发数（万份） Issue of Newspapers and Magazines (10 000 copies)	电话用户总数（万户） Number of Telephone Subscribers (10 000 subscriber)	移动电话用户（万户） Number of Mobile Telephone Subscribers (10 000 subscriber)	（固定）互联网宽带接入用户（万户） Number of (fixed) Internet broadband access users (10 000 subscriber)
1952			104.1		0.02		
1957			324.2		0.15		
1958			380.9	14.5	0.23		
1965			639.1	19.2	0.70		
1970			863.7	9.8	0.76		
1975			990.7	33.5	1.05		
1978			1168.7	45.0	1.30		
1980			1474.5	68.4	1.60		
1985			1792.0	125.1	2.80		
1990			2054.3	85.4	5.11		
1995			2270.9	70.3	21.64	0.69	
2000			2021.0	61.7	70.01	20.44	3.44
2001			2631.0	48.5	113.07	41.73	8.53
2002			3052.0	45.0	158.14	73.68	17.45
2003			2642.0	42.8	223.87	123.54	22.23
2004			2093.7	43.3	278.16	158.60	32.08
2005			3018.4	61.4	319.97	181.08	59.10
2006			3304.8	41.8	362.42	219	29
2007			2049.5	44.1	408.31	268	32
2008			3091.6	48.2	444.81	323	37
2009			2395.0	50.9	504.90	390.40	41.82
2010			2087.6	54.9	562.70	450.80	48.80
2011			1411.3	52.8	633.30	524.80	53.94
2012	45476	611205	1145.9	59.0	710.40	605.44	60.91
2013	47146	669631	916.2	60.0	731.89	627.20	71.14
2014	107431	919041	814.0	126.4	791.00	688.27	78.20
2015	121859	1233545	574.8	57.3	745.35	661.00	86.06
2016	151955	2385573	484.5	44.5	786.96	716.43	111.88
2017	153201	2047201	365.7	44.7	854.18	791.98	159.15
2018	177946	4626348	297.4	47.8	936.43	881.03	217.02
2019	199842	7441339	272.0		882.20	828.30	259.10
2020	249817	9244062	240.1	7575.4	890.6	839.2	283.6

注： 1.2001 年起电话机总数中包括移动电话用户。

2.2014 年以前互联网宽带接入用户为互联网用户数据。

3.由于 2017 年起电信业务总量按照 2015 年不变单价计算，可比口径发生变化，不再计算邮电业务总量。

4.2012 年起，"国际互联网络用户"由"互联网宽带接入用户"替代。

Notes: a) After 2001, the total number of telephone calls includes mobile phone users.

b) Before 2014, Internet broadband access users were data for Internet users.

c) Since 2017, the total amount of telecommunications business is calculated according to the constant unit price in 2015, the comparable caliber has changed, and the total amount of post and telecommunications business is no longer calculated.

d) Since 2012, "Number of Internet Users" replaced by "the Internet broadband users".

主要统计指标解释

铁路营业里程 又称营业长度,指投入客货运输营业或临时营业的线路长度。

电气化里程 指具备了电力机车牵引条件,并已交付运营的线路里程。

公路里程 指报告期末公路的实际长度。统计范围:包括城间、城乡间、乡(村)间能行驶汽车的公共道路,公路通过城镇街道的里程,公路桥梁长度、隧道长度、渡口宽度。不包括城市街道里程,断头路里程,农(林)业生产用道路里程,工(矿)企业等内部道路里程。统计原则:按已竣工验收或交付使用的实际里程计算;两条或多条公路共同经由同一路段的重复里程,只计算一次。

货(客)运量 指在一定时期内,各种运输工具实际运送的货物重量(旅客数量)。货运按吨计算,客运按人计算。货物不论运输距离长短、货物类别,均按实际重量统计。旅客不论行程远近或票价多少,均按一人一次客运量统计;半价票、儿童票也按一人统计。

货物(旅客)周转量 指在一定时期内,由各种运输工具运送的货物(旅客)数量与其相应运输距离的乘积之总和。该指标可以反映运输业生产的总成果,也是编制和检查运输生产计划,计算运输效率、劳动生产率以及核算运输单位成本的主要基础资料。计算货物周转量通常按发出站与到达站之间的最短距离,也就是计费距离计算。计算公式为:

货物(旅客)周转量 = ∑(货物(旅客)运输量 × 运输距离)

邮政、电信业务总量 指以货币形式表示的邮政、电信通信企业为社会提供各类邮政、电信通信服务的总数量。计算方法为各类业务的实物量分别乘以相应的不变单价,求出各类业务的货币量加总求得。没有不变单价的业务按其业务收入直接相加。

Explanatory Notes on Main Statistical Indicators

Length of Railways in Operation refers to the total length of the trunk line for passenger and freight transportation in full operation or temporary operation.

Length of Electrified Trunk Line refers to the length of the trunk line put into operation, capable for the running of electrified locomotives.

Length of Highways refers to the actual length of highways at the end of reference period. It covers public roads running vehicles between cities, between urban and rural areas, and between townships (villages), as well as highways passing through streets at small cities and towns, length of bridges and tunnels, width of ferry piers. It does not include the length of streets in cities, dead end highways, the length of streets built for agricultural (forest) production and inside factories (mines). Mileage can only be included when the road is completed, checked and accepted or put into operation. If two or more highways use the same section, the length of the section is counted only once.

Freight (Passenger) Traffic refers to the weight of freight (number of passengers) transported with various means within a specific period of time. Freight transport is calculated in tons and passenger traffic is calculated in terms of number of persons. Freight transport is calculated in terms of the actual weight of the goods, irrespective of the type of freight and distance of transport. Passenger traffic is calculated by the principle that one person can be counted only once in one trip, irrespective of travelling distance and ticket price. The passengers who travel with a discounted ticket or a children ticket is also calculated as one person.

Freight Ton - kilometres (Passenger - kilometres) refers to the sum of the product of the volume of transported cargo (passengers) multiplied by the transport distance. AS an indicator to reflect the achievement of the transportation industry, this is an important indicator to show the total results of the transport industry; to prepare and examine the transport plan; and to serve as the main basic data for calculating the efficiency, labour productivity and unit cost of transport. Normally, the shortest distance between the departure station and the destination station (i. e., the payable distance) is the basis in calculating the freight ton - kilometres. The formula is as follows:

Freight Ton - kilometres (Passenger - kilometres) = $\sum$ Freight (Passenger) traffic $\times$ distance of transportation

Business Volume of Post and Telecommunications refers to the total amount of postal and telecommunication services, expressed in value terms, provided by the post and telecommunications departments for the society. Business volume of post and telecommunications is the sum of each service in kind multiplying with its correspondent unit price (constant price). For business activities without constant price, the business revenue is added up directly.

第十五篇 Chapter15

批发零售和住宿餐饮业

Wholesale, Retail, Housing and Caterin

资料整理:王金贵　陈婷　勉伟　郝静　冯李婷　赵琰

Data Compilation: Wang Jingui　Chen Ting　Mian Wei　Hao Jing　Feng Liting　Zhao Yan

15－1 限额以上批发业法人单位数和年末从业人员数

Number of Corporation Enterprises and Engaged Persons above Designated Size of Wholesale

指　标	Item	法　人单位数（个）Number of Corporate Unit (unit)	年末从业人员数（人）Engaged Persons (person)
批发业合计	**Wholesale Trade**	**266**	**12134**
国有及国有控股	State－owned and State－holding Enterprises	38	6692
按登记注册类型分组	**Grouped by Registration Status**		
内资企业	Domestic Funded Enterprises	266	12134
国有企业	State－owned Enterprises	14	1444
集体企业	Collective－owned Enterprises		
股份合作企业	Cooperative Enterprises		
联营企业	Joint－venture Enterprises		
有限责任公司	Limited Liability Corporations	28	1857
国有独资企业	State Sole Funded Corporations	3	213
其他有限责任公司	Other Limited Liability Corporations	25	1644
股份有限公司	Share－holding Corporations Ltd.	10	3993
私营企业	Private Enterprises	214	4840
其他企业	Other Enterprises		
港、澳、台商投资企业	Enterprises with Funds from Hong Kong, Macao and Taiwan		
外商投资企业	Foreign Funded Enterprises		
按国民经济行业分组	**Grouped by Sector**		
农、林、牧、渔产品批发	Wholesale of Farm Produce, Forestry and Animal Husbandry Products	17	440
食品、饮料及烟草制品批发	Wholesale of Food, Beverages and Tobaccos	24	1745
米、面制品及食用油批发	Wholesale of Rice, Flour and Edible Oil	4	169
烟草制品批发	Wholesale of Tobaccos	7	1217
纺织、服装及家庭用品批发	Wholesale of Textiles, Garments and Household Consumer Articles	5	85
服装批发	Wholesale of Garments	1	
文化、体育用品及器材批发	Wholesale of Culture, Sports Appliances and Equipments	5	165
医药及医疗器材批发	Wholesale of Medicines and Medical Appliances	24	2016
矿产品、建材及化工产品批发	Wholesale of Mineral Products, Building Materials and Chemical Products	156	6739
机械设备、五金产品及电子产品批发	Wholesale of Machinery, Hardware and Electronic Equipment	28	863
贸易经纪与代理	Trade Broker and Agency		
其他批发业	Other Wholesale not Classified Elsewhere	7	81

15－2　限额以上零售业法人单位数和年末从业人员数

Number of Corporation Enterprises and Engaged Persons above Designated Size of Retail Trades

指　　标	Item	法　人单位数（个）Number of Corporate Unit (unit)	年末从业人员数（人）Engaged Persons (person)
零售业合计	**Total**	**292**	**21927**
国有及国有控股	State－owned and State－holding Enterprises	19	874
按登记注册类型分组	**Grouped by Registration Status**		
内资企业	Domestic Funded Enterprises	288	21528
国有企业	State－owned Enterprises	5	174
集体企业	Collective－owned Enterprises	1	18
股份合作企业	Cooperative Enterprises		
联营企业	Joint－venture Enterprises		
有限责任公司	Limited Liability Corporations	49	7715
国有独资企业	State Sole Funded Corporations	9	452
其他有限责任公司	Other Limited Liability Corporations	40	7263
股份有限公司	Share－holding Corporations Ltd.	3	1222
私营企业	Private Enterprises	230	12399
其他企业	Other Enterprises		
港、澳、台商投资企业	Enterprises with Funds from Hong Kong, Macao and Taiwan	3	315
外商投资企业	Foreign Funded Enterprises	1	84
按国民经济行业分组	**Grouped by Sector**		
综合零售	Integrated Retail	35	7960
百货零售	Retail of General Merchandise	27	3269
超级市场零售	Retail of Supermarkets	7	4580
食品、饮料及烟草制品专门零售	Retail of Food, Beverages and Tobaccos	16	593
纺织、服装及日用品专门零售	Special Retail of Textiles, Garments and Daily Consumer Articles	8	366
服装零售	Retail of Garments	6	249
文化、体育用品及器材专门零售	Retail of Culture, Sports Appliances and Equipments	14	424
图书、报刊零售	Retail of Books, Newspapers and Periodicals	9	288
医药及医疗器材专门零售	Retail of Medicines and Medical Appliances	37	3713
汽车、摩托车、零配件和燃料及其他动力销售	Retail of Motor Vehicles, Motorcycles, Fuel and Parts	149	6506
汽车新车零售	Retail of Motor Vehicles	96	4595
机动车燃油零售	Retail of Fuel of Motor Vehicles	31	1186
家用电器及电子产品专门零售	Special Retail of Household Electric Appliances and Electronic Products	21	1616
家用视听设备零售	Retail of Household Audiovisual Equipment	1	
日用家电零售	Retail of Household Appliances	10	1202
计算机、软件及辅助设备零售	Retail of Computer, Software and Assistant Appliances	4	108
通信设备零售	Retail of Communication Equipments	6	306
五金、家具及室内装饰材料专门零售	Special Retail of Hardware, Furniture and Decoration Materials	1	34
货摊、无店铺及其他零售业	Stall, Non－shop and Other Retails	11	715

15－3　限额以上批发业法人企业商品销售总额

Commodity Sales of Wholesale Trades above Designated Size

单位:万元　　　　(10 000 yuan)

指　　标	Item	商品销售额 Total Sales Value	批发额 Wholesale Value	零售额 Retail Value
批发业合计	**Wholesale Trade**	**11660955**	**10710389**	**916112**
国有及国有控股	State－owned and State－holding Enterprises	5291492	4551061	740432
按登记注册类型分组	**Grouped by Registration Status**			
内资企业	Domestic Funded Enterprises	11660955	10710389	916112
国有企业	State－owned Enterprises	1405924	1405010	915
集体企业	Collective－owned Enterprises			
股份合作企业	Cooperative Enterprises			
联营企业	Joint－venture Enterprises			
有限责任公司	Limited Liability Corporations	1622534	1529345	93189
国有独资企业	State Sole Funded Corporations	40392	40079	313
其他有限责任公司	Other Limited Liability Corporations	1582142	1489265	92876
股份有限公司	Share－holding Corporations Ltd.	3335648	2688207	647441
私营企业	Private Enterprises	5296849	5087827	174568
其他企业	Other Enterprises			
港、澳、台商投资企业	Enterprises with Funds from Hong Kong,Macao and Taiwan			
外商投资企业	Foreign Funded Enterprises			
按国民经济行业分组	**Grouped by Sector**			
农、林、牧、渔产品批发	Wholesale of Agricultuer, Forestry and Animal Husbandry Products	1015474	1013052	2422
食品、饮料及烟草制品批发	Wholesale of Food,Beverages and Tobaccos	1385698	1384494	1204
米、面制品及食用油批发	Wholesale of Rice,Flour and Edible Oil	34333	34268	65
烟草制品批发	Wholesale of Tobaccos	1309532	1309532	
纺织、服装及家庭用品批发	Wholesale of Textiles,Garments and Daily Consumer Articles	75440	73398	1934
服装批发	Wholesale of Garments	2		
文化、体育用品及器材批发	Wholesale of Culture,Sports Appliances and Equipments	79187	57023	313
医药及医疗器材批发	Wholesale of Medicines and Medical Appliances	625745	613096	12648
矿产品、建材及化工产品批发	Wholesale of Mineral Products,Building Materials and Chemical Products	8023098	7155951	854654
机械设备、五金产品及电子产品批发	Wholesale of Machinery,Hardware and Electronic Equipment	380966	338153	42812
贸易经纪与代理	Trade Broker and Agency			
其他批发业	Other Wholesale not Classified Elsewhere	75348	75223	125

15－4 限额以上零售业法人企业商品销售总额

Commodity Sales of Retail Trades above Designated Size

单位:万元　　　　(10 000 yuan)

指　　标	Item	商品销售额 Total Sales Value	批发额 Wholesale Value	零售额 Retail Value
零售业合计	**Retail Trade**	**3106348**	**72859**	**3033488**
国有及国有控股	State－owned and State－holding Enterprises	334918	3798	331120
按登记注册类型分组	**Grouped by Registration Status**			
内资企业	Domestic Funded Enterprises	3006152	72859	2933293
国有企业	State－owned Enterprises	13381		13381
集体企业	Collective－owned Enterprises	3731		3731
股份合作企业	Cooperative Enterprises			
联营企业	Joint－venture Enterprises			
有限责任公司	Limited Liability Corporations	1144991	5198	1139792
国有独资企业	State Sole Funded Corporations	19985		19985
其他有限责任公司	Other Limited Liability Corporations	1125005	5198	1119807
股份有限公司	Share－holding Corporations Ltd.	194745		194745
私营企业	Private Enterprises	1649305	67661	1581645
其他企业	Other Enterprises			
港、澳、台商投资企业	Enterprises with Funds from Hong Kong,Macao and Taiwan	95340		95340
外商投资企业	Foreign Funded Enterprises	4855		4855
按零售行业小类分组	**Grouped by Retail Industry Sub－categories**			
综合零售	Integrated Retail	832719	1019	831699
百货零售	Retail of General Merchandise	328000	1019	326981
超级市场零售	Retail of Supermarkets	500397		500397
食品、饮料及烟草制品专门零售	Special Retail of Food,Beverages and Tobaccos	69316	22577	46739
纺织、服装及日用品专门零售	Special Retail of Textiles,Garments and Daily Consumer Articles	27130		27130
服装零售	Retail of Garments	20119		20119
文化、体育用品及器材专门零售	Retail of Culture,Sports Appliances and Equipments	26743		26743
体育用品及器材零售	Retail of Sports Appliances and Equipment	3476		3476
图书、报刊零售	Retail of Books,Newspapers and Periodicals	17683		17683
医药及医疗器材专门零售	Retail of Medicines and Medical Appliances	158808	7246	151562
西药零售	Retail of Medicines	150714	6757	143957
汽车、摩托车、零配件和燃料及其他动力销售	Retail of Motor Vehicles,Motorcycles,Fuel and Parts	1753929	19256	1734674
汽车新车零售	Retail of Motor Vehicles	1294851	5969	1288882
机动车燃油零售	Retail of Fuel of Motor Vehicles	382059	3236	378823
家用电器及电子产品专门零售	Special Retail of Household Electric Appliances and Electronic Products	183051	22762	160289
家用视听设备零售	Retail of Household Audiovisual Equipment	673		673
日用家电零售	Retail of Household Electric Appliances	157607	18326	139281
计算机、软件及辅助设备零售	Retail of Computer,Software and Peripherals	11770	2201	9569
通信设备零售	Retail of Communication Equipment	13001	2234	10767
五金、家具及室内装饰材料专门零售	Special Retail of Hardware,Furniture and Decoration Materials	886		886
货摊、无店铺及其他零售业	Stall,Non－shop and Other Retails	53767		53766

15－5 限额以上住宿业法人单位数和年末从业人员数

Number of Corporation Enterprises and Engaged Persons of Hotels at Year－end

指　标	Item	法人单位数（个）Number of Corporate Unit (unit)	年末从业人员数（人）Engaged Persons (person)
总　　计	**Total**	**73**	**4550**
国有及国有控股	State－owned and State－holding Enterprises	8	1016
按登记注册类型分组	**Grouped by Registration Status**		
内资企业	Domestic Funded Enterprises	73	4550
国有企业	State－owned Enterprises	3	684
集体企业	Collective－owned Enterprises		
股份合作企业	Cooperative Enterprises		
有限责任公司	Limited Liability Corporations	13	1019
国有独资企业	State Sole Funded Corporations	2	302
其他有限责任公司	Other Limited Liability Corporations	11	717
股份有限公司	Share－holding Corporations Ltd.		
私营企业	Private Enterprises	57	2847
其他企业	Other Enterprises		
港、澳、台商投资企业	Enterprises with Funds from Hong Kong, Macao and Taiwan		
外商投资企业	Foreign Funded Enterprises		
按住宿行业中类分组	**Grouped by Sector**		
旅游饭店	Tourist Hotel	53	3866
一般旅馆	Fonda	16	623
民宿服务	Homestay service	2	18
其他住宿服务	Others	2	43

15－6　限额以上餐饮业法人单位数和年末从业人员数

Number of Corporation Enterprises and Engaged Persons above Designated Size of Catering Services

指　标	Item	法人单位数（个）Number of Corporate Unit (unit)	年末从业人员数（人）Engaged Persons (person)
总　计	**Total**	**59**	**3965**
国有及国有控股	State－owned and State－holding Enterprises	4	460
按登记注册类型分组	**Grouped by Registration Status**		
内资企业	Demestic Enterprises	59	3965
国有企业	State－owned Enterprises	2	190
集体企业	Collective－owned Enterprises		
股份合作企业	Cooperative Enterprises		
联营企业	Joint－venture Enterprises		
有限责任公司	Limited Liabilities Corporations	6	572
国有独资企业	State Sole Funded Corporations		
其他有限责任公司	Other Limited Liabilities Corporations	6	572
股份有限公司	Share－holding Corporations Ltd.		
私营企业	Private Enterprises	51	3203
私营独资企业	Private－funded Enterprises	1	30
私营有限责任公司	Private Limited Liability Corporations	49	3101
私营股份有限公司	Private Share－holding Corporations Ltd.	1	72
其他企业	Other Enterprises		
港、澳、台商投资企业	Enterprises with Funds from Hong Kong, Macao and Taiwan		
外商投资企业	Foreign Funded Enterprises		
按餐饮行业中类分组	**Grouped by Sector**		
正　餐	Restaurant	57	3645
快　餐	Fast Food		
饮料及冷饮服务	Beverages and Cold Drinks		
餐饮配送及外卖送餐服务	Food and beverage delivery services	2	320
其他餐饮业	Others		

15－7 限额以上住宿业法人企业经营情况

Basic Statistics of Business of Enterprises above Designated Size of Hotels

单位:万元 (10 000 yuan)

指　　标	Item	营业额 Business Revenue	客房收入 From Hotel Rooms	餐费收入 From Meals	商品销售额 From Commodities	其他收入 Other Income
总　　计	**Total**	**64809**	**35565**	**22281**	**1105**	**5859**
国有及国有控股	State－owned and State－holding Enterprises	15713	7956	4134	630	2993
按登记注册类型分组	**Grouped by Registration Status**					
内资企业	Domestic Funded Enterprises	64809	35565	22281	1105	5859
国有企业	State－owned Enterprises	8901	3763	2520	107	2512
集体企业	Collective－owned Enterprises					
股份合作企业	Cooperative Enterprises					
有限责任公司	Limited Liability Corporations	17460	8285	6512	701	1962
国有独资企业	State Sole Funded Corporations	5906	3816	1433	478	179
其他有限责任公司	Other Limited Liability Corporations	11554	4469	5079	222	1783
股份有限公司	Share－holding Corporations Ltd.					
私营企业	Private Enterprises	38448	23516	13249	297	1386
其他企业	Other Enterprises					
港、澳、台商投资企业	Enterprises with Funds from Hong Kong,Macao and Taiwan					
外商投资企业	Foreign Funded Enterprises					
按住宿行业中类分组	**Grouped by Sector**					
旅游饭店	Tourist Hotel	55499	29530	19863	905	5201
一般旅馆	Fonda	7860	4585	2418	199	658
民宿服务	Homestay service	887	886		1	
其他住宿服务	Others	564	564			
按星级分组	**Grouped by Star**					
五星	Five star					
四星	Four star	18162	10108	6377	628	1049
三星	Stree star	9530	4921	3964	174	471
二星	Two star	536	232	304		
一星	One star	649	649			
其他	Other	35932	19654	11636	303	4338

15－8 限额以上餐饮业法人企业经营情况

Basic Statistics of Business of Enterprises above Designated Size of Catering Servies

单位:万元　　(10 000 yuan)

指　标	Item	营业额 Business Revenue	客房收入 From Hotel Rooms	餐费收入 From Meals	商品销售额 From Commodities	其他收入 Other Income
总　计	**Total**	**54604**	**8204**	**37067**	**739**	**8594**
国有及国有控股	State－owned and State－holding Enterprises	6308	1688	4118	4	498
按登记注册类型分组	**Grouped by Registration Status**					
内资企业	Demestic Enterprises	54604	8204	37067	739	8594
国有企业	State－owned Enterprises	2482	453	1897		132
集体企业	Collective－owned Enterprises					
股份合作企业	Cooperative Enterprises					
联营企业	Joint－venture Enterprises					
有限责任公司	Limited Liabilities Corporations	6118	1711	3822	197	388
国有独资企业	State Sole Funded Corporations					
其他有限责任公司	Other Limited Liabilities Corporations	6118	1711	3822	197	388
股份有限公司	Share－holding Corporations Ltd.					
私营企业	Private Enterprises	46004	6040	31348	543	8073
私营独资企业	Private－funded Enterprises	592		581	11	
私营有限责任公司	Private Limited Liability Corporations	44940	6040	30294	532	8073
私营股份有限公司	Private Share－holding Corporations Ltd.	473		473		
其他企业	Other Enterprises					
港、澳、台商投资企业	Enterprises with Funds from Hong Kong, Macao and Taiwan					
外商投资企业	Foreign Funded Enterprises					
按餐饮行业中类分组	**Grouped by Sector**					
正　餐	Restaurant	47775	8204	37067	739	1764
快　餐	Fast Food					
餐饮配送及外卖送餐服务	Food and beverage delivery services	6830				6829
饮料及冷饮服务	Beverages and Cold Drinks					
其他餐饮业	Others					
按经营形式分组	**Grouped by Business Form**					
独立门店	Independent Stores	46415	8204	36279	739	1193
连锁总店	Chain Head Stores					
连锁直营店	Chain Stores					
其他	Other	8189		789		7400

15-9 限额以上批发和零售业法人企业财务状况

Financial Indicators of Wholesale and Retail Enterprises above Designated Size

单位:万元 (10 000 yuan)

指标	Item	资产总计 Total Assets	固定资产原价 Original Cost of Fixed Assets	流动资产 Current Assets	负债合计 Total Liabilities
总计	**Total**	**9056632**	**1260479**	**6413500**	**5696891**
批发业	**Wholesale Trade**	**6873429**	**704977**	**5168264**	**4312109**
国有及国有控股	State - owned and State - holding Enterprises	1733525	537026	900679	835181
按登记注册类型分组	**Grouped by Registration Status**				
内资企业	Domestic Funded Enterprises	6873429	704977	5168264	4312109
国有企业	State - owned Enterprises	649996	64155	519334	239360
集体企业	Collective - owned Enterprises				
股份合作企业	Cooperative Enterprises				
联营企业	Joint - venture Enterprises				
有限责任公司	Limited Liability Corporations	551970	134803	422542	375106
国有独资企业	State Sole Funded Corporations	76800	11401	54131	48095
其他有限责任公司	Other Limited Liability Corporations	475170	123402	368412	327011
股份有限公司	Share - holding Corporations Ltd.	701038	346844	119901	375565
私营企业	Private Enterprises	4970426	159176	4106487	3322077
其他企业	Other Enterprises				
港、澳、台商投资企业	Enterprises with Funds from Hong Kong, Macao and Taiwan				
外商投资企业	Foreign Funded Enterprises				
按批发行业中类分组	**Grouped by Sector**				
农、林、牧产品批发	Wholesale of Agriculture, Forestry and Animal Husbandry Products	156342	15164	137848	124171
食品、饮料及烟草制品批发	Wholesale of Food, Beverages and Tobaccos	680360	66889	546095	269181
纺织、服装及日用品批发	Wholesale of Textiles, Garments and Daily Consumer Articles	77348	10668	69124	60355
文化、体育用品及器材批发	Wholesale of Culture, Sports Appliances and Equipments	76944	5199	58749	51013
医药及医疗器材批发	Wholesale of Medicines and Medical Appliances	383386	38986	340653	275537
矿产品、建材及化工产品批发	Wholesale of Mineral Products, Building Materials and Chemical Products	5256601	555036	3787208	3339300
机械设备、五金交电及电子产品批发	Wholesale of Machinery, Hardware and Electronic Equipment	166243	12024	153274	146839
贸易经纪与代理	Trade Broker and Agency				
其他批发	Other Wholesale not Classified Elsewhere	76205	1011	75313	45713
零售业	**Retail Trade**	**2183204**	**555503**	**1245236**	**1384782**
国有及国有控股	State - owned and State - holding Enterprises	73086	32173	32309	38098

15－9 续表1 continued

单位:万元 (10 000 yuan)

指　标	Item	所有者权益 Total Owners´ Equities	主营业务收入 Revenue from Principal Business	利润总额 Total Profits
总　　计	**Total**	**3282132**	**12932300**	**84410**
批发业	**Wholesale Trade**	**2509095**	**10356484**	**55488**
国有及国有控股	State－owned and State－holding Enterprises	865130	4668299	85739
按登记注册类型分组	**Grouped by Registration Status**			
内资企业	Domestic Funded Enterprises	2509095	10356484	55488
国有企业	State－owned Enterprises	410636	1248460	102854
集体企业	Collective－owned Enterprises			
股份合作企业	Cooperative Enterprises			
联营企业	Joint－venture Enterprises			
有限责任公司	Limited Liability Corporations	176863	1476471	3590
国有独资企业	State Sole Funded Corporations	28704	48931	2273
其他有限责任公司	Other Limited Liability Corporations	148159	1427540	1317
股份有限公司	Share－holding Corporations Ltd.	292259	2900399	－26579
私营企业	Private Enterprises	1629337	4731154	－24376
其他企业	Other Enterprises			
港、澳、台商投资企业	Enterprises with Funds from Hong Kong, Macao and Taiwan			
外商投资企业	Foreign Funded Enterprises			
按批发行业中类分组	**Grouped by Sector**			
农、林、牧产品批发	Wholesale of Agriculture, Forestry and Animal Husbandry Products	32171	912125	615
食品、饮料及烟草制品批发	Wholesale of Food, Beverages and Tobaccos	411179	1229794	102201
纺织、服装及日用品批发	Wholesale of Textiles, Garments and Daily Consumer Articles	2727	67519	340
文化、体育用品及器材批发	Wholesale of Culture, Sports Appliances and Equipments	25911	53221	1948
医药及医疗器材批发	Wholesale of Medicines and Medical Appliances	107849	574332	13830
矿产品、建材及化工产品批发	Wholesale of Mineral Products, Building Materials and Chemical Products	1879362	7110605	－65236
机械设备、五金交电及电子产品批发	Wholesale of Machinery, Hardware and Electronic Equipment	19404	342217	570
贸易经纪与代理	Trade Broker and Agency			
其他批发	Other Wholesale not Classified Elsewhere	30491	66671	1221
零售业	**Retail Trade**	**773037**	**2575816**	**28922**
国有及国有控股	State－owned and State－holding Enterprises	34988	271451	1940

15－9 续表 2 continued

单位:万元 (10 000 yuan)

指 标	Item	资产总计 Total Assets	固定资产原价 Original Cost of Fixed Assets	流动资产 Current Assets	负债合计 Total Liabilities
按登记注册类型分组	**Grouped by Registration Status**				
内资企业	Domestic Funded Enterprises	2150694	537875	1225260	1368244
国有企业	State－owned Enterprises	9091	3710	7017	5870
集体企业	Collective－owned Enterprises	1352	48	1345	310
股份合作企业	Cooperative Enterprises				
联营企业	Joint－venture Enterprises				
有限责任公司	Limited Liability Corporations	547598	166233	319859	354469
国有独资企业	State Sole Funded Corporations	47847	26476	16662	22508
其他有限责任公司	Other Limited Liability Corporations	499752	139757	303197	331961
股份有限公司	Share－holding Corporations Ltd.	418441	96756	24666	236731
私营企业	Private Enterprises	1174212	271128	872372	770864
其他企业	Other Enterprises				
港、澳、台商投资企业	Enterprises with Funds from Hong Kong, Macao and Taiwan	28605	13614	17124	15495
外商投资企业	Foreign Funded Enterprises	3905	4014	2852	1043
按零售行业小类分组	**Grouped by Sector**				
综合零售	Integrated Retail	776720	216774	237364	478427
百货零售	Retail of General Merchandise	524430	143732	85347	313239
超级市场零售	Retail of Supermarkets	244961	70933	149602	159540
食品、饮料及烟草制品专门零售	Retail of Food, Beverages and Tobaccos	64943	11928	43649	35051
纺织、服装及日用品专门零售	Special Retail of Textiles, Garments and Daily Consumer Articles	16731	5028	14415	12709
文化、体育用品及器材专门零售	Retail of Culture, Sports Appliances and Equipments	72847	28431	44267	42605
医药及医疗器材专门零售	Retail of Medicines and Medical Appliances	123616	23677	94025	90884
西药零售	Retail of Medicines	117002	23453	88114	85829
汽车、摩托车、燃料及零配件专门零售	Retail of Motor Vehicles, Motorcycles, Fuel and Parts	946295	238679	673219	632628
汽车新车零售	Retail of Motor Vehicles	763096	140032	579493	547826
家用电器及电子产品专门零售	Special Retail of Household Electric Appliances and Electronic Products	134486	10684	114393	59064
家用视听设备零售	Retail of Household Audiovisual Equipment	504	2	4	4
日用家电设备零售	Retail of Household Appliances	117382	10039	98046	50114
计算机、软件及辅助设备零售业	Retail of Computer, Software and Assistant Appliances	12358	362	12192	6058
通信设备零售	Retail of Communication Equipments	4243	280	4151	2888
五金、家具及室内装修材料专门零售业	Special Retail of Hardware, Furniture and Decoration Materials	977	1723	207	1527
货摊、无店铺及其他零售业	Stall, Non－shop and Other Retails	46590	18580	23698	31886

15－9 续表3 continued

单位:万元 (10 000 yuan)

指 标	Item	所有者权益 Total Owners´ Equities	主营业务收入 Revenue from Principal Business	利润总额 Total Profits
按登记注册类型分组	**Grouped by Registration Status**			
内资企业	Domestic Funded Enterprises	757065	2484930	26827
国有企业	State－owned Enterprises	3221	12267	1469
集体企业	Collective－owned Enterprises	1041	3301	475
股份合作企业	Cooperative Enterprises			
联营企业	Joint－venture Enterprises			
有限责任公司	Limited Liability Corporations	191011	961584	12917
国有独资企业	State Sole Funded Corporations	25339	18789	114
其他有限责任公司	Other Limited Liability Corporations	165672	942796	12803
股份有限公司	Share－holding Corporations Ltd.	181710	65876	－2484
私营企业	Private Enterprises	380082	1441901	14450
其他企业	Other Enterprises			
港、澳、台商投资企业	Enterprises with Funds from Hong Kong,Macao and Taiwan	13110	86432	1715
外商投资企业	Foreign Funded Enterprises	2862	4454	380
按零售行业小类分组	**Grouped by Sector**			
综合零售	Integrated Retail	296174	533540	5396
百货零售	Retail of General Merchandise	209073	121362	－4842
超级市场零售	Retail of Supermarkets	85421	408236	10236
食品、饮料及烟草制品专门零售	Retail of Food,Beverages and Tobaccos	29892	64571	2168
纺织、服装及日用品专门零售	Special Retail of Textiles,Garments and Daily Consumer Articles	4021	9661	－557
文化、体育用品及器材专门零售	Retail of Culture,Sports Appliances and Equipments	30242	24759	－1035
医药及医疗器材专门零售	Retail of Medicines and Medical Appliances	32732	143069	1343
西药零售	Retail of Medicines	31173	135865	1040
汽车、摩托车、燃料及零配件专门零售	Retail of Motor Vehicles, Motorcycles, Fuel and Parts	290490	1587214	21320
汽车新车零售	Retail of Motor Vehicles	194675	1169879	17387
家用电器及电子产品专门零售	Special Retail of Household Electric Appliances and Electronic Products	75334	162796	－513
家用视听设备零售	Retail of Household Audiovisual Equipment	500	596	－63
日用家电设备零售	Retail of Household Appliances	67180	139530	－115
计算机、软件及辅助设备零售业	Retail of Computer,Software and Assistant Appliances	6300	10643	10
通信设备零售	Retail of Communication Equipments	1355	12028	－345
五金、家具及室内装修材料专门零售业	Special Retail of Hardware,Furniture and Decoration Materials	－551	820	－235
货摊、无店铺及其他零售业	Stall,Non－shop and Other Retails	14704	49386	1034

15-10 限额以上住宿和餐饮业法人企业财务状况

Financial Status of Accommodation and Catering Enterprises above Designated Size

单位:万元 (10 000 yuan)

指标	Item	资产总计 Total Assets	固定资产原价 Original Cost of Fixed Assets	流动资产 Current Assets	负债合计 Total Liabilities
总计	**Total**	**490504**	**336180**	**218105**	**448655**
住宿业	**Hotels**	**349978**	**234600**	**157622**	**309665**
国有及国有控股	State - owned and State - holding Enterprises	110247	142371	12771	53201
按登记注册类型分组	**Grouped by Registration Status**				
内资企业	Domestic Funded Enterprises	349978	234600	157622	309665
国有企业	State - owned Enterprises	85661	113518	7736	43987
集体企业	Collective - owned Enterprises				
股份合作企业	Cooperative Enterprises				
有限责任公司	Limited Liability Corporations	47004	36144	17254	47443
国有独资企业	State Sole Funded Corporations	9304	8567	1344	7673
其他有限责任公司	Other Limited Liability Corporations	37701	27577	15910	39770
股份有限公司	Share - holding Corporations Ltd.				
私营企业	Private Enterprises	217312	84937	132632	218235
其他企业	Other Enterprises				
港、澳、台商投资企业	Enterprises with Funds from Hong Kong, Macao and Taiwan				
外商投资企业	Foreign Funded Enterprises				
按住宿行业中类分组	**Grouped by Sector**				
旅游饭店	Tourist Hotel	316469	223482	145081	277656
一般旅馆	Fonda	29701	10736	10100	30092
民宿服务	Homestay service	834	173	516	517
其他住宿服务	Others	2973	208	1926	1401
餐饮业	**Catering Services**	**140526**	**101580**	**60483**	**138990**
国有及国有控股	State - owned and State - holding Enterprises	16754	21144	7563	28593
按登记注册类型分组	**Grouped by Registration Status**				
内资企业	Demestic Enterprises	140526	101580	60483	138990
国有企业	State - owned Enterprises	1609	2711	801	861
集体企业	Collective - owned Enterprises				
股份合作企业	Cooperative Enterprises				
联营企业	Joint - venture Enterprises				
有限责任公司	Limited Liabilities Corporations	26034	20225	13268	43035
国有独资企业	State Sole Funded Corporations				
其他有限责任公司	Other Limited Liabilities Corporations	26034	20225	13268	43035
股份有限公司	Share - holding Corporations Ltd.				
私营企业	Private Enterprises	112883	78645	46414	95094
私营独资企业	Private - funded Enterprises	31	34	31	2
私营有限责任公司	Private Limited Liability Corporations	108150	77429	44798	91029
私营股份有限公司	Private Share - holding Corporations Ltd.	4702	1182	1585	4063
其他企业	Other Enterprises				
港、澳、台商投资企业	Enterprises with Funds from Hong Kong, Macao and Taiwan				
外商投资企业	Foreign Funded Enterprises				
按餐饮行业中类分组	**Grouped by Sector**				
正餐服务	Restaurant	139756	101557	59713	138905
快餐服务	Fast Food				
餐饮配送及外卖送餐服务	Food and beverage delivery services	770	23	769	85
饮料及冷饮服务	Beverages and Cold Drinks				

15－10 续表 continued

单位:万元 (10 000 yuan)

指 标	Item	所有者权益 Total Owners´ Equities	主营业务收入 Revenue from Principal Business	利润总额 Total Profits
总 计	**Total**	**34098**	**112601**	**－17422**
住宿业	**Hotels**	**31883**	**60132**	**－14395**
国有及国有控股	State－owned and State－holding Enterprises	43598	14878	－5758
按登记注册类型分组	**Grouped by Registration Status**			
内资企业	Domestic Funded Enterprises	31883	60132	－14395
国有企业	State－owned Enterprises	41674	8770	－4680
集体企业	Collective－owned Enterprises			
股份合作企业	Cooperative Enterprises			
有限责任公司	Limited Liability Corporations	－13887	15974	－3489
国有独资企业	State Sole Funded Corporations	1630	5899	566
其他有限责任公司	Other Limited Liability Corporations	－15517	10074	－4055
股份有限公司	Share－holding Corporations Ltd.			
私营企业	Private Enterprises	4095	35389	－6225
其他企业	Other Enterprises			
港、澳、台商投资企业	Enterprises with Funds from Hong Kong, Macao and Taiwan			
外商投资企业	Foreign Funded Enterprises			
按住宿行业中类分组	**Grouped by Sector**			
旅游饭店	Tourist Hotel	30384	50768	－14031
一般旅馆	Fonda	－391	7931	－572
民宿服务	Homestay service	317	876	287
其他住宿服务	Others	1573	557	－78
餐饮业	**Catering Services**	**2215**	**52469**	**－3027**
国有及国有控股	State－owned and State－holding Enterprises	－11839	5959	－91
按登记注册类型分组	**Grouped by Registration Status**			
内资企业	Demestic Enterprises	2215	52469	－3027
国有企业	State－owned Enterprises	749	2337	86
集体企业	Collective－owned Enterprises			
股份合作企业	Cooperative Enterprises			
联营企业	Joint－venture Enterprises			
有限责任公司	Limited Liabilities Corporations	－17001	5885	－1115
国有独资企业	State Sole Funded Corporations			
其他有限责任公司	Other Limited Liabilities Corporations	－17001	5885	－1115
股份有限公司	Share－holding Corporations Ltd.			
私营企业	Private Enterprises	18468	44248	－1998
私营独资企业	Private－funded Enterprises	29	592	15
私营有限责任公司	Private Limited Liability Corporations	17800	43183	－1889
私营股份有限公司	Private Share－holding Corporations Ltd.	639	473	－124
其他企业	Other Enterprises			
港、澳、台商投资企业	Enterprises with Funds from Hong Kong, Macao and Taiwan			
外商投资企业	Foreign Funded Enterprises			
按餐饮行业中类分组	**Grouped by Sector**			
正餐服务	Restaurant	1530	45646	－3051
快餐服务	Fast Food			
餐饮配送及外卖送餐服务	Food and beverage delivery services	686	6823	24
饮料及冷饮服务	Beverages and Cold Drinks			

15-11 社会消费品零售总额构成

指 标	Item	单位	unit	1978	1979	1980	1985
社会消费品零售总额	**Total Retail Sales of Consumer Goods (10 000 yuan)**	**万元**	**10000 yuan**	**50421**	**57433**	**67442**	**131489**
城镇	Urban	万元	10000 yuan	27515	30554	48491	106956
城区	City	万元	10000 yuan	11219	11946	35073	73374
乡村	Rural	万元	10000 yuan	11687	14933	18951	24533
构成(%)总额=100	**Composition(%) Total=100**	%	%				
城镇	Urban	%	%			71.90	81.34
城区	City	%	%			52.00	55.80
乡村	Rural	%	%			28.10	18.66
分消费形态							
商品零售额	Wholesale and Retail Trade	万元	10000 yuan			65311	
餐费收入	Hotels and Catering Services	万元	10000 yuan			2131	
构成(%)总额=100	**Composition(%) Total=100**		%				
商品零售额	Wholesale and Retail Trade	%	%			96.84	
餐费收入	Hotels and Catering Services	%	%			3.16	

注：1993-2019年，根据第四次全国经济普查口径对数据进行修订。

Composition of Total Retail Sales of Consumer Goods

1990	1995	2000	2001	2002	2003	2004	2005	2006	2007
253039	**649213**	**1106225**	**1226990**	**1365907**	**1534374**	**1779153**	**2062450**	**2404461**	**2878177**
219140	529880	908211	1008911	1130403	1271658	1482559	1731496	2043646	2467080
151760	387201	665326	749357	838343	930452	1098585	1280351	1504788	1799818
33899	119332	198014	218079	235504	262716	296594	330954	360814	411098
86.60	81.62	82.10	82.23	82.76	82.88	83.33	83.95	84.99	85.72
59.97	59.64	60.14	74.27	74.16	73.17	74.10	62.08	73.63	72.95
13.40	18.38	17.90	17.77	17.24	17.12	16.67	16.05	15.01	14.28
240903	609795	1015490	1119336	1239132	1383738	1596049	1840283	2132792	2539771
12136	39418	90735	107655	126775	150636	183104	222167	271669	338407
95.20	93.93	91.80	91.23	90.72	90.18	89.71	89.23	88.70	88.24
4.80	6.07	8.20	8.77	9.28	9.82	10.29	10.77	11.30	11.76

Note: From ,1993 to 2019, data in this table were adjusted according to the fourth National Economic Census.

15－11 续表

指　　标	Item	单位	unit	2008	2009	2010	2011
社会消费品零售总额	**Total Retail Sales of Consumer Goods (10 000 yuan)**	**万元**	**10000 yuan**	**3593379**	**4232625**	**5206459**	**6481534**
城镇	Urban	万元	10000 yuan	3116635	3716654	4629492	5803438
城区	City	万元	10000 yuan	2267258	2685190	3305002	4115573
乡村	Rural	万元	10000 yuan	476744	515971	576967	678096
构成(%)总额＝100	**Composition(%) Total＝100**	**%**	**%**				
城镇	Urban	%	%	86.73	87.81	88.92	89.54
城区	City	%	%	72.75	72.25	63.48	63.50
乡村	Rural	%	%	13.27	12.19	11.08	10.46
分消费形态							
商品零售额	Wholesale and Retail Trade	万元	10000 yuan	3176481	3750526	4625643	5777288
餐费收入	Hotels and Catering Services	万元	10000 yuan	416898	482099	580817	704246
构成(%)总额＝100	**Composition(%) Total＝100**		**%**				
商品零售额	Wholesale and Retail Trade	%	%	88.40	88.61	88.84	89.13
餐费收入	Hotels and Catering Services	%	%	11.60	11.39	11.16	10.87

continued

2012	2013	2014	2015	2016	2017	2018	2019	2020
7510013	**8600389**	**9590700**	**10397816**	**11306393**	**12536624**	**13301394**	**13994131**	**13013857**
6732829	7713961	8564759	9233920	9970941	10989815	11583708	12091183	11238105
4773803	5466487	6055953	6522487	7051126	7755484	8162273	8475581	7880203
777184	886428	1025941	1163895	1335452	1546810	1717686	1902948	1775752
89.65	89.69	89.30	88.81	88.19	87.66	87.09	86.40	86.35
63.57	63.56	63.14	62.73	62.36	61.86	61.36	60.57	60.55
10.35	10.31	10.70	11.19	11.81	12.34	12.91	13.60	13.65
6701109	7705753	8587125	9261519	10024491	11066738	11667419	12223661	11370380
808904	894635	1003574	1136296	1281902	1469886	1633975	1770470	1643477
89.23	89.60	89.54	89.07	88.66	88.28	87.72	87.35	87.37
10.77	10.40	10.46	10.93	11.34	11.72	12.28	12.65	12.63

15－12 各市县主要年份社会消费品零售额

Total Retail Sales of Consumer Goods by City and County in Main Years

单位:万元 (10 000 yuan)

地 区	Region	1978	1980	1990	2000	2010	2011	2012	2013
全区总计	**Total**	**50421**	**67442**	**253039**	**1106225**	**5206459**	**6481534**	**7510013**	**8600389**
银川市	**Yinchuan**	**18314**	**24996**	**113096**	**552713**	**3001761**	**3857070**	**4458194**	**5115239**
兴庆区	Xingqing				336048	1500257	1949456	2203802	2403247
西夏区	Xixia				38648	220902	282427	333843	385410
金凤区	Jinfeng				94582	485652	611928	715033	931815
永宁县	Yongning	1381	1771	6525	25049	122339	144682	167679	193354
贺兰县	Helan	1348	1893	7081	17934	540675	710796	852608	977679
灵武市	Lingwu	2228	3711	11644	40453	131937	157782	185229	223734
石嘴山市	**Shizuishan**	**10764**	**13673**	**47302**	**160918**	**555574**	**651303**	**745305**	**808290**
大武口区	District				74979	264133	307395	352449	382284
惠农区	Huinong			2694	46732	144712	167963	189915	203432
平罗县	Pingluo	2873	3800	13062	39207	146729	175945	202941	222573
吴忠市	**Wuzhong**	**9045**	**11367**	**44316**	**188124**	**692432**	**828254**	**966839**	**1118332**
利通区	Litong	3548	4331	21124	100200	336809	398409	463784	536238
红寺堡区	Hongsipu				6328	51520	63609	76827	92724
盐池县	Yanchi	1224	1617	4987	22489	89871	109309	127843	148794
同心县	Tongxin	1349	1898	5914	21108	98569	119617	140314	162144
青铜峡市	Qingtongxia	2924	3521	12291	37999	115663	137311	158070	178431
固原市	**Guyuan**	**6175**	**9036**	**22967**	**101941**	**470017**	**559536**	**654501**	**760132**
原州区	Yuanzhou	3419	5350	10480	53885	250078	300626	353749	412811
西吉县	Xiji	1384	2031	5092	20756	92047	107911	124589	143004
隆德县	Longde	979	1129	3055	9523	44002	52837	61843	72083
泾源县	Jingyuan	393	526	1695	7418	30323	34476	40218	46549
彭阳县	Pengyang			2645	10358	53567	63686	74103	85685
中卫市	**Zhongwei**	**6123**	**8370**	**25358**	**102529**	**486675**	**585371**	**685174**	**798397**
沙坡头区	Shapotou	2908	3823	13450	54727	238782	284244	330499	383183
中宁县	Zhongning	2186	2614	8721	32814	153346	183158	214480	249120
海原县	Haiyuan	1029	1933	3187	14989	94548	117969	140195	166093

注： 1993－2019 年,根据第四次全国经济普查口径对数据进行修订。

Note: From ,1993 to 2019, data in this table were adjusted according to the fourth National Economic Census.

15－12 续表 continued

单位:万元 (10 000 yuan)

地 区	Region	2014	2015	2016	2017	2018	2019	2020
全区总计	**Total**	**9590700**	**10397816**	**11306393**	**12536624**	**13301394**	**13994131**	**13013857**
银 川 市	**Yinchuan**	**5666444**	**6140230**	**6660120**	**7366994**	**7809593**	**8300064**	**7708697**
兴 庆 区	Xingqing	2561871	2769376	2984398	3294047	3473007	3577585	3400889
西 夏 区	Xixia	436114	484582	535567	607170	666925	710070	673563
金 凤 区	Jinfeng	1066361	1170303	1288114	1447176	1581519	1763699	1619713
永 宁 县	Yongning	217868	233580	254521	280484	293703	317077	262177
贺 兰 县	Helan	1133028	1204133	1296751	1399231	1423867	1543276	1405898
灵 武 市	Lingwu	251202	278255	300768	338887	370572	388357	346457
石 嘴 山市	**Shizuishan**	**865712**	**913059**	**967024**	**1048369**	**1088900**	**1135511**	**1044619**
大武口区	District	410099	432302	457501	496693	518163	538410	505743
惠 农 区	Huinong	215651	224688	235181	251469	253628	260815	215368
平 罗 县	Pingluo	239962	256069	274342	300207	317109	336287	323508
吴 忠 市	**Wuzhong**	**1273487**	**1393652**	**1524946**	**1701111**	**1823734**	**1915093**	**1770471**
利 通 区	Litong	606419	663510	726841	807077	871235	924160	854211
红寺堡区	Hongsipu	109762	123432	141109	160862	172644	171979	159901
盐 池 县	Yanchi	168483	184754	200611	225456	242999	256639	241810
同 心 县	Tongxin	188428	207953	226536	255613	274610	286500	276101
青铜峡市	Qingtongxia	200394	214004	229849	252103	262247	275814	238448
固 原 市	**Guyuan**	**870851**	**955626**	**1052954**	**1175748**	**1246365**	**1276251**	**1208233**
原 州 区	Yuanzhou	476084	526866	583703	659917	714031	723992	684417
西 吉 县	Xiji	161017	171974	186490	201910	199655	208335	195283
隆 德 县	Longde	82163	90374	99561	109488	117069	111484	102743
泾 源 县	Jingyuan	53770	59178	65179	72503	75629	81720	79570
彭 阳 县	Pengyang	97817	107233	118021	131931	139981	150721	146220
中 卫 市	**Zhongwei**	**914206**	**995249**	**1101350**	**1244402**	**1332801**	**1367212**	**1281836**
沙坡头区	Shapotou	437435	477673	524744	586883	613241	600864	572369
中 宁 县	Zhongning	284421	308185	341634	398141	432992	453495	422080
海 原 县	Haiyuan	192351	209390	234972	259378	286569	312853	287387

15－13 各市县限额以上批发和零售业商品销售额

Commodity Sales of Wholesale and Retail Enterprises above Designated Size by City and County

单位:万元 （10 000 yuan）

地区	Region	法人企业(个) Number of Corporation Enterprises (unit)	年末从业人数(人) Engaged Persons (person)	销售额 Total Sales Value	批发额 Wholesale Value	零售额 Retail Value
全区总计	**Total**	**536**	**34061**	**14767302**	**10783248**	**3949601**
银川市	**Yinchuan**	**285**	**22827**	**10747087**	**7563368**	**3149266**
兴庆区	xingqing	63	7177	1764672	722672	1020148
西夏区	xixia	23	2250	742438	506710	235158
金凤区	jinfeng	69	7799	4533734	3591333	938831
永宁县	Yongning	40	842	1562806	1537419	17266
贺兰县	Helan	66	3943	1886047	975623	910424
灵武市	Lingwu	24	816	257390	229611	27440
石嘴山市	**Shizuishan**	**62**	**2787**	**704202**	**535805**	**168397**
大武口区	dawukou	28	1695	367510	234903	132608
惠农区	huinong	16	563	252348	245369	6979
平罗县	Pingluo	18	529	84344	55533	28811
吴忠市	**Wuzhong**	**91**	**3493**	**833025**	**538153**	**294872**
利通区	Litong	57	2604	569188	328214	240975
红寺堡	Hongsipu	3	47	15022	10724	4298
盐池县	Yanchi	10	321	170936	152349	18587
同心县	Tongxin	9	383	24793	4344	20449
青铜峡市	Qingtongxia	12	138	53086	42523	10564
固原市	**Guyuan**	**37**	**2546**	**437093**	**267798**	**169295**
原州区	Yuanzhou	26	2109	398231	252216	146014
西吉县	Xiji	2	89	3422	48	3373
隆德县	Longde	2	25	7112	4510	2603
泾源县	Jingyuan	2	129	9049		9049
彭阳县	Pengyang	5	194	19279	11023	8256
中卫市	**Zhongwei**	**61**	**2408**	**2045896**	**1878125**	**167771**
沙坡头区	Shapotou	30	886	765137	708233	56904
中宁县	Zhongning	25	1394	1266685	1159576	107109
海原县	Haiyuan	6	128	14073	10316	3758

15－14 各市县限额以上住宿和餐饮业经营情况

Basic Conditions of Business of Hotels and Catering Services above Designated Size by City and County

单位:万元 (10 000 yuan)

地 区	Region	法人企业(个) Number of Corporation Enterprises (unit)	年末从业人数(人) Engaged Persons (person)	营业额 Business Revenue	客房收入 From Hotel Rooms	餐费收入 From Meals	商品销售额 From Commodities	其他收入 Other Revenue
全区总计	**Total**	**132**	**8515**	**119414**	**43769**	**59348**	**1844**	**14453**
银川市	**Yinchuan**	**57**	**4418**	**69868**	**23427**	**34071**	**1052**	**11319**
兴庆区	Xingqing	25	2041	32934	11224	19146	817	1747
西夏区	Xixia	4	398	8153	760	611	4	6778
金凤区	Jinfeng	19	1548	23084	9348	10872	179	2685
永宁县	Yongning							
贺兰县	Helan	5	321	3882	1103	2624	48	107
灵武市	Lingwu	4	110	1815	991	817	5	2
石嘴山市	**Shizuishan**	**16**	**845**	**9229**	**3702**	**3757**	**37**	**1733**
大武口区	Dawukou	11	498	5480	1478	2730	27	1245
惠农区	Huinong	2	43	564	564			
平罗县	Pingluo	3	304	3185	1660	1027	10	488
吴忠市	**Wuzhong**	**16**	**822**	**9396**	**2429**	**6319**	**398**	**251**
利通区	Litong	4	84	1166	660	266	154	85
红寺堡区	Hongsipu	1		13		13		
盐池县	Yanchi	4	315	4159	952	3062	13	132
同心县	Tongxin							
青铜峡市	Qingtongxia	7	423	4058	816	2977	231	34
固原市	**Guyuan**	**14**	**1074**	**14603**	**4525**	**9888**	**41**	**150**
原州区	Yuanzhou	6	728	11957	3373	8457	11	117
西吉县	Xiji							
隆德县	Longde	5	184	1329	536	762	2	30
泾源县	Jingyuan							
彭阳县	Pengyang	3	162	1317	617	669	27	4
中卫市	**Zhongwei**	**29**	**1356**	**16317**	**9686**	**5314**	**316**	**1001**
沙坡头区	Shapotou	22	1053	12905	7682	3991	251	981
中宁县	Zhongning	4	111	1312	989	240	64	20
海原县	Haiyuan	3	192	2100	1016	1083	2	

主要统计指标解释

社会消费品零售总额　指企业(单位、个体户)通过交易直接售给个人、社会集团非生产、非经营用的实物商品金额,以及提供餐饮服务所取得的收入金额。个人包括城乡居民和入境人员,社会集团包括机关、社会团体、部队、学校、企事业单位、居委会或村委会等。

批发业　指向其他批发或零售单位(含个体经营者)及其他企事业单位、机关团体等批量销售生活用品、生产资料的活动,以及从事进出口贸易和贸易经纪与代理的活动,包括拥有货物所有权,并以本单位(公司)的名义进行交易活动,也包括不拥有货物的所有权,收取佣金的商品代理、商品代售活动;还包括各类商品批发市场中固定摊位的批发活动,以及以销售为目的的收购活动。

零售业　指百货商店、超级市场、专门零售商店、品牌专卖店、售货摊等主要面向最终消费者(如居民等)的销售活动,以互联网、邮政、电话、售货机等方式的销售活动,还包括在同一地点,后面加工生产,前面销售的店铺(如面包房);谷物、种子、饲料、牲畜、矿产品、生产用原料、化工原料、农用化工产品、机械设备(乘用车、计算机及通信设备除外)等生产资料的销售不作为零售活动;多数零售商对其销售的货物拥有所有权,但有些则是充当委托人的代理人,进行委托销售或以收取佣金的方式进行销售。

住宿业　指为旅行者提供短期留宿场所的活动,有些单位只提供住宿,也有些单位提供住宿、饮食、商务、娱乐一体的服务,不包括主要按月或按年长期出租房屋住所的活动。

餐饮业　指通过即时制作加工、商业销售和服务性劳动等,向消费者提供食品和消费场所及设施的服务。

商品购进额　指从本企业以外的单位和个人购进(包括从国外直接进口)作为转卖或加工后转卖的商品金额(含增值税)。商品购进包括:(1)从工农业生产者、批发和零售业、住宿和餐饮业、出版社或报社的出版发行部门和其他服务业等企事业单位和个体经营户购进的商品;(2)从机关、社会团体购进的商品;(3)从海关、市场管理部门购进的缉私和没收的商品;(4)从居民收购的废旧商品等。不包括:(1)企业为本单位自身经营用,不是作为转卖而购进的商品,如材料物资、包装物、低值易耗品、办公用品等;(2)未通过买卖行为而收入的商品,如接受其他部门移交的商品、借入的商品、收入代其他单位保管的商品、其他单位赠送的样品、加工回收的成品等;(3)经本单位介绍,由买卖双方直接结算,本单位只收取手续费的业务;(4)销售退回和买方拒付货款的商品;(5)商品溢余;(6)期货交易商品。

商品销售额　指对本单位以外的单位和个人出售的商品金额(包括售给本单位消费用的商品,含增值税)。商品销售包括:(1)售给个人和社会集团消费用的商品;(2)售给农业、工业、建筑业、服务业等国民经济各行业用于生产、经营用的商品,包括售予批发和零售业作为转卖或加工后转卖的商品;(3)对国(境)外直接出口的商品。不包括:(1)未通过买卖行为付出的商品,如因机构变动移交给其他企业单位的商品、借出的商品、归还受其他单位委托代保管的商品、付出的加工原料和赠送给其他单位的样品等;(2)促销返券所销售的、不计入营业收入的商品;(3)经本单位介绍,由买卖双方直接结算,本单位只收取手续费的业务;(4)未发生所有权转移的商品预付卡销售,如加油卡;(5)汽车维修、电话卡销售等服务性经济活动;(6)购货退回的商品;(7)商品损耗和损失;(8)出售本单位自用的废旧物资;(9)期货交易商品;(10)自来水供应企业、电力企业、天然气供应企业提供的水、电、气。

期末商品库存额 对于批发和零售业法人单位和个体经营户,是指报告期末取得所有权的全部商品金额(含增值税);对于批发和零售业产业活动单位,是指报告期末实际在库且归属法人具有所有权的全部商品金额(含增值税)。库存商品包括:(1)存放在本单位(如门市部、批发站、采购站、经营处)的仓库、货场、货柜和货架中的商品;(2)挑选、整理、包装中的商品;(3)已记入购进而尚未运到本单位的商品,即发货单或银行承兑凭证已到而货未到的商品;(4)寄放他处的商品,如因购货方拒绝付款而暂时存在购货方的商品;(5)委托其他单位代销(未作销售或调出)尚未售出的商品;(6)代其他单位购进尚未交付的商品。不包括:(1)所有权不属于本单位的商品,如商品已作销售但买方尚未取走的商品,代替他人保管、运输、加工的商品,代其他单位销售(未做购进或调入)而未售出的商品;(2)委托外单位加工的商品(包括本单位所属加工厂和其他生产单位加工生产尚未收回成品的商品);(3)外贸企业代理其他单位从国外进口,尚未付给订货单位的商品;(4)代国家储备部门保管的商品。

网上零售额 指通过公共网络交易平台(包括自建网站和第三方平台)实现的商品和服务零售额之和。商品和服务包括实物商品和非实物商品(如虚拟商品、服务类商品等)。

营业额 指住宿和餐饮业单位在经营活动中,因提供服务或销售商品等取得的全部收入(含增值税),收入主要来源于提供客房、餐费服务、商品销售和其他服务,如商务服务。不包括多产业法人企业附营的其他行业产业活动单位的餐费收入、商品销售收入等各项收入。其中,客房收入指住宿和餐饮业单位在经营活动中因提供住宿服务取得的收入(含增值税)。不包括多产业法人企业附营的其他行业产业活动单位的客房收入。餐费收入指本单位为顾客提供就餐服务取得的收入(含增值税)。包括:经烹饪、调制加工后出售的各种食品,如主食、炒菜、凉拌菜等的收入。不包括多产业法人企业附营的其他行业产业活动单位的餐费收入。

星级饭店 指设备、设施、服务符合《旅游饭店星级的划分与评定》(GB/T14308 - 2010)标准,经过有关旅游管理权威部门评定(验收)后授予"星级"称号的饭店。

Explanatory Notes on Main Statistical Indicators

Total Retail Sales of Consumer Goods refer to the revenue received by enterprises (units, self – employed individuals) through direct sales of non – production and non – business physical commodities to individuals and social institutions, and revenue from providing catering services. Individuals include rural and urban households, population from abroad, social institutions include government agencies, social organizations, military units, schools, institutions, neighbourhood (village) committees, etc.

Wholesale Trade refers to the activities of selling wholesale commodities for daily use and capital goods to other enterprises of wholesale and retail trades (including self – employed individuals) and other enterprises, institutions and government agencies and organizations, and the activities of engaging in import and export and acting as a trade agent. The wholesaler may have the ownership of the commodities for wholesale and trade in the name of its own (a company), and the wholesaler can act as commission agent or commodity broker without the ownership of commodities. Also included are the wholesale activities at the fixed stalls in wholesale market and the acquisition for sales purpose.

Retail Trade refers to the activities of department stores, supermarkets, franchised stores, brand stores, retail stalls and on – the – spot – making – selling stores selling commodities to the final consumers (residents) by any means, including internet, post, telephone, sales machine. It also includes shops with sales and production located in the same places (such as bakeries). Retail trade excludes the activities of sales of capital goods such as grain, seed, feed, livestock, mineral products, raw material for production, industrial chemicals, chemical products for agricultural use, machine and equipment (excluding vehicles, computers and communication equipment). Most retailers have the ownership of commodities to sell, but some are acting as agents or brokers to make transactions for a commission.

Hotel Services refer to short – term accommodation services provided to visitors. Some units may provide only accommodation while others provide a combination of accommodation, meals, business services and/or recreational facilities. It excludes activities related to the provision of long – term primary residences, typically leased on a monthly or annual basis.

Catering Services refer to the activities of providing foods, serving locations and facilities to customers through instant processing, commercial sales and service – type labor.

Total Purchases of Commodities refer to the total value of purchases of commodities by enterprises (establishments) from other establishments or individuals (including direct import from abroad) for the purpose of re – selling, either with or without further processing of the commodities purchased. The commodities include: (1) commodities purchased from agricultural and industrial producers, wholesalers, retailers, hotels and catering services, publishing houses and other enterprises, institutions and individual operators of service business; (2) commodities purchased from institutions and government departments; (3) smuggled or confiscated goods purchased from the customs authorities or market regulation agencies; (4) second – hand goods purchased from households. The commodities exclude (1) commodities purchased by enterprises (establishments) for use in their own business operation, commodities obtained without buying or selling procedures, such as materials, consumable goods of low value, office appliance, etc. (2) received goods without trading, such as goods handed over from others, borrowed goods, goods kept for others, donated goods from others, processed and retrieved goods, etc. (3) goods of direct settlement between buyer and seller with handling fees introduced by others, (4) goods returned or refused to pay by the buyer, (5) excessive goods, (6) futures trading commodities.

Total Sales of Commodities refer to value of commodities sold by the establishments to other establishments and individuals (including goods sold for self consumption, including VAT). The commodities include: (1) commodities sold to individuals and social groups for their consumption; (2) commodities sold to establishments in all industries for their production and operation, including agriculture, industry, construction, and catering services, including commodities sold to wholesale and retail establishments for re – selling, with or without further processing; and (3) commodities for direct export to abroad. Excluded are (1) extended commodities without trading, such as goods handed over to other enterprises and institutions because of the change of organizations, lent goods, return of goods kept for others, extended processing materials and samples donated to others, (2) goods sold by coupon rebates that are not included in business income, (3) goods of direct settlement between buyer and seller with handling fees introduced by others, (4) prepaid cards for goods without transfer of ownership, such as gas cards, (5) Service – oriented economic activities such as automobile maintenance and telephone card sales, (6) goods returned after purchase, (7) damaged and spoiled goods, (8) waste and used goods of self – use, (9) futures trading commodities, (10) water, electricity and gas supplied by water supply enterprises, electric power enterprises and natural gas supply enterprises.

Total Stock of Commodities at End of Period For corporate units and self – employed individuals engaged in wholesale and retail trade, it refers to total value (including VAT) of commodities possessed at the end of the reference period; and for wholesale and retail establishments, it refers to the value (including VAT) of all commodities actually in stock and owned by their corporate units at the end of reference period. The commodities in stock includes: (1) commodities located in storage, garages, counters, and shelves of operating places of wholesale and retail trades (such as sale stores, wholesale centres, procurement stations and operating offices); (2) commodities in the process of being selected, sorted, and packed; (3) commodities not arrived but recorded as purchaseed in the account, i. e. commodities not arrived but payment receipts for the commodities from the sellers or the banks arrived; (4) commodities deposited in other places rather than places mentioned above, for instance: commodities in the hold of purchasers temporarily due to the refusal of payment; (5) commodities entrusted to other units to sell but not sold yet; (6) commodities purchased for other units but not delivered yet. Commodities not included as stock are those not owned by the enterprises (units), commodities on commission for processing, imported commodities of agency of foreign trade enterprise but not yet delivered to ordering units and finally those put in stock on behalf of the state reserves units.

Online Retail Sales refer to the total retail sales of goods and services through public online trading platforms (including self – built websites and third – party platforms). Goods and services include physical goods and non – physical goods (such as virtual goods, service goods, etc.

Business Revenue refers to total revenue (including VAT) of hotels and catering services received from providing services or selling commodities through business activities. Revenue comes mainly from providing hotels, catering services, selling of commodities and other services, such as commodity services. It does not include revenue from providing meals or selling of commodities by establishments affiliated to other multi – industrial corporate enterprises. Income from hotel rooms refers to income (including VAT) of hotels and catering services by providing lodging services through business activities. Income from meals refers to income (including VAT) from providing catering services, including selling of cooked or prepared foods, such as staple food, cooked dishes, or cold dishes. It does not include income from meals provided by establishments affiliated to other multi – industrial corporate enterprises.

Star – rated Hotels refer to hotels rated with stars as evaluated (accepted) by the relevant tourism authorities according to GB/T14308 – 2010 standard with reference to their infrastructure, facilities and service levels.

第十六篇 Chapter16

对外经济贸易和旅游业

Foreign Trade and Economic Cooperation and Tourism

资料整理:王金贵　陈婷　勉伟　郝静　冯李婷　赵琰

Data Compilation: Wang Jingui　Chen Ting　Mian Wei　Hao Jing　Feng Liting　Zhao Yan

16 -1 进出口贸易总额

Total Value of Imports and Exports of Goods

年份 Year	按人民币计算（万元）10 000 yuan			按美元计算（万美元）USD 10 000		
	进出口总额 Total Imports & Exports	出口总额 Total Exports	进口总额 Total Imports	进出口总额 Total Imports & Exports	出口总额 Total Exports	进口总额 Total Imports
1958	1055	670	385	704	447	257
1965	1777	1556	221	1184	1037	147
1970	1551	1304	247	1034	869	165
1975	4048	3136	912	2699	2091	608
1978	4587	3406	1181	2962	2271	691
1980	7041	6528	518	4674	4352	322
1985	17362	10930	6432	5426	3416	2010
1990	40547	36652	3895	8491	7679	812
1995	231651	200015	31636	27810	24012	3798
1996	194345	167753	26592	23438	20231	3207
1997	251269	208980	42289	30303	25203	5100
1998	259826	234282	25544	31309	28231	3078
1999	263236	205008	58228	31799	24765	7034
2000	366656	270998	95658	44292	32736	11556
2001	441035	291259	149776	53277	35184	18093
2002	366538	271545	94993	44285	32808	11477
2003	540676	423742	116934	65323	51195	14128
2004	751829	535026	216803	90839	64644	26195
2005	792936	563343	229593	96672	68711	27961
2006	1149400	753664	395736	143746	94300	49446
2007	1211271	832030	379241	158430	108850	49580
2008	1317616	881241	436375	188195	125868	62327
2009	820953	507607	313346	120156	74294	45862
2010	1330934	794462	536472	196049	117026	79023
2011	1476307	1033040	443267	228573	159943	68630
2012	1400266	1036718	363548	221667	164116	57551
2013	1992757	1580664	412093	321791	255246	66545
2014	3339168	2641367	697801	543558	430243	113315
2015	2344123	1841299	502824	379062	297635	81427
2016	2147837	1646431	501406	324648	248504	76144
2017	3412931	2477079	935852	503605	365050	138555
2018	2491609	1804759	686850	378086	273853	104233
2019	2406182	1489188	916994	348804	216001	132803
2020	1231665	866752	364914	177906	125159	52747

注：1999 年起进出口数据为海关口径。

Note: Since 1999, data of exports and imports are from Customs statistics.

16－2 按贸易方式和企业性质划分的进出口商品总额
Total Imports and Exports by Trade Pattern and Enterprises Type

单位:万元 (10 000 yuan)

指　　标	Item	进出口 Imports and Exports	出口 Exports	进口 Imports
总额	**Total**	**1231665**	**866752**	**364914**
按贸易方式分	**Grouped by Trade Pattern**			
一般贸易	General Trade	1108954	804958	303995
来料加工装配贸易	Processing and Assembly With Imported Material	45059	23463	21596
进料加工贸易	Processing Trade With Imported Material	48880	33422	15459
国家间、国际组织无偿援助和赠送的物资	The states and international organizations Nonreimbursable assistance and donated supplies	42	42	
保税仓库进出境货物	Import and export goods in bonded warehouses	19653		19653
保税区仓储转口货物	Bonded Warehouse Transit goods			
海关特殊监管区域物流货物	Logistics goods in special customs supervision area	3904	3840	64
租赁贸易	Leasing trade			
出口加工区进口设备	Imported Equipment of Export Processing Zone			
其他	Others	4141	291	3850
按企业性质分	**Grouped by Economic Type of Enterprises**			
国有企业	State－owned Enterprises	218411	130846	87566
中外合资企业	Sino－foreign Joint Venture	118510	85674	32835
外商独资企业	Wholly Foreign－owned Enterprise	89312	29926	59386
私营企业	Private Enterprises	797222	615660	181562
集体企业	Collective	4344	4344	
其他	Others	3790	225	3565

注： 本表数据来源于银川海关。

Note:Data in this table come from Yinchuan customs.

16－3 主要出口商品总值

Main Exported Goods in Value

单位:万元 (10 000yuan)

指　　标	Item	总值 Value
铁合金	Iron Alloy	28878
钽铌铍制品	Tantalum and Products	32930
金属锰	Manganese	40263
碳化硅	Silicon Carbide	7866
红霉素及盐	Erythrocin and Salt	3235
双氰胺	Dicyandiamide	69917
羊绒衫	Cashmere Sweater	6057
泰乐菌素	Tylosin	63960
四环素及盐	Tetracycline and Salt	16540
饲料添加剂	Feed additive	15140
活性炭	Activated charcoal	17239
果蔬汁	Juice	17294
羊绒纱线	Cashmere Yarn	1199
蛋氨酸	Methionine	15207
枸杞	Wolfberry	27258
山羊绒	Cashmere	2810
焦炭及半焦炭	Coke and Semi coke	8115
林可霉素及盐	Lincomycin and Salt	8511
天然蜂蜜	Natural Honey	1985
苏氨酸	Threonine	1964

注： 本表数据来源于银川海关。

Note: Data in this table come from Yinchuan customs.

16－4 按行业分外商直接投资

Foreign Direct Investment by Sector

单位:个、万美元 （unit,USD 10 000）

指 标	Item	企业个数 Number of Enterprises	合同外资金额 Contract Amount of Foreign Capital	实际使用外资额 Foreign Investment Actually Utilized
总 计	**Total**	**22**	**61503**	**27242**
农、林、牧、渔业	Agriculture, Forestry, Animal Husbandry and Fishery	1	15124	73
采矿业	Mining Industry			
制造业	Manufacturing	6	441	9473
电力、热力、燃气及水的生产和供应业	Production and Distribution of Electricity, Heat, Gas and Water		11295	7065
建筑业	Construction	2	3873	
批发和零售业	Wholesale and Retail Trade	2	297	1988
交通运输、仓储和邮政业	Transport, Storage and Post		29	119
住宿和餐饮业	Hotels and Catering Services	1	16	
信息传输、软件和信息技术服务业	Information Transmission, Software and IT Services	3	19015	8000
金融业	Financial Intermediation			
房地产业	Real Estate			395
租赁和商务服务业	Leasing and Business Services	2	6	
科学研究和技术服务业	Scientific Research and Technical Service	1	141	
水利、环境和公共设施管理业	Management of Water Conservancy, Environment and Public Facilities			
居民服务、修理和其他服务业	Services to Households, Repair and Other Services	2	11098	
教育	Education			
卫生和社会工作	Health and Social Work	1	140	
文化、体育和娱乐业	Culture, Sports and Entertainment	1	28	129

注： 本表数据来源于自治区商务厅。

Note: Data in this table come from Commerce Department.

16－5 按国别(地区)分货物进出口总额

Value of Imports and Exports by Country (Region)

单位:万元 (10000 yuan)

国家(地区)	Country(Region)	进出口 Imports and Exports	出口 Exports	进口 Imports
总 额	**Total**	**1231665**	**866752**	**364914**
亚 洲	**Asia**	**612778**	**488909**	**123868**
日 本	Japan	134634	64209	70426
印 度	India	118574	111495	7078
印 尼	Indonesia	16178	16177	1
马来西亚	Malaysia	27107	25897	1210
中国香港	Hong Kong, China	35814	25312	10502
韩 国	Korea	70836	63046	7790
非 洲	**Africa**	**148287**	**26742**	**121546**
加 纳	Ghana	48090	1743	46347
南 非	South Africa	39572	3761	35811
欧 洲	**Europe**	**214587**	**155186**	**59404**
德 国	Germany	57457	29985	27471
意大利	Italy	14272	11732	2540
俄罗斯	Russia	19796	10431	9365
英 国	United Kingdom	8677	7898	778
荷 兰	Netherlands	32645	31667	978
法 国	French	10997	9456	1541
拉丁美洲	**Latin America**	**78038**	**68272**	**9766**
巴 西	Brazil	38808	31417	7391
北美洲	**North America**	**140321**	**117888**	**22432**
加拿大	Canada	11181	10436	744
美 国	United States	129140	107452	21688
大洋洲	**Oceanic**	**37569**	**9677**	**27893**
澳大利亚	Australia	36078	8200	27878

注：本表数据来源于银川海关。
Note: Data in this table come from Yinchuan customs.

16-6 按国别(地区)分外商直接投资

Foreign Direct Investment by Country (Region)

单位:个、万美元　　(unit,USD 10 000)

国家(地区)	Country(Region)	企业个数 Number of Enterprises	合同外资金额 Contract Amount of Foreign Capital	实际使用外资额 Foreign Investment Actually Utilized
总计	**Total**	**22**	**61503**	**27242**
亚洲	**Asia**	**16**	**62880**	**18912**
中国香港	Hong Kong,China	12	62501	16190
印度	India			
以色列	Israel			
日本	Japan		104	
中国澳门	Macao,China			
约旦	Jordan			
巴基斯坦	Pakistan			
马来西亚	Malaysia			1988
韩国	Korea Rep.			
泰国	Thailand			
中国台湾	Taiwan,China	2	128	
伊朗	Islamic Republic of Iran			
新加坡	Republic of Singapore	1	106	734
阿联酋	The United Arab Emirates			
哈萨克斯坦	The Republic of Kazakhstan		-59	
非洲	**Africa**			
利比里亚	The Republic of Liberia			
毛里求斯	Mauritius			
突尼斯	TuNiSia			
欧洲	**Europe**	**5**	**210**	**138**
英国	United Kingdom	1	16	
意大利	Repubblica Italiana	1	74	
德国	Germany	2	11	7
罗马尼亚	Romania			
挪威	The Kingdom of Norway			
法国	French	1	15	
奥地利	Austria			131
俄罗斯联邦	The Russian Federation			
瑞士	Swiss Confederation			
西班牙	Spain		94	
拉丁美洲	**Latin America**		**20**	
开曼群岛	Cayman Islands			
阿根廷	República Argentina		20	
英属维尔京群岛	The British Virgin Islands			
北美洲	**North America**	**1**	**9282**	**8000**
美 国	United States		9000	8000
加拿大	Canada	1	282	
大洋洲	**Oceania**		**-953**	**73**
萨摩亚	The Independent State of Samoa		-953	73
澳大利亚	Australia			
其他	**Others**		**-9836**	**119**
国(地)别不详	Country unknown		953	
创业投资公司投资	Venture Capital Company Investment		-40	
投资性公司投资	Investment company		-10749	119

注: 本表数据来源于自治区商务厅。

Note: Data in this table come from Commerce Department.

16－7　接待海外旅游者分国家（地区）情况

单位：人次

指　标	Item	1990	1995	2000	2010	2011
海外旅游人数总计	**Total**	**1950**	**3655**	**7807**	**17990**	**19479**
外国人	**Foreigners**	**1348**	**2881**	**5792**	**12861**	**13659**
日本	Japan	801	1379	1896	2459	2662
美国	United States	82	187	392	1679	1638
加拿大	Canada	10	50	151	450	490
英国	United Kingdom	38	84	353	408	553
法国	France	18	80	180	514	486
德国	Germany	87	126	298	1311	1398
意大利	Italy	24	82	59	276	184
独联体	Cis	8	6	104	125	158
澳大利亚	Australia	30	46	115	444	482
新西兰	New Zealand	2	28	10	84	103
港澳和台湾同胞	**Compatriots From HongKong, Macao and Taiwan**	**602**	**774**	**2015**	**5129**	**5820**

注： 本表数据来源于自治区文化和旅游厅。

Number of Tourists Overseas

(person – time)

2012	2013	2014	2015	2016	2017	2018	2019	2020
18994	**25357**	**33657**	**37315**	**51177**	**65292**	**88204**	**125677**	**11089**
14300	**15036**	**15091**	**18409**	**23521**	**33227**	**34339**	**29087**	**4620**
2864	1802	1819	1791	2112	2336	2271	2531	425
1063	1696	1945	2453	3227	3270	3404	3092	583
517	445	478	536	702	687	916	886	374
269	354	306	402	597	634	599	587	162
504	563	424	667	517	666	607	667	195
825	821	918	937	1212	1137	891	843	287
269	398	323	399	505	477	466	392	90
65	157	678	757	1130				
598	476	479	549	714	868	1096	931	195
158	102	120	134	221	212	202	132	30
4694	**10321**	**18566**	**18906**	**27656**	**32065**	**53865**	**96590**	**6469**

Note: Data in this table come from the Culture and Tourism Department.

16-8 旅游(外汇)收入情况

指　标	Item	单位	unit	1990	1995	2000	2010
总计	**Total**	**万美元**	**USD 10 000**	**37**	**113**	**272**	**599**
		万元	10 000 yuan	175	938	2252	4067
商品性外汇收入	**Commodity Exchange Income**	**万元**	**10 000 yuan**	**43**	**323**	**341**	**846**
商品销售收入	Commodity Salies Revenue	万元	10 000 yuan	31	135	144	545
饮食销售收入	Food Sales	万元	10 000 yuan	12	188	197	301
劳务性外汇收入	**Services of Foreign Exchange Earning**	**万元**	**10 000 yuan**	**132**	**615**	**1911**	**3221**
长途交通费	Long Distance Transportation	万元	10 000 yuan	54	143	1009	1440
宿费	Accommodation	万元	10 000 yuan	21	276	410	638
其他	Others	万元	10 000 yuan	57	196	492	1143

注： 本表数据来源于自治区文化和旅游厅。

Basic Statistics on Tourism Foreign Exchange

2011	2012	2013	2014	2015	2016	2017	2018	2019	2020
620	**545**	**1208**	**1848**	**2084**	**2968**	**3861**	**5587**	**6478**	**386**
4026	3443	7483	11357	12865	19710	25018	37769	44708	2660
878	**416**	**1272**	**2203**	**2676**	**4178**	**4979**	**8465**	**13636**	**811**
640	227	831	1408	2123	3311	3778	5914	10015	596
238	189	441	795	553	867	1201	2551	3621	215
3148	**3027**	**6211**	**9154**	**10189**	**15532**	**20039**	**29304**	**31072**	**1849**
1083	1670	2462	3577	4053	6012	7755	15873	13412	798
688	575	1399	1999	1711	2681	3728	5159	7690	458
1377	782	2350	3578	4425	6839	8556	8272	9970	593

Note: Data in this table come from the Culture and Tourism Department.

16－9 各市进出口贸易额

Total Value of Imports and Exports by City

单位：万元 (10000 yuan)

地　区	Region	进出口 Imports and Exports	进口 Imports	出口 Exports
全区总计	**Total**	**1231665**	**364914**	**866752**
银 川 市	Yinchuan	629516	176916	452601
石嘴山市	Shizuishan	390072	104666	285406
吴 忠 市	Wuzhong	28294	2996	25298
固 原 市	Guyuan	1483		1483
中 卫 市	Zhongwei	182224	80336	101888

注：本表数据来源于银川海关。

Note: Data in this table come from Yinchuan Customs.

主要统计指标解释

进口　指直接从国外进口或委托外贸企业代理进口的商品金额,不包括从国内有关单位购进的进口商品。对外贸易企业只统计自主经营进口的商品,不统计受托代理进口的商品。

出口　指直接向国(境)外出口商品和委托外贸企业代理出口的商品金额,商品出口不包括售给外贸企业出口或加工后出口的商品,以及在国内市场以外币销售的商品。外贸企业只统计自主经营出口的商品,不包括受托代理出口的商品。

入境游客　指报告期内来中国(大陆)观光、度假、探亲访友、就医疗养、购物、参加会议或从事经济、文化、体育、宗教活动的外国人、港澳台同胞等游客(即入境旅游人数)。统计时,入境游客按每入境一次统计 1 人次。入境旅游人数包括入境过夜游客和入境一日游游客。

出境人数(出境游客)　指中国(大陆)居民因公或因私出境前往其他国家、中国香港特别行政区、澳门特别行政区和台湾省观光、度假、探亲访友、就医疗养、购物、参加会议或从事经济、文化、体育、宗教活动的人数(即出境游客)。统计时,出境游客按每出境一次统计 1 人次。

国内游客　指报告期内在中国(大陆)观光游览、度假、探亲访友、就医疗养、购物、参加会议或从事经济、文化、体育、宗教活动的中国(大陆)居民人数,其出游的目的不是通过所从事的活动谋取报酬。统计时,国内游客按每出游一次统计 1 人次。

国际旅游收入　指入境游客在中国(大陆)境内旅行、游览过程中用于交通、参观游览、住宿、餐饮、购物、娱乐等全部花费。

国内旅游收入(旅游总花费)　指国内游客在国内旅行、游览过程中用于交通、参观游览、住宿、餐饮、购物、娱乐等全部花费。

Explanatory Notes on Main Statistical Indicators

Import refers to the amount of goods imported directly from abroad or imported entrusted to foreign trade enterprises as agents, excluding imports purchased from relevant domestic units. Foreign trade enterprises only count imported goods independently, not imported goods entrusted by agents.

Export refers to the amount of goods exported directly to foreign countries (or customers outside the borders), or exported entrusted to foreign trade enterprises as agents. Commodity export does not include goods sold to foreign trade enterprises for export or exported after processing, as well as goods sold in foreign currencies in the domestic market. Foreign trade enterprises only count the goods they export independently, excluding those exported by trusted agents.

Overseas Visitor Arrivals refer to the number of tourists of foreigners, Chinese compatriots from Hong Kong, Macao and Taiwan who come to China (mainland) within the reference period for sight – seeing, vacation, visiting relatives, medical treatment, shopping, attending conference, or to engage in economic, cultural, sports and religious activities (namely the number of overseas visitor arrivals). In compiling statistics, each arrival is counted as one person – time. The number of overseas visitor arrivals includes inbound overnight tourists and one – day tourists.

Number of Chinese Residents Going Abroad (Chinese Outbound Visitors) refers to the number of Chinese (mainland) residents going to other countries, Hong Kong Special Administrative Region, Macao Special Administrative Region and Taiwan Province on official or private purposes, for sight – seeing, vacation, visiting relatives, medical treatment, shopping, attending conference, or to engage in economic, cultural, sports and religious activities (namely the Chinese outbound visitors). In compiling statistics, each outbound travel is counted as one person – time.

Number of Domestic Tourists refers to the number of Chinese (mainland) residents who travel within China (mainland) for sight – seeing, vacation, visiting relatives, medical treatment, shopping, attending conference, or to engage in economic, cultural, sports and religious activities. In compiling statistics, each travel is counted as one person – time.

Foreign Exchange Earnings from International Tourism refer to the total expenditure of overseas visitors during their stay in the mainland of China on transportation, sighting, accommodation, food, shopping and entertainment.

Income from Domestic Tourism refer to expenditure of domestic tourists on transportation, sighting, accommodation, food, shopping and entertainment while they travel.

第十七篇 Chapter17

教育科技文化

Education, Science and Technology and Culture

资料整理：马潇　周莹　王海群　杨瑞博　慕博　李怡

Data Compilation: Ma Xiao　Zhou Ying　Wang Haiqun　Yang Ruibo　Mu Bo　Li Yi

17－1 各类学校基本情况

Basic Statistics for Schools in Main Years

指 标	Item	单位	unit	1978	1980	1990	2000	2010
普通高等教育	**Higher Education**							
普通高等学校	Regular Institutions of Higher Education	所	unit	5	4	7	5	15
地方	Local	所	unit	5	4	6	4	14
教职工数	Teachers and Staff	人	person	1523	1896	3579	3996	9174
专任教师	Full－time Teachers	人	person	652	787	1609	1894	5931
毕业生数	Graduates	人	person	623	356	2213	3054	21011
招生数	New Enrollment	人	person	1234	1277	2324	7107	26394
在校学生数	Total Enrollment	人	person	2890	4156	7992	17163	83415
中等职业技术教育	**Vocational Secondary Education**							
中等技术学校	Secondary Vocational School	所	unit	14	20	26	25	23
成人中等专业学校	Specialized Secondary School for Adult	所	unit			25	21	3
职业高中学校	Vocational High School	所	unit			32	29	13
教职工数	Teachers and Staff	人	person	923	1744	5173	6150	3388
专任教师数	Full－time Teachers	人	person	446	801	2420	3532	2444
毕业生数	Graduates	人	person	1863	2571	10328	11867	28493
招生数	New Enrollment	人	person	2780	3450	12278	15731	42521
在校学生数	Total Enrollment	人	person	5198	8420	33021	41719	101878
普通中学教育	**Regular Secondary Education**							
普通中学	Regular Secondary Education Schools	所	unit	667	508	450	433	337
教职工数	Teachers and Staff	人	person	11856	14101	20635	23782	30496
专任教师数	Full－time Teachers	人	person	8759	10437	16182	20145	27484
毕业生数	Graduates	人	person	75977	63800	85054	89091	129695
招生数	New Enrollment	人	person	103214	79100	93667	119559	151166
在校学生数	Total Enrollment	人	person	232929	223747	284440	318263	449147
小学教育	**Primary Education**							
小学	Primary Schools	所	unit	5318	5107	4242	3267	2027
教职工数	Teachers and Staff	人	person	23429	25532	29685	36586	33849
专任教师数	Full－time Teachers	人	person	21559	22657	27165	34694	33212
毕业生数	Graduates	人	person	82305	75000	87189	104758	109658
招生数	New Enrollment	人	person	128425	123100	99938	119419	101270
在校学生数	Total Enrollment	人	person	612983	583687	667296	657352	653669
特殊教育	**Special Education**							
特殊教育学校	Special Education Schools	所	unit			1	3	7
在校学生数	Total Enrollment	人	person			202	414	1516

17－1 续表1 Continued

指　　标	Item	单位	unit	2011	2012	2013	2014	2015
普通高等教育	**Higher Education**							
普通高等学校	Regular Institutions of Higher Education	所	unit	16	16	16	18	18
地方	Local	所	unit	15	15	15	17	17
教职工数	Teachers and Staff	人	person	9637	10202	10486	11261	11469
专任教师	Full－time Teachers	人	person	6156	6632	7111	7759	7987
毕业生数	Graduates	人	person	20491	21832	23453	25818	29645
招生数	New Enrollment	人	person	29493	32536	32749	35094	34699
在校学生数	Total Enrollment	人	person	91383	100188	108463	115562	119410
中等职业技术教育	**Vocational Secondary Education**							
中等技术学校	Secondary Vocational School	所	unit	23	21	22	20	18
成人中等专业学校	Specialized Secondary School for Adult	所	unit	3	3	3	3	2
职业高中学校	Vocational High School	所	unit	13	13	13	13	13
教职工数	Teachers and Staff	人	person	3419	3468	3474	3203	3314
专任教师数	Full－time Teachers	人	person	2474	2552	2611	2477	2538
毕业生数	Graduates	人	person	29398	32461	31536	36834	25942
招生数	New Enrollment	人	person	50433	36055	30348	30388	30832
在校学生数	Total Enrollment	人	person	112500	104757	93950	81966	82117
普通中学教育	**Regular Secondary Education**							
普通中学	Regular Secondary Education Schools	所	unit	329	314	304	296	299
教职工数	Teachers and Staff	人	person	32995	33747	33686	33309	33850
专任教师数	Full－time Teachers	人	person	28210	29120	29401	29354	29832
毕业生数	Graduates	人	person	146134	142708	142604	146121	144253
招生数	New Enrollment	人	person	156136	154675	152691	148373	144447
在校学生数	Total Enrollment	人	person	447436	450334	449998	441836	433996
小学教育	**Primary Education**							
小学	Primary Schools	所	unit	1942	1896	1850	1763	1693
教职工数	Teachers and Staff	人	person	32179	33415	33244	32157	32448
专任教师数	Full－time Teachers	人	person	33295	34385	34113	33357	33777
毕业生数	Graduates	人	person	112676	107655	101909	100594	96119
招生数	New Enrollment	人	person	111230	104818	100194	93204	94170
在校学生数	Total Enrollment	人	person	643293	618140	603947	588694	583509
特殊教育	**Special Education**							
特殊教育学校	Special Education Schools	所	unit	7	8	8	10	12
在校学生数	Total Enrollment	人	person	1535	1985	1908	3058	3900

17－1 续表2 Continued

指标	Item	单位	unit	2016	2017	2018	2019	2020
普通高等教育	**Higher Education**							
普通高等学校	Regular Institutions of Higher Education	所	unit	18	19	19	19	20
地方	Local	所	unit	17	18	18	18	19
教职工数	Teachers and Staff	人	person	11584	11695	11629	11756	12574
专任教师	Full－time Teachers	人	person	8044	8196	8185	8422	9129
毕业生数	Graduates	人	person	30968	33133	32389	33985	36352
招生数	New Enrollment	人	person	35297	39422	40222	47385	51782
在校学生数	Total Enrollment	人	person	121799	126392	131682	142835	156142
中等职业技术教育	**Vocational Secondary Education**							
中等技术学校	Secondary Vocational School	所	unit	16	15	13	12	14
成人中等专业学校	Specialized Secondary School for Adult	所	unit	2	2	2	2	2
职业高中学校	Vocational High School	所	unit	13	13	14	15	15
教职工数	Teachers and Staff	人	person	3475	3482	3605	3702	3733
专任教师数	Full－time Teachers	人	person	2693	2752	2900	3063	3028
毕业生数	Graduates	人	person	24379	24660	24527	22966	22446
招生数	New Enrollment	人	person	28088	25067	27156	27933	26444
在校学生数	Total Enrollment	人	person	78743	74742	72820	74640	75524
普通中学教育	**Regular Secondary Education**							
普通中学	Regular Secondary Education Schools	所	unit	307	310	309	316	314
教职工数	Teachers and Staff	人	person	34478	35178	35871	36040	34153
专任教师数	Full－time Teachers	人	person	30379	31075	31777	31981	32294
毕业生数	Graduates	人	person	143768	142484	141118	139045	146780
招生数	New Enrollment	人	person	141886	145751	151476	153873	149185
在校学生数	Total Enrollment	人	person	426691	428017	438050	452202	453421
小学教育	**Primary Education**							
小学	Primary Schools	所	unit	1536	1353	1250	1188	1149
教职工数	Teachers and Staff	人	person	32552	32552	32971	32579	34488
专任教师数	Full－time Teachers	人	person	34116	34239	34487	34279	33823
毕业生数	Graduates	人	person	96180	99430	101825	100626	93604
招生数	New Enrollment	人	person	96512	96628	99979	101798	100918
在校学生数	Total Enrollment	人	person	582833	581350	581495	584149	592434
特殊教育	**Special Education**							
特殊教育学校	Special Education Schools	所	unit	12	13	13	14	15
在校学生数	Total Enrollment	人	person	4388	5319	6004	6976	7473

17-2 各级各类学校数

Number of Various Schools in Main Years

单位:所 (unit)

年份 Year	普通高等学校 Regular Institutions of Higher Education	中等学校 Secondary Education Schools	中等专业学校 Specialized Secondary Schools	普通中学 Regular Secondary Education Schools	职业中学 Vocational Secondary Education Schools	小学 Primary Schools	幼儿园 Kindergarten	特殊教育 Special Education
1950		16	7	9		695		
1955		18	5	13		843	5	
1958	3	125	11	58	56	2968	28	
1965	1	166	4	56	106	7501	30	
1970	1	323	4	319		3380		
1975	3	414	8	406		6394	81	
1978	5	681	14	667		5318	92	
1980	4	528	20	508		5107	134	
1985	7	487	22	436	29	4359	157	1
1990	7	508	26	450	32	4242	213	1
1995	7	498	26	436	36	3843	337	5
2000	5	487	25	433	29	3267	340	3
2001	8	501	25	448	28	3011	124	6
2002	12	488	13	449	26	2912	139	6
2003	12	479	11	446	22	2816	167	6
2004	13	454	12	425	17	2630	212	6
2005	13	447	11	418	18	2527	208	6
2006	13	433	12	403	18	2373	219	6
2007	13	422	12	391	19	2276	228	6
2008	13	412	15	377	20	2202	286	6
2009	15	394	20	355	19	2131	334	6
2010	15	373	23	337	13	2027	373	7
2011	16	365	23	329	13	1942	440	7
2012	16	348	21	314	13	1896	527	8
2013	16	339	22	304	13	1850	634	8
2014	18	329	20	296	13	1763	710	10
2015	18	330	18	299	13	1693	788	12
2016	18	336	16	307	13	1536	889	12
2017	19	338	15	310	13	1353	1130	13
2018	19	338	13	309	14	1250	1221	13
2019	19	344	12	316	15	1188	1329	14
2020	20	343	14	314	15	1149	1464	15

17－3　各级各类学校教职工数

Number of Teachers and Staff in Various Schools in Main Years

单位:人　　　　(person)

年份 Year	普通高等学校 Regular Institutions of Higher Education	中等专业学校 Specialized Secondary Schools	普通中学 Regular Secondary Education Schools	小学 Primary Schools	幼儿园 Kindergarten	特殊教育 Special Education
1950		125	143	1804		
1955		197	328	2455	28	
1958	129	523	894	6089	159	
1965	597	251	1693	13733	308	
1970	719	240	3124	12901		
1975	1266	609	7002	22191	746	
1978	1523	923	11856	23429	650	
1980	1896	1744	14101	25532	836	
1985	3068	2227	16359	25407	2016	25
1990	3579	3023	20635	29685	2839	64
1995	3434	3075	22431	33305	3849	265
2000	3996	3000	23782	36586	3820	120
2001	4437	3030	24072	36143	3282	148
2002	4623	2849	24486	35634	3464	149
2003	5866	1579	25549	35833	3784	149
2004	6684	1436	25627	35076	4397	147
2005	7177	1225	25828	34663	4236	167
2006	7695	1533	26852	33981	4647	176
2007	7865	1297	27308	33763	4744	172
2008	8474	1483	27895	33457	5375	181
2009	8599	2052	29920	33979	6191	186
2010	9174	2341	30496	33849	7029	190
2011	9637	2260	32995	32179	8364	245
2012	10202	2282	33747	33415	10109	242
2013	10486	2259	33686	33244	11233	259
2014	11261	3203	33309	32157	12834	273
2015	11469	3314	33850	32448	14504	360
2016	11584	3475	34478	32552	16272	384
2017	11695	3482	35178	32552	20767	422
2018	11629	3605	35871	32971	22262	430
2019	11756	3702	33905	34279	24163	478
2020	12574	3733	34153	33823	25760	518

17－4 各级各类学校在校学生数

Number of Student Enrollment in Various Schools in Main Years

单位:人 (person)

年份 Year	普通高等学校 Regular Institutions of Higher Education	中等学校 Secondary Education Schools	中等专业学校 Specialized Secondary Schools	普通中学 Regular Secondary Education Schools	职业中学 Vocational Secondary Education Schools	小学 Primary Schools	幼儿园 Kindergarten	特殊教育 Special Education
1950		2227	1027	1200		45058		
1955		5842	1524	4318		76219	225	
1958	329	22438	4069	15414	2955	250333	1624	
1965	982	26680	1107	20047	5526	347246	2523	
1970		45919		45919		300589		
1975	1759	126495	4212	122283		596170	6360	
1978	2890	238127	5198	232929		612983	6224	
1980	4156	232120	8174	223747	246	583687	11046	
1985	6425	257762	8947	237917	10898	654208	32191	56
1990	7992	307697	11634	284440	11623	667296	45115	202
1995	10686	294356	12463	272305	9588	617547	83444	595
2000	17163	351170	19880	318263	12982	657352	93117	414
2001	23154	369090	22913	334786	11391	651082	86788	1397
2002	29301	396611	25721	358477	12413	663542	104000	1458
2003	35134	418595	27346	376437	14822	669503	102217	1420
2004	41448	432802	28182	387286	17331	677738	108625	1560
2005	48650	461048	34163	406422	20463	693207	102042	1455
2006	55931	480148	34752	421790	23606	696760	102552	1332
2007	62411	484479	36030	419074	29375	700737	106034	1370
2008	70454	506280	38536	429178	38566	688697	113279	1420
2009	78400	537051	57869	439575	39607	670621	124903	1476
2010	83415	551806	71838	449147	30821	653669	137856	1516
2011	91383	560178	76584	447436	36158	643293	148917	1535
2012	100188	555230	78345	450334	26551	618140	160254	1985
2013	108463	543859	66225	449998	27725	603947	169080	1908
2014	115562	523802	50722	441836	31244	588694	180871	3058
2015	119410	516113	54088	433996	28029	583509	192892	3900
2016	121799	505434	49737	426691	29006	582833	206219	4388
2017	126392	502759	46178	428017	28564	581350	230515	5319
2018	131682	510870	42685	438050	30135	581495	241595	6004
2019	142835	526842	42815	452202	31825	584149	247838	6976
2020	156142	528945	37526	453421	37998	592434	256213	7473

17－5 各级各类学校招生数

Number of New Students Enrollment in Various Schools in Main Years

单位:人 (person)

年份 Year	普通高等学校 Regular Institutions of Higher Education	中等学校 Secondary Education Schools	中等专业学校 Specialized Secondary Schools	普通中学 Regular Secondary Education Schools	职业中学 Vocational Secondary Education Schools	小学 Primary Schools	特殊教育 Special Education
1950		1054	624	430		8561	
1955		2766	709	2057		15905	
1958	329	13828	2349	8606	2873	127048	
1965	310	11566	611	7577	3928	96252	
1970		26384		26384		98614	
1975	661	73761	2340	71421		131820	
1978	1234	105994	2780	103214		128425	
1980	1277	82550	3450	79100		123100	
1985	2371	88568	3854	79046	5668	117855	56
1990	2324	101878	3891	93667	4320	99938	
1995	2910	106184	4512	96885	4787	114619	34
2000	7107	133307	7973	119559	5775	119419	101
2001	8891	133260	6549	122578	4133	121790	288
2002	9434	140353	7583	127254	5516	130005	229
2003	11237	144301	9036	128757	6508	128779	126
2004	13701	152702	11688	134186	6828	123379	150
2005	14775	171608	15430	146888	9290	130365	159
2006	17389	170215	12518	147045	10652	120073	171
2007	21668	168454	15054	138536	14864	107474	160
2008	21746	195699	17423	156538	21738	110155	181
2009	23816	202438	27606	156519	18313	104390	187
2010	26394	193687	29232	151166	13404	101270	242
2011	29493	206612	35096	156136	15380	111230	93
2012	32536	190743	26752	154675	9316	104818	358
2013	32749	183047	21651	152691	8705	100194	160
2014	35094	178761	18292	148373	12096	93204	490
2015	34699	175279	19508	144447	11324	94170	811
2016	35297	169974	17442	141886	10646	96512	709
2017	39422	170818	15401	145751	9666	96628	1009
2018	40222	178632	15116	151476	12040	99979	964
2019	47385	181806	15874	153873	12059	101798	1212
2020	51782	175629	12418	149185	14026	100918	1319

17－6 各级各类学校毕业生数

Number of Graduates in Various School in Main Years

单位:人 (person)

年份 Year	普通高等学校 Regular Institutions of Higher Education	中等学校 Secondary Education Schools	中等专业学校 Specialized Secondary Schools	普通中学 Regular Secondary Education Schools	职业中学 Vocational Secondary Education Schools	小学 Primary Schools
1950		263	124	139		1532
1955		1514	683	831		2897
1958		2641	946	1550	145	8622
1965	371	4045	245	3785	15	12806
1970		13305		13305		33783
1975	513	38520	1506	37014		59457
1978	623	77840	1863	75977		82305
1980	356	66371	2571	63800		75000
1985	1530	70349	2802	66425	1122	68214
1990	2213	92727	3696	85054	3977	87189
1995	2717	87579	4177	79245	4157	89490
2000	3054	96876	4390	89091	3395	104758
2001	3177	99897	4627	91789	3481	104222
2002	3379	103818	4741	95612	3465	101970
2003	5461	121757	9907	108351	3499	96835
2004	7505	130481	8569	118589	3323	94419
2005	8817	136639	7878	123974	4787	104704
2006	11008	140799	8413	126878	5508	104005
2007	14076	150492	9909	134571	6012	96452
2008	15238	155036	11333	136116	7587	113757
2009	17075	158652	14513	137421	6718	111121
2010	21011	158189	18392	129695	10496	109658
2011	20491	175616	22315	146134	7167	112676
2012	21832	175248	23434	142708	9106	107655
2013	23453	174219	23829	142604	7786	101909
2014	25818	183022	25184	146121	11717	100594
2015	29645	170195	18733	144253	7209	96119
2016	30968	168147	16774	143768	7605	96180
2017	33133	167144	16702	142484	7958	99430
2018	32389	165645	15240	141118	9287	101825
2019	33985	162011	13994	139045	8972	100626
2020	36352	169226	12359	146780	10087	93604

17－7 高等学校基本情况

Basic Statistics on Higher Schools

单位:所、人 (unit,person)

指 标	Item	学校数 Number of Schools	毕业生数 Graduates	招生数 New Enrollment	在校学生数 Total Enrollment	教职员工数 Teachers and Staff	专任教师 Full－time Teachers
总 计	**Total**	**20**	**43747**	**56987**	**165212**	**11265**	**8177**
综合大学	Comprehensive Universities	3	18908	18985	57727	4017	2562
理工院校	Science and Engineering	6	9663	17692	47621	2857	2354
林业院校	Forestry	1	590	950	1837	149	120
医药院校	Medicine	1	4036	5210	17150	1462	980
师范院校	Normal	2	3314	4287	13764	777	582
民族院校	Minorities Colleges	1	1539	2639	6391	469	423
财经院校	Finance and Economics	2	4150	5305	14122	902	746
政法院校	Politics and Law	1	1043	1120	3845	283	180
艺术院校	Art College	1	189	419	1009	116	94
体育院校	Sports College	1	96	362	777	108	60
成人高校	Institutions of Adult Higher Education	1	219	18	969	125	76

注： 高等学校中不含部委院校,包括成人高等学校。

Note:Colleges do not include ministry schools but institutions of higher education for adults.

17－8 成人教育基本情况

Basic Statistics on Adult Educations

单位:人 (person)

指　标	Item	毕业生数 Graduates	招生数 New Enrollment	在校学生数 Total Enrollment
总　计	**Total**	**24996**	**23427**	**69306**
成人高等教育	Institutions of Higher Education for Adult	12418	10991	30811
广播电视大学	Radio and Television University	219	18	969
成人中等教育	Secondary Education for Adult	12359	12418	37526
普通中等专业学校	Specialized Secondary Schools	11581	11926	37034
成人中等专业学校	Specialized Secondary Schools for Adult	778	492	492

17－9 学龄儿童入学率

Percentage of School－age Children Enrolled in Main Years

年 份 Year	学龄儿童 （万人） Number of Children at School－age （10 000 persons）	在校学龄儿童 （万人） Total Enrollment （10 000 persons）	入学率 （%） Enrollment Ratio （%）
1978	50.61	46.15	91.19
1980	51.96	44.79	86.20
1985	52.62	48.13	91.48
1990	52.82	49.60	93.92
1995	52.44	50.45	96.21
2000	59.76	58.12	97.26
2001	59.27	57.40	96.84
2002	60.27	58.67	97.35
2003	60.43	58.89	97.45
2004	60.97	60.05	98.50
2005	62.49	61.00	99.04
2006	63.46	63.00	99.27
2007	62.97	62.74	99.63
2008	61.60	61.38	99.65
2009	59.79	59.58	99.65
2010	58.50	58.42	99.86
2011	57.90	57.80	99.80
2012	55.64	55.47	99.68
2013	54.71	54.43	99.49
2014	54.06	53.63	99.20
2015	53.56	53.55	99.98
2016	53.37	53.35	99.98
2017	53.67	53.63	99.93
2018	54.13	54.13	100.00
2019	54.70	54.70	100.00
2020	55.70	55.70	100.00

17－10 主要年份平均每万人口在校学生数

Number of Enrolled Students Per 10 000 Population in Main Years

单位:人 (person)

年 份 Year	大学生 University Students	中等职业教育 Secondary Vacational School Students	普通中学 Regular Secondary School Students	小学 Primary Students
1978	8	15	678	1746
1980	11	23	529	1582
1990	17	50	611	1433
2000	31	36	574	1186
2005	82	92	682	1163
2010	133	162	714	1039
2011	189	176	700	1006
2012	156	163	699	961
2013	166	144	688	923
2014	175	124	668	890
2015	180	124	653	878
2016	181	117	6360	8680
2017	185	110	628	853
2018	191	106	637	845
2019	206	107	651	841
2020	216	105	629	822

17－11　主要年份平均每一专任教师负担学生数

Average Number of Students Instructed by a Full－time Teacher in Main Years

单位:人　　　　(person)

年 份 Year	大学生 University Students	中等职业教育 Secondary Vacational School Students	普通中学 Regular Secondary School Students	小学 Primary Students
1978	4	12	27	28
1980	5	10	21	26
1990	5	8	18	25
2000	9	13	16	19
2005	12	33	18	21
2010	18	42	16	20
2011	20	45	16	19
2012	15	41	15	18
2013	15	36	15	18
2014	15	33	15	18
2015	15	32	15	17
2016	15	29	14	17
2017	15	27	14	17
2018	16	25	14	17
2019	17	24	14	17
2020	17	25	14	18

17－12 主要年份地方国有企、事业单位各类专业技术人员

Number of Scientific and Technical Personnel in Local State－owned Enterprise and Institutions in Main Years

单位:人 (person)

指　标	Item	1985	1990	1995	2000	2005
总　计	**Total**	**68787**	**117317**	**126679**	**140063**	**144401**
工程技术人员	Engineering	11470	19524	20291	22283	21316
农业技术人员	Agriculture	3673	6174	6173	7067	9583
科学研究人员	Scientific Research	1091	991	830	722	716
卫生技术人员	Health Care	11168	14758	16645	19830	20859
教学人员	Teaching	30477	46138	54176	63216	68777
会计人员	Accounting	5999	9323	7074	7768	6411
统计人员	Statistics	1662	2508	1574	1286	711
经济人员	Economic	1442	13078	10053	8827	5843
新闻、出版人员	Press and Publications	583	1061	1082	791	1361
播音人员	Broadcast		58	64	114	134
翻译人员	Translate	55	96	67	64	29
体育人员	Sport	159	294	154	178	206
工艺美术人员	Arts and Crafts	14	111	85	188	75
律师、公证人员	Lawyer and Notary		247	171	182	117
图书、档案资料人员	Books and Archives	127	2103	1853	1605	1879
艺术人员	Arts	867	853	794	1053	1340
政工人员	Political and Ideological			5593	4889	5044
其他人员	Others	10908	29732	28564	26945	

17－12 续表1 continued

单位:人 (person)

指 标	Item	2010	2012	2013	2014	2015
总 计	**Total**	**124093**	**121636**	**120304**	**126645**	**129114**
工程技术人员	Engineering	14273	15566	14412	15286	14686
农业技术人员	Agriculture	9155	8576	9193	8627	8650
科学研究人员	Scientific Research	667	1130	965	825	1020
卫生技术人员	Health Care	18895	17795	15805	21492	22129
教学人员	Teaching	65386	64515	66269	65441	67986
会计人员	Accounting	4269	3775	3557	4190	3306
统计人员	Statistics	300	218	204	323	207
经济人员	Economic	5003	4809	4513	4628	4816
新闻、出版人员	Press and Publications	1262	1180	1157	1093	1132
播音人员	Broadcast	162	102	87	78	79
翻译人员	Translate	22	18	18	19	17
体育人员	Sport	208	191	199	558	514
工艺美术人员	Arts and Crafts	39	86	22	34	18
律师、公证人员	Lawyer and Notary	71	67	52	60	72
图书、档案资料人员	Books and Archives	1662	1183	1369	1297	1393
艺术人员	Arts	1230	732	683	818	731
政工人员	Political and Ideological	1489	1693	1799	1876	2358
其他人员	Others					

17－12 续表2 continued

单位:人 (person)

指 标	Item	2016	2017	2018	2019	2020
总 计	**Total**	**133410**	**135475**	**130102**	**136142**	**135985**
工程技术人员	Engineering	14985	15485	13859	14648	14326
农业技术人员	Agriculture	8462	8572	7788	8239	7592
科学研究人员	Scientific Research	1297	1266	1012	1057	979
卫生技术人员	Health Care	22548	22693	25106	22221	21799
教学人员	Teaching	70659	71230	69623	73388	74493
会计人员	Accounting	3528	3173	2965	3057	3112
统计人员	Statistics	194	294	139	170	110
经济人员	Economic	4909	5830	5594	5547	5229
新闻、出版人员	Press and Publications	1611	1591	1259	1161	1138
播音人员	Broadcast	84	83	139	65	72
翻译人员	Translate	48	24	21	73	19
体育人员	Sport	388	429	164	190	180
工艺美术人员	Arts and Crafts	16	16	25	38	13
律师、公证人员	Lawyer and Notary	103	117	51	102	68
图书、档案资料人员	Books and Archives	1399	1392	1304	1323	1251
艺术人员	Arts	761	795	503	634	608
政工人员	Political and Ideological	2418	2485	550	653	596
其他人员	Others				3576	4400

17-13 地方国有企、事业单位各类专业技术人员构成

Composition of Scientific and Technical Personnel in Local State-owned Enterprises and Institutions

指　标	Item	专业技术人员比重(%) Percentage(%)						
		2010	2015	2016	2017	2018	2019	2020
总　计	**Total**	**100.0**	**100.0**	**100.0**	**100.0**	**100.0**	**100.0**	**100.0**
工程技术人员	Engineering	11.5	11.4	11.2	11.4	10.7	10.8	10.5
农业技术人员	Agriculture	7.4	6.7	6.3	6.3	6.0	6.1	5.6
科学研究人员	Scientific Research	0.5	0.8	1.0	0.9	0.8	0.8	0.7
卫生技术人员	Health Care	15.2	17.1	16.9	16.8	19.3	16.3	16.0
教学人员	Teaching	52.7	52.7	53.0	52.6	53.5	53.9	54.8
会计人员	Accounting	3.4	2.6	2.6	2.3	2.3	2.2	2.3
统计人员	Statistics	0.2	0.2	0.1	0.2	0.1	0.1	0.1
经济人员	Economic	4.0	3.7	3.7	4.3	4.3	4.1	3.8
新闻、出版人员	Press and Publications	1.0	0.9	1.2	1.2	1.0	0.9	0.8
播音人员	Broadcast	0.1	0.1	0.1	0.1	0.1		0.1
翻译人员	Translate	0.02	0.01	0.04	0.02	0.02	0.05	0.01
体育人员	Sport	0.2	0.4	0.3	0.3	0.1	0.1	0.1
工艺美术人员	Arts and Crafts		0.01	0.01	0.01	0.02	0.03	0.01
律师、公证人员	Lawyer and Notary	0.1	0.1	0.1	0.1		0.1	0.1
图书、档案资料人员	Books and Archives	1.3	1.1	1.0	1.0	1.0	1.0	0.9
艺术人员	Arts	1.0	0.6	0.6	0.6	0.4	0.5	0.4
政工人员	Political and Ideological	1.2	1.8	1.8	1.8	0.4	0.5	0.4
其他人员	Others						2.6	3.2

17－13 续表1 continued

单位:人 (person)

指 标	Item	每万人口中专业技术人员数 Number of Scientific and Technical Personnel per 10 000 Population						
		2010	2015	2016	2017	2018	2019	2020
总 计	**Total**	**197**	**194**	**199**	**200**	**189**	**190**	**189**
工程技术人员	Engineering	23	22	22	23	20	20	20
农业技术人员	Agriculture	15	13	13	13	11	11	11
科学研究人员	Scientific Research	1	2	2	2	1	1	1
卫生技术人员	Health Care	30	33	33	33	36	31	30
教学人员	Teaching	104	102	105	105	101	102	103
会计人员	Accounting	7	5	5	5	4	4	4
统计人员	Statistics	0.5	0.3	0.3	0.4	0.2	0.2	0.2
经济人员	Economic	8	7	7	9	8	8	7
新闻、出版人员	Press and Publications	2	2	2	2	2	2	2
播音人员	Broadcast	0.3	0.1	0.1	0.1	0.2	0.1	0.1
翻译人员	Translate	0.03	0.03	0.07			0.1	
体育人员	Sport	0.3	1	1	1		0.3	0.2
工艺美术人员	Arts and Crafts	0.1	0.03	0.02	0.02	0.04	0.05	0.02
律师、公证人员	Lawyer and Notary	0.1	0.1	0.2	0.2	0.1	0.1	0.1
图书、档案资料人员	Books and Archives	3	2	2	2	2	2	2
艺术人员	Arts	2	1	1	1	1	1	1
政工人员	Political and Ideological	2.4	3.5	3.6	3.7	0.8	0.9	0.8
其他人员	Others						5	6

17－13 续表 2 continued

单位:人 (person)

指标	Item	每万职工中专业技术人员数 Number of Scientific and Technical Personnel per 10 000 Staff 2010	2015	2016	2017	2018	2019	2020
总 计	**Total**	**2269**	**1885**	**2015**	**2025**	**2051**	**2089**	**2096**
工程技术人员	Engineering	261	214	226	231	219	225	221
农业技术人员	Agriculture	167	126	128	128	123	126	117
科学研究人员	Scientific Research	12	15	20	19	16	16	15
卫生技术人员	Health Care	345	323	341	339	396	341	336
教学人员	Teaching	1195	992	1067	1065	1098	1126	1148
会计人员	Accounting	78	48	53	47	47	47	48
统计人员	Statistics	5	3	3	4	2	3	2
经济人员	Economic	91	70	74	87	88	85	81
新闻、出版人员	Press and Publications	23	17	24	24	20	18	18
播音人员	Broadcast	3	1	1	1	2	1	1
翻译人员	Translate	0.4	0.2	0.7			1	0.3
体育人员	Sport	4	8	6	6	3	3	3
工艺美术人员	Arts and Crafts	1	0.3	0.2	0.2	0.4	0.6	0.2
律师、公证人员	Lawyer and Notary	1	1	2	2	1	2	1
图书、档案资料人员	Books and Archives	30	20	21	21	21	20	19
艺术人员	Arts	22	11	11	12	8	10	9
政工人员	Political and Ideological	27	34	37	37	9	10	9
其他人员	Others						55	68

17－14 文化产业机构和人员数

Cultural Institutions and Personnel

指　标	Item	机构数（个）Number of Institutions（unit）	人员数（人）Number of People Engaged（person）
艺术表演团体	Art Performance Troupes	30	1932
艺术表演场所	Art Centers	3	21
文物	Cultural Relics	107	1170
博物馆	Museums	54	774
图书馆	Libraries	27	568
群众文化	Mass Culture	272	1327
文化馆	Cultural Centers	27	586
文化站	Cultural Stations	245	741
教育	Education	2	207

17－15 图书、杂志、报纸出版情况

Publication of Books, Magazines and Newspapers

指　　标	Item	单位	Unit	1978	1980	1990	2000	2010	2012	2013
图 书	**Books**									
图书种类	Number of Publications	种	kind	184	193	449	649	905	1714	2738
图书印数	Printed Copies	万册	10 000 copies	1136	1433	1890	1649	1906	2737	3541
杂 志	**Magazines**									
杂志种类	Number of Publications	种	kind		6	15	29	36	37	37
杂志印数	Printed Copies	万册	10 000 copies		51	71	169	1402	1665	1743
报 纸	**Newspapers**									
报纸种类	Number of Publications	种	kind		1	9	19	15	19	19
报纸总印数	Printed Copies	万份	10 000 copies		2279	4561	6136	10806	8878	13839

17－15 续表 continued

指　　标	Item	单位	Unit	2014	2015	2016	2017	2018	2019	2020
图 书	**Books**									
图书种类	Number of Publications	种	kind	1987	2560	3098	3909	3303	3220	2855
图书印数	Printed Copies	万册	10 000 copies	3143	4745	4549	5837	8070	8433	7949
杂 志	**Magazines**									
杂志种类	Number of Publications	种	kind	37	37	37	37	37	37	37
杂志印数	Printed Copies	万册	10 000 copies	1251	840	669	649	516	434	381
报 纸	**Newspapers**									
报纸种类	Number of Publications	种	kind	19	19	19	19	14	18	19
报纸总印数	Printed Copies	万份	10 000 copies	8301	11108	10469	10524	10284	8878	8946

17－16 各类科技机构概况

指 标	Item	单位	Uint
机构基本情况	**Basic Statistics on Institutions**		
机构数	Number of Institutions	个	unit
#有 R&D 活动的机构数	Number of Institutions with R&D Activities	个	unit
从业人员	Employees	人	person
科技活动人员	Science and Technology Activity Personnel	人	person
研究与试验发展(R&D)投入情况	**R&D Investment**		
R&D 人员	R&D Personnel	人	person
R&D 人员全时当量	Full－time Equivalent of R&D Personnel	人年	man－year
R&D 经费支出	Expenditure on R&D	千元	1000 yuan
#日常性支出	Daily Expenses	千元	1000 yuan
资产性支出	Capital Expenditure	千元	1000 yuan
#政府资金	Government Appropriation Funds	千元	1000 yuan
企业资金	Self－raised Funds by Enterprises	千元	1000 yuan
#基础研究	Basic Research	千元	1000 yuan
应用研究	Applied Research	千元	1000 yuan
试验发展	Experimental Development	千元	1000 yuan
R&D 项目(课题)情况	**R&D Projects**		
R&D 项目(课题)人员全时当量	Participants	人年	man－year
R&D 项目(课题)经费	Expenditure	千元	1000 yuan
科技产出及成果情况	**Statistics on S&T Outputs and Results**		
发表科技论文	Scientific Papers Issued	篇	pieces
出版科技著作	Publication on Science and Technology	种	kind
专利申请数	Number of Patent Applications	件	piece
#发明专利	Inventions	件	piece
专利授权数	Number of Patents Grants (piece)	件	piece
#发明专利	Inventions	件	piece

Basic Statistics on Scientific Research

科学研究与技术服务业非企业单位 Governme－nt Departme－nts are non Enterprise Units in Scientific Research and Technical Service Industry	县以上部门属研究与开发机构合计 State－owned Research and Development Institutions Above County Level	自然科学和技术领域 Field of Natural Sciences and Technology	社会与人文科学领域 Field of Social Sciences and Humanities	科技信息和文献机构 Scientific－technical Information and Document Institutions	县属研究与开发机构 County－level Research and Development Institutions	专业技术服务业其他事业单位 Other Institution－s of Profession－al and Technical Service Industry	其他单位 Other Institutions
86	18	13	4	1	14	53	1
75	18	13	4	1	10	46	1
5132	783	557	192	34	341	3999	9
4421	813	562	215	36	308	3291	9
2403	718	502	182	34	125	1553	7
1399	619	437	164	18	54	721	5
616949	349357	275622	59205	14530	24121	242221	1250
511923	300545	236961	57576	6008	21743	188745	890
105026	48812	38661	1629	8522	2378	53476	360
602438	349110	275375	59205	14530	24121	229007	200
1611	247	247				314	1050
85505	48731	26124	22607			36774	
211923	85909	41140	33695	11074		126014	
319521	214717	208358	2903	3456	24121	79433	1250
1269	569	405	149	15	49	646	5
420987	245600	198215	44038	3347	16613	157524	1250
1088	671	348	299	24	11	406	
37	17	11	6		8	12	
251	184	165		19	5	62	
101	57	55		2	4	40	
231	195	179		16	3	33	
42	17	17			2	23	

17－17　全区科技活动基本情况

指　　标	Item
研究与试验发展（R&D）投入情况	**Statistics on R&D Input**
R&D 人员全时当量（人年）	**Full－time Equivalent of R&D Personnel（ man－year）**
基础研究	Basic Research
应用研究	Applied Research
试验发展	Experimental Development
R&D 经费内部支出（万元）	**Intramural Expenditure on R&D（10000 yuan）**
#基础研究	Basic Research
应用研究	Applied Research
试验发展	Experimental Development
#政府资金	Government Funds
企业资金	Self－raised Funds by Enterprises
R&D 经费内部支出与地区生产总值之比（%）	Proportion of Intramural Expenditure on R&D to GDP（%）
科技产出及成果情况	**Statistics on S&T Outputs and Results**
发表科技论文（篇）	Scientific Papers Issued（ pieces）
出版科技著作（种）	Publication on Science and Technology（kind）
专利申请受理数（件）	Number of Patents Application Accepted（piece）
发明专利	Inventions
专利申请授权数（件）	Number of Patents Application Granted（piece）
发明专利	Inventions

Basic Statistics on Scientific and Technological Activities

2010	2011	2012	2013	2014	2015	2016	2017	2018	2019	2020
6378	**7359**	**8073**	**8234**	**9500**	**9247**	**9004**	**9859**	**11077**	**12016**	**12169**
1076	1145	1345	1232	1358	1189	1511	1503	1752	1559	1311
1128	1206	1315	1139	1261	1476	1353	1498	1692	1755	1450
4175	5008	5413	5863	6881	6582	6140	6858	7633	8702	9408
115101	**153184**	**182304**	**209042**	**238580**	**254842**	**299269**	**389357**	**455793**	**545051**	**596400**
9861	13815	12239	17852	18555	18227	24399	47222	27909	39501	32865
10336	14376	15962	13258	22618	24846	25792	36753	43106	58445	57358
94904	124993	154103	177932	197407	211769	249078	305382	384778	447105	506177
26678	33677	41465	44142	53949	54704	62996	110512	98599	132706	131714
86519	114329	137446	162096	179553	196532	232029	275800	350070	401391	457654
0.68	0.73	0.78	0.81	0.87	0.88	0.95	1.13	1.23	1.45	1.52
7292	8077	7881	7328	8019	6859	7391	8324	7331	8372	8188
113	113	108	129	186	146	234	275	210	210	194
739	1079	1985	3230	3532	4394	6149	8574	9839	9268	12924
268	442	846	1792	2183	2626	2510	2561	2986	2524	3049
1081	613	844	1211	1424	1865	2677	4243	5656	5552	7709
61	103	140	184	243	442	560	657	744	598	703

17－18　主要年份广播电视事业发展情况

指　　标	Item	单位	Unit
广 播	**Broadcast**		
广播电台	Number of Broadcasting Stations	座	unit
广播发射台和转播台	Number of Transmission and Relaying Stations	座	unit
广播人口覆盖率	Listener Rate	%	%
节目套数	Program	套	unit
平均每日播音时间	Average Broadcast Time per Day	时:分	hour: minute
广播节目制作	Production of Broadcasting	小时	hour
新 闻	News	小时	hour
专 题	Featured	小时	hour
教 育	Education	小时	hour
文 艺	Arts and Crafts	小时	hour
服务性	Services	小时	hour
电 视	**TV**		
电视台	Number of Television Stations	座	unit
电视发射台和转播台	TV Transmission and Relaying Stations	座	unit
电视人口覆盖率	Viewer Rate	%	%
节目套数	Program	套	unit
平均每周播出时间	Program Hours Per Week	时:分	hour: minute
电视节目制作	Production of TV Programs	小时	hour
新 闻	News	小时	hour
专 题	Featured	小时	hour
教 育	Education	小时	hour
文 艺	Arts and Crafts	小时	hour
服务性	Services	小时	hour

Statistics on Broadcasting and TV Stations in Main Years

2000	2010	2012	2013	2014	2015	2016	2017	2018	2019	2020
11	5	5	5	2	1	1	2	2	2	22
8	12	36	36	35	35	42	47	54	54	59
85.20	92.92	95.20	96.06	96.15	96.62	96.72	97.59	98.98	99.61	99.76
14	24	24	24	24	25	25	26	28	27	24
120:03	279:00	279:30	275:21	293;55	317:35	322:91	313:63	383:69	363:58	351
20337	41011	43826	44648	52094	58453	61430	57448	55735	50604	57342
3180	8424	9858	9827	11885	11313	12914	12566	12028	12467	11412
4206	7771	10973	10892	15024	18014	18486	19266	19712	17012	18687
62										
9490	12470	16129	14009	14121	18897	12441	13752	12053	10744	9989
3439	3479	6864	6618	11064	10229	17589	11864	10990	10381	17254
7	4	2	2	2	1	1	2	2	2	22
43	26	26	26	27	27	29	43	43	43	48
86.00	95.95	98.90	99.09	99.11	99.24	99.34	99.37	99.79	99.88	99.94
8	28	28	28	28	28	28	29	30	29	28
483:21	2931:21	2956:30	2951:12	3055:40	3310:31	3232:53	3195:04	3273:55	3247:27	3316
6365	28361	23986	24460	29974	28428	26603	28960	25282	23479	19180
1184	6299	5883	6671	7516	8188	9619	8756	9370	9369	7058
770	7690	7351	7065	7260	7032	7256	8304	6739	6265	4369
42										
903	4658	3666	3406	3433	3540	2741	3572	2911	2559	3007
3466	5658	7086	7290	11765	9668	6987	8328	6240	5286	4746

17－19　各市县各级各类学校数

Number of Various Schools by City and County

单位:所　　　(unit)

地　　区	Region	中等职业学　　校 Specialized Secondary Schools	职业高中 Vocational Secondary Education Schools	普通中学 Regular Secondary Education Schools	高级中学 Senior High School	小学 Primary Schools	幼儿园 Kinder－garten
全区总计	**Total**	**29**	**15**	**314**	**46**	**1149**	**1464**
银 川 市	**Yinchuan**	**14**	**4**	**85**	**13**	**202**	**472**
兴 庆 区	Xingqing	5	1	27	5	51	107
西 夏 区	Xixia	4	1	14	3	30	65
金 凤 区	Jinfeng	1		15	1	34	114
永 宁 县	Yongning	2	1	11	1	28	65
贺 兰 县	Helan	1		8	2	25	71
灵 武 市	Lingwu	1	1	10	1	34	50
石嘴山市	**Shizuishan**	**2**	**1**	**34**	**8**	**66**	**91**
大武口区	Dawukou	1		13	3	25	42
惠 农 区	Huinong			10	3	16	18
平 罗 县	Pingluo	1	1	11	2	25	31
吴 忠 市	**Wuzhong**	**5**	**4**	**60**	**10**	**264**	**269**
利 通 区	Litong			18	3	48	61
红寺堡区	Hongsipu	1	1	8	1	68	65
盐 池 县	Yanchi	1	1	6	1	20	23
同 心 县	Tongxin	2	1	15	3	99	87
青铜峡市	Qingtongxia	1	1	13	2	29	33
固 原 市	**Guyuan**	**5**	**4**	**70**	**8**	**424**	**436**
原 州 区	Yuanzhou	1		17	2	160	100
西 吉 县	Xiji	1	1	30	2	102	208
隆 德 县	Longde	1	1	8	2	41	49
泾 源 县	Jingyuan	1	1	5		47	33
彭 阳 县	Pengyang	1	1	10	2	74	46
中 卫 市	**Zhongwei**	**3**	**2**	**66**	**7**	**193**	**196**
沙坡头区	Shapotou	1	1	26	3	45	63
中 宁 县	Zhongning	1		18	2	47	71
海 原 县	Haiyuan	1	1	22	2	101	62

注：　银川市合计数及灵武市数据包含宁东管委会九年一贯制学校1所、完全小学1所、幼儿园6所。

Note: The total number of Yinchuan city and the data of Lingwu City include one nine－year consistent school, one complete primary school and six kindergartens of Ningdong Management Committee.

17－20 各市县各级各类学校在校学生数

Number of Enrolled Students in Various Schools by City and County

单位:人 (person)

地　区	Region	中等职业学校 Specialized Secondary Schools	职业高中 Vocational Secondary Education Schools	普通中学 Regular Secondary Education Schools	高中 Senior High School	小学 Primary Schools	幼儿园 Kinder－garten
全区总计	**Total**	**75524**	**37998**	**453421**	**160796**	**592434**	**256213**
银 川 市	**Yinchuan**	**34324**	**12055**	**143302**	**55725**	**202439**	**99931**
兴 庆 区	Xingqing	10374	974	42698	14499	65347	24687
西 夏 区	Xixia	15063	6971	23661	12839	25930	13047
金 凤 区	Jinfeng			27029	12026	40085	26516
永 宁 县	Yongning	3111	204	18684	5979	24885	11580
贺 兰 县	Helan	1870		15416	5601	24182	14169
灵 武 市	Lingwu	3906	3906	15814	4781	22010	9932
石嘴山市	**Shizuishan**	**10266**	**3458**	**40789**	**15113**	**46524**	**19886**
大武口区	Dawukou	5447	41	15061	5646	18110	8398
惠 农 区	Huinong	1402		8944	3745	9554	4220
平 罗 县	Pingluo	3417	3417	16784	5722	18860	7268
吴 忠 市	**Wuzhong**	**9545**	**7595**	**100390**	**32396**	**131080**	**47961**
利 通 区	Litong	1586		33546	11308	39803	14584
红 寺 堡	Hongsipu	1081	1081	17128	5202	23268	7638
盐 池 县	Yanchi	1083	1083	8454	2904	12163	5280
同 心 县	Tongxin	2129	1765	27084	7945	40127	13852
青铜峡市	Qingtongxia	3666	3666	14178	5037	15719	6607
固 原 市	**Guyuan**	**11141**	**7438**	**92927**	**31729**	**116350**	**46554**
原 州 区	Yuanzhou	3613		37177	13049	50047	19008
西 吉 县	Xiji	4591	4591	28549	9327	34199	13772
隆 德 县	Longde	1038	1038	7999	2678	9912	4727
泾 源 县	Jingyuan	460	370	6923	2237	8317	3581
彭 阳 县	Pengyang	1439	1439	12279	4438	13875	5466
中 卫 市	**Zhongwei**	**10248**	**7452**	**76013**	**25833**	**96041**	**41881**
沙坡头区	Shapotou	4133	4133	24259	8792	27510	14101
中 宁 县	Zhongning	2671		22862	7643	29021	12381
海 原 县	Haiyuan	3444	3319	28892	9398	39510	15399

注： 银川市合计数及灵武市数据中包括宁东管委会普通中学(普通初中)学生902人,小学生2598名,幼儿园1243人。

Note: Data of Lingwu city and Yinchuan city include 902 students from regular secondary school (ordinary junior high school), 2598 students from primary school and 1243 from kindergarten of Ningdong.

17-21 主要年份各市县普通中学在校学生数

Number of Student in Regular Secondary Schools by City and County in Main Years

单位:人 (person)

地　区	Region	2010	2011	2012	2013	2014	2015
全区总计	**Total**	**449147**	**447436**	**450334**	**449998**	**441836**	**433996**
银川市	**Yinchuan**	**123435**	**123785**	**126085**	**129149**	**131156**	**130873**
兴庆区	Xingqing	38456	38382	38484	38935	39349	38307
西夏区	Xixia	24704	24589	24907	25365	25347	25297
金凤区	Jinfeng	19735	20143	20180	21114	22083	23058
永宁县	Yongning	13881	13832	14444	14894	15547	15799
贺兰县	Helan	12168	12367	12757	13234	13454	13471
灵武市	Lingwu	14491	14472	15313	15607	15376	14941
石嘴山市	**Shizuishan**	**47799**	**46517**	**46063**	**45538**	**45300**	**43871**
大武口区	Dawukou	19740	19420	19161	18421	17903	16716
惠农区	Huinong	12710	11943	11645	11798	11746	11108
平罗县	Pingluo	15349	15154	15247	15319	15651	16047
吴忠市	**Wuzhong**	**91189**	**91978**	**93628**	**93059**	**92222**	**91258**
利通区	Litong	25891	26804	27750	28813	28650	28696
红寺堡区	Hongsipu	11032	12093	12776	13150	13861	14162
盐池县	Yanchi	16061	10301	10088	9688	9556	9491
同心县	Tongxin	11061	26708	27110	25974	25220	24273
青铜峡市	Qingtongxia	27144	16072	15904	15434	14935	14636
固原市	**Guyuan**	**108877**	**107438**	**107075**	**106323**	**100023**	**96309**
原州区	Yuanzhou	35617	37036	38112	38411	37557	36540
西吉县	Xiji	31617	30054	29408	30350	29403	28754
隆德县	Longde	16352	16188	14867	14094	12414	10888
泾源县	Jingyuan	6328	6162	6080	6108	6041	5944
彭阳县	Pengyang	18963	17998	18608	17360	14608	14183
中卫市	**Zhongwei**	**77847**	**77718**	**77483**	**75929**	**73135**	**71685**
沙坡头区	Shapotou	28548	27261	27014	26391	25468	24633
中宁县	Zhongning	24152	24630	24687	23517	22178	21842
海原县	Haiyuan	25147	25827	25782	26021	25489	25210

17－21 续表 Continued

单位：人 (person)

地区	Region	2016	2017	2018	2019	2020
全区总计	**Total**	**426691**	**428017**	**438050**	**452202**	**453421**
银川市	**Yinchuan**	**130723**	**131076**	**134569**	**139626**	**143302**
兴庆区	Xingqing	37657	37855	39624	41499	42698
西夏区	Xixia	24949	24900	24139	24008	23661
金凤区	Jinfeng	23252	23216	23966	25329	27029
永宁县	Yongning	16325	17024	17829	18522	18684
贺兰县	Helan	13247	13483	14033	14802	15416
灵武市	Lingwu	15293	14598	14978	15466	15814
石嘴山市	**Shizuishan**	**41938**	**41238**	**41103**	**41256**	**40789**
大武口区	Dawukou	16069	11400	15352	15158	15061
惠农区	Huinong	10013	7179	9543	9498	8944
平罗县	Pingluo	15856	12127	16208	16600	16784
吴忠市	**Wuzhong**	**91177**	**92513**	**96101**	**99918**	**100390**
利通区	Litong	28732	29651	30612	32210	33546
红寺堡区	Hongsipu	14689	15141	16277	17340	17128
盐池县	Yanchi	9147	8831	8732	8584	8454
同心县	Tongxin	24100	24582	25950	27154	27084
青铜峡市	Qingtongxia	14509	14308	14530	14630	14178
固原市	**Guyuan**	**92824**	**91536**	**92743**	**95053**	**92927**
原州区	Yuanzhou	35602	35610	35758	37017	37177
西吉县	Xiji	28140	27894	28583	29872	28549
隆德县	Longde	9876	9166	8703	8360	7999
泾源县	Jingyuan	5994	6199	6793	7035	6923
彭阳县	Pengyang	13212	12667	12906	12769	12279
中卫市	**Zhongwei**	**70708**	**71654**	**73534**	**76349**	**76013**
沙坡头区	Shapotou	23898	23660	23600	24157	24259
中宁县	Zhongning	21515	22315	22667	23389	22862
海原县	Haiyuan	25295	25679	27267	28803	28892

17-22 主要年份各市县小学在校学生数

Number of Enrolled Students in Primary Schools by City and County in Main Years

单位:人 (person)

地　区	Region	2010	2011	2012	2013	2014	2015
全区总计	**Total**	**653669**	**643293**	**618140**	**603947**	**588694**	**583509**
银川市	**Yinchuan**	**147483**	**148184**	**150600**	**154578**	**159538**	**164678**
兴庆区	Xingqing	49029	48872	49616	50951	52177	53698
西夏区	Xixia	22602	22377	22219	22088	21993	22472
金凤区	Jinfeng	16130	17069	17535	18373	19922	21732
永宁县	Yongning	19942	20234	21146	21977	22487	23037
贺兰县	Helan	17409	17641	18042	19180	20176	20640
灵武市	Lingwu	22371	21991	22042	22009	22783	23099
石嘴山市	**Shizuishan**	**56770**	**56237**	**56091**	**54625**	**54040**	**52946**
大武口区	Dawukou	21403	21219	21158	20743	20620	20361
惠农区	Huinong	14015	13540	13085	12560	12073	11393
平罗县	Pingluo	21352	21478	21848	21322	21347	21192
吴忠市	**Wuzhong**	**142968**	**141842**	**140650**	**138255**	**136736**	**136439**
利通区	Litong	36899	37923	38871	39365	40242	40636
红寺堡区	Hongsipu	25653	26081	25451	24317	23832	23588
盐池县	Yanchi	22411	13491	21507	12619	12345	12324
同心县	Tongxin	13854	42807	13569	40347	39171	39104
青铜峡市	Qingtongxia	44151	21540	41252	21607	21146	20787
固原市	**Guyuan**	**175931**	**168306**	**147095**	**138626**	**130957**	**125397**
原州区	Yuanzhou	51916	50017	47308	45892	45263	45654
西吉县	Xiji	65872	63120	51135	47128	43740	40636
隆德县	Longde	19424	18761	15323	14671	12721	11496
泾源县	Jingyuan	12989	12560	12098	11373	10774	10396
彭阳县	Pengyang	25730	23848	21231	19562	18459	17215
中卫市	**Zhongwei**	**130517**	**128724**	**123704**	**117863**	**107423**	**104049**
沙坡头区	Shapotou	32073	31924	32026	31738	31628	31120
中宁县	Zhongning	37780	37955	36381	33661	32256	30917
海原县	Haiyuan	60664	58845	55297	52464	43539	42012

17－22 续表 Continued

单位：人 (person)

地　区	Region	2016	2017	2018	2019	2020
全区总计	**Total**	**582833**	**581350**	**581495**	**584149**	**592434**
银 川 市	**Yinchuan**	**170011**	**175842**	**184142**	**192447**	**202439**
兴 庆 区	Xingqing	55762	57783	61022	62855	65347
西 夏 区	Xixia	23036	23394	24203	24918	25930
金 凤 区	Jinfeng	23789	26574	30422	34805	40085
永 宁 县	Yongning	23475	23583	23324	24058	24885
贺 兰 县	Helan	20899	21676	22640	23622	24182
灵 武 市	Lingwu	23050	22832	22531	22189	22010
石嘴山市	**Shizuishan**	**51789**	**50330**	**48911**	**47713**	**46524**
大武口区	Dawukou	19892	19112	18599	18330	18110
惠 农 区	Huinong	10876	10415	10065	9886	9554
平 罗 县	Pingluo	21021	20803	20247	19497	18860
吴 忠 市	**Wuzhong**	**135994**	**134870**	**132914**	**131773**	**131080**
利 通 区	Litong	40776	40708	40782	40190	39803
红寺堡区	Hongsipu	23236	23128	22861	22854	23268
盐 池 县	Yanchi	12150	12071	12031	12194	12163
同 心 县	Tongxin	39531	39659	39254	39892	40127
青铜峡市	Qingtongxia	20301	19304	17986	16643	15719
固 原 市	**Guyuan**	**122364**	**119354**	**117748**	**116249**	**116350**
原 州 区	Yuanzhou	46523	47180	47861	49093	50047
西 吉 县	Xiji	38930	36883	35758	34180	34199
隆 德 县	Longde	10999	10616	10783	10364	9912
泾 源 县	Jingyuan	9685	9222	8622	8429	8317
彭 阳 县	Pengyang	16227	15453	14724	14183	13875
中 卫 市	**Zhongwei**	**102734**	**100954**	**97780**	**95967**	**96041**
沙坡头区	Shapotou	30177	29177	28115	27555	27510
中 宁 县	Zhongning	30582	30689	29688	29095	29021
海 原 县	Haiyuan	41975	41088	39977	39317	39510

17-23 各市县平均每万人口在校学生数
Number of Enrolled Students Per 10 000 Population by City and County

单位:人 (person)

地区	Region	中等专业学校 Specialized Secondary Schools	职业中学 Vocational Secondary Education Schools	普通中学 Regular Secondary Education Schools	小学 Primary Schools
全区总计	**Total**	**52**	**53**	**629**	**822**
银川市	**Yinchuan**	**78**	**42**	**501**	**707**
兴庆区	Xingqing	116	12	528	808
西夏区	Xixia	180	155	526	576
金凤区	Jinfeng			419	622
永宁县	Yongning	90	6	580	773
贺兰县	Helan	55		451	707
灵武市	Lingwu		133	537	748
石嘴山市	**Shizuishan**	**91**	**46**	**542**	**619**
大武口区	Dawukou	181	1	504	607
惠农区	Huinong	78		500	534
平罗县	Pingluo		124	612	687
吴忠市	**Wuzhong**	**14**	**55**	**725**	**947**
利通区	Litong	34		727	863
红寺堡	Hongsipu		55	866	1176
盐池县	Tongxin		68	531	763
同心县	Qingtongxia	11	55	843	1250
青铜峡市	Yanchi		150	580	643
固原市	**Guyuan**	**32**	**65**	**813**	**1018**
原州区	Yuanzhou	77		788	1061
西吉县	Xiji		145	903	1082
隆德县	Longde		95	730	905
泾源县	Jingyuan	11	43	813	977
彭阳县	Pengyang		90	764	864
中卫市	**Zhongwei**	**26**	**70**	**712**	**899**
沙坡头区	Shapotou		103	606	687
中宁县	Zhongning	80		684	868
海原县	Haiyuan	4	99	865	1184

注: 中等专业学校包括普通中专和成人中专,不包括职业高中。

Note: Specialized Secondary Schools include regular specialized secondary schools and adult specialized schools, and vocational secondary education schools is not included.

17－24 各市县小学毕业人数和毕业率

Number of Graduates and Graduation Rate of Primary School by City and County

单位：人 (person)

地　区	Region	应届毕业班学生 This Year's Graduates 毕业班学生数 Students in Graduating Class	毕业生数 Graduates	毕业率（%） Graduation Rate（%）
全区总计	**Total**	**93767**	**93604**	**99.83**
银川市	**Yinchuan**	**28929**	**29223**	**101.02**
兴庆区	Xingqing	9843	9841	99.98
西夏区	Xixia	3639	3637	99.95
金凤区	Jinfeng	4567	4570	100.07
永宁县	Yongning	3735	3720	99.60
贺兰县	Helan	3699	3714	100.41
灵武市	Lingwu	3749	3741	99.79
石嘴山市	**Shizuishan**	**8432**	**8418**	**99.83**
大武口区	Dawukou	3156	3150	99.81
惠农区	Huinong	1770	1765	99.72
平罗县	Pingluo	3506	3503	99.91
吴忠市	**Wuzhong**	**21004**	**20999**	**99.98**
利通区	Litong	7088	7084	99.94
红寺堡区	Hongsipu	3175	3191	100.50
盐池县	Yanchi	1881	1868	99.31
同心县	Tongxin	5790	5792	100.03
青铜峡市	Qingtongxia	3070	3064	99.80
固原市	**Guyuan**	**18572**	**18551**	**99.89**
原州区	Yuanzhou	7393	7405	100.16
西吉县	Xiji	5353	5362	100.17
隆德县	Longde	1946	1946	100.00
泾源县	Jingyuan	1397	1396	99.93
彭阳县	Pengyang	2483	2442	98.35
中卫市	**Zhongwei**	**16527**	**16413**	**99.31**
沙坡头区	Shapotou	4937	4937	100.00
中宁县	Zhongning	5009	5007	99.96
海原县	Haiyuan	6581	6469	98.30

17－25 各市县文化产业机构数和人数

Number of Cultural Institutions and Personnel by City and County

地区	Region	艺术产业 Arts		图书馆产业 Libraries	
		机构数（个）Number of Institutions (unit)	人数（人）Number of People Engaged (person)	机构数（个）Number of Institutions (unit)	人数（人）Number of People Engaged (person)
全区总计	**Total**	**30**	**1932**	**27**	**568**
银川市	**Yinchuan**	**1**	**211**	**7**	**157**
兴庆区	Xingqing			1	20
西夏区	Xixia			1	7
金凤区	Jingfeng	1	211	1	11
永宁县	Yongning			1	23
贺兰县	Helan			1	26
灵武市	Lingwu			1	14
银川市本级	Prefecture Level			1	56
石嘴山市	**Shizuishan**	**5**	**67**	**4**	**49**
大武口区	Pingluo	4	47	1	14
惠农区	Huinong			1	8
平罗县	Pingluo	1	20	1	11
石嘴山市本级	Prefecture Level			1	16
吴忠市	**Wuzhong**	**6**	**529**	**6**	**120**
利通区	Litong			1	16
红寺堡	Hongsipu			1	18
盐池县	Yanchi	5	487	1	10
同心县	Tongxin			1	17
青铜峡市	Qingtongxia	1	42	1	22
吴忠市本级	Prefecture Level			1	37
固原市	**Guyuan**	**8**	**314**	**6**	**71**
原州区	Yuanzhou	1	2	1	21
西吉县	Xiji	7	312	1	19
隆德县	Longde			1	7
泾源县	Jingyuan			1	10
彭阳县	Pengyang			1	6
固原市本级	Prefecture Level			1	8
中卫市	**Zhongwei**	**4**	**247**	**3**	**47**
沙坡头区	Shapotou	2	172		
中宁县	Zhongning			1	21
海原县	Haiyuan	1	40	1	13
中卫市本级	Prefecture Level	1	35	1	13
区直单位	Unit of Municipality Directly under the Central Government	6	564	1	124

17－25 续表 continued

地区	Region	群众文化产业 Mass Culture 机构数（个）Number of Institutions (unit)	群众文化产业 Mass Culture 人数（人）Number of People Engaged (person)	文物产业 Cultural Relics 机构数（个）Number of Institutions (unit)	文物产业 Cultural Relics 人数（人）Number of People Engaged (person)
全区总计	**Total**	**272**	**1327**	**107**	**1170**
银川市	**Yinchuan**	**62**	**240**	**31**	**339**
兴庆区	Xingqing	16	29	4	10
西夏区	Xixia	10	24	5	42
金凤区	Jingfeng	8	19	5	51
永宁县	Yongning	8	28	3	6
贺兰县	Helan	9	66	4	68
灵武市	Lingwu	10	46	4	63
银川市本级	Prefecture Level	1	28	6	99
石嘴山市	**Shizuishan**	**40**	**139**	**12**	**129**
大武口区	Pingluo	12	30	2	3
惠农区	Huinong	13	40	1	
平罗县	Pingluo	14	52	5	96
石嘴山市本级	Prefecture Level	1	17	4	30
吴忠市	**Wuzhong**	**54**	**339**	**21**	**232**
利通区	Litong	13	37	1	
红寺堡	Hongsipu	7	91	2	22
盐池县	Yanchi	9	37	5	48
同心县	Tongxin	13	59	6	53
青铜峡市	Qingtongxia	11	91	4	71
吴忠市本级	Prefecture Level	1	24	3	38
固原市	**Guyuan**	**71**	**364**	**23**	**176**
原州区	Yuanzhou	15	66	4	40
西吉县	Xiji	20	110	5	51
隆德县	Longde	14	52	5	34
泾源县	Jingyuan	8	39	4	13
彭阳县	Pengyang	13	51	3	33
固原市本级	Prefecture Level	1	46	2	5
中卫市	**Zhongwei**	**44**	**150**	**14**	**74**
沙坡头区	Shapotou	11	21	2	13
中宁县	Zhongning	13	50	4	13
海原县	Haiyuan	19	66	4	17
中卫市本级	Prefecture Level	1	13	4	31
区直单位	Unit of Municipality Directly under the Central Government	1	95	6	220

主要统计指标解释

研究与试验发展(R&D)　指为增加知识存量(也包括有关人类、文化和社会的知识)以及设计已有知识的新应用而进行的创造性、系统性工作,包括基础研究、应用研究和试验发展三种类型。国际上通常采用R&D活动的规模和强度指标反映一国的科技实力和核心竞争力。

基础研究　指一种不预设任何特定应用或使用目的的实验性或理论性工作,其主要目的是为获得(已发生)现象和可观察事实的基本原理、规律和新知识。其成果通常表现为提出一般原理、理论或规律,并以论文、著作、研究报告等形式为主。

应用研究　指为获取新知识,达到某一特定的实际目的或目标而开展的初始性研究。应用研究是为了确定基础研究成果的可能用途,或确定实现特定和预定目标的新方法。其研究成果以论文、著作、研究报告、原理性模型或发明专利等形式为主。

试验发展　指利用从科学研究、实际经验中获取的知识和研究过程中产生的其他知识,开发新的产品、工艺或改进现有产品、工艺而进行的系统性研究。其研究成果以专利、专有技术,以及具有新颖性的产品原型、原始样机及装置等形式为主。

R&D人员　指报告期R&D活动单位中从事基础研究、应用研究和试验发展活动的人员。包括直接参加上述三类R&D活动的人员,以及与上述三类R&D活动相关的管理人员和直接服务人员,即直接为R&D活动提供资料文献、材料供应、设备维护等服务的人员。不包括为R&D活动提供间接服务的人员,如餐饮服务、安保人员等。

R&D人员全时当量　指报告期R&D人员按实际从事R&D活动时间计算的工作量,以"人年"为计量单位。为国际上比较科技人力投入而制定的可比指标。

R&D经费支出　指报告期调查单位内部为实施R&D活动而实际发生的全部经费,按支出性质分为日常性支出和资产性支出。不包括调查单位委托其他单位或与其他单位合作开展R&D活动而转拨给其他单位的全部经费。

专利　是专利权的简称,是对发明人的发明创造经审查合格后,由专利局依据专利法授予发明人和设计人对该项发明创造享有的专有权。包括发明、实用新型和外观设计。反映拥有自主知识产权的科技和设计成果情况。

发明(专利)　指对产品、方法或者其改进所提出的新的技术方案。是国际通行的反映拥有自主知识产权技术的核心指标。

Explanatory Notes on Main Statistical Indicators

Research and Experimental Development (R&D) refers to creative and systematic work undertaken in order to increase the stock of knowledge (including knowledge of humankind, culture and society) and to devise new applications of available knowledge. R&D includes 3 categories of activities: basic research, applied research and experimental development. The scale and intensity of R&D are widely used internationally to reflect the strength of S&T and the core competitiveness of a country in the world.

Basic Research refers to experimental or theoretical work undertaken primarily to acquire new knowledge of the underlying foundations of phenomena and observable facts, without any particular application or use in view. Basic research usually formulates hypotheses, theories or laws , and its results are mainly released or disseminated in the form of scientific papers or monographs or research reports.

Applied Research refers to original investigation undertaken in order to acquire new knowledge. It is directed primarily towards a specific, practical aim or objective. Purpose of the applied research is to identify the possible uses of results from basic research, or to explore new (fundamental) methods or new approaches. Results of applied research are expressed in the form of scientific papers, monographs, fundamental models or invention patents.

Experimental Development refers to systematic work, drawing on knowledge gained from research and practical experience and producing additional knowledge, which is directed to producing new products or processes or to improving existing products or processes. Results of experimental development activities are embodied in patents, exclusive technology, and monotype of new products or equipment.

R&D Personnel refer to persons of R&D activities units engaged in basic research, applied research, and experimental development at the reference period, including persons of directly participating in the three activities above, as well as managment and direct service staff related to R&D activities, such as literature provision, material supply,equipment maintenance staff, it excludes persons providing indirect support and ancillary services, such as canteen and security staff.

Full – time Equivalent of R&D Personnel refers to the ratio of working hours actually spent on R&D during a specific reference period (usually a calendar year) divided by the total number of hours conventionally worked in the same period by an individual or by a group. The measurement unit of the ratio is "man – years". This is an internationally comparable indicator of S&T manpower input.

Expenditure on R&D refers to the real expenditure of surveyed units on their own R&D activities in reporting period. It is divided into current expenditures and gross fixed capital expenditures for R&D according to the nature of expenditure. It doesn't include the fees transferred to cooperated or entrusted agencies on R&D activities.

Patent is an abbreviation for the patent right and refers to the exclusive right of ownership by the inventors or designers for the creation or inventions, given from the patent offices after due process of assessment and approval in accordance with the Patent Law. Patents are granted for inventions, utility models and designs. This indicator reflects the achievements of S&T and design with independent intellectual property.

Patented Inventions refer to new technical proposals to the products or methods or their modifications. This is universal core indicator reflecting the technologies with independent intellectual property.

第十八篇 Chapter18

体育卫生民政司法

Sports, Public Health, Civil Administration and Judicature

资料整理：马潇　周莹　王海群　杨瑞博　慕博　李怡

Data Compilation: Ma Xiao　Zhou Ying　Wang Haiqun　Yang Ruibo　Mu Bo　Li Yi

18 - 1　运动成绩统计表(全国比赛)

Athletic Performance (National Competition)

项目	Item	合计 Total	金 Gold	银 Silver	铜 Bronze	四 Fourth	五 Fifth	六 Sixth	七 Seventh	八 Eighth
合计	**Total**	**50**	**2**	**4**	**4**	**7**	**9**	**7**	**11**	**6**
田径	Track and Field Events	2					1			1
游泳	Swimming									
水球	Water Polo									
举重	Weightlifting	13		1	1		5		5	1
摔跤	Wrestling									
跆拳道	Taekwondo									
自行车	Bicycles									
射击	Shooting	7					1	1	4	1
赛艇	Rowing									
足球	Football									
篮球	Basketball									
排球	Volleyball									
击剑	Fencing	2					1		1	
武术	Wushu									
射箭	Archery	17		3	2	3	1	5	1	2
攀岩	Rock climbing	3				2		1		
帆船	Sailing									
散打	Sanda									
现代五项	Modern Pentathlon	6	2		1	2				1

18－2 运动成绩统计表(全区青少年锦标赛)

Athletic Performance (Provincial Youth Championship)

项目	Item	合计 Total	金 Gold	银 Silver	铜 Bronze	四 Fourth	五 Fifth	六 Sixth	七 Seventh	八 Eighth
合计	**Total**	**2166**	**315**	**313**	**357**	**248**	**328**	**210**	**208**	**187**
田径	Track and Field Events	422	60	60	60	59	53	48	42	40
射击	Shooting	77	11	11	11	10	10	8	8	8
武术	Wushu	216	32	32	32	29	27	23	21	20
游泳	Swimming	271	36	35	35	35	35	35	35	25
举重	Weightlifting	77	12	12	12	12	10	7	6	6
国际式摔跤	International Wrestling	126	17	17	34		33		15	10
中国式摔跤	Chinese Wrestling	32	7	7	11		7			
攀岩	Rock Climbing	48	6	6	6	6	6	6	6	6
跆拳道	Taekwondo	120	16	16	31		57			
足球	Football	43	6	6	6	6	6	5	4	4
篮球	Basketball	32	4	4	4	4	4	4	4	4
三人制篮球	Three person basketball	6	1	1	1	1	1	1		
排球	Volleyball	20	3	3	3	3	2	2	2	2
沙滩排球	Beach Volleyball	20	3	3	3	3	2	2	2	2
乒乓球	Table Tennis	32	4	4	4	4	4	4	4	4
羽毛球	badminton	92	13	13	13	13	10	10	10	10
网球	Tennis	50	6	6	6	6	6	6	7	7
拳击	Boxing	32	8	8	16					
轮滑	Roller－skating	156	20	20	20	20	20	20	19	17
短道速滑	Short track speed skating	57	9	9	9	6	6	6	6	6
高山滑雪	Alpine skiing	12	2	2	2	2	2	2		
马术	Equestrian	23	3	3	3	3	3	3	3	2
射箭	Archery	45	8	8	8	6	6	3	3	3
铁人三项	Triathlon	31	6	5	5	4	4	3	2	2
自行车	Bicycle	8	1	1	1	1	1	1	1	1
中国象棋	Chinese Chess	22	4	4	4	2	2	2	2	2
围棋	the game of go	22	4	4	4	2	2	2	2	2
街舞	Hip hop	27	4	4	4	4	4	3	2	2
健美操	Aerobics	8	1	1	1	1	1	1	1	1
啦啦操	Cheerleading	14	2	2	2	2	2	2	1	1
体育舞蹈	Dance Sports	25	6	6	6	4	2	1		

18－3　健身场地设施情况表

Basic Statistics on Sporting Areas and Facilities

指标名称	Item	合计 Total	村级农民体育健身工　程 Village farmer sports fitness project	乡镇体育健身工程 Rural sports fitness project	全民健身路径工程 The national fitness program	全民健身活动中心 National health students activity cente	
						大、中型 Big, medium－sized	小型 Small－sized
数量(个)	Quantity(unit)	138	82				3
器材件数(件)	Equipment pieces (pieces)						
场地面积(m^2)	Site area (M^2)	137860	65600				6000
场地长度(m)	Field length (meter)	15000					
投资总额(万元)	The total investment (10 000 yuan)	12028	410				1840
其中:财政资金	Fiscal funds	9118					1840
彩票公益金	Lottery	9210	410				
社会资金	Social funds						

18－3　续表　continued

指标名称	Item	户外健身场地设施 Outdoor fitness venues and facilities					其他场地设　施 Other facilities
		体育公园 Sports Park	全民健身广场 Fitness Plaza	户外体育营地 Outdoor sports camp	社区运动场地 Community sports venues	健身步道 Fitness trail	
数量(个)	Quantity(unit)				40		13
器材件数(件)	Equipment pieces (pieces)						
场地面积(m^2)	Site area (M^2)				32000		34260
场地长度(m)	Field length (meter)					15000	
投资总额(万元)	The total investment (10 000 yuan)				2000	6300	1478
其中:财政资金	Fiscal funds					6300	978
彩票公益金	Lottery				2000	6300	500
社会资金	Social funds						

18－4　体育系统从业人员情况表

指标名称 Item	合计 Total	公务员 Civil servants	管理人员 Managers	专业技术人员　Professional				
				小计 Subtotal	体　育教练员 Sports Coaches	科学研究人员 Scientific research personnel	卫生技术人员 Health technical personnel	会计专业人员 Accounting professionals
合计 Total	**937**	**39**	**224**	**261**	**153**	**5**	**14**	**7**
体育行政机关 Administrative Agencies of Physical Culture and Sports	40	39						
运动项目管理部门（优秀运动队） Sports Ecents Management (Excellent sports team)	427		40	116	109		4	3
本科院校 colleges								
职业、运动技术学院 Sports Technical Institutes	168		42	126	43	1	1	2
体育运动学校 Physical Education and Sports Schools								
竞技体校 Competitive Soprts School								
少年儿童体育学校（业余体校） Spare－time Sport School								
单项运动学校 Individual Sports Schools								
体育中学 Sports middle school								
训练基地 Training bases								
体育场馆 Stadium and Gymnasium	137		28	2				
体育科研机构 Science and Technology of Sport Institute	41		6	13		4	9	
其他事业单位 Other institutions								
其它 Others	124		108	4	1			2

Number of Institutions and Engaged people of Physical System

专业技术人员 Professional					优秀运动队运动员 Excellent Athlete of Sprot Team						工勤人员 Workers and Service Personel	其他 Others
工程技术人员 Engineering and technical personnel	高等学校教师 Higher School Teachers	中等专业学校教师 Specialized Secondary school teachers	中小学教 师 Primary and secondary school teachers	其他 Others	小计 Subtotal	集训 Assemble for training	试训 On trial	正式 Formal	职业转换过渡期 On Carreer transition period	其他 Others		
1	**57**			**24**	**262**	**150**	**62**	**49**	**1**		**22**	**129**
											1	
					262	150	62	49	1		9	
	57			22								
				2							1	106
												22
1											11	1

18－5 分项目、分技术等级运动员发展情况

Certified Athletes by Type of Sports and Technical Grade

单位:人 (person)

项 目	Item	等级运动员 Grade athlete 合计 Total	女 Female	国际级运动健将 International Master of Sports	女 Female	运动健将 Master of Sports	女 Female	一级运动员 First Grade	女 Female	二级运动员 Second Grade	女 Female
合 计	**Total**	**599**	**239**					**99**	**42**	**500**	**197**
田径	Track and Field Events	91	21					2	1	89	20
游泳	Swimming	33	16					3	3	30	13
跳水	Diving										
蹦床	Trampoline										
水球	Water Polo										
花样游泳	Synchronized Swimming										
举重	Weightlifting	2	1							2	1
摔跤	Wrestling	54	18					15	5	39	13
跆拳道	Taekwondo	12	5					6	3	6	2
自行车	Bicycles	8						3		5	
射击	Shooting	1	1					1	1		
足球	Football										
篮球	Basketball	190	92					8		182	92
排球	Volleyball	154	65					59	29	95	36
乒乓球	Table Tennis	33	11					2		31	11
武术	Wushu	21	9							21	9

18－6　分项目、分技术等级裁判员发展情况

Referee by Type of Sports and Technical Grade

单位：人　　　　　　　　　　　　　　　　　　　　　　　　　　　　　　　　　　(person)

项　目	Item	合计 Total	女 Female	国家级 National level	女 Female	一级 First Grade	男 Male	女 Female	二级 Second Grade	男 Male	女 Female
总 计	**Total**	**98**				**98**	**57**	**41**			
田径	Track and Field Events	70				70	47	23			
摔跤	Wrestling										
跆拳道	Taekwondo										
射击	Shooting										
足球	Football										
篮球	Basketball										
排球	Volleyball	24				24	7	17			
沙滩排球	Beach Volleyball										
乒乓球	Table Tennis										
羽毛球	Badminton										
健美操	Aerobics	1				1		1			
武术	Wushu	1				1	1				
定向	Orienteering										
毽球	Shuttlecock										
航空模型	Aviation Model										
门球	Gateball										
网球	Tennis										
拳击	Boxing										
健身气功	Health qigong	2				2	2				

18-7 主要年份卫生机构数

Number of Health Care Institutions in Main Years

单位:个　　　　　　　　　　　　　　　　　　　　(unit)

年份 Year	总计 Total	医院、卫生院 Hospitals and Health Centers	医院 Hospital	疗养院、所 Sanatoriums	门诊部、所 Clinics	专科防治所、站 Specialized Prevention & Treatment Centers or Stations	疾病预防控制中心 Center for Disease Control and Prevention	妇幼保健所、站 Women and Children Care Agencies	其他卫生机构 Other Institutions
1950	156	6			134			2	14
1955	221	21		1	166		1	14	18
1958	314	81	37	1	194		20	17	1
1960	586	37	37	1	501	3	24	17	3
1965	607	124	30	4	429	4	20	22	4
1970	519	334			160	2	21		2
1975	736	282	47		406	1	22	18	7
1978	825	306	61		470	1	22	19	7
1980	916	305	60	1	552	2	23	21	12
1985	1057	303	69	2	685	6	24	21	16
1990	1163	177	82	3	894	8	29	27	25
1995	1026	368	91	2	564	11	31	26	24
2000	1361	380	96	2	887	9	28	25	30
2001	1266	387	106	2	785	9	28	25	30
2002	1393	390	110	2	905	9	27	25	35
2003	1499	401	122	2	930	6	28	25	107
2004	1483	400	132	2	993	4	25	22	37
2005	1463	400	134	1	900	4	25	21	112
2006	1553	369	131	1	1022	3	26	21	111
2007	1530	382	140	1	977	1	26	22	121
2008	1633	389	150	1	1058		25	22	138
2009	1601	394	158	1	1015		24	22	145
2010	1583	390	157	1	1003		25	22	142
2011	4143	391	156	1	1034		25	22	2670
2012	4136	369	141	1	1135		25	22	2584
2013	4230	384	156	1	1097		25	22	2701
2014	4252	380	161	1	1118		25	22	2706
2015	4289	387	168	1	1178		25	22	2676
2016	4256	409	190	1	1243		25	21	2557
2017	4272	429	209	1	1279		25	21	2517
2018	4451	448	231	1	1420		25	21	2536
2019	4395	422	217		1477		25	21	2450
2020	4574	423	218		1639		25	23	2434

注：　其他卫生机构包括社区卫生服务机构、村卫生室、卫生监督所、急救中心等机构。

Note: Other health institutions include community health service institutions, village clinics, health supervision offices, emergency centers, etc.

18－8 主要年份卫生机构床位数

Number of Beds in Health Care Institutions in Main Years

单位:张 (bed)

年份 Year	总 计 Total	医 院 Hospitals	门诊部 Clinics	其他卫生机构 Other Health Care Institutions	每千人口医院床位数 Number of Beds of Hospitals and Health Centers per 1000 Population
1950	40	40			0.03
1955	332	282		50	0.17
1958	1377	1136	160	81	0.61
1960	1531	1421	30	80	0.67
1965	4155	2823	1072	260	1.28
1970	3729	3703	26		1.37
1975	6549	5921	616	12	1.84
1978	7517	6962	542	13	1.98
1980	7866	7184	604	78	1.95
1985	9567	8640	726	201	2.10
1990	10556	10045	226	285	2.16
1995	13099	12144	542	413	2.39
2000	13825	13229	117	479	2.41
2001	14434	12142	127	2165	2.17
2002	14782	13768	48	966	2.43
2003	15728	13143	96	2489	2.28
2004	16870	14087	108	2675	2.41
2005	17802	14780	174	2848	2.50
2006	18307	15729	44	2534	2.62
2007	18927	16488	12	2427	2.72
2008	20958	17721	9	3228	2.72
2009	22142	18791		3351	3.02
2010	23659	20258	9	3392	3.22
2011	25882	22114	9	3759	3.48
2012	27765	23937	40	3788	3.70
2013	31130	27076	55	3999	4.14
2014	32515	28493	30	3992	4.31
2015	33804	29566	135	4103	4.43
2016	36313	32027		4286	4.75
2017	39820	34822	6	4992	5.11
2018	41005	35698	6	5301	5.19
2019	40877	35324		5553	5.09
2020	41261	35565		5696	4.94

18－9　各类医院机构、床位及人员数

指　标	Item
医院总计	**Hospitals**
市	City
县	County
综合医院	Ceneral Hospitals
中医医院	Hospitals Specialized in Chinese Medicine
专科医院	Specialized Hospitals
其他医院	Others

注：　中医医院包括中医医院、中西医结合医院、民族医药。

18－10　社会福利类收养性单位基本情况

指　标	Item
提供住宿社会服务机构	Social Welfare Institutions and Facilities with Accommodation

Number of Health Care Institutions, Beds and People

机构数（个） Health Care Institutions (unit)	床位数（张） Beds (bed)	职工人数（人） Number of Staff (person)	卫生技术人员 Medical Technical Personnel	执业医师、助理执业医师 Licensed and Assistant Doctors
218	**35565**	**45952**	**38263**	**13197**
137	24441	33574	27545	9690
81	11124	12378	10718	3507
137	26287	35024	29486	10151
35	5758	6763	5772	2013
46	3520	4165	3005	1033

Note: Traditional Chinese Medicine Hospital includes traditional Chinese Medicine Hospital, Integrated Traditional Chinese and Western Medicine Hospital, National Medicine.

Basic Statistics on Social Welfare and Salvation Institutions

院数（个） Number of Homes (unit)	工作人员（人） Number of Staff and Workers (person)	床位（张） Number of Beds (bed)	年末收养人数（人） Year - end People Adopted (person)
135	2316	22080	8897

18－11　主要年份享受救济人员情况

单位:人次

指　　标	Item
农村困难户得到救济人次数	Number of People Receiving Poor Relief in Rural Areas
城镇贫困户得到救济人次数	Number of People Receiving Poor Relief in Urban Areas

18－12　主要年份律师、公证、调解工作基本情况

项　目	Item	单位	Unit
律师工作	**Lawyers**		
律师事务所	Number of Law Offices	个	unit
律师	Lawyers	人	person
担任法律顾问的单位	Legal Advisors	处	unit
民事代理	Agent of Civil Cases	件	case
刑事辩护	Defender of Criminal Cases	件	case
非诉讼事件	Agent of Non－litigious Legal Affairs	件	case
涉外法律事务	Foreign Legal Affairs	件	case
公证工作	**Notarization**		
公证处	Number of Notary Offices	个	unit
公证员	Notaries Personnel	人	person
办理公证文书	Number of Notarized Documents	件	case
人民调解工作	**Number of People's Mediation**		
专职司法助理员	Number of Full－time Judicial Assistants	人	person
人民调解委员会	Number of People's Mediation Committees	个	unit
人民调解员	Number of Mediators	人	person
调解民间纠纷	Number of Citizen Disputes Mediated	件	case

18－13　火灾、交通事故情况

项　目	Item	单位	Unit
发生	Fire Accidents	起	case
死亡	Deaths	人	person
受伤	Injuries	人	person
损失折款	Losses Converted into Cash	万元	10 000 yuan
平均每起损失	Average Loss of Fire	元	yuan

People Receiving Subsidies or Relief Funds in Main Years

(person time)

1990	2000	2010	2012	2013	2014	2015	2016	2017	2018	2019	2020
328483	88484	434784	989534	411494	462000	1333988	434080	383502	375497	383268	395650
4652	1792410	214174	303848	179824	168430	167812	145716	115795	98249	93212	84096

Basic Statistics on Lawyers, Notarization and Mediation in Main Years

1990	2000	2010	2012	2013	2014	2015	2016	2017	2018	2019	2020
32	62	78	85	88	97	110	126	141	146	159	194
223	722	993	1263	1444	1601	1830	2049	2432	2768	3061	3787
515	767	1335	1405	1742	2085	2315	2475	2491	2945	3434	3606
2617	5284	12904	10962	15562	18218	21761	22663	21652	26724	34911	34863
2050	2368	2949	3807	3932	4496	4265	4607	2512	3558	7551	6437
270	1489	850	1644	868	2558	1621	2589	2526	3839	5087	6602
		2		4				14	18		
26	30	21	21	21	21	21	21	21	21	21	21
123	200	97	123	125	131	126	133	128	130	131	137
11087	66123	64291	66036	73110	72953	72708	78740	73344	67703	77006	78466
347	444	421	492	587	538	795	527	547	682	578	1317
3648	3604	3423	3280	3341	3265	3295	3584	3702	3415	3420	6957
23477	26493	21892	18722	20400	18950	17234	18487	25066	21042	20774	42476
18506	19846	19965	32547	36246	33159	36176	41036	43856	30370	26047	51230

Basic Statistics on Fire and Traffic Accidents

火灾事故 Fire Accident	交通事故 Traffic Accidents
5585	3000
16	702
20	2958
6726	992
12042	3308

18－14 各市县卫生机构数

Number of Health Care Institutions by City and County

单位:个 (unit)

地 区	Region	总计 Total	医院 Hospitals	卫生院 Health Center	疗养院 Sanatorium	门诊部、所 Clinics
全区总计	**Total**	**4574**	**218**	**205**		**1639**
银 川 市	**Yinchuan**	**1337**	**78**	**36**		**851**
兴 庆 区	Xingqing	459	33	4		340
西 夏 区	Xixia	137	6	5		85
金 凤 区	Jinfeng	262	16	2		183
永 宁 县	Yongning	103	2	8		53
贺 兰 县	Helan	179	6	8		98
灵 武 市	Lingwu	197	15	9		92
石嘴山市	**Shizuishan**	**505**	**36**	**23**		**234**
大武口区	Dawukou	155	14	2		102
惠 农 区	Huinong	120	10	7		61
平 罗 县	Pingluo	230	12	14		71
吴 忠 市	**Wuzhong**	**948**	**46**	**44**		**273**
利 通 区	Litong	322	22	11		158
红寺堡区	Hongsipu	135	7	5		18
盐 池 县	Yanchi	148	3	8		25
同 心 县	Tongxin	179	8	11		19
青铜峡市	Qingtongxia	164	6	9		53
固 原 市	**Guyuan**	**1111**	**31**	**62**		**163**
原 州 区	Yuanzhou	300	18	11		99
西 吉 县	Xiji	358	5	19		31
隆 德 县	Longde	145	3	13		11
泾 源 县	Jingyuan	119	3	7		8
彭 阳 县	Pengyang	189	2	12		14
中 卫 市	**Zhongwei**	**673**	**27**	**40**		**118**
沙坡头区	Shapotou	232	11	9		53
中 宁 县	Zhongning	233	13	14		43
海 原 县	Haiyuan	208	3	17		22

18－14 续表 continued

单位:个 (unit)

地 区	Region	疾病预防控制中心 Centers for Disease Control and Prevention	妇幼保健所、站 Women and Children Care Agencies	卫生监督所 Health Supervision	采供血机构 Blood	其他卫生机构 Other Health Care Institutions
全区总计	**Total**	**25**	**23**	**24**	**6**	**2434**
银川市	**Yinchuan**	**8**	**6**	**7**	**1**	**350**
兴庆区	Xingqing	2	1	2		77
西夏区	Xixia	1	1	1		38
金凤区	Jinfeng	2	1	1	1	56
永宁县	Yongning	1	1	1		37
贺兰县	Helan	1	1	1		64
灵武市	Lingwu	1	1	1		78
石嘴山市	**Shizuishan**	**3**	**3**	**3**	**1**	**202**
大武口区	Dawukou	1	1	1	1	33
惠农区	Huinong	1	1	1		39
平罗县	Pingluo	1	1	1		130
吴忠市	**Wuzhong**	**5**	**6**	**5**	**2**	**567**
利通区	Litong	1	2	1	1	126
红寺堡区	Hongsipu	1	1	1		102
盐池县	Yanchi	1	1	1		109
同心县	Tongxin	1	1	1		138
青铜峡市	Qingtongxia	1	1	1	1	92
固原市	**Guyuan**	**6**	**5**	**6**	**1**	**837**
原州区	Yuanzhou	2	1	2	1	166
西吉县	Xiji	1	1	1		300
隆德县	Longde	1	1	1		115
泾源县	Jingyuan	1	1	1		98
彭阳县	Pengyang	1	1	1		158
中卫市	**Zhongwei**	**3**	**3**	**3**	**1**	**478**
沙坡头区	Shapotou	1	1	1	1	155
中宁县	Zhongning	1	1	1		160
海原县	Haiyuan	1	1	1		163

18 – 15 主要年份各市县医院数

Number of Hospitals by City and County in Main Years

单位:个 (unit)

地　区	Region	2016	2017	2018	2019	2020
全区总计	**Total**	**190**	**209**	**231**	**217**	**218**
银川市	**Yinchuan**	**65**	**70**	**86**	**74**	**78**
兴庆区	Xingqing	32	33	40	32	33
西夏区	Xixia	9	9	9	7	6
金凤区	Jinfeng	13	12	14	16	16
永宁县	Yongning	2	2	2	2	2
贺兰县	Helan	5	5	5	6	6
灵武市	Lingwu	4	9	16	11	15
石嘴山市	**Shizuishan**	**32**	**32**	**35**	**35**	**36**
大武口区	Dawukou	16	14	15	14	14
惠农区	Huinong	9	10	10	10	10
平罗县	Pingluo	7	8	10	11	12
吴忠市	**Wuzhong**	**45**	**50**	**50**	**48**	**46**
利通区	Litong	24	26	26	24	22
红寺堡区	Hongsipu	3	7	7	7	7
盐池县	Yanchi	3	3	3	3	3
同心县	Tongxin	9	8	8	8	8
青铜峡市	Qingtongxia	6	6	6	6	6
固原市	**Guyuan**	**25**	**29**	**28**	**31**	**31**
原州区	Yuanzhou	13	13	13	18	18
西吉县	Xiji	3	6	6	5	5
隆德县	Longde	4	4	3	3	3
泾源县	Jingyuan	2	3	3	3	3
彭阳县	Pengyang	3	3	3	2	2
中卫市	**Zhongwei**	**23**	**28**	**32**	**29**	**27**
沙坡头区	Shapotou	10	11	13	12	11
中宁县	Zhongning	7	11	13	13	13
海原县	Haiyuan	6	6	6	4	3

18-16 各市县卫生机构人员数

Number of Employed People in Health Institutions by City and County

单位:人 (person)

地区	Region	总计 Total	卫生技术人员 Medical Technical Personnel	执业(助理)医师 Licensed (Assistant) Personnel	执业医师 Licensed Doctor	注册护士 Registered Nurse	其他 Others	每千人口执业(助理)医师数 Number of Medical Technical Personnel Per 1000 Population
全区总计	**Total**	**71979**	**58629**	**22240**	**19343**	**25972**	**10417**	**3.09**
银川市	**Yinchuan**	**34324**	**28264**	**11124**	**10176**	**12764**	**4376**	**3.89**
兴庆区	Xingqing	16626	13747	5435	5104	6188	2124	6.72
西夏区	Xixia	3295	2844	1110	1019	1298	436	2.47
金凤区	Jinfeng	8708	6850	2712	2533	3250	888	4.21
永宁县	Yongning	1351	1118	388	317	451	279	1.21
贺兰县	Helan	2082	1778	715	577	781	282	2.09
灵武市	Lingwu	2262	1927	764	626	796	367	2.60
石嘴山市	**Shizuishan**	**7961**	**6635**	**2388**	**2073**	**2864**	**1383**	**3.18**
大武口区	Dawukou	3458	2900	1022	897	1289	589	3.43
惠农区	Huinong	2201	1853	639	559	806	408	3.57
平罗县	Pingluo	2302	1882	727	617	769	386	2.65
吴忠市	**Wuzhong**	**11409**	**9295**	**3481**	**2827**	**4126**	**1688**	**2.52**
利通区	Litong	4440	3705	1452	1219	1709	544	3.15
红寺堡区	Hongsipu	1329	1080	366	271	472	242	1.85
盐池县	Yanchi	1250	1048	414	318	395	239	2.60
同心县	Tongxin	2146	1651	630	516	699	322	1.96
青铜峡市	Qingtongxia	2244	1811	619	503	851	341	2.53
固原市	**Guyuan**	**10351**	**7987**	**3024**	**2408**	**3455**	**1508**	**2.65**
原州区	Yuanzhou	4827	3858	1352	1170	1880	626	2.87
西吉县	Xiji	2208	1647	706	534	592	349	2.24
隆德县	Longde	1281	962	379	271	377	206	3.46
泾源县	Jingyuan	770	565	216	159	223	126	2.54
彭阳县	Pengyang	1265	955	371	274	383	201	2.31
中卫市	**Zhongwei**	**7934**	**6448**	**2223**	**1859**	**2763**	**1462**	**2.08**
沙坡头区	Shapotou	3697	3027	997	859	1409	621	2.49
中宁县	Zhongning	2310	1900	690	538	780	430	2.07
海原县	Haiyuan	1927	1521	536	462	574	411	1.61

18－17 主要年份各市县卫生技术人员数

Medical Technical Personnel in Health Care Institutions by City and County in Main Years

单位:人 (person)

地　区	Region	2016	2017	2018	2019	2020
全区总计	**Total**	**44721**	**49714**	**53029**	**55346**	**58629**
银川市	**Yinchuan**	**22077**	**23603**	**25449**	**26674**	**28264**
兴庆区	Xingqing	12003	12835	13334	13299	13747
西夏区	Xixia	2140	2270	2447	2600	2844
金凤区	Jinfeng	4867	5060	5683	6579	6850
永宁县	Yongning	787	877	1093	1111	1118
贺兰县	Helan	1023	1138	1352	1550	1778
灵武市	Lingwu	1257	1423	1540	1535	1927
石嘴山市	**Shizuishan**	**5956**	**6130**	**6530**	**6518**	**6635**
大武口区	Dawukou	2731	2778	2981	2921	2900
惠农区	Huinong	1728	1809	1852	1900	1853
平罗县	Pingluo	1497	1543	1697	1697	1882
吴忠市	**Wuzhong**	**6903**	**7845**	**8201**	**8552**	**9295**
利通区	Litong	2966	3292	3423	3541	3705
红寺堡区	Hongsipu	538	794	935	988	1080
盐池县	Yanchi	628	893	930	967	1048
同心县	Tongxin	1274	1319	1375	1452	1651
青铜峡市	Qingtongxia	1497	1547	1538	1604	1811
固原市	**Guyuan**	**4815**	**6676**	**7004**	**7545**	**7987**
原州区	Yuanzhou	2309	3308	3429	3717	3858
西吉县	Xiji	917	1227	1444	1430	1647
隆德县	Longde	667	984	924	931	962
泾源县	Jingyuan	309	362	371	530	565
彭阳县	Pengyang	613	795	836	937	955
中卫市	**Zhongwei**	**4970**	**5460**	**5845**	**6057**	**6448**
沙坡头区	Shapotou	2440	2507	2815	2899	3027
中宁县	Zhongning	1461	1591	1694	1760	1900
海原县	Haiyuan	1069	1362	1336	1398	1521

18－18 各市县卫生机构床位数

Number of Beds in Health Care Institution by City and County

单位：张 (bed)

地 区	Region	合计 Total	医院 Hospitals	社区卫生服务机构 Community Health Service Institutions	卫生院 Health Centers	专业公共卫生机构（妇幼保健院、所、站） Specialized Public Health Institutions (Maternity and Child Centers)
全区总计	**Total**	**41261**	**35565**	**432**	**3657**	**1602**
银 川 市	**Yinchuan**	**17621**	**15694**	**304**	**690**	**928**
兴 庆 区	Xingqing	8009	7240	74	113	582
西 夏 区	Xixia	1936	1717	152	67	
金 凤 区	Jinfeng	4386	4015	50	81	235
永 宁 县	Yongning	629	450		159	20
贺 兰 县	Helan	1099	927		107	65
灵 武 市	Lingwu	1562	1345	28	163	26
石嘴山市	**Shizuishan**	**5029**	**4634**	**19**	**283**	**93**
大武口区	Dawukou	2252	2150	8	34	60
惠 农 区	Huinong	1446	1347	11	88	
平 罗 县	Pingluo	1331	1137		161	33
吴 忠 市	**Wuzhong**	**6512**	**5496**	**73**	**789**	**154**
利 通 区	Litong	2557	2263	30	212	52
红寺堡区	Hongsipu	729	636		49	44
盐 池 县	Yanchi	647	470		164	13
同 心 县	Tongxin	1394	1172		195	27
青铜峡市	Qingtongxia	1185	955	43	169	18
固 原 市	**Guyuan**	**7172**	**5732**	**33**	**1068**	**339**
原 州 区	Yuanzhou	3305	3018	27	140	120
西 吉 县	Xiji	1677	1177	6	442	52
隆 德 县	Longde	842	707		103	32
泾 源 县	Jingyuan	509	340		154	15
彭 阳 县	Pengyang	839	490		229	120
中 卫 市	**Zhongwei**	**4927**	**4009**	**3**	**827**	**88**
沙坡头区	Shapotou	2244	2055		156	33
中 宁 县	Zhongning	1343	1098		245	
海 原 县	Haiyuan	1340	856	3	426	55

注： 床位数为实有床位数。

Notes: The number of beds in other health institutions in this table refers to the number of beds in the sanatorium ,and the number of beds is the number of organizational beds .

主要统计指标解释

医疗卫生机构 指从卫生(卫生计生)行政部门取得《医疗机构执业许可证》《中医诊所备案证》《计划生育技术服务许可证》,或从民政、工商行政、机构编制管理部门取得法人单位登记证书,为社会提供医疗服务、公共卫生服务或从事医学科研和医学在职培训等工作的单位。医疗卫生机构包括医院、基层医疗卫生机构、专业公共卫生机构、其他医疗卫生机构。

医院 包括综合医院、中医医院、中西医结合医院、民族医院、各类专科医院和护理院,不包括专科疾病防治院、妇幼保健院和疗养院,包括医学院校附属医院。

床位数 指年底固定实有床位(非编制床位),包括正规床、简易床、监护床、超过半年加床、正在消毒和修理床位、因扩建或大修而停用的床位,不包括产科新生儿床、接产室待产床、库存床、观察床、临时加床和病人家属陪待床。

卫生总费用 指一个国家或地区在一定时期内,为开展卫生服务活动从全社会筹集的卫生资源的货币总额,按来源法核算。它反映一定经济条件下,政府、社会和居民个人对卫生保健的重视程度和费用负担水平,以及卫生筹资模式的主要特征和卫生筹资的公平性合理性。

Explanatory Notes on Main Statistical Indicators

Health Care Institutions refer to the units which have been qualified with the Certification of Health Care Institution, filing certificate of traditional Chinese medicine clinic, certification of family planning technical service by the administration of health (family planning), or qualified with the Certification of Corporate Unit by the civil affairs, administration for industry and commerce, and engaging in medical care services, public health services, or medicine research and on - job training, etc., including: hospitals, health care institutions at grass - root level, specialized public health institutions, and other health care institutions.

Hospitals include general hospitals, traditional Chinese medicine hospitals, hospitals of integrated traditional Chinese and western medicine, nationalities hospitals, specialized hospitals and nursing hospitals, as well as affiliated hospitals of medical colleges, excluding specialized disease prevention and treatment institutes, maternal and child health centers and convalescent hospitals.

Number of Beds refer to the actual fixed beds (not the authorized beds) at year - end, including regular beds, simple beds, monitoring beds, extra bed over 6 months, beds under disinfection or repairing, beds deactivated due to expansion or overhaul, not including neonatal beds, pre - delivery beds, inventory beds, observation beds, temporary beds and family accompany beds.

Total Health Expenditure refers to the total monetary value of health resources in a country or a region mobilized by the whole society for public health, calculated based on source approach. It reflects the attention and affordability of the government, society and individuals for public health, and the major characteristics, justice and rationality of the health fund - raising model under certain economic circumstance.

第十九篇 Chapter19

生态环境 Ecological Environment

资料整理:崔琳　王增沈　王伟　马春艳　佘媛　杨则南　程朵

Data Compilation:Cui Lin　Wang Zengshen　Wangwei　Ma Chunyan　SheYuan　Yang Zenan　Cheng Duo

19－1 全区环境保护基本情况

指　　标	Item
环保系统建设情况	**Situation of Environmental Protection Agencies**
机构总数(个)	Number of Agencies(unit)
监测站	Monitoring Station
监察机构	Supervision Institution
人员总数(人)	Total Number of Staff and Workers(person)
监测人员	Monitoring Personnel
监察人员	Supervision Personnel
污染排放与处理情况	**Pollution Discharge and Treatment**
废水	Waste Water
工业废水排放量(万吨)	Volume of Waste Water Discharge(10 000 tons)
城镇生活污水排放量(万吨)	Consumption Waste Water Discharge in Town(10 000 tons)
化学需氧量(COD)排放量(万吨)	Chemical oxygen demand (COD) emissions (10 000 tons)
工业	Industrial
农业	Agriculture
生活及其他	Domestic and others
氨氮排放量(万吨)	Ammonia Nitrogen (10 000 tons)
工业	Industrial
农业	Agriculture
生活及其他	Domestic and others
废气	Waste Gas
工业废气排放量(亿标立方米)	Volume of Industrial Waste Gas Emission(100 million cu. m)
二氧化硫排放量(万吨)	Volume of Sulphur Dioxide Emission (10 000 tons)
工业	Industry
生活及其他	Domestic and others
氮氧化物排放量(万吨)	Volume of Nitrogen Oxide Emissions(10 000 tons)
工业	Industry

注:1. 本数据来源于自治区生态环境厅,2018 年起自然保护区情况来源于自治区林业和草原局。

2. 根据“十三五”环境管理的规定,2016 年起对污染源统计调查范围、核算方法等进行了调整。

Basic Statistics on Environmental Protection

2010	2011	2012	2013	2014	2015	2016	2017	2018	2019	2020
62	65	65	65	69	62	54	37	27	67	79
15	18	18	13	17	14	19	12	15	17	18
17	24	24	20	15	18	18	22	12	21	24
1008	985	985	985	921	1030	938	719	557	931	922
306	336	336	338	329	300	305	378	315	256	277
277	290	290	405	239	306	301	330	242	218	275
21977.5	18666.4	16547.8	15708.1	15146.8	16442.8	13564.4	12373.4	12642.3	12599.6	11118.7
18676.3	20138.0	22388.6	22809.8	22119.8	15572.9	17820.9	20510.3	21976.5	25745.6	11934.5
24.0	23.4	22.8	22.2	22.0	21.1	10.1	8.7	9.2	9.0	22.0
11.3	11.2	10.5	10.3	10.0	6.8	2.0	1.5	1.6	1.3	0.3
10.6	10.3	10.2	10.1	10.1	10.2	5.0	4.6	5.2	5.7	17.7
2.1	1.9	2.1	1.8	1.9	4.1	3.2	2.6	2.3	2.0	2.3
1.8	1.8	1.7	1.7	1.7	1.6	0.6	0.4	0.4	0.3	0.3
1.0	0.9	0.9	0.9	0.8	0.7	0.1	0.1	0.1	0.1	
0.2	0.2	0.2	0.2	0.2	0.2					0.1
0.6	0.6	0.7	0.6	0.7	0.7	0.5	0.3	0.3	0.2	0.2
16324.2	10055.9	9324.5	10026.2	10717.0	8760.5	12532.6	17661.4	13002.8		13336.4
38.3	41.0	40.7	39.0	37.7	35.8	19.7	14.8	13.1	12.5	7.2
28.0	38.8	38.4	36.8	34.1	30.4	19.3	14.4	12.7	12.2	6.8
3.0	2.3	2.2	2.2	3.6	5.4	0.4	0.4	0.4	0.3	0.4
41.8	45.8	45.5	43.7	40.4	36.8	21.2	18.0	16.9	15.5	12.1
35.0	38.6	37.9	35.7	32.3	29.2	15.2	12.0	10.9	9.5	7.8

Notes: a) This data comes from the Department of Ecological Environment of the Autonomous Region.

b) According to the Environmental management regulations of "The 13th Five - year Plan", the pollution source statistical survey scope and accounting method have been adjusted since 2016.

19－1 续表

指　　标	Item
生活及其他	Domestic and others
机动车	Motor Vehicle
烟(粉)尘排放量(万吨)	Volume of Soot(Dust) Emission(10 000 tons)
工业	Industry
生活及其他	Domestic and others
机动车	Motor Vehicle
工业二氧化硫产生量(万吨)	Volume of Sulphur Dioxide Produced (10 000 tons)
工业氮氧化物产生量(万吨)	Volume of Industrial of nitrogen oxides Produced (10 000 tons)
工业烟(粉)尘产生量(万吨)	Volume of Industrial Soot(Dust) Produced(10 000 tons)
固体废物	**Solid Wastes**
一般工业固体废物产生量(万吨)	Volume of General Industrial Solid Wastes Produced (10 000 tons)
危险废物产生量(万吨)	Volume of Hazardous Wastes Produced (10 000 tons)
一般工业固体废物综合利用率(%)	Ratio of Industrial Solid Wastes Utilized (%)
一般工业固体废物排放量(万吨)	Volume of Industrial Solid Wastes Discharged (10 000 tons)
工业污染治理项目及投资情况	**Investment Completed in the Treatment of Industrial Pollution**
老工业污染源当年施工污染治理项目数(个)	Number of construction pollution control projects of old industrial pollution sources in the current year (unit)
老工业污染源污染治理项目本年完成投资额(万元)	Completed investment of old industrial pollution source pollution control project this year(10 000 yuan)
废水治理	Treatment of Waste Water
废气治理	Treatment of Waste Gas
固体废物治理	Treatment of Solid Waste
治理噪声治理	Treatment of Noise
其他治理	Treatment of Other Pollution
生态环境保护情况	**Situation of Natural Protection**
自然保护区(个)	Number of Nature Reserves (unit)
国家级	Nation Level
自然保护区面积(万公顷)	Area of Nature Reserves (10 000 hectares)

continued

2010	2011	2012	2013	2014	2015	2016	2017	2018	2019	2020
0.3	0.3	0.3	0.3	0.4	0.8	0.3	0.3	0.3	0.3	0.3
6.5	7.0	7.4	7.8	7.7	6.8	5.7	5.8	5.8	5.8	4.0
25.7	21.6	19.8	23.1	23.9	23.0	25.4	23.3	19.6	19.8	10.2
22.7	19.8	18.1	21.3	21.2	18.5	24.6	22.5	18.9	19.1	8.3
2.3	1.0	0.9	0.9	1.9	3.6	0.7	0.7	0.6	0.6	1.9
0.7	0.8	0.8	0.9	0.9	0.8	0.1	0.1	0.1	0.1	
	119.9	127.5	147.5	140.1	121.4	158.2	146.5	176.3		195.4
	38.2	40.6	53.9	42.4	40.8	39.7	28.4	46.8		32.7
	2325.7	2114.1	1910.7	1864.9	1524.9	2249.9	2006.6	2248.6		2827.9
2465.5	3349.1	2960.7	3276.9	3693.9	3430.1	4483.0	5290.8	6091.2	6423.1	6738.2
4.1	4.9	5.6	5.1	5.3	9.8	54.1	82.5	81.6	89.6	97.8
57.5	61.3	69.0	73.1	79.3	62.0	47.2	37.1	57.4	39.5	46.0
0.9	1.7									0.1
21	112	60	69	76	87	142	80	84	66	60
40896	46091	69160	165486	272967	104318	242101	85551	79088	62335	60458
23478	20017	14298	18947	30829	15719	36037	12801	2690	5798	5780
5618	23140	43543	138889	219777	83045	178048	71115	49401	31775	36638
	1111	5601	7283	14890	3441	4206		230	3080	
	18		6			69		10		23
11800	1823	5717	362	7472	2113	23810	1635	26767	21682	18041
13	13	13	14	14	14	14	14	14	14	
6	6	6	8	9	9	9	9	9	5	
47.0	53.4	53.4	53.3	53.3	53.3	53.3	528647.0	52.6	52.9	

19-2 工业分行业废水排放及处理情况

行 业	Sector
农、林、牧、渔专业及辅助性活动	Agriculture, forestry, animal husbandry, fishery and auxiliary activities
煤炭开采和洗选业	Mining and Washing of Coal
石油和天然气开采业	Extraction of Petroleum and Natural Gas
黑色金属矿采选业	Mining and Processing of Ferrous Metal Ores
有色金属矿采选业	Mining and Processing of Non-ferrous Metal Ores
非金属矿采选业	Mining and Processing of Nonmetal Ores
开采专业及辅助性活动	Mining and auxiliary activities
其他采矿业	Mining of Other Ores
农副食品加工业	Processing of Food from Agricultural Products
食品制造业	Manufacture of Foods
酒、饮料和精制茶制造业	Manufacture of Wine, Beverages and Refined Tea
烟草制品业	Manufacture of Tobacco
纺织业	Manufacture of Textile
纺织服装、服饰业	Manufacture of Textile Wearing Apparel
皮革、毛皮、羽毛及其制品和制鞋业	Manufacture of Leather, Fur, Feather with Related Products and Footware
木材加工及木、竹、藤、棕、草制品业	Processing of Timber, Manufacture of Wood, Bamboo, Rattan, Palm and Straw Products
家具制造业	Manufacture of Furniture
造纸及纸制品业	Manufacture of Paper and Paper Products
印刷和记录媒介复制业	Printing, Reproduction of Recording Media
文教、工美、体育和娱乐用品制造业	Manufacture of Articles For Culture, Education and Sport Activities
石油加工、炼焦和核燃料加工业	Processing of Petroleum, Coking and Nuclear Fuel
化学原料和化学制品制造业	Manufacture of Raw Chemical Materials and Chemical Products
医药制造业	Manufacture of Medicines
化学纤维制造业	Manufacture of Chemical Fibres
橡胶和塑料制品业	Manufacture of Rubber and Plastics
非金属矿物制品业	Manufacture of Non-metallic Mineral Products
黑色金属冶炼和压延加工业	Smelting and Pressing of Ferrous Metals
有色金属冶炼和压延加工业	Smelting and Pressing of Non-ferrous Metals
金属制品业	Manufacture of Metal Products
通用设备制造业	Manufacture of General Purpose Machinery
专用设备制造业	Manufacture of Special purpose Machinery
汽车制造业	Manufacture of Automotive
铁路、船舶、航空航天和其他运输设备制造业	Manufacture of Railways, Shipbuilding, Aerospace and Other Transportation Equipment
电气机械和器材制造业	Manufacture of Electrical Machinery and Equipment
计算机、通信和其他电子设备制造业	Manufacture of Computers, Communication Equipment and Other Electronic Equipment
仪器仪表及文化、办公用机械制造业	Manufacture of Measuring Instruments and Machinery for Cultural Activity and Office Work
其他制造业	Other Manufacturing
废弃资源综合利用业	Recycling and Disposal of Waste
金属制品、机械和设备修理业	Repairing of Metal products, Machinery and Equipment
电力、热力的生产和供应业	Production and Supply of Electric Power and Heat Power
燃气生产和供应业	Production and Supply of Gas
水的生产和供应业	Production and Supply of Water

注:1. 本数据来源于自治区生态环境厅。

2. 根据"十三五"环境管理的规定,2016 年起对污染源统计调查范围、核算方法等进行了调整。

Discharge and Treatment of Waste Water by Sector

汇总工业企业数（个） Number of Industrial Enterprises (unit)	工业废水治理设施数（套） Number of Facilities for Treatment of Industrial Waste Water (set)	工业废水排放量（万吨） Volume of Industrial Waste Water Discharge (10 000 tons)		工业废水处理量（万吨） Volume of Industrial Waste Water Treated (10 000 tons)	化学需氧量排放量（吨） COD Discharged (ton)
			排入污水处理厂的量 Volume of Waste Water Discharged into Sewage Disposal Plants		
3	3	33.15	31.87	33.15	5.40
46	43	4577.43	2179.17	6041.74	818.40
5	3			82.38	
1					
13					
1					
70	56	103.35	64.30	97.68	165.27
25	19	724.36	724.35	724.34	327.95
38	35	118.89	108.43	117.39	132.41
1		1.15	1.15	1.15	0.36
4	2	28.81	28.81	8.81	7.60
2	2	0.84	0.84	0.84	0.21
6	10	9.89	9.89	13.90	2.72
3					
10		0.59	0.59	0.59	0.19
10	2	314.46	37.75	378.66	129.02
9	2	0.57	0.57	0.39	0.13
62	35	1975.35	1975.35	6669.71	175.14
182	101	1655.36	1652.36	2777.07	505.50
16	13	428.09	428.09	427.03	248.55
2	1			22.94	
12	2	17.03	17.03	17.03	6.02
277	29	9.80	9.80	15.21	1.69
54	16	8.62	8.58	189.87	1.36
31	8	204.04	204.04	210.16	120.10
21	7	1.96	1.96	26.45	0.52
14	4	20.40	17.34	13.95	5.03
10	2	8.90	8.90	8.90	2.52
2	2	0.05	0.05	0.05	0.01
12	13	572.85	569.75	592.60	161.03
3	3	34.73	34.73	29.13	6.31
1	1	2.82	2.82	2.82	0.80
4	1				
10	4	0.11	0.11	0.12	0.03
4	1			2.12	
83	69	217.48	217.48	1433.26	44.04
5	2	1.44	1.40		0.26
3	1	46.22	46.22	16.52	16.55

Notes: a) This data comes from the Department of Ecological Environment of the Autonomous Region.

b) According to the Environmental management regulations of "The 13th Five - year Plan", the pollution source statistical survey scope and accounting method have been adjusted since 2016.

19－3 工业分行业废气排放及处理情况

行 业	Sector
农、林、牧、渔专业及辅助性活动	Agriculture, forestry, animal husbandry, fishery and auxiliary activities
煤炭开采和洗选业	Mining and Washing of Coal
石油和天然气开采业	Extraction of Petroleum and Natural Gas
黑色金属矿采选业	Mining and Processing of Ferrous Metal Ores
有色金属矿采选业	Mining and Processing of Non－ferrous Metal Ores
非金属矿采选业	Mining and Processing of Nonmetal Ores
开采专业及辅助性活动	Mining and auxiliary activities
其他采矿业	Mining of Other Ores
农副食品加工业	Processing of Food from Agricultural Products
食品制造业	Manufacture of Foods
酒、饮料和精制茶制造业	Manufacture of Wine, Beverages and Refined Tea
烟草制品业	Manufacture of Tobacco
纺织业	Manufacture of Textile
纺织服装、服饰业	Manufacture of Textile Wearing Apparel
皮革、毛皮、羽毛及其制品和制鞋业	Manufacture of Leather, Fur, Feather with Related Products and Footware
木材加工及木、竹、藤、棕、草制品业	Processing of Timber, Manufacture of Wood, Bamboo, Rattan, Palm and Straw Products
家具制造业	Manufacture of Furniture
造纸及纸制品业	Manufacture of Paper and Paper Products
印刷和记录媒介复制业	Printing, Reproduction of Recording Media
文教、工美、体育和娱乐用品制造业	Manufacture of Articles For Culture, Education and Sport Activities
石油加工、炼焦和核燃料加工业	Processing of Petroleum, Coking and Nuclear Fuel
化学原料和化学制品制造业	Manufacture of Raw Chemical Materials and Chemical Products
医药制造业	Manufacture of Medicines
化学纤维制造业	Manufacture of Chemical Fibres
橡胶和塑料制品业	Manufacture of Rubber and Plastics
非金属矿物制品业	Manufacture of Non－metallic Mineral Products
黑色金属冶炼和压延加工业	Smelting and Pressing of Ferrous Metals
有色金属冶炼和压延加工业	Smelting and Pressing of Non－ferrous Metals
金属制品业	Manufacture of Metal Products
通用设备制造业	Manufacture of General Purpose Machinery
专用设备制造业	Manufacture of Special purpose Machinery
汽车制造业	Manufacture of Automotive
铁路、船舶、航空航天和其他运输设备制造业	Manufacture of Railways, Shipbuilding, Aerospace and Other Transportation Equipment
电气机械和器材制造业	Manufacture of Electrical Machinery and Equipment
计算机、通信和其他电子设备制造业	Manufacture of Computers, Communication Equipment and Other Electronic Equipment
仪器仪表及文化、办公用机械制造业	Manufacture of Measuring Instruments and Machinery for Cultural Activity and Office Work
其他制造业	Other Manufacturing
废弃资源综合利用业	Recycling and Disposal of Waste
金属制品、机械和设备修理业	Repairing of Metal products, Machinery and Equipment
电力、热力的生产和供应业	Production and Supply of Electric Power and Heat Power
燃气生产和供应业	Production and Supply of Gas
水的生产和供应业	Production and Supply of Water

注：1. 本数据来源于自治区生态环境厅。

2. 根据“十三五”环境管理的规定，2016 年起对污染源统计调查范围、核算方法等进行了调整。

Emission and Treatment of Waste Gas by Sector

废气治理设施数（套） Number of Facilities for Treatment of Waste Gas (set)	工业废气排放总量（亿标立方米） Total Volume of Industrial Waste Gas Emission (100 million cu. m)	工业二氧化硫产生量（吨） Volume of Sulphur Dioxide Produced (ton)	工业二氧化硫排放量（吨） Volume of Sulphur Dioxide Emission (ton)	工业氮氧化物产生量（吨） Volume of Industrial Nitrogen Oxides Produced (ton)	工业氮氧化物排放量（吨） Volume of Industrial Nitrogen Oxides Discharged (ton)	工业烟(粉)尘产生量（吨） Volume of Industrial Soot(Dust) Produced (ton)	工业烟(粉)尘排放量（吨） Volume of Industrial Soot(Dust) Emission (ton)
2	1.19	0.01	0.01	376.95	126.38	6.66	0.07
52	20.27	909.29	81.28	278.44	190.83	158798.03	4264.37
	1.88	61.26	61.26	35.14	35.14	46.53	46.53
						44.68	0.06
18	37.16	4065.27	266.35	576.18	230.28	80496.71	46.87
3	0.27	76.50	76.50	4.86	4.86	807.86	2.24
35	2.06	478.75	103.87	89.94	73.30	234.65	19.86
29	108.95	4408.88	378.06	2379.29	561.10	56623.04	96.89
16	3.17	5.13	5.13	19.28	15.91	28.99	8.71
	0.15	0.10	0.10	2.60	2.60		
4	0.11	0.15	0.15	4.33	3.41		
1	0.02	0.01	0.01	0.33	0.26		
3	0.12	6.11	5.38	2.42	2.27	18.42	2.04
4	1.85	40.04	8.70	28.46	28.46	256.49	21.52
17	35.41	0.01	0.01	0.14	0.11	2.46	1.70
15	20.08	771.74	81.48	216.98	83.63	31815.99	11.88
5	0.65	0.01	0.01	2.73	2.18		
323	1645.09	162816.08	4987.16	39570.31	9304.01	2118187.31	9024.56
423	917.94	52436.12	7279.18	12880.82	5883.22	1219791.93	10127.09
19	68.06	6368.83	153.95	8675.51	392.51	109914.13	66.10
9	16.29	490.40	416.84	116	23	1629	7
18	13.21	2.51	0.19	1	1	328	22
834	1102.88	23033.28	13439.31	31434.27	12460.81	3380879.74	36853.41
182	1128.24	28627.55	9048.01	19906.89	15806.90	839224.88	5737.89
98	1304.59	18650.37	7637.15	2166.46	1908.37	47297.25	2685.84
56	104.57	17.97	17.09	21.64	19.90	1569.22	95.08
13	9.63	2160.22	2160.22	8.52	7.10	157.03	85.01
31	1.69	0.33	0.33	8.44	5.74	37.21	16.74
2	0.02						
30	43.53	0.12	0.12	8155	604	5	1
2	0.35			1.73	1.73	0.07	0.07
1							
5	0.39	31.64	17.59	8.59	8.59	947.08	374.73
47	57.32	244.12	147.51	153.78	139.16	19375.73	202.12
3	0.51	0.12	0.12	3.09	2.47	4.66	4.65
257	6685.78	1648101.81	21472.07	198972.24	29953.23	20210854.43	13327.71
3	3.00	15.96	15.96	422.23	92.25	0.07	0.07

Notes: a) This data comes from the Department of Ecological Environment of the Autonomous Region.

b) According to the Environmental management regulations of "The 13th Five - year Plan", the pollution source statistical survey scope and accounting method have been adjusted since 2016.

19-4 按行业分工业固体废物产生及处理利用情况

行　业	Sector
农、林、牧、渔专业及辅助性活动	Agriculture, forestry, animal husbandry, fishery and auxiliary activities
煤炭开采和洗选业	Mining and Washing of Coal
石油和天然气开采业	Extraction of Petroleum and Natural Gas
黑色金属矿采选业	Mining and Processing of Ferrous Metal Ores
有色金属矿采选业	Mining and Processing of Non-ferrous Metal Ores
非金属矿采选业	Mining and Processing of Nonmetal Ores
开采专业及辅助性活动	Mining and auxiliary activities
其他采矿业	Mining of Other Ores
农副食品加工业	Processing of Food from Agricultural Products
食品制造业	Manufacture of Foods
酒、饮料和精制茶制造业	Manufacture of Wine, Beverages and Refined Tea
烟草制品业	Manufacture of Tobacco
纺织业	Manufacture of Textile
纺织服装、服饰业	Manufacture of Textile Wearing Apparel
皮革、毛皮、羽毛及其制品和制鞋业	Manufacture of Leather, Fur, Feather with Related Products and Footware
木材加工及木、竹、藤、棕、草制品业	Processing of Timber, Manufacture of Wood, Bamboo, Rattan, Palm and Straw Products
家具制造业	Manufacture of Furniture
造纸及纸制品业	Manufacture of Paper and Paper Products
印刷和记录媒介复制业	Printing, Reproduction of Recording Media
文教、工美、体育和娱乐用品制造业	Manufacture of Articles For Culture, Education and Sport Activities
石油加工、炼焦和核燃料加工业	Processing of Petroleum, Coking and Nuclear Fuel
化学原料和化学制品制造业	Manufacture of Raw Chemical Materials and Chemical Products
医药制造业	Manufacture of Medicines
化学纤维制造业	Manufacture of Chemical Fibres
橡胶和塑料制品业	Manufacture of Rubber and Plastics
非金属矿物制品业	Manufacture of Non-metallic Mineral Products
黑色金属冶炼和压延加工业	Smelting and Pressing of Ferrous Metals
有色金属冶炼和压延加工业	Smelting and Pressing of Non-ferrous Metals
金属制品业	Manufacture of Metal Products
通用设备制造业	Manufacture of General Purpose Machinery
专用设备制造业	Manufacture of Special purpose Machinery
汽车制造业	Manufacture of Automotive
铁路、船舶、航空航天和其他运输设备制造业	Manufacture of Railways, Shipbuilding, Aerospace and Other Transportation Equipment
电气机械和器材制造业	Manufacture of Electrical Machinery and Equipment
计算机、通信和其他电子设备制造业	Manufacture of Computers, Communication Equipment and Other Electronic Equipment
仪器仪表及文化、办公用机械制造业	Manufacture of Measuring Instruments and Machinery for Cultural Activity and Office Work
其他制造业	Other Manufacturing
废弃资源综合利用业	Recycling and Disposal of Waste
金属制品、机械和设备修理业	Repairing of Metal products, Machinery and Equipment
电力、热力的生产和供应业	Production and Supply of Electric Power and Heat Power
燃气生产和供应业	Production and Supply of Gas
水的生产和供应业	Production and Supply of Water

注:2020年"危险废物综合利用量"与"危险废物处置量"两项指标合为一项指标,即"危险废物综合利用处置量"。

Production, Treatment and Utilization of Industrial Solid Wastes by Sector

一般工业固体废物产生量（万吨） Common Industrial Solid Wastes Produced (10 000tons)	一般工业固体废物综合利用量（万吨） Common Industrial Solid Wastes Comprehen Sively Utilized (10 000tons)	一般工业固体废物处置量（万吨） Common Industrial Solid Wastes Disposed (10 000tons)	一般工业固体废物贮存量（万吨） Stocks of Common Industrial Solid Wastes (10 000tons)	一般工业固体废物倾倒丢弃量（吨） Common Industrial Solid Wastes Discharged (ton)	危险废物产生量（吨） Hazardous Wastes Produced (ton)	危险废物综合利用处置量（吨） Volume of Hazardous Wastes Utilized (ton)	危险废物贮存量（吨） Stock of Hazardous Wastes (ton)	危险废物倾倒丢弃量（吨） Hazardous Wastes Discharged (ton)
0.55	0.40	0.15			370.36	365.96	8.78	
1008.12	721.21	272.93	14.09		548.63	553.78	118.57	
0.11	0.11				6548.12	6754.79	299.05	
9.37	9.37							
0.03	0.03							
11.50	11.50	0.21			0.90	0.90		
25.17	24.39	0.74	0.04		4419.57	5659.85	5284.42	
2.30	2.20	0.09			32.73	32.68	0.69	
0.03	0.03				3.16	1.48	1.67	
0.02	0.01	0.01			6.85	6.78	0.45	
0.01	0.01							
					1.35	1.03	0.55	
7.05	3.94	3.11			24.55	20.80	3.75	
					17.60	19.40	1.43	
1176.35	300.21	882.49	0.11		564606.20	664686.94	25710.82	
628.28	350.01	281.38	12.30	1000.00	158095.36	173358.77	33094.60	
18.32	7.90	10.45	0.03		80691.83	80401.46	729.74	
1.71		1.71			739.73	694.70	225.75	
					2.65	4.00	1.96	
130.00	98.93	33.32	1.70		2590.20	2281.54	15728.99	
689.49	283.97	323.67	99.14		2542.46	2766.53	37.36	
16.35	9.59	9.61	9.07		64553.51	93863.50	60764.70	
1.75	0.42	1.33			1453.60	544.08	989.57	
0.53	0.43	0.10			655.52	656.99	25.08	
0.04	0.01	0.03			63.63	54.36	22.51	
					11.34	11.34		
7.30	3.25	4.07	0.01		1414.59	1350.66	130.24	
0.38	0.01	0.37						
0.03		0.03					6.43	
							0.01	
5.22	3.52		1.70		5226.09	15238.67	18889.00	
					14.81	15.10	0.01	
2998.21	1285.53	1509.88	204.76		82929.90	83169.83	483.82	
					130.16	129.99	0.42	
0.01	0.01							

Notes: In 2020, "comprehensive utilization of hazardous waste" and "disposal of hazardous waste" are combined into one index, that is, "utilization and disposal of hazardous waste".

19 – 5 各市县工业废水排放及处理情况

Discharge and Treatment of Industrial Waste Water by City and County

地区	Region	汇总工业企业数（个）Number of Industrial Enterprises (unit)	废水治理设施数（套）Number of Facilities for Treatment of Waste Water (set)	工业废水处理量（万吨）Industrial Waste Water Disposed (10 000 tons)	工业废水排放总量（万吨）Industrial Waste Water Discharged (10 000 tons)	排入污水处理厂的（万吨）Volume of Waste Water Discharged into Sewage Disposal Plants (10 000ton)	工业废水中化学需氧量排放量（吨）COD Emissions of Industrial Waste Water (ton)	工业废水中氨氮排放量（吨）Ammonia Nitrogen in Industrial Waste Water Discharge (ton)
全区总计	**Total**	**1055**	**492**	**19956**	**11119**	**8384**	**3140**	**119**
银川市	**Yinchuan**	**275**	**194**	**13914**	**7871**	**5677**	**1605**	**36**
兴庆区	Xingqing	13	7	42	44	44	17	1
西夏区	Xixia	63	42	1079	1085	1084	317	6
金凤区	Jinfeng	22	4	9	16	13	5	
永宁县	Yongning	29	16	444	445	435	146	4
贺兰县	Helan	49	22	389	389	388	144	4
灵武市	Lingwu	99	103	11951	5893	3714	875	19
石嘴山市	**Shizuishan**	**376**	**121**	**2051**	**1126**	**1126**	**574**	**53**
大武口区	Dawukou	81	22	620	158	158	88	6
惠农区	Huinong	100	43	681	224	224	75	7
平罗县	Pingluo	195	56	750	745	745	351	36
吴忠市	**Wuzhong**	**204**	**74**	**1724**	**1170**	**947**	**398**	**20**
利通区	Litong	67	26	455	389	389	246	12
红寺堡区	Hongsipu	3	1					
盐池县	Yanchi	80	16	643	457	235	55	1
同心县	Tongxin	11	4	3	3.1	3	3	
青铜峡市	Qingtongxia	43	27	623	320	320	71	7
固原市	**Guyuan**	**90**	**38**	**936**	**71**	**32**	**233**	**5**
原州区	Yuanzhou	41	15	440	51	28	211	5
西吉县	Xiji	25	9	5	11	4	1	
隆德县	Longde	6	2	3	3		13	
泾源县	Jingyuan	2	1				2	
彭阳县	Pengyang	16	11	487	5		7	
中卫市	**Zhongwei**	**110**	**65**	**1331**	**881**	**601**	**329**	**5**
沙坡头区	Shapotou	58	40	1013	824	544	285	4
中宁县	Zhongning	41	22	319	57	57	10	
海原县	Haiyuan	11	3					
宁东地区	**Ningdong District**	**60**	**64**	**9055**	**3615**	**1873**	**389**	**11**

注： 1. 本数据来源于自治区生态环境厅。

2. 根据“十三五”环境管理的规定，2016 年起对污染源统计调查范围、核算方法等进行了调整。

Notes: a) This data comes from the Department of Ecological Environment of the Autonomous Region.

b) According to the Environmental management regulations of "The 13th Five – year Plan", the pollution source statistical survey scope and accounting method have been adjusted since 2016.

19－6　各市县工业废气排放及处理情况

Emission and Treatment of Industrial Waste Gas by City and County

地　区	Region	废气治理设施数（套）Number of Facilities for Treatment of Waste Gas (set)	工业废气排放总量（亿标立方米）Total Volume of Industrial Waste Gas Emission (100 million cu. m)	工业二氧化硫产生量（吨）Volume of Sulphur Dioxide Produced (ton)	工业二氧化硫排放量（吨）Volume of Sulphur Dioxide Emission (ton)
全区总计	**Total**	**2560**	**13336**	**1953821**	**67861**
银 川 市	**Yinchuan**	**785**	**7028**	**1098292**	**16871**
兴 庆 区	Xingqing	18	83	322	85
西 夏 区	Xixia	314	551	45566	895
金 凤 区	Jinfeng	11	8	1	1
永 宁 县	Yongning	33	182	9781	710
贺 兰 县	Helan	83	111	6975	840
灵 武 市	Lingwu	326	6092	1035646	14340
石嘴山市	**Shizuishan**	**975**	**2582**	**368517**	**31463**
大武口区	Dawukou	146	347	75698	8292
惠 农 区	Huinong	249	1491	203615	7080
平 罗 县	Pingluo	580	744	89204	16092
吴 忠 市	**Wuzhong**	**335**	**1982**	**318190**	**9576**
利 通 区	Litong	93	435	59811	1329
红寺堡区	Hongsipu	2	4	680	126
盐 池 县	Yanchi	135	115	2555	805
同 心 县	Tongxin	14	15	1213	208
青铜峡市	Qingtongxia	91	1413	253931	7108
固 原 市	**Guyuan**	**182**	**257**	**54737**	**2038**
原 州 区	Yuanzhou	105	231	48967	467
西 吉 县	Xiji	45	10	2206	672
隆 德 县	Longde	10	6	1882	175
泾 源 县	Jingyuan	3		270	50
彭 阳 县	Pengyang	19	11	1413	674
中 卫 市	**Zhongwei**	**283**	**1487**	**114085**	**7912**
沙坡头区	Shapotou	152	805	54301	3970
中 宁 县	Zhongning	107	651	58075	3757
海 原 县	Haiyuan	24	31	1708	186
宁东地区	**Ningdong District**	**236**	**3704**	**507091**	**7585**

注：　1. 本数据来源于自治区生态环境厅。

2. 根据“十三五”环境管理的规定，2016 年起对污染源统计调查范围、核算方法等进行了调整。

Notes: a) This data comes from the Department of Ecological Environment of the Autonomous Region.

b) According to the Environmental management regulations of “The 13th Five－year Plan”, the pollution source statistical survey scope and accounting method have been adjusted since 2016.

19-6 续表 continued

地　区　Region	工业氮氧化物产生量(吨) Volume of Industrial Nitrogen Oxides Produced (ton)	工业氮氧化物排放量(吨) Volume of Industrial Nitrogen Oxides Discharged (ton)	工业烟(粉)尘产生量(吨) Volume of Industrial Soot(Dust) Produced (ton)	工业烟(粉)尘排放量(吨) Volume of Industrial Soot(Dust) Emission (ton)
全区总计 Total	**326524**	**77974**	**28279383**	**83154**
银川市 Yinchuan	**165387**	**24581**	**15134894**	**11084**
兴庆区 Xingqing	365	312	4080	45
西夏区 Xixia	25333	3854	610358	1566
金凤区 Jinfeng	13	4	635	493
永宁县 Yongning	11930	1493	340057	2375
贺兰县 Helan	1503	691	76536	117
灵武市 Lingwu	126243	18228	14103227	6486
石嘴山市 Shizuishan	**68786**	**28579**	**5684481**	**53886**
大武口区 Dawukou	9245	2192	896239	4649
惠农区 Huinong	34270	12420	2360243	11661
平罗县 Pingluo	25271	13967	2427999	37576
吴忠市 Wuzhong	**50405**	**11417**	**4225682**	**5559**
利通区 Litong	9479	2673	976877	1278
红寺堡区 Hongsipu	273	219	10148	40
盐池县 Yanchi	3062	1154	285118	1009
同心县 Tongxin	353	133	6688	206
青铜峡市 Qingtongxia	37238	7238	2946850	3025
固原市 Guyuan	**7555**	**2112**	**651640**	**943**
原州区 Yuanzhou	6513	1392	642234	715
西吉县 Xiji	398	292	2088	158
隆德县 Longde	232	147	907	7
泾源县 Jingyuan	97	49	1121	4
彭阳县 Pengyang	315	232	5290	59
中卫市 Zhongwei	**34391**	**11286**	**2582687**	**11683**
沙坡头区 Shapotou	16749	7337	928608	2984
中宁县 Zhongning	17292	3722	1651396	8684
海原县 Haiyuan	350	226	2684	14
宁东地区 Ningdong District	**79361**	**10448**	**7155659**	**4839**

19－7 各市县工业固体废物产生及处理利用情况

Production，Treatment and Utilization of Industrial Solid Wastes by City and County

地　区	Region	一般工业固体废物产生量（万吨） Volume of General Industrial Solid Wastes Produced（10000 tons）	一般工业固体废物综合利用量（万吨） Volume of General Industrial Solid Wastes Utilized（10000 tons）	一般工业固体废物贮存量（万吨） Volume of General Industrial Solid Wastes in Stocks（10000 tons）	一般工业固体废物处置量（万吨） Volume of General Industrial Solid Wastes Treated（10000 tons）	一般工业固体废物倾倒丢弃量（万吨） Common Industrial Solid Wastes Discharged（10000 tons）
全区总计	**Total**	**6738**	**3117**	**343**	**3336**	
银川市	**Yinchuan**	**3793**	**1674**	**14**	**2110**	
兴庆区	Xingqing					
西夏区	Xixia	79	74		5	
金凤区	Jinfeng					
永宁县	Yongning	29	26		3	
贺兰县	Helan	20	21			
灵武市	Lingwu	3665	1553	13	2102	
石嘴山市	**Shizuishan**	**1312**	**565**	**189**	**580**	
大武口区	Dawukou	178	36	106	37	
惠农区	Huinong	684	237	75	391	
平罗县	Pingluo	450	292	8	153	
吴忠市	**Wuzhong**	**815**	**433**	**65**	**328**	
利通区	Litong	128	53	62	24	
红寺堡区	Hongsipu					
盐池县	Yanchi	157	157	1	1	
同心县	Tongxin	2	2			
青铜峡市	Qingtongxia	527	222	3	303	
固原市	**Guyuan**	**264**	**204**	**2**	**60**	
原州区	Yuanzhou	130	127	2	3	
西吉县	Xiji	3	3			
隆德县	Longde	2	2			
泾源县	Jingyuan	1	1			
彭阳县	Pengyang	129	72		57	
中卫市	**Zhongwei**	**554**	**241**	**73**	**257**	
沙坡头区	Shapotou	189	120	26	50	
中宁县	Zhongning	364	122	46	207	
海原县	Haiyuan	1		1		
宁东地区	Ningdong District	2407	1024		1386	

注：　1. 本数据来源于自治区生态环境厅。

2. 根据"十三五"环境管理的规定，2016 年起对污染源统计调查范围、核算方法等进行了调整。

Notes：a) This data comes from the Department of Ecological Environment of the Autonomous Region.

b) According to the Environmental management regulations of "The 13th Five－year Plan", the pollution source statistical survey scope and accounting method have been adjusted since 2016.

19-8 各市县危险废物产生及处理利用情况

Discharge of Hazardous Wastes Produced and Utilized

地区 Region	危险废物产生量（吨） Volume of Hazardous Wastes Produced (ton)	危险废物综合利用处置量（吨） Volume of Hazardous Wastes Utilized (ton)	危险废物贮存量（吨） Volume of Hazardous waste storage (ton)	危险废物倾倒丢弃量（吨） Hazardous Wastes Discharged (ton)
全区总计 Total	**977724.27**	**1132673.54**	**162560.36**	
银川市 Yinchuan	**596336.45**	**642357.55**	**40517.42**	
兴庆区 Xingqing	5087.27	5102.80	0.05	
西夏区 Xixia	23661.87	23024.59	1017.17	
金凤区 Jinfeng	171.92	163.65	9.06	
永宁县 Yongning	127.83	154.03	4.44	
贺兰县 Helan	60722.73	60814.93	94.86	
灵武市 Lingwu	506564.84	553097.54	39391.84	
石嘴山市 Shizuishan	**120897.61**	**120355.54**	**20093.17**	
大武口区 Dawukou	525.25	440.31	1300.78	
惠农区 Huinong	83059.30	80597.77	3025.63	
平罗县 Pingluo	37313.06	39317.46	15766.77	
吴忠市 Wuzhong	**173620.72**	**183783.32**	**50885.98**	
利通区 Litong	110998.16	111130.46	17454.90	
红寺堡区 Hongsipu	15.00	15.00		
盐池县 Yanchi	27127.01	28079.27	757.23	
同心县 Tongxin	3.50	609.05		
青铜峡市 Qingtongxia	35477.04	43949.55	32673.85	
固原市 Guyuan	**9416.24**	**9618.76**	**351.39**	
原州区 Yuanzhou	9147.67	9343.18	346.55	
西吉县 Xiji				
隆德县 Longde	2.00		2.00	
泾源县 Jingyuan				
彭阳县 Pengyang	266.57	275.58	2.84	
中卫市 Zhongwei	**77453.25**	**176558.37**	**50712.40**	
沙坡头区 Shapotou	69417.23	150300.42	20073.31	
中宁县 Zhongning	8036.02	26257.95	30639.09	
海原县 Haiyuan				
宁东地区 Ningdong District	**416130.16**	**463381.04**	**37385.46**	

注：2020 年"危险废物综合利用量"与"危险废物处置量"两项指标合为一项指标，即"危险废物综合利用处置量"。

Note: In 2020, "comprehensive utilization of hazardous waste" and "disposal of hazardous waste" are combined into one index, that is, "utilization and disposal of hazardous waste".

19－9　各市县生活污染物排放情况

Discharge of Pollutions from Daily Life by City and County

（2020 年）

地　区	Region	城镇生活污水排放量（万吨） Consumption Waste Water Discharge in City and Town (10 000 tons)	城镇处理生活污水处理量（万吨） Consumption Waste Water Treated (10 000 tons)	城镇生活污水中COD排放量（吨） COD Discharge Volume (ton)	城镇生活污水中氨氮排放量（吨） Ammonia Nitrogen Discharge from Consumption Waste Water in Urban Area (ton)	生活及其他二氧化硫排放量（吨） Volume of Sulphur Dioxide Emission by Consumption (ton)	生活及其他氮氧化物排放量（吨） Volume of Nitrogen Oxides Discharged by Consumption (ton)	生活及其他颗粒物排放量（吨） Volume of Consumption Soot Emission (ton)
全区总计	**Total**	**11934**		**22555**	**1911**	**3716**	**2839**	**18649**
银 川 市	**Yinchuan**	**4666**		**3735**	**80**	**20**	**467**	**142**
兴 庆 区	Xingqing							
西 夏 区	Xixia							
金 凤 区	Jinfeng							
永 宁 县	Yongning							
贺 兰 县	Helan							
灵 武 市	Lingwu							
石嘴山市	**Shizuishan**	**4136**		**15125**	**1443**	**435**	**400**	**2192**
大武口区	Dawukou							
惠 农 区	Huinong							
平 罗 县	Pingluo							
吴 忠 市	**Wuzhong**	**1298**		**1500**	**223**	**2673**	**1573**	**13374**
利 通 区	Litong							
红寺堡区	Hongsipu							
盐 池 县	Yanchi							
同 心 县	Tongxin							
青铜峡市	Qingtongxia							
固 原 市	**Guyuan**	**808**		**703**	**43**	**372**	**215**	**1861**
原 州 区	Yuanzhou							
西 吉 县	Xiji							
隆 德 县	Longde							
泾 源 县	Jingyuan							
彭 阳 县	Pengyang							
中 卫 市	**Zhongwei**	**1016**		**403**	**10**	**213**	**169**	**1071**
沙坡头区	Shapotou							
中 宁 县	Zhongning							
海 原 县	Haiyuan							
宁东地区	**Ningdong District**	**4676**		**4823**	**193**	**22**	**481**	**150**

注：　1. 本数据来源于自治区生态环境厅。

2. 根据“十三五”环境管理的规定，2016 年起对污染源统计调查范围、核算方法等进行了调整。

Notes：a) This data comes from the Department of Ecological Environment of the Autonomous Region.

b) According to the Environmental management regulations of “The 13th Five－year Plan”, the pollution source statistical survey scope and accounting method have been adjusted since 2016.

19－10 各市县工业污染治理项目及投资情况

Investment in Anti－industrial Pollution Projects

单位:个　　　　(2020 年)　　　　(unit)

地　区	Region	汇总工业企业数 Number of Industrial Enterprises	老工业污染源治理本年施工项目数 Projects Under Construction	废水治理项　目 Treatment of Waste Water	废气治理项　目 Treatment of Waste Gas	固体废物治理项目 Treatment of Solid Waste	其他治理项　目 Other Treatment Projects
全区总计	**Total**	**54**	**60**	**2**	**36**		**22**
银 川 市	**Yinchuan**	**7**	**1**				**1**
兴 庆 区	Xingqing						
西 夏 区	Xixia						
金 凤 区	Jinfeng						
永 宁 县	Yongning						
贺 兰 县	Helan	2	1				1
灵 武 市	Lingwu	5					
石嘴山市	**Shizuishan**	**24**	**29**	**2**	**17**		**10**
大武口区	Dawukou	5	7		4		3
惠 农 区	Huinong	2	1	1			
平 罗 县	Pingluo	17	21	1	13		7
吴 忠 市	**Wuzhong**	**10**	**14**		**9**		**5**
利 通 区	Litong	5	7		3		4
红寺堡区	Hongsipu	1	1		1		
盐 池 县	Yanchi						
同 心 县	Tongxin	2	4		4		
青铜峡市	Qingtongxia	2	2		1		1
固 原 市	**Guyuan**	**1**					
原 州 区	Yuanzhou						
西 吉 县	Xiji	1					
隆 德 县	Longde						
泾 源 县	Jingyuan						
彭 阳 县	Pengyang						
中 卫 市	**Zhongwei**	**12**	**16**		**10**		**6**
沙坡头区	Shapotou	7	13		7		6
中 宁 县	Zhongning	5	3		3		
海 原 县	Haiyuan						
宁东地区	**Ningdong District**	**5**					

注:　1. 本数据来源于自治区生态环境厅。

2. 根据“十三五”环境管理的规定,2016 年起对污染源统计调查范围、核算方法等进行了调整。

Notes:a) This data comes from the Department of Ecological Environment of the Autonomous Region.

b) According to the Environmental management regulations of “The 13th Five－year Plan”, the pollution source statistical survey scope and accounting method have been adjusted since 2016.

19-10 续表 continued

(2020年)

地区 Region	老工业污染治理施工项目本年完成投资额(万元) pollution prevention and control of old industrial enterprises investment completed this year(10 000 yuan)	废水治理项目 Treatment of Waste Water	废气治理项目 Treatment of Waste Gas	固体废物治理项目 Treatment of Solid Waste	其他治理项目 Other Treatment Projects	老工业污染源治理本年竣工项目数(个) Projects Completed (unit)
全区总计 Total	**60458**	**5780**	**36638**		**18041**	**49**
银川市 Yinchuan	**78**				**78**	
兴庆区 Xingqing						
西夏区 Xixia						
金凤区 Jinfeng						
永宁县 Yongning						
贺兰县 Helan	78				78	
灵武市 Lingwu						
石嘴山市 Shizuishan	**24625**	**5780**	**8952**		**9893**	**22**
大武口区 Dawukou	1920		1697		223	6
惠农区 Huinong	350	350				1
平罗县 Pingluo	22355	5430	7255		9670	15
吴忠市 Wuzhong	**5522**		**3890**		**1632**	**12**
利通区 Litong	1252		612		640	5
红寺堡区 Hongsipu	505		505			1
盐池县 Yanchi						
同心县 Tongxin	2244		2244			4
青铜峡市 Qingtongxia	1521		529		992	2
固原市 Guyuan						
原州区 Yuanzhou						
西吉县 Xiji						
隆德县 Longde						
泾源县 Jingyuan						
彭阳县 Pengyang						
中卫市 Zhongwei	**30234**		**23796**		**6438**	**15**
沙坡头区 Shapotou	24492		18054		6438	12
中宁县 Zhongning	5742		5742			3
海原县 Haiyuan						
宁东地区 Ningdong District						

主要统计指标解释

一般工业固体废物产生量 指当年全年调查对象实际产生的一般工业固体废物的量。一般工业固体废物系指未被列入《国家危险废物名录》(2016 版)或者根据《国家规定的危险废物鉴别标准》(GB5085)、《固体废物浸出毒性浸出方法》(GB5086)及《固体废物浸出毒性测定方法》(GB/T 15555)鉴别方法判定不具有危险特性的工业固体废物。

一般工业固体废物综合利用量 指当年全年调查对象通过回收、加工、循环、交换等方式,从固体废物中提取或者使其转化为可以利用的资源、能源和其他原材料的固体废物量(包括当年利用的往年工业固体废物累计贮存量)。如用作农业肥料、生产建筑材料、筑路等。综合利用量由原产生固体废物的单位统计。

一般工业固体废物处置量 指当年全年调查对象将工业固体废物焚烧和用其他改变工业固体废物的物理、化学、生物特性的方法,达到减少或者消除其危险成分的活动,或者将工业固体废物最终置于符合环境保护规定要求的填埋场的活动中,所消纳固体废物的量(包括当年处置的往年工业固体废物累计贮存量)。

一般工业固体废物贮存量 指当年全年调查对象以综合利用或处置为目的,将固体废物暂时贮存或堆存在专设的贮存设施或专设的集中堆存场所内的量。专设的固体废物贮存场所或贮存设施必须有防扩散、防流失、防渗漏、防止污染大气、水体的措施。

一般工业固体废物倾倒丢弃量 指当年全年调查对象将所产生的固体废物倾倒或者丢弃到固体废物污染防治设施、场所以外的量。

危险废物产生量 指当年全年调查对象实际产生的危险废物的量。危险废物指列入国家危险废物名录或者根据国家规定的危险废物鉴别标准和鉴别方法认定的,具有爆炸性、易燃性、易氧化性、毒性、腐蚀性、易传染性疾病等危险特性之一的废物。包括利用处置危险废物过程中二次产生的危险废物的量。按《国家危险废物名录》(2016)填报。

危险废物综合利用量和处置量 综合利用量指当年全年调查对象从危险废物中提取物质作为原材料或者燃料的活动中消纳危险废物的量。包括本单位利用或委托、提供给外单位利用的量。处置量指当年全年调查对象将危险废物焚烧和用其他改变工业固体废物的物理、化学、生物特性的方法,达到减少或者消除其危险成分的活动,或者将危险废物最终置于符合环境保护规定要求的填埋场的活动中,所消纳危险废物的量。处置量包括处置本单位或委托给外单位处置的量。

危险废物年末累积贮存量 指将危险废物以一定包装方式暂时存放在专设的贮存设施内的量。专设的贮存设施指对危险废物的包装、选址、设计、安全防护、监测和关闭等符合《危险废物贮存污染控制标准》(GB18597－2001)等相关环保法律法规要求,具有防扩散、防流失、防渗漏、防止污染大气和水体措施的设施。包括本单位自行贮存的本单位产生的和接收外单位的危险废物量。

Explanatory Notes on Main Statistical Indicators

Common Industrial Solid Wastes Generated refers to the amount of common industrail solid wastes the surveyed units actual generated over the year. The common industrial solid wastes refers to the industrial solid wastes that are not listed in the 《National Catalogue of Hazardous Wastes》(2016 Version), or not regarded as hazardous according to the National Hazardous Waste Identification Standards (GB5085), the Solid Waste – Extraction Procedure for Lleaching Toxicity (GB5086) and the Assay Method of Solid Waste – Extraction Procedure for Leaching Toxicity (GB/T 15555).

Common Industrial Solid Wastes Integrated Use refers to amount of solid wastes from which useable materials can be extracted or converted into usable resources, energy or other materials through reclamation, processing, recycling and exchange (including utilizing in the year the stocks of industrial solid wastes of the previous year) generated by surveyed units over the year of the survey, e. g. being used as agricultural fertilizers, building materials or as material for paving road. The information should be measured as the unit of generating wastes.

Common Industrial Solid Wastes Disposed refers to the amount of industrial solid wastes disposed, which covers the amount of previous years, through incineration or other methods to change its physical, chemical and biological propertiesto reduce or eliminate the hazardsor landfilled in the sites following the requirements for environmental protection by surveyed units over the year of the survey.

Stock of Common Industrial Solid Wastes refers to the amount of solid wastes placed in special facilities or special sites by enterprises for the purposes of integrated use or disposal over the year of the survey. The sites or facilities should take measures against dispersion, loss, seepage, and air and water contamination.

Common Industrial Solid Wastes Discharged refers to the amount of industrial solid wastes dumped or discharged by producing enterprises to disposal facilities or to other sites over the year of the survey.

Hazardous Wastes Generated refers to the amount of actual hazardous wastes generated by surveyed units over the year of the survey, which is covered secondary generation during the process of disposal and reuse of hazardous wastes. Hazardous waste refers to those listed in the National Hazardous Wastes catalogue or identified as any one of the following properties in light of the national hazardous wastes identification standards and methods: explosive, ignitable, oxidizable, toxic, corrosive or liable to cause infectious diseases or lead to other dangers. It should be reported following the? National Catalogue of Hazardous Wastes (2016 Version).

Hazardous Wastes Integrated Reused and Disposed Hazardous Wastes Integrated Reused refers to the amount of hazardous wastes that are used to extract materials for raw materials or fuel over the year of the survey, including own – use by the producing enterprise and other use of enterprises. Hazardous Wastes Disposed refers to the amount of hazardous wastes which are incineration or specially disposed using other methods to change itsits physical, chemical and biological properties and thus to reduce or eliminate the hazards, or placed ultimately in the sitesfollwoing the requirements for environmental protection over the year of the survey.

Year – end Stock of Hazardous Wastes refers to the amount of hazardous wastes specially packaged and placed in special facilities or special sites by enterprises, which covered stock of surveyed units generated and received from other units. The special stock facilities should meet the requirements set in relevant environment protection laws and regulations such as "Pollution Control Standards for Hazardous Waste Stock" (GB18597 – 2001) in regard to package of hazardous waste, location, design, safety, monitoring and shutdown, and take measures against dispersion, loss, seepage, and air and water contamination.

第二十篇 Chapter20

规模以上服务业企业调查主要数据

Basic State of Informatization classified by National Economic Industries

资料整理：张广益　黄剑　刘晓龙　邢猛　杨永文　徐薇　李斌　杨雯

Data Compilation:Zhang Guangyi　Huang Jian　Liu Xiaolong　Xing Meng　Yang Yongwen　Xu Wei　Li Bin　Yang Wen

20－1　规模以上服务业企业调查主要数据

单位:万元、人　　　　(2020 年)

指　　标	Item
总计	**Total**
一、按行业分	**Divided by National Economic Industriesv**
交通运输、仓储和邮政业	Transport,Storage and Post
铁路运输业	Railway Transport
道路运输业	Road Transport
水上运输业	Water Transport
航空运输业	Air Transport
多式联运和运输代理业	Multimodal transport and transport agency Services
装卸搬运和仓储业	Storage
邮政业	Posts
信息传输、软件和信息技术服务业	Information Transmission,Software and Information Technology Services
电信、广播电视和卫星传输服务	Telecommunications,Broadcast and TV and Satellite Transmission Services
互联网和相关服务	Internet and related services
软件和信息技术服务业	Software and Information Technology Services
房地产业	Real Estate
物业管理	Property Management
房地产中介服务	Real Estate Services
房地产租赁经营	Real estate leasing management
租赁和商务服务业	Leasing and Business Services
租赁业	Leasing
商务服务业	Business Services
科学研究和技术服务业	Scientific Research and Technical Services
研究和试验发展	Research and experimental development
专业技术服务业	Professional Technical Services
科技推广和应用服务业	Science and technology promotion and application services
水利、环境和公共设施管理业	Management of Water Conservancy,Environment and Public Facilities
生态保护和环境治理业	Ecological Protection and Environmental Management
公共设施管理业	Management of Public Facilities
居民服务、修理和其他服务业	Services of Households,Repair and Other Services
居民服务业	Services of Households
机动车、电子产品和日用产品修理业	Repair of motor vehicles, electronic products and daily products
其他服务业	Other Services
教育	Education
卫生和社会工作	Health and Social Affairs
卫生	Health
文化、体育和娱乐业	Culture,Sports and Entertainment
新闻和出版业	Journalism and Publishing Activities
广播、电视、电影和录音制作业	Broadcasting,Television,Movies and Audiovisual Activities
文化艺术业	Culture and arts
娱乐业	Entertainment

Basic State of Informatization classified by National Economic Industries

(10 000yuan, person)

单位数 Number of Enterprises	年初存货 inventory at Year - Begin	流动资产合计 Total Current Assets	固定资产原价 Original Value of Fixed Assets	本年折旧 Depreciation	资产总计 Total Assets	负债合计 Total Liabilities	所有者权益合计 Total Owners' Equities
416	**278106.1**	**2651196.8**	**5569867.7**	**402929.7**	**7224229.0**	**4417549.0**	**2806680.0**
111	226630.8	1107449.4	1795212.6	132066.4	2652148.9	1227737.2	1424411.7
3	2089.3	71692.4	465030.5	12917.5	462641.8	18346.7	444295.1
72	6600.3	353102.6	515137.4	67376.0	915921.4	686731.1	229190.3
2	194.5	90143.1	565562.2	33431.3	510488.8	68951.0	441537.8
9	1112.4	308979.1	36356.8	2494.4	360492.8	142931.4	217561.4
16	213878.0	249367.2	148638.2	11650.8	344416.4	257738.3	86678.1
9	2756.3	34165.0	64487.5	4196.4	58187.7	53038.7	5149.0
39	6464.6	93537.1	2727418.1	212342.2	1627336.4	1415100.2	212236.2
21	1274.7	-49504.4	2413068.5	179544.4	1218141.5	1129134.6	89006.9
3	68.8	6530.6	723.9	139.1	7717.1	980.5	6736.6
15	5121.1	136510.9	313625.7	32658.7	401477.8	284985.1	116492.7
36	9356.7	268470.1	124466.5	6791.7	566354.0	488142.0	78212.0
28	9260.0	122615.7	18394.6	946.1	169968.8	132634.5	37334.3
1		1157.3	8.3	1.7	1173.3	690.2	483.1
7	96.7	144697.1	106063.6	5843.9	395211.9	354817.3	40394.6
96	4238.4	405020.5	258919.1	11886.8	787906.4	453302.3	334604.1
2		1607.6	11842.7	1327.0	5895.7	3816.6	2079.1
94	4238.4	403412.9	247076.4	10559.8	782010.7	449485.7	332525.0
58	8743.6	345234.5	140321.8	9255.3	475780.2	170622.6	305157.6
2	32.4	1972.0	1371.6	156.1	2835.3	1837.5	997.8
55	8332.0	334566.0	138488.0	9066.6	462024.6	163628.6	298396.0
1	379.2	8696.5	462.2	32.6	10920.3	5156.5	5763.8
19	8911.7	132549.2	282049.9	15077.6	416001.3	214492.5	201508.8
6	2386.3	59176.2	101953.3	8111.9	181934.7	95252.2	86682.5
13	6525.4	73373.0	180096.6	6965.7	234066.6	119240.3	114826.3
12	6500.2	32915.4	15459.3	2464.2	45154.5	31060.5	14094.0
9	6373.6	29497.2	14796.1	2307.7	41511.5	28668.0	12843.5
1	104.4	1564.9	103.8	90.7	1578.0	1365.3	212.7
2	22.2	1853.3	559.4	65.8	2065.0	1027.2	1037.8
8	90.6	7248.8	21520.9	1508.0	26828.4	11250.7	15577.7
16	3863.2	94285.4	43997.5	3404.4	160535.4	133478.2	27057.2
16	3863.2	94285.4	43997.5	3404.4	160535.4	133478.2	27057.2
21	3306.3	164486.4	160502.0	8133.1	466183.5	272362.8	193820.7
3	1878.4	48167.7	9269.3	114.0	110041.3	46702.8	63338.5
8	1087.1	54830.2	59672.0	2613.4	187465.4	155762.2	31703.2
3	45.2	7784.2	3725.6	255.1	19573.1	6062.4	13510.7
7	295.6	53704.3	87835.1	5150.6	149103.7	63835.4	85268.3

20－1 续表1

单位:万元、人

(2020年)

指 标	Item
总计	**Total**
一、按行业分	**Divided by National Economic Industriesv**
交通运输、仓储和邮政业	Transport, Storage and Post
铁路运输业	Railway Transport
道路运输业	Road Transport
水上运输业	Water Transport
航空运输业	Air Transport
多式联运和运输代理业	Multimodal transport and transport agency Services
装卸搬运和仓储业	Storage
邮政业	Posts
信息传输、软件和信息技术服务业	Information Transmission, Software and Information Technology Services
电信、广播电视和卫星传输服务	Telecommunications, Broadcast and TV and Satellite Transmission Services
互联网和相关服务	Internet and related services
软件和信息技术服务业	Software and Information Technology Services
房地产业	Real Estate
物业管理	Property Management
房地产中介服务	Real Estate Services
房地产租赁经营	Real estate leasing management
租赁和商务服务业	Leasing and Business Services
租赁业	Leasing
商务服务业	Business Services
科学研究和技术服务业	Scientific Research and Technical Services
研究和试验发展	Research and experimental development
专业技术服务业	Professional Technical Services
科技推广和应用服务业	Science and technology promotion and application services
水利、环境和公共设施管理业	Management of Water Conservancy, Environment and Public Facilities
生态保护和环境治理业	Ecological Protection and Environmental Management
公共设施管理业	Management of Public Facilities
居民服务、修理和其他服务业	Services of Households, Repair and Other Services
居民服务业	Services of Households
机动车、电子产品和日用产品修理业	Repair of motor vehicles, electronic products and daily products
其他服务业	Other Services
教育	Education
卫生和社会工作	Health and Social Affairs
卫生	Health
文化、体育和娱乐业	Culture, Sports and Entertainment
新闻和出版业	Journalism and Publishing Activities
广播、电视、电影和录音制作业	Broadcasting, Television, Movies and Audiovisual Activities
文化艺术业	Culture and arts
娱乐业	Entertainment

continued

(10 000yuan, person)

营业收入 Revenue	营业成本 Cost of Business	营业税金及附加 Taxes and Other Charges	销售费用 Cost of sales	管理费用 administration cost	财务费用 financial cost	利息收入 Interest income	利息支出 Interest expense
3329575.0	**2818795.7**	**20494.4**	**320587.6**	**309393.4**	**65021.1**	**10536.5**	**68487.1**
1205185.9	1186422.9	6504.3	34363.8	73768.7	18418.2	7381.0	22681.9
112932.5	83627.6	671.2	44.1	3527.9	-1005.5	1007.3	
554727.2	550193.9	2553.4	23264.0	29163.5	17921.1	1336.6	17509.9
48167.6	74994.3	1581.3		11659.0	-802.0	1479.7	403.7
194245.7	187375.6	601.7	49.3	6619.9	970.9	116.7	1063.5
184964.7	198043.6	379.6	6867.5	8932.4	684.4	3423.3	3330.1
110148.2	92187.9	717.1	4138.9	13866.0	649.3	17.4	374.7
744861.8	672629.2	3514.8	80176.0	88759.6	24772.5	1344.4	24674.6
599994.6	564239.9	2785.4	60051.2	63826.4	22984.5	926.9	22462.3
24739.0	18342.0	54.3	2197.7	608.6	-25.9	25.3	
120128.2	90047.3	675.1	17927.1	24324.6	1813.9	392.2	2212.3
164297.5	120574.6	2674.5	6838.5	20879.1	6008.5	97.8	5626.6
132947.0	104017.3	865.4	3213.5	14446.1	591.7	92.3	434.4
3903.7	3428.3	27.4		217.4	-1.2		
27446.8	13129.0	1781.7	3625.0	6215.6	5418.0	5.5	5192.2
661344.2	444702.0	2865.6	164801.9	36419.5	5165.6	89.7	5052.2
3175.4	1983.8	12.0	14.3	1209.0	2.1		
658168.8	442718.2	2853.6	164787.6	35210.5	5163.5	89.7	5052.2
289877.7	203530.0	2430.4	8203.3	43131.9	160.9	816.6	589.3
4059.9	1873.0	5.9	623.2	398.4	-8.5		
276579.4	194245.6	2396.5	7053.5	42009.6	208.4	777.3	589.3
9238.4	7411.4	28.0	526.6	723.9	-39.0	39.3	
95298.4	74636.2	1192.7	4601.1	12151.9	3745.2	77.8	2764.1
55842.0	40763.0	462.3	250.7	3019.8	1246.4	15.9	517.4
39456.4	33873.2	730.4	4350.4	9132.1	2498.8	61.9	2246.7
21380.7	9948.9	172.3	4443.1	5149.5	106.5	3.8	86.3
17186.7	7629.6	151.9	4026.5	4289.3	91.1	4.3	70.7
2268.1	1242.1	13.1	416.6	191.5			
1925.9	1077.2	7.3		668.7	15.4	-0.5	15.6
12754.3	6825.1	138.2	1115.0	3438.4	78.0	1.4	69.2
76036.6	56199.6	294.0	3884.5	13099.2	5171.2	329.9	5258.9
76036.6	56199.6	294.0	3884.5	13099.2	5171.2	329.9	5258.9
58537.9	43327.2	707.6	12160.4	12595.6	1394.5	394.1	1684.0
14481.1	8472.6	140.0	122.6	4061.2	-31.4	110.5	74.1
16317.1	17124.5	139.3	2921.0	2111.1	816.6	117.0	900.8
3317.2	4492.2	14.8	1350.3	1006.1	19.1	28.3	48.2
24422.5	13237.9	413.5	7766.5	5417.2	590.2	138.3	660.9

20－1 续表2

单位:万元、人　　　　（2020年）

指　标	Item
总计	**Total**
一、按行业分	**Divided by National Economic Industriesv**
交通运输、仓储和邮政业	Transport,Storage and Post
铁路运输业	Railway Transport
道路运输业	Road Transport
水上运输业	Water Transport
航空运输业	Air Transport
多式联运和运输代理业	Multimodal transport and transport agency Services
装卸搬运和仓储业	Storage
邮政业	Posts
信息传输、软件和信息技术服务业	Information Transmission,Software and Information Technology Services
电信、广播电视和卫星传输服务	Telecommunications,Broadcast and TV and Satellite Transmission Services
互联网和相关服务	Internet and related services
软件和信息技术服务业	Software and Information Technology Services
房地产业	Real Estate
物业管理	Property Management
房地产中介服务	Real Estate Services
房地产租赁经营	Real estate leasing management
租赁和商务服务业	Leasing and Business Services
租赁业	Leasing
商务服务业	Business Services
科学研究和技术服务业	Scientific Research and Technical Services
研究和试验发展	Research and experimental development
专业技术服务业	Professional Technical Services
科技推广和应用服务业	Science and technology promotion and application services
水利、环境和公共设施管理业	Management of Water Conservancy,Environment and Public Facilities
生态保护和环境治理业	Ecological Protection and Environmental Management
公共设施管理业	Management of Public Facilities
居民服务、修理和其他服务业	Services of Households,Repair and Other Services
居民服务业	Services of Households
机动车、电子产品和日用产品修理业	Repair of motor vehicles, electronic products and daily products
其他服务业	Other Services
教育	Education
卫生和社会工作	Health and Social Affairs
卫生	Health
文化、体育和娱乐业	Culture,Sports and Entertainment
新闻和出版业	Journalism and Publishing Activities
广播、电视、电影和录音制作业	Broadcasting,Television,Movies and Audiovisual Activities
文化艺术业	Culture and arts
娱乐业	Entertainment

continued

(10 000yuan, person)

投资收益 Investment income	营业利润 Profits	利润总额 Total Profits	应付职工薪酬 Wages Payable	应交增值税 Value Added Tax Payable	平均用工人数 Average number of workers employed
11750.0	**-137197.5**	**-113951.1**	**649664.8**	**83142.7**	**75563**
-236.5	-41955.9	-29200.7	182748.4	28594.3	19848
	25155.0	25028.7	19096.3	3714.0	1232
145.6	-26315.2	-17602.3	79240.8	21807.4	10619
	-36138.2	-36052.9	35616.9	347.7	2211
	-1382.7	-890.5	4392.8	839.6	596
-382.1	-2901.2	841.6	7812.6	864.4	954
	-373.6	-525.3	36589.0	1021.2	4236
3640.4	-132402.2	-132364.5	120627.8	22397.2	7582
57.0	-117855.8	-120475.7	101649.9	19550.4	5929
17.9	3569.8	3629.9	2479.7	220.1	315
3565.5	-18116.2	-15518.7	16498.2	2626.7	1338
239.8	8081.9	8771.1	62831.8	6607.2	10826
239.8	10522.4	11963.4	58760.6	5298.7	10331
	236.2	236.5	1714.9	234.2	136
	-2676.7	-3428.8	2356.3	1074.3	359
6944.0	10962.8	16578.0	117935.6	10828.8	16993
	-45.8	322.0	310.5	60.6	33
6944.0	11008.6	16256.0	117625.1	10768.2	16960
-39.9	24389.1	25452.6	100201.4	11421.0	9295
	946.1	952.5	950.7	4.5	101
-39.9	22668.8	23728.0	97873.6	11260.6	9158
	774.2	772.1	1377.1	155.9	36
-650.2	981.9	1917.0	16072.9	1241.3	3872
-673.1	9295.1	9251.3	3319.5	450.5	341
22.9	-8313.2	-7334.3	12753.4	790.8	3531
	1557.3	1674.8	4565.2	268.3	693
	995.2	1097.2	3650.5	143.7	467
	404.8	405.3	181.1	67.2	29
	157.3	172.3	733.6	57.4	197
	1296.4	1441.4	4191.2	102.0	637
31.3	-2449.3	-2019.5	19388.2	457.1	3060
31.3	-2449.3	-2019.5	19388.2	457.1	3060
1821.1	-7659.5	-6201.3	21102.3	1225.5	2757
1771.0	3681.0	3497.9	4557.8	363.4	245
99.4	-6746.8	-5744.4	4441.1	55.7	680
	-2114.3	-1622.9	2528.9		376
-49.3	-2479.4	-2331.9	9574.5	806.4	1456

第二十一篇 Chapter21

企业信息化与电子商务

Enterprise Information and Electronic Commerce

资料整理：张广益　黄剑　刘晓龙　杨永文　邢猛　徐薇　李斌　杨雯

Data Compilation: Zhang Guangyi　Huang Jian　Liu Xiaolong　Yang Yongwen　Xing Meng　Xu Wei　Li Bin　Yang Wen

21－1 按国民经济行业门类分信息化基本情况

（2020年）

指标名称	Item
总计	**Total**
按国民经济行业门类分	**Divided by National Economic Industries**
采矿业	Mining
制造业	Manufacturing
电力、热力、燃气及水生产和供应业	Electric Power, Heat, Gas and Water Production and Supply
建筑业	Construction
批发和零售业	Wholesaling and Retailing
交通运输、仓储和邮政业	Transport, Storage and Post
住宿和餐饮业	Accommodation and Catering Services
信息传输、软件和信息技术服务业	Information Transmission, Software and IT Services
房地产业	Real Estate
租赁和商务服务业	Leasing and Business Services
科学研究和技术服务业	Scientific Research and Technical Services
水利、环境和公共设施管理业	Management of Water Conservancy, Environment and Public Facilities
居民服务、修理和其他服务业	Services to Households, Repair and Other Services
教育	Education
卫生和社会工作	Health and Social Work
文化、体育和娱乐业	Culture, Sports and Entertainment

Basic State of Informatization classified by National Economic Industries

企业数（个） Number of Enterprises (unit)	使用计算机的企业 Enterprises Using Computer		有信息技术人员的企业 Enterprises Having Information－technology Staffs		有局域网的企业 Enterprises Having Local Area	
	数量（个） Number (unit)	比重（%） Percentage (%)	数量（个） Number (unit)	比重（%） Percentage (%)	数量（个） Number (unit)	比重（%） Percentage (%)
3546	**3544**	**99.94**	**2307**	**65.06**	**2615**	**73.75**
63	63	100.00	30	47.62	35	55.56
928	928	100.00	703	75.75	714	76.94
222	222	100.00	156	70.27	176	79.28
738	738	100.00	422	57.18	517	70.05
517	515	99.61	333	64.41	383	74.08
109	109	100.00	62	56.88	65	59.63
118	118	100.00	80	67.80	94	79.66
39	39	100.00	37	94.87	34	87.18
582	582	100.00	321	55.15	421	72.34
96	96	100.00	63	65.63	67	69.79
58	58	100.00	43	74.14	51	87.93
19	19	100.00	14	73.68	14	73.68
12	12	100.00	7	58.33	7	58.33
8	8	100.00	6	75.00	7	87.50
16	16	100.00	13	81.25	13	81.25
21	21	100.00	17	80.95	17	80.95

21-1 续表1

（2020年）

指标名称	Item
总计	**Total**
按国民经济行业门类分	**Divided by National Economic Industries**
采矿业	Mining
制造业	Manufacturing
电力、热力、燃气及水生产和供应业	Electric Power, Heat, Gas and Water Production and Supply
建筑业	Construction
批发和零售业	Wholesaling and Retailing
交通运输、仓储和邮政业	Transport, Storage and Post
住宿和餐饮业	Accommodation and Catering Services
信息传输、软件和信息技术服务业	Information Transmission, Software and IT Services
房地产业	Real Estate
租赁和商务服务业	Leasing and Business Services
科学研究和技术服务业	Scientific Research and Technical Services
水利、环境和公共设施管理业	Management of Water Conservancy, Environment and Public Facilities
居民服务、修理和其他服务业	Services to Households, Repair and Other Services
教育	Education
卫生和社会工作	Health and Social Work
文化、体育和娱乐业	Culture, Sports and Entertainment

continued

使用信息化管理的企业 Enterprises Using Informatization Management		有信息化投入的企业 Enterprise Informatization Input		使用互联网的企业 Enterprises Using Internet	
数量（个）Number (unit)	比重（%）Percentage (%)	数量（个）Number (unit)	比重（%）Percentage (%)	数量（个）Number (unit)	比重（%）Percentage (%)
3439	**96.98**	**2602**	**73.38**	**3546**	**100.00**
57	90.48	44	69.84	63	100.00
893	96.23	743	80.06	928	100.00
217	97.75	179	80.63	222	100.00
720	97.56	526	71.27	738	100.00
506	97.87	359	69.44	517	100.00
101	92.66	70	64.22	109	100.00
114	96.61	89	75.42	118	100.00
37	94.87	32	82.05	39	100.00
572	98.28	388	66.67	582	100.00
93	96.88	67	69.79	96	100.00
55	94.83	50	86.21	58	100.00
19	100.00	14	73.68	19	100.00
11	91.67	6	50.00	12	100.00
7	87.50	5	62.50	8	100.00
16	100.00	13	81.25	16	100.00
21	100.00	17	80.95	21	100.00

21-1 续表2

（2020年）

指标名称	Item
总计	**Total**
按国民经济行业门类分	**Divided by National Economic Industries**
采矿业	Mining
制造业	Manufacturing
电力、热力、燃气及水生产和供应业	Electric Power, Heat, Gas and Water Production and Supply
建筑业	Construction
批发和零售业	Wholesaling and Retailing
交通运输、仓储和邮政业	Transport, Storage and Post
住宿和餐饮业	Accommodation and Catering Services
信息传输、软件和信息技术服务业	Information Transmission, Software and IT Services
房地产业	Real Estate
租赁和商务服务业	Leasing and Business Services
科学研究和技术服务业	Scientific Research and Technical Services
水利、环境和公共设施管理业	Management of Water Conservancy, Environment and Public Facilities
居民服务、修理和其他服务业	Services to Households, Repair and Other Services
教育	Education
卫生和社会工作	Health and Social Work
文化、体育和娱乐业	Culture, Sports and Entertainment

continued

有网站的企业数 Number of Enterprises Having Website		通过互联网对本企业进行宣传和推广的企业 Enterprises Publicize And Promote Through Internet		信息化投入金额（万元） Informatization Input (10 000yuan)	期末使用计算机数量（台） Number of Using Computer At The End of Term (number)	信息技术人员数量（人） Number of Information – technology Staffs (person)	拥有网站数量（个） Number of Having Website (unit)
数量（个） Number (unit)	比重（%） Percentage (%)	数量（个） Number (unit)	比重（%） Percentage (%)				
1396	**39.37**	**2923**	**82.43**	**138758**	**180326**	**9686**	**1600**
13	20.63	37	58.73	5858	19291	435	13
493	53.13	784	84.48	37467	53734	2983	585
101	45.50	179	80.63	36417	29160	524	111
210	28.46	585	79.27	4535	15935	1376	233
178	34.43	422	81.62	6927	17235	827	202
28	25.69	78	71.56	8072	5560	338	30
32	27.12	110	93.22	1458	2981	178	45
30	76.92	39	100.00	20429	9905	1641	46
196	33.68	489	84.02	3886	12007	637	209
46	47.92	80	83.33	3749	4019	272	52
34	58.62	53	91.38	4609	5986	143	35
9	47.37	16	84.21	703	595	62	10
4	33.33	9	75.00	87	198	8	4
3	37.50	7	87.50	252	754	13	3
5	31.25	14	87.50	253	1547	26	5
14	66.67	21	100.00	4056	1419	223	17

21－2　按国民经济行业门类分电子商务交易情况

单位：个、万元　　　　（2020 年）

指标名称	Item
总计	**Total**
按国民经济行业门类分	**Divided by National Economic Industries**
采矿业	Mining
制造业	Manufacturing
电力、热力、燃气及水生产和供应业	Electric Power, Heat, Gas and Water Production and Supply
建筑业	Construction
批发和零售业	Wholesaling and Retailing
交通运输、仓储和邮政业	Transport, Storage and Post
住宿和餐饮业	Accommodation and Catering Services
信息传输、软件和信息技术服务业	Information Transmission, Software and IT Services
房地产业	Real Estate
租赁和商务服务业	Leasing and Business Services
科学研究和技术服务业	Scientific Research and Technical Services
水利、环境和公共设施管理业	Management of Water Conservancy, Environment and Public Facilities
居民服务、修理和其他服务业	Services to Households, Repair and Other Services
卫生和社会工作	Health and Social Work
文化、体育和娱乐业	Culture, Sports and Entertainment

Electronic Commerce Traded by National Economic Industries

(unit,10 000yuan)

有电子商务交易的企业数 Number of Enterprise Having Electronic Commerce	有电子商务销售的企业数 Enterprise Number of Having Electronic Commerce Making	有面向大陆区域以外销售的企业数 Sales to the Outside Regions of Mainland China	有电子商务采购的企业数 Number of Enterprise having Electronic Commerce Purchases	有面向大陆区域以外采购的企业数 Purchases to the Outside Regions of Mainland China
315	**232**	**6**	**136**	**5**
4	1	4	3	3
110	83		51	
22	5	1	18	
14	5	1	10	1
60	53		22	
9	8		2	
55	53		7	
5	4		4	1
11	3		9	
9	6		3	
4			4	
2	1		1	
1	1			
9	9		2	

21－2 续表

单位:个、万元

指标名称	Item
总计	**Total**
按国民经济行业门类分	**Divided by National Economic Industries**
采矿业	Mining
制造业	Manufacturing
电力、热力、燃气及水生产和供应业	Electric Power, Heat, Gas and Water Production and Supply
建筑业	Construction
批发和零售业	Wholesaling and Retailing
交通运输、仓储和邮政业	Transport, Storage and Post
住宿和餐饮业	Accommodation and Catering Services
信息传输、软件和信息技术服务业	Information Transmission, Software and IT Services
房地产业	Real Estate
租赁和商务服务业	Leasing and Business Services
科学研究和技术服务业	Scientific Research and Technical Services
水利、环境和公共设施管理业	Management of Water Conservancy, Environment and Public Facilities
居民服务、修理和其他服务业	Services to Households, Repair and Other Services
卫生和社会工作	Health and Social Work
文化、体育和娱乐业	Culture, Sports and Entertainment

continued

(unit,10 000yuan)

拥有电子商务交易平台的企业数 Number of Enterprises with E－commerce TradingPlatform	平台数量 Number of E－commerce Trading Platform	电子商务销售额 Sales of Electronic Commerce	面向大陆以外区域销售额 Sales to the Outside Regions of Mainland China	电子商务采购额 Purchases of Electronic Commerce	面向大陆以外区域采购额 Purchases to the Outside Regions of Mainland China
85	**132**	**2355450**	**75110**	**1938145**	**5067**
42	77	103577	69903	4259	
8	9	355596		621935	49
4	4	12039	1	120527	
16	20	104	5206	9559	
2	3	1668623		1179553	5017
1	2	116115		78	
3	6	13454		28	
		5155		1786	
3	3	56		167	1
1	1	70915		50	
				74	
		1336		60	
1	1	1977			
4	6	6504		68	

主要统计指标解释

计算机(数) 指报告期末企业(单位)使用的计算机数量,包括台式机、笔记本电脑和平板电脑。

互联网 指在世界范围内的公共计算机网络。它提供一系列通信服务(包括万维网)的接入,并传送电子邮件、新闻、娱乐和数据文件等。

网站 指在公共互联网上,面向公众使用的,基于 TCP/IP 协议的计算机系统,以域名本身或者“WWW.+域名”为网址的 web 站点,由地址、软件、硬件和内容组成。

电子商务销售金额 指报告期内企业(单位)借助网络订单而销售的商品和服务总额(包含增值税),借助网络订单指通过网络接受订单,付款和配送可以不借助于网络。

电子商务采购金额 指报告期内企业(单位)借助网络订单而采购的商品和服务总额(包含增值税),借助网络订单指通过网络发送订单,付款和配送可以不借助于网络。

Explanatory Notes on Main Statistical Indicators

Number of computers refer to the number of computers used by enterprises (entities) at the end of reference period, including desktop computers, notebook computers and tablet computers.

Internet refers to the worldwide public computer network which provides access to a range of communication services (including the World Wide Web) and transmits e – mail, news, entertainment, data files, etc.

Websites refer to the computer system based on TCP / IP protocol, which is used by the public on the public Internet. It takes the domain name or "www. + domain name" as the website address and is composed of address, software, hardware and content.

Sales Through E – commerce refer to the total value of goods and services (including value – added tax) sold by enterprises (entities) with the help of online orders during the reference period. With the help of online orders means receiving orders by internet or public networks automatically, while payments and distributions? may not need the help of network.

Purchases Through E – commerce refer to the total value of goods and services (including value – added tax) purchased by enterprises (entities) with the help of online orders during the reference period. With the help of online orders means placing orders by internet or public networks automatically, while payments and distributions may not need the help of network.

第二十二篇

Chapter22

宁夏农垦经济社会发展主要指标

Economic and social development of Agricultural Cultivation in Ningxia

资料整理:曹梅芳　杨楠　王丽

Data Compilation: Cao Meifang Yang Nan Wang Li

22－1 宁夏农垦经济社会发展主要指标
Main Indicators of Economic and Social Development of Agricultural Cultivation in Ningxia

指　　标	Item	单位	unit	2019	2020
人口与就业	**Population and Employment**				
年末总户数	Number of Households at Year－end	户	household	44365	42048
年末总人口	Population at Year－end	人	person	135926	122739
回族人口	Hui	人	person	36519	31030
人口自然增长率	Natural Growth Rate of Population	‰	‰	1.76	1.66
单位年末从业人数	Employment at Year－end	人	person	10736	10222
单位年末从业人员工资总额	Total Wages Bill of Staff and Workers at Year－end	万元	10 000 yuan	51820	50825
职工人均工资	Average Wage of Staff and Workers	元	yuan	46887	48913
经济总量	**Economics**				
农垦生产总值(现价)	Gross Domestic Product(current price)	亿元	100 million yuan	26.66	27.69
第一产业	Primary Industry	亿元	100 million yuan	14.51	16.40
第二产业	Secondary Industry	亿元	100 million yuan	6.76	6.34
工业	Industry	亿元	100 million yuan	5.48	5.07
建筑业	Construction	亿元	100 million yuan	1.28	1.27
第三产业	Tertiary Industry	亿元	100 million yuan	5.39	4.95
农业	**Agriculture**				
农林牧渔业总产值(现价)	Gross Output Value of Agriculture, Forestry, Animal Husbandry and Fishery(current price)	亿元	100 million yuan	33.37	39.15
农业	Agriculture	亿元	100 million yuan	16.58	18.97
林业	Forestry	亿元	100 million yuan	0.55	0.20
畜牧业	Animal Husbandry	亿元	100 million yuan	14.33	18.01
渔业	Fishery	亿元	100 million yuan	0.87	0.92
农、林、牧、渔服务业	Output Value of Services for Agriculture, Forestry, Animal Husbandry and Fishery	亿元	100 million yuan	1.04	1.05
农垦耕地面积	Cultivated Area	万亩	10 000 mu	62.00	64.85
粮食总产量	Output of Grain	万吨	10 000 tons	37.27	38.16
小麦总产量	Wheat	万吨	10 000 tons	0.67	0.61

22－1 续表1 continued

指　　标	Item	单位	unit	2019	2020
水稻总产量	Rice	万吨	10 000 tons	10.18	9.58
玉米总产量	Corn	万吨	10 000 tons	26.36	27.92
全年蔬菜产量	Output of Vegetable	万吨	10 000 tons	7.00	6.90
设施蔬菜产量	Facility Vegetable	万吨	10 000 tons	4.30	4.47
设施农业建设面积	Constructure Area of Facility Agriculture	万亩	10 000 mu	0.84	1.44
水果总产量	Output of Fruit	万吨	10 000 tons	5.70	3.12
牛存栏	Number of Cattle and Buffaloes on Hand	万头	10 000 heads	7.30	9.50
良种及改良乳牛	Breeding and Improved Breed Dairy Cows	万头	10 000 heads	5.90	7.60
生猪存栏	Number of Hogs on Hand	万头	10 000 heads	2.40	1.90
羊只存栏	Number of Sheep on Hand	万只	10 000 heads	7.90	8.60
山羊	Goat	万只	10 000 heads	2.30	2.10
绵羊	Sheep	万只	10 000 heads	5.60	6.50
牛出栏	Cattle and Buffaloes Slaughtered	万头	10 000 heads	2.20	3.20
生猪出栏	Hogs Slaughtered	万头	10 000 heads	4.40	2.40
羊只出栏	Sheep Slaughtered	万只	10 000 heads	5.30	6.03
肉类总产量	Output of Meat	万吨	10 000 tons	1.16	1.02
猪肉	Pork	万吨	10 000 tons	0.29	0.15
羊肉	Mutton	万吨	10 000 tons	0.08	0.12
牛肉	Beef	万吨	10 000 tons	0.45	0.55
牛奶产量	Output of Milk	万吨	10 000 tons	27.71	31.71
禽蛋产量	Output of Poultry Eggs	万吨	10 000 tons	0.15	0.18
渔业养殖面积	Area for Breeding Aquatics	万亩	10 000 mu	6.25	6.60
水产品产量	Output of Aquatic Products	万吨	10 000 tons	0.80	0.89
农业机械总动力	Total Agricultural Machinery Power	万千瓦	10 000 kW	33.00	32.16
柴油发动机动力	Diesel Engine Power	万千瓦	10 000 kW	28.00	27.34
电动机动力	Motor Power	万千瓦	10 000 kW	4.80	4.60

22 -1 续表 2 continued

指　　标	Item	单位	unit	2019	2020
工业	**Industry**				
工业总产值(现价)	Gross Industrial Output Value(current prices)	亿元	100 million yuan	11.13	11.40
工业销售产值(现价)	Industrial Sales Output Value(current prices)	亿元	100 million yuan	11.33	11.83
主要工业产品产量	Output of Major Industrial Products				
食油	Edible Oil	吨	ton	46	111
大米	Rice	吨	ton	9310	8667
液态杀菌奶	Sterilized Liquid Milk	吨	ton	33499	33300
酸奶	Yoghourt	吨	ton	1009	1725
饮料酒	Alcoholic Drink	千升	Kiloliter	214678	209578
白酒	Spirit	千升	Kiloliter	582	689
啤酒	Beer	千升	Kiloliter	210869	199605
葡萄酒	Wine	千升	Kiloliter	3177	3152
西夏王	Xixia King	千升	Kiloliter	1735	1249
混配合饲料	Compound Feed	吨	ton	47116	65357
机砖	Brick	万块	10 000 pieces	236	6300
煅煤	Calcined Coal	吨	ton		
精洗煤	Fine Washing Coal	吨	ton		
泡沫箱	Foam Box	套	unit		380000
建筑业	**Construction**				
年末单位个数	Number of Units at Year End	个	unit	18	17
国有	State - owned Unit	个	unit	2	2
年末从业人员	Number of Persons Employed at Year End	人	person	1746	1692
全年房屋建筑施工面积	Floor Space of Buildings under Construction	万平方米	10 000 sq. m	29.00	29.00
全年房屋建筑竣工面积	Floor Space of Buildings Completed	万平方米	10 000 sq. m		6.0
固定资产投资完成额	Completed Investment in Fixed Assets	亿元	100 million yuan	8.30	11.96
基本建设	Infrastructure	亿元	100 million yuan	7.76	10.22
更新改造	Renovation and Reformation Investment	亿元	100 million yuan	0.54	1.74

22－1 续表3 continued

指 标	Item	单位	unit	2019	2020
交通运输业	**Transportation**				
年末拥有主要运输工具数量	Number of Major Transport Conveyance at Year End	辆	coach	835	848
年末从业人员	Number of Persons Employed at Year End	人	person	1226	1182
全年货运量	Freight Traffic	万吨	10 000 tons	162.00	154.00
全年客运量	Passenger Traffic	万人	10 000 persons	320.00	317.00
商业	**Commerce**				
营业网点个数	Number of Business Branches	个	unit	1202	1207
国有	State－owned Units	个	unit	4	3
年末从业人员	Number of Persons Employed at Year End	人	person	2626	2558
消费品零售总额	Total Retail Sales of Consumer Goods	亿元	100 million yuan	3.00	2.98
住宿和餐饮业	**Hotels and Catering Services**				
营业网点个数	Number of Business Branches	个	unit	393	397
国有	State－owned Units	个	unit	4	4
年末从业人员	Number of Persons Employed at Year End	人	person	1924	1891
营业收入总额	Total Business Revenue	亿元	100 million yuan	1.1	1.0
旅游业	**Tourism**				
接待游客人数	Number of Tourists	万人次	10 000 person－time	95.25	52.10
旅游收入	Tourism Income	亿元	100 million yuan	1.60	1.00
对外贸易	**Foreign Trade**				
出口商品总金额	Total Export Commodities in Value	万元	10 000 yuan	7952	9873
出口商品总产量	Total Export Commodities in Volume	吨	ton	17673.0	23553.0
蔬菜	Vegetable	吨	ton	17673.0	23553.0

第二十三篇 Chapter23

各省市区主要经济指标

Main Economic Indicators by Region

资料整理:李广东　季翔　马福燕　焦霙　马维才　马兴明　寇洁琼

Data Compilation:Li Guangdong　Ji Xiang　Ma Fuyan　Jiao Ying　Ma Weicai　Ma Xingming　Kou Jieqiong

23－1 各省市区地区生产总值

Gross Domestic Product by Region

地　区	Region	地区生产总值（亿元）GDP(100 million yuan)	第一产业 Primary Industry	第二产业 Secondary Industry	第三产业 Tertiary Industry	地区生产总值指数（%）GDP Indices (%)	人均地区生产总值（元）Per Capita GDP (yuan)
全　国	**National**	**1015986.2**	**77754.1**	**384255.3**	**553976.8**	**102.3**	**72000**
北　京	Beijing	36102.6	107.6	5716.4	30278.6	101.2	164889
天　津	Tianjin	14083.7	210.2	4804.1	9069.5	101.5	101614
河　北	Hebei	36206.9	3880.1	13597.2	18729.5	103.9	48564
山　西	Shanxi	17651.9	946.7	7675.4	9029.8	103.6	50528
内蒙古	Inner Mongolia	17359.8	2025.1	6868.0	8466.7	100.2	72062
辽　宁	Liaoning	25115.0	2284.6	9400.9	13429.4	100.6	58872
吉　林	Jilin	12311.3	1553.0	4326.2	6432.1	102.4	50800
黑龙江	Heilongjiang	13698.5	3438.3	3483.5	6776.7	101.0	42635
上　海	Shanghai	38700.6	103.6	10289.5	28307.5	101.7	155768
江　苏	Jiangsu	102719.0	4536.7	44226.4	53955.8	103.7	121231
浙　江	Zhejiang	64613.3	2169.2	26413.0	36031.2	103.6	100620
安　徽	Anhui	38680.6	3184.7	15671.7	19824.3	103.9	63426
福　建	Fujian	43903.9	2732.3	20328.8	20842.8	103.3	105818
江　西	Jiangxi	25691.5	2241.6	11084.8	12365.1	103.8	56871
山　东	Shandong	73129.0	5363.8	28612.2	39153.0	103.6	72151
河　南	Henan	54997.1	5353.7	22875.3	26768.0	101.3	55435
湖　北	Hubei	43443.5	4131.9	17023.9	22287.6	95.0	74440
湖　南	Hunan	41781.5	4240.4	15937.7	21603.4	103.8	62900
广　东	Guangdong	110760.9	4770.0	43450.2	62540.8	102.3	88210
广　西	Guangxi	22156.7	3555.8	7108.5	11492.4	103.7	44309
海　南	Hainan	5532.4	1136.0	1055.3	3341.2	103.5	55131
重　庆	Chongqing	25002.8	1803.3	9992.2	13207.3	103.9	78170
四　川	Sichuan	48598.8	5556.6	17571.1	25471.1	103.8	58126
贵　州	Guizhou	17826.6	2539.9	6211.6	9075.1	104.5	46267
云　南	Yunnan	24521.9	3598.9	8287.5	12635.5	104.0	51975
西　藏	Tibet	1902.7	150.6	798.3	953.8	107.8	52345
陕　西	Shanxi	26181.9	2267.5	11362.6	12551.7	102.2	66292
甘　肃	Gansu	9016.7	1198.1	2852.0	4966.5	103.9	35995
青　海	Qinghai	3005.9	334.3	1143.6	1528.1	101.5	50819
宁　夏	Ningxia	3920.6	338.0	1609.0	1973.6	103.9	54528
新　疆	Xinjiang	13797.6	1981.3	4744.5	7071.8	103.4	53593

注：本表绝对数按当年价格计算，增长速度按不变价格计算。

Note: The absolute numbers are calculated at current prices, The GDP growth is calculated at constant prices.

23-2 各省市区地区生产总值构成

Composition of Grosss Domestic Product by Region

单位:% (%)

地 区	Region	地区生产总值 Gross Domestic Products	第一产业 Primary Industry	第二产业 Secondary Industry	第三产业 Tertiary Industry
全 国	**National**	**100.0**	**7.7**	**37.8**	**54.5**
北 京	Beijing	100.0	0.3	15.8	83.9
天 津	Tianjin	100.0	1.5	34.1	64.4
河 北	Hebei	100.0	10.7	37.6	51.7
山 西	Shanxi	100.0	5.4	43.5	51.2
内蒙古	Inner Mongolia	100.0	11.7	39.6	48.8
辽 宁	Liaoning	100.0	9.1	37.4	53.5
吉 林	Jilin	100.0	12.6	35.1	52.2
黑龙江	Heilongjiang	100.0	25.1	25.4	49.5
上 海	Shanghai	100.0	0.3	26.6	73.1
江 苏	Jiangsu	100.0	4.4	43.1	52.5
浙 江	Zhejiang	100.0	3.4	40.9	55.8
安 徽	Anhui	100.0	8.2	40.5	51.3
福 建	Fujian	100.0	6.2	46.3	47.5
江 西	Jiangxi	100.0	8.7	43.1	48.1
山 东	Shandong	100.0	7.3	39.1	53.5
河 南	Henan	100.0	9.7	41.6	48.7
湖 北	Hubei	100.0	9.5	39.2	51.3
湖 南	Hunan	100.0	10.1	38.1	51.7
广 东	Guangdong	100.0	4.3	39.2	56.5
广 西	Guangxi	100.0	16.0	32.1	51.9
海 南	Hainan	100.0	20.5	19.1	60.4
重 庆	Chongqing	100.0	7.2	40.0	52.8
四 川	Sichuan	100.0	11.4	36.2	52.4
贵 州	Guizhou	100.0	14.2	34.8	50.9
云 南	Yunnan	100.0	14.7	33.8	51.5
西 藏	Tibet	100.0	7.9	42.0	50.1
陕 西	Shanxi	100.0	8.7	43.4	47.9
甘 肃	Gansu	100.0	13.3	31.6	55.1
青 海	Qinghai	100.0	11.1	38.0	50.8
宁 夏	Ningxia	100.0	8.6	41.0	50.4
新 疆	Xinjiang	100.0	14.4	34.4	51.3

23 - 3 各省市区年末常住人口

Resident Population by Region at the Year - end

单位:万人 (10 000 persons)

地 区	Region	2005	2006	2007	2008	2009	2010	2011	2012
全 国	**National**	**130756**	**131448**	**132129**	**132802**	**133450**	**134091**	**134916**	**135922**
北 京	Beijing	1538	1601	1676	1771	1860	1962	2024	2078
天 津	Tianjin	1043	1075	1115	1176	1228	1299	1341	1378
河 北	Hebei	6851	6898	6943	6989	7034	7194	7232	7262
山 西	Shanxi	3355	3375	3393	3411	3427	3574	3562	3548
内蒙古	Inner Mongolia	2386	2415	2429	2444	2458	2472	2470	2464
辽 宁	Liaoning	4221	4271	4298	4315	4341	4375	4379	4375
吉 林	Jilin	2716	2723	2730	2734	2740	2747	2725	2698
黑龙江	Heilongjiang	3820	3823	3824	3825	3826	3833	3782	3724
上 海	Shanghai	1890	1964	2064	2141	2210	2303	2356	2399
江 苏	Jiangsu	7588	7656	7723	7762	7810	7869	8023	8120
浙 江	Zhejiang	4991	5072	5155	5212	5276	5447	5570	5685
安 徽	Anhui	6120	6110	6118	6135	6131	5957	5972	5978
福 建	Fujian	3557	3585	3612	3639	3666	3693	3784	3841
江 西	Jiangxi	4311	4339	4368	4400	4432	4462	4474	4475
山 东	Shandong	9248	9309	9367	9417	9470	9588	9665	9708
河 南	Henan	9380	9392	9360	9429	9487	9405	9461	9532
湖 北	Hubei	5710	5693	5699	5711	5720	5728	5760	5781
湖 南	Hunan	6326	6342	6355	6380	6406	6570	6581	6590
广 东	Guangdong	9194	9442	9660	9893	10130	10441	10756	11041
广 西	Guangxi	4660	4719	4768	4816	4856	4610	4655	4694
海 南	Hainan	828	836	845	854	864	869	890	910
重 庆	Chongqing	2798	2808	2816	2839	2859	2885	2944	2975
四 川	Sichuan	8212	8169	8127	8138	8185	8045	8064	8085
贵 州	Guizhou	3730	3690	3632	3596	3537	3479	3530	3587
云 南	Yunnan	4450	4483	4514	4543	4571	4602	4620	4631
西 藏	Tibet	280	285	289	292	296	300	309	315
陕 西	Shanxi	3690	3699	3708	3718	3727	3735	3765	3787
甘 肃	Gansu	2545	2547	2548	2551	2555	2560	2552	2550
青 海	Qinghai	543	548	552	554	557	563	568	571
宁 夏	Ningxia	596	604	610	618	625	633	648	659
新 疆	Xinjiang	2010	2050	2095	2131	2159	2185	2225	2253

注: 1. 全国数据包括中国人民解放军现役军人数,但不包括香港、澳门特别行政区和台湾地区数据;分省数据中未包括中国人民解放军现役军人数。

2. 分地区数据为常住人口。

3. 2010 年数据为第六次全国人口普查数据推算,其余年份数据根据年度人口抽样调查推算。

Notes: a) National Data include the military personnel of the Chinese People's Liberation Army but not include Hong Kong SAR, Macao SAR and Taiwan Province. Province data do not include the military personnel of the Chinese People's Liberation Army.

b) Data in this table refer to resident population.

c) Data of 2010 were estimated due to the 6th National Population Census, the rest were the estimated due to the annual national sample survey of population .

23－3 续表 Continued

单位:万人 (10 000 persons)

地 区	Region	2013	2014	2015	2016	2017	2018	2019	2020
全 国	**National**	**136726**	**137646**	**138326**	**139232**	**140011**	**140541**	**141008**	**141178**
北 京	Beijing	2125	2171	2188	2195	2194	2192	2190	2189
天 津	Tianjin	1410	1429	1439	1443	1410	1383	1385	1387
河 北	Hebei	7288	7323	7345	7375	7409	7426	7447	7461
山 西	Shanxi	3535	3528	3519	3514	3510	3502	3497	3492
内蒙古	Inner Mongolia	2455	2449	2440	2436	2433	2422	2415	2405
辽 宁	Liaoning	4365	4358	4338	4327	4312	4291	4277	4259
吉 林	Jilin	2668	2642	2613	2567	2526	2484	2448	2407
黑龙江	Heilongjiang	3666	3608	3529	3463	3399	3327	3255	3185
上 海	Shanghai	2448	2467	2458	2467	2466	2475	2481	2487
江 苏	Jiangsu	8192	8281	8315	8381	8423	8446	8469	8475
浙 江	Zhejiang	5784	5890	5985	6072	6170	6273	6375	6457
安 徽	Anhui	5988	5997	6011	6033	6057	6076	6092	6103
福 建	Fujian	3885	3945	3984	4016	4065	4104	4137	4154
江 西	Jiangxi	4476	4480	4485	4496	4511	4513	4516	4519
山 东	Shandong	9746	9808	9866	9973	10033	10077	10106	10153
河 南	Henan	9573	9645	9701	9778	9829	9864	9901	9937
湖 北	Hubei	5798	5816	5850	5885	5904	5917	5927	5775
湖 南	Hunan	6600	6611	6615	6625	6633	6635	6640	6644
广 东	Guangdong	11270	11489	11678	11908	12141	12348	12489	12601
广 西	Guangxi	4731	4770	4811	4857	4907	4947	4982	5013
海 南	Hainan	920	936	945	957	972	982	995	1008
重 庆	Chongqing	3011	3043	3070	3110	3144	3163	3188	3205
四 川	Sichuan	8109	8139	8196	8251	8289	8321	8351	8367
贵 州	Guizhou	3632	3677	3708	3758	3803	3822	3848	3856
云 南	Yunnan	4641	4653	4663	4677	4693	4703	4714	4721
西 藏	Tibet	317	325	330	340	349	354	361	365
陕 西	Shanxi	3804	3827	3846	3874	3904	3931	3944	3953
甘 肃	Gansu	2537	2531	2523	2520	2522	2515	2509	2502
青 海	Qinghai	571	576	577	582	586	587	590	592
宁 夏	Ningxia	666	678	684	695	705	710	717	720
新 疆	Xinjiang	2285	2325	2385	2428	2480	2520	2559	2585

23－4 各省市区城镇非私营单位就业人数及平均工资

Number of Employed Persons in Non－Private in Urban Units and Average Wages by Region

地　区 Region	就业人员（万人）Number of Employed Persons (person)	在岗职工平均工资（元）Average Wages of Staff and Workers (yuan)
全国总计 National	**170390876.7**	**100512**
北　京 Beijing	7399399.4	185026
天　津 Tianjin	2553324.5	118918
河　北 Hebei	5612438.7	79964
山　西 Shanxi	4425978.1	77364
内蒙古 Inner Mongolia	2705552.8	87916
辽　宁 Liaoning	4767828.5	82223
吉　林 Jilin	2577725.0	81050
黑龙江 Heilongjiang	3163969.0	78972
上　海 Shanghai	6455623.5	174678
江　苏 Jiangsu	13425055.0	106034
浙　江 Zhejiang	10258431.2	111722
安　徽 Anhui	5656207.4	89381
福　建 Fujian	6058991.3	91072
江　西 Jiangxi	4515088.9	80503
山　东 Shandong	10983225.3	90661
河　南 Henan	9648879.2	71351
湖　北 Hubei	6311709.0	87782
湖　南 Hunan	6049214.7	82356
广　东 Guangdong	20852692.6	110324
广　西 Guangxi	4103663.1	86111
海　南 Hainan	1084925.5	89642
重　庆 Chongqing	3708337.5	98380
四　川 Sichuan	8617601.5	91928
贵　州 Guizhou	3352873.0	94276
云　南 Yunnan	3582259.8	98287
西　藏 Tibet	416618.2	126226
陕　西 Shanxi	4895540.2	87054
甘　肃 Gansu	2622272.2	83392
青　海 Qinghai	664042.1	104157
宁　夏 Ningxia	691181.3	101827
新　疆 Xinjiang	3230228.0	88782

23-5 各省市区固定资产投资

Total Investment in Fixed Asstes in the Whole Country by Region

地 区	Region	固定资产投资增速(%) Investment in Fixed Assets (100million yuan)	房地产开发投资额(亿元) Investment in Real Estate Development (100 million yuan)
全国总计	**National**	**2.9**	**141442.9**
北 京	Beijing	2.2	3938.7
天 津	Tianjin	3.0	2608.5
河 北	Hebei	3.2	4601.1
山 西	Shanxi	10.6	1830.4
内蒙古	Inner Mongolia	-1.5	1176.5
辽 宁	Liaoning	2.6	2978.9
吉 林	Jilin	8.3	1460.8
黑龙江	Heilongjiang	3.6	982.9
上 海	Shanghai	10.3	4698.7
江 苏	Jiangsu	0.3	13171.3
浙 江	Zhejiang	5.4	11413.7
安 徽	Anhui	5.1	7042.3
福 建	Fujian	-0.4	6026.8
江 西	Jiangxi	8.2	2378.1
山 东	Shandong	3.6	9450.5
河 南	Henan	4.3	7782.3
湖 北	Hubei	-18.8	4888.9
湖 南	Hunan	7.6	4880.4
广 东	Guangdong	7.2	17312.7
广 西	Guangxi	4.2	3845.6
海 南	Hainan	8.0	1341.7
重 庆	Chongqing	3.9	4352.0
四 川	Sichuan	2.8	7315.3
贵 州	Guizhou	3.2	3418.7
云 南	Yunnan	7.7	4505.2
西 藏	Tibet	5.4	165.5
陕 西	Shanxi	4.1	4404.4
甘 肃	Gansu	7.8	1355.6
青 海	Qinghai	-12.2	421.3
宁 夏	Ningxia	4.0	433.3
新 疆	Xinjiang	16.2	1260.9

23-6 各省市区房地产开发企业(单位)土地购置及开发情况

Land Development and Purchase of Real Estste Development Enterprises by Region

地区 Region		土地购置面积(万平方米) Land Space Purchased (10000 sq. m)	土地成交价款(亿元) Land Transaction Price (100 million yuan)	商品房销售面积(万平方米) Floor Space of Commercialized Buildings Sold (10 000 sq. m)	商品房销售额(亿元) Total Sale of Commercialized Buildings (100 million yuan)	住宅 Residential Buildings
全国总计	**National**	**25536**	**17268.8**	**176086**	**173612.7**	**154567.0**
北京	Beijing	147	741.3	971	3656.8	3131.3
天津	Tianjin	267	321.3	1307	2113.6	2001.0
河北	Hebei	693	221.1	6028	4950.4	4597.9
山西	Shanxi	603	200.3	2685	1885.9	1753.4
内蒙古	Inner Mongolia	430	100.6	2046	1365.5	1242.6
辽宁	Liaoning	719	352.2	3743	3366.3	3114.1
吉林	Jilin	485	158.1	1831	1381.5	1238.2
黑龙江	Heilongjiang	419	119.0	1494	1064.2	946.1
上海	Shanghai	271	352.9	1789	6047.0	5268.8
江苏	Jiangsu	2388	2245.6	15427	19408.9	18027.3
浙江	Zhejiang	2043	2916.6	10250	17145.0	15584.8
安徽	Anhui	2982	1367.6	9534	7346.1	6760.9
福建	Fujian	599	653.2	6607	7497.7	6343.3
江西	Jiangxi	552	278.8	6733	5222.8	4425.2
山东	Shandong	2466	1054.6	13272	11065.6	10109.6
河南	Henan	831	506.7	14101	9364.4	8402.5
湖北	Hubei	711	475.7	6588	6087.9	5447.3
湖南	Hunan	922	320.8	9437	5947.1	5223.6
广东	Guangdong	1565	2369.1	14908	22572.5	19829.6
广西	Guangxi	1435	523.3	6729	4251.5	3803.6
海南	Hainan	48	24.5	752	1232.1	1048.9
重庆	Chongqing	813	320.0	6143	5071.3	4293.2
四川	Sichuan	988	620.7	13258	10394.3	8767.0
贵州	Guizhou	349	170.6	5553	3224.2	2760.7
云南	Yunnan	1055	361.1	4857	3969.9	3452.0
西藏	Tibet	15	7.9	93	83.9	72.0
陕西	Shaanxi	414	204.9	4452	4375.3	3755.8
甘肃	Gansu	205	57.4	1968	1293.4	1205.4
青海	Qinghai	111	37.8	470	383.3	343.4
宁夏	Ningxia	173	49.3	1095	698.4	626.3
新疆	Xinjiang	839.1	135.8	1963.7	1145.8	991

23-7 各省市区一般公共预算收支

General Public Budget Revenue and Expenditure by Region

单位:亿元 (100 million yuan)

地 区	Region	一般公共预算收入 General Public Budget Revenue	一般公共预算支出 General Public Budget Expenditure
地方合计	**National**	**100123.8**	**210492.5**
北 京	Beijing	5483.9	7116.2
天 津	Tianjin	1923.1	3150.6
河 北	Hebei	3826.4	9021.7
山 西	Shanxi	2296.5	5111.0
内蒙古	Inner Mongolia	2051.3	5268.2
辽 宁	Liaoning	2655.5	6002.0
吉 林	Jilin	1085.0	4127.2
黑龙江	Heilongjiang	1152.5	5449.4
上 海	Shanghai	7046.3	8102.1
江 苏	Jiangsu	9059.0	13682.5
浙 江	Zhejiang	7248.0	10081.9
安 徽	Anhui	3216.0	7471.0
福 建	Fujian	3079.0	5214.6
江 西	Jiangxi	2507.5	6666.1
山 东	Shandong	6559.9	11231.2
河 南	Henan	4155.2	10382.8
湖 北	Hubei	2511.5	8439.0
湖 南	Hunan	3008.7	8402.7
广 东	Guangdong	12922.0	17484.7
广 西	Guangxi	1716.9	6155.4
海 南	Hainan	816.1	1973.9
重 庆	Chongqing	2094.8	4893.9
四 川	Sichuan	4258.0	11200.7
贵 州	Guizhou	1786.8	5723.3
云 南	Yunnan	2116.7	6974.0
西 藏	Tibet	221.0	2207.8
陕 西	Shanxi	2257.2	5933.8
甘 肃	Gansu	874.5	4154.9
青 海	Qinghai	298.0	1933.3
宁 夏	Ningxia	419.4	1483.0
新 疆	Xinjiang	1477.2	5453.8

23－8 各省市区居民消费价格指数

Consumer Price Indices by Region

（上年＝100） （preceding year＝100）

地　区 Region	居民消费价格总指数 Consumer Price Index	食品烟酒 Food, Tobacco, Liquor	衣　着 Clothing	居　住 Residence
全　国 National	**102.5**	**108.3**	**99.8**	**99.6**
北　京 Beijing	101.7	105.7	99.8	99.1
天　津 Tianjin	102.0	106.5	98.5	100.7
河　北 Hebei	102.1	107.1	99.7	99.1
山　西 Shanxi	102.9	106.9	101.3	100.1
内蒙古 Inner Mongolia	101.9	105.7	100.1	100.2
辽　宁 Liaoning	102.4	107.4	99.6	100.2
吉　林 Jilin	102.3	107.5	99.4	99.8
黑龙江 Heilongjiang	102.3	108.0	99.1	98.5
上　海 Shanghai	101.7	105.3	100.9	100.8
江　苏 Jiangsu	102.5	109.1	99.7	99.9
浙　江 Zhejiang	102.3	107.4	100.5	99.9
安　徽 Anhui	102.7	108.4	100.3	99.8
福　建 Fujian	102.2	107.0	99.9	100.0
江　西 Jiangxi	102.6	108.8	99.2	99.4
山　东 Shandong	102.8	109.5	100.6	99.7
河　南 Henan	102.8	108.5	98.8	99.6
湖　北 Hubei	102.7	109.3	99.7	99.2
湖　南 Hunan	102.3	108.3	100.2	99.1
广　东 Guangdong	102.6	109.1	99.5	98.9
广　西 Guangxi	102.8	109.2	99.9	98.9
海　南 Hainan	102.3	108.4	101.5	97.8
重　庆 Chongqing	102.3	107.9	98.3	99.5
四　川 Sichuan	103.2	111.0	99.7	98.9
贵　州 Guizhou	102.6	110.3	98.4	98.4
云　南 Yunnan	103.6	111.6	100.4	100.1
西　藏 Tibet	102.2	104.8	101.0	100.1
陕　西 Shaanxi	102.5	107.6	99.4	100.1
甘　肃 Gansu	102.0	106.4	99.4	100.1
青　海 Qinghai	102.6	106.5	99.7	101.0
宁　夏 Ningxia	101.5	105.4	98.9	100.3
新　疆 Xinjiang	101.5	104.5	99.4	102.1

23－8 续表 Continued

（上年＝100） （preceding year＝100）

地　区 Region	生活用品及服务 Articles for daily use and Services	交通和通信 Transportation and Communication	娱乐教育文化 Recreation, Education and Culture	医疗保健 Health Care	其他用品和服务 Other Supplies and Services
全　国 National	**100.0**	**96.5**	**101.3**	**101.8**	**104.3**
北　京 Beijing	100.0	95.8	102.5	104.9	108.3
天　津 Tianjin	100.2	97.1	102.6	99.9	107.9
河　北 Hebei	99.9	96.9	102.0	102.1	104.5
山　西 Shanxi	100.0	96.6	101.1	109.4	102.4
内蒙古 Inner Mongolia	99.9	96.4	100.5	103.6	103.0
辽　宁 Liaoning	99.5	96.7	100.8	103.4	103.6
吉　林 Jilin	100.8	96.5	101.4	101.8	104.2
黑龙江 Heilongjiang	99.7	96.5	102.3	102.5	104.4
上　海 Shanghai	99.8	96.6	101.1	101.2	102.9
江　苏 Jiangsu	100.5	96.5	101.4	100.1	104.8
浙　江 Zhejiang	101.6	96.5	101.8	101.5	104.2
安　徽 Anhui	99.8	96.8	101.5	101.2	103.1
福　建 Fujian	100.6	97.0	101.2	100.2	103.7
江　西 Jiangxi	99.7	96.3	102.1	99.9	104.9
山　东 Shandong	99.9	96.2	101.2	101.5	104.6
河　南 Henan	99.9	95.8	102.0	103.4	107.6
湖　北 Hubei	100.1	96.5	100.9	102.2	104.8
湖　南 Hunan	99.9	96.7	100.0	101.0	103.6
广　东 Guangdong	99.7	96.2	100.9	100.8	104.0
广　西 Guangxi	99.7	96.0	100.5	105.5	102.7
海　南 Hainan	100.3	95.4	100.9	100.3	103.2
重　庆 Chongqing	100.0	97.3	101.8	101.9	102.7
四　川 Sichuan	99.9	96.4	101.2	100.7	103.1
贵　州 Guizhou	99.6	95.7	100.8	100.8	103.0
云　南 Yunnan	99.7	96.9	101.0	100.6	103.2
西　藏 Tibet	101.6	98.1	101.2	102.2	104.9
陕　西 Shaanxi	100.3	97.8	101.8	100.9	105.2
甘　肃 Gansu	100.3	97.4	101.2	100.6	104.3
青　海 Qinghai	99.9	97.8	100.2	104.2	106.0
宁　夏 Ningxia	99.6	96.9	101.0	100.6	103.2
新　疆 Xinjiang	99.5	96.8	100.6	100.4	102.6

23－9　各省市区农业生产资料价格指数

Consumer Price Indices of Agriculture products by Region

（上年＝100）　　（preceding year＝100）

地　区	Region	农业生产资料价格指数 Indices of Producers´Price for Agriculture Products	农用手工工具 Farm hand Tools	饲　料 Forage	仔畜、幼禽及产品畜 Livestock, poultry and Livestock Products	半机械化农具 Semi－mechanized Farm Tools
全　国	**National**	**106.1**	**100.9**	**104.2**	**156.6**	**100.1**
北　京	Beijing					
天　津	Tianjin					
河　北	Hebei	104.3	101.8	105.3	142.9	103.5
山　西	Shanxi	108.1	100.2	109.3	160.7	99.3
内蒙古	Inner Mongolia	103.2	100.7	103.3	142.9	100.8
辽　宁	Liaoning	104.9	99.6	103.8	158.4	100.5
吉　林	Jilin	100.0	100.0	101.6	109.3	100.1
黑龙江	Heilongjiang	103.7	100.0	102.7	137.4	99.6
上　海	Shanghai					
江　苏	Jiangsu	105.7	99.8	104.3	159.6	101.2
浙　江	Zhejiang	106.1	105.5	106.8	154.5	100.3
安　徽	Anhui	104.8	100.6	104.8	173.7	99.9
福　建	Fujian	103.3	101.1	104.2	131.2	98.5
江　西	Jiangxi	107.2	105.8	108.0	152.0	103.0
山　东	Shandong	105.6	102.7	106.0	144.5	102.7
河　南	Henan	103.6	100.5	102.6	142.3	100.7
湖　北	Hubei	106.4	99.2	100.9	179.3	99.0
湖　南	Hunan	103.5	100.1	103.6	138.9	100.5
广　东	Guangdong	108.8	103.4	102.3	177.9	99.6
广　西	Guangxi	109.7	101.2	103.6	195.7	100.5
海　南	Hainan	104.4	100.3	103.7	154.1	99.7
重　庆	Chongqing					
四　川	Sichuan	120.9	99.9	107.3	191.3	100.0
贵　州	Guizhou	112.2	101.3	104.5	176.4	100.3
云　南	Yunnan	106.7	96.6	99.2	172.4	96.6
西　藏	Tibet	99.6	100.0	100.0	100.0	100.0
陕　西	Shanxi	104.6	99.8	104.2	157.7	99.8
甘　肃	Gansu	100.7	101.1	102.8	120.5	97.9
青　海	Qinghai	109.0	101.6	106.0	160.3	100.5
宁　夏	Ningxia	103.8	100.0	109.4	122.3	100.0
新　疆	Xinjiang	106.2	103.5	108.2	152.3	100.6

23－9 续表 Continued

(上年＝100) (preceding year＝100)

地 区	Region	机械化农具 Mechanized Tools	化学肥料 Chemical Fertilizer	农药及农药械 Pesticide and Its Appliances	农用机油 Oil for Agriculture Machinery	其他农业生产资料 Other Means of Agricultural Production	农业生产服务 Service for Agricultural Production
全 国	**National**	**100.1**	**98.4**	**100.8**	**86.5**	**99.6**	**101.8**
北 京	Beijing						
天 津	Tianjin						
河 北	Hebei	100.2	98.6	101.6	87.6	99.3	101.1
山 西	Shanxi	100.4	102.4	100.3	85.2	100.6	100.9
内蒙古	Inner Mongolia	100.7	97.5	101.9	86.5	96.5	100.6
辽 宁	Liaoning	101.3	99.6	99.7	86.0	100.7	101.0
吉 林	Jilin	101.8	96.6	101.1	86.4	99.0	100.6
黑龙江	Heilongjiang	99.8	101.2	100.0	85.3	100.3	104.1
上 海	Shanghai						
江 苏	Jiangsu	100.3	98.6	100.5	85.9	98.9	101.5
浙 江	Zhejiang	99.9	99.2	102.1	85.6	100.4	99.1
安 徽	Anhui	99.6	97.0	100.3	85.9	100.6	101.0
福 建	Fujian	100.2	98.4	100.9	88.1	100.3	101.0
江 西	Jiangxi	100.3	98.0	102.5	86.2	101.1	103.9
山 东	Shandong	100.6	97.7	102.1	87.5	98.7	104.0
河 南	Henan	98.1	100.0	102.2	84.9	99.8	99.7
湖 北	Hubei	100.5	100.3	100.2	86.5	99.7	100.8
湖 南	Hunan	100.6	98.5	100.9	85.4	101.0	102.9
广 东	Guangdong	99.7	99.0	101.3	87.6	102.2	103.9
广 西	Guangxi	101.0	98.3	100.5	86.4	100.0	102.7
海 南	Hainan	99.1	97.3	101.1	86.5	97.7	100.3
重 庆	Chongqing						
四 川	Sichuan	100.0	99.0	101.1	88.8	100.4	101.1
贵 州	Guizhou	100.3	99.2	100.3	92.0	100.3	101.5
云 南	Yunnan	91.2	93.4	96.2	86.8	95.4	93.9
西 藏	Tibet	100.0	99.4	100.0	93.5	100.0	100.0
陕 西	Shanxi	99.2	97.8	102.0	88.3	98.9	101.5
甘 肃	Gansu	99.4	93.2	100.9	86.8	102.4	102.3
青 海	Qinghai	99.8	92.8	112.2	85.6	100.8	104.5
宁 夏	Ningxia	100.0	95.6	99.9	86.3	99.1	99.3
新 疆	Xinjiang	100.3	97.5	101.0	88.1	100.3	103.4

23－10 各省市区居民家庭人均收支情况
Per Capita Disposable Income and Expenditure of Households by Region

单位:元 (yuan)

地区	Region	全体居民 Urban and Rural Households		城镇居民 Urban Households		农村居民 Rural Households	
		人均可支配收入 Per Capita Disposable Income	人均消费支出 Per Capita Expenditure Consumption	人均可支配收入 Per Capita Disposable Income	人均消费支出 Per Capita Expenditure Consumption	人均可支配收入 Per Capita Disposable Income	人均消费支出 Per Capita Expenditure Consumption
全国总计	**National**	**32188.8**	**21209.9**	**43833.8**	**27007.4**	**17131.5**	**13713.4**
北京	Beijing	69433.5	38903.3	75601.5	41726.3	30125.7	20912.7
天津	Tianjin	43854.1	28461.4	47658.5	30894.7	25690.6	16844.1
河北	Hebei	27135.9	18037.0	37285.7	23167.4	16467.0	12644.2
山西	Shanxi	25213.7	15732.7	34792.7	20331.9	13878.0	10290.1
内蒙古	Inner Mongolia	31497.3	19794.5	41353.1	23887.7	16566.9	13593.7
辽宁	Liaoning	32738.3	20672.1	40375.9	24849.1	17450.3	12311.2
吉林	Jilin	25751.0	17317.7	33395.7	21623.2	16067.0	11863.6
黑龙江	Heilongjiang	24902.0	17056.4	31114.7	20397.3	16168.4	12360.0
上海	Shanghai	72232.4	42536.3	76437.3	44839.3	34911.3	22095.5
江苏	Jiangsu	43390.4	26225.1	53101.7	30882.2	24198.5	17021.7
浙江	Zhejiang	52397.4	31294.7	62699.3	36196.9	31930.5	21555.4
安徽	Anhui	28103.2	18877.3	39442.1	22682.7	16620.2	15023.5
福建	Fujian	37202.4	25125.8	47160.3	30486.5	20880.3	16338.9
江西	Jiangxi	28016.5	17955.3	38555.8	22134.3	16980.8	13579.4
山东	Shandong	32885.7	20940.1	43726.3	27291.1	18753.2	12660.4
河南	Henan	24810.1	16142.6	34750.3	20644.9	16107.9	12201.1
湖北	Hubei	27880.6	19245.9	36705.7	22885.5	16305.9	14472.5
湖南	Hunan	29379.9	20997.6	41697.5	26796.4	16584.6	14974.0
广东	Guangdong	41028.6	28491.9	50257.0	33511.3	20143.4	17132.3
广西	Guangxi	24562.3	16356.8	35859.3	20906.5	14814.9	12431.1
海南	Hainan	27904.1	18971.6	37097.0	23559.9	16278.8	13169.3
重庆	Chongqing	30823.9	21678.1	40006.2	26464.4	16361.4	14139.5
四川	Sichuan	26522.1	19783.4	38253.1	25133.2	15929.1	14952.6
贵州	Guizhou	21795.4	14873.8	36096.2	20587.0	11642.3	10817.6
云南	Yunnan	23294.9	16792.4	37499.5	24569.4	12841.9	11069.5
西藏	Tibet	21744.1	13224.8	41156.4	24927.4	14598.4	8917.1
陕西	Shaanxi	26226.0	17417.6	37868.2	22866.4	13316.5	11375.7
甘肃	Gansu	20335.1	16174.9	33821.8	24614.6	10344.3	9922.9
青海	Qinghai	24037.4	18284.2	35505.8	24315.2	12342.5	12134.2
宁夏	Ningxia	25734.9	17505.8	35719.6	22379.1	13889.4	11724.3
新疆	Xinjiang	23844.7	16512.1	34838.4	22951.8	14056.1	10778.2

23-11 各省市区农林牧渔业总产值及增长速度

Gross Output Value and Growth of Agriculture, Forestry, Animal Husbandry and Fishery by Region

地　区	Region	农林牧渔业总产值（亿元）Gross Output Value (100 million)	农　业 Agriculture	林　业 Forestry	牧　业 Animal Husbandry	渔　业 Fishery	农林牧渔业总产值比上年增长（%）Growth(%)
全国总计	**National**	**137782.2**	**71748.2**	**5961.6**	**40266.7**	**12775.9**	**3.4**
北　京	Beijing	263.4	107.6	97.7	45.2	4.1	-6.7
天　津	Tianjin	476.4	228.8	15.7	145.5	68.1	1.4
河　北	Hebei	6742.5	3413.3	255.4	2309.7	243.2	3.5
山　西	Shanxi	1935.8	1075.9	137.1	606.3	6.6	5.8
内蒙古	Inner Mongolia	3472.4	1699.0	89.8	1603.4	27.8	1.8
辽　宁	Liaoning	4582.6	2056.8	121.0	1604.7	617.5	3.0
吉　林	Jilin	2976.0	1231.8	71.9	1547.4	41.4	1.8
黑龙江	Heilongjiang	6438.1	4044.1	192.4	1913.0	115.6	2.6
上　海	Shanghai	279.8	138.0	15.2	55.1	51.0	-7.0
江　苏	Jiangsu	7952.6	4102.2	172.8	1315.8	1774.0	2.0
浙　江	Zhejiang	3496.9	1594.0	189.6	472.6	1130.6	1.7
安　徽	Anhui	5680.9	2525.4	387.5	1900.2	542.6	2.7
福　建	Fujian	4901.1	1818.2	390.6	1141.1	1373.1	3.3
江　西	Jiangxi	3820.7	1689.9	367.8	1125.4	473.5	2.7
山　东	Shandong	10190.6	5168.4	214.2	2571.9	1432.1	3.0
河　南	Henan	9956.3	6244.8	126.7	2855.8	117.6	2.7
湖　北	Hubei	7303.6	3492.5	245.4	1864.8	1156.8	0.7
湖　南	Hunan	7512.0	3364.8	428.0	2721.6	477.5	4.1
广　东	Guangdong	7901.9	3769.3	414.3	1778.2	1581.5	4.0
广　西	Guangxi	5913.3	3268.8	437.4	1423.8	508.3	5.0
海　南	Hainan	1821.0	874.8	121.2	357.1	390.8	2.4
重　庆	Chongqing	2749.1	1596.1	126.0	871.9	107.3	5.0
四　川	Sichuan	9216.4	4701.9	379.8	3613.8	287.5	5.6
贵　州	Guizhou	4358.6	2781.8	293.7	1019.0	61.1	6.5
云　南	Yunnan	5920.5	2902.2	429.5	2315.4	104.0	5.8
西　藏	Tibet	233.5	104.0	3.7	119.7	0.1	8.2
陕　西	Shaanxi	4056.6	2807.1	116.9	893.4	30.0	3.5
甘　肃	Gansu	2103.6	1423.8	31.7	495.3	2.0	5.2
青　海	Qinghai	507.1	188.6	11.9	295.1	3.9	4.7
宁　夏	Ningxia	703.1	397.9	10.9	246.6	19.0	3.6
新　疆	Xinjiang	4315.6	2936.3	66.0	1038.1	27.2	4.7

注：　本表绝对数按当年价格计算，增长速度按可比价格计算。

Note: The absolute numbers in this table are calculated at current prices , Growth rate of GDP is calculated at constant prices.

23-12 各省市区主要农产品产量

Output of Major Farming Products by Region

单位:万吨 (10 000 tons)

地区	Region	粮食 Grain	棉花 Cotton	油料 Oil-bearing Crops	糖料 Suger Crops	蔬菜 Vegetables	水果 Melons
全国总计	**National**	**66949.2**	**591.0**	**3586.4**	**12014.0**	**74912.9**	**28692.4**
北京	Beijing	30.5		0.30		137.9	53.8
天津	Tianjin	228.2	1.0	0.3		266.5	56.4
河北	Hebei	3795.9	20.9	119.5	63.7	5198.2	1424.4
山西	Shanxi	1424.3	0.2	14.3	0.2	861.2	909.8
内蒙古	Inner Mongolia	3664.1		217.3	620.7	1075.1	238.7
辽宁	Liaoning	2338.8		99.70	9.1	1960.0	851.3
吉林	Jilin	3803.2		81.4	4.2	464.9	146.6
黑龙江	Heilongjiang	7540.8		12.3	14.1	674.3	170.1
上海	Shanghai	91.4		0.7	0.2	252.9	43.9
江苏	Jiangsu	3729.1	1.1	93.0	7.1	5728.1	974.2
浙江	Zhejiang	605.7	0.7	32.1	46.4	1945.5	755.3
安徽	Anhui	4019.2	4.1	162.5	11.1	2330.9	741.5
福建	Fujian	502.3		22.70	27.0	1630.2	764.6
江西	Jiangxi	2163.9	5.3	122.7	61.2	1642.7	712.8
山东	Shandong	5446.8	18.3	290.9		8434.7	2938.9
河南	Henan	6825.8	1.8	672.6	10.7	7612.4	2563.4
湖北	Hubei	2727.4	10.8	344.5	28.2	4119.4	1066.8
湖南	Hunan	3015.1	7.4	260.7	34.9	4110.1	1150.8
广东	Guangdong	1267.6		113.5	1366.8	3706.8	1882.6
广西	Guangxi	1370.0	0.1	73.9	7412.5	3830.8	2785.7
海南	Hainan	145.5		7.7	105.8	572.8	495.6
重庆	Chongqing	1081.4		67.10	8.2	2092.6	514.8
四川	Sichuan	3527.4	0.2	392.9	37.9	4813.4	1221.3
贵州	Guizhou	1057.6		103.4	61.5	2990.9	548.1
云南	Yunnan	1895.9		63.10	1597.2	2507.9	961.6
西藏	Tibet	102.9		5.1		84.3	2.2
陕西	Shaanxi	1274.8	0.1	59.1	0.8	1957.7	2070.6
甘肃	Gansu	1202.2	3.0	61.4	22.4	1478.5	779.0
青海	Qinghai	107.4		30.2		151.4	2.9
宁夏	Ningxia	380.5		6.70		566.4	204.5
新疆	Xinjiang	1583.4	516.1	54.9	462.2	1714.9	1660.4

注: 1. 水果产量含果用瓜。

2. 因与农业普查数据衔接工作尚未完成,除粮食和棉花以外,其他种植业数据暂时无法提供。

Notes: 1. Fruit yield includes fruit melon.

2. Because the connection with agricultural census data has not been completed, other planting data, except for grain and cotton, cannot be provided temporarily.

23－12 续表 continued

单位:万吨 (10 000 tons)

地 区	Region	肉 类 Meat	猪 肉 Prok	牛 肉 Beef	羊 肉 Mutton	奶 类 Milk
全国总计	**National**	**7748.4**	**4113.3**	**672.4**	**492.3**	**3529.6**
北 京	Beijing	3.5	1.4	0.4	0.2	24.2
天 津	Tianjin	29.6	15.4	2.7	0.9	50.1
河 北	Hebei	419.2	226.9	55.6	31.3	488.3
山 西	Shanxi	102.7	62.8	7.4	8.6	117.4
内蒙古	Inner Mongolia	268.0	61.4	66.3	113.0	617.9
辽 宁	Liaoning	378.2	183.5	31.0	6.9	137.1
吉 林	Jilin	237.4	105.0	38.7	5.2	39.3
黑龙江	Heilongjiang	253.2	143.9	48.3	13.4	501.0
上 海	Shanghai	9.3	7.2	0.3	0.2	29.1
江 苏	Jiangsu	268.2	140.7	2.6	6.3	63.0
浙 江	Zhejiang	90.1	54.2	1.4	2.2	18.4
安 徽	Anhui	396.0	183.4	9.9	20.7	37.6
福 建	Fujian	259.4	103.8	2.5	2.3	17.5
江 西	Jiangxi	285.2	180.7	15.2	2.6	9.1
山 东	Shandong	728.0	271.0	59.7	34.0	241.6
河 南	Henan	544.1	324.8	36.7	28.6	214.7
湖 北	Hubei	307.4	203.8	15.4	8.9	13.4
湖 南	Hunan	455.0	337.7	20.5	16.1	5.6
广 东	Guangdong	401.0	192.4	4.2	1.9	15.2
广 西	Guangxi	380.4	174.1	13.6	3.6	11.2
海 南	Hainan	58.4	20.9	2.3	1.2	0.3
重 庆	Chongqing	161.2	108.8	7.4	6.8	3.2
四 川	Sichuan	597.8	394.8	37.0	27.3	68.0
贵 州	Guizhou	207.9	146.3	23.1	5.0	5.3
云 南	Yunnan	417.4	291.6	40.9	20.8	73.1
西 藏	Tibet	28.3	0.9	21.2	5.7	49.2
陕 西	Shaanxi	107.1	77.7	8.7	9.7	161.5
甘 肃	Gansu	110.2	49.2	24.9	27.6	58.4
青 海	Qinghai	37.0	3.7	19.2	13.3	36.9
宁 夏	Ningxia	33.8	8.0	11.4	11.1	215.3
新 疆	Xinjiang	173.7	37.5	44.0	57.0	206.9

23-13 各省市区规模以上工业企业主要经济指标

Main Economic Indicators of Industrial Enterprises above Designated Size by Region

单位:亿元 (100 million yuan)

地区	Region	营业收入 Business Revenue	营业成本 Business Cost	销售费用 Sales Expenditure	管理费用 Management Expenditure	财务费用 Financial Expenses	利润总额 Total Profits
全国总计	**National**	**1061433.6**	**890435.0**	**30480.2**	**55318.4**	**11585.9**	**64516.1**
北京	Beijing	23283.5	19273.9	1214.3	1248.1	261.2	1785.0
天津	Tianjin	18627.4	15981.6	433.2	873.8	120.7	961.3
河北	Hebei	42110.1	36729.4	939.1	1562.0	547.2	2038.1
山西	Shanxi	20673.3	16946.8	619.9	1153.5	704.9	963.8
内蒙古	Inner Mongolia	16640.4	13337.7	450.2	669.9	425.0	1315.1
辽宁	Liaoning	29215.3	24782.7	731.4	1345.0	432.2	1286.7
吉林	Jilin	13147.0	10791.4	558.6	717.8	128.2	567.1
黑龙江	Heilongjiang	9825.8	8392.4	290.6	561.6	152.0	279.1
上海	Shanghai	38595.2	31094.8	1420.2	2850.9	90.6	2810.2
江苏	Jiangsu	122206.8	102659.6	3673.2	7072.8	968.8	7365.3
浙江	Zhejiang	77695.4	64378.1	2356.0	4876.3	902.9	5544.6
安徽	Anhui	37925.9	32268.4	965.7	1849.5	367.7	2294.2
福建	Fujian	55475.4	47990.5	1268.5	2176.2	390.6	3470.1
江西	Jiangxi	37909.2	32764.9	733.4	1428.5	272.0	2438.1
山东	Shandong	84270.4	72890.4	2038.2	3586.9	975.9	4282.9
河南	Henan	47292.7	41076.3	983.0	1717.7	602.0	2544.7
湖北	Hubei	40743.5	34080.0	1195.3	2012.3	350.2	2519.0
湖南	Hunan	38339.9	31193.4	1214.0	2650.7	357.1	2032.7
广东	Guangdong	146856.9	121581.9	5021.4	9985.9	1033.8	9286.9
广西	Guangxi	17639.6	15309.0	378.3	609.4	202.8	876.0
海南	Hainan	2089.6	1607.4	116.0	94.3	32.0	132.2
重庆	Chongqing	22529.6	19172.5	633.3	1121.1	173.1	1318.8
四川	Sichuan	45250.1	37557.2	1444.1	1941.3	511.5	3197.7
贵州	Guizhou	8832.3	6417.2	297.1	442.0	196.9	1029.4
云南	Yunnan	14550.3	11400.8	377.3	589.2	290.8	1005.4
西藏	Tibet	322.0	250.5	15.0	28.1	9.6	18.9
陕西	Shaanxi	23435.3	19000.3	576.9	1080.7	347.1	1942.3
甘肃	Gansu	7290.3	6136.6	131.4	249.9	159.7	284.3
青海	Qinghai	2421.0	2005.5	45.9	120.3	100.3	93.1
宁夏	Ningxia	4802.3	4030.8	83.9	160.6	175.6	194.6
新疆	Xinjiang	11526.3	9405.2	274.6	502.5	304.4	629.1

23-13 续表

单位:亿元 (100 million yuan)

地　区	Region	亏损企业亏损总额 Loss Value of Loss - making Enterprises	流动资产合　计 Total Liabilities	应收账款 Accounts Receivable	存　货 Inventory	产成品 Finished Product	资产合计 Total Assets	负债合计 Total Liabilities
全国总计	**National**	**9855.1**	**631504.6**	**164128.6**	**122330.6**	**46018.6**	**1267550.2**	**710582.5**
北　京	Beijing	291.6	21093.8	4517.3	2788.8	1063.0	55276.9	23838.7
天　津	Tianjin	298.7	10487.2	2731.6	2172.2	785.6	21375.9	11623.7
河　北	Hebei	392.8	23688.9	5034.0	4569.3	1626.8	49838.6	30024.8
山　西	Shanxi	521.5	18396.3	3552.8	2182.0	869.4	45287.9	32458.5
内蒙古	Inner Mongolia	340.5	10899.6	2281.5	1674.5	559.6	32420.1	19231.2
辽　宁	Liaoning	613.4	20077.9	4282.2	4315.6	1450.2	40050.9	24944.8
吉　林	Jilin	429.5	7386.9	1531.9	1592.4	594.9	17202.5	9049.9
黑龙江	Heilongjiang	281.5	7613.3	1605.3	1462.8	441.0	17074.9	10213.4
上　海	Shanghai	346.7	27915.2	7434.5	5277.7	1874.4	47965.7	22934.3
江　苏	Jiangsu	999.7	77201.8	25624.2	15599.0	6228.7	130201.4	68845.0
浙　江	Zhejiang	510.6	53235.9	15757.5	10303.2	4119.8	95438.3	52090.3
安　徽	Anhui	199.6	21575.6	7000.7	4027.8	1616.1	41720.7	23803.2
福　建	Fujian	183.0	21159.9	5065.9	4659.4	1888.9	41501.5	20908.1
江　西	Jiangxi	112.4	14266.7	3630.5	3209.7	1219.7	28392.1	15241.5
山　东	Shandong	730.9	52936.0	11519.1	10724.3	4451.8	99591.1	62190.8
河　南	Henan	336.1	24499.4	5728.0	4525.1	1611.1	51497.5	29360.3
湖　北	Hubei	327.0	20813.6	5050.0	4090.0	1524.1	43851.7	22859.0
湖　南	Hunan	213.8	14964.7	4357.9	3220.4	1177.4	31437.0	16168.4
广　东	Guangdong	1018.0	89625.4	25669.5	17992.7	6680.7	149406.7	82985.5
广　西	Guangxi	119.3	10074.9	2321.7	2072.3	805.7	20114.3	12965.1
海　南	Hainan	28.2	1556.8	322.6	227.9	75.1	3438.0	1813.0
重　庆	Chongqing	150.5	11389.0	3620.9	1982.1	758.8	22307.8	12707.7
四　川	Sichuan	217.0	21929.0	5647.3	4244.3	1539.7	50336.2	27646.1
贵　州	Guizhou	158.7	7201.9	1182.9	1343.0	350.0	16315.1	9876.2
云　南	Yunnan	162.3	8503.4	1519.7	2354.9	614.0	22613.9	12689.2
西　藏	Tibet	34.1	476.4	65.8	44.5	17.2	1998.6	992.6
陕　西	Shaanxi	229.8	14626.0	3042.0	2498.9	1038.5	37394.3	20307.6
甘　肃	Gansu	99.5	4273.4	977.6	983.5	266.2	11529.6	6805.2
青　海	Qinghai	100.3	2100.0	487.3	313.9	100.8	6892.4	4679.8
宁　夏	Ningxia	122.5	3294.6	760.2	510.1	191.0	10657.5	6625.3
新　疆	Xinjiang	299.6	8191.3	1792.9	1335.1	460.5	24525.4	14763.5

23 – 14 各省市区规模以上工业企业主要工业产品产量

Output of Major Products of Industrial Enterprises above Designated Size by Region

地区	Region	原油（万吨）Crude Oil (10 000 tons)	天然气（亿立方米）Natural Gas (100 million cu. m)	发电量（亿千瓦小时）Electricity (100 million kWh)	生铁（万吨）Pig Iron (10 000 tons)	粗钢（万吨）Crude Steel (10 000 tons)	钢材（万吨）Rolled Steel (10 000 tons)	水泥（万吨）Cement (10 000 tons)	农用化肥（万吨）Chemical Fertilizers (10 000 tons)
全国总计	**National**	**19476.9**	**1925.0**	**77790.6**	**88752.4**	**106476.7**	**132489.2**	**239483.7**	**5496.0**
北京	Beijing		20.0	457.5			184.4	286.9	
天津	Tianjin	3242.2	36.3	771.6	2198.9	2171.8	5724.0	551.5	14.8
河北	Hebei	543.5	5.6	3425.1	22903.8	24977.0	31320.1	11860.0	212.8
山西	Shanxi		85.9	3503.5	6089.1	6637.8	6181.4	5616.7	400.2
内蒙古	Inner Mongolia	13.6	25.5	5811.0	2380.8	3119.9	2883.9	3610.9	424.2
辽宁	Liaoning	1049.4	7.4	2135.3	7235.2	7609.4	7578.4	5447.0	35.6
吉林	Jilin	404.4	19.8	1018.8	1407.7	1525.6	1661.6	2232.8	21.9
黑龙江	Heilongjiang	3001.0	46.8	1137.8	863.1	986.5	879.0	2409.9	55.3
上海	Shanghai	52.0	15.1	861.7	1411.3	1575.6	1879.6	398.9	1.0
江苏	Jiangsu	152.1	4.2	5217.5	10022.9	12108.2	15004.9	15275.1	200.8
浙江	Zhejiang			3531.3	852.8	1457.0	3806.7	13272.9	64.0
安徽	Anhui		2.2	2809.0	2537.3	3696.7	3607.5	14189.3	268.0
福建	Fujian			2651.1	1106.2	2466.5	3861.6	9718.4	86.2
江西	Jiangxi			1444.7	2332.1	2682.1	3093.9	10030.7	23.4
山东	Shandong	2219.2	5.8	5806.4	7523.2	7993.5	11269.3	15970.4	352.6
河南	Henan	239.9	2.9	2906.1	2769.5	3530.2	4233.4	11767.9	489.2
湖北	Hubei	53.5	1.0	3015.8	2727.4	3557.2	3649.1	9826.6	490.0
湖南	Hunan			1554.4	2105.4	2612.9	2729.7	11043.2	65.1
广东	Guangdong	1613.1	131.6	5225.9	2158.7	3382.3	4866.2	17165.5	11.3
广西	Guangxi	48.8	0.2	1970.9	1457.1	3452.2	4731.2	12129.1	47.7
海南	Hainan	30.6	1.0	345.5				1838.8	65.3
重庆	Chongqing		80.0	840.5	637.8	899.9	1310.0	6524.4	167.2
四川	Sichuan	7.9	463.3	4182.3	2136.8	2792.6	3437.2	14517.5	359.1
贵州	Guizhou		5.0	2305.4	368.6	461.9	741.1	10820.9	338.9
云南	Yunnan			3674.4	1873.3	2233.0	2640.7	13130.3	224.3
西藏	Tibet			88.9				1085.0	
陕西	Shaanxi	2693.7	527.4	2379.4	1232.2	1521.5	2020.0	6809.8	145.8
甘肃	Gansu	968.7	3.9	1762.4	782.3	1059.2	1102.6	4716.7	24.5
青海	Qinghai	228.5	64.0	951.9	160.3	193.2	189.1	1225.8	523.1
宁夏	Ningxia			1882.4	320.0	466.6	482.0	1979.9	68.2
新疆	Xinjiang	2914.8	369.8	4121.9	1158.3	1306.1	1420.5	4030.9	315.4

23-15 各省市区建筑业主要经济指标

Main Economic Indicators of Construction Enterprises by Region

地区	Region	总产值（亿元）Gross Output Value (100 million yuan)	施工面积（万平方米）Floor Space of Buildings under Construction (10 000 sq. m)	竣工面积（万平方米）Floor Space of Buildings Completed (10 000 sq. m)	企业个数（个）Number of Enterprises (unit)
全国总计	**National**	**263947.0**	**1494743.4**	**384819.8**	**116716**
北京	Beijing	12905.9	88593.7	9588.1	2503
天津	Tianjin	4388.2	15234.5	2453.4	1931
河北	Hebei	5948.1	35081.6	7316.0	2940
山西	Shanxi	5113.6	19965.8	4944.8	3357
内蒙古	Inner Mongolia	1134.4	7016.7	1411.0	1014
辽宁	Liaoning	3816.2	16234.9	4021.3	5638
吉林	Jilin	2005.8	8447.3	2892.8	2511
黑龙江	Heilongjiang	1206.4	3285.4	923.4	2237
上海	Shanghai	8277.0	53798.6	8150.8	2365
江苏	Jiangsu	35251.6	267407.7	77802.9	11000
浙江	Zhejiang	20938.6	180786.2	40742.2	8004
安徽	Anhui	9365.1	49377.0	14441.8	5692
福建	Fujian	14117.8	82579.1	18202.3	6772
江西	Jiangxi	8649.2	34235.5	13911.9	3751
山东	Shandong	14947.3	86160.1	21309.6	8081
河南	Henan	13122.6	65956.9	19412.4	7413
湖北	Hubei	16136.1	85268.2	26559.5	4632
湖南	Hunan	11863.8	67978.8	21235.3	3335
广东	Guangdong	18429.7	91890.6	19264.2	7587
广西	Guangxi	5853.2	28695.3	8295.8	1913
海南	Hainan	391.4	1823.7	299.5	250
重庆	Chongqing	8975.0	38122.6	14050.1	3335
四川	Sichuan	15612.7	67655.2	22572.8	7067
贵州	Guizhou	4080.2	17167.5	3951.7	1770
云南	Yunnan	6724.8	20128.8	6238.4	3449
西藏	Tibet	294.7	477.2	205.1	402
陕西	Shaanxi	8501.1	37555.1	7311.2	3416
甘肃	Gansu	2049.3	10903.3	2382.8	1827
青海	Qinghai	512.2	927.6	355.7	383
宁夏	Ningxia	641.8	2107.7	757.0	654
新疆	Xinjiang	2693.1	9881.0	3816.2	1487

23－16 各省市区客运量和旅客周转量

Total Passenger Traffic and Passenger－kilometers by Region

地区	Region	客运量（万人）Passenger Traffic（10 000 persons）	＊铁路 Railways	＊公路 Highways	＊水运 Waterways	旅客周转量（亿人公里）Total Passenger－Kilometers（100 million－psssenger－km）	＊铁路 Railways	＊公路 Highways	＊水运 Waterways
全国总计	**National**	**966542**	**220350**	**689425**	**14987**	**19251**	**8266**	**4641**	**33.0**
北京	Beijing	30936	6388	24548		114	71	44	
天津	Tianjin	10602	2636	7926	40	144	96	47	0.1
河北	Hebei	17677	7102	10575		604	520	83	
山西	Shanxi	12457	4890	7459	108	226	136	91	0.0
内蒙古	Inner Mongolia	6522	3298	3224		165	116	49	
辽宁	Liaoning	33539	7100	26211	228	432	288	142	1.6
吉林	Jilin	15308	3832	11438	38	199	121	78	0.0
黑龙江	Heilongjiang	12297	4590	7608	99	178	123	54	0.1
上海	Shanghai	9234	7605	1332	297	115	70	44	0.5
江苏	Jiangsu	85310	16084	67664	1562	943	528	414	1.3
浙江	Zhejiang	58075	15854	38861	3360	674	465	205	4.5
安徽	Anhui	32366	9479	22776	111	697	529	168	0.2
福建	Fujian	23163	7539	14882	742	315	223	91	0.8
江西	Jiangxi	41913	8157	33643	113	631	450	181	0.2
山东	Shandong	30757	10457	19475	825	596	433	159	4.0
河南	Henan	57909	11415	46322	172	927	613	314	0.3
湖北	Hubei	30112	8148	21731	233	523	390	132	1.0
湖南	Hunan	56376	11392	44144	840	835	608	225	1.9
广东	Guangdong	79351	23060	54946	1345	1191	630	556	4.3
广西	Guangxi	34947	7838	26771	338	554	302	251	1.5
海南	Hainan	7926	2208	4566	1152	75	36	36	2.7
重庆	Chongqing	37205	5232	31450	523	271	128	141	2.1
四川	Sichuan	57508	11296	45258	954	560	269	290	1.0
贵州	Guizhou	40137	5536	33584	1017	524	225	296	3.7
云南	Yunnan	24177	4440	19232	505	264	125	138	0.7
西藏	Tibet	825	249	576		27	12	15	
陕西	Shaanxi	36798	7044	29581	173	453	303	149	0.3
甘肃	Gansu	26686	4153	22478	55	379	238	141	0.1
青海	Qinghai	4135	762	3314	59	89	52	36	0.1
宁夏	Ningxia	3808	558	2902	99	100	24	28	0.1
新疆	Xinjiang	6960	2012	4948		185	142	43	
不分地区	Not Classified by Region	41778				6311			

注： 不分地区为民航完成数。

Note: Data of not classified by region refer to that completed by civil aviation.

23 - 17 各省市区货运量和货物周转量

Total Freight Traffic and Freight Ton - kilometers by Region

地区	Region	货运量（万吨） Freight Traffic (10000 tons)	＊铁路 Railways	＊公路 Highways	＊水运 Waterways	货物周转量（亿吨公里） Freight Ton - kilometers (100 million ton - kms)	＊铁路 Railways	＊公路 Highways	＊水运 Waterways
全国总计	**National**	**4735566**	**445761**	**3426413**	**761630**	**202069**	**30372**	**60172**	**105834**
北 京	Beijing	22203	414	21789		1033	767	266	
天 津	Tianjin	52519	11124	32261	9134	2600	518	640	1442
河 北	Hebei	247323	30806	211942	4575	13730	4972	8103	655
山 西	Shanxi	190232	92002	98206	24	5712	2927	2785	0.1
内蒙古	Inner Mongolia	170547	61545	109002		4431	2543	1889	
辽 宁	Liaoning	167341	23975	138569	4797	5421	1297	2548	1576
吉 林	Jilin	44848	6574	38274		1865	570	1295	
黑龙江	Heilongjiang	48662	12603	35521	538	1585	840	694	51
上 海	Shanghai	138839	494	46051	92294	32795	16	685	32095
江 苏	Jiangsu	275209	7118	174624	93467	10890	327	3525	7039
浙 江	Zhejiang	300276	4500	189582	106194	12324	231	2210	9883
安 徽	Anhui	374503	7735	243529	123239	10242	734	3412	6096
福 建	Fujian	140698	4543	91137	45018	9014	181	1022	7812
江 西	Jiangxi	157149	4553	141899	10697	4011	497	3247	266
山 东	Shandong	316831	31393	267230	18208	10377	1602	6784	1990
河 南	Henan	219939	11157	193632	15150	8833	2160	5573	1101
湖 北	Hubei	160422	5363	114346	40713	5295	915	1640	2740
湖 南	Hunan	200878	4592	176442	19844	2602	856	1351	395
广 东	Guangdong	344439	9510	231170	103759	27211	282	2524	24405
广 西	Guangxi	187444	9269	145323	32852	4160	754	1487	1919
海 南	Hainan	20670	1135	6853	12682	3683	17	41	3625
重 庆	Chongqing	121692	2194	99679	19819	3527	201	1055	2271
四 川	Sichuan	171896	7771	157598	6527	2861	952	1618	292
贵 州	Guizhou	86444	5801	79412	1231	1265	618	610	38
云 南	Yunnan	121058	4919	115620	519	1580	471	1102	7
西 藏	Tibet	4091	52	4039		157	40	117	
陕 西	Shanxi	165260	49056	116057	147	3697	1866	1831	1
甘 肃	Gansu	67239	5966	61272	1	2517	1496	1020	
青 海	Qinghai	14291	3456	10835		415	290	125	
宁 夏	Ningxia	44025	8634	34217		765	215	484	
新 疆	Xinjiang	57814	17509	40305		1708	1217	491	
不分地区	Not Classified by Region	101960			201	5828			138

注：不分地区合计中包括铁路行包运输、管道运输企业、民航运输企业、中远集团海外公司及中海集团香港有限公司完成数。宁夏货运量与货物周转量数据包括管道运输部分。

Note: The freight ton - kilometers not classified by region refers to railway baggage freight, civil aviation, pipelines and that completed by companies abroad under the China Ocean Shipping (Group) Company, and China Shipping Group Hong Kong Co., Ltd. The data of freight volume and freight turnover in Ningxia include pipeline transportation.

23－18 各省市区社会消费品零售总额
Total Retail Sales of Consumer Goods by Region

地　区	Region	社会消费品零售总额（亿元）Total Retail Sales of Consumer Goods (100 million yuan)	社会消费品零售总额比上年增长（%）Total Retail Sales of Consumer Goods Growth Rate(%)
全国总计	**National**	**391980.6**	**－3.9**
北　京	Beijing	13716.4	－8.9
天　津	Tianjin	3582.9	－15.1
河　北	Hebei	12705.0	－2.2
山　西	Shanxi	6746.3	－4.0
内蒙古	Inner Mongolia	4760.5	－5.8
辽　宁	Liaoning	8960.9	－7.3
吉　林	Jilin	3824.0	－9.2
黑龙江	Heilongjiang	5092.3	－9.1
上　海	Shanghai	15932.5	0.5
江　苏	Jiangsu	37086.1	－1.6
浙　江	Zhejiang	26629.8	－2.6
安　徽	Anhui	18334.0	2.6
福　建	Fujian	18626.5	－1.4
江　西	Jiangxi	10371.8	3.0
山　东	Shandong	29248.0	
河　南	Henan	22502.8	－4.1
湖　北	Hubei	17984.9	－20.8
湖　南	Hunan	16258.1	－2.6
广　东	Guangdong	40207.9	－6.4
广　西	Guangxi	7831.0	－4.5
海　南	Hainan	1974.6	1.2
重　庆	Chongqing	11787.2	1.3
四　川	Sichuan	20824.9	－2.4
贵　州	Guizhou	7833.4	4.9
云　南	Yunnan	9792.9	－3.6
西　藏	Tibet	745.8	－3.6
陕　西	Shanxi	9605.9	－5.9
甘　肃	Gansu	3632.4	－1.8
青　海	Qinghai	877.3	－7.5
宁　夏	Ningxia	1301.4	－7.0
新　疆	Xinjiang	3062.5	－15.3

23-19 各省市区货物进出口总额

Total Imports and Exports by Region

单位:亿美元 (USD 100 million)

地 区	Region	按收发货人所在地分 By Location of Importers/Exporters			按境内目的地、货源地分 By Destination and Origin		
		进出口总额 Total Imports and Exports	出口额 Exports	进口额 Imports	进出口总额 Total Imports and Exports	出口额 Exports	进口额 Imports
全国总计	**National**	**46462.6**	**25906.5**	**20556.1**	**46462.6**	**25906.5**	**20556.1**
北 京	Beijing	3350.4	670.1	2680.3	1148.4	294.9	853.6
天 津	Tianjin	1059.3	443.6	615.7	1251.5	405.9	845.6
河 北	Hebei	637.9	364.6	273.3	988.5	500.5	488.0
山 西	Shanxi	218.7	127.3	91.4	219.5	142.2	77.3
内蒙古	Inner Mongolia	150.7	50.4	100.2	201.3	65.2	136.0
辽 宁	Liaoning	944.6	383.3	561.3	1175.4	460.3	715.1
吉 林	Jilin	184.9	42.0	142.9	194.8	46.6	148.2
黑龙江	Heilongjiang	222.0	52.0	169.9	204.8	54.2	150.6
上 海	Shanghai	5031.9	1981.1	3050.8	4786.4	1672.7	3113.7
江 苏	Jiangsu	6427.7	3962.8	2464.9	6840.5	3975.7	2864.8
浙 江	Zhejiang	4879.3	3632.7	1246.7	4648.5	3520.0	1128.5
安 徽	Anhui	780.5	455.8	324.6	746.1	477.8	268.3
福 建	Fujian	2026.7	1224.0	802.6	1717.5	1109.2	608.3
江 西	Jiangxi	578.2	420.9	157.3	506.1	350.1	156.0
山 东	Shandong	3184.5	1890.4	1294.1	3511.3	1795.4	1715.9
河 南	Henan	969.2	593.0	376.2	1041.0	659.5	381.5
湖 北	Hubei	620.8	390.6	230.2	614.9	381.3	233.6
湖 南	Hunan	705.3	478.6	226.7	476.9	306.5	170.4
广 东	Guangdong	10236.3	6283.7	3952.6	12055.2	7561.6	4493.6
广 西	Guangxi	702.9	391.9	311.0	663.5	212.4	451.1
海 南	Hainan	135.4	40.1	95.2	165.6	40.0	125.7
重 庆	Chongqing	941.8	605.3	336.5	840.1	550.3	289.8
四 川	Sichuan	1168.0	672.5	495.5	1173.0	658.6	514.5
贵 州	Guizhou	79.1	62.3	16.7	74.8	59.2	15.6
云 南	Yunnan	389.5	221.4	168.1	342.0	170.4	171.6
西 藏	Tibet	3.1	1.9	1.2	2.8	2.5	0.3
陕 西	Shanxi	545.1	278.9	266.2	512.9	267.4	245.5
甘 肃	Gansu	53.9	12.4	41.5	56.0	18.1	37.9
青 海	Qinghai	3.3	1.8	1.5	3.1	1.8	1.3
宁 夏	Ningxia	17.8	12.5	5.3	29.3	22.4	6.9
新 疆	Xinjiang	213.9	158.4	55.5	270.8	123.5	147.3

23-20 各省市区国际旅游接待情况

International Tourism by Region

（2019年）

地　区	Region	旅游人数（万人次） Tourists (10 000 person - times)	外国人（万人次） Foreigners (10 000 person - times)	旅游外汇收入（百万美元） Foreign Exchange Earning from International Tourism (USD million)
北　京	Beijing	376.90	320.71	5192.47
天　津	Tianjin	56.10	50.76	1182.54
河　北	Hebei	97.08	73.56	740.23
山　西	Shanxi	76.22	49.80	409.95
内蒙古	Inner Mongolia	195.83	186.56	1340.09
辽　宁	Liaoning	294.14	236.93	1739.03
吉　林	Jilin	136.58	121.11	614.96
黑龙江	Heilongjiang	110.69	99.29	645.93
上　海	Shanghai	734.69	599.16	8243.51
江　苏	Jiangsu	399.46	266.46	4743.56
浙　江	Zhejiang	467.11	329.83	2668.24
安　徽	Anhui	379.74	210.74	3387.69
福　建	Fujian	566.03	239.98	3398.45
江　西	Jiangxi	197.17	61.14	865.38
山　东	Shandong	404.22	294.41	3413.14
河　南	Henan	180.35	113.76	946.96
湖　北	Hubei	450.02	349.94	2654.16
湖　南	Hunan	466.95	250.14	2250.87
广　东	Guangdong	3731.39	856.96	20521.31
广　西	Guangxi	623.96	294.80	3511.28
海　南	Hainan	143.59	107.91	972.37
重　庆	Chongqing	297.11	169.72	2524.83
四　川	Sichuan	414.78	313.09	2023.79
贵　州	Guizhou	47.18	23.50	345.03
云　南	Yunnan	739.02	586.50	5147.36
西　藏	Tibet	54.19	36.91	279.07
陕　西	Shanxi	465.72	329.61	3367.65
甘　肃	Gansu	19.82	11.37	59.05
青　海	Qinghai	7.31	4.70	33.36
宁　夏	Ningxia	12.57	2.91	64.78
新　疆	Xinjiang	34.67	25.78	454.00